・高等政法院校专业主干课程系列教材・

中国法制史学

陈 涛 著

中国政法大学出版社

中国文学史学

西北政法大学本科教材编审委员会名单

主　任：郭　捷
副主任：杨宗科
委　员：刘进田　张周志　刘光岭　王政勋
　　　　高在敏　强　力　王周户　王　瀚
　　　　王楷模　惠生武　谢立新　慕明春
　　　　王　健　汪世荣　韩　松　阎亚林
　　　　张宏斌　戴　鲲

编写说明

质量是高等院校的生命线,教学工作始终是学校的中心工作。多年来,我校始终把人才培养作为根本任务,弘扬老延大"政治坚定、实事求是、勇于创新、艰苦奋斗"的优良传统,不断改革进取,提高教学质量,为全国特别是西北地区经济社会发展和民主法制建设培养了大批高素质的专门人才。近年来,学校按照适度稳定规模、合理调整结构、充实办学条件、全面提高质量的工作原则,进一步深化教育教学改革,狠抓教学与管理工作,正在向着"法学特色鲜明、多学科协调发展、在国内有重要影响的高水平教学研究型大学"的目标迈进。

教材作为反映教育思想、教育观念,以及教学改革成果的重要载体,是我校新一轮课程建设的重点。为了适应培养德、智、体全面发展的基础扎实、知识面宽、实践能力强、富有创新精神的人才目标的要求,学校决定紧紧抓住实施"质量工程"的有利时机,与中国政法大学出版社合作,启动新一轮的教材建设工作。

本轮教材建设围绕各专业的核心课程和方向课程进行,命名为"高等政法院校专业主干课程系列教材",由长期从事教学工作、教学经验丰富,具有教授、副教授职称的教师承担编写任务。第一批立项建设完成的教材将在近期由校本科教材编审委员会审定后,陆续出版发行,后续教材也将按照学校教材建设规划分批次推出。我们力求教材具有较强的科学性、系统性、新颖性和适应性,也希望这套教材能够为进一步提高学校的教育教学质量打下坚实的基础。

西北政法大学本科教材编审委员会
2007 年 8 月

法学的法制史学

——代自序

余少为学,耽于古典文学名著,由是而对史书有所偏爱,虽未必知道何为史学,而私心向往也,故于三十年前,报考大学,所填第一志愿本为史学。然阴差阳错,最终于1978年入西南政法学院(现改称西南政法大学)研读法学,但爱史之心未衰。嗣后,在西北政法学院(现改称西北政法大学)从事法律史学之教学研究。

从教之初,多为人云亦云式,囿于教学计划和指定教材,很难越雷池一步。因为即使到了大学,中国学生仍在一定程度上延续着应试教育的模式,毕竟,学生是要考试的,而所有考试几乎都要求有标准答案。不过,经过一段时间的教学相长,尤其是为研究生开设法律史学方法论课程,促使余不得不思考,即使为了应试,在法学本科开设中国法制史学课程,究竟应该选择怎样的方向?循此目标,遵循古圣先哲之教诲,边学边思,发现实际上有多种中国法制史学,或者准确地说,有多重意义上的中国法制史学,至少有史学意义上的、法学意义上的、法社会学意义上的,而在法学本科阶段所开设的中国法制史学,无疑应该是法学意义上的。因此,这部教材的基本思路就是按照法学意义上的中国法制史学确定。

那么,何为法学意义上的中国法制史学呢?

首先,法学意义上的中国法制史学,是将中国法制史学作为法学的学科对待,并在法学的意义上定位中国法制史学。

其次,法学意义上的中国法制史学,是按照法学的范式确定中国法制史学的研究对象、研究范围、研习方法,是按照法学的要求构造中国法制史学的学科体系和学科内容,更是按照法学的知识系统确定知识点。

再次,法学意义上的中国法制史学,重在给予研习者以法学的知识和思维方式,目的在于培养研习者的法学专业素养和法学职业素养。

当然,这只是一种尝试,希望这种尝试能为中国法制史学的教学带来新的气象。

是为序。

陈　涛
2007年8月于古城西安

目录

法学的法制史学 ………………………………………………………………… 1

第一章　绪　论 ………………………………………………………………… 1
    第一节　界定概念　/1
    第二节　探明方法　/4

第二章　中国法源论 …………………………………………………………… 8
    第一节　中国法律起源论　/8
    第二节　中国法律渊源论　/17

第三章　中国古代刑法论 ……………………………………………………… 52
    第一节　中国古代犯罪概念与犯罪形态　/52
    第二节　中国古代罪名体系　/60
    第三节　中国古代刑罚制度　/73
    第四节　中国古代定罪科刑规则　/86

第四章　中国古代民事法例论 ………………………………………………… 104
    第一节　中国古代民事法例的概念与特点　/104
    第二节　民事主体的身份制度　/106
    第三节　物权法例　/109
    第四节　债权法例　/116
    第五节　亲属法例　/140
    第六节　继承法例　/155

第五章　中国古代狱讼制度论 ………………………………………………… 168
    第一节　中国古代司法组织　/168

第二节 狱讼通制 /180

第三节 告诉程序 /191

第四节 审判制度 /195

第五节 法官责任 /204

第六章 中国近现代公法论 ········· 209

第一节 宪政与宪法 /209

第二节 行政法 /225

第七章 中国近现代民商法论 ········· 239

第一节 概说 /239

第二节 民法通制 /246

第三节 债法 /250

第四节 物权法 /258

第五节 亲属法 /269

第六节 继承法 /276

第八章 中国近现代刑法论 ········· 283

第一节 概说 /283

第二节 刑法原则与一般规则 /293

第三节 刑罚制度 /300

第九章 中国近现代诉讼法论 ········· 307

第一节 诉讼法的发展演变 /307

第二节 民事诉讼法 /310

第三节 刑事诉讼法 /318

第十章 中国近现代司法制度论 ········· 328

第一节 司法主权的破坏与恢复 /328

第二节 司法独立体制的建立与发展 /332

第三节 法院组织法 /333

第四节 律师制度 /336

第十一章　中国新民主主义法制论 …………………………………………… 340
　　第一节　宪政与施政纲领　/340
　　第二节　行政法　/346
　　第三节　刑法　/352
　　第四节　民事法律　/360
　　第五节　诉讼法与司法制度　/369

参考书目　/377

第1章 绪论

【本章导读】

本章开宗明义,介绍中国法制史学的概念和研习方法,起着统辖全书的作用。内容分为两节,设计两方面的基本问题:①中国法制史学是什么样的学科、包括哪些内容?②研习中国法制史学应该抱持的态度和应该掌握的基本方法。关键是从整个法学学科群的构造角度入手,了解和把握中国法制史学的概念和研究范围,进而重点掌握中国法制史学的研究范围和研习方法。

第一节 界定概念

一、中国法制史学的定义

中国法制史学是记述、研究并阐明中国法律的起源、各种法律制度的创制、内容、特点以及发展演变的过程和规律,兼及中国近现代依法管理国家事务的原则和方式的形成和发展,从而为当代中国的法制建设与和谐社会构建提供历史和文化借鉴的社会科学学科。它既是史学的重要分支,更是独立的法学学科。

中国法制史概念最初出现于20世纪初期的日本,并随之传入中国,逐渐为中国史学界与法学界所接受,成为专门指以中国法律制度的历史或历史上的中国法律制度作为研究对象和内容的近现代社会科学独立学科的名称。不过,由于其中"法制"一词的含义,古今既不尽相同,中外理解也有差异,因而对其意义的解释,历来都是见仁见智,难趋统一。

"法制"作为一个术语大约形成于春秋战国时代,但作为其构成部分的"法"和"制"则出现很早。其中"法"字原本写作"灋",从字形上说,由"廌"、"水"、"去"构成,其义指通过"獬廌"审理的方式判定案件,把有罪者置于水上,随流漂去;从字音上说,钟鼎文中"灋"音"废","灋"、"废"相通,意指陆上放逐,相当于后世的流刑或驱逐。[1] 至春秋战国时代,"灋"被赋予抽象意义,即《说文》所说的:"灋,刑也。平之如水,从水;廌,所以触不直者去之,从去。法,今文省。"在此后的中国古代,"法"一般只含有以刑罚惩罚犯罪,以求得社会公平正义之义,故而往往与"礼"对称,与刑连称为"刑法",[2] 自然偏重于刑狱律例方面。至于"制"本作"",指裁断和制止,最初是指具体的与植物果实的采割有关的活动,后来引申为裁断及制止社会纠纷与争端;又因上古之时裁断之权均操之于头人(君主或酋长)之手,故而"制"又多用来表示君主的命令。[3] 在此意义上,"制"与"令"的含义大体相当,但其范围较广,包括以命令为渊源的典章制度等。不过,以"法"作为典章制度的通称既有其例,[4] 以"制"来指称成法也较为常见,[5] 这表明"法"与"制"既可相通,又有区别。至于将"法"与"制"连起来作为一个统一的专门术语使用,始见于先秦典籍《礼记·月令》,其中有"孟秋之月,命有司,修法制,缮囹圄……"的记述。据考证,这里的"法制"是指"处罚犯罪的简记或竹书,实际上相当于后世判决的主文。这种简记,对裁判以后发生的同类案件具有先例作用",因而也就是"判例"。这一意义上的"法制"在秦代称为"法度",上古时又称为"法律"。[6] 而"在秦汉以后,法制已不再是判例,而是统治者一般意志的表现和特殊意志的表现二者的概括词",也就是主要以国家制定法形态表现的法律,在内容与功能上,则强调设范立制,以为刑禁。[7] 至于日语中的"法制"一词,本系由中国传入,原本也是指刑法之制,相当于禁令或者刑禁。自近代欧美法律输入之后,其含义发生根本变革,一般包括两个层次:一是指写定法规或编纂法典;二是指法律和法令的概称。近现代中国的"法制"一词,系由日本输入,经过一百多年的演变,其意义约有三端:一是指制定法律,也即狭义的立法;二是指法律和制度的通称;三是指依据民主原则把国家事务法律化、制度化,并严格依法管理国家事务的原则和方式。

作为中国法制史学概念构成部分的"法制"一词,通说认为主要是指法律和制度的通称,在此意义上,有时也用法律制度表述,当然其中也应该包含了刑制、禁令等内容;而法制又是通过广义上的立法,即法律的创制才能够形成,因而不妨将这层含义

---

[1] 参见蔡枢衡:《中国刑法史》,广西人民出版社1983年版,第170页。
[2] 其典型者,如作为正史的《二十五史》中,多有《刑法志》或《刑罚志》的设置。
[3] 《说文》:"制"作"",制,裁也。未,物成有滋味,可裁断。一曰止也。"又宋毛氏《增韵》:"制,正也",含有裁量设范,使归于正之意。《史记·秦始皇本纪》:"命为'制',令为'诏'。"
[4] 如《礼记》所说:"谨修其法而审行之。"
[5] 如《左传·隐公元年》:"今京不度,非制也。"
[6] 参见蔡枢衡:《中国刑法史》,广西人民出版社1983年版,第5~7页。
[7] 如《管子·法禁》:"法制不议,则民不相私";《商君书·君臣》:"民众而奸邪生,故立法制,为度量以禁之";《汉书·路温舒传》:"省法制,宽刑罚";《后汉书·仲长统传》:"君子用法制而至于化,小人用法制而至于乱",都是在这一意义上使用"法制"术语的。

容纳在法制一词中；至于依法管理国家事务的原则和方式这一意义上的法制，虽然是近代才产生的，但却是中国近现代法制发展中的重要内容，因而也可以涵盖在中国法制史的范畴之内。

二、中国法制史学的研究范围[1]

依据中国法制史学的定义及其内在要求，其研究范围应该包括以下五个方面：

1. 中国法律的起源。中国法律的起源乃是中国法制历史的源头，其独特的途径和方式已经勾勒出中国法制发展演进的基本趋向，对中国法制产生过并仍在产生着深刻而巨大的影响。

2. 中国法制的总体发展进程与规律。中国法制的历史是具有发展演变过程的整体历史，中国历史上的法律也是完整的体系构成。因此，在中国法制史的研究中，就很有必要从宏观上将中国法制作为整体进行探讨，并阐明其发展演进的过程与规律，从而达到提玄钩要、举纲张目的目的。

3. 中国历史上法律渊源的变迁与立法沿革。一般来说，法律都需要通过一定的程序和方式创制出来才能产生效力并发挥作用，其中创制的程序和方式便是广义上的"立法"，而其结果也即表现出来的具体形式则是法律渊源。法律制度无疑直接来源于"立法"活动，并经由法律渊源表现出来，所以，中国法律渊源的变迁和"立法"沿革，自应属于中国法制史学的研究范围。

4. 中国历史上各种具体法律制度的形成、发展、本质、内容及其特点。从微观方面研究探讨并把握中国法制的历史或中国历史上的法制，就必然要求将中国历史上不同时代各种具体的法律制度的形成、发展、内容、本质及其特点，作为研习的重点。

5. 中国传统法制的特质。鉴往当能知来，温故自可求新。在世界一体化的格局中，阐明中国固有法制的特质与优点，不仅可以体现传统的悠久与辉煌，而且了解并把握其缺点与缺陷，更显可资借鉴。这对于当代中国法制现代化的实现，显然具有重要意义，自当属于中国法制史学题中应有之义。

---

[1] 在中国法制史学界，关于中国法制史学研究范围，基于对"法制"术语理解的不同，历来有广义和狭义之分。其中采狭义者有两种：一种基于将"法制"理解为关于法律的制度，其确定的研究范围便局限于中国法律(典)编纂史，或中国法律沿革史，或中国立法(广义上的)史；另一种则由于将"法制"理解为刑狱律例之制，其确定的研究范围便局限于中国刑法史或中国刑事法史。采广义者又分为三种：①把"法制"理解为与政治制度、经济制度等相对应的法律制度，据此而确定的研究范围就包括在政治制度、经济制度之外的刑法制度以及礼制中所包含的"民事"制度和政事制度，同时又兼及社会制度的发展沿革史。②把"法制"理解为国家制度与法律制度的综合，依此确定的研究范围包括一般所说的法律制度之外，还包国家政治制度的发展演变史。③把"法制"理解为法律制度，但基本上是依据近现代中国法律体系和法律部门分类来解释中国古代法律制度的，依此确定的研究范围，则是与近现代法律部门相对应的各种法律制度的发展沿革史。

第二节 探明方法

一、研习中国法制史学的目的与价值

中国法制史学既然能列入法学类的必修科目,且由国家教育管理部门核定为核心课程,自必有其深层价值存在。

(一)中国法制史学与现代法学

现代法学是体系庞大、门类众多、结构严谨、内容丰富的社会科学学科群,对其研习与把握自有相应的入门途径,此即法理学与法史学。其中自法理学(或法哲学)入门,重理论的抽象指导,自可达到提玄钩要、举纲张目、得其精华的目的。然如仅凭理论而忽视历史,则无非海市蜃楼,虽可灿烂夺目于当时,但最终却难免昙花一现。因为,现代法学的概念、体系、理论、学说等,都是由古代和近代发展演进而来,是历史上法学之积淀与升华,故如欲研习现代法学并希望对其有深入、全面、准确的把握,以促进现代法学的进步与发展,自应同时以法律史学作为入门之径。非如此,不足以使对中国现代法学的研习做到前事不忘,后事之师;惟如此,才可能尽量避免现代法学的发展落入肤浅空洞与空中楼阁之窠臼。

(二)中国法制史学与现代法制

中国拥有五千多年陈陈相因、不曾中断、卓尔不群、独树一帜的法制文明历史。中国法制历史又具有成功与失败的经验和教训,即使曾经受到过外来因素的影响,但在其发展演进中也逐渐与之融合。这一点对于中国现代法制文明的建设并非毫无意义。现代中国法制虽然是在世界一体化潮流中形成与发展的,必然受到域外法制文明的强烈影响,但却未尝不是以中国固有法制文明作为直接渊源和根底的。数典不应忘祖,饮水亦应思源,因此,当代中国法制建设以及法制现代化,必须以开放的心态,宽阔的胸怀,兼容并蓄的方式,不仅应求于外,求于新,而且更应求于实,求于用;且先贤有言,温故即可知新,推陈当能出新。据此就可以说,研习中国法制史学,总结中国法制发展的历史规律,可鉴往以知来;而汲取中国法制在历史上的经验教训,也能取其精华,弃其糟粕,弘扬优良传统,避免无谓失误。

(三)中国法制史学与中国传统文化

法制作为社会文化现象,系一定社会条件中文化活动的产物,必然依托于深厚的社会文化基础。中国历史上的法制乃是在中华民族数千年不断演化而一脉相承的文化背景下形成与发展的,必然带有民族文化的深深印痕。也就是说,中国传统法制,作为中国传统文化的重要组成部分,无疑与中国传统的哲学思想、价值观念、伦理道德、民族精神、政治制度、经济构成等存在着不可分割的互动关系。因此,通过研习中国法制史学,有助于了解和把握中国传统文化中关于法、法律、社会、人际关系以及政治、经济、伦理道德等观念和理论,并用现实、客观、科学的态度来对待和反思中国传统文化

和中国传统社会,进而促进中国现代社会和现代法制的健康发展。

(四)中国法制史学与中国学人

自世界一体化的趋势形成以来,在东方试图了解西方的同时,泰西对东方历史及现实的研究也蔚然成风,而一衣带水的东邻日本学者更以研究汉学著名。在这种背景下,中国法制的历史和历史上的中国法制本身的无穷魅力,日益引起国外学者的兴趣与关注。作为研习法学并准备进入法律职业共同体的学人们,如对中国法制史学懵懂无知,抱着"不识庐山真面目,只缘身在此山中"的态度,难免遭人讥笑。况且,随着中国自觉融入世界一体化的潮流之后,中外经济、文化、政治、法律以及法学交流日渐普遍与重要,外国学者每向国人咨询中国法制之究竟,竟瞠目以对、张口结舌,则不特显个人学识之浅薄,亦足以显示中国法学与中国法制根基之不稳固。据此,研习中国法制史学,不仅可提高中国法学学者自身之修养,且亦可促进中国法学在交流中的发展与进步。

二、研习中国法制史学的态度与方法

对任何一门学科的研习,都须抱正确态度,采科学方法,方能事半功倍,否则便难免南辕北辙,步入歧途。中国法制史学既属史学,亦系法学,为史学与法学交叉的学科,然其既列入高等法学教育的基础课程,自应立足史学与法学交叉之角度而偏重于法学。对其研习的态度,固然可以概括为实事求是,也即立足于中国法制发展演进之"实事",而求其发展演进规律之"是",但更应该考虑到其学科性质与特点,既将之作为史学,更将其作为法学进行研习,才是正确的研习态度。

基于正确的态度,吸收近现代社会科学所提供的各种有效途径,始有研习中国法制史学的科学方法,约略而言,以下四端,或许至关重要。

(一)史学方法与法学方法相结合

中国法制史学既属于史学与法学交叉的学科,对其研习自然应该兼采史学与法学方法。

1. 在研习的时候,应该兼具史学与法学之基础知识与基本意识。

2. 自史学方法而言,主要应该注意以下几个方面:①应重视史实的考订,以判断史事之真伪,避免以史所疑者据为信史,实现对史的真实的追求。②应注重对史料的整理分析,以贯通史之系统,避免寻章摘句、断章取义,或故示渊博,搬运史料诸弊端,以达到提纲挈领、以类相从、明其源流、知其因革、较其利弊、衡其得失、融会贯通之目的。③须把握史观,以明确史之重心。对法制史的研习固然应该重视社会经济关系的决定作用,但也应关注历史传统、文化品格及民族精神等的影响效果,尤其需要注意法制对经济关系、政治关系、历史传统、文化品格以及民族精神的反作用。

3. 就法学方法而言,主要应该注意以下几个方面:①应该重视法学概念的完整准确,避免望文生义、牵强附会。因为法学与法制方面的概念术语自有其科学性与特殊性,古代与近现代的法律术语也有因革关系存在,中外的法律或法学概念又存在相通与相违情形。所以,必须对其准确界说,庶可免望文生义、牵强附会之弊。②须注意法律原则、制度以及规则的完整性与严密性,并从法学的角度予以阐释,以保持其真实性与系统性,避免东鳞西爪,支离破碎。③须注重法学体系构造及内容的普适性时代性与民族性,使中国法制史学的研习,能贯通古今,融汇东西,既竭力避免食古不化,充塞腐儒学究之气,又努力克服以洋解中,化中为洋之陋习。

(二)正面研究与比较研究相结合

正面研究系对中国历史上的法制或中国法制的历史进行单一的研究,这种方法能够比较集中地阐明中国法制历史上的各种问题或各个方面,因而是全面深入研习中国法制史学的基本方法。比较研究则是就中国法制与域外法制的整体或部分(包括相同历史阶段、相同历史类型以及相应法律领域等)、中国历史上不同时代法制的整体或部分,进行对比分析的研究方法,这种方法有助于了解和把握中国法制历史的特点和品格。将这两种方法加以结合,可以使得研习者从多层面、多角度深刻全面地掌握中国法制史的全貌与特征。

(三)宏观研究与微观研究相结合

宏观研究系对中国法制的历史或中国历史上的法制进行全方位、整体性的研究,从而描绘中国法制发展历史的概貌,勾勒其产生、发展演变的基本线索,阐明其基本特点和整体风格。微观研究则是就中国法制历史或中国历史上的法制的具体概念、术语、原则、规则以及制度与运行方式等进行细致入微的断代式或专题式的研究,以弄清中国法律起源、法律渊源、刑事法律、民事法例,民商法、诉讼法与司法审判制度以及宪法、行政法等的内容与特点及其发展演变的具体情形。宏观研究可以起到举纲张目、提玄钩要的作用,以免如散珠在盘,虽满目灿烂,却凌乱不堪、缺乏系统的缺陷;微观研究则有助于深入细致、准确入微地把握中国法制史的内容,以避免空洞无物、缺乏具体的弊端,因而绝对有必要将两者紧密结合。

(四)传统方法与现代方法相结合

随着现代科学技术日新月异的进步,一系列新的研究方法,如信息论、控制论、系统论、博弈论等,已经被广泛运用于社会科学研究领域。一些现代科技手段,如计算机、现代统计技术等,也逐渐为社会科学研究所接受和重视。有鉴于此,显然有必要将传统史学研究方法、法学研究方法及现代科技方法与手段相结合。对中国法制史的研习,既要重视定性解读,又要注重定量分析;既要从法制角度进行阐释,又要自社会文化视角予以综合,进而促使对中国法制史学的研习更上一层楼。

本章小结

学习本章,首先,要了解中国法制史学作为现代法学和史学的交叉学科,在实质上就是记述、研究并阐明中国法律的起源、各种法律制度的创制、内容、特点与发展演变过程和规律,兼及近现代中国依法管理国家事务的原则和方式的形成与发展的学科。中国法制史学的研究范围包括中国法律的起源、中国法制的总体发展进程与规律、中国历史上法律渊源的变迁与立法沿革、中国不同历史时期各种具体法律制度的形成、发展、内容和本质以及中国传统法制的特质等。其次,要注意把握研习中国法制史学的态度与方法。只有这样,才有可能真正学好中国法制史学,并为进一步深化学习现代法学打好基础。

课后作业

一、关键词解释

1. 中国法制史学
2. 法制

二、思考题

1. 如何正确理解中国法制史学的研究范围?
2. 研习中国法制史学的价值与目的应该怎样?

第 2 章 中国法源论

【本章导读】

　　本章正本清源,介绍中国法律起源与法律渊源。晚近以来的研究表明,中国法律起源在原始社会末期,也就是传说中的黄帝到唐尧虞舜时期或者考古学上的大汶口文化时期和龙山文化时期,选择了改造原始习俗为法律的途径,经历了改造原始习俗为原始习惯法、进而为早期国家法的发展阶段,具有四个方面的明显特点。中国法律渊源的发展演进可以划分为习惯法时代、古典成文法时代和近现代成文法时代,呈现为三种样式。与此相适应,中国大典编纂从刑书时代开始,经历了律统时代;在近现代融入世界一体化潮流之后,则进入近现代法典编纂时代。关键问题包括中国法律起源的时代选择、具体途径以及四个特点;中国法律渊源的发展演进分为三个时代、三种样式;中国法典编纂经历过三个时代、三种模式。

第一节　中国法律起源论

一、中国法律起源于原始社会末期[1]

　　中国法律起源于原始社会末期,也就是传说中的黄帝至唐尧虞舜时期,或者考古学上的大汶口文化时期和龙山文化时期。

---

[1] 法律作为人类社会的一种文明与文化现象,是人类社会文明与自觉的表现,因而,也必然是伴随着人类社会由蒙昧野蛮走向文明而逐渐形成的。考察中国法律起源的时代选择,既要注重中国古代文献典籍以及传说关于法律形成的直接或间接记载,又需要重视考古学关于中国法律起源的实证性研究成果,更需要借助现代人类学关于法律起源研究的理论与实际成果,以弥补文献典籍的不足。

(一) 中国古代文献典籍多记载法律现象出现于原始社会末期

在中国古代文献典籍尤其先秦典籍中，多曾记载传说中的唐尧虞舜时代就已经存在"法"、"刑"等法律现象。如《尚书》的《舜典》载："象以典刑，流宥五刑，鞭做官刑，扑作教刑……五刑有服，五服三就。五流有宅，五宅三居。"《皋陶谟》载："天讨有罪，五刑五用哉。"《吕刑》称："苗民弗用灵，制以刑，惟作五虐之刑曰法。""伯夷降典，折民惟刑。"《竹书纪年》则直接称："帝舜三年，命皋陶作刑。"《国语·鲁语》也称："尧能单均刑法以仪民。"《路史·后记》载："陶唐氏惟敬五刑，以成三德。"《急就篇》也说："皋陶造狱法律存。"《后汉书·张敏传》则谓："皋陶造法律"，"欲禁民为非"。另有一些文献典籍则提到传说中的黄帝时代已有法律的创制。如《商君书·画策》云："皇帝作为君臣上下之义，父子兄弟之礼，夫妇匹配之合，内行刀锯，外用甲兵。"《管子·任法》则谓："黄帝之治也，置法而不变，使民安其法者也。"《淮南子·览冥训》亦言："黄帝治天下，法令明而不闇。"《汉书·胡建传》中更记述所谓《黄帝李法》的内容有："壁垒已定，穿窬不繇路，是谓奸人。奸人者杀。"

当然，所有这些记述，虽可说是对中国原始社会后期情形的折射式反映，但却不足以作为当时已经形成法律的确证。不过，用考古学与人类学研究的成果作为参验，则仍可证明在传说中的黄帝时代以迄于唐尧虞舜时代，也就是中国原始社会末期，已经存在着萌生形态的文明。因而，也就开始了作为文明的法律起源的进程。

(二) 考古学和法人类学研究表明原始社会中期已经产生了文明

考古学研究表明，大约在距今两万年以前，中国开始进入原始社会氏族公社时期。其中母系氏族公社约存在了一万多年的时间，到公元前 5000～3000 年的仰韶文化时期，社会生产以农业为主，渔猎为辅，原始文字已有发现。这相当于传说中的自有巢氏历经燧人氏、伏羲氏、女娲氏、祝融氏、共工氏以迄于神农氏的漫长岁月。

而根据人类学的研究成果，在母系氏族公社时期，与整个社会生产力水平极端低下相适应，人们以共同劳动来维持人类的生存，以群婚形态来保证人类自身的繁衍，以原始习惯作为处理公共事务、协调社会关系、解决纠纷和争端的准则，"一切争端和纠纷，都由当事人的全体，即氏族或部落来解决，或者由各个氏族相互解决"，"在大多数情况下，历来的习俗就把一切调整好了"。[1] 因而在传说中反映为"神农无制令而民从"，[2]"刑政不用而治，甲兵不起而王"。[3] 然而随着社会生产力水平的提高和发展的不均衡，加上自然地理条件的差异，在母系氏族公社后期，人们的物质生活水平也逐渐出现差别，[4] 这种差别可能预示着私有观念的萌生，也促进了整个社会开始向父

---

[1] 《马克思恩格斯选集》第四卷，人民出版社 1972 年版，第 166 页。
[2] 《淮南子·泛论训》。
[3] 《商君书·画策》。
[4] 例如，在半坡遗址的公共墓地中，就发现一女孩的随葬物品多达七十九件，几乎相当于其他成人随葬物的二十倍。

系氏族公社时期转化。考古学的大汶口文化时期（约公元前 4000～2000 年）和龙山文化时期（公元前 2800～1800 年，约相当于传说的黄帝到唐尧虞舜时代以迄于夏初），则已经是父系氏族公社成熟到崩溃时期，也就是原始社会末期。根据考古发现，大汶口文化晚期至龙山文化时期，整个社会生产仍以农业为主，但畜牧业和手工业亦有长足的发展，原来的石制工具得到了改进，[1]冶铜业的产生则表明生产工具已经进化到全新的水平。社会生产水平的进一步提高，就为社会提供了比较稳定的剩余产品，并促进了社会分工的扩大和简单商品交换的形成，传说中的颛顼时期"祝融作市"[2]与唐尧虞舜时期"北用禺氏之玉，南贵江汉之珠"[3]就是这一情形的反映。而这必然会对社会各方面产生直接的影响。

1. 私有观念的强化和一夫一妻制婚姻形态的出现。传说中的黄帝时期仓颉造字已有"私"字，或许是对农业文明时代私有现象在观念形态上的概括反映，[4]大汶口文化晚期已有男女合葬墓的发现，也与传说中的黄帝时期作"夫妇配匹之合"[5]之说，暗相吻合。

2. 贫富分化与阶级对立的形成。在父权制下的氏族首领往往可以凭借其"权力"在产品分配中取得超出常人的份额，如《管子·揆度》中所说的尧与舜将掠获的"粟与其财物"转卖而"市虎豹之皮"，就反映了贫富分化的痕迹。因贫富分化又必然导致社会成员集团性的对立，从而产生出最初的阶级。

3. 社会公共事务和争端的大量增加与更趋复杂，使得解决争端的方式发生了变化。一方面需要对众多的社会公共事务以及争端以新的方式加以记载，因而原始文字发展到新的水平，如在大汶口遗址发现的陶器上已有原始文字，而传说黄帝时代就有仓颉造字；另一方面，原来由氏族或部落自己处理的社会公共事务或解决争端与纠纷，已经开始让位给带有血缘与地域双重性质的部落联合体——酋邦来处理或解决。

4. 部落联合体在长期的发展过程中，已经拥有凌驾于社会之上的强制权力，而作为其后盾的便是部落联合体的集团性武装力量。在龙山文化遗址中发现有作为武器的石镞、骨镞等，而传说中黄帝曾"以师兵为营卫"，[6]并大战炎帝于阪泉，与此同时据说还有"蚩尤作兵"[7]之事。

综上所述，在原始社会末期，也就是传说中的黄帝至唐尧虞舜时代，考古学上的大汶口文化和龙山文化时期，部落联合体已经出现，原始氏族制度"开始崩溃"，从而已经"揭开了新的文明的阶级社会"的序幕，形成了中国文明社会的雏形，产生了外在的

---

[1] 在这一时期，磨制扁平的石铲、磨光穿孔的石刀以及装有木柄的石镰，已经多有发现。
[2] 《世本·作篇》。
[3] 《管子·揆度》。
[4] 《韩非子·五蠹》："仓颉之作书也，自环者谓之厶。"另据《说文》，"厶"为"私"的本字。
[5] 《商君书·画策》。
[6] 《史记·五帝本纪》。
[7] 《世本·作篇》。

并凌驾于社会之上的公共强制力,因而也就为法律的产生奠定了社会经济和文化基础。由此来印证传说及典籍记载,也就可以说,中国法律起源于原始社会末期。

二、中国法律起源经过的两个阶段

中国法律起源是一个历经传说中的黄帝到唐尧虞舜以至夏朝初年的漫长历史过程,以改造原始社会的习惯风俗为具体途径,包括了改造原始习惯风俗为原始习惯法以及进一步演变为早期国家法两个阶段。

(一)原始社会的习惯风俗

在原始社会氏族制阶段,虽然也有社会公共事务与争端或纠纷的存在,但"都是由当事人的全体即氏族或部落来解决,或者由各个氏族相互解决",因而,当时"没有军队、宪兵和警察,没有贵族、国王、总督、地方官和法官"。[1] 氏族或部落在长期处理社会公共事务和解决争端与纠纷的过程中,把每天重复着的行为用一种共同的规则概括起来,就逐渐形成了习惯风俗。而这种习惯风俗就是原始氏族社会人们生活行为的规范与准则。而且"在大多数情况下,历来的习俗就把一切调整好了","血族复仇仅仅被当作一种极端的、很少应用的手段"。[2]

原始社会习惯风俗的内容相当广泛,涉及到社会生活,尤其是公共事务与争端和纠纷解决的各个方面:①在婚姻方面,与氏族间的族外婚制相适应,有劫掠妇女为婚的习惯风俗。[3] ②在社会生产劳动及产品分配方面,有全体氏族或部落成员共同劳动,"力恶其不出于身也",共同分配,"不必藏于己"以及"货恶其弃于地"[4]的习惯风俗。③在氏族制度方面,有氏族成员互相帮助,共同抵御自然界及其他氏族袭击及灾害,从而形成"人不独亲其亲,不独子其子,使老有所终、壮有所用、幼有所长、鳏寡孤独废疾者皆有所养"[5]的习惯风俗。④在继承方面,有氏族成员死后,财产归同氏族其他成员共同继承的习惯。⑤在氏族公共事务管理方面,有全体氏族成员以"选贤舆(举)能"的方式,选拔氏族首领或部落酋长,对公共事务和争端与纠纷的解决共同集议,并由氏族或部落首领执行的习惯风俗。⑥在宗教祭祀方面,有每一氏族均以自然界的某一动物或现象作为图腾并对之顶礼膜拜,维护其神圣性的习惯,还有对图腾及先祖进行祭祀,并由专职的卜巫主持祭祀仪式以及由祭祀仪式而产生禁忌的习惯。⑦在氏族间关系方面,既有以劫掠方式以及其他方式通婚的习惯,也有当氏族成员受到外族欺

---

[1] 恩格斯:"家庭、私有制和国家的起源",载《马克思恩格斯选集》第四卷,人民出版社1972年版,第92页。
[2] 恩格斯:"家庭、私有制和国家的起源",载《马克思恩格斯选集》第四卷,人民出版社1972年版,第91~92页。
[3] "婚"本作"昏",据说这个字就与掠夺婚的习惯风俗有关。因为劫掠妇女为婚必乘妇女不备,且使之不知为谁,故而必须选择在昏黑之时,后来人们就用"昏"指称"婚姻"之"婚"。
[4] 《礼记·礼运》。
[5] 《礼记·礼运》。

凌伤害时,对外氏族进行血族复仇的习惯等。

以原始习惯风俗作为社会生活准则与规则,是与当时氏族和部落始终是人们生活的界限这种社会组织状态和生活方式相适应的,是社会自发形成的、尚未达到自觉的状态,因而,对于原始先民们也就"是神圣不可侵犯的,都是自然所赋予的最高权力,个人在感情、思想和行动上始终是无条件服从的"〔1〕。在此意义上,原始习惯风俗反映并受制于社会及人类自身发展的双重局限,作为社会控制模式和行为规范,带有盲目性、神秘性和受动性,在调整层次上比较低下,在调整方法上也比较简单,调整范围也不可能很广泛,因而也就不需要外在于社会并凌驾于社会之上的公共权力作为强制性后盾,更不需要独立于社会之外的专门机关或者官吏来执行。但原始习惯风俗却又是人类对于自身外部行为自觉调节及自我控制与规范的开始,是人类对于自己的动物性超越这一历史进程中了不起的胜利,因而不可避免地蕴含着法或法律最一般的规定性,从而成为法律的历史和逻辑源头。

(二)原始习惯风俗演变为原始习惯法

进入原始社会后期,也就是传说中的黄帝到唐尧虞舜时期,由于社会大分工的形成及深化,商品生产和商品交换的渐次发生和发展,人口数量的激增,私有制的渐次发生与发展等,社会逐渐分裂为阶级的情形开始出现,〔2〕促使社会交往范围的扩张和交往方式的复杂化,也促进了社会组织程度的提高和组织规模的扩展,相应地在氏族和部落之上出现了酋邦这种部落联合体。而酋邦"逐渐脱离了自己在人民、氏族、胞族和部落中的根子",转化为社会的对立物,"从一个自由处理自己事务的部落组织转变为掠夺和压迫人民的组织,而它的各机关也相应地从人民意志的工具转变为反对自己人民的一个独立的统治和压迫机关了"〔3〕。由此又导致社会控制和规范方式发生根本性变革,原始习惯风俗逐渐被改造成为具备明确性、主动性,而且调整层次提高、范围扩大、方法复杂,也就是更具有正规性和规范性的社会生活准则和人们行为的规范,这便是最初的法律——原始习惯法。相应地,它被赋予外在并凌驾于社会之上的集团性强制力,由酋邦及其专门的机构和官吏来执行。

原始习惯法在中国原始社会末期,主要表现在以下四个方面:

1. 是确认部落联合体首领或酋邦的酋长拥有超越社会之上权力的习惯法。而这又包括动用"酋邦"集团性的武装力量对周围其他部落或酋邦发动掠夺性战争或自卫性战争(如黄帝对炎帝、黄帝炎帝对苗民的战争,均属于这一性质)以及对酋邦内的"犯罪者"以武力及其他方式加以惩罚,如《左传·昭公元年》所记载的高辛氏时,阏伯

---

〔1〕 恩格斯:"家庭、私有制和国家的起源",载《马克思恩格斯选集》第四卷,人民出版社1972年版,第94页。

〔2〕 在中国古代文献典集中,一般使用"君臣上下"、"尊卑贵贱"等术语表示,如《商君书·画策》就说:黄帝时代始"作君臣上下之义"。

〔3〕 恩格斯:"家庭、私有制和国家的起源",载《马克思恩格斯选集》第四卷,人民出版社1972年版,第161页。

与实沈两部落"居于旷林,不相能也,日寻干戈",后来就被高辛氏分别迁于商丘和唐两地,唐尧虞舜时期则"流共工于幽陵,放驩兜于崇山,迁三苗于三危,殛鲧于羽山","四罪而天下咸服"。[1] 为此,在酋长之下开始设立官职,如《左传·昭公十七年》记载的郯子所说黄帝、炎帝、共工、太皞、少皞分别以云、火、水、龙、鸟师等名官,《尚书·尧典》记载的唐尧虞舜时的"四岳"及其他各官尚有所谓"六卿"等。

2. 以刑罚方式惩罚犯罪的习惯法。如黄帝时期的《黄帝李法》对"穿窬不繇路"的"奸人"处以杀刑的习惯法,唐尧虞舜时代的"象以典刑,流宥五刑,鞭作官刑,扑作教刑,金作赎刑"的习惯法,《尚书·吕刑》所说的苗民所作的"五虐之刑曰法"的习惯法等。

3. 由酋邦酋长通过发布禁令的方式禁绝某些原始习惯风俗,从而形成新的习惯法。原始社会曾广泛存在过以巫史掌管宗教祭祀的习惯风俗,据说到帝颛顼和帝少皞的时候,巫史过度发展,达到了"民神杂糅,不可方物,夫人作享,家为巫史"的程度,这对于酋邦酋长的统治可能造成的威胁应该不小,因此,帝颛顼就发布了"绝地天通"的重大禁令,[2] 也就是命令由重作为主管司天的官吏,管理神事,由黎作为主管司地的官吏,管理人事,以恢复旧制,竭绝神人之间的随意沟通,垄断神权和祭祀权。[3]

4. 设立专门的机关执行习惯法,并形成有关执行程序的习惯法。传说中黄帝时的"白云师"、炎帝时的"西火师"、共工氏的"西水师"、太皞氏的"白龙氏"、少皞氏的"爽鸠氏"、颛顼的"金正"等,固然难以信为确有,但却反映了酋邦中已经开始出现设立专门机关执行习惯法的情形。到唐尧虞舜时代,则明确设立了士作为"主察狱讼之事"的官职。据说当时"作士"的皋陶曾经采用神明裁判方式,借助具有"触不直者去之"特异功能的独角兽"廌"辅助审判,这一传说也曲折地反映了当时有关原始习惯法执行程序的习惯法。

(三)原始习惯法演变为早期国家法

原始习惯法,越是接近原始社会的解体,就越需要依靠正规、系统、周密的阶级或阶层力量的政治实体作为后盾。这样,当原始社会最后和最高级的一种社会组织体及其相应的制度,在中国就是酋邦及有关酋邦的制度被逐渐改造为早期国家及其制度之际,原始习惯法在经历了漫长的量变发展之后,就发生质变,从而被改造为早期国家法。

中国原始社会发展到唐尧虞舜时代就已经濒临彻底解体,那时的酋邦已具备早期

---

[1] 《史记·五帝本纪》。
[2] 《尚书·吕刑》。
[3] 这在商代尚有遗迹存在,如商代的"官刑",就有惩治"巫风"的内容即是。

国家的雏形。至禹任夏酋邦酋长时,已拥有超过以前所有酋长的权力,[1]基本上成为国家形态的最高统治者。至夏禹死亡时,通过"名传天下于益而令启自取之"[2]的方式,传位于其子夏启。夏启在继承王位的过程中,对"干其位"的益"杀之",[3]从而以王位世袭制取代了禅让制,"是代表了新式政治向传统政治的挑战","实质上中原酋邦的最高权力获得了一种正式的合法性标志",因而,"肯定是夏朝国家体制形成的一个非常重要的开端",[4]并因此开创了"天下为私"与"家天下"的先河。

自夏初开始,原始习惯法逐渐得到根本性改造。主要表现在:①在继承其强制性的同时,将这种强制性的源泉由酋邦转移到早期国家,具有了早期国家的强制性质;②在继承其社会性的同时,赋予其阶级性,使之成为反映统治阶级意志和利益的规范;③在保留并发展以习惯作为基本表现形态的同时,又适应新需要,以国王命令和汇编判例为刑书的方式发展出最初的成文法,[5]使之规范化、正规化、系统化。至此,就已经完成了中国法律起源的进程。

三、中国法律起源的特点

1. 中国法律起源时代选择的早熟性、原始习惯法的原生性和发展演变的缓慢性。中国法律起源在时代的选择上具有早熟性的特点。传说中的黄帝以至唐尧虞舜时代距离今天至少已经有四千到五千多年,在这一时期,世界上除了古埃及、古印度和古巴比伦等少数地域和民族开始出现最初的文明和法律之外,大多数地域和民族都还处于原始社会的蒙昧时代,最多也只达到野蛮阶段,而中国已经开始形成了原始习惯法并得到相当的发展。与此相关,中国法律起源因而也便具有原生性的特点,其发展演进则显得十分缓慢,这表现在自其萌生、成型并且演进为早期国家法,至少经历了数十个世纪的岁月,而正是因为有这种发展演进的缓慢性,反过来又促进原始习惯法观念体系的成熟、制度内容的丰富和系统,并且强烈地影响了文明时代中国法律的历史特征

---

[1] 这从《左传·哀公七年》、《国语·鲁语》、《韩非子·饰邪》均载,夏禹在"会诸侯于涂山"时,有"执玉帛者万国";当"防风氏后至,禹杀而戮之"就可得到证明。而夏禹之所以能够拥有如此巨大的公共权力,则显然是因为:①夏初已经开始征收赋税,从而具备了经济强制力作为后盾;②在夏初已经建立起一支在当时来说装备精良、训练有素的常备军事力量,拥有了超经济的强制力量。

[2] 《史记·燕召公世家》。

[3] 《楚辞·天问》。

[4] 谢维扬:《中国早期国家》,浙江人民出版社1995年版,第321~322页。另外,这一点从古代文献典籍的记载中也能够得到证明:①夏初已把"茫茫禹迹,划为九州",并设置九牧作为九州的长官,征收九州的"贡金"铸造象征国家权力的"九鼎"。②《竹书纪年》及其他古代文献都记载,夏初已经有王都"夏邑"在阳城,"它们的壕沟深陷为氏族制度的墓穴,而它们的城楼已经耸入文明时代了"。③《礼记·明堂位》及《尚书·甘誓》等均记载,夏朝已经建立起以"六卿"为主,包括"官百"的中央官僚体制,加上"九牧"的地方官职,则表明夏代已经有了早期国家的管理与政治系统。

[5] 《吕氏春秋·先识览》、《淮南子·氾论训》均说夏之将亡,其太史令终古出其"图法",执而泣之,先奔于商。

和民族特性。

2. 中国法律起源根植于酋邦类型的原始社会,同部落之间的战争活动密切相关;原始习惯法的产生和发展主要选择了确认核心部落的习俗为法律的方式。中国古来有两种关于法律起源的说法,一为基于《易经》"天垂象,圣人则之"思想而提出的"礼法政刑圣人创制"说;[1] 二是"刑起于兵,兵刑同制"[2] 说。这两种说法虽然不足以解释法律起源的根本原因,但是足以用来揭示中国法律起源根植于酋邦类型的原始社会,同部落之间的战争密切相关这一特点。

在中国原始社会后期,传说各部落或部落联合体之间曾频繁地发生战争。[3] 之所以如此,主要是由于在当时的社会形态和发展水平上,通过战争强占土地、掠夺财富、掳掠民人,乃是各部落实现强盛兴旺的捷径,更是部落或酋邦首领树德立威的必然选择。这至少造成了三方面的结果,而且每一种都对中国法律起源产生重要影响。

(1) 部落间的联合主要是通过征伐实现的,由此形成前国家形态下的社会组织模式,也即部落联合成为部落联合体的模式——酋邦模式。[4] 相应地基于酋邦模式的基本政治格局便是征服与被征服、统治与被统治,或者说君与臣的形态。其中居于统治地位的必然是作为征服者的核心部落,在古代文献典籍中一般被称为"中国",而居于被统治地位的则是被征服的部落,一般被称为"四夷(裔)"。社会管理的基本模式

---

[1] 《汉书·刑法志》:"古圣人因天秩而制五礼,因天讨而作五刑";《唐律疏议》:"《易》曰:'天垂象,圣人则之',观雷电而制威刑,睹秋霜而肃杀,惩其未犯而防其未然,平其徽缠而存乎博爱,盖圣王不获已而用之。"

[2] 《辽史·刑法志》:"刑也者,始于兵而终于礼者也。"

[3] 较为著名的比如黄帝与炎帝部落之间的阪泉大战,炎黄部落联合体与蚩尤部落之间的涿鹿之战,尧舜时同苗民之间的战争等。另外,司马迁在《史记·五帝本纪》中则说当时"诸侯相侵伐"。

[4] "酋邦"(Chiedom)概念及其理论是现代人类学家塞尔维斯(E. R. Service)因不满以摩尔根等为代表的古典人类学家的"部落联盟"理论,于1962年率先提出的,后来哈维兰等人类学家进一步发展了这一理论。根据这一理论,在人类社会由野蛮步入文明,形成早期国家的过程中,也就是在原始社会末期,曾存在过"部落联盟"(或氏族)和"酋邦"两种不同的社会组织模式。如果说部落联盟(氏族)模式是由社会性社会(Sociatas,即亲属关系社会)直接进入政治性社会(Civitas,也就是政治或国家社会)的话,那么,酋邦模式却是介于社会性社会和政治性社会之间的一种特殊类型的社会模式,是一种具有过渡性质的"一个特定的社会阶段"。其基本特点就是,"酋邦是家庭式的,但却是不平等的;他们具有中央管理和权威,但却没有政府;他们有对物资和生产的不平等控制,但却没有私有财产、企业家或市场;他们标识出社会分层和等级,但却没有真正的社会经济阶级"。其在社会政治方面,则具有"政治权利集中于一个人(酋长)身上"的特点。另外,"酋邦和由酋邦转化而来的早期国家的形成与发展同征服吞并之间的关系,构成了国家形成的酋邦模式的一个重要特征。拿它同部落联盟模式相比较,可以看到,后者以社会内部的发展为主要内容,外部因素的影响是居次要地位的,同时对武力的使用不明显;而前者则以社会本身向外扩张为主要动因,与外部因素的关系在社会向国家过渡中起主要作用,同时往往伴随着对武力的使用。"参见 E. R. Service, *Profiees in Ethnology*, Harper & Rowr, Publisheas, New York, 1971, p. 24;[美]哈维兰:《当代人类学》,王铭铭译,上海人民出版社1987年版,第467页;谢维扬:《中国早期国家》,浙江人民出版社1995年版,第211~212页。

则是"德以柔中国,刑以威四夷",[1]也就是对核心部落及其成员主要实行德治,德治的规范表现为"礼",由核心部落原有的习惯风俗经过肯定式改造而来,而对于被征服部落及其成员则主要实行威治,威治的主要方法就是以暴力和强制为特征的"兵"与"刑"。"兵"系以集团性武力征伐镇压部落整体性的反抗,"刑"在此专指死刑和肉刑,用以制裁不服从酋邦统治的个别成员的犯罪行为。从这一意义上说,兵、刑既同制又同源。

(2)部落间的频繁战争,促进着部落及酋邦内部统一权力或权威与严格纪律的形成与强化,而战争的技术、组织机制等的发展进步,又对政治组织以及法律的形成与强化,起到了催化和示范作用,这正是古人关于"大刑用甲兵,其次用斧钺,中刑用刀锯,其次用钻笮,薄刑用鞭扑"或者"内行刀锯,外用甲兵"的传说及历史依据。

(3)由于各部落在酋邦内部并无平等地位可言,从而导致在酋邦阶段形成的原始习惯法的主要内容就是通过对核心部落固有习惯风俗加以肯定式改造,对被征服部落原有的习惯风俗加以否定式改造。与此相适应,强调法律在制度层面和观念层面的集中统一、理所当然,而统一的源泉在于核心部落的权威或权力,统一的标准也由核心部落确定,进而使得酋邦的酋长(也就是古人通常所说的"五帝"、"先王"、"圣人"或"圣王"),往往具有凌驾于法律之上的权威,法律本身的力量主要来源于酋邦以及酋长所居的地位。更进一步,蕴含于法律之中的"法"观念虽然也包含着"公平正直"的因素,但却绝对无法舍弃对酋长权力的推崇;虽然也会产生普遍遵循的效力,却无法成为全社会至高无上的准则,使足以成为最高权力掌管者实施统治或治理的工具或手段[2]。这或许就是中国法律在整个古代都体现出集权与专制的深层历史与文化根源。

3.中国法律起源深受血缘宗族机制的影响,从而使得中国法律的产生和发展烙上了血缘宗族制约的明显印痕。世界上各个民族在由野蛮到文明时代的演进过程中,都必须经过财富的积累和集中的阶段,但是采取怎样的方式以及为什么要采取这种方式,却不尽相同。以古希腊、古罗马和苏末为代表的西方文明在形成过程中,主要采取通过技术手段改变自然环境的方式来实现财富的积累和集中,技术、贸易等能够改变自然环境的因素在文明生成中占有十分重要的地位,在文明发展过程中则始终伴随着技术性的突破,因而才被学者们称之为"突破式"的;与此相对应,在中国古代文明生成前后,虽然不能说生产工具、技术手段等没有改变,但至少没有发生根本性改变,却主要依靠部落和酋邦这种具有血缘和宗族特色的社会组织及其机制,同样实现了社会财富的积累和集中,实现了文明的生成,因而被称为"连续式"或"维新式的"[3]。这

---

[1]《左传·僖公二十五年》。

[2] 关于这一点,在中国古代相传非常悠久的、甚至可以说根深蒂固的习惯用语"王法"中就被表现出来。"王"被置于"法"之前,并非简单的文字顺序排列,其实还应该包含着更为深刻的法文化精神。

[3] 参见张光直:"连续与破裂",载《中国青铜时代》,三联书店1983年版;侯外庐:《韧的追求》,三联书店1985年版。

就导致了政治组织和社会管理与血缘宗族组织以及管理的同构,在进入文明时代之后,则呈现为家国相通、家国一体的特征。因此之故,起源时代的中国法律便也必然受到血缘宗族关系的强烈影响,如罪名中的"五刑之属三千,而罪莫大于不孝",[1]刑罚中的"孥戮"、"族株",财产制中的"父母存,不有私财"[2]等即是。

4. 中国法律起源时代所形成的法律,固然可分区为礼、刑两大系统,但礼、刑的分野只是相对的,在深层次上两者又相通相成。与酋邦类型原始社会相适应,起源时代所形成的原始习惯法与早期国家法,都是自然发生的各部落通过相互交往,尤其是通过征服等方式走向统一、实现文明社会控制的结果,其内容包括对内和对外两方面。在对内方面主要表现为选择"礼"的规范,以对同族人"定亲疏,决嫌疑,明是非",[3]"序尊卑、贵贱、大小之位",从而达到"定分止争"、"安上治民"的目的,承担着法律的警示、扼制功能;在对外方面,则主要采用兵、刑的方式镇压和制裁被征服部落及其成员,也就是以兵、刑对付"蛮夷猾夏,寇贼奸宄",[4]达到"威四夷"、"靖四方"的目的,也即承担着法律的制裁功能。但同时,礼、刑又会共同发挥协调和整合社会秩序的作用,两者都属于实现社会控制的工具或者手段,是统治者意志和利益的反映,因而在深层次上当然又是相通相成的,这正是中国古代法律所蕴含的"礼刑合一"精神的历史与文化基因。

第二节 中国法律渊源论

一、中国法律渊源的发展演变

在中国法律渊源[5]发展演变史上,至少存在过三种依次递进的法律渊源体系,相应地也就可以将其划分为三个时代:①习惯法时代,从原始社会末期到春秋时代;②古典成文法时代,从春秋战国时代到明清时代;③近现代成文法时代,从清末到中华民国时代。

(一)习惯法时代的法律渊源

习惯法时代,就是指以习惯法作为唯一的法律渊源或者以习惯法作为法律渊源的

---

[1]《孝经·五刑章》。
[2]《礼记·曲礼》。
[3]《礼记·曲礼》。
[4]《尚书·尧典》。
[5] 法律渊源又称法的渊源,简称法源,在此专指法律的形式渊源或效力渊源,系由法律效力或法律强制力所产生的形式,也就是法律究竟是表现为国家机关创制的规范性文件,抑或是由国家机关使用并认可的习惯等其他形式,更进一步,如果表现为规范性文件,又采取了哪种具体形式。在历史的发展演进中,不同的时代各种具体法律渊源在整个法律渊源体系中所处的地位和相互之间的关系并不相同,相应地就会形成一些独具特色且比较稳定的法律渊源体系。

中心的时代。在中国习惯法时代又可以分为初期阶段和成熟阶段:其中初期阶段就是指在原始社会末期,也就是传说中的黄帝至唐尧虞舜时代,原始习惯法是唯一的法律渊源;成熟阶段则是指在夏商周三代时期,以习惯法作为法律渊源体系的中心,同时辅之以命令性以及判例性法律渊源(刑书)。到春秋时代,随着成文法公布运动的兴起,习惯法时代宣告终结。

1. 习惯法渊源。在习惯法时代,习惯法最初是唯一的法律渊源,但其具体情形在文献典籍中已经很少有记载,不妨存疑勿论。夏商周三代时期,习惯法乃是法律渊源体系的中心,并且适应社会生活的变迁而得到继承和发展。《尚书》的《洪范》、《康诰》、《酒诰》等篇所称的"彝",或许就是夏商两代习惯法的名称。[1] 西周时期,习惯法有了重要发展,除了沿用殷商的"彝"之外,又以周族原有习惯法为基础,吸收夏商两代习惯法的内容,由周公主持,予以整理汇编,实际上就是由国家对有关习惯法予以选择认可,从而形成内容丰富细密、条理清楚明晰的习惯法体系,称之为"周礼"。[2] 这样,习惯法既获得了"礼"这一专用而且正规的名称,又发展到成熟完备的形态。因此,周公制礼乃是中国法律渊源发展史上具有重要意义和深远影响的事件。

周礼涵盖的范围极为广泛,大到国家政事,小到待人接物的生活细节,几乎无所不包。为了运作的方便,自那时起人们对其作了不同种类的划分,因而有"五礼"、"六礼"、"九礼"以及"礼、仪"等。其中"五礼"包括吉礼、嘉礼、宾礼、军礼与凶礼,[3]"六礼"则包括冠礼、昏(婚)礼、丧礼、祭礼、乡礼和相见礼,[4]"九礼"有冠礼、昏(婚)礼、朝礼、聘礼、丧礼、祭礼、宾主礼、乡饮酒礼以及军旅礼。[5] 至于"礼"和"仪"的区分,则是基于"先王之立礼也,有本有文"[6]的说法,将所谓礼之"本",也就是礼的精神原则,称为狭义上的"礼",而将所谓礼之"文",也就是礼的表现形式,称之为"仪"。

2. 命令性法律渊源。在习惯法时代,另外一种法律渊源可以称之为命令性法律渊源,就是国王以及权臣通过颁布命令所形成的法律渊源,其具体名目则有诰、训、誓、命等。其中诰,是国王或权臣在封赠下属官职爵位时就某一方面政务或训诫劝勉而颁布的命令;[7]训,系指国王或权臣对臣民颁布的训导性命令;[8]誓,多"用之于军旅",是

---

[1]《洪范》:"彝伦攸叙";《康诰》:"罚蔽殷彝,用其义刑义杀";《酒诰》:"聪听祖考之彝训"。这里的"彝"均包含有"常理"和"一定的法则"的意思,因而可以视为具有习惯法的性质。

[2]《左传·文公十八年》:"先君周公制周礼。"

[3] 参见《周礼·春官·小宗伯》。

[4] 参见《礼记·王制》孔颖达疏。另外需要特别说明的是,"六礼"这一术语有时又指称婚礼中纳采、问名、纳吉、纳征(纳币)、请期和亲迎等有关程序性的规则。

[5] 参见《大戴礼记·本命》。

[6]《礼记·礼器》。

[7]《尚书》中的《汤诰》、《大诰》、《康诰》、《酒诰》、《召诰》等都属于对有关"诰"词的记载。

[8]《尚书·胤征》:"圣有谟训,明征定保。"《尚书·伊训》:"伊尹乃明言列祖之成德,以训于王。"《国语·周语》:"赋事行刑,必问于遗训。"

指国王或统帅对将士颁布的军事方面的命令;[1]命,是指国王以仪物爵位赐给臣子时所颁布的命令。

3. 判例性渊源与刑书。判例是习惯法时代又一法律渊源。在原始社会末期,对具体案件都由部落或酋邦的酋长亲自裁断。由于酋长是部落或酋邦内唯一不受他人限制而享有绝对权力或权威的人,因而其裁断便不需要客观有形的标准,又不必对此后发生的同类案件具有拘束力。这种裁断既非立法,亦非司法,而仅仅是个别的命令。随后,社会事务日繁,案件增加,部落或酋邦的酋长需要将具体案件交由其助手审断。在此情形下,既为约束助手们,也为取信于民,在审断时就需要创制客观有形的准则,作为裁断依据,而最简捷的途径和方法就是将原来的个别命令性的裁判进行累积整理,选择那些具有普遍意义的裁判并赋予其先例功能,使其对此后发生的同类案件具有拘束力,这就是最初的判例。这种判例在初期应该比较少,后来越积累越多,进入早期国家社会后,夏商周三代在其建立之初,都通过文字将其记录并加以整理汇编,形成判例集。由于所汇编的都是刑事方面的判例,因而便成为最初的刑书。这一过程,就是《左传》所记载的"先王议事以制,不为刑辟……夏有乱政,而作禹刑;商有乱政,而作汤刑;周有乱政,而作九刑。三辟之兴,皆叔世也"。[2]

以判例为实际内容的刑书,在夏商周三代主要就是夏朝的"禹刑",商朝的"汤刑",周朝的"九刑"。这三部刑书的编订,采取了"极刑则雠,雠至乃别"[3]的办法,形成"以例统刑,以刑统罪"的体例,也就是把有关判例集中起来,以刑名为纲,分门别类予以归纳排列,换句话说,就是刑书都以刑名为根据布局名篇,将应判处同一种刑罚的判例排列在同一篇中。其中"禹刑"据说有三千条,分为五篇:墨、劓两篇各有一千条,宫篇五百条,膑篇三百条,大辟篇二百条;[4]"汤刑"所收判例据说只有三百条,但在太甲、祖甲时曾作过修订,[5]此外,商朝还有"官刑",篇目不详;"九刑"以大辟、宫、刖、劓、墨、流、赎、鞭、扑为篇目,"墨罚之属千,劓罚之属千,刖罚之属五百,宫罚之属三百,

---

[1] 《尚书》中的《甘誓》、《汤誓》、《泰誓》、《牧誓》、《费誓》各篇,都是关于"誓"的记载。
[2] 《左传·昭公六年》。这段文字是说,古昔先王时代(按,即原始社会末期,也就是传说中的黄帝到唐尧虞舜时代),评判争讼,都是临时集议,斟酌裁断,尚未编制具有一成不变性质的刑书……到了夏朝初年,为求助益审判,定罪量刑,就整理汇编了判例集,称为"禹刑";商朝初年,为求助益审判,定罪量刑,就整理汇编了判例集,称"汤刑";周朝初年,为求助益审判,定罪量刑,整理汇编了判例集,称为"九刑"。这三部刑书的出现,都在王朝初期。参见蔡枢衡:《中国刑法史》,广西人民出版社1983年版,第119页。其中"先王",当指五帝时代的先王,也就是酋邦的酋长;"议"指评议、评判;"事"或者"事"字的误认,实为古"争"字,义指争讼;"刑"字在这里当系"例"字的省笔,指一成而不变的常制;"辟"字原指审理案件以取信于民,引申指判例集,也就是刑书;"有"与"佑"通,作"助"讲;"乱"借为"断",指裁判;"政"借为"正","正"与"定"通,指定罪量刑;"作"有"增益"之义,引申指整理、汇编。"叔"系"俶"字的省笔,有"初始"之义,可以指初期。
[3] 《逸周书·王权》。
[4] 参见《尚书大传》、《周礼·秋官·司刑》郑玄注。另外,"禹刑"也可称为"夏刑"。
[5] 《史记·殷本纪》记载,太甲在位,曾经"不遵汤法"。《竹书纪年》记载,祖甲二十四年,"重作汤刑"。

大辟之罚,其属二百",[1]总计正刑仍为三千条,但流、赎、鞭、扑各篇的情形则无法详知了。至于周穆王时的《吕刑》,当系就赎刑编就的刑书,其篇目也不详。

(二)由习惯法时代到古典成文法时代的变革

春秋时期,王室衰微,礼乐征伐自诸侯出,甚至于陪臣执国命,"礼"的地位和作用下降甚至被废弃,而在习惯法时代仅处于辅助地位的命令性渊源与判例结合起来,在各诸侯国逐渐发展成为成文法,并公之于众,成为占主导地位的法律渊源。到战国时代,则更进一步进入古典成文法时代。这无疑是中国法律渊源发展史上的重大变革。

1. 制定法的产生。春秋时代,以齐桓公、晋文公为代表的霸主们为巩固权位,确保权威,首先从命令性法律渊源中衍化出"盟约"形式的成文法令。其著名者先有齐桓公三十五年(公元前 651 年)大会诸侯而订立的"葵丘盟约",[2]后有晋悼公十一年(公元前 562 年)会诸侯而订立"亳城盟约"。[3]但因当时的霸主地位尚缺乏长期稳定性,因而这种法律渊源没有能够得到进一步发展。

随着国君权力的强化,各诸侯国开始制定专门单行法令或对原有的刑书予以改造,从而衍化出成文法的雏形。就前者而言,有楚文王时的"仆区之法",[4]庄王时的"茆门之法";[5]宋国在公元前 564 年,"使乐遄庀刑器";[6]卫灵公时有"窃驾君车者,罪刖"的法令;[7]越国在勾践时制定法规:"令壮者无取(娶)老妇,令老者无取壮妻。女子十七不嫁,其父母有罪,丈夫二十不取,其父母有罪"。[8]就后者来说,晋国最具典型性。晋文公四年(公元前 633 年)修订原来的"唐叔之法"为"被庐之法"。[9]晋襄公七年(公元前 621 年)赵宣子(赵盾)"始为国政,制事典,正法罪,辟狱刑,董逋逃,由质要,治旧洿(污),本秩礼,续常职,出滞淹。既成,以授太傅阳子与太师贾佗,使行诸晋国,以为常法"。[10] 这已经具备了成文法的雏形,其体例则采用了"以罪统刑"的样式:"正法罪者,准所犯轻重,预为之法,使在后依用之也";"辟狱刑",则是规定审理案件的规则;"董逋逃",系督捕逃亡的规定;"由质要",乃"断争财之狱,用契券

---

[1] 《尚书·吕刑》。

[2] 《孟子·告子》载其内容为:"初命曰:诛不孝,无易树子,无以妾为妻;再命曰:尊贤育才,以彰有德;三命曰:敬老慈幼,无忘宾旅;四命曰:士无世官,官事无摄,取士必得,无专杀大夫;五命曰:无曲防,无遏籴,无有封而不告。"

[3] 《左传·襄公十一年》载书曰:"凡我同盟,毋蕴年,毋雍利,毋保奸,毋留慝;救灾患,恤祸乱,同好恶,奖王室。或间兹二国之祖,明神殛之,俾失其民,坠命亡氏,蹐其国家。"

[4] 《左传·昭公七年》记载其内容为:"盗所隐器,与盗同罪。"

[5] 《韩非子·外储说右上》记载其内容有:"群臣大夫,诸公子入朝,马蹄践霤者,廷理斩其辀(小车居中弯曲的车杠),戮其御。"

[6] 《左传·襄公九年》,其中"庀"字读作 pī,有制作之义。这句意思就是使乐遄制作刑器。

[7] 《韩非子·说难》。

[8] 《国语·越语》。

[9] 《左传·僖公二十七年》。

[10] 《左传·文公六年》。

正定之也"。嗣后在晋平公时,又由范宣子(士匄)对这部"常法"予以修订,这就是后来晋国赵鞅、荀寅通过"铸刑鼎"方式公布的刑书。

2. 成文法的公布。春秋时代最初出现的成文法,仍由官府掌管,没有向全社会公布,因而只是法律渊源变革的第一步。到春秋后期,晋、郑等国率先将制定法公布于全社会,结束了法由官守,民不知辟的法律秘密传统,则是法律渊源变革的第二步,这也就标志着古典成文法时代的序幕已经揭开。

(1)在郑国,执政子产于简公三十年(公元前536年)进行内政改革,完成"作封洫"、"作丘赋"后,即"铸刑书于鼎,以为国之常法",[1]这是中国历史上第一次公布制定法。此后不久,主张"事断于法"[2]的大夫邓析私自编写了一部刑书,刻于竹简上,史称"竹刑"。"竹刑"在公开传播上,显然要比"铸刑书于鼎"方便、广泛的多,而且其内容很可能更切合时势发展的需要,这样,到郑献公十三年(公元前501年),尽管继子产执政的驷歂"杀邓析",然而却"用其竹刑",[3]使"竹刑"成为郑国的刑书。

(2)在晋国,顷公十三年(公元前513年)冬,"赵鞅、荀寅率师城汝滨,遂赋晋国一鼓铁,以铸刑鼎,著范宣子所为刑书焉"。[4]

围绕公布成文法,当时发生了激烈的争论。其中子产铸刑书后,晋国的大夫叔向和士文伯均予以批判。士文伯主要从铸刑书违背传统的角度,指责这必将导致灾难发生,"火见,郑其火乎?火未出,而作火以铸刑器,藏争辟焉。火如象之,不火何为?"叔向则专门致信子产,从三个方面批评铸刑书不仅变革旧制,废弃传统,而且将导致"郑其败"的结局:首先,叔向强调,铸刑书使"民知有辟,则不忌于上";其次,既然民"不忌于上",则"并有争心",而且可"以征于书,而侥幸以成之",这必将使国人"弃礼而征于书,锥刀之末,将尽争之",最终导致"乱狱滋丰,贿赂并行";再次,这正应了"国将亡,必多制"的说法。总起来说,叔向对子产铸刑书这种做法表示极度失望。对叔向的批评,子产仅以"吾以救世"的理由回绝,[5]而在晋国的赵鞅、荀寅铸刑鼎之后,儒家始祖孔子提出了批评。孔子主要是从晋国应遵守祖先自周初分封之时所传下来的传统"法度",才能保持其"贵贱不愆"的礼制,以"经纬其民",使民能尊贵,贵能守业,晋文公在被庐修订这个法度,从而建立了霸业来立论,认为赵鞅、荀寅之铸刑鼎,一则废弃了传统"法度",使"民在鼎矣,何以尊贵?贵何业之守?贵贱无序,何以为国?"二则刑鼎上所铸范宣子所为的刑书,属于晋国的"乱制",怎么可以依此作为"法"呢?[6]

公布成文法作为中国法律渊源发展史上的重大变革,其重要意义至少有两个方

---

[1]《左传·昭公六年》杜预注。
[2]《邓析子·转辞》。
[3]《左传·定公九年》。
[4]《左传·昭公二十九年》。
[5]《左传·昭公六年》。
[6]《左传·昭公二十九年》。

面：①开创了"法者，编著之图籍，设之于官府，而布之于百姓也"[1]的法律渊源新格局，为古典成文法时代的到来奠定了历史基础。受其影响，在春秋战国之际，制定颁行单刑法令以及编纂法典已蔚然成风，齐国有《七法》、《守法》、《田法》、《库法》、《市法》、《李法》等，赵国有《国律》，韩国有《韩符》，楚国有《宪令》，在魏国有《户律》、《魏宪》等，至战国初年更有李悝"撰次诸国法"而著《法经》，商鞅转而相秦，制颁《秦律》，开创了古典成文法时代以及法典编纂的律统时代的先河。②结束了法律秘密与神秘状态，既为"权柄移于法"[2]提供了一次契机，又为法律职业人阶层的产生和发展提供了一次机缘，更为法学本身的繁荣昌盛奠定了历史和技术基础，只是后来的历史发展使得中国在当时错过了这样的契机或机缘。

(三) 古典成文法时代的法律渊源

古典成文法时代绵延两千多年，其法律渊源体系的主体固然是成文法，但一方面，自习惯法时代传承下来的习惯法、判例等，虽然退居次要地位，却仍作为不成文法而成为法律渊源体系的构成部分；另一方面，成文法自身在这一时代又变化多端，呈现出丰富多彩的特色。

1. 成文法渊源。在古典成文法时代，历代都十分重视编纂法典或制定其他成文法，但其编纂既重视体例名目的相因相循，又强调取适于时而加损益，从而使得成文法的体例名目既有陈陈相因的方面，又存在变化不居的因素，呈现出复杂多样而又有迹可循的特点。约略而言，战国时代古典成文法体例初创，虽有法、令、宪诸名目，但体系尚较为紊乱；秦汉则初步形成以律、令为主的体系，而辅之以式、比等名目；南北朝时，律、令之外，又创格、式；至隋唐定制，其体系由律、令、格、式构成，但敕又露其端倪；五代两宋，律、令、格、式之外，尤重编敕，始创编例；元朝则以条格为主，另有诏制、典章、断例诸名目；明清两代，律名恢复，而又重例，且至律例合编为统一法典，但明之大诰，又出律例之外。其间既有名同义异者，亦有名改实因者，若要条分缕析，巨细无遗地加以介绍，至为困难，亦无必要。故而在此仅以性质相近者，略分序次，大体分为具有基本法典性质之律、令，具有命令法性质的格、式、敕，偏重判例性质的科、比、例等三类，汇总分述。

(1) 具有基本法典性质的律、令。古典成文法时代，比较确定一致且大体具备成文法典性质，略近似于近现代意义上的基本法典的，主要有律、令两种[3]。

第一，律。在古典成文法时代，律系成文法渊源的主干，虽历代名目稍有改易，但

---

[1] 《韩非子·难三》。
[2] 《左传·昭公六年》孔颖达疏。
[3] 在此，之所以没有径用"基本法典"概念而是使用"具备基本法典性质"的表述，主要基于以下理由：一方面，古代的律或另易其名，如五代宋元便有所谓"刑统"、"条格"的名目，令或各别其制，如秦汉之令与后来的令便不尽相同，律令有时又与格、式合编为统一法典，例也曾附之于律而以律例合称，如清代的《大清律例》。另一方面，古代法典毕竟与近现代意义上的部门法典难以完全等同，故而选择具备基本法典性质的表述可能更合适一些。

大致以"罪名之制"为范围,以"正刑定罪"为功能,因而可以说属于刑事法典范畴,不过由于其间并无实体法与程序法之分,故大致相当于近现代刑法典与刑事诉讼法典的综合。

律本来是指以均钟(古代用来调节音律的工具)调节音律,以"均布节气","调均出度",进而"范天下之不一而归于一",[1] 后来又引申指军法,[2] 更进一步引申指规则、准则或常法,即一般意义上的法令,[3] 其作用在于通过"累人心使不得放肆"[4] 而"定分止争"。[5] 战国初期的《法经》虽系"罪名之制"的法典,但尚未用"律"为名;战国中期,商鞅在秦国变法,方始"改法为律",[6] 此后各代基本上都以"律"作为刑事法典的正式名称。

秦汉时期,一则制律繁多,既有律典,如《秦律》、汉《九章律》等,又有单行律条;二则律的内容虽以"正法罪"或"罪名之制"为范围,但与其他法律渊源的界限并不十分明确。故而在一方面,"礼与律之别犹不甚严","礼仪与律同录,藏于理官","朝觐宗庙之仪,吉凶丧祭之典,后世以入礼者,而汉时则多属律也";[7] 在另一方面,受"前主所是著为律,后主所是疏为令"[8] 观念的影响,律、令之分也不尽严格。

魏晋时期,制定律典既"都总事类,多其篇条",律学研究也重视法典分类以及编纂体例等纯技术的探讨,强调"慎其变,审其理"。[9] 受其影响,相应的"礼"中关乎罪名者,均被纳入"律"中,礼、律间的区别已趋于明确。同时,自杜预提出"律以正罪名,令以存事制"[10] 的标准以后,律、令之间的划分,也趋于严格,故而在晋代编纂律典之时,对那些虽属当时"未宜除者"而"太平当除"的内容,采取"不入律"的态度,而仅仅是"权设其法",为方便起见"悉以为令"。[11] 嗣后,律就专指刑事基本法典,单行法律不再用律之名。

隋唐时期,律列四种成文法律渊源的首位,其内容及作用仅在"正刑定罪",故而有"邦国之政,必从事于"令、格、式,"其有所违及人之为恶而入于罪戾者,一断以律"的结构,在性质上仍属刑事基本法典。但自唐宣宗时命张戣编定《大中刑律统类》开始,沿及五代两宋,刑事法典多称为《刑统》,至其内容,则仍以律典为主,而将敕、令、格、式中有关刑名者,分门别类予以汇编,律的性质地位并无改变。

---

[1] 参见《说文》"律"字释义以及清人段玉裁注。
[2] 《易·师卦》:"师出以律。"
[3] 《正韵》:"律吕万法所出,故法令谓之律。"
[4] 《释名·释典艺》。
[5] 《管子·七臣七主》。
[6] 《史记·商君列传》。
[7] 程树德:《九朝律考·汉律考》,中华书局1963年版。
[8] 《汉书·杜周传》。
[9] 《晋书·杜预传》。
[10] 《太平御览》卷六三八引杜预《律序》。
[11] 《晋书·刑法志》。

元代初年,曾沿用金国的《泰和律》,世宗至元八年起禁止再用金律,嗣后即无律典之编纂,不过在事实上则"取所行一时之例为条格而已",[1]作为刑事法典,与律名异而实同。

明清两代,既然恢复律的名称,律的地位与性质当然也全部恢复,律典实际上就是刑事法典。

第二,令。令在古典成文法时代的前期,是仅次于律的法律渊源,至后期则逐渐沦为末节,甚至被完全废弃,其间变化,较律更为明显。

令之本义,指发号施令,"集而为之节制也",[2]也包含"理领使不得相犯"[3]的意思。战国中期,商鞅相秦,"不法其故","不循其礼",为推行变法措施,开始颁行一系列单行法律,称之为"令",受此影响,诸侯各国多有以"令"作为单行法规名称者。

秦汉时期,令与律并列,称为"法律令",两者区别并不严格。秦统一之初,曾定制以皇帝之"命为制,令为诏",但其实都属于广义上的令。汉代开始制定颁行大量的令,涉及范围十分广泛,于是不得不对其加以整理汇编,具体方法就是按照顺序分为"令甲"、"令乙"、"令丙"等;至于令的性质与地位,则受"天子诏所增损,不在律上者为令"[4]以及"前主所是著为律,后主所是疏为令"观念的支配,纯属律的补充或解释,起补充或辅助律的作用,故当时仅有单行的令,尚未编纂统一令典。

曹魏明帝时编纂《新律》,开始对律、令关系进行整顿。一则将原属于"令"的部分内容以"都总事类,多其篇条"为由,纳入律典中;二则对"旧律(按:即指汉律)犹著其文"而实则形同"虚设"的部分内容予以删除,但又"取其可用合科者,以为邮驿令;上言变事,以为变事令",[5]同时还编定有《州郡令》四十五篇,《尚书官令》、《军中令》等共一百八十余篇。至此,令的意义既接近"存事制",令的表现又具备法典的雏形。西晋编纂《泰始律》,对"前代律令本注繁杂"的部分,除了"蠲其苛秽"外,"其余未宜除者,若军事、田农、酤酒,未得皆从人心,权设其法,太平当除,故不入律,是以为令。施行制度,以此为教,违令有罪则入律。"[6]这就既确定了"令以存事制"的地位与性质,又使令具备了法典的形式,成为律典之外的又一具备基本法典性质的法律渊源。嗣后的南北朝大体均沿用西晋的体制。

隋唐两代,令与律、格、式并列为基本性法律渊源,每次制颁律典,同时又编制令典,其性质系国家机关组织编制以及国家管理制度的规范性规定,内容包括"尊卑贵贱

---

[1] 《元史·刑法志》。
[2] 《说文》段玉裁注。
[3] 《释名·释典艺》。
[4] 《汉书·宣帝纪》文颖注。
[5] 《晋书·刑法志》。
[6] 《晋书·刑法志》。

之等数","国家之制度",[1]作用或功能在于"设范立制",使从事"邦国之政"有所规范。至五代时期,大致仍用唐的令典。

宋代开始,令的地位出现下降趋势。宋初曾沿用唐代的令典体制,到神宗时更定法律体系为敕、令、格、式,并力图重新确定敕、令的区别:"禁于已然之谓敕,禁于未然之谓令","丽刑名轻重者皆为敕","约束禁止者皆为令",但实际上并未能全然划清其间的界限,而敕、令的混杂更导致敕的地位上升,令则逐渐沦为末节。此后,元朝更以令的内容入格,使得令的独立地位丧失;明初虽然制颁《大明令》一百四十五条,但即使在明代也已多有散佚,其不受重视明显可见;至清代不再制颁令典,令已被全然废弃。

(2)具有命令法性质的格、式、敕。在古典成文法时代,格、式、敕虽然也系成文法渊源,但属于命令性质的法律渊源,然而其效力往往等于甚或高于律、令。其中东魏、西魏分别编定格、式,开编纂命令性法律渊源为法典的先河,唐宋则又有编敕,其影响也主要在南北朝到隋唐时期。

第一,格。格渊源于曹魏之科,北魏改科为格,东魏更编有《麟趾格》,格居于法律渊源的主体地位。隋唐以格与律、令、式并列,实则是对皇帝制敕的整理汇编。元代以条格为基本法典,取律之名而代之。明清两代,例的兴起,使格衰而不闻。

曹魏时有科无格。至北魏武帝泰昌元年(公元523年),以律令"历世永久,实用滋章,非所以准的庶品,堤防万物"为由,"取诸条格,议定一途,其不可施用者,当局停记。新定之格,勿与旧制相连",[2]制定了《泰昌条格》。其后东魏于孝静帝兴和三年(公元541年),"于麟趾殿议定新制,甲寅,颁于天下",[3]称为《麟趾格》,"遂为通制,官司施用",系当时成文法的主体。北齐初期,尚加沿用。但到《北齐律》完成之后,就改变了以格代律的做法,然而对于"律无正条者","遂有《别条权格》,与律并刑",以辅助律典。[4]

隋唐时代,"律、令、格、式并刑"。就格的形成程序、效力而言,"盖编录当时制敕",也就是对皇帝临时发布命令性质的制敕加以编录整理,使之"永为法则,以为故事";[5]格的作用在于"禁违止邪"。[6]另外,唐代的格又分为留司格与散颁格两种,其中留司格系编录有关尚书省诸曹日常公务的规则,故"但留本司",不必颁之天下;

---

[1] 《新唐书·刑法志》。另外,在《唐六典·刑部》中提到唐开元年间的令典有二十七种:《官品》、《三师三公、台省职员》、《寺监职员》、《卫府职员》、《东宫、王府职员》、《州县镇戍岳渎关津职员》、《内外命妇职员》、《祠》、《户》、《选举》、《考课》、《宫卫》、《军防》、《衣服》、《仪制》、《卤薄》、《公式》、《田》、《赋役》、《仓库》、《厩牧》、《关市》、《医疾》、《狱官》、《营缮》、《丧葬》、《杂令》。
[2] 《魏书·出帝纪》。
[3] 《魏书·孝静帝纪》。
[4] 《隋书·刑法志》。
[5] 《旧唐书·刑法志》。
[6] 《新唐书·刑法志》。

散颁格乃编录有关天下臣民应该共同遵行的规则,故需"颁之天下"。[1] 格既是对皇帝临时制敕的编录,为求内容协调统一,每隔数十年或数年就需要重新编定,而其效力往往超过律令。这种制度,直到五代,仍加沿用。

宋代敕既极受重视,格遂与敕分离,所谓"设于此以待彼之谓格",其内容似仅局限于"有等级高下者",如"命官之等十有七,吏、庶人之赏等七十有七,又有倍、全、分、厘之级凡五等"。[2] 这就与唐代格有了巨大差别。

元代法典直接称为条格,其义相当于其他朝代的律典。条格之外,又有"宏纲"、"通制"等名目,其实与条格并无本质上的差异。条格的内容系取有关格例条画整理汇编而成,但却处于法律渊源的主体地位。此后明清两代,格已废而不用。

第二,式。在古典成文法时代,式始于秦汉,至南北朝晚期,西魏曾编定法典称《大统式》;隋唐时期,式与律、令、格并列,沿用至两宋。元明清各代,式已无独立地位,遂被废弃。

式原本有规矩、法度等意思,在先秦时期,尚未专指某种法律渊源,战国时秦国已经有《封诊式》,内容既有鞫狱讯囚的规则,又有现场勘验与法医鉴定的准则,还有司法文书尤其作为笔录的"爰书"的格式,是最早以式专指法规名称者,但究竟是否独立法律渊源,则仍应存疑。至汉代,则有所谓"品式章程",[3] 其中品式系包含品评等级高下内容的规则、法式,章程则是规定"百工用材多少之量及制度之程品",或谓当系"历数之章术"与"权衡丈尺斗斛之平法",[4] 也就是技术性的规程。此后直至魏晋时期,式一直没有与律、令等并列,含义也比较模糊。

南北朝时期,西魏于文帝大统年间,由尚书苏绰"总三十六条,更损益为五卷,谓之《大统式》",并颁行天下,直到北周初年,尚加行用。但这部法典名虽称式,实则同于条格,为代行之律典。

隋唐时期,式与律、令、格并列,数经编定,其内容虽然源于帝王敕令,但所规定者都是百官有司"所常守之法",[5] 即国家机关的公文程序和活动细则,作用在于"轨物程事",略近似于现代的吏制法及其实施细则。

宋初尚沿用唐制,至神宗改制,重新界定敕、令、格、式,所谓"设此以使彼效之"者为式,具体包括政事活动中所使用的表奏、账籍、关牒、符檄等"有体制模楷"者,也就是有固定格式的公文程序。但宋代以后,元明清三代就不再使用式的名称了。

第三,敕。古典成文法时代,敕作为成文法渊源,始于唐而盛于五代两宋,元明清则不复存在。

---

[1] 《旧唐书·刑法志》。
[2] 《宋史·刑法志》。
[3] 《汉书·宣帝纪》:"品式具备。"
[4] 《诗经·鲁颂》疏。
[5] 《新唐书·刑法志》。

敕，原本是指自上命下、以尊命卑的诫命。汉代已经有以敕解决法律问题之事例，[1]南北朝时期，敕开始逐渐专指皇帝的诫命，但在唐代以前，敕尚未作为正式的成文法渊源的名称。

唐代正式法律渊源为律、令、格、式四种，但其中的格、式，尤其格，系汇集帝王敕命而编成，格的编定，实际上就是编纂修订可以永久相承的敕命为"永格"，也就是永久可以施行的格。敕既然是帝王令，又为格、式的实际渊源，因而被称为制敕，又称格敕，其效力虽受"不为永格者，不得引为后比"的限制，但却可以"制敕断罪，临时处分"。[2]玄宗开元年间，"以格后制敕行用之后，颇与格文相违，于事非便"为由，"令所司删撰《格后常行敕》六卷，颁于天下"；[3]是后，在宪宗、文宗时又相继编纂了《开元格后敕》、《太和格后敕》，这表明唐已经以敕作为正式的法律渊源，开始编敕，惟当时的编敕只是临时汇订，缺乏系统整理，在形式上敕被视为格的补充。

五代编敕开始盛行，沿及两宋，编敕特别盛行。宋初在编订《宋刑统》的同时，即有《建隆编敕》，敕已独立于格之外，与律、令、格、式并列。但在北宋前期，编敕虽多，而敕至少在形式上不过仍系律的补充，至神宗熙宁年间王安石变法，为推行新政，断然确定，"凡律所不载者，一断以敕"，且"更其目曰：敕、令、格、式，而律恒存乎敕之外"，并对这几种法律渊源重新界定："禁于已然之谓敕"，其范围则"凡入笞、杖、徒、流、死，自《名例》以下至《断狱》，十有二门，丽刑名轻重者，皆为敕"。[4]这就使敕的地位和效力高于令、格、式，甚至形成"以敕破律"的趋势，但至少在南宋宁宗以前，敕仍属补律之未备与未详，救济律之偏颇，变律之僵化的成文法渊源。南宋宁宗以后，敕又受到例的影响，地位下降，到元代已无敕的名目，明清时期，虽有敕名，但却仅仅用于皇帝嘉奖褒誉臣民之事，既无独立地位，亦非成文法渊源。

(3)偏重判例性质的科、比、例。古典成文法时代，科、比、例等虽然带有明显的判例性质，但却先后由国家编定为统一的规范性文件，具备"编著之图籍，设之于官府，而布之于百姓"的特征，因而属于偏重于判例性质的成文法渊源，至少与格、式、敕交互盛行，具同等重要的意义。

第一，科。科名出现于两汉，至三国时期则有科令作为法规之名称，其后南朝相沿有科之编纂，北朝至北魏末年，改科为格，科名开始废而不用。

科本指程量、程品，包含有法式之义。在法律上使用科的概念，则与课相通，指"课其不如法者，罪责之也"，[5]简称为科罪，后来也泛指法令条文，如科条，这在两汉时代就已经出现。前者如《汉书·冯野王传》所称的"一律两科"，就是指既可依据律来断

---

[1] 《汉书·平帝纪》：元始四年，"明敕百僚，妇女非身犯法及男子年八十以上七岁以下，家非坐不道，诏所名捕，他皆无系"。
[2] 《唐律·断狱》。
[3] 《旧唐书·刑法志》。
[4] 《宋史·刑法志》。
[5] 《释名·释典艺》。

罪,也有舍律而科罪的情形;后者如《后汉书·张敏传》所说的"轻侮之比,寝以繁滋,至有四五百科",而东汉时的"申明科禁"、"校订科比"、"宜纠增旧科"等建议与"删定科条"等事实,都是从泛指法条的意义上而言的。

东汉末年,曹操辅政,因"难以藩国改汉朝之制",便采取变通措施,制定新法直接称之为《甲子科》,使科不仅存于律外,而且有临时改律之义。这时的科,实际上具有临时法条或条例的性质,略近于条格。曹魏之外,蜀国定有《蜀科》,吴于黄武五年(公元226年)"尽写科条"以补充律的不足。但到魏明帝制定新律典时,已将科中有关内容纳入律中,律外已无独立的科,这种情形延续到两晋。

南北朝时期,南朝刘宋虽有"民杀长吏加重"之科,但应属律内之科。至萧梁制法,"取故事之宜于时者为《梁科》"四十卷,南陈由范泉编定《陈科》三十卷,则是直接以科作为法典名称;至于北朝各国,承用魏晋以科入律体例,律外即无所谓科,到北魏末年则以格代科,至此,科作为成文法渊源即告结束,但作为以律科罪或舍律科罪意义上的科,在其后各代始终存在。

第二,比。比,本指二者相亲密,后来引申,则有类、同、近、合、附等义。作为法律上的概念术语,早在西周时就已经使用了比,到古典成文法时代,汉代开始在律令之外,编制决事比,使比成为正式法律渊源种类;曹魏明帝时编制新律之后,就不再以比作为正式法律渊源,但自晋至隋,比附之事依然存在,唐代比附受到严格限制,宋元明清因有例而较少使用比附。

比出现于西周,《吕刑》即有"上下比罪"之说,[1]其后的《礼记·王制》也有"必察小大之比以成"的说法。战国时代,秦国已经有以律比附之事,[2]汉初于高祖七年(公元前200年)确定奏谳制,规定:"狱之疑者……廷尉所不能决,谨具为奏,傅所当比律令以闻"[3]。这里的比,就是对律无专条者,取律令中最相近似的条款比拟定罪。最初,比附程序较为严格,必须奏请皇帝裁决方可,后来因比附之事渐多,其制亦稍见松弛,不必具奏上闻,就可以成案作为先例,定罪量刑,这就是所谓"奸猾巧法,转相比况"、"奇请他比,日益以滋"。比附之事往往又生比附之例,编于典籍,著于图册,可为后来判决依据者,就称之为决事比或比例。汉武帝之后,仅死罪决事比就多达一万三千四百七十二事,结果是"文书盈于几阁,典者不能遍睹",[4]到汉宣帝时又由廷尉于定国删削整理为三千四百七十二事。[5]东汉章帝时,司徒鲍昱因见"比例轻重,非其

---

[1] 清人王巨源对此解释为:"刑如律,比如例。上下比罪,谓于法无此条,则上下比其轻重,然后定其轻重之法。"

[2] 《云梦秦简·法律答问》中有关"比"达十一处之多,如"臣强与主奸,何论?比殴主"。显然属于比附之事。

[3] 《汉书·刑法志》。

[4] 《汉书·刑法志》。

[5] 《魏书·刑罚志》。

事类,错杂难知",乃"奏定词讼比七卷,决事都目八卷,以齐同法令,息遏人讼",[1]实际上就是决事比。后来在安帝、献帝时,先后又由陈忠、应劭撰具决事比或决事比例。总之,汉代的比虽然屡经编纂,却仍常有"错糅无常"之弊端存在,其根源即在于比附之事不断出现,相应的决事比就不但会破律,甚至会破例。

曹魏代汉,最初仍有决事比存在,但经编定律典,尤其经过西晋制颁《泰始律》之后,比作为独立法律渊源已不存在,但以律比附之事却仍存在,不过这时已视其为"无常之格"。[2] 其后,直到清朝,各代律典大都有关于比附的规定,最晚从唐代开始,律典又严格比附之制,特别是严禁辄引比律,致出入人罪的出现。

第三,例。例作为法律渊源,可远溯夏商周三代之刑书。进入古典成文法时代后,先是在秦有廷行事,后则继之以汉魏晋至南北朝之故事,都是有例之实而未用例之名;唐及五代,例渐兴起,两宋开始重例且予以汇编,称为编例;元代更以断例列入法典之中;明代例虽列于律典之外,但已律例并称;至清代更以律例合编为统一法典。但总的说来,均系根植于成文法的判例,这正是中国古典成文法时代例的特点。另外,例与比较为相近,然比系以律文作为比附的依据,而例则以已有之成事作为标准,两者区别亦极为明显。

古典成文法时代初期,战国时的秦国就已经有廷行事,系法庭审判所应遵行的判决例,当存在于律令之外,不过当时并无专门汇编整理。[3] 汉代以比为重,例当统于比中,比之外实无独立的例,但史书记载的《廷尉决事》、《武帝故事》、《建武故事》、《永平故事》、《马将军故事》,显然都是取已有成事为法,而非指比附律文,则其与例之意义及机制相同。西晋定律同时,"其常事品式章程,各还其府,为故事",[4]又直接使用故事之名。[5]

唐代定律,明确规定"诸断罪皆须具引律、令、格、式正文",对律无正条者采举重以明轻与举轻以明重的方法断罪量刑,在理论应绝对排斥例的存在。高宗时详刑少卿赵仁本曾自撰《法例》三卷,"引以断狱,时议亦为折衷",但高宗却以其"烦文不便",有违"律、令、格、式,天下通规",且"致使触绪多疑"为由,"废而不用"。[6] 现无法知道赵仁本的《法例》究竟是凡例性质抑或是断例性质。不过,自唐中期开始到五代,尚书省、刑部、大理寺等机构,对于法条经常发布一种临时指令,称为"指挥",久而久之,各

第二节

---

[1] 《东观汉纪·鲍昱传》。

[2] 《晋书·刑法志》。

[3] 参见《云梦秦简·法律答问》。

[4] 《晋书·刑法志》。

[5] 此外,惟须注意者,曹魏定律时,对"律令中有其教制,本条无从坐之文者",规定都由《免坐律》取法,而该篇律文则系所定免坐之"由例";晋代制定《泰始律》,明列《法例》篇,北齐时将其与《刑名》合为《名例》,历代相沿,但这种例应该属于凡例意义上的例,也就是律内之例,与作为独立法律渊源的例显然不同。

[6] 《旧唐书·刑法志》。

机构即可据之处理同类案件，从而使得指挥相当于判例，但这时尚未对指挥予以编纂，而断例也未曾出现。

两宋时代，对例开始系统编纂。北宋时既有断例出现，又承中唐五代的指挥，且日积月累，条数既多，所以在神宗熙宁年间开始编定《熙宁法寺断例》，后又相继编定有《元符刑名断例》、《元佑断例》、《崇宁断例》等，但因当时特重敕的作用，故"不得用例破条"，[1]循为定制。南宋建立后，因法典散佚殆尽，为应急需，由胥吏所记省之断例便同时援用，而高宗之时，秦桧专权，常用"都堂批发、指挥"行事，杂入吏部续降条册中，修订官吏忌于秦桧威权，不敢删削，致使指挥等同于成法。孝宗以后，将指挥编入敕令格式中，对断例又单独编纂，从而使例的地位较前大为提升。

元代法律渊源中，特重条格，但系"取一时之例为条格而已"，因此在几部法典中，断例所占比重很大，条格也可称为格例。这或许又开明清律例合编之先河。

明初定律，太祖遗令子孙世世遵守，内外臣工，均不得妄议增改，同时又全面废除"榜文禁例"，[2]但却造成律典在数百年间不得修订，难免僵化的弊端，因而不得不用例对律予以变通，然终于导致以例破律。明代的例分为两种：一为与律并行之例，另一为临时权宜之例。[3] 与律并行之例主要包括赎罪例和问刑条例，其中赎罪例始创于太祖洪武年间设定赎罪事例，后来则随时编制，与律并存并行，但表面上仍属权宜之例；而问刑条例的编制则在明朝中期，由于律典颁刑已经百多年，"用法者日弛"，遂于孝宗弘治年间，对用以惩治所谓"法外遗奸"而推广之例，加以编定，取其经久可行者二百九十七条，编为《问刑条例》，通行内外，世宗嘉靖年间又加增订。到神宗万历二年（公元522年）始将律例合并颁行，首列《大明律》，次为《问刑条例》，并附以嘉靖三十三年后未经补辑的各种条例，这就初步形成了律例合编体例，其中律为正文，例为附注。

清朝自始即采律例合编的法典编纂体例。顺治三年（公元1646年）颁布的首部法典就称之为《大清律集解附例》。自那时起，又颁发各种条例，到顺治十七年又将这些条例与《盛京定例》、《刑部定例》分别增入律典之中；到康熙十八年完成《现行则例》，雍正三年颁行《大清律集解》时，律后附例有八百二十四条，分为原例、增例、钦定例三种。然而，例虽编入律典，然在律典之外，却相继有所增加，因此便不断对律中所附之例加以修订，至乾隆五年（公元1740年）颁行《大清律例》时，例已增加到一千四百一十二条。同时，有鉴于"例遂愈滋繁碎，其间前后抵触"，以至于"辗转纠纷，易滋高下"

---

[1]《宋史·刑法志》。

[2]《明史·刑法志》。

[3] 临时权宜之例主要有太祖时附入律典中的条例，成祖时的《徒流罪条例》，宣宗时的《贵州土人断罪例》，英宗时的《诬告反坐例》、《枉法赃充军例》、《盗掠银矿新例》，景帝时的《复议女不孝旧例》，宪宗时的《讳盗罪例》、《挟诈得财罪例》，孝宗时的《亲属相奸罪例》、《老幼废疾犯罪充军例》，武宗时的《子弟殴父兄罪例》，世宗时的《伪茶谪戍例》，穆宗时的《买休卖休例》，神宗时的《广东盗珠罪例》、《省刑条例》等。

的弊端需要克服,遂于乾隆十一年定制,对于例"五年一小修,十年一大修",后来就沿用不改,增删损益甚勤。另外,在律例法典之外,尚有乾隆八年的《督捕则例》以及《六部则例》等,与编入律典的条例稍异,略近似于官吏惩戒法中的处分条例。

2. 不成文法渊源。在古典成文法时代法律渊源体系中,不成文法虽然仅起补充与辅助成文法的作用,但却历代相传,始终存在。其中主要的可以分为经义、法律解释、习惯三种。

(1)经义。经义是指古典成文法时代被尊奉为官方正统学说的儒家经典著作或经书所阐发的义理。在这里所说的儒家经典著作或者经书,就是在先秦时代就已经形成的"旧法世传之史",至汉武帝时由官方确定为《诗》、《书》、《易》、《礼》、《春秋》五部著作,称为"五经";东汉至魏晋时期又增加《孝经》(一说为《乐》)、《论语》,称为"七经";到唐代增加为"九经",其中《礼记》、《左传》为大经,《诗》、《周礼》、《仪礼》为中经,《易》、《尚书》、《公羊传》、《谷梁传》为小经;宋代起再增加《论语》、《孝经》、《尔雅》、《孟子》则为十三经。[1] 这些经典著作可以说是中国传统主流文化的结晶,其所阐发的义理,也就成了传统主流礼法文化精神之所在,故而才能构成为最重要的不成文法渊源。

早在春秋时期,就有援引这些"旧法世传之史"的义理精神处理司法案件的情形存在。公元前528年,晋国的叔向对邢侯与雍子争田案,就是援引《尚书》中的《夏书》所谓"昏、墨、贼,杀,皋陶之刑也"的义理,加以裁判。[2] 汉代开始,以经义作为法律渊源最主要就表现在"经义决狱"上。

经义决狱,又称引经决狱或《春秋》决狱,形成于汉武帝时期,由汉代儒学大师董仲舒、公孙弘等提倡并竭力实行,并得到国家的充分肯定与支持,如吕步舒以《春秋》之义正淮南狱,汉武帝"皆以为是";[3]京兆尹隽不疑援引"《春秋》是之"的卫灵公太子蒯聩违命出奔,其子卫出公蒯辄在蒯聩返国争位时拒而不纳一事,处理假冒卫太子案,得到汉昭帝肯定,"因负盛名",[4]均是。当时,董仲舒还专门作了《春秋决狱》,收入二百三十二个以《春秋》一书决狱的判例,可惜其书已经佚失。[5] 受此影响,汉代经义决狱甚为风行,后来在魏晋南北朝时期,仍时有其例,即使到了唐代,号称律典完备,

---

[1] 《白虎通义·五经》、《新唐书·选举志》、《宋史·艺文志》。
[2] 《左传·昭公十四年》:"晋邢侯与雍子争鄐田,久而无成。士景伯如楚,叔鱼摄理,韩宣子命断旧狱,罪在雍子。雍子纳其女于叔鱼,叔鱼蔽罪邢侯。邢侯怒,杀叔鱼与雍子于朝,宣子问其罪于叔向。叔向曰:'三人同罪,施生戮死可也。雍子自知其罪而赂以买直,鲋(叔鱼之名)也鬻狱,邢侯专杀,其罪一也。己恶而掠美为昏,贪以败官为墨,杀人不忌为贼。《夏书》曰:昏、墨、贼,杀,皋陶之刑也。请从之。'乃施邢侯,而尸雍子与叔鱼于市。"
[3] 《汉书·儒林列传》。
[4] 《汉书·隽不疑传》。
[5] (唐)杜佑:《通典》卷六十九,《后汉书·应劭传》。

且律文明定"诸断罪当具引律、令、格、式正文",但也仍然存在援引经义以决疑狱的事件。[1] 唐以后,直接以经义决狱之事才基本消失。

在经义决狱中,经义作为法律渊源的作用,主要体现在对律典条文作扩张性或限制性的解释,同时也可以补充律典规定的不足。但有时也会出现律令虽有规定,仍放弃律文规定而以经义断狱的情形,如西汉哀帝时对薛况买通杨明砍伤曾侮毁其父亲的申咸一案,[2] 其判决所体现的经义的效力似乎已优于律文规定。

(2)法律解释。古典成文法时代一直存在着对律典注解训释的传统,经国家肯定的私家解释与由国家组织编纂的解释都可以在司法实践中被援用,具有法律效力,成为不成文法渊源中比较重要的一种。

这种意义上的法律解释最早出现在战国时代的秦国,见之于《云梦秦简》的就有一百八十九条之多,现在一般称为《法律答问》,[3] 其内容有诠释法律概念术语者,有阐明律条含义者,有解答司法实践中遇到的疑难问题者,其体例则采取了答问体。

汉代以训释注解律典为主的律学已经形成,当时明习律法之学而成名成家者代有其人,律学世家亦非罕见,治律讲学已经成为专门职业,注释律典的著述当不在少数,其著名者就有杜延年的《小杜律》,于定国的集诸法律九百六十卷,郭躬"条诸重文可为轻者"四十一事,应劭的《律略论》等,尤其是东汉时的儒学大师叔孙宣、郭令卿、马融、郑玄等,依据经义解律,形成"诸儒章句十有余家,家数十万言",[4] 这些法律解释在司法实践中均曾被援用。曹魏明帝以"诸儒章句""言数益繁,览者益难"为由,诏令"但用郑氏章句,不得杂用余家"。然而到了晋初,武帝司马炎却又以"但取郑氏,又为偏党"为由,在条定《泰始律》之后,宣布不得再行适用"诸儒章句"。[5] 但是此后则又有著名律学家张斐(一作裴)著有《律解》二十卷,杜预作《律本》二十一卷,分别对《晋律》进行注释。这两部律学著作经过朝廷认可后,与律典并行于世,具有法律效力,为注释《晋律》的权威性著述,以致后人将其与律典一体看待而有"张杜律"的称呼,其影响及于南朝各国。

法律解释在唐代出现重大发展变化。唐高宗永徽二年完成《永徽律》后,以"律学未有定疏,每年所举明法,遂无凭准"为由,于次年诏令"广招解律人,条议、疏奏闻,仍使中书、门下监定",于是由长孙无忌、于志宁等,组织编纂了《律疏》三十卷,"颁于天下",此后,"断狱者皆引疏分析之"。[6] 这是最早由国家采用法典编纂程序编定的法律解释文本,其内容与律典具有同等效力,该《律疏》通过经义释解、概念阐释、引用判

---

[1] 如唐宪宗时对梁悦复父仇杀人案的议处,韩愈就是"依据礼经"进行争辩的。
[2] 《汉书·薛宣传》。
[3] 《睡虎地秦墓竹简》,文物出版社1978年版。另外,马非百先生则将其称为《刑律解释》,参见马非百:《秦集史·法律志》,中华书局1984年版。
[4] 《晋书·刑法志》。
[5] 《晋书·刑法志》。
[6] 《旧唐书·刑法志》。

例及问答等注释方法,一方面阐发律文意义,将立法意图更完整、清晰地揭示出来,便于把握;另一方面,协调律、令、格、式等不同法律渊源以及律典内部各部分甚至各个条文之间的关系,从而形成协调统一的法律标准,使法律解释达到新的水平,为律学成果集大成者。

唐代之后,宋代的《宋刑统》对《律疏》几乎是全面继承,而元明清时期,也都有法律解释的源源不断出现,其中或由私家编纂,或由国家制颁,比如清代的《大清律集解附例》中,"集解"部分就是由国家通过法典编纂程序完成的法律解释,从而使法律解释始终都成为不成文法律渊源中重要的部分。

(3)习惯。古典成文法时代,习惯法具有补充成文法的法律效力。如西汉时王尊任美阳县令,县中有假子不孝,经常对假母垢骂殴打,还经常以假母为妻,王尊在"验问词服"之后,即以"律无妻母之法,圣人所不忍书,此经所谓'造狱'者也"为由,将不孝子"悬磔著树,使骑吏五人张弓射杀之"。[1] 在《唐律·杂律》中规定的"诸失火及非时烧田野"条,注谓:"非时,谓二月一日之后,十月三十日以前。若乡土异宜者,依乡法"。这里的乡法,显然是指地方性习惯。另一条"诸不应得为"条,注云:"谓律令无条,理不可为者",这一条中所说的"理",当然必须依据礼制、习惯始能确定。此外,役身折酬,本是一种习惯,但自秦到唐均为法律所认可,而许多被视为"民间细故"的一般性案件,更多有以习惯作为裁判之依据,不过对此还需要进一步加强研究。

(四)近现代法律渊源

在进入近现代之后,古典成文法时代的法律渊源体系逐渐解体,通过清末预备立宪、改法修律、中华民国时期的制宪活动以及大规模的立法活动,逐渐构建起近现代中国新的法律渊源体系。这种法律渊源体系继承了古典成文法时代法律渊源的总体构造,又仿效和吸收西方民法法系(大陆法系或罗马法系)法律渊源体系的理论和技术,从而明确划分了成文法和不成文法的界限,并依据不同法律渊源的效力级差,予以整齐划一的排列组合,这无疑是中国法律渊源发展史上划时代的进步。

1.成文法渊源。近现代法律渊源的主体部分成文法,也称制定法,是指由国家立法机关依据严格的立法程序所制定颁行的规范性文件形式的法律,一般包括法典和单行法规等表现形式,是法律的直接渊源,具有直接的法律效力。依据各种法律和法规的制定机关的不同以及由此决定的效力级差,近现代成文法渊源一般被区分为宪法、法律、行政法规、地方性法规以及国际条约等。

(1)宪法及宪法性法律。在中国近现代法制史上,正式制定颁行的宪法只有1923年和1947年的两部《中华民国宪法》,在其他时期,作为国家根本法的多称之为"约法",实际上属于临时宪法,故可以称为宪法性法律。宪法和宪法性法律,在中国近现代成文法渊源中,无疑是最重要的法律渊源,具有最高法律效力,这主要表现在两个

---

[1]《汉书·王尊传》。其中"假母"指继母或庶母;造狱,颜师古注:"非常刑名,造杀戮之法",意指并非正常的、一般的刑名,而是在法外所新创的刑名。

方面：

第一，宪法与宪法性法律被视为国家根本法，具有至高无上的效力，任何法律、命令均不得与之抵触，否则无效。在清末宪政编查馆在向清廷所上《尊拟宪法大纲》奏折中，已经认识到，"宪法者，国家之根本法也，为君民所共守，自天子以至庶人皆当率循，不容逾越。"中华民国南京临时政府制定《中华民国临时约法》则明确规定："中华民国之宪法，由国会制定。宪法未施行以前，本约法之效力与宪法同。"1923 年的《中华民国宪法》除了规定"制兹宪法，宣布全国，永矢咸遵，垂之无极"，以表明宪法具有国家根本法之性质外，在第一百零八条还专门规定："法律与宪法抵触者无效。"1947 年的《中华民国宪法》在第一百七十一条也规定："法律与宪法抵触者无效"，为保障这一制度的实施，该宪法还规定了："法律与宪法有无抵触发生疑义时，由司法院解释之"，这就是违宪审查制度的规定。

第二，宪法与宪法性法律一般都有严格的制定与修订程序。早在清末就提出，"宪法为国家不刊之大典，一经制定，不得轻易变更，非如他项法律可以随时增删、修改。"《中华民国临时约法》专门规定："本约法由参议院议员三分之二以上或临时大总统之提议，经参议员五分之四以上之出席，出席员四分之三之可决，得增修之。"1923 年《中华民国宪法》对修宪程序规定至为严格，第一百三十六条规定修宪发议之权只属于国会，且"非经（国会）两院各有列席员三分之二以上之同意，不得成立。两院议员非有各本院议员总额四分之一以上之连署，不得为修改宪法之提议"；在一百三十八条还专门规定，"国体不得为修正之议题"；第一百四十一条规定："宪法非以本章所规定之修正程序，无论经何种事变，永不失其效力"。国民政府时期，《训政时期约法》规定，"由立法院议定宪法草案，由国民大会决定并颁布宪法"；关于修宪程序，在 1947 年的《中华民国宪法》中规定，"由国民大会代表总额五分之一之提议，三分之二之出席，及出席代表四分之三之决议，得修改之"，或者"由立法院立法委员四分之一之提议，四分之三之出席，及出席委员四分之三之决议，拟定宪法修正案，提请国民大会复决。此项宪法修正案，应于国民大会开会前半年公告之"。

(2) 法律。法律一词，有广义与狭义之分。在此所谓法律系取其狭义，就是指由国家立法机关依照一定的立法程序制定颁行的规范性文件形式的法律，它包括某一部门法的比较集中、系统的法律，即法典或基本法律，以及仅规定某项事务或适用于特定地区或特定人的法律，即单行法规。

第一，法律必须由立法机关依照立法程序制定颁行。由于受西方三权分立原则影响，在中国近现代行政、立法、司法相互分立，因而法律必须也只能由立法机关依照立法程序制定并颁布施行。这种体制在清末开始初步尝试，故而最初由修订法律馆负责编纂法典、起草法规，然后请旨颁行。后来成立资政院，即规定新定法典以及修改事项，由资政院执掌，最终请旨施行。中华民国建立后，《中华民国临时约法》确定由参议院作为立法机关,"议决一切法律",由临时大总统在经国务员副署[1]后公布;1923年的《中华民国宪法》确定由国会行使立法权,"国会议定之法律案,大总统须于送达后十五日内公布之","大总统如有异议时,得于公布期内,声明理由,请求国会复议。如(国会)两院仍执前议时,应即公布之。未经请求复议之法律案,逾公布期限,即成为法律。"国民政府成立之后,最初确定由国民党中央政治会议议决一切法律,称为"某某法",国民政府及其所辖各院、部得制定实施法律之细则,称"条例";1928年10月立法院成立后,即成为最高立法机关,所有法律均由立法院议决,交由国民政府主席以及五院院长署名公布,后来在1931年又改为由国民政府主席依法署名公布,1947年颁布宪法以后,又改由总统经行政院院长副署之后公布。

第二,在效力上,不管是法典还是单行法规,作为法律的效力都低于宪法或宪法性法律,凡与之抵触者无效,但却高于行政法规和地方性法规。

(3)行政法规。行政法规系国家最高行政机关根据并为了实施宪法和法律而制定颁行的行政管理法规。在中国近现代,自清末于1908年在《钦定宪法大纲》中提出法律为实行司法权之用,命令为实行行政权之用开始,就一直以"命令"统称行政法规,其具体名称,在中华民国时期则包括令、规则、细则、规程、注意事项等。

行政法规之制定权,在清末《钦定宪法大纲》中提出,君主有"发命令及使发命令之权",中华民国时期则确定为最高行政机关。至于行政法规的效力,则低于宪法与法律,不得与宪法或法律相抵触,否则无效。

(4)地方性法规。地方性法规也称为地方法规,指地方立法机关以法定职权制定和发布的规范性法律文件。在中国近现代,地方性法规作为成文法渊源,始于清末。1908年颁布的《咨议局章程》中,首次规定各省咨议局有权"议定本省单行章程规则之增删修改事件",也就是确定由省咨议局制定省一级的地方性法规。中华民国建立之初,各省议会有议决本省单项条例之职权;到1923年的《中华民国宪法》,规定"省于不抵触国家法律范围内",有权制定有关农工矿业以及森林、学制、船政及沿海渔业、两省以上之水利及河道、市制通则、公用征收、全省户口调查及统计、移民及垦殖、警察制度、公共卫生、救恤及游民管理、有关文化之古籍、古物及古迹保护等十二项事务的单行法;国民政府时期,《训政时期约法》规定,"各地方于其事权范围内,得制定地方法规";1947年的《中华民国宪法》中,改为省、县两级地方得召集省民或县民代表会,依据省、县通则,制定各自的自治法,同时设立省议会或县议会,行使省、县立法权。

地方性法规在立法程序上,除了由地方立法机关制定、地方行政机关公布外,一般还需要经过中央立法或行政机关备案;在法律效力方面,地方性法规不得与中央制定的宪法、法律、法令以及政令相违背,否则无效,且仅在各该地方辖区内发生效力。

---

[1] "副署"是中国近现代立法程序中关于法律颁布的一项特别规则,意思是指在国家元首公布法律时,相关的内阁成员有署名权,如果欠缺内阁成员的署名,即使由国家元首公布,法律也不能生效,这其实是对国家元首在公布法律权力上的制约。

(5) 条约。条约，又称国际条约，就是指两个或两个以上国家关于政治、经济、贸易、文化、军事、法律等，规定相互之间权利和义务事项的协议，在狭义上仅指以条约为名称的国际间协议，在广义上则指条约、公约、宪章、盟约、规约、专约、协定、议定书、换文、最后决议书、联合宣言等国际间的协议。

自鸦片战争开始，在西方列强侵华过程中，中国被迫于列强各国订立不平等条约，相应地也促使条约成为法律渊源之一种。清末《钦定宪法大纲》规定，君主行使订立条约之权；《十九信条》规定"国际条约，非经国会议决，不得缔结"。中华民国时期，宪法和宪法性法律都规定，由国家立法机关行使条约批准之权。这表明，经国家立法机关批准的条约，可以成为法律渊源。

2. 不成文法渊源。中国近现代法律渊源中的不成文法，主要由判例、解释例、习惯和法理等构成。这些法律渊源的作用在于解释成文法或者弥补成文法必不可免的漏洞。

(1) 判例。近现代中国法律渊源体系中的判例，既受到中国古典成文法时代的例的影响，又受到西方法律以及法学中关于判例的理论与实际制度的影响。清末大体仍沿用旧制，至中华民国时期，则逐渐建立了全新的关于判例的概念以及制度。从程序上来说，判例需经最高司法机关编制公布，这在北洋政府时期就是由大理院编制公布，在国民政府时期则改由司法院及其所辖之最高法院编制公布；从效力上说，与英美法系实行判例法制度，判例具有先例性的法律拘束力不同，而与民法法系视判例仅仅具有劝导或者说服力的效力大体相同。

(2) 解释例。解释例，是指由具有司法解释权的最高司法机关对于成文法所作的解释，这种解释还需要由最高司法机关予以整理汇编加以公布，从而使其产生与判例相当的效力。

在中国近现代，清末尚未形成具有近现代意义上的解释例。中华民国建立后，在宪法以及宪法性法律中，都规定由最高司法机关（北洋政府时期是大理院，国民政府时期则是司法院）对宪法与法律予以解释，由此形成的便是解释例。判例与解释例往往又通称之为判解，两者都是成文法的补充性渊源。

(3) 习惯。在中国近现代法律渊源体系中，习惯在一定范围和条件下仍然可以作为法律渊源，以弥补成文法的不足。

就习惯作为法律渊源的范围来说，中华民国时期，先是颁行《暂行新刑律》，后来又制颁《中华民国刑法》，明定罪刑法定主义乃刑事法的基本原则，故而在刑法范围内，自无以习惯作为法律渊源之余地，但在民商法也就是私法范围内，则承认习惯可以作为补充性法律渊源。

就习惯之作为民商法渊源的条件来说，主要有两条：①必须成文法无规定时，习惯才可以成为法律渊源。对此，《中华民国民法》第一条规定，"民事，法律所未规定者，以习惯"。②必须符合法律之基本精神或原理。对此，1913年的大理院判例称，"凡习惯法成立之要件有四：内部要素，即人人有确信以为法之心；外部要素，即于一定时期内就同一事项,反复为同一之行为;系法令所未规定之事项;无背于公共之秩序及利益"。《中华民国民法》第二条规定:"民事所适用之习惯,以不背于公共秩序与善良风俗者为限"。

(4)法理。在中国近现代不成文法渊源中,法理也被视为法律渊源的一种,这或许有中国古典成文法时代以经义作为法律渊源影响的因素存在,但更主要的则是接受民法法系法律渊源理论的结果。

所谓法理,有时也称为条理,在理论上并无统一的解释或界定,但基本上可以认为就是指形成全部法律或某一部门法的基本精神或者原理。其主要作用在于弥补成文法必不可免的漏洞,因而也是最后的法律渊源。

法理之作为法律渊源,在适用范围上,与习惯一样,因刑事法律采取罪刑法定主义原则,故只能在民商法的范围内成为法律渊源;就适用的顺序来说,《中华民国民法》第一条规定:"民事,法律所未规定者,依习惯;无习惯者,依法理"。

二、中国法典编纂的发展演进

(一)概说

法典一般是指某一时代主要法律或某一部门主要法律比较集中、系统的规范性法律文件,而法典编纂则是使法律规范集中化、系统化、条理化的主要方法。通过法典编纂,既可以加强整个法律体系的内在联系与协调,又可以促进系统、合理、准确以及易于把握、便于操作的统一法律制度的形成与完善,还可有助于法律的遵守与施行。因此,在中国法律史上,法典编纂受到异常的重视。

然而关于中国法典编纂究竟始于何时,仍有争议。虽有通说认为,《法经》系中国最早的成文法典,但在事实上,《法经》之前已经有刑书编纂的史实载于典籍,夏之"禹刑"、商之"汤刑",周初之《九刑》,穆王时之《吕刑》的编制,在在可信;春秋时代,郑有子产之铸《刑书》于鼎,还有邓析之著《竹刑》,晋有赵盾作刑书"以为常法",认其为法典编纂之萌芽甚至开始,或不致有误。这一时期可称之为刑书时代。

自李悝于战国初年撰著《法经》,商鞅受之以相秦,改法为律,制作《秦律》,直到清代制编《大清律例》,两千余年间,虽有如宋之《刑统》、元之《条格》《通制》作为例外,然大多数时期之法典都称为"律",或以"律"为主体,故不妨称之为律统时代。

鸦片战争之后,中国进入近现代历史时期,数千年相传的律统宣告终结,是后在清末有以修律为主的变法运动兴起于前,中华民国大规模立法继之于后,编纂法典乃其重心所在。然而,这时的法典编纂既以仿效欧美,采用新体制、新方法为特点,自此中国之法典面目大变,因而不妨称之为近现代的法典编纂。

(二)刑书时代的法典编纂

刑书一词,始见于西周文献,[1]后世使用比较广泛。就其广义,可泛指一切法典

---

[1]《尚书·吕刑》:"明启刑书胥占";《逸周书·尝麦解》也有"刑书九篇"的记载。

法规,而其狭义,则应指西周春秋时代的刑事成文法律。这里所说的刑书,显系取其狭义而言,而刑书时代,也就是指中国法典编纂发展演变史上的以刑书作为法典形态的时代。

1. 刑书的起源与发展。刑书编纂可溯源于习惯法时代。夏初的"禹刑",商初的"汤刑",以及西周初年编制的"九刑",或许只是对判例的整理汇编。西周中期编制的《吕刑》,已是刑书较为发展的形态。春秋时期刑书编纂取得了重大发展进步,诸侯各国在社会与法制遽变中,为求"救世"以自救,相继展开规模空前的刑书编纂活动,既标志着刑书编纂已成为法律发展趋势的一部分,更标志着中国法典编纂由刑书时代向律统时代的转变,势成必然。

2. 刑书编纂的组织、程序。刑书时代一般由天子或国君指令,或由臣下请命于天子或国君而编纂刑书,具体编纂则由执政大臣或负责司法事务的大臣进行,有时也吸收主管图籍典册的太史官参与其事。刑书文本编成后,有时还需要由天子或国君审定。经过审定的刑书文本在西周时交由太史"藏之盟府",在春秋时代或则交由主管机关收藏并执行,在后期则出现了"铸于鼎"以"布之于众"的做法。但总起来说,当时还缺乏系统的关于刑书编纂的组织与程序规范。

3. 刑书编纂的技术与体例。夏商周三代时期,由于刑书编纂就是汇编判例,因而就采取了"以例统刑,以刑统罪"的体例,整部刑书以判例为内容,以刑名为纲设置篇目,以应该判处同一种类刑罚的判例为目,归于同一篇中;每篇之内,又按照处刑情形归类排列,如"禹刑"、"汤刑"以及"九刑"都是采用这种体例。到春秋时期,晋国赵盾编订作为"常法"的刑书,体例已发生变化,具有"以罪统刑,罪刑合一"体例的雏形,其中"正法罪者",指"准所犯轻重,预为之法";"辟狱刑"则系后来"囚法"篇之滥觞;"董捕逃"乃"捕法"之渊源;"由质要"系规定"断争财之狱,用契券正定之也"。[1]

4. 刑书编纂活动。在刑书时代初期,夏初的"禹刑"和商初的"汤刑"的具体编纂情形,史书记载佚失,可存疑勿论,在此仅从西周的"九刑"开始,稍加介绍。

(1)《九刑》(刑书九篇)的编纂。《九刑》是在周成王四年编纂的刑书。其具体编纂过程是,大正承周成王之命,负责编纂活动,太史取史官所收藏的旧法授予大正(可能以之作为蓝本),并协助大正进行编纂;刑书完成后,经周王审定,并郑重收藏于"盟府"。[2]

《九刑》的体例,系以九种刑罚为纲分篇,以有关罪名所受不同刑罚为目排列,具

───────

[1]《左传·文公六年》孔颖达疏。
[2]《逸周书·尝麦解》:"惟四年孟夏,王命大正正刑书。太史筴刑书九篇以升授大正。大正坐举书,乃中降,再拜稽首,太史乃藏之盟府。"其中"四年",就是指周成王四年;"大正",《尚书·冏命》有"今予命汝作大正"的说法,一般认为是指西周时太仆正,也就是群仆的长官,汉人孔安国认为是指太御中大夫;"正刑书",指编定刑书;"太史",史官之长,掌"建邦之典";"筴",读作"策",系"策"的异体字;"盟府",是指掌管盟约的官府。

体来说有墨、劓、刖、宫、大辟、流、赎、鞭、扑共九篇,故又称为"刑书九篇"。[1]

(2)《吕刑》(《甫刑》)的编纂。《吕刑》是周穆王时编纂的刑书。据史书记载,西周穆王时,"王道衰微","诸侯有不睦者",司寇吕侯向穆王提出"作修刑辟"的建议,于是穆王就命吕侯主持编纂刑书。吕侯"训夏赎刑,作《吕刑》","以诘四方",也就是代表穆王向四方执政大臣以及司法官员,向身为诸侯公卿的王兄王弟、王子王孙们,向邦国诸侯以及卿大夫们,宣布刑书。这部刑书由吕侯负责编纂,故称《吕刑》,又因吕侯封地在甫,所以又称《甫刑》。[2]

《吕刑》原始式样并未保留下来,现存《尚书·吕刑》篇是记述《吕刑》吕侯代表穆王宣布《吕刑》精神、原则以及要点的文献。这部文献分三部分:第一部分通过总结历史经验教训,强调建立法度、执行法度的重要性,主张"非讫于威,惟讫于富"的"德"教和"惟敬五刑,以成三德";第二部分为《吕刑》要点说明,具体又包括案件审理的程序、五刑、五罚、五过的条目以及适用顺序、赎刑标准以及定罪量刑规则等;第三部分系对贪官污吏警诫与慎刑要求。[3]

(3)春秋时期晋国的《刑书》编纂。春秋时期,晋国先后数次编纂刑书,最具代表性。先是在晋文公四年(公元前632年),"大蒐于被庐"时,编纂了《被庐之法》;到晋襄公六年(公元前621年),又由执政赵盾对之作了修订,成为晋国的"常法";晋平公时,范宣子(士匄)执政,又对"常法"再作修订,编定为《刑书》;至晋顷公十三年(公元前513年),由赵鞅、荀寅以"铸刑鼎"的方式,将范宣子所修订的《刑书》"布之于众"。

(4)郑国的《刑书》与《竹刑》的编纂。郑简公时,子产执政,"铸刑书于鼎,以为国之常法。"是后,郑大夫邓析"欲改郑所铸旧制,不受君命而私造刑法,书之竹简,称《竹刑》",至郑献公八年(公元前560年),驷歂执政,"杀邓析而用其《竹刑》",惟其详细内容已难知晓。

(三)律统时代的法典编纂

中国律统时代的法典编纂,不论是在法典编纂的组织和程序方面,还是法典编纂的技术和体例方面,都逐渐由稚嫩走向成熟,显示出中国古代法典编纂的成就和特征,值得特别重视。

1.法典编纂的组织和程序。

(1)法典编纂组织之权操于君主,未能形成制度性的立法机构并专职、独立负责法典编纂。在律统时代,立法权既集中于君主,法典编纂组织之权理所当然也完全操于君主之手,在体制上始终未能出现具有独立性的专门立法机构,法典编纂机构都隶属于君主,并向君主负责,而且系临时性的。在前期,如秦汉时代,类必由君主钦命的

---

[1] 关于《九刑》的篇目,旧有两说:①谓指正刑一,议刑八;②谓指墨、劓、刖、宫、大辟,再加上流、赎、鞭、扑。前说之非,沈家本驳之已详。参见沈家本:《历代刑法考》(二),中华书局1985年版,第832页。
[2] 参见《尚书·吕刑》、《史记·周本纪》。
[3] 参见王世舜:《尚书译注》,四川人民出版社1982年版,第268~269页。

宰执大臣独自承担法典编纂事务;自魏晋时期开始,独自编纂法典的已比较少见,但一般也"止关数人",其中一二人总领其事,其他人参与其事,且多为兼差,编纂完成即予撤销;到了清代,法典编纂组织发展的比较具有特点,"纂修律例,类必钦命二、三大臣为总裁,特开专馆",[1]作为一个专门组织机构,负责法典编纂的具体事务。

(2)法典编纂程序一般分为确定编纂、具体编纂以及审定颁布三个阶段。①法典编纂的确定。一般都是由君主决定,或由大臣提议,再由君主确定。之后,就开始着手准备;②法典的具体编纂。一般在君主确定之后,就诏敕组建编纂机构,具体进行编纂工作,其时间短则数月一年,长则十余年,最后完成法典文本。在编纂过程中,君主有时也亲自参与讨论,进行指导;③审定颁布。在法典文本完成后,要奏交君主审定,经过审定,如果君主发现尚不尽满意,即交由原编纂者或另行指定编纂者,对法典文本进一步修订,直至君主认为满意后,就以诏令的方式,"颁行天下",从而完成法典编纂的整个程序。

2.法典编纂的体例与技术。

(1)以罪统刑,罪刑合一的法典结构。中国律统时代的法典编纂体例,一则受到"事断于法"的传统观念的支配,要求编定整齐划一、准确规范而又具有抽象性的法典,"布之于众",以使百姓对之明白易知,知所避就;二则由于罪名之制的渐次发达,使得法典编纂者能够将复杂多样的犯罪现象按照一定的标准进行分析,归纳出既相互独立又相互呼应的罪名种类;三则因为法学的兴盛,使得法典编纂者能够用简明准确的语言、规范的条款、明晰清楚的概念术语,兼顾罪名与刑名的统一,因而,便最终采取了以罪统刑、罪刑合一的法典编纂结构模式。

所谓以罪统刑、罪刑合一的法典结构,就是指在法典编纂中,按照犯罪性质或者对象或者方式的不同,对各种各样、复杂多变的犯罪进行分类归纳;同一类的犯罪辑入法典的同一篇中;对同一类而不同程度的犯罪,规定处以轻重不同的刑罚;法典内容涉及到社会生活的各个方面,但所规定者仅仅系在社会生活的不同领域的犯罪及其处刑。

(2)有纲有目、以纲统目的法典篇章体系。随着以罪统刑、罪刑合一的法典编纂结构模式形成,在法典编纂体系的设置上,又逐渐形成有纲有目、以纲统目的新模式。这一模式初创于《法经》,更新于《魏律》,隋唐定律,以《唐律》为代表,已臻于完备,其后的明清律典,又稍加变通。

《法经》六篇中,盗、贼、网(囚)、捕、杂五篇,显系取罪名为篇名,属以罪统刑之体例,每篇所规定者乃性质、对象或方式相同的犯罪以及应处的刑罚;而具篇则为"具其加减",实际上也就是适用于所有各篇的一般性或抽象性规则,因而具有总纲性质与作用;相对于具篇,其他各篇则处于细目的地位。此后的《秦律》、汉《九章律》,具体篇目虽然有所变化,但其以具篇为纲,以其他各篇为目,以纲统目的体系并没有改变。

曹魏编纂《魏律》时,一则认为,秦汉旧律明显存在"篇少文荒,事寡罪漏",虽已稍

---

[1]《清史稿·刑法一》。

增，却又"与本体相离"的缺陷，因而就采取"都总事类，多其篇条"的措施，加以改革，增律典为十八篇；二则针对汉初编纂《九章律》，"因秦《法经》，就增三篇，而具律不移，因在第六。罪条例既不在始，又不在终，非篇章之义"的弊病，采取"集罪例"的办法，改具律为《刑名》，"冠于律首"，起法典总纲的作用，其他十七篇则属于细目。后来的《晋律》、《北魏律》以及南朝各国的律典都沿用了这一体例，只是稍加变通而已，也就是从《刑名》中分出《法例》，其他各篇或增或删，体系模式并无任何改变。晋代著名律学家张斐曾专门论述其体系："《刑名》所以经略罪法之轻重，正加减之等差，明发众篇之多义，补其章条之不足，较举上下纲领。其犯盗贼、诈伪、请赇者，则求之于此；作役、水火、蓄养、守备之细事，皆求之作本名。告讯为之心舌，捕系为之手足，断狱为之定罪，名例齐其制。自始至终，往而无穷，变动无常，周流四极，上下无方，不离于法律之中也。"[1]

北齐定律，更进一步将《刑名》、《法例》合为《名例》，以为总纲，其他则或分或合，仅保留十一篇，作为细目。此后的隋唐律典以及宋代的《刑统》，都仿其制而对《名例》以外的各篇细目名称稍加变通，以《名例》作为总纲的体例，始终未变。

明清两代律典，作为总纲的依然是《名例》篇，但对于作为细目的其他各篇则重加整合，依据中央六部职掌管辖，划分为六篇，因而整部法典就只有七篇。在作为细目的各篇之内，又依据犯罪性质之不同，进一步分为若干门，从而使法典的纲目体系更为细密、严谨，甚至显得更具科学性。

(3)以律条为经、疏解为传，经传结合与以律条为主、例条为辅，律例合编的法典编纂技术。在律统时代，受律学发展的影响，始终注重对法典的疏解注释，秦有《法律答问》，汉有"诸儒章句"，尚独立于律外，至晋代张斐、杜预之律典注释，已经与律典浑然一体，致后世有"张杜律"之称。降至唐代，开始由国家依法典编纂之组织与程序，为《永徽律》作注，而成《律疏》三十卷，颁于天下。至此，就形成法典编纂技术上的以律条为经，疏议为传，经传结合，相辅相成的新形式。其后，在宋代编纂《刑统》，既全文抄袭，而明清编纂律典，又加小注或集解，均系疏义之流衍。

此外，律统时代的后期，例(断例、条例、成例等)的地位与作用既然日益重要，遂又影响法典编纂技术之创新。两宋编例固然已经出现，但尚编于法典之外；而自元代开始，径以断例编入法典，且其所占比重甚大；至明初，例之编纂尚在律典之外，然而至其中期，也即在明神宗万历十三年（公元1585）将《问刑条例》等例文规定附入律典，与之合刻印行，从而形成"律为正文，例为辅注"、"立例以辅律"的法典编纂新技术。清代则自始即采用此项技术，在编纂法典时，以律条为正文，而条例则不断附入，律例合编合刻，浑然一体，即使其名称也直接称为《大清律集解附例》或《大清律例》。

3.法典编纂活动。

(1)战国秦汉时期的法典编纂活动。战国秦汉时期主要的法典编纂活动有李悝

---

[1]《晋书·刑法志》。

编纂《法经》、商鞅编订《秦律》和汉初萧何等编纂以《九章律》为核心的汉律六十篇等。

战国初年，李悝担任魏文侯相（一说为魏文侯师），在魏国进行变法，"尽地力之教"，主张"王者之政，莫急于盗贼"，以此为宗旨，汇集春秋时期诸侯各国的法律，编著成文法典，其内容"始于盗、贼，盗、贼须劾捕，故著网、捕二篇。其轻狡、博戏、借假不廉、淫侈、逾制，以为《杂律》一篇，又以具律，具其加减"，所著总计六篇，"然皆罪名之制也"，后人称其为《法经》，实开律统时代法典编纂之先河。

战国中叶，秦孝公用商鞅变法，以《法经》为蓝本，"改法为律"，编纂秦国第一部成文法典，世称《秦律》。其体例全部仿效《法经》，仍为盗、贼、网、捕、杂、具六篇。此后，秦国以及统一之后的秦朝，相继增订，内容当有不少增加，仅《云梦秦简》中所见已达二十九种之多，但其体例是否已有重大变动，史书记载既已缺乏，考古资料亦不曾恢复原貌，所以很难详知了。

汉代律典有所谓汉律六十篇，共包括四部。先是在汉高祖时期，丞相萧何"攈摭秦法，取其宜于时者"，在《法经》六篇的基础上，"益事律兴、厩、户三篇"，编纂西汉首部法典，因有九章（篇），故称《九章律》；稍后，又由叔孙通就《九章律》之所未及，增编《傍章律》十八篇；到汉武帝时期，又分别由张汤编纂《越宫律》二十七篇，赵禹编纂《朝律》六篇。[1]但《九章律》之外的其他三部律典之体例早已不详。其后，在宣帝、献帝以及东汉时期还进行过法典编纂活动，但均是就原有法典加以修订，作为具有基本法典性质的《九章律》体例，却始终没有发生变化。

（2）魏晋南北朝的法典编纂活动。魏初承用汉律，至魏明帝太和三年（公元229年），始敕命由司空陈群、散骑侍郎刘劭等，"删约旧科，傍采汉律"，编纂新律十八篇。这部新律，除了将秦汉律典中的具律改为刑名，并且"冠于律首"外，还包括盗、贼、偿赃、请赇、诈伪、杂、捕、系讯、断狱、留、惊事、毁亡、户、兴擅、免坐、告劾、劫略等十七篇，[2]世称《魏律》或《曹魏律》。

西晋初年，既"患前代律令本注烦杂"，虽于魏时稍加改革，然仍"科网本密"，又嫌对"叔孙、郭、马、郑诸儒章句，但取郑氏，又为偏党"，于是就在晋文帝泰始初，命贾充主持编纂法典，并令郑冲、杜预等"典其事"，至泰始三年（公元267年）完成新律典二十篇六百二十条，篇目次序依次为刑名、法例、盗、贼、诈伪、请赇、告劾、捕、系讯、断狱、杂、户、擅兴、毁亡、卫宫、水火、厩、关市、违制、诸侯，次年颁行天下，当时称为"泰始律"，后世称《晋律》。[3]

南北朝时期，律分两支，北优于南。南朝刘宋，先后在孝武帝太明四年至七年，由尚书左仆射刘秀之等"详省律令"，编纂《宋律》，"篇目及刑名之制，略同晋氏"。[4]南

---

[1]　《汉书·刑法志》、《晋书·刑法志》。
[2]　《晋书·刑法志》。
[3]　《晋书·刑法志》。
[4]　汪士铎：《南北朝刑法志》，《历代刑法志》，群众出版社1988年版，第249页。

齐则在武帝永明七年至九年,命尚书删定郎王植之与宋躬等两度修订律令,编纂有《永明律》,但实际上仅仅是就《晋律》"削其烦苛,录其允衷"而已,且"事未施行,其文殆灭"。[1] 南梁在武帝天监元年,诏令由尚书删定郎蔡法度"损益王植之旧本",编纂《梁律》二十篇,次年"诏颁行之"。[2] 南陈因嫌《梁律》"纲目滋烦","宪章遗紊",在武帝永定元年,命尚书删定郎范泉"参定律令",沈钦等"参知其事",最后编纂完成《陈律》三十卷,但其体例篇目已经难以详知了。[3]

北朝之北魏,自道武帝拓跋珪于天兴元年(公元398年)命王德"定科令,初定律"开始,至孝文帝太和十六年(公元493年),近百年间,先后九次进行法典编纂活动,参与者又多如崔浩、游雅等律学名家,所完成的《北魏律》二十篇,在体例和内容上能够"综合比较,取精用宏","集当日之大成",[4] 可惜其具体篇目早已失传,现在仅能知道其中十三篇的名称而已。北齐于高洋称帝之初,以"大齐受命,律令未改,非所以垂制创法,革人视听"为由,"议造《齐律》",至武成帝河清三年(公元564年),尚书令高叡等方才完成编纂工作,并奏上《齐律》,诏令颁行。这部法典后世称《北齐律》,其篇目依次为名例、禁卫、婚户、擅兴、违制、诈伪、斗讼、贼盗、捕断、毁损、厩牧、杂律,史称其"法令明审,科条简要",[5] 对后世法典编纂具有举足轻重的影响。北周于明帝武成二年(公元560年),由廷尉卿赵肃、司宪大夫拓跋迪等相继"撰定法律",至武帝保定三年完成《大律》二十五篇,然其篇目内容却"大略滋章,条流苛密,比之《齐律》,烦而不要",[6] 故对后世影响不大。

(3)隋唐五代的法典编纂活动。隋唐两代,法典编纂,渐趋成熟。然物极必反,五代战乱,虽有法典编纂,却乏善可陈。

杨隋曾两度编纂法典。文帝开皇元年,诏命尚书左仆射高颎与郑译、杨素等,本着"帝王作法,沿革不同,取适于时,故有损益"之旨,"更定新律",完成后即诏令颁行。至开皇三年(公元583年),因"律尚严密,故人多陷罪",又命苏威、牛弘等"更定新律",史称《开皇律》,其篇目分为名例、卫禁、职制、户婚、厩库、擅兴、贼盗、诈伪、杂律、捕亡、断狱等十二篇五百条,"自是刑网简要,疏而不失",[7] 为隋代法典编纂的重大成就。隋炀帝大业年间,又曾编纂《大业律》十八篇。

唐代法典编纂活动频繁,所完成的《唐律疏议》更堪称律统时代法典编纂之集大成者。先是在唐高祖武德初年,颁行《新格》五十三条;武德四年(公元621年)诏令尚书左仆射裴寂、右仆射萧瑀和大理寺卿崔善为等"撰定律令",至七年颁行新律典,称

---

[1]《隋书·刑法志》引梁朝蔡法度语。
[2]《隋书·刑法志》。
[3]《隋书·刑法志》。
[4] 陈寅恪:《隋唐制度渊源略论稿》。
[5]《隋书·刑法志》。
[6]《隋书·刑法志》。
[7]《旧唐书·刑法志》。

《武德律》，体例篇目全仿《开皇律》，仍为十二篇五百条。唐太宗贞观初，"命长孙无忌、房玄龄与学士法官"对《武德律》"又加釐改"，至贞观十一年（公元637年）颁行新法典，称《贞观律》，其篇目体例虽仍沿袭《武德律》，但"削烦去蠹，变重为轻者，不可胜纪"，较之于前代诸法典，尤称允善。至高宗永徽初年，又命长孙无忌、李勣等，取《贞观律》为蓝本，"对旧制不便者，随时删改"，永徽二年（公元652年）完成新法典，称《永徽律》；次年，又以"律学未有定疏，每年所举明法，遂无凭准"为由，编纂《律疏》三十卷，以疏、议方式，对律典逐条逐句进行解释，次年"颁于天下"，"自是断狱者皆引疏分析之"。这样，律典条文与疏议便浑然为一，时称《永徽律疏》，元代以后称为《唐律疏议》，系中国保存至今最早也最完备的古代法典，被学界视为中华法系的典型代表。到唐玄宗开元年间又曾三次修订律令，同时还编纂了《格式律令事类》四十卷。至唐宣宗大中七年（公元853年），由左卫率府仓曹参军张戣主持编纂了《大中刑律统类》，进呈宣宗批准后颁行天下，这又开五代两宋法典编纂以《刑统》为名之先河。

五代时期，战乱频仍，各朝各国法典编纂率多乏善可陈，惟后周之编纂刑统，尚可聊备一格。后周世宗显德四年（公元957年），以法律沿用前代，"律令则文辞古质，看览者难以详明；格敕则条目繁多，检阅者或有疑误"为由，为"申划一之规"，乃命张湜等编纂新法典，次年编成奏上，世称《显德刑统》或《大周刑统》。该法典仍分十二篇，篇目次序名称一仍《唐律》，但其体例却明显受到《大中刑律统类》的影响，"用律为主；辞旨之有难解者，释以疏意，义理之有易了者，略其疏文"，且将有关的式、令、格、敕，"各以类分，悉令编附"，[1]这对宋代《刑统》的编纂具有直接的影响。

（4）宋元明清时期的法典编纂活动。宋朝建立后，太祖于建隆四年（公元963年），诏令由判大理寺窦仪负责编纂新法典。此次编纂以《大周刑统》为蓝本，"凡削出令、式，宣敕一百九条，增入制敕十五条，又录律为余条准此者凡四十四条，附于名例之次，并目录成三十卷"，名为《宋建隆重定详刑统》，一般通称《宋刑统》，其中律文及疏议部分，几乎全部抄自《唐律疏议》，同年即与《建隆编敕》一起，"诏付大理寺刻板摹印，颁行天下"，因而也就成为中国历史上第一部刻版印行的法典。《宋刑统》颁行之后，终宋之世，"用之不改"。[2]

元代法典编纂，别具特色。其初虽曾"循用金律"，也就是金国所编的《泰和律》，但是到世宗至元八年（公元1271年），即宣布禁用。至元十年，始命汉官史天祥、姚枢等编定《新格》，二十七年又"命中书参知政事何荣祖以公规、治民、御盗、理财等十事，集为一书，名曰《至元新格》"，次年即"敕刻板颁行，俾百司遵守"，为元朝定鼎中原后编纂颁行的第一部法典。元仁宗时，"又以格例条画有关风纪者，类集成书，号曰《风宪宏纲》"；元英宗至治三年（公元1333年），"命枢密副使完颜纳丹、侍御史曹伯启、也可扎鲁、乎赤普颜、集贤学士钦察、翰林学士曹元用等，就前书而损益之，名曰《大元通

---

[1]《旧五代史·刑法志》。
[2]《宋史·刑法一》。

制》",其大纲有三,即诏制、条格、断例,共二十一篇。同时,还由地方官将元世祖以来的制诏条令集类编纂成《国朝圣政典章》,后世一般简称《元典章》。文宗时,又编有《经世大典》,元顺帝时,还编有《至正条格》。但所有这些法典,都是取有关诏敕、条画、断例汇集而成,与其他各朝之律典大异其趣。[1]

明代法典编纂活动主要是在太祖洪武年间编纂《大明律》,"草创于吴元年,更定于洪武六年,整齐于二十二年,至三十年始颁示天下"[2]。公元1367年朱元璋称吴王后,即命丞相李善长为总裁官,议定律令,至是年底,编纂律令二百八十五条;后来又"恐小民不能周知(律令),命大理卿周桢等,取所定律令,自礼乐、制度、钱粮、选法之外,凡民间所行事宜,类聚成编,为释其义,颁之郡县,名曰《律令直解》"。到洪武六年,"诏刑部尚书刘惟谦详定《大明律》",朱元璋则"亲加裁酌"。这次编纂,法典"篇目一准于唐",仅将《名例》移至第十二篇,总条文增加到六百零六条,次年完成;此后在洪武九年、二十二年又进一步加以修订,直至洪武三十年(公元1397年),"作《大明律》、诰成",并且"刊布中外,令天下知所遵守"[3]。这部法典的编纂体例也发生了重大变化,除名例篇仍然列于律首作为总纲外,其余作为细目的各篇则按照中央六部所管辖事务作为分类标准,相应地分为吏、户、礼、兵、刑、工六篇,总计七篇四百六十条。《大明律》在明代始终被视为是"日久而虑精"的法典,"累朝尊行"而不敢稍议妄改,只是到了明世宗嘉靖二十八年(公元1549),才由刑部尚书喻茂坚将嘉靖元年以后的钦定事例,归之于律典,使律例合编;神宗万历二年(公元1574),又将《问刑条例》合编,律典与条例成为法典的两个构成部分。

清朝从入关之初即行编纂法典。顺治元年摄政王多尔衮"谕令法司会同廷臣,详译《明律》,参酌时宜,集议允当,以便裁定成书,颁行天下",至顺治三年(公元1646年),编纂完成《大清律集解附例》,并颁行天下,其体例篇目一准明律。是后在康熙九年、十八年、三十六年以及雍正元年至五年,又数次对该法典进行修订,直至乾隆初,又命三泰为总裁官,重新修订,至乾隆五年(公元1740年)完成后即"刊布中外,永远遵行"[4]。这次修订,既对律文逐条加以考正,又将经过核定的例一千四百条编纂入律,还删除了律后小注,仍分名例、吏、户、礼、兵、刑、工共七篇四百三十六条。此后,清代虽经常修订条例,但对于律典,则奉之不改,一直到清末大规模修律,编纂新式法典,方才结束了律统时代法典编纂活动的历史。

(四)近现代的法典编纂

中国近现代法典编纂集中在20世纪前半叶,是在与律统时代截然不同的社会历史文化背景下,特别是在受到欧美强烈冲击与压迫而导致中国不得不融入世界一体化

---

[1]《元史·刑法一》。
[2]《明史·刑法一》。
[3]《明史·刑法一》。
[4]《清史稿·刑法一》。

潮流的情形下展开的。因此,其在法典编纂的组织与程序、技术与体例诸方面,都展现出全新的特色。

1. 法典编纂的组织与程序。

(1)概说。中国近现代法典编纂的组织与程序,受到三方面邅变的强烈影响,从而显示出新的特色。

第一,政治体制的变革。自朝末到中华民国时期,由于社会内部经济、政治、文化及思想的矛盾发展,也由于输入欧美近现代政治法律制度和理论的影响,先后以模范列强、变法图强、改革官制与仿行宪政的预备立宪,辛亥革命推翻帝制、创建民主共和国,北伐革命打倒封建军阀为内容的运动形式递次发展,从而既进行了君主立宪政体的尝试,也至少在形式上建立了三民主义与五权分立的政体,也即完成了以民主、分权和制衡为核心内容的近现代政治体制取代固有的封建君主专制政治体制的变革。

第二,立法体制的变革。在清末仿行宪政之际,已经隐然有"立法之事,必宜独立"[1]的端倪;到中华民国建立之后,更于约法或宪法中明确规定了基于分权制衡原则的三权分立制度下的立法独立体制,从而就由中国律统时代的立法权完全操之于君主一人之手,逐渐变革为立法独立于行政、司法的新体制。

第三,法学的变迁。在中国近现代,随着世界一体化潮流的激荡起伏,西方法学的输入逐渐冲破了官方对法学的垄断,使其摆脱了附庸于经学的尴尬境地,从而建立起具有近现代意义、作为社会科学独立学科的法学,并且逐渐受到前所未有的重视,成为一种具有"显学"地位与作用的学科,其影响也更为深刻和强烈。

(2)法典编纂组织之权,渐归独立的立法机关;法典编纂机构直接隶属于立法机关,并趋向专门化、制度化。

清末于1902年(光绪二十八年),钦派沈家本、伍廷芳为修订法律大臣,筹备修律;至1904年正式设立修订法律馆,专司编纂法典;1907年在仿行宪政、改革官制之际,依据"宪法之精义,在以国家统治之权分配于立法、行政、司法机关",如果仍然将修订法律馆划归法部及大理院管理,就是"以立法机关混入行政及司法机关之内,殊背三权分立之义","必致徒循行政及司法上之便利,而有任意规定之弊,于法律进步,实多妨碍"的认识,遂"将修订法律馆仍归独立,与部院不相统属",当法典草案编纂完成后,则交由宪政编查馆考核。

中华民国时期,南京临时政府设置有法制局(院),直接隶属于临时大总统,拥有拟定法案之职权,但因其存在时间过于短暂,尚未及开展法典编纂活动;北洋政府于1912年7月改设法典编纂会,1914年改为法律编查会,1918年又改为修订法律馆,主要职权就是编纂各种法典,而且规定法典编纂完成后即行裁撤;国民政府于1927年设立法制局,到1928年立法、行政、司法、考试、监察等五院建立,立法院被确定为最高立法机关,立法院即根据需要,先后组织各种法典起草委员会,具体负责编纂各项法典;

---

[1]《宪政编查馆奏编纂法典折》,《光绪朝东华录》三十三年九月。

1947年实行"宪政"后,即明定立法院分设民法、刑法、商事法以及法制等委员会,专门负责各项法典的修订事宜。

（3）法典编纂程序明确区分为起草、审议和颁布三个阶段：①在中国近现代,法典起草一般都由专门的法典编纂机构组织实施,在清末为修订法律馆,在中华民国北洋政府时期先后为法典编纂会、法律编查会、修订法律馆,在国民政府时期则是先后设立的法制局以及各种隶属于立法院的法典起草委员会。②法典草案编竣后,即送交立法机构审议。在清末最初确定由"宪政编查馆考核",并由"在京各部院堂官,在外各省都抚,酌立期限,讨论参考,分别签注",后来还要送交资政院"集议取决"。到中华民国北洋政府时期,则先后规定由参议院、参政院、国会来审议法典草案,国民政府时期,则在体制上规定由立法院审议法典草案。③法典草案经立法机关审议后,如果议决通过,即应公布,成为正式法律。在清末仍要由皇帝诏令颁布；在中华民国时期则规定由总统或国民政府主席公布,但有时又需要由国务员以及其他相关机构长官"副署",法典始能成为法律并正式生效。

2.法典编纂的体例与技术。中国近现代的法典编纂,自始即以"参考古今","博稽中外","模范列强","务期中外通行"为追求的目标,因而有关法典编纂的技术与体例,也就特别注重既继承律统时代的成功经验,又引进和吸收域外各国尤其是民法法系各国法典编纂的理论和方法,以追随法律发展的世界潮流,从而形成前所未有的划时代的变革,显示出全新的特征。

（1）诸法分立、民行并列的法典基本结构。中国近现代法典编纂,始终注重适应社会变革的现实需要,对律统时代的法典结构进行彻底革新,引进并仿效西方民法法系法典结构模式,首先依据法律规范所调整的社会关系性质的不同与调整方法的差异,将整个法律划分为既相互独立又相互协调的基本法律部门,分别编纂各自独立的法典,从而出现诸法分立的基本结构。至于分立的诸法,在清末到中华民国时期,虽然都采用了"六法"的结构样式,但具体划分则又稍有区别：清末以宪法、民法、商法、刑法、民事诉讼法和刑事诉讼法作为"六法"；中华民国前期仍然沿用这一结构样式,但从1929年国民政府确定实行民商合一制,将民法与商法编纂为统一法典开始,则将行政法作为"六法"之一。这样,不仅民法与刑法并列为独立法典,而且诉讼法也从与实体法混一的状态中分立出来,成为独立的民事诉讼法典与刑事诉讼法典,一种全新的法典编纂结构样式从而建立起来。

（2）注重法典内部协调,强调总则作用的法典编纂方法。中国近现代法典编纂中,既继承了律统时代已形成的注重法典内部各部分之间相互协调,避免矛盾抵触的特点,又吸收民法法系尤其德、日两国编纂法典强调总则作用的技术特色,从而形成注重内部协调、又强调总则作用的法典编纂方法上的新特征。自清末到中华民国时期所编纂的各种法典,其内在结构都是按照比较严格的逻辑关系编排体系的,这就使得各部分之间能够相互呼应和协调,因此,如果仅仅从纯粹技术的角度来讲,很难发现其不同部分、各个规则之间自相矛盾的地方；而且,包括民法、刑法、民事诉讼法以及刑事诉讼法在内的各种法典,都设置既具有纲领性、一般性和抽象性,又具有实质性规范意义的总则部分,规定各部门法律中所通用的基本原则、概念、规则以及相应的文例、法例等,这些规定关涉到分则不同部分的共同之处,对分则以及特别法规起着指导和规制作用。

(3)注重理论概括,逻辑严谨,条例清晰,层次分明的法典编纂技术。在中国近现代法典编纂中,既注重推原民族固有的法律文化尤其法典编纂文化传统,又"注重世界最普通之法则","原本后出最精确之法理",因而在编纂技术方面,就十分注意对所使用的法律概念术语以及由这些概念术语构成的法律规范的学理与逻辑概括,注重对法律规则的抽象化、概括性与准确性表述,以避免产生歧义;另一方面,为了追求法典的体例清晰,层次分明,每部法典的编纂都强调编排的逻辑构造,法典内部按照编、章、节、条的层次分别编制,在条之下,为求更加精确严密,细分为款、项等层次,从而显示出纯粹技术方面的精益求精。

3. 法典编纂活动。

(1)清末的法典编纂活动。鸦片战争后,清廷对原有法律,一直以"时势多故,章程丛积"为由,"惮其繁猥,不敢议修"。直到20世纪初,义和团运动爆发,列强侵入北京,创深痛巨之际,始有"朝野上下,争言变法","忧时之士,咸谓非取法欧美,不足以图强"的局面出现;而清廷在所下"罪己诏"中也宣称,"法令不更,故习不破;欲求振作,须议更张",而且"转弱为强,全系于斯";至1902年,英美葡日四国在同中国谈判改订商约时,也有愿意尽力协助中国"整顿本国律例,以期与各国改同一律",且"以俟查悉中国律例情形及其他审断办法并一切相关事宜,皆臻妥善",即"允弃其治外法权"的表示。受此激励,直隶总督袁世凯、两江总督刘坤一与湖广总督张之洞乃联衔会奏,建议清廷从速改订法律,并会保刑部左侍郎沈家本、驻美国公使伍廷芳出任修订法律大臣。清廷在权衡利弊后,于是年5月颁发"上谕","著派沈家本、伍廷芳将一切现行律例,按照交涉情形,参酌各国法律,悉心考订,妥为拟议,务期中外通行,有俾治理"。这样,就揭开了清末以修律为名义的法典编纂活动的序幕。

1904年修订法律馆正式成立后,即着手法典编纂的各项准备工作:①翻译外国法典和法学著作;②筹设并建立法律学堂,聘请外国法学家来华讲学;③对《大清律例》作局部调整;④选派人员分发各省调查民商事习惯,并赴日本调查司法审判情形。到1907年,为适应预备立宪进程的需要,又改原来设置的考察政治馆为宪政编查馆,负责编订宪法草案并审查各项法典草案。自1904年至1911年,修订法律馆先后编纂了各种法典草案数部。

第一,刑法典之编纂。清末编纂的刑法典有两个:①自1904年起,先行删修《大清律例》,以备过渡之需,最初由刑部负责修正,后来统一归修订法律馆办理,至1908年完成,定名为《大清现行刑律》,于1910年颁行;②自1904年开始,编纂新的刑法典,至1906年又聘请日本法学家松冈义正、冈田朝太郎帮同编纂。这次编纂,本着"折衷各国大同之良规,兼采近世最新之学说,而仍不戾乎我国历世相沿之礼教民情"的宗旨进行,到 1908 年完成草案,定名为《大清新刑律草案》,后来因为守旧派之非难攻讦,几经周折,到 1910 年 12 月 25 日公布,但未及施行,清社已屋。

第二,民法典的编纂。清末民法典的编纂始于 1907 年。是年民政部奏请编订民法,得到宪政编查馆的首肯,随即交由修订法律馆负责实施。修订法律馆聘请日本法学家松冈义正和志田钾太郎协助编纂,其结构即仿照德、日两国民法典的五编式,其中前三编分别为总则、债权、物权,即由松冈义正和志田钾太郎具体主编起草,后两编亲属与继承则由修订法律馆会同礼学馆共同起草,负责亲属编起草的是章宗元、朱献文,负责继承编起草的为高种文与陈箓。至 1911 年,整个民法典草案方才完成,定名为《大清民律草案》,但未及颁行,清朝已亡。

第三,商法典的编纂。清末商法典的编纂始于 1903 年。最初清廷确定由新创设的商部负责,但有鉴于"编辑商律门类繁伙,实非克期所能完成",于是议定先行编订各类单行商法规。到 1907 年,已经先后编订了《商人通例》、《公司律》、《破产律》等法规,1908 年开始由修订法律馆聘请志田钾太郎协助编纂商法典草案,至 1910 年完成,定名为《大清商律草案》,但亦未及颁行。

第四,诉讼法典之编纂。清末诉讼法典迟至 1906 年才开始编纂。是年沈家本主持起草了《刑事民事诉讼法草案》,送交宪政编查馆考核后,被"展缓施行"。后来修订法律馆即放弃该草案,重新编纂了《刑事诉讼律》和《民事诉讼律》两部法典草案,于 1910 年底完成,但均未及颁行。

第五,法院编制法的编纂。为了适应自 1906 年开始的官制改革过程中司法体制改革之急需,清廷先后编纂了《大理院审判编制法》和《各级审判庭试办章程》两个有关法院编制的单行法规。修订法律馆则于 1907 年完成了《大清法院编制法》的编纂,并送交宪政编查馆核查,1910 年 2 月颁布施行。

综上所述,清末在短短的十年时间内,先后编纂了刑法、民法、商法、刑事诉讼法、民事诉讼法、法院编制(组织)法等基本法典草案,虽然只有少数几部曾经颁布或者施行,大部分并未及颁行,但却基本上构建起了中国近现代"六法"体系的雏形,这对于中国近现代法律体系乃至于法律制度的发展,对于中国法制近现代化的进程,自当有其划时代的重要意义。

(2)中华民国时期的法典编纂活动。中华民国的法典编纂可以分为前后两个时期,即北洋政府时期与国民政府时期。

1912 年元月中华民国正式建立,南京临时政府即提出,国体既更,民国统一,编定"民刑各律及诉讼法,均关紧要",但因其存在时间过于短暂,而"编纂法典,事体重大,非聚中外硕学,积多年之调查研究,不易告成",故而并未及展开法典编纂活动。北洋政府成立后,先行删修清末颁布而未及施行的《大清新刑律》"与民国国体相抵触各章条",改名为《暂行新刑律》,于 1912 年 4 月 30 日公布施行。同年 7 月设立法典编纂会,1914 年改为法律编查会,1918 年又改为修订法律馆,相继负责法典编纂事宜。然而其具体编纂活动,只是继续清末未竟之事业,所编纂完成的有 1915 年的第一次刑法修正案,1919年的第二次刑法修正案,1915年的民法亲属编草案,1918年着手编纂到1925年完成的民法典草案,但除《民法典草案》于1926年由司法部通令全国各级法院作为条例施行外,其余各法典草案都未及颁行。至于商法与诉讼法等,或删取清末之草案,或编订一些单行法规,并未能完成正式的法典或者法典草案。

国民政府建立后,为尽快建立近现代意义上的法律体系,以期收回领事裁判权,明显加快了立法步伐,在二三十年代展开了大规模的法典编纂活动。1927年国民政府建立不久,即由司法部长王宠惠负责,以1919年的第二次刑法修正案为基础,编纂刑法典,并于次年3月10日公布,称为《中华民国刑法》,后来通称"旧刑法";同年法制局成立,即着手草拟民法典草案,由燕树堂、罗鼎分别负责草拟了亲属、继承两编,但因法制局被取消而归于流产;1928年12月立法院成立后,次年初即设立民法与商法两个起草委员会,聘请王宠惠、戴传贤与法国法学家巴顿为顾问,负责编纂民商法典,历时三月,先完成民法典总则编,于1929年5月颁布;后因国民党中央政治会议接受立法院长胡汉民的建议,决定采用民商合一制,两起草委员会即按此办理,并迅速完成了民法典的债编和物权编草案,经立法院审议通过后于同年11月颁布;亲属、继承两编也相继完成,于1930年12月颁布,至此,整个民法典编纂完成,是即为《中华民国民法》,系中国历史上编纂完成的第一部民法典。至于商法,则不再编纂法典,而是分别编订了《票据法》、《公司法》、《海商法》、《保险法》等单行法规,予以颁布,是为民法之特别法,或称特别民法。1931年,立法院又组成专门委员会对刑法典进行修订,1934年完成,1935年1月1日颁布新修订的刑法典,通称"新刑法"。而诉讼法典也于1928年开始编纂,次年2月司法部着手编纂刑事诉讼法典,至7月完成并颁布,后来因为修订刑法典,又由立法院对之作了相应修订,于1935年1月1日与新刑法典一起公布,定名为《中华民国刑事诉讼法》;民事诉讼法典的编纂进度稍缓,到1930年12月方始公布第一编至第五编的前三章,次年3月公布第五编的第四章,后来又在1935年和1945年两度修订,是即为《中华民国民事诉讼法》。而作为"六法"构成部分的行政法,则不编纂统一法典,而是以单行法规构成。

经过这样的法典编纂活动,在20世纪30年代初,除了宪法以《中华民国训政时期约法》暂代,至1947年《中华民国宪法》正式施行,行政法不编纂统一法典之外,以"六法"体系为表现的中华民国"法统"基本形成,这也就标志着中国近现代法律体系及基本法典已经形成。

本章小结

本章阐述了两个方面的内容：第一，中国法律起源，主要把握中国法律起源于原始社会末期，经历了两个发展阶段，具有早熟性与发展演变的缓慢性、与部族及酋邦之间的战争活动密切相关并逐步确认核心部族的习惯风俗为法律、受血缘宗族关系影响较深以及礼、刑分野的相对性四个特征。第二，中国法律渊源的发展变迁与中国法典编纂发展变迁，主要了解和把握中国法律渊源经历了习惯法时代、古典成文法时代和近现代成文法时代三个阶段的发展，在每一个时代法律渊源体系的基本构成和特点，以及中国法典编纂的三个发展阶段和每一个发展阶段中法典编纂的组织、程序以及体系和技术，并了解具体的法典编纂活动。

课后作业

一、关键词解释

1. 原始习惯法　早期国家法　酋邦
2. 习惯法时代　古典成文法时代
3. 律　令　格　式　比　例　敕　经义　律疏　判解
4. 刑书　九刑　吕刑　周礼　法经　秦律　九章律　魏律　晋律　北魏律　北齐律　开皇律　唐律疏议　宋刑统　大明律　大清律例　修订法律馆　大清现行刑律　大清新刑律　大清民律草案　民商合一

二、思考题

1. 为什么说中国法律起源于原始社会末期？
2. 怎样正确理解中国法律起源的四个特点？
3. 春秋时期围绕着成文法的公布展开的争论有何意义？
4. 中国古典成文法时代法律渊源的基本构造和具体内容是什么？
5. 中国近现代法律渊源是怎样形成的？其基本构造是什么？
6. 中国法典编纂是怎样发展演变的？
7. 中国律统时代法典编纂的体例与技术特点是什么？
8. 中国近现代法典编纂的体例与技术特点是什么？

第3章 中国古代刑法论

【本章导读】

本章论述中国古代刑法，系中国古代法制史主要内容之一，分别以作为刑法构成要素的犯罪概念与形态、罪名体系、刑罚及其体系以及定罪科刑规则为依据，系统全面论述中国古代刑法发展演变及其主要内容。关键问题是中国古代刑法的内容与特点，重点包括中国古代犯罪形态、中国古代罪名体系发展演变的划分、中国古代刑罚体系发展演变的划分以及内容、中国古代定罪科刑规则的主要内容和特点。

第一节　中国古代犯罪概念与犯罪形态

一、中国古代犯罪概念

刑事法律是中国古代法律中最为重要的方面。相应地，中国古代从很早的时候起，就提出了犯罪的概念，后来则分别使用实质主义与形式主义方法对犯罪概念进行界定。其中采用实质主义表示犯罪的主要是"罪"、"犯"、"犯罪"等概念术语；而采用形式主义方法表示犯罪的，多以所处刑罚的名称或者程度置于"罪"之前来表明犯罪的性质，前者如"墨罪"、"徒罪"、"死罪"等，后者如"大罪"、"小罪"、"元恶大憝"等。

"罪"字在先秦时写作"辠"。到秦代，秦始皇以其与"皇"字相似而改为"罪"。在原始社会末期，据说"辠"的"最古义专指食人"，也就是指"非因复仇而食人"的行为，后来又"引申为各种危害行为共同的性质或属性的名称"，"夏代以后，辠才成了各种罪名的概括词"。[1] 其含义可以归纳为三点："第一，罪是人类社会现象。禽兽对人类

---

[1] 蔡枢衡：《中国刑法史》，广西人民出版社1983年版，第164页。

的危害不是罪;第二,罪是造作,包括造意、作为及其所产生的结果……;第三,罪是违反统治者的禁制和利益的行为"。概括而言,"罪是人类违禁的行为",[1]因而也就成了最主要的表示犯罪概念的术语。

"犯"字的本意是指犬侵人,引申为人侵犯人也可称之为"犯",后来更进一步又引申为指称一般的违犯、触犯、干犯等危害他人以及违犯法令的行为,也就是犯罪。自汉代开始,将"犯"与"罪"连在一起,从而产生了"犯罪"一词,专门用来指称犯罪,不过在习惯上,有时单称"罪"或"犯",有时连称"犯罪",[2]均既可表示犯罪行为,也可表示犯罪之人。

另外,对于违禁行为,在近现代有犯罪与违法之分,而在中国古代似乎一直未能产生这种区分,故而对于违禁的一切行为,都可认为是犯罪。表现在立法上,就是法典法规中除了规定各种具体的罪名之外,还有一种概括的罪名,以起到拾遗补缺,满足处罚新生犯罪类型的需要。如汉代就已有"不当得为"的法条,唐宋明清的法典中则有"令有禁制而律无罪名"的"违令罪"与"律令无条,理不可为"的"不应得为"罪。究其原因,则在于中国古代始终未能形成严格意义上的罪刑法定原则,因而对于违法或违禁行为,都可以按照犯罪处罚。

二、中国古代犯罪形态

中国古代很早就产生了区分不同犯罪形态,并区别用刑,以尽量发挥刑法效用的做法,尤其在秦汉以后,由于律学的发达,使有关犯罪形态的研究和法律规定,达到了相当高的水准,值得特别重视。具体来说,主要表现在有关不为罪、故意犯罪与过失犯罪、俱发罪与屡犯罪、共同犯罪、公罪与私罪等方面。

(一)不为罪

犯罪在本质上乃是对他人或者社会、国家造成危害的行为,但同时也必须是违禁行为。然而"危害"与"违禁"并非同义语,这也就意味着并非所有具有危害性的行为都是犯罪。为解决这一问题,近现代刑法上乃有"不为罪"的内容,有时也称为阻却违法事由(行为)、排除社会危险(害)性行为、排除违法性行为或不罚行为,就是指对那些在外部表现上似乎具备犯罪的社会危害性这一犯罪应该具备的共同特征,但同时又存在排除违禁(违法)因素,因而不被认为是犯罪,当然也不予处罚的行为。在中国古代虽然尚未形成有关不为罪的概念术语,但却存在着与之相通或相近的规定与实例。

1. 与正当防卫相通的行为。中国古代尚未能产生正当防卫的概念术语,但从西周以来,却逐步形成了与正当防卫相通的规定,可视之为正当防卫的萌芽。《周礼·秋官·朝士》有"凡盗贼军乡邑及家人,杀之无罪",意思就是指盗贼屯驻于城邑或乡村,

---

[1] 蔡枢衡:《中国刑法史》,广西人民出版社1983年版,第175、181页。
[2] 《后汉书·明帝纪》载明帝在永平十八年的诏令中就有:"吏人犯罪未发觉,诏书到自告者,半入赎"的内容。

逮捕居民,如果将盗贼杀死或伤害,都无罪。[1] 这可以说是具体入微的正当防卫行为。到汉代,律令中有"无故入人室宅庐舍,上人车船,牵引人欲犯法者,其时格杀之,无罪"[2]的规定,其中"无故"指无正当理由,"牵引人"指侵犯人身安全与自由,"其时"即当时、即时。这一规定与近现代意义上的正当防卫最为接近,但却仅限于入人室宅庐舍与上人车船等特定情形,也缺乏防卫过当的意识与限制。其后,北齐时也有"盗贼群攻乡邑及家人者,杀之无罪"的规定。

《唐律·贼盗》规定:"诸夜无故入人家者,笞四十。主人登时杀者,勿论;若知非侵犯而杀伤者,减斗杀伤二等;其已就执拘而杀伤者,各以斗杀伤论,至死者加役流。"这显然是取法汉律而又作出修正。其中删除"上人车船"情节,对商旅保护未免不周,删去"牵引人欲犯法"情节,更有失正当防卫之宗旨;但其增加"知非侵犯而杀伤"与"已被擒获,拘留执缚,不能抗拒"两种具体情节,则又体现了防卫的法定界限以及防卫过当的本质。因而,相对于汉律规定而言,既有不足,又有明显进步,可说是瑕瑜互见,但对后来正当防卫立法影响颇大。

宋代完全沿袭《唐律》的规定。元朝法律中又有了明显发展,这主要表现在除了基本沿用唐宋法典的模式,规定了"贪夜潜入人家,被殴伤而死,勿论"之外,又增加了"夫获妻奸而妻拒捕,杀之无罪"以及"诸妻妾与人奸,夫于奸所杀其奸夫及其妻妾,及为人妻杀其强奸之夫,并不坐"的规定。前者属典型的正当防卫,但却缺乏防卫过当的限制,后者也同正当防卫大致相当。明清律典又沿用元代制度,规定"本夫于奸所获奸夫、奸妇,登时杀死,勿论"。其中强调"登时",实际上与正当防卫强调对现行犯进行反击之意,正相符合。

总之,中国古代刑法中虽然已经形成了与正当防卫相通的规定,但却一直没有能够抽象概括出具有普遍意义的正当防卫概念与制度,这是其明显的局限和缺陷所在。

2. 与紧急避险相近似的规定。在中国古代尚未能产生紧急避险的概念术语,但却逐渐形成了与紧急避险相近似的制度。《周礼·地官·调人》载:"凡杀人而义者,不同国,勿令仇,仇之则死。"其中所谓的"杀人而义",应该解释为杀人而合理合法,很可能就包括因紧急避险、依据法令执行死刑而杀人等情形,当然,这一点并不是很明显。秦朝法律规定有"夫为寄豭,杀之无罪"[3]的内容,其实就是指对于不娶妻成家的成年男子,授予群众以生杀之权,任何人杀死他们都无罪。这样做是因为,对于实行耕战立国,必须保证充足兵源和劳动力的秦朝来说,如果成年男子不娶妻成家生子,将导致人口锐减,社会不稳,因而就被视之为危及整个国家利益的行为,并采取"虽然太猛,却最有效"的措施。[4] 这同紧急避险有某种相近之处。

---

[1] 蔡枢衡:《中国刑法史》,广西人民出版社1983年版,第176页释文。
[2] 《周礼·秋官·朝士》郑注引《汉律》。
[3] 《史记·秦始皇本纪》。
[4] 这里的解释,参见蔡枢衡:《中国刑法史》,广西人民出版社1983年版,第176页。

汉代刑法中有"立子奸母,见,乃得杀之"的规定,这其中"立子"之养子或继子,"母"特指养子的后母或继母。这里的规定同紧急避险最相接近。

《唐律·厩库》规定:"诸官私畜产欲抵啮人而杀伤者,不坐不偿。"注谓:"谓登时杀伤者,即绝时,皆为故杀伤。"这同紧急避险旨趣相同,而且强调即时性,但却不完全按照不为罪对待,而仅仅在结果上"不坐",也就是不处以刑罚,表现出对紧急避险的认识尚不十分清楚。其后宋元明清各代在立法上,大致沿用《唐律》的相同规定。

总之,中国古代虽有与紧急避险相近似的一些具体规定,但尚未能抽象出具有普遍意义的紧急避险制度。

3. 复仇之制。在中国古代,受宗法观念以及儒家学说的支配,复仇现象即始终存在,有关复仇在法律上便成为一个重要的问题。自西周开始,已产生了调整复仇现象的法律规定,至汉代开始对复仇加以限制,但却并不禁止复仇;曹魏文帝黄初四年(公元223)始颁布禁止复仇的法令,但不久又在律典中弛禁;唐以后各代才在法律上彻底禁止复仇,但事实上却又往往对之减免刑罚。这乃是中国古代在不为罪方面的特点之一。

原始社会曾存在"血亲复仇"习惯。进入文明社会之初,一般都对复仇现象加以限制,但却并不禁止。在中国,西周时实行登记与避仇制度。其中登记制度是指,"凡报仇雠者,书于士,杀之无罪",[1]也就是经过朝士的登记而报仇杀人的,不为罪;而避仇制度则是指《周礼·地官·调人》所说的:"父之仇,辟(避)诸海外,兄弟之仇,辟(避)诸千里之外,从父兄弟之仇,不同国。君之仇,眡(视)父,师长之仇,眡(视)兄弟,主友之仇,眡(视)从父兄弟。弗(不)辟(避),则予之瑞节(古代用玉制作的符节、凭证)而以执之。"

春秋战国时代,百家争鸣中儒、法两家对于复仇采取完全不同的态度。儒家对复仇不仅加以肯定,而且竭力鼓励,视之为人在世必尽的责任,如《礼记·曲礼》说:"父之仇,弗与共戴天;兄弟之仇,不反兵;交游之仇,不同国"。《春秋公羊传》称:"子不复仇,非子也";"九世犹可复仇乎?虽百世,可也。"到了汉代,因为"官不禁报怨",[2]复仇之风甚为盛行,虽有桓谭、张敏等人反对,但也只是主张将复仇区分为是否"服官诛"而区别对待,对"服官诛"者,禁止复仇,对非属于"服官诛"者,仍然主张不予禁止复仇。[3]

魏文帝黄初四年,诏令"敢有私复仇者,皆族之",是中国古代最早禁止复仇的法

---

[1]《周礼·秋官·朝士》。其中的"朝士"是《周礼》记载的在司寇之下具体负责司法事务的一种官职的名称。

[2]《太平御览》引王褒《僮约》注。

[3]《后汉书·桓谭传》记载,东汉初年,桓谭上书称:"今人相杀伤,虽已伏法,而私结怨雠,子孙相报,后忿深前,至于灭户殄业,而俗称豪健,故虽有怯弱,犹勉而行之,此为听人自理而无复法禁者也。今宜申明旧令,若已伏官诛而私相伤杀者,虽一身逃亡,皆徙家属于边,其相伤者,加常二等,不得雇山赎罪。如此,则仇怨自解,盗贼息矣。"

律明文规定。但到魏明帝时制定律典,又改为"贼斗杀人,以劾而亡,许依古义听子弟得追杀之"。[1] 其后,两晋南北朝时期曾多次重申魏文帝的复仇禁令,但实际上由于复仇一直被视为"义事",故而在特定情况下,仍对复仇者予以免罪的情形为数不少,如北魏时有孙男玉为报夫仇而杀人,初判死刑,后来北魏显祖拓跋弘以"男玉重节轻身,以义犯法,缘情定罪,理在可原"为由,特诏赦免其罪之例;[2]南梁时则有张景仁斩仇人首级祭奠其父,结果不但未被定罪,而且梁简文帝还特诏免除其家租税,以旌表其孝行之例。[3]

隋唐时代,在法律上并未对复仇行为作一般性的规定,而是仅仅规定了与此有关的两方面内容:①严格禁止祖父母、父母及丈夫为人所杀而"私和"的行为,要求被害之家告诉主管机构,"当告不告者"要被处以刑罚;②对"祖父母、父母为人所殴击,子孙即殴击之,非折伤者",则不被视为犯罪,致人折伤者,减等处刑,致死者,"依常律"。不过,在司法实践中,对于私复仇是否属于犯罪以及是否应处刑,则发生过几次大的争论,如在武则天时期,对于徐元庆为父报仇杀死县尉的案件,唐宪宗时的梁悦为父复仇案,唐玄宗时的张锽、张锈兄弟杀死冤杀其父的汤万顷案,均是如此。

经过唐代的争论之后,宋元明清时代法律对复仇不再作为一个特殊的法律问题专门规定,同时在事实上也都严格禁止私复仇,相应地,复仇也就不再被视为不为罪的行为,即使存在对复仇者赦有减免刑罚的情形,那也仅仅是一个适用刑罚的问题,而非是否犯罪的问题。

(二)故意犯罪与过失犯罪

1. 概说。中国古代根据行为人的主观心理状态而区分故意犯罪与过失犯罪的做法,既源远流长,又得到原心定罪说的支持与鼓吹,因而非常重要。

在法律起源时代,可能已有"宥过无大,刑故无小"和"眚哉肆赦,怙终贼刑"的观念或做法。[4] 至西周已明确区分故意犯罪与过失犯罪,"人有小罪,非眚,乃惟终,自作不典,式尔,有厥罪小,乃不可不杀;乃有大罪,非终,乃惟眚哉,适尔,既道极厥辜,时乃不可杀"。[5] 其中的"眚"与"非眚",所表示的就是犯罪的过失与非过失。战国时秦国法律中则用"端"与"非端"表示有关故意与过失的区分,只是这种区分似乎仅局限于有关诬告罪及审判责任方面,还缺乏一般意义。至汉代,"法令有故、误之分"已成为一般性规则。

由于律学的发达,自晋代开始由律学家张斐等对故意与过失概念从学理上予以规范化表述。到唐代,通过《律疏》将故意与过失概念进一步融入法律规定,宋元明清各

---

[1]《晋书·刑法志》。
[2]《魏书·列女传》。
[3]《南史·孝义传》。
[4]《尚书·舜典》《尚书·大禹谟》。
[5]《尚书·康诰》。

代均加以沿袭。

2. 关于故意犯罪。中国古代表示故意犯罪，在明代以前多用"故"，明代开始用"故意"，此外，还有"谋"、"贼"、"斗"、"殴"等术语。其中"故"或"故意"系指"知而犯之"，这是从一般意义上而言的故意犯罪，而"谋"、"贼"、"斗"、"殴"等，则特指与杀伤有关的不同形态的故意犯罪，其间区别在于具体情节的不同，唯有"谋"也适用于反逆叛降等国事方面的犯罪。在法律规定上，明确加"故"或者"故意"标示属于故意犯罪的一般只有杀伤、法官出入人罪、犬马牛等牲畜杀伤人等罪行，其余犯罪一般并不需要标明"故"或者"故意"，但如果没有特别标明"过失"、"失"、"误"等字样者，都可以认定属于故意犯罪。

3. 关于过失犯罪。在中国古代刑法上，用来表示过失犯罪的术语主要有"眚"、"过"、"失"、"过失"以及"误"、"过误"、"戏"等，而其中最主要的乃是"过失"、"失"和"误"。

在张斐的《律解》中，"意以为然，谓之失"，"两和相害，谓之戏"，"不意误犯，谓之过失"。其中"失"大致表示一般意义上的过失，其含义是指主观上"想当然"认为是可行的，但实际上却产生了完全相反或意想不到的危害结果，这同近现代意义上的过失犯罪基本一致，但是又包含了近现代刑法上的"错误"与"结果加重犯"两种情节。至于"过失"，仅指与杀伤有关而误杀伤人的行为，故而与"斗"、"戏"、"贼"等并列。而关于"误"，仅有"过失似贼，贼似斗，斗而杀伤旁人，又似误"以及"罚赎者，误之贼"的说法，且属于所谓"无常之格"，而非"律义之较明者"，其含义主要指在斗殴中杀伤旁人，与近现代刑法中的"对象错误"相近。

《唐律疏议》中用来表示过失犯罪的只有"失"、"过失"和"误"三个基本术语。其中"过失"一般用在有关杀伤的犯罪中，就是指"耳目所不及，思虑所不到，共举重物力所不制，若乘高履危足跌及因击禽兽，以致杀伤人"，也就是在行为人的意识和感官（耳目）不能充分注意到的情况下，或者说在行为人缺乏高度注意或异常谨慎的情况下，发生的杀伤人的行为。而"失"在一般或习惯的用法（如亡失、毁失、失火等术语中的"失"）中，系指无意识而导致某种危害后果的发生；而在特定范围内使用"失"（如失勘读、失奸宄、行事失错、违失仪式、进御乖失、失时、失情等），则是指官吏公务方面的过失犯罪行为，也即公罪方面的过失犯罪行为。至于"误"的使用，则比较普遍，一般所表示的就是由于对情况、对象、自己该作行为等的误认、误解而发生的行为，或者说"误"就是表示因为认识上的错误而导致的方法、手段和行为上的错误，属于应知而误犯，与"失"相比较，在程度上稍为严重。从这一角度上说，"误"可以被理解为属于"失"、"过失"之外的过失行为以及某种特定的"错误"行为。

（三）俱发罪与屡犯罪

中国古代刑法上有俱发罪与更犯罪、再犯、累犯等犯罪形态的区分，实际上都涉及到一人犯有数罪或数次犯罪的问题。西周时已经最早注意到这种区分，秦汉以后，历代大致都有具体的关于俱发罪与屡犯罪的规定。

1. 俱发罪。最早在战国时秦国法律中,已经注意到俱发罪的形态,[1]但当时尚未抽象概括出"俱发"的概念。汉代法律上已经明确规定了"一人有数罪,以重者论"[2]的制度。后来各代进一步发展完善了有关俱发罪的规定,而又以唐宋元明清各代的法典规定具有典型性和代表性。

在《唐律》中,对俱发罪分为三种具体形态:①是作为基本形态的"二罪以上俱发",其特征是数罪的性质不同,且在"未断"以前被同时发觉;[3]②系"以赃致罪"之"频犯者",其特征是仅限于赃罪,虽然罪行性质相同,但属于多次而犯,同时发觉;[4]③未"一事分为二罪",其特征是同一个犯罪行为触犯了两个以上的罪名。[5]

唐代以后,明清律对俱发罪的规定相应简化,仅保留了"二罪以上俱发"的基本形态,其他两种被废除了。

2. 屡犯罪。早在西周时已认识到犯罪的"惟终"与"非终"问题。秦代法律中有"当耐为隶臣,以司寇诬人,何论？当耐为隶臣,又系城旦六岁"[6]的内容,显系与俱发罪不同的屡犯罪形态,但尚未形成屡犯或累犯的专门概念术语。汉魏对此规定已不详。至晋代,张斐在《律解》中称:"不可累者,故有并数;不可并数,乃累其加",[7]则是对累犯罪形态加重科刑的概括。北周对累犯罪形态已经有非常明确的规定:"其为贼盗,事发逃亡者,悬名注配,若再犯徒,三犯鞭者,一身永配下役"。[8]至唐代法律对累犯罪的规定已明确详备,其后各代沿用唐律的规定而稍加变通。

《唐律疏议》中对累犯罪既规定有一般形态,又规定有特殊形态。其中作为一般形态的累犯罪就是在《名例》中规定的"更犯":"诸犯罪已发及已配而更为罪"。其成立系以前罪"已发"(已经被告发)与"已配"(已配徒流,且未执行完毕)为条件,因而既与俱发罪形态明显不同,也与近现代刑法中的累犯稍有差别。而作为特殊形态的累犯罪,则是指《贼盗》中规定的三犯盗罪:"诸盗经断后,仍更行盗,前后三犯徒者,流二千里;三犯流者,绞"。在《疏议》中对此有更进一步解释:"屡犯明宪,罔有悛心,前后

---

[1] 《云梦秦简·法律答问》:"诬人盗直(值)廿,未断,有(又)有它盗,值百,乃后觉,当并赃以论,且行真罪又以诬人论？""上造甲盗一羊,狱未断,诬人曰盗一猪,论何也？"这两条中都提到一人犯有"盗"与"诬人"两种罪行,并特别强调是在前罪"未断",也就是未判决以前又犯后罪的情节,这其实就是典型的俱发罪形态。

[2] 《春秋公羊传·庄公十年》何休注引《汉律》。

[3] 《唐律疏议·名例》"诸二罪以上俱发"条疏议:"假有甲任九品一官,犯盗绢五疋,合徒一年;又私又稍(梨)一张,合徒一年半;又过失折人二支(肢),合赎流三千里,是为'二罪以上俱发'。"

[4] 《唐律疏议·名例》"诸二罪以上俱发"条疏议:"假有受所监临,一日之中,三处受绢一十八疋,或三人共出一十八疋,同时送者,各倍为九疋而断,此名'以赃致罪,频犯者并累科'。"

[5] 《唐律疏议·名例》"诸二罪以上俱发"条疏议:"假将私马值绢五疋,博取官马值绢十疋,依律'贸易官物,计其利等准盗论,计所利以盗论',须分官马十疋出两种罪名:五疋等者,准盗论;五疋利者,以盗论。"

[6] 《云梦秦简·法律答问》。

[7] 《晋书·刑法志》。

[8] 《隋书·刑法志》。其中"悬名注配",就是指缺席判决。

三人科刑,便是怙终其事……亦谓断后又为者,其未断经降、虑者,不入'三犯'之限。"[1]其成立的条件为:①仅限于盗罪(强盗、窃盗)的三次以上更犯;②必须是在经断以后三犯者,且在未断前没有遇到大赦或虑囚而减刑,仅"已发"不适用此条规定;③其所犯必须达到三次,如仅系断后再犯,尚不能适用此条规定。这表明,《唐律》中固然有与近现代刑法上的"累犯"大致相当的规定,但却存在着明显的区别。

(四)共同犯罪

中国古代对共同犯罪的认识很早。《尚书·胤征》所说的"歼厥渠魁,胁从罔问",就包含这种意识。到战国时代,秦国法律中已明确规定了具体的共同犯罪形态,其中有一人策划一人实施的共同犯盗罪,[2]有一般意义上的共同犯罪,[3]还有集团性共同犯罪。[4] 从这些规定来看,构成共同犯罪必须是二人以上,且应该有事前共谋,也就是共同故意与合谋。不过,当时对各共同犯罪人尚缺乏一般性的学理探讨,也未能提出一般性的共同犯罪概念。到汉代,已开始从一般意义上对共同犯罪人加以区分,相应地就出现了"首恶"、"与谋者"等概念。到晋代,由于律学的发达,有关共同犯罪的理论有了重要发展,如张斐在《律解》中就将共同犯罪区分为具有一般意义的共同犯罪、三人以上的"群"共同犯罪、作为特例的"谋反之同伍"三种具体形态。而对各个共同犯罪人,则根据其在共同犯罪中的地位和作用,被区分为"倡首先言"的造意犯、"制众建计"的"率"犯、"实不知情"的胁从犯等;另外,还有"二人对议谓之谋"。但唐代,法律对共同犯罪的规定更进一步趋于成熟,宋元明清各代基本沿用唐律的规定而稍加变通。

1.《唐律疏议》中使用"共犯"或"共犯罪"的概念术语来表述共同犯罪,其含义为"二人以上共犯",并不以共同故意为构成要件,因而也就包括了二人以上的共同过失犯罪以及结果加重犯。如《贼盗》规定的"共举重物,力所不制"而形成的"过失杀伤人",即是显例。

2.《唐律疏议》将共同犯罪区分为一般共同犯罪与特殊共同犯罪两类,分别确定共犯人的类型。①一般共同犯罪就是指所谓"二人以上共犯"的情形。对共犯人,按照其在共同犯罪中的罪责不同,又进一步区分为分别首、从与不分首、从两种:其中属于强盗、略人为奴婢、阑入、逃亡、私度越度关栈垣篱以及条文明确标示同罪或同罚的,均不分首犯与从犯,按正犯对待;此外各种共同犯罪的共犯人则需要区分首犯与从犯,其中凡人共犯,以造意者为首犯,其余为从犯;如系"家人共犯者,止坐尊长",卑幼可

---

[1] 这里提到的"断"就是指"断罪",也就是判决有罪;"降"则是"会降"的简称,指降颁赦书;"虑"乃是指虑囚,或称录囚。
[2] 《云梦秦简·法律答问》:"人臣甲谋遣人妾乙盗主牛,买(卖),把钱偕邦亡,得,论各何也?当城旦黥之,各畀主。"
[3] 《云梦秦简·法律答问》:"甲乙雅不相知,甲往盗丙,才到,乙亦往盗丙,与甲言,即各盗,其赃值各四百,已去而偕得。其前谋,当并论以;不谋,各坐赃。"
[4] 《云梦秦简·封诊式》中记载了一个五人"群盗"的"爰书"(笔录),显系典型的集团性共同犯盗罪。

以免罪;凡人与监临主守官共犯的,以监临主守官为首犯,凡人为从犯。②特殊的共犯指"同职犯公坐"及"同职有私"。其中的"同职"是指具有连署连判关系的各官,"公坐"即公罪,"有私"即为私罪。在前一种情形,按照各个同职官在公务中应负的主次责任,分为四等:长官为一等,通判官为一等,判官为一等,主典为一等。区分首犯与从犯时,"各以所由为首",也就是在处理公务中,"有失"者为首犯,其余同职官分别四等为从犯,递减承担罪责;在后一种情形,即以"有私"者为首犯,其余同职官,按"失出之法",分四等定为从犯,递减承担罪责。

(五) 公罪与私罪

区分公罪与私罪是中国古代在犯罪形态方面的特色。这种区分与近现代刑法上区分刑事犯与行政犯的做法比较相似,但又不尽相同。

汉代法律中已出现了公罪与私罪的区分。当时已有"公坐"、"公负"概念,实际上指的就是公罪,但却没有表示私罪的相应概念术语。[1] 晋代张斐在《律解》中首次明确提出"犯罪为公为私"的划分。唐代在《唐律疏议》中对此已经有明确而具体的规定,宋元明清各代律典基本上仍沿用其规定。

1. 公罪与私罪的划分仅限于官吏犯罪,这同近现代刑法上的刑事犯与行政犯的区分十分明显。

2. 划分公罪与私罪的标准有两个:①是否"缘公事";②是否存在"私、曲"。公罪就是指"缘公事致罪而无私、曲者",所谓"公事"即官吏履行职务、处理公务之事;"私"是指为自己谋取私利,"曲"则是指想方设法不吐实情,或心怀隐瞒欺诈。构成公罪必须"私、曲相须",即既要无私,又须无曲,有私无曲或曲无私均不能称为公罪;私罪则是指"私自犯及对制诈不以实,受请枉法之类",其中"私自犯"是指并未"缘公事"而犯罪,虽"缘公事"但"意涉私、曲,亦同私罪",也即所谓"对制诈不以实,受请枉法之类",都存在"私"或"曲"的因素,故而均属于私罪。

从另一角度说,公罪均属于过失犯罪,而私罪则多属于故意犯罪,但其中的"私自犯"则可能也包括过失犯罪。

第二节 中国古代罪名体系

一、概说

罪名体系,是指将各种各样的罪名按照一定方式排列组合,形成一种具有逻辑联系的整体。

中国古代罪名体系经过两个基本的发展阶段,呈现为两种基本形态。在中国古代罪名体系发展的第一阶段,也就是夏商周三代时期,借助早熟的刑名(刑罚)体系,在

---

[1]《后汉书·第五种传》及注。

编纂刑书的时候,采取以例统刑、以刑统罪的方式,形成了附属于刑名的罪名体系。到春秋战国时代,法典编纂本身的发展进步,逐渐摆脱了附属于刑名体系的罪名体系,进入第二个发展阶段,形成独立的罪名体系。在独立的罪名体系发展阶段,也就是从战国时期一直到明清时期,又相继形成过三种具体的罪名体系样式:①是在战国秦汉时期的以"盗贼"为中心的罪名体系;②是在魏晋南北朝时期逐渐形成,隋唐时期确立,五代宋元时期依然沿用的以"十恶"为核心的罪名体系;③是在明清时期的以"十恶"为重点,以"六部"统辖的罪名体系。

二、附属于刑名的罪名体系

(一)附属于刑名的罪名体系概说

夏商周三代为附属于刑名的罪名体系样式。其中夏代罪名体系构成为"大辟二百,膑辟三百,宫辟五百,墨、劓各千",[1]共五篇三千条,也就是把三千条判例归纳于五篇之中,而每条判例必有相应罪名,根据各罪应处刑罚轻重,分别归于以刑名命名的各篇之中。这样,各篇名称既表明不同刑名,又标示不同罪名,也就是说,在每篇之中,包括了性质既不相同、特征更是各异,但却处以相同刑罚的罪名,而同一性质、不同危害程度的罪名,由于所处刑罚的不同,被分别编入不同的篇目中,故而也才有"五刑之属三千,而罪莫大于不孝"[2]的说法。

商代继夏而起,其罪名体系沿用夏制而稍加损益。

西周罪名体系具体样式,乃是"墨罪五百,劓罪五百,宫罪五百,刖罪五百,杀罪五百",[3]其中"决关梁、逾城郭而略盗者,其刑膑;男女不以义交者,其刑宫;触易君命,革舆服制度,奸宄、盗攘、伤人者,其刑劓;非事而事之,出入不以道义,而诵不祥之辞者,其刑墨;降畔、寇贼、劫略、夺攘、挢虔者,其刑死"。[4]这可以说是具体地表述了当时附属于刑名的罪名体系的状况。

但即使在当时,也逐渐出现了对一些具有鲜明特征、易于把握的犯罪现象按照犯罪行为本身的性质或特点确定罪名,并进而予以分类归纳的做法。如周初由周公作《誓命》曰:"毁则为贼,掩贼为藏;窃贿为盗,盗器为奸;主藏之名,赖奸之用,为大凶德",[5]就是明显例证。这一点对于后来独立罪名体系的形成具有重大的启迪意义。

(二)附属于刑名罪名体系中的具体罪名

夏商周三代时期的罪名可以分门别类地归纳在墨罪、劓罪、刖(膑)罪、宫罪和大

---

[1]《尚书大传》、《周礼·秋官·司刑》郑玄注。在此需要对"辟"字稍加解释。"辟"字从"冂"、"口"、"辛"。其中"辛"即"皋"字之省笔;"冂"为"节"(节)字之省笔,指节制;"口"指用法,意指"犯法者,则执法以罪之也",故既有"法"、"刑"之义,又有"罪"义,在此解作"罪"可能更恰当。

[2]《孝经·五刑章》。

[3]《汉书·刑法志》。

[4]《尚书大传》。

[5]《左传·文公十八年》引史克语。

辟（杀或死）罪的罪名体系之内，而在每一门类中必然又包含着相关的具体罪名。[1]

1. 属于死罪（杀罪或大辟罪）的罪名。属于死罪的罪名，在夏代包括昏、墨、贼、不孝与不及时（不逮时）、弗用命等。其中"昏"，指"己恶而掠美"，如"自知有罪，而赂以买直"的罪行；"墨"是指"贪以败官"，如"鬻狱"的罪行；"贼"指"杀人不忌"，如"专杀"的罪行；[2]而"不孝"既然被视为"罪莫大"者，[3]自应属于死罪；"先时"与"不及时"，是指主管天象的官吏羲和"违制失时"，属于"诛而不赦"的罪名；[4]至于"弗用命"，系指不服从国王或统帅命令的行为，因而要"戮于社"，应属死罪。[5] 至于商朝，史籍明确记载的仅有"不孝"，为"罪莫重者"，[6]当属死罪。

西周属于死罪的罪名，史籍记载比较多，其中有降畔、寇、贼、劫略、夺攘、挢虔、杀人、不孝不友等。"降畔（叛）"，指投敌叛国；"寇"，指群行攻劫，暴乱为害；"贼"有二义，一谓"杀人不忌"，也就是无命专杀；二谓"毁则为贼"，也就是破坏制度法则；"劫略"之"劫"指暴力胁迫，抢夺财物，"略"指不以道义而略取；"夺攘"之"夺"，指抢夺强取，"攘"谓窃盗、窃取；"挢虔"之"挢"（又作矫），指诈取、诈骗，"虔"谓强取，意指诈称上命，敲诈勒索。至于《周礼》中所说的"杀人"、"杀其亲"、"杀王之亲"，或即"贼"罪的各种具体形态；"士之八成"中的"邦汋"，指盗取国家机密；"邦贼"，指为逆叛乱；"邦谍"，指为异国间谍；"犯邦令"，指干犯邦国法令；"挢邦令"，指诈称王命；"邦盗"，

---

[1] 在此应该予以特别说明的有三点：

(1) 由于夏商周三代时期，尤其夏商时期的文献史料流传至今者数量既明显不足，真伪亦往往难辨，故而对其究竟有哪些具体罪名，已无法完全弄清楚了。

(2) 现存文献典籍中所记载的许多具体罪名，一则究竟属于哪一具体朝代，已难完全弄清楚；二则究竟属于哪一种属的罪名也无法确定；前者如《礼记·王制》所说的："析言破律，乱名改作，执左道以乱政，杀；作淫声、异服、奇技奇器，杀；行伪而坚，言伪而辩，学非而博，顺非而泽，以疑众，杀；假于鬼神、时日、卜筮，以疑众，杀"。《礼记·月令》所说的："功有不当，必行其罪"，"山林薮泽，有能取蔬食，田猎禽兽者……其有相侵夺者，罪之不赦"，"侵削众庶……行罪无赦"。后者关于商朝的如《尚书·盘庚》中所说的："乃有不吉不迪，颠越不恭，暂遇奸宄，我乃劓、殄灭之，无遗育，无俾易种于兹新邑"；《尚书·伊训》记述，商朝初年即有的"官刑"中所谓"三风十愆"，既然是"儆于有位"的，或许另有系统，不在罪名体系的常制之内；而《韩非子·内储说右上》中所说的"殷之法，弃灰于公道者断其手"，可能仅仅是寓言，并非史实。关于西周的如《尚书·康诰》所说的"元恶大憝，矧惟不孝不友……刑兹无赦"；《尚书·费誓》所说的"无敢伤牿，牿之伤，汝则有常刑"，"窃牛马，诱臣妾，汝则有常刑"；《国语·周语》所说的"犯王命必诛"。

(3) 如《尚书·酒诰》中所说的"群饮（群行酗酒），汝勿佚，尽执拘以归于周，予其杀"，是仅仅适用于周族人的，是否在后来纳入罪名体系之内，已不可考知。正因为这样，下文中所介绍的仅仅是夏商周三代时期比较明确可靠的罪名。

[2] 《左传·昭公十四年》引《夏书》以及叔向的解释语。

[3] 《孝经·五刑章》以及章太炎：《孝经本夏法说》。

[4] 《尚书·胤征》，又见《荀子·君道》引夏《政典》，"及"作"逮"。

[5] 《尚书·甘誓》。

[6] 《吕氏春秋·孝行》。

指窃取邦国宝藏;"邦朋",指朋比为奸,紊乱国政;"邦诬",指诬罔君臣。[1] 这些似乎均应属于死罪。

2.属于刖(剕、膑)罪的罪名。据《尚书大传》说,西周时凡属于"决关梁,踰城郭而略盗者",也就是私开越度关津,翻越城郭墙垣进行略诱窃盗者,均属于膑罪(亦可称为剕罪或刖罪)。

3.属于宫罪的罪名。据《尚书大传》记载,周时凡"男女不以义交者",都属于宫罪,这相当于后世的奸非罪,具体包括淫、烝、报、通等。其中淫指男女不分时间、场合的随意性交,后来则指非配偶而性交,故后世又有奸淫与淫乱的区分;至于烝、报、通,则是在宗法观念支配之下对特定淫罪的区分,其中烝是指上淫,即男子与女性卑幼之间的奸淫;报指男子与女性尊长之间的奸淫;通则是指同辈分的亲属或无亲属关系者之间的奸淫。

4.属于劓罪的罪名。据《尚书大传》记载,属于劓罪的罪名有"触易君命"、"革舆服制度"、"奸宄"、"盗攘伤人"等。其中"触易君命",指违犯、更改君主命令的行为;"革舆服制度",是指违背宗法等级制度,变更车马服饰制度的罪行;"奸宄",泛指为非作歹;"盗攘伤人",即在劫盗中伤害他人的罪行。

5.属于墨(黥)罪的罪名。据《尚书大传》记载,属于墨罪者只有"诵不祥之辞",其所指尚比较具体明确,而"非事而事之"、"出入不以道义",显然是对比较细小轻微的罪行予以概括。在《周礼·秋官·司盟》中称,对于誓约"其不信者服墨刑";在《朕匜》铭文中,也有牧牛因为"背誓"而被处以墨刑之例证。这或许可归之于"非事而事之"的范畴内。

三、以"盗贼"为中心的罪名体系

(一)概说

在中国古代独立罪名体系的发展过程中,第一种具体罪名体系是《法经》所确立的以"盗贼"为中心的罪名体系,这种罪名体系在后来的秦汉律中一直被沿用下来。

以"盗贼"为中心罪名体系的基本特点就是,基于"王者之政,莫急于盗贼"的观念,将"盗"与"贼"作为具有种属性质的罪名,置于中心地位,而其他罪名则围绕着"盗贼"罪名设置。这在《法经》、《秦律》和汉《九章律》中表现得非常明显。其中《法经》"始于《盗》、《贼》",也就是将"盗"与"贼"置于第一、第二篇的首要地位;因"盗贼须劾捕,故著《囚》、《捕》二篇",这是围绕"盗"、"贼"设置的篇目;对于"盗"、"贼"以外的犯罪行为,包括轻狡、越城、博戏、假借不廉、淫侈、逾制等,尽管在行为所侵犯的对象、行为自身的性质、特点等方面,并没有必然的联系或同一性,但却仍然集于一篇,用与罪名无关的《杂》命名。是后商鞅制定《秦律》,体例篇目即取自《法经》,罪名体系仍沿

---

[1]《周礼·秋官·小司寇》。

而不改,直到秦朝统一,李斯"定律令",[1]百多年间,具体罪名或有增加,但罪名体系却未发生任何变化。[2] 故而汉高祖刘邦初入关中,约法三章,便仅保留了有关盗、贼的部分,"余悉除去秦法"。[3] 汉初萧何制定《九章律》,其中虽较《法经》增加了《户》、《兴》、《厩》三篇,但仍采用以"盗贼"为中心的罪名体系,则无任何变化。后来相继编定有《傍章律》、《越宫律》、《朝律》以及大量单行法令,具体罪名规定虽不断增加,预示着以"盗贼"为中心的罪名体系即将发生变化,但由于汉代始终未能修订《九章律》,因而这种变化在汉代也就一直未能完成。

(二)以"盗贼"为中心罪名体系下的具体罪名

战国秦汉时期的具体罪名可以分置于盗、贼的种属罪名之下,置于盗、贼以外的罪名,分别按照法典篇目稍加介绍。

1.盗罪。盗罪可能在原始社会末期就已出现。其原义是指贪欲食器,[4]春秋战国时代被赋予一般意义,这就是《春秋谷梁传》所说的"春秋有三盗":①"微杀大夫,谓之盗",即秘密杀死大夫的是盗;②"非所取而取之,谓之盗",即张斐所说的"取非其有,谓之盗",所"取"既可以是一般财物,也可以是国家政权;③"辟(避)中国之正道以袭利,谓之盗"。[5] 其中侵财既与经济私有制针锋相对,夺国更与家天下制度根本矛盾,故而在各种犯罪中被视为最大者。

《法经》中归属于盗罪的有"大盗"、"重盗"和"有盗心"。其中"有盗心"又包括"拾遗"(指有侵财之心)和"窥宫"(或者包含有夺国之欲在内)。此外,还有"盗玺"、"盗符",应该是具体的盗罪,但却被归入《杂》篇。[6]

《秦律》中见于《云梦秦简》的盗罪似乎仅限于侵财方面,具体包括三种:①窃盗罪,如盗羊、盗钱、盗官府印以及盗采人桑叶等,应属一般盗罪;②共盗,当指共同犯盗罪;③群盗,可能专指五人以上的共同强盗。[7] 至于意涉夺国的,在史书记载中还有"反"、"谋反"、"操国事不道"等。

汉《九章律》中,属于盗罪的有:①劫略,指强盗;②恐猲,是指以将行不利的手段威吓他人而取财;③和买卖人,是指伙同买卖良人为奴婢;④持质,是指执持人质而勒索财物;⑤受所监与受财枉法,都是指官吏纳贿受财,区别在于受所监的受贿人与行贿人之间存在监临(上下级管理)关系,受财枉法的受贿人与行贿人之间则不存在监临关系;⑥勃辱强贼,指因为怨怼而对已被执拘之人自行殴打侮辱以至于杀伤;⑦还赃畀

---

[1] 《史记·李斯列传》。

[2] 《云梦秦简·法律答问》共有一百八十九条,其中三分之二以上的内容都是解释有关盗贼罪行以及其刑罚适用的,这也曲折地反映了当时罪名体系是以"盗贼"为中心的状况的。

[3] 《史记·高祖本纪》。

[4] 参见《说文》段玉裁注。

[5] 《春秋谷梁传·哀公四年》。

[6] (汉)桓谭:《新论》,上海人民出版社1967年版。

[7] 《云梦秦简·封诊式》有"群盗"一条,是关于五人共同犯盗罪的"爱书"。

主,并非罪名,但包含因赃致罪。[1] 此外,在史籍中所记载的还有盗皇家宗庙园林物、盗官物等,但其在盗罪中究竟怎样排列已无法考知。

2. 贼罪。贼作为罪名出现在原始社会末期,[2]在春秋战国时代,已成为具有种属性质的罪名。贼罪自个人安全而言,虽系杀身害命,自国家社会而言,则既削弱生产力,又破坏社会秩序与安全,更危及国家权威,故仅次于盗罪而列第二,同居罪名体系的中心地位。

贼罪在《法经》中,现仅有杀人与杀二人的规定可以考知。在秦律中主要是指杀人罪,按犯罪形态的不同,又有贼杀、斗杀、盗杀、谋杀以及擅杀的划分。其中贼杀,即指故意杀人,是一般意义上的杀人罪;斗杀,指因斗殴而致人死亡;盗杀,指因盗而杀人;擅杀,则特指父亲杀死子女的行为。[3]

汉《九章律》中,属于贼罪的有九种。其中许多乃是政治方面的犯罪,主要包括:①大逆不道,或称反逆不道,具体又有谋反、不敬、大不敬、不道等罪名,每一种罪名所包含的犯罪形态又很复杂多样;②欺谩,指对上欺诈;③诈伪,指背信藏巧,进行欺诈以及伪造行为;④逾封,专指诸侯王未经皇帝批准而私自越界;⑤矫制(矫诏),指篡改、误传皇帝诏制命令的罪行,因其是否造成实际危害结果,又分为矫制害与矫制不害;⑥贼伐树木,指盗伐树木;⑦杀伤人畜产;⑧亡印,即亡失官府印信符檄;⑨储峙不办,或称乏军兴,指未按照命令筹备供应军需物资。但另外尚有杀人罪、伤害罪等均应归于贼罪范畴,其中杀人罪又有谋杀、斗杀、戏杀、贼杀、使人杀人等。

3.《囚》律与《捕》律中的罪名。《囚》律规定的乃是告诉与审判方面的罪名,《捕》律规定的则是有关逮捕系讯方面的罪名。

在秦律中,关于告诉、审判方面的罪名既有诬人、投书、告盗加赃、告不审等,也有不直、纵囚、失刑等。其中诬人,也即现在所说的诬告罪;投书,指投递匿名信控告他人;告盗加赃,指控告他人盗罪时增加所盗赃物的数量或价值;告不审,指虽非诬告,但所控告的事实有出入;不直,指本应重判而故意轻判,或本应轻判而故意重判;纵囚,指应该判罪而故意不判罪,或者更易狱辞,故意放纵罪犯;失刑,指因过失而在判决中量刑不当。关于捕亡系讯方面的罪名有:逃亡罪;将司人而亡,指官吏监领服役之人时,致使服役人逃亡;追捕罪犯时故意刺伤或杀死被追捕之人;见贼杀伤人而不救助罪等。[4]

汉《九章律》中,《囚》律篇可以考知的有七目,其中诈伪生死、诈自除复等显属罪名。此外,在史书中记载的尚有故不直、监临部主见知故纵、鞫狱不实等罪名。至于

---

[1] 参见沈家本:《汉律摭遗》,《历代刑法考》卷三。
[2] 最初"贼"字当作"蠈",指一种专食禾节的蝗虫,引申为指捕人杀食,后来又作"贼",专指杀人而毁坏尸体;更后来则既可以指杀害他人性命,又可指伤害他人身体,还可指毁坏规则制度。
[3] 参见《云梦秦简·法律答问》,《云梦秦简·封诊式》。
[4] 参见《云梦秦简·法律答问》,《云梦秦简·封诊式》。

《捕》律篇的内容已不可考,史书记载的首匿罪、通行饮食罪、亡失士卒以及从军亡等,当系《捕》律的内容。

4.《杂》律中的罪名。《杂》律篇规定的是盗贼以外的其他罪名的总汇,其罪名也最为复杂。

《法经》的《杂》篇所规定的罪名共有七种:①轻狡,似指轻狂狡猾的罪行,具体包括盗符、盗玺、议国法令等罪名;②越城,指逾越城垣的罪行;③博戏,指赌博罪;④假借,当指借贷债务违约不偿;⑤不廉,当指官吏贪赃受贿;⑥淫侈,包括一妻二妾、夫有外妻、妻有外夫等行为,但是否包含有强奸、蒸、报、通等名目则不详;⑦逾制,指"大夫之家有侯物"的潜越行为。[1]

《云梦秦简·法律答问》中有一些罪名与《法经》的《杂》篇相当,如"盗书丞印"与轻狡相当;"把其假以亡"与假借相当;"有秩吏捕阑亡者以畀乙,令诣,约公购"与不廉相当;"臣强与主奸"、"如母异父相与奸"与淫侈相当。而史书记载的诅咒诽谤罪、以古非今罪,则与"议国法令"相当。

汉《九章律》有关《杂》篇的罪名有假借、不廉、呵人受钱以及使者验赂等四种。其中假借、不廉显系承用《法经》;呵人受钱,即勒索钱财;使者验赂则指受命安言的官吏收受贿赂。

5.《户》、《兴》、《厩》中规定的罪名。汉《九章律》中增加《户》、《兴》、《厩》三篇,相应地必有各种罪名的规定,这些罪名有些在秦律中已经确定。

《户》律规定的是违反赋税徭役与婚姻家庭制度方面的犯罪。秦代已有匿户罪、非法婚姻罪,前者指隐瞒人户、逃避户赋、徭役的犯罪;后者指已经与人结婚,并经官府登记而逃亡,或私自逃亡又重婚的犯罪。汉代则有盗卖官田、度田不实、不以律占租、逃亡名数不占户籍的"脱亡"罪等。

《兴》律规定的有上狱、考事报谳、擅兴徭役、乏徭、稽留、烽燧等,其中前两目显然并非罪名,后四目则涉及罪名。擅兴徭役,指擅自非法征发徭役,进行兴造;乏徭,指服徭役时逃亡;[2]稽留,则是指被征发服戍役及徭役者故意拖延不能按指定日期到达服役地点的行为;[3]至于烽燧,当指主将守备不设。

《厩》律中属于罪名的有:乏军之兴,即对军队粮草武器准备不足;奉诏不谨,是指在奉行皇帝诏制时不认真恭敬;不承用诏书,或即废格诏令,指废置、阻挠格诏令的执行。

除上述内容外,秦汉两代还曾经制颁过许多单行的律法,皇帝也经常颁布诏令。

---

[1] 参见《晋书·刑法志》。另外,桓谭《新论》则说有淫禁、狡禁、城禁、嬉禁、徒禁、金禁以及潜越。
[2] 在《云梦秦简·法律答问》中,有"当徭,吏典已令之,即亡弗会,为逋事;已阅及敦车食若行到徭所乃亡,皆为乏徭"的记载。
[3] 秦代法律中已有类似规定:①徭役失期,《云梦秦简·法律答问》:"徭中发征……失期三日到五日,谇;六日到旬,赀一盾;过旬,赀一甲";②戍役失期,《史记·陈涉世家》:"失期,法皆斩"。

这些律令在基本性法典所确立的罪名之外，还创设了一系列新的罪名，尤其是有关侵犯皇权和宗法伦理的罪名，这就使得原有的以"盗贼"为中心的罪名体系受到严重冲击。而《九章律》在罪名体系上存在的弊端，即"《盗》律有贼伤之文，《贼》律有盗章之文……若此之比，错糅无常"，[1]使得以"盗贼"为中心的罪名体系日益显示出无法继续适应社会和法制发展变化的要求，预示着罪名体系必将发生重大变化。

四、以"十恶"为核心的罪名体系

（一）以"十恶"为核心的罪名体系概说

从曹魏编纂新律时开始构建新的罪名体系，至隋唐时期终于形成以"十恶"为核心的罪名体系，而其间又以曹魏西晋和北齐杨隋为关键环节。

曹魏制律时，采用"都总事类，多其篇条"的方法，大幅度增加罪名体系的容纳量，并按事类性质，重新对罪名分类归纳：一则对汉《九章律》中的《盗》、《贼》、《捕》、《杂》、《户》、《厩》等六篇在删修之后加以保留；二是从《九章律》各篇以及傍章科令中取事类相同者加以概括，增加了《劫略》、《诈律》、《毁亡》、《告劾》、《系讯》、《断狱》、《请赇》、《兴擅》、《留律》、《惊事》、《偿赃》等十一篇，这样除改《具》律为《刑名》之外，其余的十七篇都是有关罪名之制的。此后的《晋律》，在此基础上，删除《劫略》、《惊事》、《偿赃》、《留律》，增加《宫卫》、《违制》、《厩牧》、《水火》、《诸侯》、《关市》等六篇。

经过这次改革，魏晋律典所构建的罪名体系已经纠正了汉代罪名体系所存在的弊端，但同时又产生了新的弊端。这就是，由于罪名体系容量增加，从而使罪名滋长，"条流苛密"，"烦而不要"。为纠正新的弊端，北齐制律进一步大胆创新，隋制《开皇律》踵而行之，对罪名体系再加调整。这次革新采用了相互关联的两种方法：①简要科条，将相近相同的具体罪名进一步合并，使整个罪名体系既简明扼要，又"疏而不失"；②把整个罪名体系中属于"亏损名教，毁裂冠冕"，"其数甚恶"的十种罪名，"特标篇首，以为明戒"。这十种罪名在北齐时称为"重罪十条"，在《开皇律》中改为"十恶"。这样，就奠定了以"十恶"为核心的罪名体系的基础，至唐代经过多次充实完善，方始完备，嗣后五代、宋、元大致上仍然沿用了这一罪名体系。

（二）"十恶"罪的内容及地位

在以"十恶"为核心的罪名体系中，"十恶"被视为罪大恶极，危害至为严重的犯罪，居于核心地位。而其渊源，远宗两汉，近承魏晋，至北齐创为"重罪十条"，包括反逆、大逆、叛、降、恶逆、不道、不敬、不孝、不义、内乱等，隋《开皇律》改称"十恶"，唐宋元明清历代法典均加沿用，具体包括谋反、谋大逆、谋叛、恶逆、不道、大不敬、不孝、不睦、不义、内乱。[2] 对这十种罪名，《唐律疏议》中有十分详细的解释和界定。

1. 谋反，"谓谋危社稷"，也就是指图谋危害君主或国家的犯罪。

---

[1]《晋书·刑法志》。
[2]《宋刑统》因避讳，改"大不敬"为"大不恭"，元明清又恢复"大不敬"的名称。

2. 谋大逆，"谓谋毁宗庙、山陵、宫阙"，即图谋毁坏皇室的宗庙神主、皇帝的陵墓以及宫殿的犯罪。

3. 谋叛，"谓谋背国从伪"，即图谋背叛朝廷，投降蕃夷之国或者越城附从叛敌。

4. 恶逆，包括两种具体犯罪：①殴击或谋杀祖父母、父母；②杀害伯叔父母、姑、兄姊及外祖父母、丈夫及丈夫之祖父母、父母。

5. 不道，指"安忍残贼，背违正道"的罪行，包括三种具体犯罪：①杀一家非死罪三人；[1]②杀人后肢解尸体；③"造畜蛊毒、厌魅"，也就是制造、蓄养蛊毒以及实施厌魅等以害人。[2]

6. 大不敬，指对皇帝重大不敬的犯罪，包括七种具体罪行：①盗窃皇帝用以举行大祀、大祭、大享等祭祀典礼时供奉神祇的物品，或盗窃皇帝御用物品；②盗窃或伪造皇帝、皇太后及皇后的御用印玺；③为皇帝调和御用药物，违误本方以及封合后题写药名错误；④为皇帝制造御用食物，未依据食经以及误犯食禁；⑤制作供皇帝御用的舟船，因失误而不牢固；⑥指斥皇帝且情理切害的；⑦对待皇帝敕令或所司差遣的"制使"狂勃捍乱，丧失人臣忠君敬上之礼仪。

7. 不孝，包括四种罪行：①告发祖父母、父母犯罪或诅咒谩骂祖父母、父母；②祖父母、父母健在，子孙就分立户籍或要求分割家庭财产以及对祖父母、父母供养有缺；[3]③在居父母丧的三年期限内，子孙自行嫁娶以及作乐，或者穿戴吉服而不穿丧服；④闻知祖父母、父母已经去世而隐匿不举行哀悼仪式，或者诈称祖父母、父母死亡的。

8. 不睦，包括两种犯罪：①谋杀及卖缌麻以上（即五服以内）亲属；②殴打、告发丈夫以及大功以上尊长、小功以上尊属。[4]

9. 不义，包括两种犯罪：①杀害本属府主、刺史、县令等官长及现授业的老师，吏卒杀害本部五品以上的官长；②闻知丈夫去世而隐匿不举行哀悼仪式，以及作乐或脱去丧服改穿吉服，或自行改嫁。

10. 内乱，指对小功以上亲以及父祖之妾进行强奸或与之通奸。

"十恶"在本质上乃是违反中国古代伦理纲常的行为，故称之为"亏损名教，毁裂冠冕"。以"十恶"各罪所侵犯的客体性质差异，可以将其划分为三类：①侵犯君主专制政治制度，尤其是侵犯皇帝的罪行，包括谋反、大逆、谋叛以及大不敬、不义中的一部分；②侵犯宗法等级伦理关系及其秩序的犯罪，包括恶逆、不孝、不睦、内乱和不义中的一部分；③违背天理伦常，手段极其残忍的罪行，如不道。在中国传统的君主专制和中央集权的政治制度发展已相当成熟，以儒家正统的"三纲五常"为核心的伦理纲常

---

[1] 这里的"杀一家非死罪三人"，必须所杀是一家人，且三人均未犯该死之罪。否则，即不能构成不道罪。

[2] 据宋人郑樵《通志·六书略》记载，造蛊之法，以百虫，置于同一器皿中，使其自相残杀，最后能生存者毒性最强，可以用来暗中害人；而厌魅则系以"邪俗阴行不轨"的方法杀害人，即采用祈祷鬼神或诅咒等迷信方法杀人、害人。

[3] 供养有缺，必须是有供养能力而不供养，并经祖父母父母控告的才能构成。

[4] 这里所说的"缌麻、大功、小功"系古代五服中的三种，关于"五服"，具体参见本书第四章第五节

已成为全社会共同行为信条的情况下，"十恶"就成为同社会根本制度以及基本信念针锋相对的行为，因而就被概括为"其数甚恶"的罪名，置于罪名体系核心地位，规定于法典首篇，以起到特别标明"以为明诫"的作用。

（三）以"十恶"为核心的罪名体系的结构及主要内容

以"十恶"为核心的罪名体系的整体结构是基于如何更有效地首先保护政权的安全稳定，兼及社会秩序的正常及个人安全与利益而设计的，其全部罪名被分置于卫禁、职制、户婚、厩库、擅兴、贼盗、斗讼、诈伪、杂、捕亡、断狱等十一个大的罪名种类之下。这些种类的命名，既有根据行为特征者，又有依据行为性质者，还有直接使用制度之名者，更有按照范围确定者，以现代法学理论考察，其分类标准不统一，每类所包含的内容以及性质当然不纯，其欠缺科学性、合理性至为明显。但《唐律疏议》历来都被称为"整齐划一"、"轻重得平"的法典，其罪名体系结构必然有其匠心独运之处，其理由在《唐律疏议》中说得非常明白。

1. 卫禁。"卫者，言警卫之法，禁者，以关禁为名"，所辖具体罪名都是违犯对皇帝警卫之法以及违犯国家关禁制度的行为。之所以置于首位的理由便在于，维护专制政治制度，"敬上防非，于事尤甚"。

2. 职制。"敬上防非"固然可以保证最高统治者与政治中枢的安全，但对维护整个政治制度与国家统治，却只是必要保证，而非充分保证。故而在"宫卫事了"，便"设官为次"，列职制于第二，对于"职司法制"有所违犯，必"入于罪戾"，因而，"职制"所辖的乃是违犯职司法制的罪名。

3. 户婚。充足的人户既是自然经济条件下社会财富和国家财政税收的基本源泉，又是巩固国家政权所必需的常备军的资源所在；而稳定的婚姻家庭关系既是社会基础稳定的必要条件，还是维系宗法伦常的重心所在。据此，对于违反"户口婚姻"制度以及据之建立的户籍、土地和赋税徭役制度的罪行，必然加以重视，故而在"论职司事迄"，即以户婚列于第三。

4. 厩库。厩指马牛所聚，既是重要生产工具，又是重要军事资源；库乃财帛兵甲之所藏，既系国家经济的物质财富，又关乎军队战斗力之保障，因而置于户婚之下，凡对厩库财物有所危害之行为，即视为犯罪，故列第四。

5. 擅兴。擅，指违犯军事调动指挥制度的罪行；兴，系非法兴造之犯罪。而"国之大事在于军戎，设法必为重防"，故在规定了静态的厩库违制后，紧接着规定动态方面的有关擅兴的罪名。

6. 贼盗。贼既系杀身害命之罪，盗乃夺财侵物之恶行，对个人之人身安全与财产利益侵犯固然最为严重，对国家与社会安全秩序之危害亦不在小，但显然不及"擅发兵马"、试图作乱严重，故被置于擅兴之下。

7. 斗讼。斗殴可能伤身害命，告讼必致争竞，其对个人之人身安全与财产利益固然有所侵犯，对社会秩序也足以形成干扰，但其程度则轻于贼盗，故次贼盗之下。

8. 诈伪。诈伪之罪，包括诈骗与伪造，但伪造涉及伪造皇帝御宝（御用印玺），不仅危害他人，更危及皇帝权威尊严与国家政治威信，而诈骗诈欺则仅危及凡人，故虽在命名时诈列伪前，而实际规定却以伪置诈先，名实固然不符，却实实在在反映出构造体系时的良苦用心。

9. 杂。贼盗、斗讼、诈伪仅系侵犯个人安全与利益及社会秩序之严重者，其他对个人安全与利益及社会秩序有所侵犯的罪名仍在所多有，为图法条之"疏而不失"，便采"拾遗补阙"之法，将其归于一篇，取"班杂不同"之义，名为"杂"罪，且为穷尽所有"罪"行，又专立"违令"与"不应得为"两条，以备"临时处断"，"庶补遗缺"。

10. 捕亡。罪名至于"杂"，即已成为一完整体系，但罪人"若有逃亡"，可能既犯新罪，更危害国家司法之权威，因"恐其滋蔓，故须捕系，以置疏网"，所以又列"捕亡"，以规定有关逮捕逃亡方面的罪名。

11. 断狱。犯罪之后，即须审断以定罪科刑，对之仍须严定制度，若对这种制度有所违反，又难免产生新的罪名，故于捕亡之后，又列断狱方面的罪名。

很显然，这种罪名体系在以"十恶"为核心的前提下，所列十一种罪名其实可以分为三大类：其中卫禁、职制、户婚、厩库和擅兴各篇，基本上围绕着如何更有效的维护以"天下为私"为本质、以"家天下"为外在表现的国家政权的稳定和安全为重心而设计，其作用更显重要，其次序当然也就排列在前；而贼盗、斗讼、诈伪和杂四种罪名，大体上属于维护个人安全与利益，同时又关乎社会稳定与秩序而设计的；至于捕亡和断狱两篇所列罪名，则系为维护国家司法权威与司法公正而设计。这种罪名体系的构筑，无疑反映了中国古代刑法的国家主义与家族主义相结合的底蕴。

五、以六部统辖的罪名体系

（一）以六部统辖的罪名体系概说

尽管以"十恶"为核心的罪名体系是中国古代罪名体系的经典之作，但随着社会生活的变迁，至两宋时代，统治者已经形成"律不足以周事情"的认识，而其中最重要的就是强调律典所确定的罪名体系已无法适应社会变迁的需要，因而宋代便常用编敕、编例的方式来补充律典中所定罪名体系之不足。但终宋之世，《宋刑统》既然用之不改，罪名体系也就未及发生根本变革。到元代，开始对罪名体系进行大幅度调整，在《大元通制》中，一则沿用以"十恶"为核心的结构法，将"十恶"列于《名例》篇中；二则对各类具体罪名的排列组合多加变更。这对于其后的明清两代罪名体系的重新建构提供了直接的启迪和借鉴。不过，在明朝初年编纂法典时，一度曾试图恢复隋唐时期的罪名体系，故其篇目"一准于唐"，但终因这种罪名体系既同当时的社会现实不甚契合，也同废除宰相制之后的政治体制无法适应，便不得不在稍后改建罪名体系。其后，清代编定律典，对之完全沿袭而不加更改。

明清时期新的罪名体系，是在隋唐时期以"十恶"为核心的罪名体系的基础上改建而成的，显示出两个特点：①对于"十恶"及其在罪名体系中的核心地位与作用，仍然全盘承袭；②在具体罪名体系的设置上，按照各罪违犯法律秩序的性质分类归纳，并分三个层次进行排列组合。第一层次,以中央六部设官分职的体制为根据,将所有罪名概括归纳于吏、户、礼、兵、刑、工的名称之下;第二层次,则是在吏、户、礼、兵、刑、工这六大类之下,再按照各罪所违犯制度或性质之不同,将所有罪名进一步划分为(吏律)职制、公式、(户律)户役、田宅、婚姻、仓库、课程、钱债、市廛、(礼律)祭祀、仪制、(兵律)宫卫、军政、关津、厩牧、邮驿、(刑律)贼盗、人命、斗殴、骂詈、诉讼、受赃、诈伪、犯奸、杂犯、捕亡、断狱、(工律)营造、河防等二十九种;第三层次,则是在职制等二十九种罪名类别之下,或以主体及客体差异,或以行为侵害程度作为标准,具体规定了四百多个具体的各罪罪名。

以六部统辖的罪名体系,既有明显进步,又存在一定缺陷,可说是瑕瑜互见。就前者而言,采取按照各罪所违犯的法律秩序的性质概括分类,自属对犯罪现象认识能力进步、概括能力提高的表现;且所划分的职制、公式等共有二十九种之多,因而使每一类所统辖的罪名自然更具同一性,也更为集中整齐,在法理上更趋成熟与精致。就后者而言,则存在多层次分类标准不尽统一的缺陷,而吏、户、礼、兵、刑、工六部,原属政府机关设官分职之名称,以之作为种属罪名分类概括,不伦不类,自不待多言;且职制以下诸名目,既有以制度命名者,又有以行为命名者,还有些名称更是名实不符,显系思考欠密,人谋不臧的表现。

(二)以六部统辖的罪名体系下的具体罪名

以六部统辖的罪名体系,共有六大类二十九种分类罪名,每个分类罪名之下又有具体各罪罪名之规定。

1.《吏律》中的罪名。《吏律》分为职制、公式两类罪名。其中职制类系有关违犯职官选举、任免职责以及考核诸制度的犯罪,包括大臣专擅选官罪、滥设官吏罪、奸党罪、交接近侍官员罪等罪名;公式类系有关违犯公务处理规则的犯罪,包括官员不解律令罪、变乱成法罪、制书有违罪、上书犯讳罪等罪名。

2.《户律》中的罪名。《户律》分为户役、田宅、婚姻、仓库、课程、钱债、市廛等七类罪名。具体内容包括:①户役,系有关违犯户籍与赋役制度的犯罪,包括脱漏户口户籍罪、立嫡违法罪、赋役不均罪、逃避差役罪、子孙别籍异财罪等具体罪名;②田宅,是有关违犯土地管理制度的犯罪,包括欺隐田粮罪、盗卖或侵占田宅罪、盗耕种官民田罪等具体罪名;③婚姻,系有关违犯婚姻制度的犯罪,包括妄冒为婚罪、典雇妻女罪、居丧嫁娶罪、同姓或尊卑违礼为婚罪、违法出妻罪等具体罪名;④仓库,系有关违犯与仓库相关的货币、税粮征收以及管理制度的犯罪,包括拒收宝钞罪、收受伪钞罪、征收税粮违限罪、揽纳税粮罪、私借钱粮官物罪、仓库不觉被盗罪、隐瞒入官家产罪等具体罪名;⑤课程,类系有关违犯课程制度的犯罪,包括私盐罪、私茶罪、私矾罪、匿税罪等具体罪名;⑥钱债,系有关违犯钱债借贷制度的犯罪,包括违禁取利罪、得遗失物限外不送官送主罪等具体罪名;⑦市廛,系有关违犯市场交易管理制度的犯罪,包括私立牙行埠头罪、评价不平罪、把持行市罪、器物布帛不如法罪等具体罪名。

3.《礼律》中的罪名。《礼律》分祭祀和仪制两类:①祭祀,是有关祭祀违反礼制的犯罪，包括大祀或庙享违礼罪、毁损大祀丘坛罪、亵渎神明罪等具体罪名；②仪制，系有关违反礼仪制度的犯罪，包括合和御药物不如本方及封题误罪、造御膳误犯食禁罪、对乘舆服御物收藏整修进御不如法罪、私习天文罪、服舍违式罪、失占天象罪、匿父母丧罪等具体罪名。

4.《兵律》中的罪名。《兵律》分为宫卫、军政、关津、厩牧、邮驿等五类。具体内容包括：①宫卫，系违反宫殿警卫制度的犯罪，包括擅入宫殿太庙太社皇城门罪、从驾稽迟罪、越城罪、门禁锁钥违制罪等罪名；②军政，系有关违反军政管理制度的犯罪，包括擅调官军罪、失误军事罪、从征违期罪、主将不固守罪、纵军掳掠罪、私卖战马军器罪、犯夜罪等具体罪名；③关津，是有关违反官津防卫制度的犯罪，包括私越冒度关津罪、诈冒给路引罪、私出外境及违禁下海罪等具体罪名；④厩牧，系有关违反官私牛马畜产管理制度的犯罪，包括牧养畜产不如法罪、验畜产不以实罪、私宰马牛罪等罪名；⑤邮驿，系有关违反邮传驿站管理制度的犯罪，包括稽留、损坏或沉匿递送公文罪、损坏邮驿铺舍罪、私役铺兵罪、私借驿马罪等罪名。

5.《刑律》中的罪名。《刑律》在整个罪名体系中所占内容最多，共分贼盗、人命、斗殴、骂詈、诉讼、受赃、诈伪、犯奸、杂犯、捕亡、断狱等十一类，与其他各罪相比较，更具有普遍和一般意义。

具体内容包括：①贼盗，在明清时期因将人命部分分出，从而使其各罪的范围更为单纯，除谋反大逆、谋叛、造妖书妖言等属于政治方面的罪名外，其余均是各种强盗、窃盗方面的罪名，但也包括劫囚罪、恐吓取财罪、诈欺取财罪、略卖人罪、发冢罪、夜无故入人家罪等罪名。②人命，系有关杀伤的犯罪，包括杀人罪与伤害罪。关于杀人罪部分，除一般的谋杀人罪、斗殴杀人罪、故杀人罪、戏杀人罪、误杀人罪、过失杀人罪、威逼致人死亡罪外，还专门规定了特定身份的各类杀人罪以及特定手段的杀人罪等。③斗殴，包括一般斗殴罪以及各种特殊形态的斗殴罪，如宫殿内相殴罪、殴皇家袒免以上亲罪、上司官与统属官相互斗殴罪、良贱相互斗殴罪等。④骂詈，包括一般骂詈罪与各种特殊形态的骂人罪，如骂詈使及本管长官罪、骂尊长罪、奴婢骂家长罪等。⑤诉讼，系有关违反诉讼程序及制度的犯罪，包括越诉罪、匿名告人罪、告尊长干名犯义罪、子孙违反教令罪、教唆词讼罪等。⑥受赃，是有关因赃致罪的犯罪，包括官吏受财罪[1]坐赃致罪的罪名，其中受财枉法、受财不枉法、坐赃与贼盗类中的监守盗、常人盗、窃盗合在一起，称"六赃"。⑦诈伪，包括诈为制书、诈使诏书、对制上书诈不以实等罪名，伪造宝钞罪、私铸铜钱罪等罪名。⑧犯奸，分为和奸、强奸以及刁奸等一般奸罪，同时又规定了亲属相奸、良贱相奸、奴及雇工人奸家长妻等特殊形态的奸罪。[2] ⑨杂犯，系难以归纳于其他各类的罪名的总汇，包括拆毁申明亭罪、赌博罪、嘱托公事罪、私和公

---

[1] 分为有禄人与无禄人受财枉法与不枉法罪。
[2] "刁奸"概念始创于明代，据说是指"用威力挟制，及巧言诱出引至别所"而成奸，参见《明律笺释》。另蔡枢衡先生在《中国刑法史》中，解释为"究极就是卖淫"。

事罪、失火罪、放火罪、违令罪、不应为而为罪等。⑩捕亡，系违反追捕罪人及其他逃亡者的制度的犯罪，包括受财故纵罪、拒捕罪、稽留囚徒罪、主守不觉失囚罪、藏匿罪人罪等罪名。⑪断狱，系违反审判囚禁制度的犯罪，包括掩禁罪囚罪、凌虐罪囚罪、主守教令囚犯翻异罪、违法拷讯罪、官吏出入人罪等罪名。

6.《工律》中的罪名。《工律》部分，包括营造与河防两类罪名：①营造，系有关违反营造管理制度的犯罪，包括擅造作罪、造作不如法罪、冒破物料入己罪等罪名；②河防，系有关违反河防管理制度的犯罪，包括盗决故决河防罪、失时不修理堤防罪、侵占街道罪等罪名。

第三节　中国古代刑罚制度

一、刑罚体系的变迁

刑罚体系，是指将各种刑罚按照一定的次序排列组合起来，以适应于各种各样性质既有差别、程度又有轻重的罪行。刑罚体系受到社会政治、经济、文化以及历史传统的制约和影响，随着社会历史的发展演进而不断的发展变迁，在大致相同的某一历史时代，必然会有某种特点鲜明的刑罚体系与之相适应。

中国古代自原始社会末期形成刑罚以来，刑罚体系的变迁有四个明显的特点：

1. 早熟性的特点。在中国法律起源的原始社会末期就已经形成了最初的五刑体系，而且一直存在着自成一系的刑种划分标准和方法，这与近现代刑法学上的刑种分类不尽一致。

2. 中国古代自始至终大致都以"五刑"指称刑罚体系，但"五刑"的含义既有区别，作为"五刑"体系的具体样式在各个时代也不尽相同。"五刑"一词在不同场合使用有不同含义，[1]但在大多数情况下，"五刑"都是指由五种刑罚构成的刑罚体系，不过在各个时代的具体样式则主要有以肉刑为中心的"五刑"体系和以徒流刑为中心的"五刑"体系。

3. 中国古代刑罚体系的构成，既有法定刑，又有法外酷刑。在中国古代，历代王朝虽大致都将刑罚体系明定于刑书或律典之中，但一则受君主专制体制的支配，越法定罪科刑循为常制；二则受重刑以惩奸观念的支配，使用法外酷刑者比比皆是，这就使得法外用刑成为刑罚体系中一个特殊问题，值得特别关注。

4. 中国古代刑罚体系的发展，带有明显的时代特征。在中国古代，大体上形成了具有鲜明特征的两种刑罚体系样式：①自原始社会末期到夏商周三代时期，是以肉刑

---

[1]　如在《周礼·秋官·大司寇》中所说的"以五刑纠万民"中的"五刑"，就是指野刑、军刑、乡刑、官刑和国刑；而《国语·鲁语》与《汉书·刑法志》所说的"因天讨而作五刑"中的"五刑"，则是指"大刑用甲兵，其次用斧钺，中刑用刀锯，其次用钻凿，薄刑用鞭扑"。

为中心的刑罚体系样式,自春秋战国到秦汉时代,开始向以徒流刑为中心的样式过渡;②从魏晋南北朝以至于隋唐宋元明清时代,则是以徒流刑为中心的刑罚体系样式。

二、以肉刑为中心的刑罚体系

(一)以肉刑为中心的时代的刑罚体系概说

传说少嗥时代(比唐尧虞舜时代稍早)的苗民部族就创制了被称为"五虐之刑"的刑罚体系,其内容包括劓、刵、椓、黥和杀戮。[1] 到唐尧虞舜时代,则形成了以墨、劓、剕(刖、膑)、宫及大辟为内容的五刑体系。夏商周三代时期则基本上仍然沿用并发展了这种五刑体系,[2]另外,在西周时期除了以五刑作为刑法体系的主体以外,还有流、赎、鞭、扑与徒役等刑罚。

上述五刑体系中,除以剥夺人的生命为内容的杀戮或大辟之外,其余的墨、劓、剕(刖、膑)、宫等,都具有"断肢体,刻肌肤,使人终身不息"或"不可复属"[3]的特点,因而自古以来就被称为肉刑。在这一刑罚体系中,肉刑的使用既极为普遍,其地位与作用又十分重要,可以说是居于中心地位的,因而属于以肉刑为中心的刑罚体系,在刑罚制度发展史上,这种刑罚体系所代表的就是肉刑中心时代。

(二)以肉刑为中心时代的刑罚种类

在以肉刑为中心的时代,刑罚种类主要有死刑和肉刑两大类,但同时可能还有流、赎、鞭、扑以及徒役刑的存在。

1. 死刑(大辟)。死刑以剥夺生命为内容,属五刑中最重刑种。在唐尧虞舜至夏代,大致都用斩杀方法执行,故也称斩或杀,或作戮。商朝也以斩杀作为常用手段,但在商纣王时,为"重刑辟"而有醢、脯、炮烙、剖心等惨绝人寰的执行方法,[4]但这似属法外酷刑。西周时,死刑执行方法有斩(腰斩)、杀(斩首)、搏(去衣肢解)、辜(肢解)、焚,用于公族者则有磬(相当后世之绞),至于车轘似为军中之刑。

2. 肉刑。在这一时代的肉刑主要有墨、劓、剕、宫四种:①墨,或称黥、勍、天,系刻面涂墨,既伤其体,又辱其人的刑罚。②劓,系以刀截鼻之刑。③剕,或称剕、膑,系施加于下肢的肉刑,剕与剕形异义同,是指断足刑;[5]而膑,乃是指去膝盖骨的肉刑。

---

[1] 关于苗民之刑罚种类,今文《尚书·吕刑》作劓、刵、椓、黥,另有"杀戮无辜",《尧典》标题疏作劓、刵、剧、剠,古文《尚书·吕刑》作刖、劓、斀、黥,另有"杀戮无辜"。椓、剧、斀三字形异义同,黥、剠也属形异义同,而刵当是劓的误笔。参见蔡枢衡:《中国刑法史》,广西人民出版社1983年版,第59页。

[2] 《周礼·秋官·司刑》郑玄注谓:"夏刑大辟二百,膑辟三百,宫辟五百,劓、墨各千。"商代的墨刑或称为"天",故《易·睽·六三》有"其人天且劓"的说法;甲骨文中有"劓"、"膑"、"斩"等字。参见胡厚宣:"殷代的刖刑",载《文物》1973年第2期。

[3] 《汉书·刑法志》。

[4] 《史记·殷本纪》及《列女传》。醢,读作"海",指把人剁成肉酱;脯,指将尸体剁成碎块;炮烙,本作炮格,具体方法是用炭烧铜柱使热,令有"罪"者爬行其上,以至坠入火炭中被烧死;剖心,指开膛挖心。

[5] 不过,古代之断足刑,所断究竟是全足抑或仅断足趾,历来众说各异,且缺乏实证性的依据,只能存疑。

④宫，系专用以处罚淫罪之刑，其处刑方法为"男子割其势，女子幽闭"，也就是破坏男子的生殖器，破坏女子的生殖机能（一说指将女子禁闭于宫中）。

3. 五刑之外的刑罚。在以肉刑为中心的时代，很可能尚有流、赎、鞭、扑与徒役刑。①流，可能是古代中国最源远流长的刑罚之一，与放、窜同义，就是指将犯罪者"遣之远去"，并剥夺其作为部族成员的资格。[1] ②赎，属于财产刑，就是指以缴纳财产赎免正刑，当属刑罚易科方法。[2] ③鞭、扑，系肉刑之外的体刑，鞭指用鞭抽打，扑指用槚或楚两种木料制作的刑具击打，与后世的笞、杖相当。[3] ④徒役刑，系强迫罪犯服劳役，并加以羞辱的刑罚。商朝武丁时，傅说"为胥靡，筑于傅险"，[4]或即其萌芽。西周时可能有"以圜土聚教罢民，凡害人者，置之圜土而施职事焉，以明刑耻之"[5]的制度，还可能有"以嘉石平罢民，凡万民之有罪过而未丽于法，而害于州里者，桎梏而坐诸嘉石，役诸司空"[6]的制度，这很可能就是当时的徒役刑。

三、由以肉刑为中心的刑罚体系到以徒流刑为中心刑罚体系的变迁

（一）由以肉刑为中心的刑罚体系到以徒流刑为中心的刑罚体系变迁概说

当春秋战国之际中国社会发生巨大变革，尤其在秦汉统一帝国建立之后，中国古代刑罚体系也发生了划时代的巨大变革，即由以肉刑为中心的刑罚体系向以徒流刑为中心的刑罚体系过渡。这种过渡大体上分两个阶段展开，而尤以汉初废除肉刑为核心的刑制改革最具意义。

1. 春秋战国到秦朝刑罚体系的变化。春秋战国到秦朝，刑罚制度发生了三方面的重要变化，进而使得以肉刑为中心的五刑体系开始解体。

（1）适应政治方面自分裂走向统一以及各诸侯国富国强兵，强化中央集权与君主专制和经济方面努力本业的需要，徒役刑在这一时期被广泛采用；为拓展疆土，对新征服地区进行戍守与开发，使得迁徙罪犯实边又成为各诸侯国的基本国策。这样，就使得徒役刑和迁徙刑在整个刑罚体系中的地位和作用越来越明显。

（2）在法家重刑主义理论指导下，各诸侯国的变法运动迭兴就导致刑罚更加严

---

[1]《尚书·尧典》："流宥五刑"，"五流三宅"，"流共工于幽陵，放驩兜于崇山，窜三苗于三危"。至西周初年之《九刑》，则有流刑列于九刑之一。

[2]《尚书·尧典》："金作赎刑"。《尚书大传·甫刑》："夏后氏不杀不刑，死罪罚二千馔"。西周初年编定《九刑》，赎为其一；至周穆王时编制《吕刑》，定制对于"五刑不简"者，"正于五罚"，实际上就是对应适用五刑而有疑者，适用罚赎，具体办法为："墨辟疑赦，其罚百锾；劓辟疑赦，其罚惟倍；剕辟疑赦，其罚倍差；宫辟疑赦，其罚六百锾；大辟疑赦，其罚千锾"。这里的"馔"与"锾"通，是古代重量单位，同说认为每锾六两，百锾即六百两，"倍"指二百两，"倍差"指五百两。另外，当时所用以赎刑者，或称"金"，实则应为铜。

[3]《尚书·尧典》："鞭做官刑，扑作教刑。"

[4]《尚书·说命》、《史记·殷本纪》。

[5]《周礼·秋官·大司寇》。

[6]《周礼·秋官·大司寇》。

酷,种类与名目更加繁多,固有的以肉刑为中心的五刑体系难以继续维持不变。

(3)肉刑虽然被保留下来,但独立适用的情形愈来愈少,而与徒役刑结合适用又使其难以维持在刑罚体系中的中心地位和作用;为了保证充足而又完整的劳动力资源,既能使人身体遭受痛苦而又不致其残废的身体刑与致人精神遭受折磨的耻辱刑(名誉刑)更受重视。

2. 汉初以废除肉刑为中心的刑制改革及其意义。汉初刑罚体系仍沿用秦制。但一则统治者取适于时,"填以无为,从民之欲"、"劝趣农桑"、"化行天下",政治上力求清静无为,稳定发展;经济上采取措施,轻徭薄赋,与民休息;社会道德风俗上,移风易俗,从而形成"风流笃厚"、"民乐其业,蓄积岁增,户口寝息"[1]的文景之治。二则鉴于秦朝二世而亡的教训,一反暴秦之政,采黄老学派与儒家学派约法省刑理论,以礼治主义与轻刑主义相标榜,自高祖到景帝时期,多次颁发"蠲削烦苛"、减轻刑罚的诏令,从而为大规模的刑制改革奠定了坚实的社会政治、经济、文化基础。三则汉文帝乃中国历史上少有的贤明君主,在位期间,"专务以德化民"、"兴于礼义",主张"牧民而道之善"[2] 这样终于在汉文景帝时进行了以废除肉刑为中心的大规模刑罚制度改革。这次改革主要在汉文帝十三年(公元前167年),[3]后在景帝时又两度继续,改革的内容主要有三个方面:

(1)废除肉刑,而以其他刑罚代替:"诸当髡者,完为城旦舂;当黥者,髡钳为城旦舂;当劓者,笞三百;当斩左趾者,笞五百;当斩右趾者,弃市……。"[4]

(2)广泛适用弃市作为死刑执行方法:"吏受赇枉法,守县官财物而即盗之,已论命,复有笞罪者,皆弃市。"[5]

(3)确定徒役刑的刑期:"罪人狱已决,完为城旦舂,满三岁为鬼薪白粲;鬼薪白粲一岁,为隶臣妾;隶臣妾一岁,免为庶人。隶臣妾满二岁,为司寇;司寇一岁,及作如司寇一岁,皆免为庶人。其亡逃及有罪耐以上,不用此令。"

这次改革的初衷是想通过废除肉刑,既减轻刑罚,又开罪人自新之路,但因笞刑数目既多,导致"加笞与重罪无异",受笞之人"率多死",而斩右趾改为弃市,更是直接加重刑罚,结果便出现了"外有轻刑之名,内实杀人"[6]的尴尬局面。针对这种状况,在

---

[1]《汉书·刑法志》。

[2]《汉书·文帝纪》。

[3]《汉书·刑法志》:"十三年,齐太仓令淳于公有罪当刑(指肉刑),诏狱逮系长安。淳于公……少女缇萦自伤悲泣,乃随父至长安,上书曰:'妾父……坐法当刑。妾伤夫死者不可复生,刑者不可复属,虽后欲改过自新,其道亡繇(无由)也。妾愿没入为官婢,以赎父刑罪,使得自新'。书奏天子,天子……遂下令曰:'制诏御史:……今法有肉刑三,而奸不止,其咎安在? 非乃朕德之薄,而教不明与! ……夫刑至断肢体,刻肌肤,终身不息,何其刑之痛而不德也! 岂称为民父母之意哉? 其除肉刑,有以易之;及令罪人各以轻重,不亡逃,有年而免。具为令'。"

[4]《汉书·刑法志》。

[5]《汉书·刑法志》。

[6]《汉书·刑法志》。

汉景帝前元年(公元前156年)和中元六年(公元前144年)又两次改订律令,减少笞刑数目,先是将笞五百减为笞三百,笞三百减为笞二百,后又进一步将笞三百减为笞二百,笞二百减为笞一百,同时制定《箠令》,规范笞刑执行制度,从而大致上完成了刑制改革。[1]

经过这次改革,汉朝开始构建新的刑罚体系。这一刑罚体系由死刑、徒刑和笞刑为主构成,而辅之以肉刑、徙边、禁锢和族刑、罚金等。其在中国刑罚制度发展史上的进步意义就在于,基本上结束了以肉刑为中心的刑罚体系以及肉刑本身的历史,为以徒流刑为中心的刑罚体系的形成奠定了基础。但无可否认,汉代刑罚体系也存在着"死刑既重,而生刑又轻",[2]"轻重失当,故刑政不中"[3]的重大缺陷,这又为魏晋时期的议复肉刑埋下了伏笔。

(二)春秋战国秦朝的刑罚种类

春秋战国到秦朝,刑罚体系处于变迁之中,刑罚种类繁多,史籍记载较为紊乱。

1. 死刑。春秋战国到秦朝,在法家重刑主义支配下,死刑适用普遍,方法多样,手段极为残酷。其中常用的死刑种类有:①腰斩,也作要斩,用斧钺自腰部斩杀;②枭首,斩杀后再"悬首于木上";③弃市,取刑人于市,与众共弃之义,于市中斩首;④戮,有生戮与死戮之别,生戮指先戮辱身体再予斩杀,死戮则是在斩杀后再陈尸于市以示众。

此外,在史籍中记载的死刑执行方法还有:①车裂,与磔、砾名异义同,均指"裂其肢体而杀";②坑,亦称生埋,即活埋;③定杀,系对患麻风病者的处死方法,指投入水中淹死;④凿颠,当指击打头颅而致死;⑤抽肋,当指抽取肋骨而致死;⑥镬烹,当指用镬烹杀。

与死刑有关者,则有族刑和具五刑。族刑正式出现,在春秋时期的秦国。秦文公二十年(公元前747年),"法初有三族之罪",[4]后通称"夷三族",[5]或称"族"、"灭其宗"、"灭其家"。对应处"夷三族"者,"先黥、劓、斩左右趾,笞杀之,枭其首,菹其骨肉于市。其诽谤詈诅者,又先断舌,故谓之具五刑",[6]当系死刑中最残酷者。

2. 肉刑。春秋战国至秦朝仍广泛使用黥、劓、刖、宫等肉刑,但与前不同,一则刖被改为斩左趾与斩右趾,其斩左趾被认为轻于斩右趾;二则肉刑单独使用较少,而与徒役刑结合使用极为普遍。

3. 徒役刑。春秋战国至秦朝,仅有刑徒之名,但其所服实为徒役刑,这些徒役刑与

---

[1] 当然这里存在着一个问题,即汉文帝废除肉刑是否一并废除宫刑?对此,历来有两说:北魏时崔浩在《汉律序》中说:"文帝除肉刑而宫不易",而《汉书·晁错传》则说文帝曾"除去淫刑",未知孰是。

[2] 《汉书·刑法志》。

[3] 《晋书·刑法志》。

[4] 《史记·秦本纪》。

[5] 关于三族的范围,《史记集解》引张晏解认为是指"父母、兄弟、妻子",而引如淳解则认为是指"父族、母族、妻族",究竟何指,已难确定。

[6] 《汉书·刑法志》。

近现代徒刑作为自由刑不尽相同,其中心在于强制受刑人服劳役,同时作为对受刑人耻辱的标志,往往附加肉刑。具体包括五种:①城旦舂,包括城旦和舂两种。其中城旦适用于男子,系"治城"即强制服筑城劳役的刑罚;舂是因"妇人不予外役",故而"但舂作米"。服刑时,穿赭衣(囚衣)带械具,刑期一般为五年,加重可至六年。一般附加黥、劓及斩左、右趾等肉刑者,可统称为"刑城旦",[1]另有附加完刑或髡刑者。②鬼薪白粲,一般男子处鬼薪,"当为祠祀鬼神伐山之薪蒸也",女子处白粲,"以为祠祀择米也"。但实际上且可"操土工"。刑期一般为四年,可附加耐刑、鋈足刑等。[2]③隶臣妾,其中男称隶臣,女为隶妾,所服劳役既有杂役,也有生产役,如筑城、放牧、作工匠等,是否有刑期不太清楚,可附加耐刑、黥刑等。④司寇,男子发往边疆"备守",女子则"作如司寇",[3]似仅允许附加耐刑。⑤候,即发往边疆伺察、瞭望敌情,仅许附加耐刑。

4.迁与谪。春秋战国至秦朝,虽无流刑,但却存在与趾相当的迁与谪。迁,又称迁徙或徙,指将犯罪者全家迁往边远荒僻或新开垦地区居住,并服劳役或戍边的刑罚,且"终身无得去迁所";谪,原意指罚罪,系将被处刑之人罚去戍边或充实新开拓的地区,但也有"非谪罪而欲冗边五岁",以赎免母亲或兄弟隶臣妾身份之例。

5.肉刑之外的体刑。春秋战国至秦朝,尚有笞、髡、耐、完等虽非肉刑但仍施加于人的身体的刑罚,属于体刑。

笞,源于鞭扑,战国时已经出现,[4]秦国适用较为广泛,系以刑具击打罪犯的身体使其遭受痛苦的刑罚,见于《云梦秦简·法律答问》的有笞十、笞五十、笞一百三十等。髡、耐、完,系对罪犯在精神上施加痛苦并予以人格耻辱的刑罚。其中髡以剃去头发为特征,乃是基于古人"身体发肤,受之父母,不可轻弃"的观念,既亏其体,又辱其人,在使用上往往与城旦相结合,又附加带钳,称为"髡钳城旦";耐,指剃去须发(双颊所生之发),多作为附加刑与鬼薪白粲、隶臣妾、司寇、候结合使用,也有单处耐刑者;至于完,历来有两种解释:①指"仅去鬓发","完其发也",据此,当系耐刑之异名;②谓"髡,去发刑,或作完",据此则又系髡之异名。不过,在《云梦秦简》中,完只作为城旦舂的附加刑,故应指髡刑。

6.财产刑。春秋战国至秦朝,财产刑主要有赀与赎两种:①赀,是指"以财自赎"的小处罚,《云梦秦简》中所见达一百四十余处,具体分为赀甲与赀盾、赀戍、赀徭四种。②赎,乃是以缴纳财物或服劳役等方法赎免真刑的方式,有赎死、赎宫、赎黥、赎耐、赎迁等,根据用以赎免的内容不同,又有金赎、赀赎、役赎等数种。

除了这六种刑罚外,史籍所见战国至秦朝还有籍门、收、没等,作为连坐制度构成

---

[1]《汉旧仪》、《云梦秦简·法律答问》。
[2]《汉旧仪》、《云梦秦简·法律答问》。
[3]据《云梦秦简·司空律》,司寇应"将"(督率)隶臣妾服役,且不得以之充"仆、养守"等杂役。
[4]《荀子·正论》。

部分的处罚方式,但似乎并非独立刑种,而《云梦秦简》中多次提到的废和谇,因为仅仅适用于官吏,故类似于行政处分措施而并非严格意义上的刑罚。

(三)汉朝的刑罚种类

汉代自废除肉刑之后,刑罚体系由死刑、徒役刑、笞刑等为主构成,同时又辅之以肉刑、禁锢、族刑和罚金等。

1. 死刑。汉代本着"蠲削烦苛","约法省刑"的轻刑主义精神,废除了极为残酷的许多死刑执行方法,确定按照轻重分为三种:①弃市,系汉代常用的死刑执行方法,在市集中对受刑人斩首。汉景帝时曾"改磔曰弃市,勿复磔",[1]即将原来应处磔刑的也改处弃市。②腰斩,系沿用秦代旧制,重于弃市而轻于枭首。③枭首,又称枭夷、枭裂,为常用最重死刑。

但汉代作为法外用刑,则有族刑与具五刑。汉初虽曾因"约法省刑",于高后元年(公元前187年)明令废除三族罪,但其后因新垣平谋逆案,又复行三族之诛,甚而至于对王温舒"罪至同时而五族",[2]故后人说"汉族诛之法,每轻用之"。[3] 惟其如此,表明族刑乃是法外用刑,而非律令有此定制。对夷三族者,执行死刑方式为具五刑。

2. 徒役刑。汉文帝改革刑制之后,汉代的徒役刑分为五等:[4]①髡钳城旦舂,系附加髡刑,并以铁钳束颈强迫服劳役的刑罚,其中男治城,女舂米,刑期一般为五年。②完成旦舂,系附加完刑(即耐刑),服役内容为城旦与舂的劳役刑,刑期四年。③鬼薪白粲,与秦相同,刑期三年。④司寇及作如司寇,男子发往边地伺察寇虏,女子服劳役的刑罚,刑期二年。⑤罚作、复作,男子充作边境,女子因"软弱不任守,复令作于官",刑期一年。

3. 笞刑。汉文帝刑制改革后,笞刑成为法定刑,在刑罚体系中的地位与作用明显提高。最初,笞刑按照击打数目分为笞三百与笞五百两等,作为仅次于死刑的重刑,致使受刑者"率多死"。到汉景帝时,两次减少笞刑击打数目,并规范笞刑的执行,是后,笞刑分为笞一百与笞二百两等,使用根部厚一寸,梢部厚半寸的竹制"棰"具,击打受刑人的背部或臀部,击打中途不得更换行刑人。这就使得笞刑较徒役刑为轻。

4. 肉刑。汉代自文帝时废除肉刑后,肉刑已经不再作为正刑,但作为死罪减等刑或称死罪贷命刑的,却仍然存在着宫刑和斩右趾两种。其中宫刑,又称腐刑,于汉景帝中元四年(公元前146年)定制:"赦徒作阳陵者,死罪欲腐者,许之",[5]这就使宫

---

[1] 《汉书·景帝纪》。
[2] 《汉书·刑法志》。
[3] (宋)洪迈:《容斋随笔》。
[4] 另外,应该属于徒役刑的在汉代尚有隶臣妾与输作。其中隶臣妾在汉初曾存在,但在汉武帝以后,已不见有隶臣妾的记载;至于输作,当是指将刑徒送往有关机构服苦役的刑罚,但似仅适用于官吏犯罪,有输作左校、输作右校、输作若卢、输作司寇等,因而可能是不常用的徒役刑。其中左校、右校均是将作大匠下属的官署名称,若卢为监狱名。
[5] 《汉书·刑法志》。

刑作为死罪贷命减等刑确定下来；至于斩右趾，在东汉章帝时曾经恢复"右趾"罪名，但究系偶一用之，抑或作为常用刑，尚待考证。

5. 徙边。汉代徙边源于秦代的迁谪，在西汉时常见的为对犯罪的诸侯王在被废为庶人后，"迁房陵"或"徙房陵"，东汉明帝永平八年（公元65年），始诏令"募郡国中都官死罪系囚，减死一等，勿笞，诣度辽将军营，屯朔方五原之边县，妻子自随，便占著边县，父母同产欲相代者，恣听之"。〔1〕是后，赦死罪囚被招募徙边就成为"以全人命，有益于边"的经常性做法，徙边也成为"赦死贷命"的减等刑。

6. 财产刑。汉代财产刑有罚金与赎刑两种。其中罚金为独立刑种，其所罚缴纳者当为黄金。〔2〕至于赎刑，仍沿用以前的缴纳财物以赎免真刑之制，如汉惠帝元年诏令，"民有罪得买爵三十级以免死罪"，也就是"令出买爵之钱以赎罪"；〔3〕文帝时又募民入谷塞下，得免罪；武帝时更令死罪纳赎钱五十万，减死一等。东汉明帝诏令"天下亡命，殊死以下听得赎论，死罪入缣二十匹，右趾至髡钳城旦舂十匹，完城旦舂至司寇作三匹，其未发觉诏书到先自告者，半入赎。"〔4〕至此，赎刑已经成为常制。

7. 禁锢。禁锢，系禁止本人及其亲属等入仕为官的处罚措施。战国至秦代，对犯罪官吏有"废"的处罚措施，被废之人不许再行起用。汉代在文帝时开始规定，贾人、赘婿以及吏之坐赃者，皆禁锢不得为吏。至东汉时，禁锢的使用开始普遍，对于犯罪之官吏，不仅本人而且连及子孙，甚至三族五属终身禁锢，不得入仕。至东汉末年，终于酿成著名的"党锢之祸"。

四、以徒流刑为中心的刑罚体系

（一）以徒流刑为中心的刑罚体系理论

自汉文帝废除肉刑开始，以肉刑为中心的五刑体系逐渐退出历史舞台，而新的能够适应社会政治经济文化发展要求的刑罚体系也开始酝酿。这样，在魏晋南北朝时期，经过是否恢复肉刑的争论、改革族刑中妇女从坐制度、确定赦死从流制度以及对各种刑罚种类与等级的调整，新的五刑体系在南北朝后期初步形成，到隋唐时期完全确定下来。这种五刑体系由笞、杖、徒、流、死等五种刑罚组成，而以徒刑和流刑作为中心，因而可称之为以徒流刑为中心的五刑体系。隋唐之后，宋元明清各代尽管在刑罚制度上又有许多发展变化，但却始终沿用这种刑罚体系，直到20世纪初清末改法修律，方才逐渐废除这种刑罚体系。

1. 以徒流刑为中心的五刑体系的形成。汉代刑罚体系存在着两方面的缺陷：①以

---

〔1〕《后汉书·明帝纪》。

〔2〕《汉书·张释之传》引如淳注记载，汉代《乙令》有"跸先至而犯者，罚金四两"，《宫卫令》有"诸出入殿门公车司马门，乘轺传者皆下。不如令，罚金四两"的规定。

〔3〕《汉书·惠帝纪》。

〔4〕《后汉书·明帝纪》。

五行为象征的五刑名称湮没不闻,使整个刑罚体系凌乱无序;②"死刑太重,生刑太轻",致使刑罚体系"轻重失当",极易导致"刑政不中"[1]的弊端出现。有鉴于此,自曹魏时开始,就从两个方面入手整顿刑罚体系,到南北朝后期逐步建立起以徒流刑为中心的五刑体系,至隋唐时期这五刑体系完全确立。

(1)议复肉刑与流刑的确立。针对汉代刑法体系中存在的"轻重失当"问题,早在东汉时班固就建议,"于古当生,今触死者,皆可复行肉刑";到曹魏时,面对"百姓有土崩之势"的局面,陈群、钟繇等竭力倡议恢复肉刑,以求弥补刑罚体系的缺陷,魏武帝曹操、文帝曹丕、明帝曹睿也都曾考虑过恢复肉刑,但终因战事频仍,未敢恢复。至晋代关于是否恢复肉刑,又展开长时间的争论,论辩双方均引经据典,但终因肉刑废除已久,如骤然恢复,"必骇远近",故而不敢恢复。

尽管主张恢复肉刑的观点违反刑罚制度由野蛮走向文明进步的客观历史规律,应予否定,但其竭力弥补当时刑罚体系"轻重失当"的努力却不乏启迪意义。这样,到南北朝时期,北朝各国锐意革新,不受魏晋旧弊之限制,徒然汲汲于是否恢复肉刑的争论,而是直接取法秦汉,将迁徙刑改为流刑,先按赦死从流的原则,用流徙作为死罪贷命的减等刑,后又进一步列入正刑,成为法定刑罚种类。如此则既不必恢复肉刑,又可弥补原有刑罚体系的弊端。此后在北齐、北周更进一步规范了流刑的刑等,这就为以徒流刑为中心的刑罚体系的形成奠定了技术基础。

(2)以徒流刑为中心的五刑体系的演变。曹魏明帝时定律,恢复五刑之名,以之作为刑罚体系的称呼:"其死刑有三,髡刑有四,完刑、作刑各三,赎刑十一,罚金六,杂抵罪七,凡三十七名,以为律首"[2]。至晋代定律,则以死、徒、笞、罚金、赎刑当古之五刑,后来的南朝各国大致沿用这一体系。这样,虽有五刑之名,却难尽符五刑之实。至北魏时,方始定制以死、流、徒、鞭、杖作为五刑内容,这就初步形成了以徒流刑为中心的五刑体系。北齐沿用北魏之制,惟改徒刑之名为"刑"或"耐",赎刑列于五刑之外。北周五刑体系的排列改为由轻到重,即杖、鞭、徒、流、死,且创按道里远近划分流刑为五等的制度,并将赎刑依据所赎刑罚的轻重,分设等级。这样,到隋唐时期,终于确立并完善了以徒流刑为中心,包括笞、杖、徒、流、死的五刑体系。

2.以徒流刑为中心的五刑体系的变迁。隋唐时期形成的五刑体系,在宋元明清时期又经历了数百年的发展演变,但这只是在五刑体系内,对各种具体刑罚予以调整,而尤其以增加许多残酷的刑罚方法为特点,至于五刑体系则一直没有被突破。

(1)宋代的折杖法。北宋初年,在编纂《宋刑统》时,确定折杖法,作为消除烦苛,实施轻刑的措施。其内容就是将死刑以外的流、徒、杖、笞,均可折合为相应的脊杖或臀杖来执行,从而使流刑免其远配,徒刑免服役劳作,笞杖刑减少数目。但折杖法仅施行于宋代,元代即不再采用。

---

[1] 《晋书·刑法志》。
[2] 《晋书·刑法志》。

(2) 死刑中增加凌迟。隋代定律，死刑仅保留绞、斩两等，其余枭首、轘、腰斩等残酷执行方法，均被废除，至唐代相沿不改。但是到了五代时期，"以常法为不足，于是始于法外特置凌迟一条"。[1] 宋初又禁行凌迟，但至仁宗时，因荆湖地方杀人祭鬼，仁宗怒而诏令："自今首谋若加工者，凌迟处死"，[2]后更于神宗时开始作为常用刑，元代更进一步定凌迟与斩为死刑之法定执行方法，明清两代均曾使用凌迟刑。

(3) 流刑中的刺配、充军与发遣。隋唐时期，流刑仅有常流与加役流之分，到五代后晋天福年间，始创对流配犯人刺面之法，后世称为刺配。宋代更进一步将刺配作为"死罪贷命"的减等刑加以适用，并通过编敕予以法定化，致使刺配使用极为普遍，形成"刺配之人所至充斥"，"每郡牢城管其额常溢"的局面。至明代，又有充军与发遣刑，清代更使之完备化，但其实都是流刑的变种。

(二) 以徒流刑为中心的刑罚种类

在以徒流刑为中心的刑罚体系中，法定正刑固然只有五种，但一则正刑之外，又有赎刑作为补充；二则每种正刑在法典规定之外，往往有其变种；三则法外酷刑，各代多有，从而使其显得复杂多样。

1. 死刑。在以徒流刑为中心时代，死刑仍是刑罚体系的重要构成部分，其执行方法，各代变化比较复杂。

魏晋时死刑的法定执行方法仍用弃市、腰斩、枭首，而对谋反大逆等重罪，临时适用又有污潴、枭菹、夷三族。[3] 南北朝时期，南朝的宋齐已不见腰斩，梁陈更正式废除腰斩，死刑定留枭首、弃市两种。北魏正式确定死刑为绞、斩两等，但间亦使用沉渊与轘裂，而对大逆不道者，更有门诛之例。北齐确定为轘、枭首、斩、绞四等，北周改为磬(磔)、绞、斩、枭、裂(轘)五等。隋开皇定律，以"绞以致毙，斩则殊形，除恶之体，于斯已极，枭首、轘身，义无所取，不尽惩肃之理，徒表安忍之怀"[4]为由，定死刑为绞、斩两等，其余酷刑全部废除。其后的唐宋元明清各代，在律典规定上，均沿用隋制，以绞、斩作为法定死刑执行方法，然而在律典之外，则又有凌迟与族刑的存在。

凌迟，始创于五代，宋时作为常用刑，适用于谋逆大罪及其他重大犯罪，至辽、元两代始列于法典，为法定死刑执行方法，明清两代，"律内言凌迟者指不胜屈，而名例并未言及"。[5] 至其具体执行方法，历代并无专门规定，实际上正如沈家本所说："凌迟之义，本言山之由渐而高，杀人者欲其死之徐而不速也，故亦取渐次之义……相传有八刀

---

[1] (宋)陆游：《渭南文集》。
[2] 《宋史·刑法志》。
[3] 据沈家本：《历代刑法考》引杜预语说，这时的弃市，实为绞杀于市。参见《历代刑法考》第137页。
[4] 《隋书·刑法志》。
[5] 薛允升：《唐明律合编》卷一。

之说,先头面,次手足,次胸腹,次枭首,皆刽子手师徒口授,他人不知也"。[1]

族刑,在以徒流刑为中心时代时兴时废,但总体而言有两个趋势:①在法律规定上经过多次改革,株连范围逐渐缩小;②如遇暴君在位或异族当政,又往往不受法条限制,任意扩大株连范围。

曹魏时,"大逆无道,腰斩,家属从坐,不及祖父母、孙。至于谋反大逆,……夷其三族,不在律令……囚徒诬告人反,罪及家属"。到高贵乡公正元年间(公元254～256年),始以"女人有三从之义,无自专之道",原制"父母有罪,追及已出之女;夫党见诛,又有随姓之戮,一人之身,内外受辟","非所以哀矜女弱,蠲明法制之本分"为由,改革妇女从坐之制,"在室之女,从父母之诛;既醮之妇,从夫家之罚"。[2] 晋及南朝各国,都在律典内规定有族刑之制,而惟不及妇女。北魏初制,大逆者亲属男女无少长皆斩,既定有五族之诛,又立三族门诛之名,至太武帝神䴥年间,改为"大逆不道腰斩,诛其同籍,年十四以下腐刑,女子没县官"。[3] 孝文帝太和年间,又改为大逆者族诛范围降至同族,三族者止于一门,门诛者止于一身。北齐虽有门房之诛,但并不常用。

隋唐两代,族诛连坐仅用于反逆大罪。至其范围,除本人处斩外,父子年十六以上者皆绞,子十五以下及母女妻妾、祖孙、兄弟姊妹及部曲皆没官,男夫年八十以上及笃疾,妇人年六十以上及废疾并免,伯叔父及兄弟之子皆流三千里。但隋末暴君杨广在位,杨玄感一案,诛及九族。宋元明清各代,律典规定大体沿用隋唐之制,但帝王肆其残忍,则往往使族诛罔无限制,如明成祖朱棣诛杀建文帝诸臣,既夷卓敬三族,又诛方孝孺十族,这其实均是法外用刑。

2. 流刑。流刑在北魏时始列于五刑体系之中,其特点是将受刑人流放到边远地方,强制服劳役,有时尚附加其他身体刑或耻辱刑。

北魏北齐时的流刑,均附加鞭笞,髡而投之远裔。北周首定按道里远近将流刑分为五等,自流两千五百里至流四千五百里,每等相差五百里,称为卫服、要服、荒服、镇服、藩服。隋改流刑为三等,自一千五百里至两千里,每等相差仍为五百里,杖而不笞,须服劳役二年到三年。唐代流刑仍分三等,自流二千里至三千里,每等相差五百里,但服役一年,不加笞杖,是为常流;另在太宗贞观年间创立加役流,作为死罪贷命刑,服役年限增加到三年。嗣后,宋元明清律典对流刑的规定大体沿用唐制而稍有变更。其中宋代实行折杖法,加役流折合决脊杖二十,配役三年;流三千里折合决脊杖二十,流两千五百里折合决脊杖十八,流两千里折合决脊杖十七,均配役一年,不再远流;明清两代流刑附加杖责,且常流也加役至三年,如再犯则于原配流之所,以工乐户留住法,但

---

[1] (清)沈家本:《历代刑法考》,中华书局1987年版。另外,在《宋史·刑法志》中说:"凌迟者,先断其肢体,次绝其吭,当时之极法也"。《读律佩觿》则说,"凌迟者,其法乃寸而磔之,必全体无完肤,然后为之割其势,女则幽其闭,出其脏腑,以毕其命,支分节解,淹其骨而后已"。

[2] 《晋书·刑法志》。

[3] 《魏书·刑罚志》。

实际上,三流常"设而不用"。

刺配,始创于五代,用于两宋,其后即不再施行,系"既杖其脊,又配其人,而且刺其面",也即附加杖刑与黥面的流刑,在宋代作为死罪贷命之刑,使用极为普遍。凡刺配者,均须服役。因服役内容不同,又细分为三种:①凡配为军役皂隶者,称为配隶;②配入军营作役者,称为羁管;③配于其他地方编入册籍服役者,称为编管。

充军,作为流刑之变种,始用于明代。明代律典虽列流刑三等,但却"设而不用",另设充军之制,虽非正刑却始终使用。起初,"流有安置,有迁徙,有口外为民,其重者曰充军",实际上充军之人"惟边方屯种"而已。其后定制,充军不作本刑,适用时先判处本刑之死、流、徒、杖等,再随宜编发至卫所,充当军卒。充军依其期限,有永远、终身两种;依其远近,最初仅有附近、边远两等,孝宗弘治年间在《问刑条例》中增加边卫、极边、沿海、口外四等,均随宜编发。至崇祯年间定制,附近一千里,边卫二千五百里,边远三千里,极边、烟障四千里,其例既独重,于律又最严,故"犯者亦最苦"[1]。清代沿用明代充军之制,倒与明代稍有不同的有三点:①充军在清代改为本刑,"于满流之上,为节级加等之用";②清代充军"止及其身",不再有永远、终身之分;③清代确定充军分为五等:附近两千里,近边两千五百里,边远三千里,极边、烟障均为四千里,合称"五军"。但清代虽然"名为充军",实则"至配并不入营差操,第于每月朔望检点,实与流犯无异"[2]。

3. 徒刑。中国古代徒刑既是对罪犯的奴辱,又强调"任其所能而役使之",实际上就是兼有罚作苦役与耻辱两种性质的刑罚。

徒刑之名始于北魏,此前虽有徒刑之实,尚无徒刑之名。其中曹魏有作刑三、晋有耐罪,实质上就是徒刑。北魏定律,徒刑列为法定五刑之一,其制按年限分为五等(自一年至五年),故又称年刑。北齐称为耐刑或耐罪,北周复称徒刑。

隋唐时期,徒刑分为五等,自徒一年至徒三年,每等相差半年,仅服劳役,不加笞杖。"徒者役居作,凡居作者著钳若校",在京师者男犯送将作监,女犯送少府监服役,在各州县者,男女犯均在官府服杂役。服役期间,"旬给假一日,腊、寒食二日,毋出役院。病者释钳、校,疾差陪役",一满年限,即行释放[3]。

宋元明清各代基本沿用隋唐徒刑制度而稍加变通。其中宋代实行折杖法,"凡徒刑五:徒三年,脊杖二十;徒二年半,脊杖十八;徒二年,脊杖十七;徒一年半,脊杖十五;徒一年,脊杖十三",免其服役。元朝徒刑附加杖责,其五等分别加杖六十七至一百零七。明清徒刑罪犯,均附加杖刑,其五等分别附加杖六十至一百,另有总徒五年与准徒

---

[1]《明史·刑法志》。在明代,因充军不作本刑,故既有因交接近侍官员、罢闲官员在京潜住及擅出入禁门判处死刑而问发充军者,也有私出外境、违禁下海、潜通海贼、同谋结伙及为向导劫掠良民判处流刑而问发充军者,还有因僧道官受财枉法、盗耕种官民田被判处徒刑而问发充军者,甚至因逃避差役本应处杖刑者,也可问发充军。

[2]《清史稿·刑法志》。

[3]《唐律疏议·名例》。

四年之特制。

4.杖刑与笞刑。杖刑与笞刑同属身体刑,实质上都是用刑具击打受刑人的身体,使其既遭受肉体上的痛苦,又遭受精神上侮辱的刑罚。

(1)杖刑。杖责罪犯始于东汉,[1]而以杖作为法定刑则始于北魏,至隋唐定制,杖作为五刑之一,轻于徒而重于笞。

按杖击数目,杖刑分为杖六十至杖一百共五等,每等相差为十;执行杖刑的刑具称为常行杖,用荆条制成,长三尺五寸,大头直径二分七厘,小头直径一分七厘;击打部位为腿、背、臀分受。宋代实行折杖法,杖刑五等分别折合为决臀杖十三至二十。元代杖刑仍分五等,自杖六十七至杖一百零七,但又定制仅允许杖击臀部,不得杖脊。明清两代复行隋唐之制,但清代杖刑可以折以大竹板执行,其数目为以十折四,也就是杖十折合为大竹板击打四下。

(2)笞刑。笞刑自汉文帝废肉刑后列入正刑,但曹魏律典又加以废除,晋及南朝各国以笞作为附加刑,北朝各国则以鞭与杖同列为正刑,不用笞刑之名。隋唐定律,改鞭为笞,此后各代均以笞作为法定正刑。

作为五刑中的最轻刑罚,笞刑自笞十至笞五十分为五等,每等相差为十;笞刑以笞杖执行,笞杖也用荆条制作,长三尺五寸,大头直径二分,小头直径一分半;笞打部位为腿部,愿意以腿、背分受者也允许。但宋代因实行折杖法,笞刑五等可折合为决臀杖七至十;元代笞刑改为以七为基数计算,自笞七至笞五十七,分为六等;清代笞刑改为以小竹板执行,实行以十折四之制。

5.赎刑与罚金。在徒流刑中心时代,赎刑与罚金作为财产刑均曾存在,但其地位与作用在各代却不尽相同。其中魏晋两代以赎刑与罚金作为五刑中的正刑,南朝各国大致沿用;自北魏开始,北朝各国以及后来的隋唐宋元明清各代,罚金被废除,赎刑则成为其他五种刑罚的易科刑,且越到后来,赎刑内容也越复杂。

(1)魏晋的赎刑与罚金。魏晋以赎刑与罚金作为五刑中的正刑,其中赎刑的标准为:死罪赎金二斤,五岁刑赎金一斤十二两,至二岁刑赎金一斤,每等相差为四两;杂抵罪中的罚金,分为五等,分别为罚金十二两、八两、四两、二两、一两,[2]而且"无金可用绢"。[3]

(2)北朝的赎刑。北朝各国,赎刑已不再作为正刑列于五刑体系中了。其中北魏时规定,"当刑者赎",赎刑既可以用金,也可纳绢,绢十匹合金一两,但具体标准不详。北齐赎刑用中绢,其中死罪一百匹,流罪九十二匹,刑罪(徒罪)五等自五年至一年,分别纳绢七十八匹至二十四匹,鞭、杖每十纳绢一匹。适用范围为"流内官及爵秩,比视

---

[1]《后汉书·献帝纪》。
[2] 当时的重量计算采用十六进位制,一斤等于十六两。
[3]《晋书·刑法志》。

老、小、阉、疑并过失之属"。[1] 北周赎刑又改为用金,其中鞭、杖十等,赎金自一两至十两,徒刑五等,赎金十二两至一斤八两,流刑赎金一斤十二两,死罪赎金二斤,但允许以中绢代金。

(3)隋唐的赎刑。隋唐两代,赎刑改为用铜,其数目自笞十赎铜一斤至杖一百赎铜十斤,每等相差一斤;徒刑五等,自赎铜二十斤至六十斤,每等相差十斤;流刑三等,分别赎铜八十斤、九十斤、一百斤;死刑不分绞、斩,赎铜一百二十斤。但赎刑的适用范围,限制颇严,必须流罪以下方许收赎,而加役流、子孙不孝流、反逆缘坐流、子孙犯过失流、会赦犹流等流罪,仍不许收赎,部分徒罪也不许减赎。唐以后,宋代赎刑仅适用于轻罪,元代更严定赎刑只适用于牧民官公罪之轻者、职官犯夜者、年七十以上十五以下不任杖者以及罪人癃疾不任杖者四种情形,其标准为每杖或笞一,罚赎中统钞一贯。

(4)明清的赎刑。明清两代,赎刑内容最复杂。明代分赎刑为两种:一为律赎,二为例赎。其中律赎,又称收赎,指依据《大明律》赎罪,相关规定至为严格,故"无敢损益";例赎又称纳赎,指依据条例赎罪,因系权宜之计,故先后互异;赎刑所用"惟纳钞、纳钱、纳银常并行,而以初制纳钞为本",因此,律赎又可称收赎纳钞,例赎可称为赎罪例钞。清代赎刑分为三种:一为纳赎,"无力照律决配,有力照例纳赎";二为收赎,老幼废疾、天文生以及妇女折杖者,照例收赎;三系赎罪,官员正妻及例难的决之妇女有力者,照例赎罪,均属于常制。另有所谓捐赎,系法外准情而赎的特别制度,必须请求皇帝特旨批准,才能适用。至于用来赎刑者,以银为本,但亦准许纳米、纳粮,折合为银计算。

第四节 中国古代定罪科刑规则

一、概说

在中国古代刑法史上,虽然长期存在着"杀人者死,伤人者刑,百王之所同"的观念,但也形成了"宥过无大,刑故无小"、"怙终贼刑"、"与其杀不辜,宁失不经"的观念或做法。在进入文明时代后,统一、系统、稳定的定罪科刑规则逐渐形成并且不断得到发展完善。这些通用规则乃是在特定的社会环境、历史条件及文化传统的支配下存在的,大致可以概括为审势适时、依人异制、原情定罪和据理用刑等四方面,还可以概括为"时"、"人"、"情"、"理"四字。

二、审势适时

中国古代始终强调定罪科刑必须审时度势,因时制宜,因势制宜,灵活用刑,以发挥刑法的社会功效。其具体表现主要有两个方面:①刑事政策上推奉"刑罚世轻世

---

[1] 《隋书·刑法志》。

重",②对于刑法时效有相应规定。

(一)"刑罚世轻世重"的刑事政策

"刑罚世轻世重"的主张,在西周时已经明确提出,后来各代基本奉行这一政策。

周灭商后,如何治理广大的殷"玩民"和原臣服于商朝的众多诸侯方国,成为周初面临的棘手问题。经过讨论,采纳了周公旦提出的"各安其宅,各田其田,毋故毋私,惟仁之亲"的主张,也就是保持原来的社会关系不变,利用商朝贵族,以仁为本,对犯上作乱者,不问商人还是周人,均一体加以惩罚〔1〕这一主张体现在刑事政策上,最重要的就是,强调应该根据具体情形,由朝廷编定"建国之三典":一曰"刑新国用轻典",二曰"刑平国用中典",三曰"刑乱国用重典"〔2〕到周穆王时,编定《吕刑》,进一步将其概括为"轻重诸罚有权,刑法世轻世重,惟齐非齐,有伦有要"〔3〕的刑事政策,也就是强调适用刑罚,必须懂得轻重权变,根据社会情势确定刑罚的轻重,既要注意统一性,又要注重灵活性,这样做既有助于正确处理案件,又有利于编纂完备的刑书。

周代之后,"刑罚世轻世重"成为历代奉行的刑事政策的主要内容。春秋时代,子产治郑,主张"宽猛相济",认为"惟有德者能以宽服民,其次莫如猛"〔4〕表现在刑事政策上就是轻重相济,以重刑为主;战国时代法家都强调"立法以时而定,制令各顺其宜",当时之世,"争于气力",必须"重刑轻罪",严刑峻法〔5〕儒家的荀子则强调"治则刑重,乱则刑轻,犯治之罪固重,犯乱之罪固轻"〔6〕曹操治魏,也强调"治定之化,以礼为首;拨乱之政,以刑为本"〔7〕明太祖朱元璋更明申此旨,对建文帝称:"吾治乱世,刑不得不重,汝治平世,刑自当轻"〔8〕

(二)刑法时效规则

中国古代关于刑法时效包括两方面规则,即有关刑法时的效力规则和刑法时效规则。

1. 有关刑法时的效力。刑法时的效力,就是指在新法颁行后,对于新法颁行之前发生的犯罪行为是否有效的规则,或者说对这种行为的裁判究竟应该依据新法还是依据旧法的问题。

早在汉代就形成"犯法者,各依法时律令论之"〔9〕就是对犯罪行为只能依据行为时的法律定罪科刑,这显然采用从旧主义规则。唐代则改采从轻主义,规定"凡犯罪未

---

〔1〕 参见《尚书大传·大战》及刘向:《说苑·贵德》。
〔2〕 《周礼·秋官·司寇》。
〔3〕 《尚书·吕刑》。
〔4〕 《左传·昭公二十年》。
〔5〕 《商君书·更法》。
〔6〕 《荀子·正论》。
〔7〕 《三国志·魏志·高柔传》。
〔8〕 《明史·刑法志》。
〔9〕 《后汉书·孔光传》引《汉令》。另,唐人杜佑《通典》引此条,"法时"作"发时"。

发及已发,而逢格改者,若改重则依旧条,轻从轻法"。[1] 明代开始,又改为从新主义,"凡律自颁降日始,若犯在已前者,并依新律拟断。"[2] 据说原因在于,"盖尊王之制,不得复用旧律。"[3]

2. 刑法时效规则。刑法时效规则就是指关于刑法规定的刑事追诉权和刑罚执行权有效期间的规则。战国时代秦国法律中,已经出现了关于"家罪"在父死之后丧失追诉权的规则,[4] 但似仅限于"家罪",尚缺乏普遍意义。汉代定制,对赦前所犯罪行,除谋反大逆不道等"不当得赦者"外,一律不再追诉,[5] 以后历代基本都沿用这种规则。另外,在《唐律疏义·名例》中规定的"诸犯罪时虽未老疾,而事发时老疾者,依老疾论;犯罪时幼小,事发时长大,依幼小论",则包含有行刑时效的内容,不过,显然是采从轻主义。后来的宋元明清各代,均相沿不改。

三、依人异制

在中国古代,定罪科刑还必须考虑犯罪人及其相对人之间的各种特定关系,从而形成依人异制的规则。其主要表现有两个方面:①与近现代刑法中对人的效力相近似的"化外人相犯"规则和老幼废疾减免刑罚规则;②受宗法等级身份制度支配而形成的"八议"、"官当"、"服制"、"良贱"同罪异罚规则。

(一)"化外人相犯"规则

对"化外人相犯"专设规定始于《唐律》,但其渊源却可以追溯到春秋时期。公元前562年晋会诸侯伐政,同盟亳城,盟词中约定,对于逃往到其他国家的罪犯,"毋保奸,毋留匿",而应将其交付本国审判。[6] 这与后世的属人主义原则比较相近。

《唐律·名例》规定,"诸化外人,同类自相犯者,各依本俗法;异类相犯者,依法律论。"《疏义》解释:"化外人"谓"蕃夷之国,别立君长者,各有风俗,制法不同"。由于当时既未能产生主权国家的观念,也无国籍与国民的意识,故而并不能直接等同于现代意义上的"外国人",而是从种族与文化角度确定的概念。不过,由于已经意识到"别立君长",因而肯定包括外国人,但又不限于外国人,即同时还应包括中国境内尚未被"礼教"同化,因而保留自己风俗习惯的少数民族之人。[7] 按照《唐律》规定,"化

---

[1] 《唐六典》。

[2] 《大明律·名例》。

[3] 《大明律·名例》。

[4] 《云梦秦简·法律答问》:"家人之论父时家罪也,父死勿诵告之,勿听。何谓家罪?家罪者,父杀伤人及奴妾,父死而告,勿治。""父子同居,杀伤父臣妾、畜产及盗之,父已死,或告,勿听,是谓家罪。""葆子以上未狱而死,若已葬,而诵告之,亦不当听治,勿收,皆如家罪。"

[5] 《汉书·哀帝纪》:"诏有司毋得举赦前事。"《汉书·平帝纪》:"自今以来,有司毋得陈赦前事。"《唐律疏义·斗讼》:"诸以赦前事相告言者,以其罪罪之。官司受而为理者,以故入人罪论。至死者,各加役流。"

[6] 《左传·襄公十一年》。

[7] 参见苏钦:"唐明律'化外人'条辨析",载《法学研究》1996年第5期。

外人相犯"区分两种情形：其中属于"同类自相犯者"，"须问本国之制，依其俗法断之"，显采属人主义原则；而属于"异类相犯者"，则直接依据《唐律》处断，属于采属地主义原则。

《大明律》对这一规则进行了改革，规定"凡化外人犯罪者，并依律拟断"。而《大清律例》只是在"化外人"下以小注的方式加"来降"二字，明显属于采用单纯的属地主义原则。

另外，值得重视的是，清代法律对蒙古等少数民族之人犯罪问题在《蒙古例》、《回疆则例》等单行法规中专门作了规定，如蒙古人在内地犯事者，明令照《大清律例》办理；"蒙古地方抢劫案件，如俱系蒙古人，专用《蒙古例》；俱系民人，专用《刑律》；如蒙古人与民人伙同抢劫，核其罪名"，以重者问拟。

（二）老幼废疾减免刑罚规则

对于老幼废疾者犯罪减轻或免除刑罚的做法，作为统治者矜老怜幼、体恤废疾、体现"仁政"的方法和制度，在中国古代，源远流长，影响深远。

在先秦时期可能已经存在矜老怜幼的做法，[1]尤其在《法经》和秦国法律中已经明确规定了对老幼者犯罪减免刑罚的做法。[2]但这究竟是具有一般意义的规则，还是仅仅具有特殊性的做法，已难以弄清了。

汉代从惠帝开始，经过景帝、宣帝、成帝、平帝以及东汉光武帝不断发布诏书，[3]法律上对老幼废疾者犯罪减免刑罚的恤刑制度已经有了统一明确的规定。其中对老年人犯罪减免刑罚分两种情形：①年八十以上者，除诬告、杀伤人以外的犯罪，免除刑罚；除犯不道罪由皇帝诏书指明逮捕以外，犯一般罪被囚禁时可以不戴枷锁等械具，而实行散禁。②年七十以上者，应处肉刑的可减轻为处完刑。对未成年的幼弱之人犯罪减免刑罚分为三种情形：①未满七岁者，犯一般罪均免除刑罚，犯贼斗杀人以及其他死

---

[1]《周礼·秋官·小司寇》中有"三赦"的说法："一曰赦幼弱，二曰赦老耄，三曰赦蠢愚"；《礼记·曲礼》中有"悼与耄，虽有罪，不加刑"的说法，其中"悼"是指七岁以下的幼小之人，"耄"指八十、九十岁的老年人。

[2] 据明人董说《七国考·魏考》引汉人桓谭《新论》说，《法经》中有"罪人年十五以下，罪高三减，罪卑一减；年六十以上，小罪情减，大罪理减"的内容。而《云梦秦简·法律答问》中则有以下内容：其一，"甲小未盈六尺，有马一匹自牧之，今马为人败，食人稼一石，问：当论不当？不当论及偿稼"；其二，"甲盗牛，盗牛时高六尺，系一岁，复丈，高六尺七寸，问甲何论？当完城旦"。另，根据学界的研究，秦代以身高作为判断是否仍属于"小"的标准，男子身高六尺五寸以下，女子身高六尺二寸以下，称为"小"，相当于现在所说的"未成年人"；秦制一尺约合今制零点二三米。

[3]《汉书·惠帝纪》："民年七十以上，若不满十岁，有罪当刑者，皆完之。"其中的"刑"特指肉刑，"完"指完刑。《汉书·刑法志》："三年著令：年八十以上、八岁以下及孕者未乳、师、侏儒，当鞠系者，颂系之"；《汉书·宣帝纪》："元康四年，诏曰：……自今以来，诸年八十以上，非诬告杀伤人，他皆勿坐"；《汉书·成帝纪》："鸿嘉元年，令年未满七岁贼斗杀人及犯殊死者，上请廷尉以闻，得减死"；《汉书·平帝纪》："元始四年，诏曰：其明敕百僚，妇女非身犯法，及男子年八十以上七岁以下，家非坐不道诏所明捕，它皆无得系，其验问者即验问，定著令"；《后汉书·光武帝纪》："建武三年七月，诏曰：……男子年八十以上十岁以下，及妇人从坐者，自非不道诏所明捕，皆不得系。当验问者，即验问"。

罪的,上请廷尉奏闻皇帝裁决,一般应免除死刑;②凡八岁以下者,在囚禁时免戴械具;③凡十岁以下者,应处肉刑者减轻为处完刑。对废疾者,主要是针对盲人乐师、侏儒以及妇女"孕者未乳",在囚禁时免戴械具,但是否减免刑罚,史书未载。

魏晋南北朝各国,大致沿用汉制又稍加损益,至隋唐则进一步明定统一规则,宋元明清沿用不改。其具体内容包括:①凡七岁以下、九十以上者,虽有死罪不加刑,但九十以上者犯反逆大罪的除外,因缘坐配没者也不在此限;②十岁以下、八十以上以及笃疾者,犯反逆、杀人等罪应处死刑者,上请皇帝裁决,犯盗罪以及伤人罪者,收赎,此外各罪均免除刑罚;③凡十五岁以下、七十以上以及废疾者,犯死罪者不得减免刑罚,犯流以下各罪,除加役流、反逆缘坐流、会赦犹流之罪以外,不科真刑,纳铜(或绢、钱等)收赎。[1]

很明显,中国古代的老幼废疾减免刑罚规则,虽然与近现代的刑事责任制度有相同之处,但其形成与存在的依据既然不同,追求的旨趣也有区别,因而不能完全等同。

(三)议、请、减、赎、当规则

1.概说。中国古代是等级身份制社会,犯罪人等级身份不同,在定罪科刑时便有差别,其中最重要者,就是官僚贵族在法律上享有特权,因而形成议、请、减、赎、当规则。通说认为,这种规则渊源于《周礼·秋官·小司寇》所说的"以八辟丽邦法"和《礼记·曲礼》所说的"礼不下庶人"、"刑不上大夫"。到春秋战国时代,法家独霸,主张"刑无等级"、"法不阿贵",各国既无"八议"之制,也无"上请"规则。汉代明定"上请"或称"先请"规则,确定一定秩级以上官僚贵族犯罪后,司法机关不得直接定罪科刑,而须先奏请皇帝,由皇帝斟酌定罪科刑。到魏晋南北朝时期,受士族政治与法律儒家化影响,相继确立了议、请、减、赎、当规则。首先,曹魏首次将"八议"规则规定在律典中,史称"八议入律";其次,北魏、南陈分别创设"官当"规则。至隋唐时期,在"一准乎礼"精神支配下,律典则系统全面规定了议、请、减、赎、当等规则,宋元明清各代均沿用了这些规则。因而,可以说唐代律典对于这些规则的规定最具有代表性。

2.八议规则。在《唐律疏义·名例》详细规定了八议规则,其内容包括两个方面:(1)确定八议适用的范围为议亲、议故、议贤、议能、议功、议贵、议勤、议宾。其中议亲,指皇亲国戚,包括皇帝祖免以上亲、太皇太后及皇太后缌麻以上亲、皇后小功以上亲;[2]议故,指长期侍奉皇帝,"特蒙接遇历久"之人;议贤,指贤人君子,言行可为法则的具有大德行之人;议能,指具有能够整军旅、理政事、治邦安国的大才能之人;议功,指曾经建立过大功勋之人;议贵,指高级官僚,包括三品以上的职事官、二品以上的

---

[1] 这里需要说明两点:①古代将残疾分为三等:其中"一目盲、两耳聋、手无二指、足无三趾、手足无大拇指、秃疮无发、久漏下重、大瘿瘇"者,为残疾;"痴哑、侏儒、腰脊折、一肢废"者,为废疾;"口疾、癫狂、二肢废、两目盲"者,为笃疾。②所谓"真刑",相对于赎刑而言,就是指实际的刑罚。

[2] 祖免、缌麻、大功、小功以及齐衰、斩衰,均属于古代服制等级,详见本书第四章《中国古代民事法例》第五节《亲属法例》。

散官、一品勋官；议勤，指为国服过大勤劳的执政大臣等；议宾，指前两个王朝君主的嫡系后裔、称"国宾"者。

(2) 规定八议者的特权，包括两项：一项是八议者犯死罪时，除十恶大罪外，司法机关不得直接对其定罪科刑，而只能将其所犯罪行以及"应议之状"上奏皇帝，由皇帝交付朝中大臣"都堂集议"，议定后再奏闻皇帝，由皇帝作最终裁决，而且所议定只能称"准犯以律合死"，不得直接拟定应处绞刑或斩刑。而实际上，往往可以免处死刑。另一项则是，八议者犯流罪以下各罪，则直接减一等科刑。

3. 请、减、赎、当规则。对于八议范围之外的其他官僚贵族及其亲属，按照其相应等级身份依次规定了请、减、赎、当等特权。

(1) 请。请的适应范围包括皇太子妃大功以上亲属、应议者期以上亲属[1]以及官爵五品以上的官吏等三种人。这三种人如犯死罪，由有关司法机关条录其所犯罪行以及"应请之状"，上奏皇帝裁决，这种裁判往往可以获得减刑的优待，但如所犯属于"十恶"大罪或者反逆缘坐、杀人、监守内奸盗略人以及受财枉法，则不得请；如所犯为流罪以下，则直接减一等科刑。

(2) 减。减的适应范围包括七品以上官吏、官爵得请者的祖父母、父母、妻、子孙等，如所犯流罪以下，可以直接减一等科刑。

(3) 赎。赎的适应范围包括享有议、请、减等特权之人、九品以上官吏、官品应减者的祖父母、父母、妻、子孙等。这些人犯流罪以下，准许纳铜收赎。但其所犯如属加役流、反逆缘坐流、子孙犯过失流、不孝流、会赦犹流等"五流"之罪，犯过失杀伤期亲尊长及外祖父母、丈夫、丈夫的祖父母等罪应科徒刑者，故意殴伤他人致其废疾者，男夫犯盗罪、妇女犯奸罪者，均不得减刑或收赎。

(4) 当。当即官当，指应议、请、减者以及九品以上官吏，如所犯为一般徒、流罪，可以官品抵当刑罚，也就是用免除官爵的方法抵充徒刑或流刑。凡以官当徒者，如系私罪，五品以上一官可当徒二年，九品以上一官可当徒一年；如属公罪，五品以上一官可当徒三年，九品以上一官可当徒二年；如以官当流，三流均比照徒刑四年。若罪小官大，当罪之后留官收赎，如罪大官小，当罪后所余之罪收赎。因官当而去官者，一年后可比照原官降一等续用。

(四) 服制定罪与亲亲相隐不为罪规则

在中国古代，基于宗法等级身份制度与法律儒家化的影响，而有服制定罪与亲亲相隐不为罪的规则。

1. 服制定罪规则。服制定罪又称"准五服以制罪"，是指对于亲属之间的侵犯、伤害等行为的定罪科刑与否以及怎样定罪科刑，必须按照服制所表示的尊卑关系和亲属等级来确定。

---

[1] "期"，期服的简称，中国古代指齐衰一年之服，凡为长辈如祖父母、伯叔父母、在室姑等，平辈如兄弟、姊妹、妻，小辈如侄、嫡孙等，均服期服。"期亲"就是指在此范围内的亲属。

服制定罪的做法在中国古代源远流长,至晋代制律,为求"峻礼教之防",正式确定"准五服以制罪"的规则,[1]其后各代不但沿用这一规则,而且不断发展完善。[2]这一规则的具体内容在各代虽不尽相同,但基本内容确是一致的:①对于亲属之间相犯,"欲正刑名,先明服纪,服纪明则刑罚正,服纪不明,则刑罚不中矣",[3]律典之载明丧服,就是"所以明服制之轻重,使定罪者由此为应加应减之准也"。[4] ②在服制定罪中,一般需要考虑两方面的因素:侵犯的性质,分为杀伤、殴告、骂詈等人身侵犯,盗窃、诈骗等财产侵犯和奸非共三类;服制关系中的尊卑差别与亲疏远近差别。据此,凡属人身侵犯,系尊长侵犯卑幼者,亲属关系(服制)愈近,科刑愈轻;反之,如系卑幼侵犯尊长,则亲属关系越近,科刑越重。凡属财产侵犯行为,不分尊卑,比照常人(一般人)减等科刑,亲属关系越近,科刑越轻。凡属奸非罪,则不问尊卑长幼,服制越近,科刑越重。

2. 亲亲相隐不为罪规则。亲亲相隐不为罪,或称亲亲得相首匿、同居相隐不为罪,是指在一定亲属范围内,为首隐匿窝藏犯罪的亲属,不得按照隐匿窝藏罪定罪科刑或减轻科刑的规则。

亲亲相隐不为罪来源于儒家孔子"父为子隐,子为父隐,直在其中"的主张,[5]汉代随着法律儒家化的开始,汉宣帝以诏令方式确定了亲亲相隐不为罪规则,"自今子首匿父母、妻匿夫、孙匿大父母,皆勿坐;其父母匿子、夫匿妻、大父母匿孙,罪殊死,皆上请廷尉以闻"。[6] 其后,唐代法律则将其发展为同居相隐不为罪的规则,宋元明清则继承并发展了这一规则。

依据《唐律·名例》的规定,亲亲相隐不为罪的内容为:凡同财共居的家庭成员,不论是否同一户籍以及是否有服无服亲,大功以上亲属,外祖父母、外孙,以及孙之妇、夫之兄弟以及兄弟之妻,相互之间,有罪均可以而且应当相互容隐;部曲、奴婢对主人的犯罪应该容隐。其容隐的内容,除隐匿窝藏犯罪者不报官府之外,还可以为其通风报信、帮助逃亡,均不得按凡人之间的隐匿窝藏罪定罪科刑。另外,小功以下亲属相互容隐,减凡人三等科刑。但如所犯本罪系谋反、谋大逆、谋叛以及属于缘坐中的造蓄蛊毒、杀一家非死罪三人和肢解人的不道罪,则不得容隐。

---

[1] 《晋书·刑法志》。
[2] 其中元代始于法典中附列丧服图六,明清两代律典更进一步列丧服八图于卷首,包括丧服总图、本宗九族五服正服图、妻为夫服图、妾为家长族服图、出嫁女为本宗降服图、外亲服图、妻亲服图、三服八母服图,图后又附有《服制》一卷,将五服持服亲属详加列举。
[3] (元)龚端礼:《五服图解》,上海古籍出版社1996年版。
[4] (明)王肯堂:《明律笺释》。
[5] 《论语·子路》。
[6] 《汉书·刑法志》。

（五）良贱[1]异罚规则

中国古代社会的等级身份制还体现在良贱不平等方面。据此，在定罪科刑中则有良贱异罚规则。

春秋战国时代，良贱异罚作为规则就已经萌芽，比如秦国法律中就有"男子赐爵一级以上，有罪以减"[2]的规定；到东汉光武帝时，以诏令确定"其杀奴婢，不得减罪"[3]的规则。是后，在东汉至魏晋南北朝时期，逐渐形成比较系统的良贱异罚规则，隋唐律典已经有成熟的规定，宋元明清各代则稍加变通而已。

良贱异罚主要体现在良、贱之间犯杀伤与奸非罪的处罚上，其基本容内容就是，凡良人侵犯贱民，减等科刑；而贱民侵犯良人，加等科刑。关于前者，唐宋法律规定，殴伤他人奴婢，减二等科刑；殴伤他人部曲，减一等科刑；明清法律统一规定为减一等科刑。凡杀人罪，故杀一般均科斩刑，但良人故杀部曲者，科绞刑；故杀奴婢流三千里。明清律典则规定，杀奴婢者，不问故杀、殴杀，均只科绞刑。元代更规定，殴死奴婢只科杖一百零七，征烧埋银五十两。良人奸他人部曲之妻或杂户、官户妇女，在唐宋法律中仅科杖一百，奸官私奴婢又减一等杖九十；强奸者加一等科刑。关于后者，唐宋法律规定，官户、部曲等殴良人加一等科刑，奴婢殴良人加二等科刑；明清律典则改为奴婢不分高下，凡殴良人均加一等科刑，至于部曲、官户奸良人者，均加一等科刑。

四、原情定罪

原情定罪又称原心定罪，就是指在定罪科刑时，不仅要根据犯罪行为及其结果，更要重视行为人的主观心理动机，根据其心理动机的善恶来确定是否有罪及罪行大小，并据以决定科刑的轻重与加减。

夏商周三代时期就有原情定罪的具体做法，至汉代经儒家竭力提倡，形成了一系列有关原情定罪的法律规则，魏晋南北朝时期逐渐确定在法典中，隋唐宋元明清各代律典的规定则十分详细和系统。

（一）自首

1. 概说。自首减免刑罚系原情定罪的重要规则之一。其渊源可追溯到西周时期

---

[1] 在中国古代，良人与贱民在各代的具体含义和范围不尽相同。其中良人，又称良民，一般就是指身家清白之人，自春秋战国以来其范围大致包括作为国家编户齐民的士、农、工、商等，具有齐一平等的身份，但在战国秦汉时期，由于奉行贱商政策，故商人有时也被排除在良人行列之外。至于贱民，则是指身份低贱之人，在战国秦汉时期主要包括官私奴婢，但商人、赘婿、后父也被列入贱籍，惟其身份较奴婢要高一些。魏晋南北朝及隋唐宋元时期，主要包括奴婢、部曲和官户、工乐户、杂户、太常音声人等，按其身份一般又分为三等：其中奴婢"律比畜产"，地位最低，部曲系具有人身依附性的近似家丁之人，在法律上"不同资财"，可以由家主转让，但不得买卖，地位高于奴婢，而官户、工乐户、杂户、太常音声人等，最接近良人，可以受田，不过仍列于"贱色"。明清时期主要指官私奴婢及娼优皂隶等，但某些特殊人户，如清代山西与陕西的乐户、河南的丐户、浙江的惰民、福建两广的蛋户等，也属于贱民。

[2] 卫宏：《汉旧仪》（下）。

[3] 《后汉书·光武帝纪》。

周公提出的"乃有大罪,非终,乃惟眚哉,适尔,即道极厥辜,时乃不可杀";[1]战国时秦国法律已经正式规定有关"自出"或"先自告"的内容;[2]到汉代法律对自首减免刑罚规则的规定已比较完备,这表现在:①在律典中确定了"先自告除其罪"的一般性规则;[3]②规定了适用上的例外情形,这包括共同犯罪,尤其共同犯谋反等大罪的,其"造意"、"首恶"者不得因自告而减免刑罚,自告不尽不实者仍应照律科处其不尽不实之罪,不得免除刑罚等;[4]曹魏初期已出现"自首"概念,后来历代相沿,使用至今。[5]至隋唐律典中,对于自首减免刑罚规则的规定已十分详备,宋元明清各代大致沿用《唐律》的规定而稍加变通。

中国古代刑法上的自首,有广义与狭义之分。狭义上的自首,就是指犯罪人在犯罪后自行到官府投案,并坦白交待其罪行;而广义上的自首,包括狭义上的自首以及首露或首服、[6]悔过还主、捕首、自觉举等。

设立自首减免刑罚规则的目的,在道义上乃是基于原情定罪,允许并且鼓励犯罪人悔过自新,在实际上或许更注重利诱,以节省司法成本。

2. 自首者原其罪的一般性规则。自首者原其罪是狭义自首的一般性规则。具体内容包括:①自首须于犯罪未发(未被发觉)前自行向官府投案并陈告罪行,始得免其罪刑。但所犯如系赃罪,自首以后仍须征赃还官、还主,彼此俱罪的枉法取财罪,自首后须对赃物没收。②自首以犯罪人自行投案为原则,但如请人代首,或得相容隐之人代为首罪告官,均与犯罪人自首效力相同;但他人代首后,犯罪人本人必须到官府接受审判,如果闻知有人代首、告言被追捕而拒不赴官府受审,则不得免罪。③一人犯有数罪时,轻罪虽被发觉,但能自首重罪,则免除重罪应科刑罚,或者在审讯时能够坦白交待未被发觉之罪,也可免除其罪刑。④自首免罪以首实首尽为原则,如自首不实或不尽,即以不实不尽之罪科刑。但如系死罪,则准许减一等科刑,也就是不科死刑。⑤对于犯有损伤人身体、损坏不能赔偿物(如印信、官文书、应禁兵器、禁书等)之罪事发逃亡者,以及越度关津罪、奸非罪、私习天文罪的,都不得因自首而免除罪刑(但损伤物件者,如本赃现在不曾损毁,仍许自首)。⑥属于下列情形者,自首只能减刑而不得免罪:得相容隐之人首告,如系小功、缌麻亲,减三等科刑(明清律典增设无服亲首告,减一等

---

[1] 《尚书·康诰》。这段话的意思是指,即使犯有大罪,但并非怙恶不悛,乃是过失犯罪,而且属于偶然犯罪,如果能彻底坦白交待罪行,就不能杀掉他。

[2] 《云梦秦简·法律答问》中至少有三条关于"自出"或"先自告"的规定:"司寇盗百一十钱,先自告,何论?当耐为隶臣,或曰赀二甲";"把其假以亡,得及自出,当为盗不当?自出,以亡论;其得,坐赃为盗";这两条是就一般自首的规定,而"将司人而亡,能自捕及亲所知为捕,除勿罪",则是就"捕首"这种特殊的自首所作的规定。

[3] 《汉书·衡山王传》引《汉律》。

[4] 参见《汉书·伍被传》。

[5] 张斐注《晋律》,有"拱臂似自首"的说法。

[6] 隋唐宋称首露,明清称首服。

科刑的规定);知有人告言才自首者,减二等科刑;逃亡罪、谋叛罪者首告,或虽不首告而回归原地者,减二等科刑;因他人犯罪而致罪(指因藏匿罪人、保证不实等)者,犯罪者本人自首,因而致罪之人也可减免罪刑,如他人非因刑戮自己死亡,准许减二等科刑。

3. 首露(首服)、悔过还主、自觉举与捕首。首露或首服,就是指强盗、窃盗及诈欺取财等侵犯财产罪的犯罪人,在犯罪未发前,向原财物主人首露罪行并归还赃物的行为。依照规定,首露或首服与狭义自首的效力相同,可免除罪行,但如果知道有人将告言而首露或首服,则只能减二等科刑。

悔过还主,就是指彼此俱罪(隋唐宋的受财枉法、不枉法、受所监临财物以及坐赃,明清的受人枉法、不枉法赃以及坐赃)犯者中,收受赃物者,将所受赃物送还原主的行为。对悔过还主,隋唐宋规定减本罪三等科刑,明清规定受财者与给财者均得免罪。

自觉举,就是指官吏犯公事失错的公罪的特殊自首,即在自我发觉公事失错后,即行纠正的行为。与一般自首不同:①自觉举不存在知他人将告言而自首仅仅减等科刑的情形,只要自觉举,均可免罪;②因公事失错者,凡连坐之人中有一人自觉举,其余之人均可免罪,但断罪失错已经执行者除外;③因官文书稽缓程期者,责任在主典或吏典,因而其余官吏中有一人自觉举,其他官吏皆免罪,但主典或吏典不得免罪,如果主典或吏典自觉举,应连坐的官吏并减二等科刑。

捕首,指犯罪后逃亡的罪犯逮捕共同逃亡的犯人而投案自首的情形。唐宋律典规定,对捕首的处理分为三种具体情形:①轻罪犯者能够捕首重罪犯者,或杀死死罪犯者而首告的,均可免罪;②所犯轻重相等,能捕获共同逃亡者半数以上而首告的,也可免罪,但所犯如系常赦所不原的重罪,则捕首不得免罪减刑;③缌麻以上亲属犯罪而共同逃亡的,如所犯属于谋反、谋大逆或谋叛罪,按律应科徒以上刑,准许捕首,此外各罪则不许捕首。明清律典则修改为,捕首仅限于犯强盗、窃盗罪而共同逃亡的情形,如能捕获同伴解官,不论捕获人数是否过半,捕首人均可免罪,并照常人之例给赏;但自首后重新犯罪者,即使捕首也不得免罪。

(二)"宥过无大,刑故无小"规则

中国古代对故意与过失犯罪形态区分的细致精省,目的就在于体现原情定罪精神,严惩故意犯罪,是谓"刑故无小";从轻甚至减轻科处过失犯,是谓"宥过无大"。

《尚书》记载唐尧虞舜时期即有"眚灾肆赦,怙终贼刑"[1]与"宥过无大,刑故无小"[2]的做法,或许具有传说的成分,而西周对犯罪区分"眚"与"非眚",并且区别用刑却是确实可信的。[3] 战国时代秦国法律中,一方面从一般意义上把有无犯罪意识

---

[1]《尚书·舜典》。

[2]《尚书·大禹谟》。

[3]《尚书·康诰》。另外,《周礼·秋官·司刺》所说的"三宥",也是对广义上的过失犯罪予以原宥宽大,或与西周制度不无关系。

作为区分罪与非罪的界限,[1]另一方面对故意犯罪的诬告、不直、纵囚加重科刑,而对过失犯罪的告不审、失刑,从轻科刑。汉代故意殴伤父亲者,枭首,而过失殴伤父亲,则不科刑;[2]故意"矫诏"应科腰斩,而过失"矫诏",只罚金四两。[3] 晋代律典规定,"轻过、误","当罚金、杖罚者",减半科刑。[4] 隋唐时代,对过失犯罪,原则上均减轻或从轻科刑,而故意犯罪则从重科刑,宋元明清时代大致沿用唐律的规定而稍加损益。在此仅以杀人罪为例,稍作说明。

杀人罪,在《云梦秦简》中已经按照故意与过失及其情节区分为贼杀、斗杀、故杀和擅杀四种,汉代法律则分为贼杀、谋杀、斗杀、戏杀和过失杀五种,晋代增加为谋杀、故杀、斗杀、误杀、戏杀和过失杀六种,隋唐宋元明清则定为"七杀",包括谋杀、故杀、劫杀、斗杀、误杀、戏杀、过失杀。其中谋杀,指二人以上共谋杀人,但如"事已彰露,欲杀不虚",即使仅只一人预谋,也同二人谋杀之例。在科刑上,仅有预谋而未成伤者,徒三年;已成伤者,绞;已杀者,斩。故杀,即一般意义上的故意杀人,斩;未死者,以故伤人论。劫杀,指因劫夺囚犯而杀人,不分首从,一律斩。上述三种显然都属于广义上的故意杀人,因而最高均可科斩刑。而斗杀,指"原无杀心,因相斗殴而杀人者",科绞刑;但如使用兵刃,"即有害心",也就是具有杀人的故意,即比照故杀科刑。误杀,指虽有杀人故意,但错杀旁人,属于对象错误,流三千里。戏杀,指本无杀人故意,但使用足以杀人的行为作游戏而致人死亡的,减斗杀人二等,徒三年。过失杀,指本无杀人故意,因过失而致人死亡,在科刑时,"各依其状,以赎论"。

(三)首恶从重,随从减等规则

中国古代依据原情定罪精神,对共同犯罪的科刑与单个犯罪不同。其中战国到秦代加重科刑,汉代以后则注意区分首从,形成首恶从重,随从减等的规则。

战国到秦代,在法家重刑主义观念支配下,对共同犯罪人不分首从,加重科刑。汉代开始,受到儒家所鼓吹的"《春秋》之义,诛首恶而已"、"《春秋》之义,功在元帅,罪止首恶"观念的影响,已经开始对共同犯罪人区分首从,分别科刑。晋代进一步将共同犯罪人区分为"三人谓之群"、"二人对议谓之谋"、"倡首先言谓之造意"、"制众建计谓之率"、"谋反之同伍,实不知情"等,[5]区别科刑。到隋唐时期,律典中对共同犯罪有了更详细的规定,宋元明清各代基本沿用且有所发展。在此仅以唐宋元明清律典规定为依据,稍加介绍。

关于共同犯罪人的定罪科刑,分为两种情形:①对于强盗、奸非、略人为奴婢、阑入、逃亡、私度越度关津以及条文明定"同罪"、"同罚",性质特别严重或危害结果无法

---

[1]《云梦秦简·法律答问》中有两条可以表明这一问题:"甲盗,赃值千钱,乙知其盗,受分,赃不盈一钱。问乙何论?同论。""甲盗钱以买丝,寄乙,乙受,弗知盗,乙何论也?毋论。"

[2]《太平御览》引《春秋决事比》。

[3]《后汉书·郭躬传》。

[4]《晋书·刑法志》。

[5]《晋书·刑法志》引张斐《律解》。

补救的犯罪,不分首从,均按正犯从严科刑。②其他各种犯罪的共同犯罪人则区别首从,对首恶者从重,随从者减等科刑。但对首犯与从犯的区分,则既有原则,又有例外。作为原则,对共同犯罪人"以造意为首,随从者减一等"科刑;作为例外,又分两种情形:一是"家人共犯"者,"止坐尊长",也就是指对尊长科刑,对卑幼不予科刑,但如果所犯系盗窃财物、斗殴杀伤人等"侵损于人"之罪,则仍然以凡人之间的首从论,为从者减一等科刑;二是"共同罪而本罪别"的情形,则"虽相因为首从,其罪各依本律首从论"。[1]

(四)屡犯加重,俱发从重规则

在中国古代,对于一人犯数(次)罪的情形,依据原情定罪精神而有屡犯加重与俱发从重两种规则。这种区分的依据就在于屡犯罪与俱发罪在主观心理状态上有明显区别:俱发罪的犯罪人主观心态并无怙恶不悛的因素,故在科刑上仅从一重,即适应重罪吸收轻罪原则;而屡犯罪的犯罪者在主观心态上表现出"屡犯明宪"、"罔有悛心,怙终其事"的特点,因而便"峻之以法",加重科刑。

1.屡犯加重规则。屡犯加重渊源于西周,[2]至战国时秦国法律已经有相应规定,汉代将屡犯加重发展到累犯或更犯加重阶段,[3]至隋唐时期,对屡犯加重已经规定得相当完备,宋元明清又有进一步的发展。

按《唐律》规定,原则上"犯罪已发已配而更为罪"的称"更犯",科刑"各重其事"。具体方法为:①更犯流罪,依照《留住法》,先决杖,再配役。其中流两千里,决杖一百;流两千五百里,决杖一百三十;流三千里,决杖一百六十,并再增加三年劳役,通计配役四年。如已至配役之所而更犯流罪,准照《留住法》,既决杖又加役,但累科之配役期限不得超过四年。②如犯徒罪配役未满而更犯流罪,或犯流罪配役未满更犯徒罪,以及在流徒刑服役时更犯流徒罪的,均累科配役,但总数不得超过四年,准加杖例,但总数不得超过二百。③杖罪以下的更犯,则各以所犯之数决答、杖,但总数不得超过二百。④盗罪经判决后三犯盗罪的,如前后三犯均应科处徒刑的,即加重至流三千里;前后三犯流罪的,即加重至绞刑。

宋元明清时期,对盗罪的更犯、三犯的加重科刑规定与隋唐不同。其中宋代,强盗罪之应科死刑而减死贷命者,再犯即列于经盗六项死罪之一,应科死刑;盗罪经断后仍更行盗,经官司两次断遣,至三次再犯,不问赃物多少,均科死刑。元代窃盗初犯杖释,再犯配役;强盗不伤事主,止斩首犯,从犯刺配,再犯不分首从,均科斩刑;内都江南人为盗,黥其面,三犯谪戍辽阳;盗禁御马者,初犯谪戍,再犯科死刑。明清律规定,窃盗

---

[1] 《唐律疏义·名例》"诸共犯罪而本罪别"条"疏议":"谓五服内亲,共他人殴、告所亲及侵盗财物,虽是共犯,而本罪各别。假有甲勾他人乙共殴兄,甲为首,合徒二年半;乙为凡斗从,不下手,又减一等,合答二十。"
[2] 《尚书·康诰》所说的"人有小罪……乃惟终,自作不典,式尔……乃不可不杀",即蕴有此意。
[3] 《汉书·刑法志》记载,汉文帝十三年诏令规定:"吏坐受赇枉法、守县官财物而即盗之,已论命复有答罪者,皆弃市。"

初犯并于小臂刺"窃盗"二字,再犯刺左臂,三犯者绞。清雍正年间定例,凡属前科窃盗,赦后再犯窃盗,被处充军、流、徒刑者,释放后又连窃三次以上,同时并发,便是"积匪猾贼",发极边、烟瘴地面充军。

2. 俱发从重规则。俱发从重的做法可溯源于《尚书·吕刑》所说的"下刑适重,上服"。战国时秦国法律中已经有俱发从重的规定,[1] 至汉代,法律上明确规定"一人数罪,以重者论"规则。《晋律》则有"以加论者,但得其加"的规则,至隋唐法律对此规定已相当完备,宋元明清律典则沿用并发展了隋唐的规定。

对于二罪以上俱发,原则上均采取"以重者论,等者从一"的规则,即俱发的数罪如轻重不同,就只科重罪应科之刑,如轻重相等,则只科其中一罪之刑。作为例外,则有三种情形:①一罪先被发觉并经裁判交付执行,又发觉尚有它罪的情形。如前后各罪相等或后罪轻于前罪,即不再重新科刑;如后罪重于前罪,则对后罪重新裁判,科以重刑,执行时通计前罪已经执行的刑罚,以抵充后罪应该执行的刑罚。②以赃致罪而构成数罪俱发的情形。原则上"频犯者并累科",比如受所监临财物,一天之内,三次受绢共十八疋,或三人共送绢十八疋,同时送者,各自折半合为九疋科刑。作为特殊情形,"若罪法不等者,即以重赃并满轻赃,各倍论",也即对于同为赃罪,但数罪中既有强盗、枉法,又有不枉法或窃盗等,各罪轻重不等,在科刑时就先将赃数累加,然后折半,并按其中轻罪应科刑罚科刑。[2] ③"一事分为二罪"的科刑分为两种情形:如果二罪相等,即累赃并科,[3] 如罪法不等,则以重法并满轻法,然后按轻法科刑。[4] 上述累并科刑,如累并后所科之刑与其中一罪所科刑罚相等而未加重,就只从重而不加重;如各罪本应除名、免官、免所居官、倍备(折半赔偿)、没官、备偿(赔偿),所犯罪本合科最高法定刑(罪止)的,仍按本法处以除名等。

五、据理用刑

据理用刑,就是指依据"理"来确定罪之轻重和刑之加减赦宥。而所谓的"理",或

---

[1] 《云梦秦简·法律答问》:"诬人盗值廿,未断,有(又)有它盗,值百,乃后觉,当并赃以论,且行真罪,以诬人论? 当赀二甲一盾。"

[2] 《唐律疏义·名例》"诸二罪以上俱发"条举例说明如下:某县令受财枉法,赃值六疋,应徒三年;受不枉法赃值十四疋,应徒三年;监临外窃盗,赃值二十九疋,应徒三年;强盗,赃值三疋,应徒三年;受所监临财物,赃值四十九疋,应徒三年。这其中强盗最严重,依次为受财枉法、不枉法、窃盗,受所监临最轻。对此,先将所有各罪赃数累加,总数为一百疋,然后折半计算为五十疋,按最轻的受所监临赃五十疋科刑,流二千里。

[3] 《唐律疏义·名例》"诸二罪以上俱发"条举例说明:"假将私马值绢五疋,博取官马值绢十疋,依律:'贸易官物,计其等准盗论,计所利以盗论。'须分官马十疋出两种罪名:五疋等者,准盗论,合徒一年;五疋利者,以盗论,亦合徒一年。累为十疋,处徒一年半是也。"

[4] 《唐律疏义·名例》"诸二罪以上俱发"条举例说明:某官司擅赋敛于一家,得赃值绢五十疋,其中四十五疋入官,按坐赃论;五疋入私,按枉法论,两者都应科徒二年半,这时,就将赃累计为五十疋,按轻法擅赋敛五十疋科徒三年。

称"天理",实际上就是社会文化长期积累而形成的普遍正义与公平的观念或信念。在中国古代特定社会文化生活中,首先,"理"被解释为名教纲常伦理,故而就有对伤天害理、亏损纲常、贪财背义的特种犯罪加重科刑的规则;其次,"理"还被解释为求真求实,据理用刑就又有疑罪从轻规则;再次,"理"还被解释为上天有好生之德,据此而有保辜规则。

(一)特犯加重规则

在中国古代,尽管各时代的罪名体系不尽相同,但举凡亏损名教、违背伦理、破坏纲常、贪财背义的犯罪,始终被作为伤天害理最为严重的罪行,居于罪名体系的中心地位或特殊地位,对其科刑则以峻法严罚为原则。这在夏代或有"五刑之属三千,而罪莫大于不孝"与"昏、墨、贼,杀";[1]在商代则有"不吉不迪,颠越不恭,暂遇奸宄"者,"劓殄灭之无遗育",[2] "刑三百,罪莫重于不孝";[3]西周则有"元恶大憝,矧惟不孝不友,……文王作罚,刑兹无赦",[4] "降畔(叛)、寇贼、劫略、夺攘挢虔者,其刑死"。[5]战国初年之《法经》,"莫急于盗贼"。受其影响,秦汉更进一步将盗、贼作为特犯,置于罪名体系的中心地位,严加惩罚。秦汉以后,统一帝国、中央集权体制及君主专制制度的建立,使得对谋反、大逆不道以及诽谤妖言等既渐次列为特犯,法律儒家化的展开,又使得违反宗法伦理纲常的"禽兽行"等也被作为特犯,重刑科处。循此方向,经过魏晋南北朝的发展,到北齐律典首创重罪十条,隋《开皇律》改为十恶不赦,唐宋元明清律典均加沿袭,视为特犯。同时,自晋代开始,又对"以威势得财"之罪予以概括,唐代开始在律典中设立"六赃"名目,明清律典更列"六赃"于卷首,自然也属于特犯,其处罚当然也有特制。

1. 十恶不赦规则。隋唐宋元明清各代,在定罪科刑上有十恶不赦的规则。主要表现在:

(1)在定罪上,不仅在律典各篇分别具体规定构成"十恶"各罪的罪名以及要件,而且在对"十恶"类犯罪的共同特征概括归纳后,将其"特标篇首,以为明诫"。

(2)在科刑上,对"十恶"罪特别从严,甚至加重。这主要表现在两方面:①对"十恶"各罪的科刑本身一般要重于其他犯罪。即以历来被推奉为"用刑持平"的《唐律》为例,"诸谋反及大逆者,皆斩;父子年十六以上,皆绞;十五以下及母女妻妾祖孙兄弟姊妹,若部曲资财田宅,并没官",即使其叔伯父、兄弟之子也流三千里;仅仅"口陈欲反之言,心无真实之计,而无状可寻者",仍要流二千里。"诸谋叛者,绞;已上道者,皆斩,妻子流三千里"。属于"恶逆"的谋杀期亲尊长、外祖父母、夫、夫之祖父母父母者,

---

[1]《左传·昭公十四年》引《夏书》、《孝经·五刑章》。
[2]《尚书·盘庚》。
[3]《吕氏春秋·孝行》引《商书》。
[4]《尚书·康诰》。
[5]《尚书大传》。

殴祖父母父母者,均斩。属于"不道"的"杀一家非死罪三人及肢解人,皆斩,妻子流三千里;造蓄蛊毒厌魅及令者,绞"。属于"大不敬"的盗大祀神御之物、乘舆服御物者,流二千五百里;盗御宝者,绞;伪造御宝者,皆斩;合和御药误不如本方、造御膳误犯食禁、御幸舟船误不牢固者,主医、主食以及工匠,皆绞;指斥乘舆,对捍制使,或绞或斩,均科死刑。属于"不孝"的各罪,科刑也较常人之间的诅詈、告言加重。属于"不睦"的谋杀缌麻以上尊长者,流二千里;已伤者,绞;已杀者,斩。属于"不义"的谋杀本属府主、制使、刺史、县令者,流二千里;已伤者,绞;已杀者,斩。属于"内乱"的罪行,或绞或斩,均可科死刑。②凡犯十恶大罪者,既为常赦所不原,也就是不得赦免、宽宥,又不得享受议、请、减、赎等优待。

2. "六赃"加重规则。对贪财背义、贪赃枉法的"赃"罪的严惩,一直是中国古代刑法的特点之一。晋代张斐始明确提出"赃"罪的概念:"取非其物谓之盗,货财之利谓之赃";[1]《唐律》开始将赃罪分为六种,称为"六赃",《宋刑统》因袭不改,明清律典更进一步专门在篇首附列《六赃图》,已明确其作为特犯,重加科刑之义。

就"六赃"的内容而言,唐宋为受财枉法、不枉法、受所监临、强盗、窃盗和坐赃,明清则改为监守盗、常人盗、窃盗、枉法、不枉法和坐赃;自其性质而言,则可分为官吏贪赃与盗罪两类。

(1)官吏贪赃之科刑。唐宋"六赃"中的受财枉法、不枉法、受所监临,明清"六赃"中的监守盗、受财枉法、不枉法,均属于官吏贪赃犯罪。按唐宋法律规定,官吏贪赃以受所监临为最轻,其受财一尺笞四十;一疋加一等,四疋徒一年,八疋加一等,五十疋流二千里;乞取者加一等,强乞取者,准枉法赃论。[2] 稍重为受财不枉法,一尺杖九十,一疋加一等,至三十疋加役流。最重者为受财枉法,一尺杖一百,一疋加一等,至十五疋,即科绞刑。明清律典则更严科其刑,凡有禄人枉法,赃一贯以下杖七十,五贯以下杖八十,十贯杖九十,十五贯杖一百,二十贯杖六十徒一年,至四十贯杖一百徒三年,四十五贯杖一百流二千里,至八十贯者绞。有禄人不枉法,赃一贯以下杖六十,十贯加一等,至四十贯杖一百,五十贯杖六十徒一年,十贯加一等,至九十贯杖一百徒三年,一百贯杖一百流二千里,罪止(最高)杖一百流三千里。无禄人受枉法赃一百二十贯者,绞;受不枉法赃一百二十贯以下,罪止杖一百流三千里。清代且不分枉法、不枉法,最高刑均为绞。

(2)盗罪。唐宋"六赃"中的盗罪包括强盗和窃盗,明清则改为常人盗与窃盗。按唐宋制度,强盗不得财,徒二年,得财一疋徒三年,三疋加一等,杀人者斩;持杖虽不得财,流三千里,得财十疋,即科绞刑,伤人者斩。窃盗,不得财笞五十,得财一尺杖六十,

----

[1] 《晋书·刑法志》。张斐不仅提出了"赃"罪的概念,而且进一步对其内容进行了探讨说明:"加威势下手取财为强盗,不自知亡为缚守,将中有恶言为恐吓,不以罪名呵为呵人,以罪名呵为受赇,劫招其财为持质。此六者,以威势得财而名殊者也"。

[2] "乞取"相当于现在所说的"索贿","强乞取"则是强行索贿。

一疋加一等,五疋徒一年,十疋加一等,至五十疋加役流。监临窃盗,加凡盗二等,至三十疋绞。宋代对严惩贼盗特别重视,先于仁宗时立盗贼重法,后来在神宗时又制颁重法地法,加强对强盗、窃盗罪的科刑。明清时期更严惩强盗,毋庸具述。

(二)疑罪从轻规则

中国古代对于疑罪疑狱,历来均作为定罪科刑中的特殊问题加以重视,自西周以来,就形成了疑罪从轻的做法,后来各代进一步将这种做法具体化为相应的规则。

可能早在虞舜时代,皋陶"作士",就提出"罪疑惟轻,功疑惟重,与其杀不辜,宁失不经"[1]的观点,西周时对于"五刑之疑,有赦",相应地在《吕刑》中就规定了针对疑罪的赦罪罚赎制度。[2] 春秋战国时代,法家重刑主义学说支配刑法,定罪科刑率以严酷为务,自无实行疑罪从轻规则之理。汉初既然推崇约法省刑政策,定罪科刑复行疑罪从轻规则,高祖七年(公元前200年)确定疑狱谳报制度,文帝时,"选张释之为廷尉,罪疑者予民"。[3] 此后各代,法律规定中均有疑罪从轻的规定,但其详细内容已难考实。至《唐律》,在《断狱》篇专门规定有"疑罪"条,宋代沿用唐代的规定,但其后在明清律中则删除了这一规定。

《唐律·断狱》"疑罪"条规定:"诸疑罪,各以所犯,以赎论。"所谓"疑罪",就是指"虚实之证等,是非之理均,或事涉疑似,傍无证见;或傍有闻证,是非疑似之类"情形,也就是无法排除合理怀疑的情形。对于"疑罪",虽然可以确定罪名成立,但不得科处真刑,而是采取赎刑的方式,依照所定罪名的轻重,判处刑罚,易科纳赎。这其实就体现了据理用刑,从轻处罚的精神。

(三)保辜之制

保辜制度是中国古代据理用刑的重要表现之一,其内容就是在对伤害罪的定罪科刑上,在伤情未最终确定的一定期限内,由加害人负责保治受害人的伤病,并依据期限届满后伤情发展变化的结果确定加害人是否应该承担罪责以及承担怎样的罪责。很显然,保辜制度的功能有两个:①依据因果关系原理确定加害行为与结果之间的关系并进一步确定加害人应该承担的罪责。②促使加害人通过自己努力保治受害人的伤病而减轻甚至免除罪责,从而使受害人的伤病得以及时妥善的救治。

保辜制度萌芽于春秋时代,[4]汉代法律已经规定了保辜制度,[5]至《唐律》则在《斗讼》篇对保辜做出详细规定,《宋刑统》相沿不改,其后明清律典以及条例对唐宋律典的规定进行了进一步的修改完善。

---

[1]《尚书·大禹谟》。

[2]《尚书·吕刑》。

[3]《汉书·刑法志》。

[4]《春秋公羊传·襄公七年》:"郑伯……伤而反(返),未至乎舍而卒。"何休注:"古者保辜","辜内,当以弑君论之,辜外,当以伤君论之"。

[5]《急救篇》又"疻痏保辜呼号"条,注谓:"保辜者,各随其状轻重,令殴者以日数保之,限内死者,则坐重辜也。"这里的"疻",就是指殴打;"痏"指殴打之后留有疤痕。

按照唐宋律典的规定，凡是殴打他人不问是否致伤，均必须订立"辜限"，在定罪科刑时，"限内死者，各以杀人论；其在限外及虽在限内以他故死者，各以本殴伤法"。至于辜限，则依据殴打是否使用器械以及伤害程度的轻重分为四等：①以手足殴伤人者，辜限为十日；②以其他物件殴伤人者，辜限为二十日；③以带刃器具以及汤火伤人者，辜限为三十日；④不问使用手足、他物以及带刃器具或汤火等，如果致受害人折跌肢体及伤筋破骨，辜限为五十日。

《唐律》对保辜的规定似乎稍有僵化，因而在明清律典中开始着手加以修订。按明清律典的规定，"凡保辜者，责令犯人医治。辜限内皆须因伤死者，以斗殴杀人论；其在辜限外及虽在辜限内，伤已平复，官司文案明白，别以他故死者，各从本殴伤法。若折伤以上而成残废、笃疾，即辜限满日不平复者，各依律全科。"至于辜限，则将手足伤人由原来的十日改为二十日，其余仍与《唐律》相同。这一规定尽管较《唐律》显得更为合理一些，但仍然存在问题，这主要表现在根据这一规则，虽然能够解决一般和必然的伤害行为与结果之间的因果关系问题，但却无法解决特殊的和偶然的伤害行为与结果之间的因果关系问题，因而从明朝万历年间开始，又在条例中更进一步试图解决这一问题："例称斗殴伤人，辜限内不平复，延至限外，果因本伤身死，审系情真事实，且在今例，手足他物金刃及汤火伤，限外十日内，折跌肢体及破骨堕胎，限外二十日内，方准拟绞奏请定夺。其或死有别故，不因本伤，虽在前限之内，止从本殴伤科断。"这已经是向更接近科学的根据因果关系规律定罪科刑方向前进了一大步，对传统保辜制度而言，包含了否定与提高之意义。

本章小结

本章分别从四个方面介绍了中国古代刑罚的内容和特点。首先，要求了解和把握中国古代犯罪形态的发展状况，包括不为罪的三种表现、故意犯罪与过失犯罪、俱发罪与屡犯罪、共同犯罪及共犯人的责任、公罪与私罪的区分。其次，注意把握中国古代罪名体系的发展经历附属于刑名的罪名体系与独立罪名体系两个基本形态，其中独立罪名体系又包括以盗贼为中心、以"十恶"为核心与以六部统辖的三种具体形态。再次，注意掌握中国古代刑罚制度的发展变化，尤其掌握以肉刑为中心时代的刑罚体系、以徒流刑为中心的刑罚体系及其具体内容和特点。最后，尽量从社会历史文化的角度把握中国古代定罪科刑方面呈现出的审势适时、依人异制、原情定罪和据理用刑精神及其具体规则。

课后作业

一、关键词解释

1. 五刑　肉刑
2. "十恶"
3. "八议"
4. 公罪与私罪
5. 刑罚世轻世重
6. 六赃
7. 保辜

二、思考题

1. 中国古代对犯罪形态产生了怎样的认识?
2. 中国古代罪名体系是怎样发展变化的?
3. 中国古代刑罚体系是怎样发展演变的?
4. 如何正确理解中国古代定罪科刑规则?

第4章 中国古代民事法例论

【本章导读】

本章介绍中国古代民事法例,按照一般与具体的方式分为六节。其中第一节概括介绍中国古代民事法例的概念与特点,第二至第六节按照民法的一般结构,将中国古代有关法律、礼制、习惯中的相应内容,采用民法理论方法,分为民事主体的身份法例、物权法例、债权法例、亲属法例和继承法例等五个方面加以介绍。关键问题就是了解和把握中国古代民事法例的特点以及主要内容,要求重点掌握身份法例的内容、物权的体系和内容、债权尤其是契约之债的内容、婚姻制度的内容和继承制度的特点。

第一节 中国古代民事法例的概念与特点

一、中国古代民事法例的概念界说

自中国法律同欧美法律、中国文化同欧美文化接触以来,关于中国古代是否存在民法就成为法律史和比较法研究中的一个重要问题。

"民法"一词是舶来品,[1]最初渊源于罗马法中的"市民法",后来在接受罗马法影响的欧洲大陆,其含义变得十分复杂,而其中最有价值也最具影响的乃是与刑法以

---

[1] 关于"民法"一词,最早在1907年(清光绪二十九年)民政部奏请编订民律草案的奏折中提出:"中国律例,民刑不分,而民法之称,见于《孔传》。历代律文,户婚诸条,实近民法,然皆缺焉不完……"参见《光绪朝东华录》,中华书局1984年版,第5682页。不过,应该说明,①所谓《孔传》是《尚书》孔安国传的简称,也就是指汉代孔安国所作的《尚书》注,现在一般也称为"伪孔传"。②在《尚书·汤诰》中有"咎单作明居"一语,《孔传》解作:"咎单,臣名,主土地之官,作明居民法一篇,亡。"东汉著名经学家马融进一步解释为:"明居民之法也。"由此可见,《孔传》所谓"民法"既非独立的概念,更于今现代意义上的民法概念风马牛不相及。

及行政法等通常属于公法法域或法部门相对应的作为"私法"的含义。[1] 就其调整对象来说,包括个人之间的关系,也包括国家的代理机构和个人之间的关系,但在这种情况下,国家及其代理机构并无任何特殊的身份或者特权。就其调整方法来说,主要是民事的方法,也就是以确认、保护权利,恢复和赔偿权益损害及依据权利人的意思为准的方法。正是依据调整对象和调整方法的不同,才有可能使得民法与其他法律区别开来。

对于中国古代究竟是否存在民法问题需要从不同的层面来分别把握。主要包括:①从法的技术安排和价值选择的层面来说,中国古代既未能形成民法典,也未能产生民法理论与学说,更欠缺民法精神,因而不可能存在与欧洲大陆本原意义的或近现代意义相同或等质的民法。②从法社会学与法文化学的意义上,或者从比较法学所强调的功能比较的意义上来说,由于任何社会都会面临大体相同的问题,中国古代社会必然也会面临着与古罗马社会以及近现代欧洲大陆社会由民法解决的大体同样的问题,也形成过相应的规则,把这种规则视为"民法",也未尝不可。[2] 但在这一意义上使用"民法"概念时必须加以清楚明白的界定。③从研习法律史的目的来说,就是为了通过沟通古今,沟通中外,以探求中国法制可能的进路。因此,使用近现代意义上的民法概念术语以及体系来解释或说明中国古代相近似的规范,也未尝不是一种合理的选择。但必须特别指出,这样做并不是在进行事实描述,而只能是在进行研究性的解释。因此,本书中的"中国古代民事法例"就是在这一意义上使用的。

二、中国古代民事法例的特点

(一)民事法例规定的零散性和缺乏理论性

中国古代法律(国家法)所规定者惟在与国家权力和社会公共安全及秩序有关部分,对有关私人利益的钱债、田宅、婚姻、继承、析产等,均被视为"民间细故"而未加重视,从而导致始终未能出现独立系统的民事立法与民法典,法典中也欠缺专门调整民事法律关系的规范。与此相适应,中国古代没有也不可能产生所谓"民法"的理论研究。

---

[1] 《牛津法律大辞典》"民法(civil law)"词条指出,"民法是一个在多种含义上使用的术语"。"民法还常常相对于刑法和行政法而言。它们之间的区别在于对违约行为的处理不同,在其中实施上述法律的法院和诉讼程序也不同。人们在一般相互关系中的行为,由民法调整。"中国大百科全书出版社1985年版,第162~163页。

[2] 20世纪以来,在中国民法学界有许多学者认为,"谓我国自古无形式的民法则可,谓无实质民法则厚诬也","谓我国无形式的、完善的民法则可,若谓无实质的民法,则厚诬也"。参见胡长清:《中国民法总论》,商务印书馆1933年版,第14~15页;史尚宽:《民法总则释义》,上海法学编译社1937年版,第41页。这里的"实质民法"究竟是从什么意义上说的,并没有任何的界定,如果是从法社会学或法文化学意义上来说,则相当于本书中的"中国古代民事法例"。

(二) 民事调整方法的附属性

中国古代法律的基本调整方法就是判定行为是否违法犯罪并对犯罪者科以刑罚，即使采用诸如类似确认产权、赔偿损失、离婚等在近现代纯粹属于"民事"制裁的方法，也只是附属于刑事法律关系中，是刑事制裁的附属性方法。

(三) "民事"主体缺乏平等性

中国古代一直是等级身份制社会，所有社会成员均被定位于特定的等级，作为等级标志的则是身份。而与此同时，中国古代有未能产生抽象"人格"理论与概念，从而使得"民事"主体之间受等级身份的制约，欠缺平等性。

(四) 民事法例首重伦理和名分，而不是倡导权利和义务

在整个中国古代，对于被称为"民间细故"的纠纷的处理，所推崇的基本精神无疑就是基于农耕文明和宗法文明而产生并且维系的伦理，所用以表述的核心术语则是"名分"，相应地始终未能产生与刑法或行政法对应的民法或私法意义上的权利与义务观念。这表现在：

1. 土地及其他产业与宗法制度密切联系。土地在名义上归属于帝王，实际上也就是归属于帝王及其家族，帝王统治权的标志就是"有土有民"；土地及其他产业的传承也是以宗祧继承为主的，其转让受到宗族关系的支配，宗亲具有优先购买的"名分"。

2. 在亲属、婚姻、家庭关系上，以亲亲为准则，重视父系亲属关系，也就是宗亲关系，由基于宗法关系而产生的伦理作为依据，按照宗法意义上的"名分"进行调整。

3. 对危害个人身体和财产行为的认定，没有能形成"私犯"或"侵权行为"的观念，而是按照其严重程度认定为犯罪，在处理时附带有赔偿措施，但深受服制与尊卑"名分"的影响。

4. 在宗族和社会范围内，对"民事"纠纷的处理以宗族和家族团体为本位，以司法程序外的宗族、家族等出面调处达成和解为优先，只有在不得已的情况下才诉诸国家法律以及正规诉讼程序，且启动诉讼程序时又多选择控告对方犯罪的方式。

(五) 民事法例的世俗性和礼制化

中国古代法律生活始终没有受到实质意义上的宗教的全面支配，而自从汉代以后儒家思想成为正统的官方思想学说，因而民事法例深受儒家思想的影响，呈现为世俗性的特征。这种影响主要表现为"礼义教化"为先，是一种礼教化和礼制化。

第二节 民事主体的身份制度

一、概说

在中国古代，一方面，由于未能像罗马法那样提炼出抽象人格概念，而宗法等级制的支配作用，使得有关民事主体制度的核心就表现在身份制度方面。同时，中国古代自然经济基础导致的商品经济以及个人意识不发达，使得无法产生作为民事主体的法

人。另一方面,中国古代虽然也曾经产生过冠笄之礼[1]傅籍制[2]或丁役制,[3]但其本义并非规范人的行为能力问题,也不能等同于民法上的行为能力制度。因而,身份制度就成为中国古代民事法例的主要内容。

二、身份制度

(一)身份概说

身份从一般意义上来说,就是指人的出身、地位和资格,也就是社会成员个人在社会关系中所处的特定地位,这种地位通过人与人之间的不同关系表现出来。身份的产生有基于先天原因(自然原因)者,如父母与子女的身份;也有基于后天原因(社会或法律原因)者,如夫妻、主奴、良贱等。基于先天原因的身份不得改变,而基于后天原因的身份则可以变更。但不管是基于何种原因产生的身份,一方面会取得特定社会的认可,另一方面会产生相应的法律效果。

身份可划分为三种:①政治上的身份。中国古代有君与臣、贵族和平民、官和民等不同身份,由此产生政治权利上的不平等和依附性。②社会意义上的身份,中国古代因性别、种族、阶级、贫富等而又不同的身份,从而表现出在饮食、住宅、服饰、婚姻诸方面的等级差别和人身依附性。③法律上的身份,指由法律确认并加以维护的身份。法律上的身份既包括直接由法律关系确定的身份,也包括由法律对政治上和社会上的身份加以确认而形成的身份。

身份的实质在于确认社会成员在社会政治、经济、文化等生活中的资格以及相应的方式等。在中国古代,由于身份的不平等和依附性,在法律上产生一系列重要的影响,在民事法例上主要表现为不同身份的人,在作为民事活动的参与者时,所具有的"名分"不同,相应的资格和方式也必然不同。

中国古代身份具有三个明显的特点:①宗法等级制是中国古代社会的基本制度,并且作为社会常态被历代国家法律加以确认与维护,从而导致身份必然是宗法等级性的。②中国古代身份制度的核心在于"名分",对每一个参与民事活动的当事人来说,就是依据其社会、政治、法律上的身份,确定其行为的"分界"。③中国古代身份制度对于经济或财产关系具有直接和至关重要的支配作用。这一方面能够促进社会团

---

[1] 冠笄之制,系中国古代表示成年的礼制,形成于先秦。《礼记·曲礼》:"男子二十,冠而字。""已冠而字之,成人之道也。""女子许嫁,笄而字。"唐人孔颖达疏谓:"许嫁则十五而笄,未许嫁则二十而笄,亦成人之道也。"但一则此制即使在当时,也仅行之于士大夫之家,并不具备普遍意义;二则春秋战国礼崩乐坏,冠笄之礼已经废除,后世虽有学者竭力提倡,已难复行。

[2] 傅籍制,又称附籍制,是秦汉时期登记户籍,以作为承担赋税徭役的依据的制度。其中秦制傅籍以身高为标准,一般男子高六尺五寸始傅籍,而汉代初期则定为二十三岁始傅籍。

[3] 丁役制度,是汉以后历代承担赋税徭役的制度。"丁"指成丁,也就是成年男子应该承担赋税徭役,至于具体年龄,汉初为二十三岁,景帝时改为二十岁,晋代为十六岁,隋改为十八岁,唐代为二十一岁,宋又改为二十岁,明清均为十六岁。

体内部的和谐与稳定,另一方面却也明显阻挠和限制社会经济的发展进步。

(二)良贱的身份区别

中国古代一直存在着将全部社会成员区分为良人与贱民的制度。属于良人的包括通常说的士、农、工、商等"四民",[1]在战国秦汉时代由于采取重农抑商政策,"法律贱商人",[2]因而商人有时也被排除在良人之外。

贱民在各时代范围不尽相同。夏商周三代时期,包括皂、舆、隶、臣、僚、仆、台等在内的奴隶应该属于贱民;战国秦汉则包括奴婢、商人、赘婿、后父等;魏晋南北朝时期逐渐出现部曲;至隋唐两宋则在律典中明确规定为奴婢、部曲、官户、杂户、乐户及太常音声人等;明清时期除奴婢外,还有地域性的从事下贱劳役或职业的各色人等,如所谓的优娼、皂隶、丐户、惰民等。贱民在法律上又分为不同等级,以《唐律》为例,其中奴婢身份最低,"律比畜产"、法同资财;部曲、官户身份较奴婢为高,虽仍依附于官府或主人,可以转让,但"不同资财",故不得买卖;最接近良人者为杂户和太常音声人,但仍然"不与良人为同类,止可当色相娶,不合与良人为婚"。

(三)贵贱的身份区别

中国古代在良人范围内,尚有贵贱的等级身份区别。这在夏商周三代时期表现为天子、诸侯、卿大夫、士、庶人五个等级;在战国秦汉则既有官、民的不同,又有二十级爵位的差别;在魏晋南北朝则有士族、庶族的区别;在隋唐以后主要体现为官僚贵族与庶民的区分。贵贱身份差别的法律效果就是,根据等级身份,贵族官僚被赋予与其等级相适应的特权,比如限田、名田的数量,在各代一般都有明确的规定,不得违反。

(四)尊卑的身份区别

中国古代身份上的尊卑差别主要是基于血缘宗族关系形成的。对于具体的个人来说,这种尊长与卑幼的关系可能是相对的,可以变动的,但作为社会的常态来说,尊长与卑幼的身份差别却是绝对的,不可变更的。一般来说,尊长与卑幼的身份差别也决定了其在从事民事活动时相应的"名分"的差别,典型者如祖父母、父母为尊长,子孙为卑幼,因而"父母存,不有私财","父母存,子孙不得别籍异财",子女的婚姻由父母主婚等。

(五)性别的身份区别

中国古代在宗法礼制支配下,以"男女有别"为社会与法律生活的基本原则之一。而"男女有别"的实质就在于强调男尊女卑,使妇女在事实上和法律上均具有依附性,是即所谓"女有三从之义":"在室从父,出嫁从夫,夫死从子"。

---

[1]《汉书·食货志上》:"士、农、工、商,四民有业。学以居位曰士,辟土殖谷曰农,作巧成器曰工,通财鬻货曰商。"

[2]《汉书·食货志》。

第三节　物权法例

一、物权概说

中国古代既没有从法律角度界定过"物"的概念,也没有形成抽象的物权概念和理论,但在法律规定和礼制以及习惯当中,仍然存在相近似于物权的内容。

(一)物、财与产、业的区分

中国古代虽然没有使用动产与不动产的概念,但却有物、财与产、业的表述,大致相当于动产与不动产的区分。其中物、财(又称为资、财物、资财)相当于动产,具体种类非常繁多,但其基本特征乃是"器物之属须移徙,阑圈系闭之属须绝离常处,放逸飞走之属须专制",[1]也就是可以通过不同方式移动或行走飞翔;而产、业(又称产业或业产)主要指"田宅",也就是土地和房屋等,其基本特点是"不可移徙"[2]或"不离常处"。[3] 相应地,对于物、财的占有或所有以直接掌握、支配或专属为必要,而对于产、业等的占有或所有则以管业和收租为已足。

(二)物权的保护

1.物权保护的特点。中国古代对物权的保护并不局限于民事方法,甚至可以说主要是采用刑事或行政强制方法来保护物权,但其中也包含了类似民事方法的内容,其基本特点就是刑事或行政方法附带民事方法,具体特点包括:

(1)对官物、私物一律加以保护,但在某些场合,对官物的保护从严,对私物的保护稍显宽松。例如,薛允升在《唐明律合编》中就指出,《大明律》对于盗侵官物的科刑重于盗侵私物,唯有杀牛马犯罪的科刑,官私相同;诈欺财物,所诈欺的不分官物、私物,科刑相同,但"其余则大不相同"。[4]

(2)法律规定救助义务,鼓励人们揭发非法侵犯财物的行为,用"入官"或"还私"的一半财产奖励告发人。唐宋律典规定:"诸见火起,应告不告,应救不救,减失火罪二等",疏议谓:"见火起,烧公私廨宇、舍宅、财物者,并须告见在及邻近之人共救"。这表明,救助不仅仅是道德义务,更是法律上的责任。早在战国时期,秦国法律就有奖励"告奸"的内容,其后历代或有沿用这一做法的规定。宋元法律明确规定,对于告发窃盗、强盗及硬占官田土等犯罪的人,均给予"入官"或"还主"财物一半的奖励。

2.物权保护的方法。

(1)以禁止妄认、妄占与误认、误占制裁窃盗、诈欺取财等方式,确认"产"权与

---

[1] 《唐律疏义·盗贼》"公取窃取皆为盗"条注及疏。
[2] 《唐律疏义·户婚》"盗耕种公私田"条疏。
[3] 《唐律疏义·户婚》"妄认公私田"条疏。
[4] 薛允升:《唐明律合编》卷十三上。

"物"权。用确认产权的方法保护物权,最晚在西周时已有相应的事例存在。自春秋战国时代土地私有制形成之后,关于土地的权利确认就分为两种情形:①在战乱之后,为了尽快恢复和发展生产,稳定社会,对于大规模的土地纠纷,多采用国家发布行政命令的方式确认产权,如北魏李安世提出均田制方案时,主张对"所争之田,宜限年断,事久难明,悉属今主"。[1]②对一般的产权纠纷,则依据地契文书等确认产权。但确认产权通常是以判处争执一方妄认、误认或盗耕种、盗窃罪的方式表现出来,这其实是以否定的方式确认产权。所谓妄认,指本非己地、己物,而故意妄认为己地己物;误认则是指对于本非己地己物,因认识错误而认作是己地、己物。不论是妄认或是误认,以及盗耕种、盗窃等,均是对产权的侵犯,受害人可通过控告对方犯罪的方式,请求确认产权。

(2)返还非法所得财物。中国古代在法律上,对非法所得财物均要求予以返还。这比较接近近现代民法上的返还原物和返还不当得利,但又不尽相同,两者的区别主要是中国古代的返还非法所得财物属于刑事制裁附带的民事制裁方法。

非法所得财物在古代通称为"赃",其中最主要的在晋唐以后律典中被分为六种,称为"六赃"。对于因赃而成罪者,涉及赃物的处理,一般分为两种情形:①"正赃现在",即非法所得的原物仍然存在,就"官物还官,私物还主",这与民法上的返还原物异曲同工;②正赃已费者,也就是正赃已经被消费了,如果罪犯被科处死刑或流刑,则免赔免征;如果罪犯仅被科处徒以下刑,则"征之",也就是征收财物予以赔偿;如果系盗罪,则"倍备",即加倍赔偿。

(3)恢复原状。在中国古代,财产遭到非法侵害,主人可以请求对损害物恢复原状。这与近现代民法上的恢复原状基本相同,但其适应范围比较狭小。《唐律·杂律》规定有:"诸毁人碑碣及石兽者,徒一年;即毁人庙主者,加一等。其有用工修造之物,而故毁损者,计庸坐赃论,各令修立;误毁损者,但令修立,不坐。"这里所说的"修立",就是指按照原状修理建立,也就是恢复原状。宋元明清律典均有相似规定。另外,唐明清律典也还规定,"凡侵占街巷、道路、阡陌者",除科处刑罚外,"各令复故",也是恢复原状。

(4)赔偿损失。在中国古代,凡因非法侵害他人财物而给其主人造成损害的,侵害人均应赔偿财物主人的损失。(详见本章第四节"侵权行为")

二、所有权

(一)概说

中国古代虽然没有形成"所有权"的概念,但却存在着与之大致相近的术语。《韩非子·五蠹》:"自环者谓之厶,背厶谓之公",就反映了私有观念的形成。后世的"主"、"有"概念与所有权非常接近,但其中的"主"主要是从人与物的关系着眼,而

---

[1]《魏书·李孝伯传》。

"有"则是从物与人的关系着眼,表述人与物之间的"所有"关系的术语。

就所有权的主体来说,一般可分为国家、私人与组织三种。其中私人作为主体,因受良贱与服制关系制约,奴婢等贱民"同于资财"、"律比畜产",就不得享有所有权;而妇女和卑幼的所有权则依附于家长或尊长;组织作为所有权的主体时,因缺乏法人制度,通常等同于私人。

就所有权的客体来说,包括产业和物财,而最重要的无疑是土地。但在私人,不得对违禁物品享有所有权,这主要包括禁兵器和一般禁物,如专供皇帝的御宝、乘舆服御物、玄象器物等。根据主体的不同,客体的名称也不同,属于国家所有的称为官产、官物、官田、官财等,属于私人所有的称为私物、私财、私田、私产等,属于公益性组织(如宗族、教育组织、行会组织、宗教组织等)的称为公产。

(二)所有权的取得

中国古代虽然没有关于所有权取得的系统法律规定,但在有关法律规定和实例中却存在着与民法中原始取得和继受取得相同的内容。其中继受取得主要是继承和买卖、互易、赠与、消费借贷等,将在债权法例和继承法例中专门说明,在此仅对原始取得方法稍加说明。

1. 先占。中国古代以先占取得所有权一般只局限于"山野柴草木石之类",而且往往与"施工"或"加工"联系起来,作为取得所有权的条件。唐宋明清法律均规定,禁止占固山野湖泊之利,但如果"已施工取者,不追"。明清律《辑注》谓:"若山野柴草木石之类,本无主物,人得共采,但他人已用功者,砍伐积聚,即其人之物。"

2. 自然扩大。自然扩大,指由于江河湖泊之水自然退落或泥沙淤积而形成的新土地。对此,《宋刑统》引《田令》规定:"诸田为水侵射不依旧流,新出之地,先给被侵之家。若别县界,新出亦准此,其两岸异管,从正流为断。若合隔越受田者,不取此令"。

3. 得获阑遗物和宿藏物。先秦时期,就已有"凡得获货贿、人民、家畜者,委于朝,告于士,旬而举之。大者公之,小者庶民私之"的做法。[1] 据此,凡得获财货、奴隶、家畜等,必须先向朝士报告,在十天内无人认领,即按无主物或主体不明物处理,大者收归官府,小者由得获之人取得所有权。汉代在习惯上仍用此做法。至唐代,开始将得获物明确区分为阑遗物与宿藏物两类。其中阑遗物就是指遗失物,宿藏物则是指地内埋藏物。对于得获阑遗物与宿藏物的处理不尽相同:"凡人于他人地内得宿藏物者,依令合与地主中分",也就是取得一般的所有权,但如"得古器型制异"者,相当于现在所说的出土文物,则"依令送官",由官府给付一定的报酬;而得获阑遗物则规定"送官"招领,尚无归拾得人的规定。明清律将阑遗物改称遗失物,宿藏物改称埋藏物。对于埋藏物,规定:"若于官私地内掘得埋藏之物,并听收用;若有古器钟鼎符印异常之物,限三十日内送官";对于遗失物,规定:"凡得遗失之物,限五日内送官,官物还官,私物招人识认,于内一半给得物之人充赏,一半给还失物人。如三十日内无人识认者,全

---

[1] 《周礼·秋官·朝士》。这里说的货贿,指财货;人民,指刑人、奴隶之逃亡者。

给"。

4. 取得孳息。孳息又称自然孳息，指由原物因自然原因而孳生的物，包括动物的生产孳息（如马生驹、牛生犊、鸡生蛋等），植物的根茎果实等。对于自然孳息，中国古代法律与习惯上，均归原物主人取得所有权，但在特殊情况下，也出现例外。

5. 没收、断入。没收与断入是国家取得所有权的方式之一，指将有关财物、田宅等没收或断入归国家所有。在中国古代法律规定中，没收主要是指对彼此俱罪之赃、犯禁之物、犯罪所用物、犯罪所得孳息等，一律没收归官；而断入则是对无人继承的财产，由国家作为社会公益代表承受，从而取得所有权。

（三）共有

中国古代的共有主要存在于宗族、家庭、合伙、神社、义庄等财产上，而以家庭和宗族共有最为典型。但不管何种形式的共有，在中国古代，却一直没有作更进一步的理论分析，因而也就未能形成像罗马法那样的共同共有和按份共有的区别。

1. 家庭共有。家庭共有可以说是中国古代共有的主要形态，表现为父子祖孙兄弟夫妻的"同居共财"或"同财共居"。对于家庭财产共有，主要涉及两方面的问题：

（1）家庭共有财产由家长支配。中国古代奉行"父母在……不有私财"的信条。据此，唐宋元明清律典均明确规定"祖父母父母在，子孙别籍异财"为不孝罪。而且子孙不仅不得"异财"，且不得擅自动用，如《礼记·内则》称："子妇无私货，无私蓄，无私器，不敢私假（借），不敢私与"。《〈明律〉笺释》说："盖同居共财，财虽为公共之物，但卑幼得用之而不得自擅也；尊长得掌之，不得自私也。"

（2）家产分析。家产分析，就是指对作为家庭共有财产进行分割。战国时商鞅变法，在秦国推行"分户令"，禁止父子兄弟成年后仍同室共财，"民有二男以上不分异者，倍其赋"，[1] 故其俗"家富子壮则出分，家贫子壮则出赘"，[2] 是为诸子均分制的萌芽。到汉初，诸子均分已经比较通行，[3] 唐《户令》规定："应分田宅及财物者，兄弟均分……兄弟亡者，子承父分"。[4] 凡违背者，为"不均平"。宋元明清的规定与唐相同。而夫妻财产在法律上并没有做出规定，至于"妻家所得之财"，则不在兄弟分析的范围内。

2. 宗族共有财产。宗族共有财产最典型的表现乃是义庄财产。对于义庄财产，法律一般并不作规定，主要由宗法族规加以规范。义庄财产属于宗族的部分或全部成员共有，由专人管理，并以义庄名义进行活动。义庄财产的使用，一般只限于族人，但"族人不得租佃义田"，"义庄不得典卖族人田土"，"义庄遇有人赎田，其价钱不得支费，限当月内以元（原）钱典买田土"。义庄财产主要用途有四个：祭祀祖宗，救助族内贫困，

---

[1] 《史记·商君列传》。

[2] 《汉书·贾谊传》。

[3] 《汉书·陆贾传》：陆贾有五子，"乃出使越得囊中装，卖千金，分其子，子二百金，令为生产"。

[4] 《唐律疏义·户婚》引《户令》。

支付族内活动的各项费用,奖励学业有成的子孙等。

三、其他物权

中国古代除所有权外,还有近似于用益物权和担保物权的其他物权。其中属于用益物权的主要有永佃权、地役权、地基权与地上权等,属于担保物权的主要有质权、抵押权等,留置权基本上没有见到,至于典权的性质,历来争议颇大,内容也最为复杂。

(一)用益物权

1. 永佃权。中国古代的永佃权由土地租佃发展而来,大约萌芽于宋代,至明清时期逐渐演变成为较为系统成熟的用益物权种类,但其盛行,大致限于中国南部的江苏、浙江、江西、福建、安徽、广东各省,北部各省比较少见。

永佃权,是以交租为代价,永久租种他人土地的权利,极富弹性和复杂性。与租佃关系不同,永佃权人取得的是所谓"地面权",而这种"地面权"又具有永久性,因而可以再出租、出卖、出典,这就使得永佃权人既有佃者之名,又具有相当于"业主"的身份;对于土地既可自耕,也可出租、出佃、出卖,因而有利于土地改良,缓和人身依附关系;但永佃权又必然会导致土地权利关系模糊,租佃关系颠倒。

在永佃权关系中,业主与永佃权人之间的权利义务主要有三项:①永佃权人有永久租佃土地的权利,业主不得随意撤佃或另行招租;业主的转移并不影响永佃权的存在,习惯上称为"换东不换佃"。②永佃权人有权处分其权利,包括继承、出卖、典押、转租等。但永佃权人行使这些权利,是否需要取得业主的同意,法条既无统一规定,各地做法也不一致。然无论如何,永佃权人均不得重复典卖永佃权;如系出租,永佃权人还有收租的权利,而租佃具有永佃权的土地之人,则须缴纳原业主与永佃权人双重佃租。③永佃权人在永佃权存续期间,有向原业主交租的义务。如不履行此项义务,业主自可撤销永佃权。

2. 地役权。地役权,是业主以土地无偿供给他人役使,役使人所享有的一项权利。地役权通常均发生在田宅具有相邻关系情形下,如两宅相连,两田相接,必然涉及通道、过水、开沟等诸多问题。

在中国古代,基于天理人情,提供地役被视为天经地义,理所当然,因而法律上对此规定反而不多。如汉代有"及其门首洒"的说法,就是指壅水于人家门首,有所妨害[1]。后世规定一般涉及到两个方面:①"侵街巷阡陌"或"侵占街道",实际上就包括侵犯他人地役权的情形;②"不应得为而为",则是依习惯调整。

3. 地基权与地上权。地基权是以交租为代价,在他人土地上建筑房舍的权利;地上权则是以交租为代价,在他人土地上植树种竹的权利。两者既有相同之处,也有不同之处,这主要表现在对土地利用的目的和功能不同。地上权与租佃权非常相近,两者同样都有交租为代价的内容,且利用土地的目的同为种植,但租佃权一般以种植粮

---

[1]《说文》水部引《汉律》,另见《说文》段玉裁注。

食蔬菜等短期收获物为限,因而其期限可以以一年或一季为限,而地上权所种植的竹木需要期限较长,甚至永久,故而属于用益物权。地上权与地基权都不以业主易手而受到影响。

(二)担保物权

1. 质权。质权,是指债务人或第三人以人或物作质,向债权人担保债务而形成的物权。在中国古代,曾经存在过"人质"和"物质"两种形式的质权。

(1)人质。人质,就是指债务人以人作质,向债权人担保清偿债务。人质严格说来并非担保物权意义上的质权,但在中国古代却十分重要。先秦时期,人质当曾盛行,至战国时期秦国法律开始严格禁止。[1] 不过自汉到隋,史籍所记载的以人为质的事例仍然不少。至唐代,法律严格禁止以良人质债;宋代以后,以人质债之例基本上不再存在,但却不乏佣人"以身折酬"之例,不过其性质已经不属于人质的范围。

(2)物质。物质,是指债务人或第三人以物出质于债权人,以担保债务履行。且一般来说,质权所质之"物"局限于属动产性质的物、财等。

在中国古代,物质在不同时期或称"质钱",或称"帖钱",后世多称为"当"或"典当",惟其究竟何时出现已难考实,但最晚在南北朝时期已经存在。[2] 隋唐以后,已相当普遍。

在典当法律关系中,一方为当主,即质权人,另一方为借贷人,也就是债务人。双方之间的权利义务主要有:①订立契约,最初称为"当契"或"质钱帖子",后世当铺出现后,则填写当票,实际上也是当契。②借钱人有义务将当物交付当主,并按约定给付利息,有权利在期限届满时清偿债务,回赎当物。当主则有权占有当物并收取利息,当债务人逾期不赎时,还有权取得当物所有权或者将当物出售以抵偿债务。其义务则包括借钱给债务人,在占有当物期间保管当物,在当期届满债务人回赎时将当物交付。如当物在典当期间灭失,视其原因,决定是否负责赔偿。[3]

2. 抵押权。抵押权,就是指债务人向债权人提供不动产作为清偿债务的担保而设定的物权。在中国古代,抵押权渊源于质权,唐宋法律称为"指名质举",明代以后称为"抵借"。抵押权不同于质权,只能设定在田宅等不动产上,而且一般不转移抵押物

---

[1]《云梦秦简·法律答问》:"百姓有债,勿敢擅强质。擅强质及和受质者,皆赀二甲。廷行事强质人者论,(鼠)予者不论;和受质者,鼠(予)口论。"这一规定具有重要的历史进步意义,后代大致均有禁止执持人为质的规定。

[2]《南齐书·褚澄传》记载:褚澄"兄渊薨,澄以钱万一千,就招提寺赎太祖所赐渊白貂坐褥";《资治通鉴》卷一四二:南齐"东昏侯永元元年,帝遣廷明主帅黄文渊将兵,检其家,至贫,惟有质钱帖子数百"。胡三省注谓:"质钱帖子者,以物质钱,钱主给帖与之,以为照验。他日出子、本钱收赎。"

[3]《大清律例·户婚·钱债门》"费用受寄财物"条所附条例规定:"凡典商收当货物,自行失火烧毁者,以值十当五照原价计算,作为准数;邻火延烧者,酌减十分之二,按月扣除利息,照数赔偿……典铺被窃,无论在衣服、米豆、木器、书画及金银珠玉铜铁锡铅锡各货,概照当本银一两再赔一两;如系被劫,照当本银一两再赔五钱,均扣除失事日前应得利息。"

的实际占有,如有专门约定,抵押人也可将抵押物"过手",但也仅仅是将田宅文契交与债权人收执,这称作"过手押"。然而无论如何,抵押权人对抵押物均无使用权,因而,抵押也必须有利息,且抵押权一般均无回赎期,只要抵押人清偿本金及利息,即可回赎,抵押权即行消灭。明清时期,因商品经济的发达,逐渐形成永佃权、地基权以及典权等,都可予以抵押的现象。这种抵押只需将契书或契证交付抵押权人收执,因而又称"契押"。

(三)典权

1. 概说。典权,就是指一方以不动产(田宅)交与另一方占有、使用并收益,另一方支付典价而形成的权利,属中国古代物权中最为复杂,影响也比较大的一种其他物权。其中将田宅交与他方而获得典价者,为出典人;占有、使用田宅者,为典权人。由典权人付给出典人的价金为典价,由出典人交给典权人的田宅为典物。

典权制度是随着田宅买卖的不断发展而产生的。在中国古代,宗法性小农作为自然经济的基本因素,尤其重视土地,可以说,拥有一小块土地就是养家糊口、安身立命的保证,除非万不得已,绝不敢轻易处掉自己数量有限的土地。但如遇到饥馑灾荒、婚丧疾病急需钱财使用,迫于无奈,方才出手。另一方面,由于中国古代社会道德规范要求人们尊祖敬宗,恪尽孝道,而"守业"系尽孝道的主要内容之一。这样,在出手田宅的时候,留有回赎的余地,既可抒解急难,又可不失祖业,还可使典权人受益的典权制度,就从一般的买卖中衍化出来,并得以逐渐发展成为比较重要的经济运作方式。

典权萌芽于汉,南北朝时期法律已准许"帖卖"。[1] 但由于典与质最初并无严格区别,故又称为典质;后来,典因具有卖的因素,也可称之为典卖、帖卖。唐代典卖已经比较普遍,宪宗元和八年(公元813年)敕令规定:"应赐王公、公主、百官等庄宅、碾硙、店铺、车房、园林等,以人帖典货卖,其所缘税役,便令府县收管"。[2]《宋刑统》专立"典卖论竞物业"门,系统规定了有关典卖、指名质当(抵押)及相关纠纷物业的处理制度。明清律例关于典卖田宅都设有相应规定,但由于永佃权也逐渐成为典卖的对象,从而使典权制度日益复杂。

由于典权既有以典物作为保证债务易于履行的特征,故典权人可以控制、处分典物;又由于典权具有以所得收益作为典物效用的特征,故典权人可以对典物加以使用并取得收益。因此,关于典权的性质,历来争议颇多,有主张为用益物权者,有主张为担保物权者,也有主张兼具用益物权与担保物权双重性质者,还有主张为独立物权者。

2. 典权关系中的权利与义务。在典权关系中,典权人权利主要包括:①占有、使用典物,并就典物取得收益,实即典价的利息;②为了取得收益,对典物出租、出押或再出典的权利;③于出典人届期无力回赎时通过"过割"执业,取得典物所有权;④对典物的先买权和留置权。其义务则包括支付典价,保管、修缮典产(房屋),就典产交税及

---

[1] 杜佑:《通典》因《宋孝王关东风俗传》:"帖卖者,帖荒田七年,熟田五年,钱还地还,以令听许。"
[2] 《旧唐书·宪宗本纪下》。

典期届满出典人回赎时准许回赎等。出典人的权利则主要包括：收用典价，保留典物的所有权、回赎权、找绝权、别卖权。其义务则包括：不得重复典卖，不得强赎，限期届满予以回赎时将典价给还典权人等。

3. 典权的设立与消灭。典权的设立与买卖基本相同，需要经过申请文牒、房亲批价、立契、验税、过割等程序。

典权的消灭方式则包括回赎、找绝、典物（房屋）灭失及混同、典权人抛弃典权等，而尤其以回赎、找绝和别卖最为重要。

(1) 回赎。回赎，就是指在典期届满时，出典人将典价归还典权人，以收回典物，从而使典权关系消灭的行为。回赎在法律上主要涉及三方面的问题：①在典权制度发展初期，对于典期届满之后的回赎不限年岁，只要原契现在，虽年深月久，均可回赎。这样做对稳定财产关系显然不利，极易滋生纠纷，所以从唐穆宗长庆二年（公元822年）开始实行回赎时效制度，凡"经二十年以上不论，即不在论理之限"，其后宋元明清各代大致仍沿用此制。②在典期未满前，出典人不得回赎，更不得强赎。但在实际上，典权设立时，约定年限长短既不统一，甚或在典契中也未载明年限，致滋争论，在在皆有，故而清代在《户部则例》中始行划一："民人典当田宅，契载年份，统以十年为限，限满听赎"。③典期届满，典权人不得无故推托阻拦出典人回赎，否则即科以刑罚。《明律·户律》规定："其所典田宅、园林、碾磨等物，年限已满，业主论价取赎，其典主托故不肯放赎者，笞四十，限外递年所收花利，追缴给主，以价取赎。其年限届满，业主无力取赎者，不在此限。"

(2) 找绝与别卖。找绝，就是指典期届满后出典人无力回赎，典权人向出典人找帖典价与典物实价之间的差额，从而使典卖成为绝卖的方式。别卖，则是指在典期届满后，因典权人不愿买入典产，出典人将典物绝卖与他人，收回差额，并支付典价。对此，《大清律例·户律·田宅门》规定："若买主无力回赎，许凭中估找贴一次，另立绝卖契纸；若买主不愿找贴，听其别卖，归还原价"。

(3) 典产（房屋）灭失。对于典产灭失，《大清律例·户婚·田宅门》规定："凡典产延烧，其年限未满者，业主、典主各出一半，合起房屋，加典三年，年限满足，业主仍将原价取赎"。这实际上就消灭了原典权，而在新产业上重新设立了典权。

第四节　债权法例

一、概说

(一) 债的概念

"债"字在中国古代可能出现于春秋时期，至战国时使用"债"字已很普遍，不过，初期的"债"一般写作"责",其含义为"逋财"、"负财"。[1] "负"在古汉语中,既指负担,又指失去,实为反义互训。颜师古《汉书》注称:"责(债),谓假贷人财物,未偿者也。"假人财物,即借人财物;贷有借与施两义,据此可知,"债"实际上包含出借与借入两种相反相成的含义,相当于债权与债务两方面。但从范围上说,中国古代"债"的概念似乎仅指借贷而言,无法等同于罗马法上债的概念。

(二)债的发生方式

中国古代债的发生方式可以区分为因契约方式、因侵权行为导致的损害赔偿方式和其他方式,如相当于不当得利与无因管理等,其中最主要和最重要的则是契约之债与侵权行为之债。

1. 因契约所生之债。因契约方式所生之债,是最具普遍意义的。但这里的契约不限于书面契约,因为中国古代历来强调诚实信用,一诺千金,口头合意即成契约,而不像罗马法那样特别重视形式,更无须全部采用书面方式。不过,对于若干重大事项,法律为杜绝纷争,往往规定必须采用书面契约形式,且由国家科以较为严格的手续,如税契等。

2. 因损害赔偿所生之债。在中国古代,违法即为犯罪,故而侵犯他人,致使其身体、名誉、财产遭受损害的行为,首先涉及的是刑事犯罪问题,但在处理上往往涉及赔偿,从而产生类似于侵权行为之债。

(三)债的担保与履行

1. 债的担保。中国古代债的担保制度渊源于先秦,其后大约经历了四个发展阶段。

(1)先秦时期的萌芽期。先秦时期,债的担保的主要有"质"与"贽"。其中"质"的本意指真实,而行为的真实必须有所保证,故而最初便采用契约的形式,因而"质"又成为契约之一种。在春秋战国时期,随着各诸侯国相互结盟的普遍,逐渐形成以国君的兄弟、儿子相互作为人质的"质子"制度。这两方面结合起来,就又产生了作为债的担保的"质权",既有以物为质,又有以人为质的情形。这成为后世质权制度的萌芽。而"贽"在《说文》中释为"以物质钱","谓见当复取之",就是指放出仍当复还、复归。在债的行为中,为了保证放出之债能够收归,所设的以物或以人抵押之制也称为"贽",故而"贽"实际上就是抵押权的萌芽。[2]

(2)秦汉至隋朝担保发展第一期。这一时期,一方面从战国时期秦国开始,法律禁止以人为质担保债务,汉代将"持质"[3]作为犯罪行为,但事实上以人为质担保债务

---

[1] 《云梦秦简·法律答问》中,"责"字凡二十六见,作"债"者有十六处之多。《正字通》:"责,逋财也,俗作债。""逋财"就是指拖欠债务。《说文新附》:"债,负也,今俗负财曰债。"
[2] 《汉书·严助传》引如淳注:"淮南俗,卖子与人作奴婢,名为赘子,三年不还,遂为奴婢。"
[3] 持质是"劫召其财"的简称,即掳人勒赎,当是以人为质的变态。

的做法却一直存在；另一方面，文献典籍中所称的"质"、"赘"、"贴（帖）"[1]以及"悬券"[2]等概念，都与债的担保有关，表明债的担保方式向多元化方向发展。其中的"贴（帖）"，又称"贴卖"、"贴钱"，指先以较低的价金借贷，至回赎时再补足差价，因而应是典权的滥觞；而"悬券"，则系后世典当的雏形。

（3）唐宋时期担保发展第二期。这一时期，一方面由于法律严格禁止以人为质，相应地发展出"以人为保"的制度，如宋代法律就规定："诸以债负质当人口，杖一百，人放逐便，钱物不追，情重者奏裁"；[3]"听人赊贷县府货财，以田宅或金帛为抵当，三人相保则给之"，[4]"诸负债违契不偿，官为理索，欠者逃亡，保人代偿"[5]另一方面，典与质作为债的担保方式，极为普遍，且两者常被混同，其标的多为田宅等，因而具有担保物权的性质。

（4）元明清时期债的担保发展第三期。这一时期，以典代质，典与卖严加区分，因而律例中只有典与卖的规定，尚难发现"质"或"典质"的提法。其原因在于，对于以田宅等设定抵押，通称为典或典卖，以便与绝卖相区别；而作为动产的财、物等质权的设定，通常称为"当"或"典当"。这就使得债的担保制度显得更为简赅明晰。至于人的保证，在事实上以及习惯上仍然存在，但却任由私人自理，律例均不曾加以明文规定。

2.债的履行。中国古代社会极重信义，因而对债的履行要求十分严格。从习惯上来说，"杀人偿命，欠债还钱"的观念早就深入人心，以至于有老母"自以身贴钱"代子偿债的事例。因为，不履行债务会被视为背信弃义，以至丧失人格的行为，必遭社会的鄙视与唾弃。从法律上来说，如果债务人不履行债务，即构成违法，而违法即等于犯罪，除必须强制履行债务外，还以刑罚制裁。

早在西周时期，即有关于债的履行规定载于典籍，[6]战国时秦国法律对涉及官府

---

[1]《宋书·何承天传》：南朝时何承天"请为南蛮长史。时有尹嘉者，家贫，母熊自以身贴钱，为嘉偿责（债），坐不孝，当死"。

[2]《南史·临川静惠王宏传》："宏都下有数十邸，出悬钱立券，每以田宅邸店，悬上文券，期迄便驱券主，夺其宅。都下东土，百姓失业非一。帝后知，则悬券不得复驱夺。"

[3]《庆元条法事类》卷八十《杂门敕》。

[4] 司马光：《涑水记闻》卷十四。

[5]《庆元条法事类》引《官市令》。

[6]《周礼·秋官·朝士》："听称债以傅别、约剂"，"凡有债者，有判书以治则听。"可惜已无法弄清其具体规定的内容了。

的债的履行已有专门的规定,[1]汉代法律对债务人逾期不履行问题,明定刑罚。[2]唐宋元明清各代,对债的履行在法律上一般分为两类情形分别对待:①负债,即欠负公私财物而非附利益之债,属于"以令合理"者,如果债务人"违期不偿",按照所违期限,一方面科处刑罚,另一方面仍"各令备偿",也就是按照契约清偿债务,并赔偿损失。②"出举之物",也就是指借钱取息或附利息之债,律典未加明文规定,也就是不赋予强制履行之效力。同时,对于私力救济措施则规定了两种:①"牵制",也就是私力扣押。按照规定,如果债务人负债不偿,债权人有权"牵制"债务人的财物以强迫其履行债务,但这种"牵制"必须事先向官府申报,如果"负债不告官司,而强牵制财物过本契者,坐赃论"。②当债务人"家资尽者,役身折酬",也就是在债务人实在无力偿还债务的情况下,可以用为债权人服劳务折算酬金的办法清偿债务,但"役通取户内男口,又不得回利为本"。[3]

二、契约之债

(一) 契约概说

1. 契约的概念与发展演进。在中国古代,契约多用契、约表述。其中契,本指刻画记录,后世衍化为指书契,也就是指通过刻画而书写记录。"约"本意指缠束,也就是指用绳索一类的工具将松散的东西缠绕束缚在一起,引申为对双方或多方加以约束。如果将社会生活中当事人之间的这种约束以文字的方式表现出来,就是契约。而契约在社会生活中则具有证明、取信、守法等作用,通过这些作用的发挥而使当事人受到自己意思的约束。

---

[1]《云梦秦简·金布律》:"有债于公及赀、赎者,居他县,辄移居县责之。公有债百姓,未偿,亦移其县,县偿";"百姓假公器及有债未偿,其日蹠(足)以收、责之,而弗收、责,其人亡死;及隶臣妾有亡公器、畜生者,以其日月减其衣食,勿令三分取一。其所亡众,计之,终岁衣食不践(足)以稍偿,令居之。其弗令居之,其人死亡,令其官啬夫及吏之主者代偿"。前一条的意思是说,凡是百姓欠官府债物以及被处赀、赎的,如果在其他县居住,就移送所居住的县收债。如果官府欠百姓债务,也移送所居住之县,由该县偿还。后一条意思是指,百姓借官府器具以及欠官府债务未偿还的,其日期已满必须收回、清偿;主管的官啬夫与吏之主管者不予收回、清偿,由于借用人及债务人死亡或逃亡而无法收回、清偿,以及隶臣妾丢失官府器具和畜牲者,按照价值在其应领的衣食中逐日扣减用以抵偿,但所减不得超过三分之一。如果丢失的器具与畜牲很多,则予以总计,到年终用其衣食所减费用仍不足以抵偿的,就令其服劳役以抵偿。如果不令其服劳役,其人死亡或逃亡的,就令官啬夫以及吏之主管者代为清偿债务以及所亡失的价值。

[2]《汉书·功臣表》:河阳嗣侯陈信于孝文帝三年,"坐不偿人债,过六月,免"。

[3]《大明律·户律·钱债》"违禁取利"条规定:"其负欠私债,违约不还者,五贯以上,违三月笞一十,每一月加一等,罪止笞四十。五十贯以上,违三月笞二十,每月加一等,罪止笞五十。二百五十贯以上,违三月笞三十,每一月加一等,罪止杖六十,并追利给本。若豪势之人,不告官司,以私债强夺去人孳蓄产业者,杖八十。若估价过本利者,计余之物坐赃论,以数追征。若准折人妻子女者,杖一百,强夺者加二等,因而奸占妇女者,绞。人口给亲,私债免追。"《大清律例·户律·钱债》同条只是将"贯"改为"两"。

就契约的产生来说,可能在原始社会文字形成之后。从西周开始,有关契约在文献典籍中已有记载,此后,其发展演进大致呈现为两个时期三种基本形态:自西周到汉代以前,主要采用"判书"的形式;汉以后相继出现分支契和单契两种形态;作为特殊的契约,在中国古代又有关于婚姻的婚书(私约)与休书。

(1)西周至汉代以前的判书。判书,[1]是将一份文书由中间剖分为两半,又能合起来恢复原状的契约。据《周礼·天官·小宰》:"四曰听称责(债)以傅别……六曰听取予以书契,七曰听卖买以质剂",其实也就是适用于不同事项的契约。

其中傅别,据东汉郑玄说:"称责(债),谓贷予;傅别,谓券书也。听讼责(债)者以券书决之。傅,傅著约束于文书;别,别为两,两家各得一也"[2]这表明,傅别是适用于借贷的契约,可能是在竹木简牍上书写契约的内容,然后从中间剖分,当事人双方各执一半。

至于质剂,据东汉郑玄说:"两书一札,同而别之。长曰质,短曰剂。"另外,在《周礼·地官·质人》中说:"质人,掌成市之货贿、人民、牛马、兵器、珍异。凡卖儥(鬻)者,质剂焉。大市以质,小市以剂"。郑玄注谓:"质剂者,为之券,藏之也。大市人民、牛马用长券,小市兵器、珍异之物用短券。"据此可知,质剂是在一札上分书两份内容相同的文书,然后剖分,当事人双方各执其一,是主要适用于买卖的契约。

书契在广义上讲,就是指文字,[3]从狭义上说,也就是官府借贷契约。[4]

在春秋战国时代,傅别、质剂、书契仍然广泛使用。但到了汉代,契约形式出现新的变化,进入其历史发展的第二时期。

(2)汉至清的分支契与单契。汉代开始,由"判书"逐渐发展出分支契和单契两种基本的契约形式:①分支契。分支契是两份同样的契约文书,由当事人双方各执其一。在分支契的发展演变中,又有下手书、画指券、合同、和同等名目。其中下手书出现于汉代,应该是最早的分支契形式,由双方当事人在契约文书上捺按手印,故称下手书;唐代在下手书的基础上则发展出画指券,也就是在契约文书上画指模。[5]合同或和同形式出现较晚。大概在魏晋时开始在买卖、借贷中使用合同契,隋唐时期已经广泛使用。合同契也分为两支,两支契上均书写全部契文,合并处大书一个"同"字,分开

---

[1] "判书"最早见于《周礼·秋官·朝士》:"凡有责者,有判书以治则听。"
[2] 《周礼·天官·小宰》注。
[3] 《易·系辞下》:"上古结绳而治,后世圣人易之以书契。"
[4] 《周礼·天官·小宰》郑玄注:"取予市物之券也。其券之象,书两札,刻其侧。""书契,符书也……谓出予受入之凡要。凡簿书之最目,狱讼之要辞,皆曰契。"清人孙诒让在《周礼正义》中谓:"盖质剂、傅别、书契,同为券书。特质剂,手书一札,前后文同而中别之,使各执其半札;傅别,则为大手书,中字而别其札,使各执其半字。书契,则书两札,使各执其一札。傅别,札、字具别;质剂,则惟札别而字全具不半别;书契,则书两札,札亦不半别也。"
[5] 《周礼·地官·司市》郑玄注:"质剂谓两书一札而别之,若今下手书。"唐人贾公彦疏:"汉时下手书,即今画指券。"

后两支契上个带半个"同"字,后来则发展为大书"合同"或"和同"两字,分开后各带"合同"或"和同"二字之半。由于合同使用比较普遍,这时契约往往就是指合同契。宋元明清各代,合同乃成为主要的契约形式。[1] ②单契。单契可能出现在南北朝中期,其与分支契虽同为契约,但存在着重要区别。分支契为双方各执一契,验证时,必须合券;而单契只是一方出具给他方,他方仅收执,验证时不发生合券问题。单契可能由狭义的书契,也就是专门用于借贷的书契发展而来,借贷人(债务人)向债权人出具一份借据,即是单契,官方借贷一般使用各执一书的书契以便取证,而私人之间的借贷,基于双方相互信任和简化手续的要求,就只由单方出具借据作为凭证。

唐代开始,在田宅绝卖关系中,单契与分支契并行不悖。因为单契在订立契约、转移手续上较为简便,故而使用者日益增多。宋代开始,单契又发展为官印契约,由官府出卖,元明清各代一直沿用这一做法。以官契印卖,可以达到两个目的:①要求和效力明确,可以防止争讼中纠缠不清;②可以更有效的保证契税(交易税)的征收。官契均有官印,印为红色,故官契又称为"红契",订立契约未经官投印者为私契,称"白契"。

(3)婚书(私约)与休书。中国古代在婚姻方面,存在这两种类型的文书:①婚书或私约,可视之为合同形式的契约;[2] ②休书,由于是丈夫单方面的意思表示,并不须与妻子方面意思表示一致,即使"和离",也仍采用休书形式,但这不过是丈夫付给妻子的休弃凭证,使妻子在被休后可以改嫁,故也有妻家逼索休书的情形存在,然而并不表明休书就是单契。

2.契约原则。中国古代对于契约原则并没有在律典或其他法律中做出明文规定,但在事实上以及裁判实例中却反映出存在着类似于契约原则的一般性规则。

(1)交易必须立契,禁止违约。中国自古就重视交易立契,以示信守诺言,遵守律法,并能在纠纷发生之际起证明作用。《唐律·杂律》规定:"诸买奴婢、马牛驼驴骡,已过价,不立市券,过三日,笞三十";《大明律·户律·田宅》规定:"凡典卖田宅不税契者,笞五十;仍追田宅价钱一半入官。"在习惯上,人们也有"口说无凭,立约为证"的观念。至于伪造契约,历代均悬为厉禁,严加惩治。《唐律疏义·诈伪》规定:"诸诈为官私文书及增减、欺妄以求财赏及避没入、备偿者,准盗论。"伪造契约,手法綦多,或伪作他人卖契,或假作已亡故人之借据,或涂抹篡改文字,或增减对己有利之文字,不一而足,但均不产生法律效力。

(2)强调两和,禁止强制。就是指当事人双方的意思要符合契约的本质要求,不得强制他人订立和履行契约。在中国古代的具体表现包括三个方面:①禁止强索。《唐律·名例》规定:"取与不和,若乞索之赃,并还主。"其中"取与不和",就是指采用

---

[1] 这从《明公书判清明集》所说可见:"在法,典田宅者,皆为合同契,钱、业主各取其一,此天下所通行,常人所共晓也。"
[2] 《唐律疏义·户婚》"许嫁女辄悔"条:"许嫁女已报婚书者,谓男家致书礼请,女氏答书许讫。'及有私约'……皆谓宿相谙委,两情具惬,私有契约,或报婚书,如此之流,不得辄悔。"

恐吓、欺诈及欺行霸市等手段进行交易而获得"剩利",或强行抽头敛财等行为;"乞索",就是指利用职权求取财物,包括强乞索与和乞索。这些均违背契约必须双方真实意思表示一致精神,因而不但无效,其所得财物要按非法所得"赃",归还本主。②禁止乘人之危,订立显失公平之契约。[1] ③禁止"较固取"。《唐律·杂律》规定:"诸买卖不和而较固取者,及更出开闭,共限一价,若参市而规自入者,杖八十"。这里的"较"指略其利;"固"指障固其市,也就是欺行霸市,垄断经营,不许他人买卖;"更出开闭",指经营的商贩们共为奸计,卖物时哄抬物价,买物时压低物价,从而垄断市场价格谋取非法利益;"参市",指经营商贩们相互勾结,在有人买卖时在旁起哄抬价压价以求自利。对这些行为,均处以刑罚,加以禁止。

(3)要求诚信,禁止欺诈。诚实信用乃实现契约双方真实意思,乃是债的关系稳定有序的基本条件,同时也是中国古代传统道德信条。因而在契约活动中,习惯及法律都禁止妄认他人田宅为己有,禁止盗卖,禁止虚钱实契侵占他人田宅等。举凡欺诈行为,既无法律效力,且对欺诈者多科以刑罚。

3.契约责任。中国古代在西周时期就形成关于契约责任的规则,其后在秦汉魏晋南北朝时期有又进一步发展,至隋唐时期已建立了比较完备的契约责任制度,宋元明清时期则达到了更为成熟的阶段。其主要内容包括立券责任、违约责任、违法责任、保人、牙人、邻人、契约署名人、甚至官吏的责任等诸多方面。

(1)立券责任。中国古代比较重要的契约之债的成立,必须立券,否则无效。西周时,"凡有债者,有判书以治则听",就是对债的纠纷以所立券书作为证据方才受理审判。汉代"市买为券书以别之,各得其一,讼则案券以正之"。[2] 唐代法律规定:"田无文牒,辄卖买者,财没不追,苗子及买地之财并入地主";[3] "买奴婢、马牛驼骡驴等,依令并立市券","不立市券,过三日,笞三十;卖者,减一等"。[4] 宋元明清规定大体与此相同。

(2)违约责任。契约成立后,当事人应该依照约定履行契约,不履行约定的义务,即应负违约责任。①强制履行债务人违约,债权人可以向官府起诉,由官司强制债务人履行义务。秦代《金布律》规定,凡百姓有债于官府,可令其居作服役以清偿债务。《唐律》规定,负债违契不偿,处笞刑。②牵制债务人财物。牵制指私力扣押,一般应

---

[1] 《明公书判清明集》中就有许多这样的例子。其中吴雨岩《乘人之急夺其屋业》判辞就非常典型。原案情节大致如下:张光瑞与洪百四比邻而居,平日就欲并吞洪百四之产业而不可得。后来见洪百四病危,其家中又无送终之资,于是就下手图谋,让其子张曾七写成见契,借女婿詹通十以作某头,又借洪白四之兄以长凌弟,实现其图谋。洪百四出继子回家后发现了张光瑞的图谋,被张光瑞赶打,一怒之下,就向官府诬告张光瑞惊吓致死其父。最后,吴雨岩判决对张光瑞从轻杖一百,房屋本应给还原主,但因洪百四出继子诬告不及坐罪,故而入官以示薄惩。

[2] 《周礼·秋官·士师》郑玄注。

[3] 《唐律疏义·户婚》引唐令。

[4] 《唐律疏义·杂律》。

"告官司听断",如不告官司而牵制,即为"强牵"。对"强牵"而"过本契者",按赃罪处罚,并将所超过部分的财物归还原主,而"强牵"未过本契,是否处罚法无明文规定,但唐代起就有债务人自行承担强牵财物超过本契亦不追还的风险的事例。[1] 明清律典则规定,"若豪势之人不告官司,以私债强夺去人孳蓄产业者,杖八十",这就明确了"强牵,"即使未过本契,也要科刑,然却限于"豪势之人",未免仍存瑕疵。③以身作奴与役身折酬,抵偿债务。唐代以前,多有债务人因家资罄尽,卖身作奴,抵偿债务的事例,[2] 而在法律上亦无明文禁止规定。唐以后,法律严格禁止以身作奴,抵偿债务的做法。但从战国时开始,当债务人不能以财物抵偿债务时,法律又允许债务人以自己或奴婢的劳役折酬偿债。[3] 宋代法律明确规定:"诸公私以财物出举者,任以私契,官不为理……家资尽者,役身折酬,役通取户内男口。"不过,后来在实际上往往折人妻女。④以其他财物抵偿债务。当债务人不能偿还原债务时,法律准许以其他财物折抵偿债。一般情况下,任何财物均可抵债,但有时为了保护债务人的利益,稳定社会经济秩序,事实上和法律上对以有利债负折典卖田宅、耕牛,尤其折人家口的做法,予以禁止。⑤赔偿损失。对于借用财物、受寄财物、典当财物等,借用人、受寄人、典权人与当铺因过失而导致财物灭失及损坏的,应予赔偿。⑥缴纳罚金。当事人违背契约缴纳罚金的做法,大致在西周时期就已经出现,但最初属于刑事罚金。[4] 由刑事罚金转化为民事罚金,最晚在唐代已成为契约中的习惯性内容,[5] 这与近现代民法上的违约金基本相同。

(3)契约违法责任。中国古代对违法契约当事人的处理通常分为两种情况:一是违法契约尚未履行,仅承担刑事责任,即对违法责任人科处刑罚。二是违法契约已经履行,不但要产生刑事责任,还涉及财产处理。对此一般采取三种办法:①一方返还。如《唐律·户婚》规定,出卖口分田,地还主,财没不追;《唐律·名例》规定的"强市",被强售出之物还主,财没不追。《宋刑统·户婚》"典卖指当论竞物业"条规定,子弟私自以财物质举,必须先取得有司文牒,否则原物还主,钱没不追。②双方返还。《唐律·杂律》规定,出卖短狭之物,物还卖主,钱还买主。《宋刑统·户婚》规定,卑幼蒙昧尊长,专擅典卖,钱、业各还其主。③没入官府。违法契约标的如为违禁物,一般没

---

[1] 《敦煌资料》第一辑所收《唐建中三年马令痣举钱契》:"建中三年七月十二日,健儿马令痣为急要钱用,交无得处,遂于护国寺僧虔英边举钱一千文。其钱每月头分生利百文,如虔英自要钱用,即仰令马令痣本利并还。如不得,一任虔英牵制令痣家资牛蓄,将充钱直还,有剩不追。"
[2] 《太平御览》:"前汉董永,少失母,独养父,父亡无以葬,乃从人贷钱一万,永谓钱主曰:'后若无钱还君,当以身作奴'。"
[3] 《云梦秦简·司空律》:"有债于公,以其令日问之,其弗能入及偿,以令日居之,日居八钱;公食者,日居六钱。"也就是说,凡百姓欠官府债务的,至法令规定之日征问,对未清偿的,按法定期限于司空中居作服役,每日抵折八钱;如由官府提供饮食,则每日折抵六钱。
[4] 西周时期的"散氏盘"铭文载:"誓曰:我既付散氏湿田墙田,余有爽变,爰千罚千。"
[5] 《敦煌资料》第一辑所收《唐乾宁四年张义全卖宅舍契》:"一定之后,两不休悔,如有先悔者,罚麦三大驮。"

入国家,如自秦至清,历代法律均规定,私买军粮、军马、军器,没入官府;自唐至清,规定出售行滥之物,没官。

(4)保人、牙人、邻人、契约署名人以及官吏的代偿责任。在中国古代,保人、牙人、邻人、契约署名人以及相关官吏,在契约双方有违约以及违法的情形下,也要承担各自相应的责任。

保人的责任分为两种:一般情况下,保人承担督促债务人履行债务的责任,这类似于近现代民法上的一般保证责任;如果保人在契约中担保债务人履行债务,而债务人没有履行的话,保人就应承担代偿责任,这类似于近现代民法上的连带保证责任。如《宋刑统·杂律》引《杂令》规定:"如负债者逃,保人代偿。"《庆元条法事类》引《官市令》规定:"诸负债违契不偿,官为理索,欠者逃亡,保人代偿,各不得留禁。"如系二人以上共同作保,责任分摊。

牙人,指契约的中介人;[1] 邻人,指田宅典卖契约双方或一方的邻居之人;契上署名人,当指在契约上署名见证人。对于这些人的责任,《宋刑统·户婚》"典卖指当论竞物业"条规定:"应将有物业重叠倚当者,本主、牙人、邻人并契上署名人,各以所欺入己钱数,并准盗论。不分受钱者,减三等。仍征钱还被欺之家,如业主填纳罄尽不足者,勒同署契牙、保、邻人等,共同填赔,其物业归初倚当之主。"

官吏擅自以官物借人、贷人,借贷之物不能收回与备偿的,由有关官吏代为赔偿。《唐律·厩库》规定,监临主守官吏以官物贷人、借人,所借贷之人不能备偿,征判署之官代为赔偿。

4. 契约的签名、画押。在中国古代,凡书面契约,均要求当事人双方及其他有关人员签名或画押。

(1)签名。签名,就是指契约文书上签署姓名。这大体分为五种情形:①一方当事人签名,如单契只需一方签名,分支契也有可能只需一方签名;②双方签名,常见于分支契中;③契约一方亲属同时签名,凡父亡母在,儿子出卖或典当田宅,需有母亲同时签名;尚未分家析产,兄弟共同签名或伯叔父出卖或典当田宅,侄子连同签名;④保人、中人、见人、旁人、同商量人、书契人等也应签名;⑤官吏及里甲长等,在一些重要契约的订立中,如果需要临场监督,即应签名。

(2)画押。画押,包括画指和押字两种形式。画指,最晚在汉代就已出现,至唐代已非常普遍,故契约又称"画指契",宋元明清各代更为盛行。画指一般是画手指的指节,所画多为中指或食指指节,通常男左女右,有时画一指,有时画三指。宋代开始又

---

[1] 牙人,或称牙郎,隋唐宋元明清为买卖双方说合并抽取佣金的人,相当于现在所说的经纪人。汉代称为"侩",其首领称为"驵侩"。隋唐始称为牙人或牙郎。曾慥《类说》引《刘贡父诗话》:"本谓之互郎,主互市事也。唐人书互作牙,以互似牙,因转为牙。"《旧唐书·食货志下》:"市牙各给印纸,任由买卖,随自署记,翌日合算之。有自贸易不用市牙者,验其私簿。"元人陶宗仪在《缀耕录》卷十一:"今人谓驵侩者为牙郎。本谓之互郎,谓主互市事也。唐人书互作乐,乐与牙字相似,因讹而为牙尔。"

衍化出用手摹的方式,即将整个手掌印或指印印纹印于契约上,如现代仍然实行的按捺指印。至于押字,主要是用于不会签名者,通常用行书或草书签名的称"花押",或者在名下画"十"字或"○"作为记号。

(二)买卖契约

1.买卖契约的准则。买卖契约是中国古代最主要和最普遍的契约种类,在契约之债中占有十分重要的地位,因而历代法律也比较重视对卖卖契约的规范,从而形成了有关卖卖契约必须遵守的一系列准则。

(1)公平无欺,等价有偿。公平无欺,等价有偿,是商品经济的内在要求,也是中国传统伦理道德基本信条。因此,在中国古代法律上对违背这一准则的行为往往即视为犯罪,科以刑罚,尤其对官吏要求更加严格。早在汉代,"吏及诸有秩受其官属所监、所治、所行、所将,其与饮食计偿费,勿论。他物若买故贱、卖故贵者,皆坐赃为盗,没入赃县官"。[1]《唐律·职制》规定:"若买卖有剩利,以乞取监临财物论"。《唐律·杂律》规定:"诸市司评物价不平者,计所贵贱坐赃论,入己者以盗论"。明清律典规定:"若将自己货物散与部民及低价买物,多取价利者,并计余利,准不枉法论……物货价钱并入官、主"。如监临官吏买卖多取价利,还要"各加其余官吏二等"科刑。

(2)禁止把持行市,施用奸计,垄断专利。为实现公平交易,等价有偿准则,秦代法律就规定市场交易必须明码标价。[2]《唐律·杂律》规定:"诸买卖不和较固取,及更出开闭,共限一价,若参市而规自入者,杖八十。已得赃重者,计利准盗论。"

(3)禁止出售行、滥、短、狭之物。先秦时代就注意到产品规格质量问题,对于不合格与质量粗劣的产品禁止出售,[3]秦代明文禁止出售不合格与质量粗劣的产品,[4]隋唐宋元明清各代法律一般都规定,"诸造器用之物及绢布之属,有行、滥、短、狭而卖者,各杖六十;得利赃重者,计利准盗论。贩卖者,亦如之"。这里的行,指器物不牢固;滥,指不真实;短狭,指绢布等不合法定格式。在处理上,除按犯罪科处刑罚外,"行、滥之物没官,短狭之物还主"。

(4)禁止买卖禁止流通物。中国古代在不同历史时期曾经对部分财物禁止流通买卖。秦汉以后主要包括三种:①口分田。在北魏至隋唐时期由于当时实行均田制,禁止流通买卖口分田。《唐律·户婚》规定:"诸卖口分田者,一亩笞十,二十亩加一等,罪止杖一百,地还本主,财没不追。"但如系"卖充宅及碾硙、邸店之类,狭乡乐迁就宽者",则准许出卖。②军粮、军马、军器等,各代或有禁卖之例。③盐铁茶矾等,自汉武帝时实行盐铁官营政策开始,历代对于盐、铁一般都由国家经营,个人必须经国家批

---

[1]《汉书·景帝纪》。
[2]《云梦秦简·金布律》:"又买及卖也,各婴其价,小物不能各一钱者,勿婴。"
[3]《礼记·王制》:"布帛精粗不中数,幅广狭不中量,不鬻于市。"
[4]《云梦秦简·金布律》:"布恶,广袤不如式者,不行。"《工律》:"为器同物者,其大小、短长、广亦必等。"

准,方能经营,如未经批准而私自贩卖,均予处罚,后来又相继将茶、矾等列入禁限。

(5)禁止买卖无权处分财产。中国古代对于自己无权处分财产严禁出售。出售无权处分财产的情况包括重复典卖、擅自典卖族人共有财产、卑幼未经尊长同意典卖田宅、寡妇无子孙擅自典卖田宅、典卖应由众分而尚未分析的遗产、典卖籍没财产等。

2.卖方的担保责任。在中国古代,买卖契约中的出卖人应该承担至少三方面的担保责任:

(1)瑕疵担保,就是指出卖人对于买卖标的物应在质量、规格上提供的担保,如标的物质量、规格存在瑕疵,买受人有权退回标的物而收回价金。如《唐律·杂律》规定:买卖奴婢、马牛驼骡驴等,"立券之后,有旧病者,三日内听悔……违者,笞四十"。

(2)追夺担保,又称权利担保,指对标的物上权利的担保。卖方应该保证出卖的标的物不会受到第三人的追夺,如遇追夺,由卖方负责。设定追夺担保的目的在于防止出卖人出售无权处分财产,使买卖关系合法有效,财产权利处于确定状态,从而减少纷争,稳定经济关系。

(3)恩赦担保,就是指卖方在遇到恩赦债务时担保继续履行债务。因中国古代皇帝经常发布恩赦令,内容兼及债务,故而恩赦担保就成为买卖契约中的重要内容。如在《后唐天复九年安力子卖地契》中就约定,"或有恩赦流行,亦不在理论之限"。[1]

3.田宅买卖手续。中国古代物、财的买卖,多采用相当于不要式契约的方式,或为口头契约,或为即时契约,或为实践契约,在手续上比较宽松;而田宅等属于不动产的买卖,在农业经济的生活条件下既然最为重要,则采取相当于要式契约的方式,在习惯以及法律上确定了比较严格、繁琐的手续。约略而言,包括申请文牒、先问亲邻于亲邻批价、立契画押成交、纳税、过割等五种手续。

(1)申请文牒,就是向官府申请买卖田宅的文书、凭据。如唐代《户令》规定:"田无文牒,辄买卖者,财没不追,苗子及买地之财并入地主。"[2]"凡买卖者,皆须经所部官司申牒,年终彼此除、附,若无文牒即买卖,财没不追,地还本主"。[3]宋代《杂令》也规定子孙弟侄出卖或典质田宅,均须先取得官府文牒。元代则称为"公据","诸典卖田宅,从有司给据"。明清则将申请文牒纳入税契程序中,其实仍包含此意。

(2)先问亲邻,亲邻批价。对于田宅典卖,受宗法观念支配,亲邻享有优先购买资格。卖方须先问亲邻是否购买,如亲邻欲购买,即行批价;如批价过低,卖方才可卖给出价更高的其他买主。但同时,法律也禁止业主虚抬价钱卖给他人,或亲邻故意压价遮占买卖。《宋刑统·户婚》"典卖指当论竞物业"门规定:"应典当倚卖物业,先问房亲;房亲不要,次问四邻;四邻不要,他人并得交易。房亲着价不尽,亦任就高处交易。如业主、牙人等欺罔邻亲,契帖内需抬价钱,及亲邻妄有遮悋(吝)者,并据所契钱数与

---

[1]《敦煌资料》第一辑。
[2]《唐律·户婚》引唐《户令》。
[3] 杜佑:《通典·食货·田制下》。这里所说的"除"、"附",指就已买卖土地进行变更登记。

情状轻重,酌量科断"。

(3)立契画押成交,批价之后,或亲邻批退之后,买卖双方或典主与出典人双方即可订立契约,并签名画押。至此,契约成立。关于契约文本,宋代要求至少订立合同契四本,出分别由业主、钱主(买卖双方或典卖双方)收执外,尚需将一本缴纳商税院,一本留本县。钱主如出卖买得的田宅,除立契外,并要将所收执的原买契交付买主。

(4)纳税,买卖缴纳交易税,在中国古代由来已久,至南朝时已开始正式征收契约税。[1] 据此,买卖或典卖双方在契约订立后,即应向官府纳税。宋代以后,逐渐简化手续,开始由国家出卖契纸,即官印契约,实际上就是将买契与征税合一,称为"契税"。《明律笺释》:"典买田宅,照价多寡,纳税于官,官为印其契券,谓之税契。"如不纳税或税契,则为匿税。对于匿税,明清律典均规定,"凡典卖田宅,不税契者,笞五十,仍追田宅价钱一半入官"。

(5)过割,指过户与割粮,也就是将买卖田亩的权利义务由卖方转移到买方。其中过户,就是变更登记,割粮则是将所买卖土地纳税义务转移到买方。[2] 过割之后,如果买方不尽纳税义务,就要受到制裁。《元典章·户部·田宅》规定:"买卖田宅告官推收……如有官豪势要之家买田产,官吏人等看循不即过割,止令卖主纳税,或科推摊其余人户包纳,或虚立诡名更行受取分文钱物,有人告发到官,取问是实……于买主名下,验原主地价钱,追缴一半入官,于内一半付告人充赏。"明清律《户律》"典卖田宅"条规定:"不过割者,一亩至五亩笞四十,每五亩加一等,罪止杖一百,其田入官。"

(三)借贷契约

1.概说。在中国古代,西周时期就形成初具规模的借贷制度;春秋战国时代借贷关系十分活跃,相应地国家已经采取法律措施调整借贷关系,秦国法律不但对借贷官物有规定,对借贷私物也有规定,所涉及的内容包括借贷的保证、返还、代偿等方面;汉代进一步规定借贷的利率及处罚。秦汉以后,关于借贷,在《唐律》及宋元明清的法典法令中,都规定的非常详细。

中国古代曾按照"借"与"贷"的不同将借贷契约区分为两种:凡借而还原物者,谓之借,相当于使用借贷;凡借而不能返还原物,以他物代替者,谓之贷,相当于消费借贷。但贷的含义中还有"以其所利"之意,即取得利息之意,则强调了消费借贷一般多为付利息的借贷。[3]

---

[1] 先秦时期可能已有关市税的征收。《隋书·食货志》:"晋自过江,至于梁陈,凡货卖奴婢、马牛、田宅,有文契者,率钱一万,输估四百入官,卖者三百,买者一百;无文券者,随物所楎,亦百分取四,各为散估,历代因之不废。"

[2] 因房屋并无差粮,也就是无纳税义务,所以出卖房屋不言过割。

[3] 元代的《吏学指南》称:"以物假人曰借,从人求物曰贷。'借'字从人从昔,备人、物,所以不能无也,凡以官物假人,虽辄服用观玩,而昔物犹存,故称为'借';'贷'字从代从贝,凡资财、货贿之类,皆从贝者也,以其所利也,假此官物利己利人,虽有还意之意,不过以他物代之,而本色已费,故称曰'贷'。又从代者,谓以物代替也。"

2.使用借贷。在中国古代,使用借贷主要发生在私人之间,但也存在官借私物与私借官物的情形,法律所规定者,主要是私借官物与官借私物,私人之间的使用借贷,主要由习惯与礼俗调整。

(1)借用官物。私借官物,在秦律中已有详细规定。凡借用"公器"必须在期限届满时归还原物,主管的官啬夫及吏主者必须负责及时收回,如有损坏,属于原器物"销弊不胜"的,可以"勿受责";如果亡失,则要赔偿。唐代开始,借用官物已经有合法借用与违法借用的区分。《唐律·厩库》规定,合法借用一般只限于因遇到吉凶之事,请借用威仪、卤簿、帐幕、毡毯之类,但必须在"事讫过十日内还官",如不还即系违法;合法借用官物如"亡失",应自动向有关机关报告,并依法赔偿,不报告即按照"亡失官物"论处。违法借用官物分为两种情况:一系借用禁物,如官奴婢、畜产、驿马、驿驴、军器、乘舆服御物以及祭祀物等,均不得借与私人使用,如借给私人,即属违法;二系未经合法手续,由监临主守官吏"私自借及借他人",也属于违法借用。对违法借用不但科刑,而且"若所借人不能备偿,亦征判署之官"赔偿。宋元明清基本沿用唐律的规定。

(2)官借私物。中国古代,在一定条件下,官府也可以借用私人之物。《唐律·职制》规定,官府借用私人之物局限于衣服、器玩之属,但所借用之物必须在三十日内归还原主,否则治罪。对于私人的奴婢、马牛驼骡驴、车船、碾硙、邸店之类,不得借用,尤其禁止监临官私借。

(3)私借私物。中国古代私人之间的借用主要通过习惯与礼俗加以调整,因而法律一般很少加以规定,但如对所借用之物有所损坏,也可通过诉讼方式解决。[1]

3.消费借贷。

(1)消费借贷的种类。中国古代消费借贷,可以按照不同的标准分类。其中按照契约标的物来分,则有实物借贷与金钱借贷之分;按照契约主体来分,则有官贷与私贷之别;按照是否存在利息来分,又有附利息的消费借贷与不附利息的消费借贷。在此,仅以主体的不同,分别介绍官贷与私贷。①官府借贷。官府借贷包括官府向私人借贷与私人向官府借贷,而以私人向官府借贷为主。私人向官府借贷出现甚早。西周时可能已经存在由官府设立专门借贷机构向私人提供借贷的情形;[2] 秦汉时期由官府向私人借贷金钱收取利息以支国用已相当普遍,尤其是在新莽时"民或乏绝,欲贷以治产业者,均授之,除其费,计所得受息";隋唐时代,当国家财政困难时,也常采用由官府放贷取息,以支付官吏薪俸及其他费用的措施。[3] 北宋神宗熙宁年间,王安石变法,制

---

[1] 《文苑英华》卷五百四十三在有"村人借罐"判,可资说明:"村人借邻家罐,未出门打破,人索赔,云未离本处,准令合比附。对:……勒酬半价,良谓合宜"。

[2] 《周礼·地官·泉府》:"凡赊者,祭祀无过旬日,丧纪无过三月。凡民之贷者,与其有司辨而授之,以国服为之息。"

[3] 《隋书·食货志》:隋文帝开皇年间,"先是京官及诸州并给公廨钱,回易取利,以给公用"。《唐会要》:唐高祖武德以后,"国家仓库犹虚,应京官料钱(俸)并给公廨本,令当司、令番官回易给利,计官员多少分给"。

定《市易法》，规定有商业贷款，《青苗法》规定有农业贷款，这又成为政府抑制豪强和富商大贾利用高利贷盘剥人民的一项重要措施。其后元明清时代一直沿用类似做法。至于官府向私人借贷，虽说在史籍中也有记载，[1]但一则实际所发生者并不普遍，二则历代法律所关注者并不在此，故有关规定甚少。②私人借贷。私人借贷在中国古代存在极为普遍，一般贷出称之为"出举"、"放债"，借入称之为"举"、"举债"、"借债"等。对于私人借贷，历代法律仅注重因借贷而违法犯罪的处罚，对于私人借贷本身的规定却并不系统。相应地，习惯上的历代相传的各种规则只要不违法，均得到认可。

(2)消费借贷的准则。①禁止官吏违法借贷。中国古代从约束官吏重义轻利、廉洁奉公着眼，严格禁止官吏违法借贷。一方面，法律禁止监临官吏违法私自借贷官物。如《唐律·厩库》规定："诸监临主守，以官物私自贷，若贷人及贷之者，无文记，以盗论；有文记，准盗论。文记，谓取抄署之类立判案，减二等。所贷之人不能备偿者，征判署之官。"宋元明清基本沿用《唐律》的规定；另一方面，法律还禁止官吏在所管辖范围内放债或借债。如《唐律·职制》规定："诸贷所监临财物者，坐赃论；若百日不还，以受所监临财物论；强者，各加二等。"《宋刑统·杂律》引《杂令》规定："敕州县寄附，部人兴易及部内放债等，并宜禁断。"《大清律例·户律·钱债》："若监临官吏，于所部内举放钱债、典当财物者，杖八十；违禁取利，以余利计赃重者，以不枉法论，并追余利给主"。②禁止卑幼私举财物。中国古代卑幼对于家庭财物既无支配权，也无私自借贷权。汉以后各代均奉行这一准则。唐代开始，法律明文禁止卑幼私举财物，也就是私自借贷。唐宪宗元和五年敕令规定："当申中外官，有子弟凶恶，不告家长私举公私钱，无尊长同署文契者，其举钱之主并保人，各决二十，仍均摊填纳。"《元典章》专列"卑幼不得私借债"条规定："尊长在日，卑幼不得私借钱债，如违，其借钱人并借与人、牙保人一例断罪，及将原借钱追没入官。"明清律规定大体相同。③借贷必须按期归还。"欠债还钱"是中国古代关于借贷之债的社会基本信条，因此，对于不按期归还者，历代均以法律惩处。在汉代，"诸侯负债，辄有绌削之罚，其后皆不敢负也"[2] 唐宋元明清各代都规定，凡负债违契不偿，予以刑事处罚，并追其应还主之财。对官吏违期不还，处罚更重。

(3)消费借贷的利息。中国古代有息借贷形成相当早，西周时可能已经有"凡民之贷……以国服为之息"[3]的做法。其后，对于附利息的借贷在法律上主要规定了两方面的内容：①明确规定利息标准，尤其是官贷民钱的利息标准。汉贷官贷民钱，月息三分，私人借贷利息不详；新莽时规定年息不得超过百分之十；唐代利率分官方贷放与私人贷放，官方为月息五分，私人为月息四分；宋代所定利率最高，为月息六分；明清月

---

[1]《云梦秦简·金布律》："公有债于百姓而未偿，亦移其县，县偿。"唐时著名酷吏来俊臣以义仓名义偿还官府所借贷的钱债。
[2]《汉书·外戚恩泽侯表》沈钦韩疏。
[3]《周礼·地官·司市》。

息为三分。②法律严格禁止高利贷,对违法取利严加惩处。汉时,"旁光侯殷,坐贷子钱,不占租,取息过律,会赦,免"[1]。汉以后对于借贷规定利率主要就是为了抑制高利贷的重利盘剥。五代后梁时,首先规定了私人借贷"一本一利"的准则,"私放远年债负,生利过倍,自违格条。所在州县,不在更与征理之限","公私债负,纳利及一倍以上,不得利上生利"。后唐和后晋也都规定,私人债负,征利一倍者,并放。宋代更进一步规定,禁止"回利为本",也就是以利息计入本金,重复生利,民间俗称"驴打滚"利[2]。而对于"取利过正条者",即使属于"两情和同"的私契,也仍然"任人纠告,本及利物并入告人"[3]。这就明确了高利贷属于犯罪行为。其后元明清时期,基本沿用并发展了宋代的规定。

(四)租佃契约

1. 租佃契约的历史发展。租佃契约,是一方将土地出租于另一方使用,并就土地之使用获得收益,另一方支付租金而形成的契约。其中提供土地者为出租人,一般就是地主,支付佃租者为承租人。

租佃契约是随着土地出租发展为租佃关系而形成的。这种租佃关系在汉代已经萌芽,当时既存在私人之间的租佃,也存在国家与私人之间的租佃。魏晋以后,地主利用政治特权与法定身份,驱率部曲,役使奴婢与佃客,致使租佃关系停滞不前。隋初已经出现了租佃契约[4]。唐代实物分成制租佃关系的发展,促使农民对地主的人身依附关系逐渐减轻,形成了租佃契约比较成熟的形态,契约内容已经包含地主与承租(租种土地)人的权利义务事项以及违约责任等,对租佃关系和租佃契约的发展具有重要意义。两宋时代对于租佃契约的发展具有划时代的意义:一方面,佃户对地主的人身依附关系大为减轻,出现"客户起移,更不取主人凭由","每年收田毕日,商量去住,各取稳便","如是主人非理拦占,许经县论详"[5]的情形,而"乡野有不占田之民,借人之牛,受人田土,庸而耕之"就非常普遍,这标志着客户已经是独立的佃农。另一方面,尽管还存在着地主为催租逼债,私设公堂,审讯佃户的情形,而且佃户所受剥削仍然较重,但前者既为法律所不容,后者较之以前也有所减轻。因而,无论官田、私田,大多采用了租佃形式,从而使租佃契约得到了广泛和普遍的应用。明清时代,随着货币地租

---

[1] 《汉书·王子侯表》。其中"不占租",指不依法缴纳租税;"取息过律",指收取利息超过法定限度。

[2] 《宋刑统·杂律》"公私债负"条引《杂令》:"诸公私以财物出举者,任以私契,官不为理。每月取利不得过六分,积日虽多,不得过一倍。若官物及公廨,本利停讫,每计五十日,不尽送者,余本生利如初,不得更过一倍……又不得回利为本。若违法积利,契外掣夺及非出息之债,官为理。"

[3] 《宋刑统·杂律》"公私债负"条引《杂令》:"诸公私以财物出举者,任以私契,官不为理。每月取利不得过六分,积日虽多,不得过一倍。若官物及公廨,本利停讫,每计五十日,不尽送者,余本生利如初,不得更过一倍……又不得回利为本。若违法积利,契外掣夺及非出息之债,官为理。"

[4] 在出土的敦煌文书中,已经发现最早者为高昌廿四年(隋文帝开皇四年,公元584年)前后的三件租佃契约文书。

[5] 《宋史·刑法志》载宋仁宗诏书语。

的出现和广泛推行,租佃契约获得了新发展,并由此进一步演化出永佃权制度,这标志着租佃契约的全面成熟。

2. 租佃契约的内容。作为租佃关系法律表现的租佃契约,有关出租人与承租人的权利义务的内容在契约中均有约定。其中作为出租人的地主的义务就是提供土地给佃户耕作,而作为承租人的佃户则要承担缴纳佃租的绝对义务,并同时额外负担为地主抬轿子、拉车、守夜、扫房、打扇子等义务。[1]

(五)租赁契约与雇佣契约

在中国古代,有关联而又不尽相同的是租赁契约与雇佣契约,其中属于租赁契约的一般称为佣、租、僦,属于雇佣契约的一般称为雇、借、赁。

1. 租赁契约。租赁契约的标的物一般包括土地、房屋、车船、马牛以及奴婢等,其中租赁土地房屋者称为租或赁,租赁车船、马牛、奴婢等供役使者称为雇、赁或庸,这与雇佣契约极为相近。

(1)土地租赁。土地租赁是不存在人身依附关系的纯粹的租赁,与租佃关系存在一定程度的人身依附关系有所区别。土地租赁大约产生在西周时期,但在当时由于土地王有,这种租赁关系受到根本性制约,很难发展成为社会普遍现象。春秋战国之后,土地私有的形成和小农经营方式的普遍化,使得土地租赁关系有了根本性的发展,不仅私有土地,而且国有土地都可以出租。但与此同时,由于土地租佃关系的存在,这种单纯的租赁关系仍只能在一定范围内展开。在土地租赁契约中,出租人的义务就是将自己的土地提供给承租人耕种,承租人则以交纳租金作为主要义务,除此之外,不包括额外的义务,这乃是土地租赁契约与租佃契约的主要区别。

(2)房屋、园宅、邸店、碾硙、车船等租赁契约。房屋、园宅、邸店等的租赁,在魏晋以前尚不普遍,到南北朝时期,已比较普遍;隋唐时期,随着城市商业的发展和科举考试的普及,"士大夫僦屋而居者,不可胜数"。宋元明清自不必说。相应地,在隋唐宋元明清,对于租赁房屋、园林、邸店、碾硙、车船等已有一般性的规定。《唐律》和《宋刑统》中的"以赃入罪"条,《大明律》和《大清律例》中的"给没赃物"条均规定有"计庸赁为赃"的内容。该条规定的立法主旨固然在于防止主管官吏假公济私,役使监临之人

---

[1] 在此,不妨以宋代公私通用的租佃契约作为例证加以说明。《新编事文类要·启札·青钱》十一之外集"公私必用"在有租佃契约的格式如下(原为竖排,为方便起见,改为横排):

　某里某都姓某
　　右某,今得某人保委,就某处某人宅当何(可)得田若干段,总计几亩零几步,坐落某都,土名某处,东至　南至　西至　北至,前去耕作。待到秋成了毕,备一色干净园米共若干石,送至某处仓交纳。即不敢冒称水旱,以熟作荒,故行坐欠。如有此色,且保人自用知当甘伏代还不辞。
　　谨约
　　　年　　月　　日
　　　佃人:　　姓某　　约
　　　保人:　　姓某

第四节

或车马,或无偿赁占使用碾硙、邸店、舟船等。所谓"计庸赁为赃",据《唐律疏义》的解释,其中的"庸"就是指"私役使所监临及借车马之属",也就是役使人力与使用车马驼骡驴等的雇佣费用和赁价,而"赁"则是指租赁使用"碾硙、邸店、舟船之类"的赁价。从这一条的规定分析,必然是先有房屋、园林、邸店、车船、马牛等的"庸赁"习惯,故而才针对官吏违法者按照这种习惯确定"赃"数多少加以科处。

2. 雇佣契约。

(1)雇佣契约概说。雇佣在中国古代称之为雇、庸、赁、借等,其中既包括人的雇佣,又包括牲畜、车船等的租赁,而其中只有人的雇佣才比较接近近现代民法中的雇佣。[1]

中国古代雇佣劳动可能始于战国时代,[2]秦汉时代已十分普遍,既有雇人从事服务性劳动者,又有雇人服兵役者,甚至在东汉时还出现了以"女徒雇山"的形式雇佣他人服劳役刑之例,在居延汉简中也发现了雇佣契约的原件。至唐宋时代,法律对庸赁则有明文规定,这表明,当时已经采取法律方法调整雇佣契约关系,尤其其中提到"其借使人功,计庸一日绢三尺。人有强弱,力役不同,若年十六以上,六十九以下,犯罪徒役,其身庸以丁例;其十五以下,七十以上及废疾,既不任徒役,庸力合减正丁,宜准当乡庸作之价"。这表明,在社会习惯以及法律规定上,对雇佣契约已经具有相当系统成熟的规范。但直到这时,虽然和雇是雇佣的基本形态,然却也程度不同地存在人身依附性质。

明清时代,随着货币地租和永佃权制度广泛实行,人身依附关系放宽,雇佣契约已经成为相当重要的契约种类,而雇佣双方的身份也发生了相当大的变化。据《续通典》一百一十二卷记载,明神宗万历十五年申明律六条规定:"无论官民之家,有立券用直,工作有年限者,皆以雇工人论;有受直微小,工作上计日月者,仍以凡人论;若财买十五以下……或恩养未久,不曾配合者,在庶人之家,仍以雇工论。"由此可见,明代雇佣分为长、短工,其中短工视为一般平民之间地位完全平等的雇佣契约关系,长工仍需"立券用直,工作有年限","立券"就是指订立雇佣契约,受雇一方称为"雇工人",雇用一方称为"雇主",虽不比平民,但与存在主、奴名分者已有相当大的差距,这正是由具有人身依附性的雇佣契约向近现代雇佣契约过渡的形态。到清代,地主使用雇工人(长工),彼此已经可以"平日同坐共食,彼此平等相称"。乾隆五十一年的《雇工法》规定,有主仆名分者,不论有无文契,是否定有年限,均以雇工论;无主仆名分者,以凡人论,这较之明代又有进步,已非常接近自由雇佣劳动契约关系了。但完全的雇佣劳动,

---

[1] 《正字通》:"雇,雇役于人受直(值)也。"《汉书·栾布传》:"庸,庸作受雇也。谓受雇于人而任其劳役也。"都是从受雇佣的一方而言的。

[2] 如《史记·刺客列传》:"高渐离变姓名,为人佣保"。唐人颜师古注曰:"佣作受雇","保可任使"。正因为战国时代雇佣劳动十分普遍,韩非子才能从本质上把握雇佣关系:"夫买庸(佣)而播耕者,主人费家而美食,调布而求易钱者,非爱佣客也,曰:'如是,耕者且深,耨者熟耘也';庸客致力而疾耘耕,尽巧而正陌畦畴者,非爱主人也,曰:'如是,羹且美,钱布且易云也'"。参见《韩非子·外储说左上》。

则直到清末,随着近现代工商企业的出现才正式开始形成。

(2)雇佣契约的内容。在雇佣契约关系中,雇佣他人为自己服劳役或劳务的称为雇主,受雇佣为他人服劳役或劳务的称为受雇人。在中国古代,受雇人在秦汉以后多称"佣保"、"庸",有时也称"保",如"酒保",习惯上也称为"小二"、"伙计"等,至明清时期始有"雇工人"的名称。

对于雇佣契约双方的权利义务,明清时期法律才有明确规定,不过其重点则是强调区分是否具有人身依附关系,以确定其身份,并进一步明确在对双方之间的犯罪科刑时,是否根据身份差别加减刑罚,这可以说是中国古代法律对雇佣契约规定的特点。至于双方的具体权利义务,分为两种情形:①在具有人身依附性的契约关系中,由于具有主仆名分,雇主不但享有对受雇人要求提供劳役或劳务的权利,而且还享有一定程度人身支配权,而其义务仅限于给予"酬直"。但在事实上,官僚贵族甚至一般的所谓缙绅之家,强迫受雇人提供无偿劳役或劳务的现象相当普遍,这正是封建性超经济剥削的表现之一。②在没有人身依附关系的雇佣契约关系中,受雇人一般享有得到约定的佣金或酬直的权利,这种权利也得到法律的保护。[1] 明清时代,受雇人不管是长工、短工,或者雇工人与平人,都有获得"庸直"的权利,即获得雇佣报酬的权利。这显然是法律对雇佣契约内容规定的一大进步。

(六)寄托契约

寄托契约在中国古代出现的比较早,但初期多基于亲友之间的信任关系,完全由习惯加以规范。战国时秦国法律已经涉及到寄托关系,不过其立法主旨显然在于对盗罪的处理。[2] 在法律上对寄托契约关系规定比较明确的以《唐律》为最早,其后的宋元明清各代法律多以《唐律》为宗,对寄托契约关系作了更为明确的规定。

中国古代法律上使用的寄托概念为"受寄财物"或"受寄财产"。《唐律·杂律》规定:"诸受寄财物而辄费用者,坐赃论,减一等;诈言死失者,以诈欺取财论,减一等"。《疏议》解释称:"受人寄付财物,实死失,合偿以否?又监临受寄,诈言死失,合得何罪?答曰:下条云:'亡失官私器物,各备偿;被强盗者,不偿'。即非强盗,仍合备之。

---

[1] 这一点可以从居延汉简所收东汉《建武三年侯粟君所责寇恩事》册所反映的汉代实例与《宋书·孝义传》所记载的吴连事例中得到说明。前者所记载的是东汉建武年间在居延县发生的一件雇佣契约纠纷案件的处理情况:甲渠侯粟君雇佣居延县都乡居民寇恩为其到觻得卖鱼,双方约定,出卖五千条鱼要价四十万钱,以一头黑公牛和二十七石谷作为雇工费,也就是庸直或酬直。但由于卖鱼所得并不够四十万钱,寇恩就将作为庸直一部分的黑公牛卖出,以其价金加上其子寇钦的工钱补足四十万钱。但粟君不但不予庸直,而且反告寇恩欠债不偿,告到都乡。都乡认定,寇恩不欠债。粟君不服,又告到居延县都尉处,居延都尉便指令延县更审。居延县经过再次验问后,将结果用书面告知粟君。粟君自知理亏,不了了之。后者记载,南朝刘宋时,吴连家因为遭到饥荒疾疫死亡十三人。吴连就白天为人庸赁,夜晚伐木烧砖,以营葬亲人,邻里嘉其孝义,葬日都出来相助,吴连又以庸力报答。这其实是一种完全平等主体之间的雇佣劳动契约关系,其中也体现了中华民族患难相助的传统美德。
[2]《云梦秦简·法律答问》:"甲盗钱以买丝,寄乙,乙受,弗知盗,乙何论也? 毋论。"《云梦秦简·仓律》:"妾未使而衣食公,百姓欲假者,假之,令就衣食焉,吏辄罢事之。"

以理死者,准《厩牧令》,合偿减价。"据此,在寄托契约关系中,受寄人对寄托财物负有保管责任,禁止私自费用受寄财物,禁止诈言受寄财物死亡或灭失。如果私自费用受寄财物或导致受寄财物死亡或灭失,承担赔偿责任;如因被强盗抢劫而亡失受寄财物,或因合理原因而导致受寄财物死亡,可免除赔偿责任;如属于"非理"原因导致受寄财物死亡,则视具体情况赔偿所减少的价金。

明清律的规定较之于《唐律》更为明确合理。在《户律·钱债》中规定:"凡受寄人财物畜产而辄费用者,坐赃论,减一等;诈言死失者,准窃盗论,减一等,并追赃还主;其被水火、盗贼费失及畜产病死有显迹者,勿论。"这表明,较之于《唐律》的规定,明清律增加三点:①对"诈言死失"情形的责任承担,增加了"追物还主";②针对"被水火、盗贼费失及畜产病死者"的认定,增加了"有显迹"的要求,比《唐律》规定的"以理死者"更为准确和更具操作性;③已经区分受寄人物与主守官物的不同,因而在免责条件中增加了"窃盗"情形。

(七)行纪契约

行纪活动是随着商业活动普及而出现的,到汉代已出现职业行纪人员和行纪活动,行纪从业者称为"侩",首领称为"驵侩",而这也表明当时已经存在行纪组织。[1] 唐代行纪活动称为"和市",行纪人则称为"牙郎"、"牙人",宋元明清各代相沿成习,一直沿用这一称呼。

在《唐律》中,对行纪仅有禁止"参市"的规定,接近于行纪违法之制裁,其他并未做出专门系统的规定。至明清律中,在《户律·市廛》门专列"私充牙行埠头"、"市司评物价"与"把持行市"三条,从规范行纪人(牙人或行人以及船埠头)的资格、对行纪人的管理、对行纪人违法犯罪的处罚等方面加以规定。

1. 从充当行纪人资格来说,"凡城市乡村诸邑牙行及船埠头,并选有抵业人户充应",据《明律笺释》说,之所以要求充当行纪人者必须是"有抵业人户",就在于使其"有所顾惜,无诓骗之弊;虽或被诓骗,而有所抵还,无亏折之患"。

2. 从对行纪人管理来说,行纪人不得"私充",而只能由官府认定其资格后"选"任,并由官府发"给印信文簿",用以"附写(登记)客商、船户住贯姓名、路引、货物数目"等,而且必须"每月赴官查照"。

3. 从对行纪人违法犯罪处罚来说,主要规定有两种犯罪行为:①私充行纪人或官府设立的行纪人"容隐"私充行纪人的,不但科处刑罚,而且革去行纪人资格,没收非法所得;②牙行及行纪人用强邀截客商、谎骗赊购货物、评估物价不公以行侵欠等行为。对此,《大清律例·户律·市廛》所附条例规定的比较具体细致:"牙行侵欠控追之案,审系设计诓骗,侵吞入己者,照诓骗本律,计赃治罪,一百二十两以上者,问拟满流,追赃给主;若系分散客店,牙行并无中饱者,一千两以下照例勒追,一年不完,依负

---

[1]《汉书·景十三王传》:赵敬肃王"使使即县,为贾人榷会,入多于国之租税"。韦昭注:"平会两家买卖之价者。榷者,禁他家,独王得为之也。"颜师古注:"就诸县而专权贾人之会,若今和市矣。"

欠私债律治罪；一千两以上，监禁严追，一年不完，于负欠债上加三等，杖九十，所欠之银仍追给主"。

三、侵权行为之债

（一）历史发展与特点

1. 债权行为之债的历史发展。"侵权行为"是舶来概念术语，清末编纂《大清民律草案》时才引入中国，但中国古代在习惯和法律规定中，都存在着与近现代侵权行为法类似的法例或制度规范。[1]

早在殷商时代，可能就已经形成最初的侵权行为法例，[2]西周时代，已经有因侵权行为产生损害赔偿的实例，[3]甚至于有较为系统的侵权行为之债的习惯法例。秦汉时期，侵权行为的处理虽主要着眼于刑事制裁，但也明确提到赔偿问题，如"毁伤公器及口者，令偿"；"甲小未盈六尺，有马一匹自牧之。今马为人败，食人稼一石，问当论不当？不当论及偿稼"，[4]这两条都明确提到"偿"，表明当时的赔偿制裁措施是得到广泛应用的。此后，对侵权行为的制裁一直沿用这种刑事附加民事制裁的方式。最晚到唐代，开始从刑事意义上的"过误"行为中演化出某些行为不承担刑事责任的特殊情形，作为结果，则表现为"备而不坐"，也就是说，对部分侵害财产造成损失的行为，因行为人只有"过失"，而非故意，就只承担民事的赔偿责任而免除了刑事责任。同时，《唐律》还规定了免除民事责任的内容，这表明，侵权行为制度发展到唐代，一方面由习惯引入法律；另一方面，则从刑事法律中分化出基本具备民事范畴的侵权行为之债制度。此后的宋元明清时代，尽管有关侵权行为制度的某些具体内容仍有所发展，但其基本观念与规定却一直承袭《唐律》而没有发生变化。

---

[1] 侵权行为可以追溯到原始社会的同态复仇。在进入文明社会后，同态复仇逐渐被淘汰，代之而起的对侵害他人人身和财产制裁的方法，无非有两种基本的选择：一种就是刑事的方法，另一种则是民事的方法。前者是基于侵害行为不仅是对于个人人身和财产的侵犯，而且更主要的还是对社会秩序与安全的破坏，具有社会危害性，因而就被作为犯罪行为予以刑事制裁，这可称之为"公法的选择"；后者则主要着眼于侵害行为本身毕竟是对个人人身和财产的侵犯，因而就采用了由致人损害者以财物赔偿受害人损失的办法，这可以称之为"私法的选择"。这两种选择途径，既可以分别独立存在，又可以并行不悖。中国古代虽主要着眼于社会秩序与安全利益的考虑，将侵害行为作为犯罪，采用刑事制裁方式，但其中也不乏兼及民事方法之实例。这样，就形成了中国古代有关侵权行为之债的法例。

[2] 《汉书·地理志》记载，传说商朝灭亡后，纣王的"诸父"箕子带领部分殷商族人避举朝鲜半岛，并且规定有所谓"犯禁八条"，其中规定："相杀以当时偿杀，相伤以谷偿，相盗者男没入为其家奴，女子为婢。欲自赎者，人五十万，虽免为民，欲犹羞之"。此说如可信，则与商朝的法律制度当不无渊源关系。

[3] 出土《曶鼎铭》第三段记载，又一年闹灾荒，匡（人名）指使他的奴隶抢劫了曶（人名）的庄稼——禾共十秭（量词）。于是，曶就向东宫控告了匡，东宫判决匡受罚。匡叩头谢罪，并用五田和四名奴隶赔偿曶。曶不服，请求再审，一定坚持要匡赔偿禾十秭。这一次东宫就判决匡立即赔偿禾十秭，另欠十秭，共二十秭。如果明年不还，则要加罚至四十秭。后来匡归还了禾，并增加二田和一名奴隶，共七田和五名奴隶，曶才接受赔偿，并免去了匡三十秭的赔偿。

[4] 《云梦秦简·法律答问》。

2.债权行为之债的特点。中国古代侵权行为之债具有三个方面的明显特点。

(1)不存在独立的民事侵权行为之债。中国古代对于侵权行为,尤其侵害人身的行为和比较严重的侵犯财产的行为,在绝大多数情况下,主要适用刑事法律予以制裁,而其结果往往可能附带民事赔偿内容,也有一部分侵权行为,尤其是因过失而侵犯财产的行为,在制裁方法上只涉及赔偿,如误毁、亡失私物的"偿而不坐",又如误杀伤官私马牛等牲畜,则但偿其减价而不坐。但这仅仅是因为行为人主观心态上出于"过误",而免除了刑事制裁而已,因而最多只能算是纯粹民事上的侵权行为之债的萌芽,由此发展为民事上的侵权行为之债,尚有相当大的距离。

(2)中国古代对侵害他人行为的制裁,严格区分被侵害的对象,并以此为依据确定制裁方法的选择和制裁轻重的确定。①区分被侵害对象为人身与财产两大类。对侵害人身行为的制裁,必须适用刑事制裁方法,同时可以附带民事赔偿损失的制裁方法,这与侵权行为之债有某种相通之处;而对侵害财产行为的制裁,可能适用刑事制裁,但也可能存在不涉及刑事制裁而仅仅进行赔偿的情况,这可以视为比较接近于民事上的侵权行为之债。②对被侵害财物又进一步区分为官物与私物。一般说来,由于对官物的保护从严,因而对侵害官物主要采取刑事制裁方法,而对私物保护从宽,不采取刑事制裁而采取民事赔偿制裁方法就比较多。对此,《明律笺释》曾说过:"夫遗失、误毁,在私物则只赔偿,在官物则仍坐罪,以过失所当原,而官物则不可误也"。③对侵害私物,又再进一步区分为亲属之物与非亲属之物。这种区分的主要作用表现在刑事制裁中科刑的轻重上,如《大明律》等所规定的那样,故杀伤人猪羊,准盗论;故杀伤缌麻以上亲属的猪羊,则坐赃论。就民事结果来说,而这都应该"追偿减价",实际区别不大。

(3)习惯和礼制具有重要规范作用。中国古代法律对于侵权行为的规定,既偏重于刑事方面,又缺乏完整系统性,加上历来存在的惧讼与厌讼观念的影响,因而不太严重的侵权行为,尤其侵害财产行为,往往依据礼制和习惯,通过调解途径解决。这种解决方法主要是民事赔偿方法。而且这种民事赔偿不仅包括作为侵权行为之债的财产赔偿,在大多数情况下,其实还包括赔礼、道歉,借以补偿受害人在名誉上、精神上所受到的侵害,因而又包含了强烈的道德因素。

与此相适应,在解决方法上必然是强调和解。这在《周礼·地官·调人》中就已经有记载:"凡过而杀伤人者,以民成之。鸟兽亦如之。"杀伤人固然应该属于刑事犯罪,但如系过失而杀伤,杀伤情节又比较轻微,也可以由调人主持,通过调解解决。至于杀伤他人的鸟兽,则理应更偏重于民事的调解。这对于后世各代都具有重要影响。不过,中国古代法律仍然规定有禁止"私和"的制度。至少在唐宋元明清各代法律上,一般都明确规定对于"祖父母、父母及夫为人所杀"等严重的刑事犯罪,其亲属子孙等为"窥求财利"而私下受财了事,对于这种为"窥求财利"而不告发的,严加科刑。这就明确了调解职能是侵害财产的案件以及轻微的侵害人身的案件。至于调解的方式,则有官府调解、乡里调解、宗族亲友调解等。

(二)侵权行为及其民事责任

1.侵权行为的构成要件。按照民法侵权行为构成要件理论分析,中国古代侵权行为的构成要件可以从三方面说明。

(1)行为的违法性,就是指构成侵权行为的必须是违法行为,包括违法的作为和违法的不作为。违法的作为指行为人的行为违反法律的明文规定,或法律虽无明文规定,但依据法理不应作为而作为,比如中国古代所称的"不当得为"或"不应得为"。违法的不作为就是指法律要求作为而没有作为,在中国古代最典型的就是见火起应告而不告、应救而不救的行为。

(2)故意或过失,在中国古代,故意与过失都是从犯罪主体的心理状态区分的,因而很难找到民事法律意义上的"过错"。不过,在因过失造成的损害人身尤其损害财产后果的情况下,固然可能引起刑事责任,但如果被认定为可以免除刑事责任,则仅仅保留赔偿损失的责任承担方式,其典型形态就是所谓"偿而不坐"或"备而不坐",这就比较接近民事上的过失或过错。

(3)违法行为与损害结果之间存在因果关系。在中国古代,秦国法律中已经存在将损害原因排除在因果关系之外的个别法例。唐宋元明清各代律典中关于"诸官私畜产,毁食官私之物……畜主备所毁"条规定,就区分是否有"临时专制"的情形,"假如甲有马牛,借乙乘用,有所毁食,即合乙……备偿"。这一区分,其实就反映了依据违法行为与损害结果之间是否存在因果关系来确定承担民事赔偿责任的情形。

2.承担侵权责任的方式。中国古代对侵权行为的制裁,除了科处刑罚外,具有民事意义的包括四类承担责任的方式。

(1)给付医疗费、烧埋银或赡养费。在中国古代,对侵权行为者征收烧埋银或称埋葬银,或作为赎刑使用,或作为真刑附带的民事制裁方式,而赔偿医疗费或赡养费,则纯粹属于刑事附带的民事制裁方式,也就是承担民事责任的方式之一。

烧埋银之名起源于元代,明清时期改称埋葬银。在元代,凡属过失杀,征赎罪钞给苦主(受害人之家);误杀、谋杀等,皆征烧埋银两给予苦主。[1] 明代规定,车马杀伤人致死,追埋葬银一十两;威逼人致死,亦追埋葬银一十两;过失杀伤人者,各准斗伤罪依

---

[1] 《元典章》第四十二卷。

律收赎,给付其(受害人)家,[1]这又近似于向被害人之家赔偿医疗费与赡养费[2]

(2)备偿(赔偿)。备偿(赔偿)是侵权行为者承担责任的主要方式。周秦汉魏晋各代一直使用"偿"字表示,南北朝以后则使用"备偿"、"偿"或"备",明清时期则使用"赔偿"概念表示。在中国古代,备偿(赔偿)主要适用于对他人财产的侵权行为,但间亦有对人身损害行为规定备偿(赔偿)之例。

其中侵害财产的备偿(赔偿)约有五类:①盗罪的备偿(赔偿),一般是征还原赃还官给主,但如果原赃已费,被害人可以请求备偿(赔偿)。但退赃和备偿(赔偿)总额不得超过实际损害额。②为伤害牲畜,备偿(赔偿)损失数额,如故杀官私马牛及其他畜产,各偿减价;误杀伤者,偿其减价。《唐律疏义》:"减价,谓畜产值绢十疋,杀讫,惟值绢两疋,即减八疋价;或伤止值九疋,是减一疋价。杀减八疋,偿八疋;伤减一疋,偿一疋"。③因水火灾而损害,对属于故意犯罪的放火决水,征收赔偿,误犯的过失及因误失放水,免除赔偿。《大明律·刑律·杂犯》规定,"凡放火故烧自己房屋以至延烧官民房屋及积聚者,放火故烧官民房屋或公廨、仓库、田场积聚之物者,除治罪外,"并计所烧之物减价,尽犯人财产折锉赔偿,还官给主"。④畜产毁食官私庄稼等物的赔偿,由原主或现使用"专制"人承担赔偿减价。⑤弃毁、亡失及误损官私器物,一律赔偿。《唐律·杂律》规定:"诸弃毁官私器物及毁伐树木、稼穑者,准盗论。即亡失及误毁官物者,各减三等",这里的"准盗论",按《疏义》所说,"谓其赃并备偿"。

对人身侵权行为,明清律典中的《刑律·诉讼门》规定:"凡诬告人,……若所诬徒罪已役,流罪人已配,虽经改正放回,验日于犯人名下追征用过路费给还;若曾经典卖田宅者,着落犯人备价取赎;因而致死随行有服亲属一人者,绞,将犯人财产一半断付被诬之人……其凡人如果贫乏,无可备偿路费,取赎田宅,亦无财产断付者,止科其罪"。这似比较接近于侵权行为的赔偿。

---

[1]《大明律·刑律·人命》,《大清律例·刑律·人命》规定与此基本相同。
[2] 关于这一问题,薛允升曾经作过这样的分析:"自弓箭杀伤人以至威逼人致死,律内均有追埋葬银一十两之文。既科以流、徒、杖罪,是照本律科以应得之咎,已足蔽辜,又追埋银,是何理也?《唐律》自笞、杖以至斩绞,均有赎法,自赎铜一斤起一百二十斤止,谓既已赎铜,则所犯笞、杖以上罪名,即可全免,即如过失杀人,并无罪名可科,《唐律》载明各依其状以赎论,《明律》亦云准斗杀罪依律收赎,即赎过失杀人之罪,与《唐律》赎铜一百二十斤之义相符。此等既科刑又追银之法,未知本于何条?假如老幼妇女笃疾之人,有犯此等罪名,既准收赎杖、徒等罪,又追征埋葬银两,已嫌参差,至实徒实流者,而亦追征银两,不几近于重科耶?不过谓死者无辜被杀,并不抵偿,故追埋银,以示体恤。彼过失杀者,独非无辜平民乎?何以止追赎银,并不拟罪耶?"见《唐明律合编》卷十八。薛氏这一分析确实道出了中国传统法律在这一问题上的所存在的内在紧张,但也反映了中国固有的对犯罪或者违法行为评价取向上的"打则不罚"、"罚则不打"的线性思维模式。因为这是从单纯的刑事法律角度进行的解释,其出发点和归宿点都是刑事法律上的罪刑相适应,故而在依据刑事法律观点无法解释既科刑又追银这一"重科"现象时,就不得不引进道德上的"体恤"观念,进行解释。但如果变换一个角度,从民事法律侵权行为之债与刑事法律犯罪竞合的角度解释,这种"重科"实际上就是比较明显地体现了对同一行为,因其既对社会秩序和安全构成了危害,又对个人人身或财产造成了损害,因而便不得不采取刑事附带民事责任承担的方式。

(3)排除侵害与恢复原状。《唐律·杂律》规定:"穿垣出污秽者,杖六十。"这是采用刑事方法对侵权行为人予以处罚,而其结果必然包含排除侵害的内容,这又属于民事意义上的责任。至于恢复原状,在《唐律·杂律》规定:"诸侵巷街阡陌者……各令复故","诸毁人碑碣及石兽者,……其用功修造之物……各令修立"。这两项均属于刑事附带民事责任,而"误损毁(碑碣石兽)者,但令修立,不坐",则属于纯粹的民事责任。

(4)责令停止从事某种职业。唐宋明清律点中都规定,庸医为人疗病,用针灸误不如本方,因而致人死亡者,以过失杀人论,并不许再行医。这接近于行政制裁措施,但从民事权利角度来看,也是承担民事责任的一种方式。

3.侵权责任的免除。

(1)致害人仅有过误,只论罪,不赔偿。在中国古代习惯与法律上,对于致害人仅有过误可以只论罪而免除赔偿责任。战国时秦国法律中规定:"舍公馆,燧火燔其舍,虽有公器,勿责。今舍公馆,燧火燔其假车马,当负不当出?当出之。"[1]唐宋明清律典也规定,凡因水火而致损害的,如果属当事人误失,可不予赔偿。

(2)致害人虽有过误,但致害物如同己物,不论罪,也免除赔偿责任。在中国古代,基于服制关系也可以免除赔偿责任。《唐律疏义·厩库》:"问曰:'误杀及故伤缌麻以上亲畜产,律无罪名,未知合偿减价以否?'答曰:'律云:杀缌麻以上亲马牛者,与主自同。'主伤马牛以及误杀,律条无罪;诸亲与主同,明各不坐。不坐,即无备偿,准例可知。况律条无文,即非偿限,牛马犹故不偿,余畜不偿可知。"元明清各代基本沿用这一制度。

(3)双方过误,彼此免责。对于双方均有过误的侵权行为,《唐律·杂律》规定有:"诸官私畜产,毁食官私之物,登时杀伤者,各减故杀伤三等,偿所减价;畜主备所毁"。《疏义》举例说:"假有一牛,值上绢五疋,毁食人物,评值上绢两疋。其物主登时伤杀此牛,出卖值绢三疋,计减二疋,牛主偿所损食绢二疋,物主酬所减价绢亦二疋之类。"这在实际上就可以互相免除赔偿责任。[2]

(4)因不可抗力造成损害,不治罪,免除责任。唐宋法律规定,"诸船人行船、茹船、写漏、安标宿止不如法者,若船筏应回避不回避者,笞五十。以故损官私财物者,坐赃论减五等……卒遇风浪者,勿论"。这里的"卒遇风浪",显然接近于不可抗力。对于水火有所败损,故犯者均征偿,但如系"水雨过常,非人力所防者,勿论"。这里的

---

[1]《云梦秦简·法律答问》。意思是说,居住于公馆,因失火致房屋被烧毁,虽有公器物也被烧毁,免除赔偿责任。现在有人居住于公馆,因失火将借用的车马烧毁,应不应当赔偿?应该报销,不应责令赔偿。

[2] 关于这一点,在《文苑英华》卷五百四十六载有《梨桔判》的判词,十分典型。"郑州刘元礼载梨向苏州,苏人弘执信载桔来郑州,行至徐城,水流急,两船相冲俱破,梨及桔并流,梨散接得串半,桔薄盛怠不失,元礼、执信索赔,执信不伏。对……桔包裹而全收,载沉载浮,梨飘零而半失,然防患之术,未闻责己,而侵伤之弊,直欲尤人,乍寻似合酬填,细审便难允许。何者? 梨因散失,船则共伤,若为梨觅陪(赔),讵自归于毁楫,理乃齐于指马。及非情故,徙事披陈"。

"水雨过常",也属于不可抗力的情形。

(5)紧急避险,免除责任。唐宋律典均规定:"诸官私畜产毁失官私之物,登时杀伤者,各减故杀伤三等,偿所减价",但如果属于"畜产欲抵啮人而杀伤者,不坐不偿"。这在刑法上固然可以算是紧急避险,而在民法上则接近于紧急避难。而且法条规定中,特别强调了这种危险或为难必须实现是存在的,不是想象的,所以律注中又说:"谓登时杀伤者,即绝时皆为故杀伤"。明清律的规定相同。

(6)被强盗,免除责任。唐宋元明清法律都规定,凡受寄财物或主管财物,"非在仓库而别有持守者,若被强盗,不坐不偿"。

第五节　亲属法例

一、亲属

(一)亲属的种类与范围

亲属,是指因血缘、婚姻而自然产生或因收养而认为抑制的人与人之间一种既具有自然属性、又具有社会属性的特殊关系。亲属关系不仅具有伦理道德上的意义,而且具有法律上的意义。因此,中国古代礼制和法律都对亲属做出了多方面的规定;同时,由于中国古代由于宗法观念的强烈影响,亲属范围的确定与亲属种类的划分具有明显的宗法性特征。

在宗法制度与宗法观念的支配下,中国古代的亲属共分为宗亲、外亲和姻亲三类。

1.宗亲。宗亲,又称宗族、本亲、内亲,指同宗亲属,也即父系或男系亲属。这是中国古代最主要的亲属,因而其范围最为广泛,所谓"亲亲,以三为五,以五为九,上杀,下杀,旁杀,而亲毕矣",[1]就是说,宗亲的范围上止高祖,下止玄孙,旁止同一高祖的子孙,即所谓"九族"。[2]

2.外亲。外亲,又称外姻、外族,指属于女系血亲之亲属,系异姓亲属。对于外亲,中国古代是予以忽略的,其关系也极为疏薄,范围一般只推及一世,包括母亲本族亲属关系中由母亲上溯至她的父母,即外祖父母,旁推及她的兄弟姊妹,即舅父与姨母,下推及她的兄弟姊妹之子女,即舅表兄弟姊妹与姨表兄弟姊妹,过此即无亲属关系;由父亲方面则包括出嫁姑之子女,即姑表兄弟姊妹,出嫁姊妹之子,即外甥,以及女之子女,即外孙子女。

---

[1]《礼记·丧服小纪》。这里所说的"三",指作为宗亲核心的父、己、子;"五"则是指父、己、子之外,上加祖,下加孙;"九"乃是指上加曾祖、高祖,下加曾孙、玄孙,合起来又称"三代"、"五代"、"九世"。"杀"在此读三声,指减杀、减止,"上杀",就是上止的意思,"下杀"就是下止的意思,旁杀就是旁止的意思。

[2] 关于"九族",古代有两种解释。一说谓"九族"世之父族四(父姓五服之内,姑母及其子女、姊妹及其子女、女儿及其子女)、母族三(母之父系、母之母系、母之姊妹及其子女)、妻族二(妻之父系、妻之母系)。参见《白虎通义·宗族》。

3.妻亲。妻亲,又称妻党、妻族,在明清以前,本属外亲,自明代开始将妻亲独立出来,作为单独的一种亲属,一般包括妻之本族亲属。

(二)亲等与服制

亲等是计算亲属关系亲属远近的标准与方法。在中国古代,计算亲等以服制为标准与方法。

服制,是指丧服之制,而丧服则是在亲人去世后一定期间内所穿着的特殊的表示哀悼的服装。由于人们之间亲疏关系的不同,相应地在制作丧服时就可以用其质地和缝制方法的不同加以表示,在穿着时也可以用穿着时间的长短来加以区别,因而服制也就可以用来表示亲等的不同。服制计算亲等的方法一般只注重宗亲关系,与罗马法或寺院法的亲等计算法注重血缘关系的自然因素不同,更为注重社会因素。

按照服制计算亲等,一般分为五个主要的等级,因而就称作五服,具体包括:①斩衰亲,表示子和未嫁女与父母、嫡孙与祖父母、妻与夫的亲属关系,为最近亲等。②齐衰亲,仅次于斩衰亲的亲等,又分为齐衰期与不杖期两种,三月与五月两类。其中齐衰杖期,表示嫡子与庶母、子与出母、嫁母、夫与妻之亲属的亲等;齐衰不杖期,表示孙与祖父母、出嫁女与父母的亲等;齐衰五月,表示曾孙子女与曾祖父母的亲等;齐衰三月,表示玄孙子女与高祖父母的亲等。③大功亲,主要表示妻与夫之祖父母、父母与儿媳及未嫁女的亲等。④小功亲,主要表示伯叔父母与侄子女、堂伯叔父母与堂侄、妻与夫之伯叔父母的亲等。⑤缌麻亲,主要表示族伯叔父母与族侄、夫与妻之父母的亲等。

五服之外的亲属,一般称为袒免亲或无服亲,虽然在习惯上仍具有一定亲属关系,但在礼制和法律上已很少基于这种亲属关系而产生权利和义务。

二、婚姻

(一)概说

1.婚姻的概念。中国古代最早用来表示婚姻的概念是"昏",本意是指日落黄昏之时,由于历史上某一时期曾广泛实行掠夺婚,而掠夺妇女为婚多在黄昏之时,故引申指称"婚姻"。东汉郑玄注《礼记·昏义》,才首次使用"昏姻"一词。按照郑玄的解释,"婚姻之道,谓嫁娶之礼";"婿曰昏,妻曰姻"。据此,在中国古代,婚姻这一概念术语,其实包含两种既相互联系又有区别的意思:一是指嫁娶之礼,也就是指采用一定的仪式或形式而结婚,或者说就是指结婚的仪式或形式;二是指夫妻之间特定的关系。

2.婚姻的形式。婚姻既包括自然属性,又包括社会属性,是随人类社会的发展进步而不断变迁的,相应地在社会发展的不同时期,就会存在不尽相同的婚姻形式。在中国历史上,婚姻存在的形式可以分为两个基本发展阶段:①在史前期的群婚制阶段,曾经存在着血缘群婚与亚血缘群婚的形态,[1]后来又存在作为过渡形态的对偶婚制。②在进入文明时代,或者说在夏商周三代之后,则一直实行一夫一妻制的婚姻形式。

中国古代的一夫一妻制,在一方面,体现了农耕文明与宗法社会必然带来的男尊女卑的特点,具有以男子为中心的人身依附性特征;在另一方面,基于社会等级性,这种一夫一妻制又产生了其变态形式,这就是在官僚贵族内部所实行的,其实是一夫一妻多妾制。

一夫一妻多妾制与一夫多妻制存在区别。按照中国古代的礼制,"夫妻一体也,……夫妻胖合也","妻者,一与之齐,终身不改"[2]这强调的是所谓正则,但"婚礼者,将合二姓之好,上以事宗庙,下以继后世也"[3]尤其在宗法分封制社会形态下,一方面,作为统治者的天子、诸侯等,为了以联姻的方式达到"附远",即团结异姓诸侯贵族的目的,往往并不满足于一娶,而是采取所谓"媵嫁制";[4]另一方面,为了使统治者能够"苗裔满朝,传祚无穷",在最初可能采取多妻的方式,但多妻往往又会产生诸子为争夺继承权而发生内讧的情形,[5]故而在西周初年制礼,就严格嫡庶区别。而嫡庶区别固然表现在子嗣方面,其根源却不得不从夫妻关系入手,这又导致对同一男子的多个配偶在地位上加以区分,结果就是与男子"相齐"者只有正妻,又称嫡妻,其他配偶便处于附属地位,成为妾,这就是所谓的一夫一妻多妾制。

一夫一妻多妾制在中国古代不但为礼制所肯定,而且也逐渐为律典所规定。西周时,"天子一娶十二女"、"诸侯一娶九女"、"卿大夫一妻二妾",而天子的配偶却必须是"有后、有夫人、有世妇、有嫔、有妻、有妾","诸侯有夫人、有世妇、有妻、有妾"。相应地,礼制和法律都严格禁止违反妻妾地位区别的任何做法,尤其是严格禁止"并后匹嫡"或"乱妻妾位"的行为,[6]也就是所谓的嫡妻只能有一个。从《法经》开始,就明确"夫有二妻则诛",唐宋明清律典也都明确规定有"诸有妻更娶妻者"属于犯罪,均科处刑罚。

至于广大庶民百姓,一般情况下,按照礼制的规则和法律的规定,"无别妾媵,惟夫

---

[1] 关于这一点,中国古代的文献典籍中也有曲折的反映,如《吕氏春秋·恃君览》说:"昔太古尚无君矣,其民聚生群处,知母不知父,无亲戚、兄弟、夫妻、男女之别,无上下长幼之道"。《搜神记》所说:"高辛氏乃令少女从盘瓠……经三年,产六男六女。盘瓠死后,自相婚配,因为夫妇。""昔高阳氏有同产儿为夫妇。"

[2] 《仪礼·丧服》。

[3] 《礼记·昏义》。

[4] 所谓媵嫁制,按照汉代郑玄在《仪礼·士昏礼》注中所说,"古者嫁女必侄娣从,谓之媵"。也就是指女儿出家而以其侄子和妹妹等从嫁,实际上反映了一夫一妻多妾制的情形。

[5] 关于这一点,在商朝表现尤为充分。《史记·殷本纪》记载,商朝"自中丁以来,废嫡而更立诸弟子,弟子或争相代立,比九世乱,于是诸侯莫朝"。

[6] 《左传》载,春秋时期,齐桓公除内嬖如夫人六人外,并有三夫人;郑文公有夫人芊氏与姜氏;陈哀公有三妃;太叔疾有一宫二妻,均被世人视为"并后匹嫡"的"乱之本"。

妇相匹而已",但到了清代,则出现"兼祧"[1]现象,法律对此也予以认可。

(二)结婚的方式

在中国古代婚礼制度形成后,最基本的标准结婚方式是聘娶婚,同时作为辅助的方式则有纳妾、入赘、童养等。

1.聘娶婚。聘娶婚,又称嫁娶婚,是适用于正式婚姻的结婚方式。[2] 在聘娶婚的方式中,男方居于主导地位,由尊长主婚,通过媒妁方式,以聘礼作为向女方求婚并订立婚约的信物,以娶妻的方式完成结婚仪式;而女方则仍以尊长主婚,通过接受聘礼的方式与男方订婚,并以嫁女的方式完成结婚仪式。其间一般还要经过纳采、问名、纳吉、纳征(纳币)、请期、亲迎等"六礼"程序。这一方式自西周形成后,或载于礼书,或定于律典,三千多年从未中断。

2.纳妾。纳妾渊源于先秦的媵嫁制。所谓媵嫁制,按照《春秋公羊传》的解释:"媵者何?诸侯娶一国,则二国往媵之,以娣侄从",也就是天子或诸侯娶妻,与被娶妻诸侯国同姓的其他诸侯国要以女从嫁,从嫁者被称之为"媵"。到战国时代,因世卿世禄制度被废除,媵嫁制也难以实行,相应地则逐渐演变为纳妾制,此后一直延续近三千年。被纳为妾的妇女或因犯罪被罚,或用金钱购买,或因两情相悦而私奔,并没有严格的实行要求。

3.入赘。入赘婚是聘娶婚的补充与变态形式,也就是变更聘娶婚的男娶女嫁为女娶男嫁,从妇而居。入赘婚在先秦就已出现,后是历代相沿成俗,一直存在,法律上对此也加以认可。一般来说,入赘婚的形成,主要是因为男方家贫子多,无力娶妻,如战国时秦国据说就有"家富子壮出分,家贫子壮则出赘"[3]的习俗;女方之招赘,则或为"补代"(女方父母无子,由入赘婿补充世代,或从女方之姓,或仍父姓,但所生子女必须有从女方之姓者),或为保持家财,而更主要者则是为了维持本宗本家的传宗接代。正因为如此,入赘的具体形式就多种多样,[4]但不管何种形式的入赘,赘婿的地位均比较低下,先秦秦汉时期,赘婿一般与商贾,逋亡等并列为贱民,不能立户、受田、入仕,其后各代甚至又赶逐出门者比比皆是,因而元明清时期,特定制规定:"凡纳婿而复逐婿,家女儿再招婿者",治罪科刑。

---

[1] 兼祧,俗称"一子顶两门",就是指一子兼承两家宗祧的习俗。在兼祧的情况下,两门可能都为该子娶妻,而两妻也都属于正妻。

[2] 传说聘娶婚由伏羲氏创制。《史记补·三皇本纪》:"太祀疱羲氏始制嫁娶,以俪皮为礼。"《通典》:"遂皇始有夫妇之道;伏羲氏制嫁娶,以俪皮为礼;五帝驭时,娶妻必告父母;夏亲迎于庭,殷于堂,周制限男女之岁,定婚姻之时,亲迎于户,六礼之仪始备。"

[3] 《汉书·贾谊传》。

[4] 关于入赘的具体方式,元代的《吏学指南》说:"赘婿,今有四等焉:一曰养老,谓终于妻家者;二曰年限,谓约以年限,与妇归宗者;三曰出舍,谓与妻析居者;四曰归宗,谓年限已满,或妻亡,并离异归宗者。"

4.童养。童养媳是聘娶婚与买卖婚结合而形成的变态。可能出现在宋代,[1]其形成原因是在买卖婚盛行后,贫人因缺少钱财,就以比较少的代价娶的一个未成年的女子,养在家中,等待成年后在正式举行结婚仪式。但在事实上,实行童养媳这绝不仅限于贫人。清代以前,童养媳在未正式结婚前,法律和礼制均不承认其为婚姻关系,清代开始将童养媳视为具有婚姻关系。

(三)结婚的要件

中国古代礼制与法律对于结婚均按招聘娶婚的方式,规定了相应地要件,这些要件可以分为实质要件和形式要件,其中实质要件中又包含着肯定的要件与否定的要件。

1.结婚的实质要件。

(1)肯定的要件。结婚实质要件中肯定的要件,又可以称之为必备要件,就是指结婚双方必须具备的条件,主要包括四个方面的内容。

第一,尊长主婚。由于在中国古代结婚并非仅是双方当事人自己的事情,而是双方宗族和家庭的事情,而家庭由尊长支配,因而,尊长主婚就成为结婚实质要件中最重要的内容。

尊长主婚早在先秦时期就已成为礼制的重要内容。[2] 在春秋战国秦汉时代又得到儒家的竭力鼓吹。[3] 至汉以后,随着法律儒家化的逐渐深入,在唐宋元明清律典中对此作了相应的规定。按照规定,尊长主婚的第一顺序为直系尊长,即祖父母、父母。他们对子孙的婚姻有绝对的支配权,这不仅表现在对未成年子孙的结婚上,而且还表现在对成年子孙的结婚上,即使成年子孙因士宦或经商在外,也绝无例外。列为尊长主婚第二顺序的是"余亲",包括伯叔父母、姑、兄姊,明清时期又增加外祖父母。对此,《大明令》规定:"嫁娶皆由祖父母、父母主婚,祖父母、父母俱无者,从余亲主婚。"《大清律辑注》:"余亲,当尽伯叔父母、姑、兄姊、外祖父母,如无,则从余亲尊长。"

第二,媒妁之言。媒妁类似现代的婚姻介绍人,在婚姻缔结过程中既起着为双方传递消息、意见的作用,又起着婚姻见证人的作用。因此,在中国古代礼制和法律上都将媒妁之言,列为正式婚姻成立必不可少的要件。

媒妁最迟在西周就被礼制所肯定。西周设有"媒氏"一职,"掌万民之判。凡男女自成名以上,皆书年月日焉;令男三十而娶,女二十而嫁。凡娶判妻、入子,皆书之"。[4] 实际上主管涉及婚姻的所有事务,尤其是婚姻登记事项。后世一般虽也设有

---

〔1〕《鸡肋集》卷六十九:"民间有女幼许嫁,未行婚礼,而养诸婿氏者,曰养媳。"
〔2〕《诗经》曾多次提到:"娶妻如之何?必告父母。"
〔3〕《孟子·滕文公下》:"不待父母之命,媒妁之言,钻穴隙相窥,逾墙相从,则父母国人皆贱之。"《白虎通义》:"男不自专娶,女不自专嫁,必由父母。"
〔4〕《周礼·地官·媒氏》。其中"万民之判",指万民之"得偶为合,主合其半,成夫妇也";"判妻",指夫在而被出之妻与夫亡而再嫁两种情况;"入子",指跟随改嫁的母亲到后父家的子女,俗称"拖油瓶"者。

官媒,但其地位与作用同西周相比,已不尽相同,一般只介绍婚姻,如果妇女因犯罪及其他原因而须嫁卖,也经由官媒办理,有时还兼管监押看管女犯。[1]

除官媒外,历代在事实上都存在大量的私媒,其情形稍为复杂。有专门从事此种职业者,但大多数都属于对男女双方比较熟悉的乡亲或朋友,作为介绍人和见证人而兼职从事者。因而,既不乏为贪娶媒金而谎话连篇、坑蒙拐骗者,也不乏为双方牵线搭桥促成良姻美眷者。不过,媒妁之言作为结婚的必备要件,主要体现在习惯与礼制中。

第三,写立婚书与私约。将写立婚书或私约作为结婚的必备要件,实际上就是将订婚作为结婚必备的条件和程序。在律典中最早对此加以规定的是《晋律》,[2] 是后各代律典均规定有此内容。隋唐宋元明清律典均规定,"诸许嫁女已报婚书及有私约而辄悔者",科处刑罚。这里所说得"婚书",指男家致书女家求婚,女家答书允许;"私约",指女方明知男方属于年老、年幼、身患残疾以及属于庶出、收养等情况,而仍然答书允许。但是,虽无婚书或私约,而"但受聘财"即视为已立婚书。

第四,交纳聘礼。聘礼形成甚早。西周时"非受币,不交不亲","无币不相见"。[3] 就其本意而言,聘礼乃是男方下聘,女方许聘,以明确订婚关系而已,因而,所受聘礼不一定就是财物或金钱,或者多少财物或金钱,"即受一尺以上,并不得悔"。[4] 但事实上,在中国古代社会现实中,聘礼的演变有两点尤其需要注意:①聘礼往往表现为聘财,也就是以财物作为聘礼,从而使得结婚议财,争多竞少,循为常例,这必然导致买卖婚的盛行;②受等级特权制度的支配,聘礼往往也有严格的适用于不同等级的具体名目和规格。

(2)否定的要件。也就是禁止结婚或作为婚姻禁忌的条件。其具体内容又有绝对否定与相对否定的区别。

第一,同姓不婚与同宗不婚。早在西周时,中国人已经认识到近亲结婚对人类自身的危害性,开始设立比较严格的禁忌加以防范,这就是"同姓不婚"。[5] 之所以将禁止近亲结婚表现在"同姓不婚"上,原因在于"姓"最初就是用来辨别血缘亲属关系的标准。最初的同姓者,都具有血缘关系,因而"男女同姓,其生不蕃",且还会造成灾害。当然,在宗法分封之下,奉行"同姓不婚"的规则还有更直接政治目的,那就是所谓"娶于异姓,所以附远厚别也"。[6]

西周以后,虽然在礼制和法律上仍然将"同姓不婚"作为最重要的婚姻禁忌,但到

---

[1]《清稗类抄》:"官媒为妇人直充官役者。旧例,各地方关于发堂择配之妇女,皆交其执行,故称'官媒',兼看管女犯之轻者。"

[2]《晋书·刑法志》:晋代定律,"崇嫁娶之要,一以下聘为正,不理私约"。

[3]《礼记·曲礼》。

[4]《唐律疏义·户婚》。

[5]《礼记大传》:"系之以姓而弗别,缀之以食而弗殊,虽百世而婚姻不通者,周道然也。"《礼记·曲礼》:"娶妻不娶同姓,买妾不知其姓,则卜之。"

[6]《礼记·郊特牲》。

了晋武帝时,为了奖励人口生殖,诏令对"同姓不婚"不再悬为厉禁,法条中也开始区分同姓与同宗。唐宋律典则规定:"诸同姓为婚者,各徒二年。"《疏义》则解释说:"同宗共姓,皆不得为婚,违者,各徒二年。然古者受姓命氏,因彰德功,邑居官爵,事非一绪。其有祖宗迁易,年代浸远,流源析本,罕能推详。至如鲁、卫,文王之昭;凡、蒋,周公之胤。初虽同族,后各分封,并传国姓,以为宗本,若与姬姓为婚者,不在禁例"。这其实就是按"同宗不婚"设置禁忌规则。明清时期仍然沿用这一规则。事实上,"自从姓氏失去原来的意义,同姓并不一定是同血统的标志时,同姓不婚的禁忌也就失去原意,逐渐成为历史上的陈迹了。法律上仍旧保留这种规定,实际上已与社会脱节,渐成具文"。[1]

除同姓不婚外,中国古代尚有禁止其他亲属结婚的规则,这主要包括禁止与同宗无服亲之妻妾结婚、禁止与外姻有服亲属间尊卑不相同者结婚、禁止娶同母异父姊妹、禁止娶妻前夫之女等,一般情形下,还禁止兄亡收嫂、弟亡收弟妇的收继婚。[2] 至于中表婚,虽在历代法律上常有禁令,但事实上却因时而异,因地而异,多有禁而不止,禁而复允的情形。

第二,禁止良贱通婚。中国自古强调等级贵贱与良贱的区分,等级内婚便被视为婚礼的重要规则。但历代贵贱之间的禁止通婚仅是礼制与社会习俗意义上的,在法律上一般并未设立禁制,而良贱之间的禁止通婚则是法律明文加以规定。唐宋元明清律典均规定,"诸与奴娶良人为妻者",科处刑罚,女家仅只减一等而已;"其奴自娶者,亦如之",而且必须离异改正。其理由在于"人各有耦,色类须同,良贱既殊,何宜配合"。

第三,属于其他身份而禁止结婚。这一般包括两种情形:①禁止娶逃亡妇女为妻。唐宋元明清律典均规定,凡娶逃亡妇女为妻妾者,知情者与同罪,并强制离异;不知情者,可免罪;如本妇无夫,也可以承认其为合法婚姻。②禁止官吏娶其管辖的"部民妇女"为妻妾。

第四,相对的禁止结婚要件。以上三方面都属于绝对禁止结婚的要件,而作为相对的禁止结婚的要件主要包括四个方面:①在居父母丧期间或祖父母、父母被囚禁期间,不得结婚,妻在居夫丧期间也不得再婚;②禁止违反婚约而另许另嫁;③禁止违反一夫一妻制而成立婚姻,如有妻更娶妻、逐婿嫁女等;④禁止采用违法犯罪手段与他人成婚。

2. 结婚的形式要件。在中国古代,标准的聘娶婚形式要件包括从议婚到订婚、再到结婚,基本上实行"六礼"的程序。

"六礼"大约形成于西周,至汉代已基本完备,后来各代一致相沿而稍作变通,其

---

[1] 瞿同祖:《中国法律与中国社会》,中华书局1981年版,第90页。
[2] 但其间也有例外,如元代就允许弟收嫂为妻。

具体内容包括纳采、问名、纳吉、纳征(币)、请期、亲迎。[1] ①纳采,为第一程序,系男家请媒妁向女家提婚,女家答应议婚后,男家备礼前去求婚。[2] ②问名,指男家请媒妁询问女方名字和生辰八字,"将归卜其吉凶"。[3] ③纳吉,男家卜得吉兆后,备礼通知女家,决定缔结婚姻,从而完成订婚程序,后世一般称为文定或通书。④纳征(币),男女双方在订婚后,男家将聘礼送给女家,标志着婚约正式成立,唐宋元明清时期还要求写立婚书或有私约。⑤请期,至男家认为适合完婚之时,由男家通过媒妁向女家请求成婚之期,如蒙允准,自无问题;如女家推辞,即由男家决定并通知女家,后世简化为由男家告知女家迎娶日期。⑥亲迎,至完婚之日,男子奉家长之命,备礼到女家迎娶,并举行结婚仪式。

在此须特别强调的是,亲迎并不标志着结婚程序的全部完成。由于中国古代强调"婚礼者,合二姓之好,上以事宗庙,下以继后嗣",因而在亲迎之后,还需要举行成妻与成妇仪式。成妻一般采用合卺仪式,即在亲迎当晚,又男女双方"共牢而食,合卺而酳",以表示女方已经成为男方的妻子;成妇仪式又包括谒见与庙见,谒见是在成婚次日由新妇拜见公婆,庙见则是在三个月后(宋代朱熹的《朱子家礼》改为三日后)进男方家庙,拜见祖宗神位(如无宗庙,就在家中设牌位代替)。这样才标志着女方进入男方宗族,正式成为男方家庭和家族成员。

(四)婚姻的解除

1. 概说。在中国古代,婚姻的解除一般称为"出妻"、"弃妻"或"去妻"、"休妻"。西周时期形成有关婚姻的礼制后,对于婚姻的解除并无特别规定。春秋战国时期,解除婚姻关系的事例十分普遍,[4]这对建立相对稳定的家庭关系显然不利。秦汉时期,逐渐形成对任意出妻现象加以限制的礼制规则,这就是"七出三不去"或"七弃三不去"的规则,[5]但在法律上是否已有规定,则不可考。魏晋南北朝时期,随着法律儒家化进程的深入,"崇嫁娶之要","峻礼教之防"[6]成为趋势,至唐代,"一准乎礼",[7]将儒家所倡导的礼制内容全面融入法律之中,相应地对婚姻的解除也根据礼制作了系统详细的规定,不仅"七出三不去"被确定为法律上的规则,而且还增加了"义绝"与"和离"规则,同时对违律为婚及违律嫁娶也作了规定。其后的宋元明清各代,基本上

---

[1] 参见《周礼》、《仪礼》、《礼记》。宋代朱熹主张将"六礼"合并为纳采、纳征、亲迎"三礼";元代在"六礼"之前又增设议婚之礼;明清两代则于纳吉之前增设拜见一礼。
[2] 之所以称为纳采,取以男下女,求其采纳之义。
[3] 《仪礼·士昏礼》郑玄注。这里说的"生辰八字",就是指女方的出生年月日时。由于中国古代以干支记年月日时,因而出生的年月日是正好用八个字表示,如甲子年、乙丑月、丙寅日、丁卯时。
[4] 如《礼记·檀弓上》说,孔子家里,曾三世出妻。当时嫁女之家,在嫁女后要留下送女之马,以备被出时乘归;如没有被出,则于庙见后由夫家遣使送归其马。《管子·小匡》:"士三出其妻,逐于境外。"《韩非子·说林》:"卫人嫁其子而教之曰:'必私积聚,为人妇而出,常也;其成居,幸也。'"
[5] 参见《大戴礼记·本命》、《春秋公羊传·庄公二十七年》。
[6] 《晋书·刑法志》。
[7] 《旧唐书·刑法志》。

都沿用唐代法律的规定。

2. 七出三不去。七出三不去，或称七弃三不去、七去三不去，是中国古代礼制和法律上的出妻规则。《大戴礼记·本命》谓："妇有七去：不顺父母去；无子去；淫去；妒去；有恶疾去；多言去；窃盗去。""妇有三不去：有所取（娶）无所归，不去；与更三年丧，不去；前贫贱后富贵，不去。"《公羊传》何休注谓："妇人有七弃三不去：无子弃，绝世也；淫泆弃，乱类也；不事舅姑弃，悖德也；口舌弃，离亲也；盗窃弃，反义也；嫉妒弃，乱家也；恶疾弃，不可奉宗庙也。尚更三年丧，不去，不忘恩也；贱取贵不去，不背德也；有所取无所归不去，不穷穷也。"两者在顺序、用语上虽不尽一致，但并无实质差别，唐宋元明清时期法律上则沿用了何休注的顺序。

（1）七出。七出是丈夫可以休妻的七种理由：①无子。中国古代，婚姻"上以事宗庙，下以继后嗣"，而不孝有三，无后为大。据此，无子便须解除婚姻关系。然而妇女之不能生子，原因并不全在其自身，因而，这一条也是最不科学和最为无理的规定。原其初意，想系缺乏科学认识所致，后来在唐宋元明清律典中就对此加以补救："'妻年五十以上无子，听立庶以长。'即是四十九以下无子，未合出之"。而且，事实上，妻虽无子，可以妾生之子来弥补"继嗣无人"的缺憾，并不全然影响婚姻宗旨的实现；而妻年过五十，必然会"与更三年丧"，因三不去之理由而受到被休的限制。因而，很少有人在妻年过五十时还想休妻的。②淫泆。淫泆被列为休妻理由，乃因其"乱族"，这完全是从宗族观念出发设置的。由于对宗族利益危害最大，因而也被列为不得适用三不去的理由。[1] ③不事舅姑或不顺父母。按照中国古代礼法准则，子女要善事父母，妻子从夫，当然要善事舅姑，否则即属于不孝，乃系背德或逆德，故被列为被出理由之一。④多言或口舌。多言或口舌，即爱说话，好唠叨。以此作为出妻理由，就在于多言必会引起口舌之争，导致离间亲情。女性好言多语，或本于天性，其言之内容，亦当有是非之分。但在中国古代，却以妇言为非，"勿听妇人言"成为历代治国理家之格言。⑤窃盗。以窃盗作为休妻理由，原因在于其"反义"，当属合理。惟此理由仅片面适用于妻子，则其偏颇，不待多言。⑥嫉妒。嫉妒被列为出妻理由，原因在于其"乱家"。这是从家族本位出发，为维护家族和睦而设立的条件。⑦有恶疾。这里所说的"恶疾"，并非近现代法律上所规定的还有不宜结婚之疾病，而是指癞、聋、疠等疾病。按照古人的观念，患有这些"恶疾"就"不可与共（供）粢盛"，也就是不能向祖宗供奉祭祀用的五谷，实际上也就是指不能担当祭祀宗庙的责任。

（2）三不去。三不去乃是对以七出为理由而休妻的限制性规则，其含义就是指妻子虽犯"七出"之条，但如果同时具备三不去中的任意一条，丈夫就不得休妻。①"有所取无所归，不去"，就是指妻子如果被休弃，便无本宗可归；②"与更三年丧，不去"，就是指妻子为舅姑（丈夫的父母）服过三年丧期，尽了为子妇之责任；③"前贫贱后富

---

[1] 其实，即使在近现代各国民法或婚姻法中，配偶与他人通奸往往也被列为法定离婚理由，惟其立法主旨不再以维护宗族利益为重而已。

贵,不去",就是指妻子结婚是丈夫贫贱,至丈夫富贵时要求休妻。

不过,在一方面,对七出中的淫泆(犯奸)与有恶疾,即使有三不去的限制,仍然可以休妻;在另一方面,七出三不去作为解除婚姻关系的理由与限制,完全基于家族本位,很少涉及夫妻双方的情感与夫妻关系本身,而这正是宗法伦理制度对婚姻制度予以支配的表现。

3. 义绝。以义绝作为解除婚姻关系的准则,始于唐代,宋元明清一直沿用。所谓义绝,就是指夫妻双方恩断义绝,但这种恩断义绝必须是律典明文规定的,且系"官司判为义绝"者。

按照唐宋元明清各代律典的规定,构成义绝的有夫对妻族、妻对夫族的殴杀罪、奸非罪、妻对夫的谋害罪三类情形,具体包括七种行为:①夫殴妻之祖父母、父母;②夫杀妻之外祖父母、伯叔父母、兄弟、姑、姊妹等;③夫妻双方之祖父母、父母、外祖父母、伯叔父母、兄弟、姑、姊妹等自相杀;④妻殴打、骂詈夫之祖父母、父母;⑤妻杀伤夫之外祖父母、伯叔父母、兄弟、姑、姊妹;⑥妻与夫缌麻以上亲奸,夫与妻母奸;⑦妻欲害夫者。

与七出不同,义绝为当然解除婚姻关系的准则,有犯者强制解除婚姻关系,其解除婚姻关系之权在法律,在官府。如果说七出是单方面的,那么义绝就是双方面的;妻无七出之状,或虽犯七出而有三不去情形的,丈夫不得出妻,否则既要被科处刑罚,而且法律也不承认其出妻的效力,被勒逼而出之妻还须追还完聚;如犯义绝,则任何一方皆不许不离,应离不离者也要被科处刑罚。

4. 和离(协离)。和离,就是指夫妻之间的两愿离婚。和离方式在中国古代出现极早,但在法律上加以明文规定,则始于《唐律》,宋元明清时代沿用并发展了有关规定。按照规定:"夫妻不相安谐而合离者,不坐"。据《疏议》的解释,"不相安谐"就是指"彼此情不相得",接近近现代所说的夫妻双方感情不合;"和离"则强调双方系"两愿"离婚。明清时代,在有关条例中进一步规定:"五年无故不娶,及夫逃亡三年不还者,并听经官告给执照,别行改嫁,亦不追财礼",这乃是和离的发展表现。

和离纵使仍然采取休妻的方式,却仍不失为一种较为科学、进步、合理的离婚规则。这主要表现在三个方面:①和离确认离婚为合法合理,与宗教婚之不许离婚相比,具有明显的历史进步性;②和离以夫妻双方情感是否相互"安谐"作为依据,以"两愿"作为标准,较之与七出与义绝,自有其合理性;③和离最接近近现代意义上的离婚自愿原则,也最容易转化为近现代意义上的离婚自愿原则,具有明显的科学性。

5. 违律为婚。在中国古代,唐宋元明清法律都规定了"违律为婚"与"嫁娶违律"的内容,这其实是无效婚姻的处理,但由于尚未能将无效婚姻的处理与解除婚姻关系加以区分,因而,便采用了解除婚姻关系的方式处理无效婚姻。

违律为婚就是指依照律典规定不得结婚而故意结婚,也就是因具备否定的结婚条件,由律典明文规定系"不许为婚"或"不许通婚"而仍执意结婚的。其中既包括违反程序要件的问题,也包括违反实质要件的问题,还包括犯罪问题。而"嫁娶违律"在广义上来说也属于"违律为婚",但因祖父母、父母主婚,结婚当事人双方"为奉尊者教命"而成婚,故在承担刑事责任方面,与一般的"违律为婚"有所区别,而在民事上的效力,则同一般的"违律为婚"相同。

对违律为婚的处理,一般分为"离之"、"正之"、"不离"三种:"离之",就是指违律为婚本来就不能产生法律效力,故依律强制离异,且不因"会赦"而改变;"正之",主要适用于良贱之间的违律为婚,对此,不但要强制离异,而且还要更正因违律为婚而产生的良贱身份的非法变动。此外,如以妻为妾、以婢为妻、以妾及客女为妻、以婢为妾而成婚的,也必须"还正之",即各按原来的身份成婚;"不离",实际上是针对相对的无效婚姻的补正性处理,这仅限于娶逃亡妇女为妻妾的情形,也就是说如果被娶的逃亡妇女,既无"本夫",又"会恩免罪",就可以承认其为合法婚姻,不再强制离异。

三、家庭

(一)家庭概说

在中国古代,家庭具有十分重要的法律意义。

最初的"家",可能产生在原始社会末期,所表示的也只是群居一室之义,也就是说,"家"只是共同居住的单位或团体。[1] 后来,随着农业成为社会的基本生产形态,家的形态和性质也发生了变化,家的地位和作用得到提高。这主要表现在:一方面,家成为生产性和经营性团体,当然也是基本的生活单位;另一方面,家庭不但承担国家赋税徭役的基本计算单位职责,而且成为国家立政施治的基点,此即所谓"资于治家以治国"、"修身齐家治国平天下"。只有到了近现代,由于机械化大工业的兴起与普及,工业文明逐渐取代农业文明,农业也在不断向工业化发展的背景下,原来由家庭所承担的生产经营职能不得不让位给以标准化、统一化、大规模性与分工合作为特征的工厂企业,家也逐渐失去作为生产经营性组织的意义,仅仅成为社会生活性单位,其地位和作用相应降低。

在中国古代,虽然也存在核心家庭,[2] 但更主要的是大家庭,是联合或扩大了的家庭,大致由核心家庭与祖父母、已婚儿子及其小家庭组成。这种家庭倾向于确保社

---

[1] 关于"家"的含义,《说文》和《尔雅》都释为"居也"。在《六书故》中"家"作"㝐",由"宀"与"众"构成,义指众人居止之所。

[2] 核心家庭(nuclear),又称婚姻家庭(conjugal)或小家庭(simple),社会学上所称的家庭类型之一,是由一名男子和她的妻子及其未婚子女组成的结构简单的家庭。

会的延续和成员之间的协作。[1] 此外,作为最大的家庭团体的宗族或家族,也是广泛存在的。与家庭不尽相同,家族或者宗族是自然发生的,纠合已经分居的各家,继续共同祭祀的团体,其成立的依据乃是同祖共宗的血缘关系,故其衍生可至无限,"同昭穆者,虽百世犹称兄弟,若对他人称之,皆云族人"。[2] 家族在农业时代,主要功能是抵御外侮和抗拒天灾人祸,为此,家族必须通过收宗睦族才可能发挥其共存互助的机能。具体来说,这又包括三项:①收宗睦族,平解纠纷,进而共同抵御外侮;②依靠家族团体力量,谋求族人共同福祉,如救助孤寡,接济贫寒,使家族成员受惠,产生向心力;③设塾立庠,教育子弟,进而资助、奖励科举贡拔,以求提高家族的声望与地位。

为了使家族的目的能够实现,机能得以发挥,在中国古代,常采用建立宗祠——祭祀同宗共祖的方式,唤起和培植同族同根的意识和情感,并通过设立义庄或祭田,从组织形态和物质基础方面保证家族的维系。

(二)家庭关系规则

就家庭关系的基本内容来说,主要包括基于婚姻而产生的横向关系,即夫妻关系,基于血缘关系而产生的纵向关系与横向关系,即父子关系与兄弟关系,至于诸如祖孙关系、夫妾关系、妻妾关系、婆媳关系、妯娌关系等,都属于上述三种关系的延伸,且处于次要地位,相应地,在中国古代家庭关系的规则也就必然以调整父子关系、夫妻关系以及兄弟关系为核心内容,而其内在的则是宗法精神。

依据宗法精神,中国古代礼法一直强调、确认并维持家庭内部等级名分秩序作为调整家庭关系的基本准则。这种等级名分秩序在西周时期主要体现为以"亲亲"、"尊尊"、"长长"、"男女有别"为内容的"民彝",[3] 到汉代则演变为"三纲"中与"君为臣

---

[1] 关于大家庭与核心家庭的区别,费孝通曾经指出:"我们普通所谓大家庭和小家庭的差别不是在大小上,不是在这社群所包括的人数上,而是在结构上。一个有十多个孩子的家并不构成'大家庭'的条件,一个只有公婆儿媳四人的家却不能称之为'小家庭'。在数目上说,前者比后者为多,但在结构上说,后者比前者为复杂,两者所用的原则不同"。参见费孝通:《乡土中国——生育制度》,北京大学出版社1998年版,第38页。

[2] 《颜氏家训》。

[3] 《礼记·大传》:"亲亲也,尊尊也,长长也,男女有别,此其不可得与民变革者也。"王国维先生在《殷周制度论》中把这四点称为"民彝",即社会公认、不可率行变革的准则或规则。其中的"亲亲",既强调了继统法中的父死子继优于兄终弟及,又强调了子应该敬服其父,夫应该教养其子;"尊尊"则既包含政治方面的尊敬服从等级尊贵者,又强调家庭与家族关系中卑幼服从尊长规则;"长长"则注重于兄弟之间的长幼秩序,以兄友弟恭为内容;"男女有别"则强调家庭与家族以男性为中心。

纲"并列的"父为子纲"和"夫为妻纲"。[1] 据此,更进一步将其具体化为一系列规范家庭关系的规则。

1. 亲子关系规则。亲子关系,就是指父母义子女之间的关系,但在中国古代,也可以扩展到指祖父母与孙子女之间的关系。[2]

(1)亲子关系人身方面的规则。就亲子关系规则中的人身内容来说,依据"人者仁也,亲亲为大"及"父为子纲"的基本准则,应该是父慈子孝,而实际上则以"子孝"作为核心,并由此形成一系列行为范式。

第一,父母拥有对子女的教令权,子女应该而且必须服从父母的教令。在唐宋元明清历代的律典中,一般都规定,祖父母、父母对子女或孙子女拥有教令权,如果子女或孙子女对于祖父母、父母的教令,"不限事之大小,可从而故违",祖父母、父母就可以予以惩戒。惩戒的程度如系殴伤,不为违法;即使殴杀,也仅仅科处徒刑一年半,稍有不同者,明清律增加"非理殴伤,杖一百"的内容。

第二,父母对子女有主婚权,子女应该而且必须服从父母的主婚。

第三,子女有在父母犯非"十恶"等大罪的情况下为父母"容隐"的义务和责任。子女或孙子女在祖父母、父母犯罪时,如果所犯不属于"十恶"中的谋反、谋大逆、谋叛等大罪以及应缘坐之罪,就负有"容隐"的义务,不得告言祖父母、父母犯罪,否则,应科刑。《唐律疏义》解释:"父为子天,有隐无犯。如有违失,理须谏诤,起敬起孝,无令陷罪。若有忘情弃礼而故告者,绞。"而明清律典则规定,告言祖父母、父母等属于"干名犯义",杖一百,徒三年。

第四,父母对子女有惩戒权,子女应无条件服从父母的惩戒。在中国古代,先是在

---

[1] 关于这一演变的具体情形,可以分为四个阶段:
(1)春秋战国之际,作为"民彝"的四大准则受到冲击,诸子百家通过不断争鸣,继承发展,推陈出新。其中孔子把"民彝"的内容纳入儒家思想体系中,作为"正名"说的核心,倡导"君君、臣臣、父父、子子";法家之集大成者韩非则把"民彝"的内容演化在绝对君主专制主义理论体系中,强调:"臣事君,子事父,妻事夫,三者顺则天下治,三者违则天下乱"。(《韩非子·忠孝》)
(2)在秦朝,曾经作为治国纲领的《吕氏春秋·处方》强调:"凡为治,必先定分:君臣、父子、夫妇;君臣、夫子、夫妇,六者当位,则下不逾节,上不苟为也;少不悍辟,而长不简慢也"。甚至于"君仁、臣忠、父慈、子孝"也被作为"政之本也"。(《云梦秦简·为吏之道》)
(3)在汉朝,以董仲舒、班固为代表的汉儒,进一步将"民彝"转化为"三纲",并使"三纲"系统化、理论化。董仲舒强调:"君臣、父子、夫妇之义,皆取诸阴阳之道:君为阳,臣为阴;父为阳,子为阴;夫为阳、妇为阴。……王道之三纲,可求于天。"(《春秋繁露·基义》)班固在整理白虎观会议记录所作的《白虎通义·三纲六纪》中,明确提出:"何谓三纲? 谓君臣、父子、夫妇也……故《含文嘉》曰:'君为臣纲,父为子纲,夫为妻纲'";"君臣法天,取象日月屈信(伸),功归天地;父子法地,取象五行转相生也;夫妇法人,取象六合阴阳,有施化端也"。
(4)汉代以后,尽管"三纲"的具体理论依据也曾得到修正,但却贯彻始终,并且随着法律儒家化进程的推进,"三纲"也逐步融入律典之中,成为最基本的法律准则。

[2] 关于这一点,在中国古代法律上表现得非常明显,以《唐律》为例,在很多条文中,涉及到亲子关系的往往将祖父母、父母并列,甚至在一些条文中还特别说明祖父母包括曾、高祖父母。

习惯与礼制中确认父母对子女拥有惩戒权。[1] 从秦朝开始,一方面,法律禁止父亲"擅杀子",另一方面,又将父亲杀死儿子视为"非公室告"而不予受理的规定。[2] 汉代虽禁止父亲杀死儿子,但父对于子仍有扑责之权。汉以后,历代法律概莫能外地公开允许祖父母、父母对违反教令的子女、孙子女行使惩戒权,只是对于惩戒的程度予以限制,一般而言,惩戒的程度不至于死,即可不承担法律责任,即使致死,也较常人之杀人罪处刑减轻得多。

(2)亲子关系财产方面的规则。就亲子关系规则中的财产内容而言,在中国古代习惯、礼制以及法律上,以确认并维护同财共居的财产制度与祖父母、父母的支配权为基本内容。

第一,同财共居的规则。在中国古代礼制和法律上,对于家庭财产,基于"父子一体"的观念,[3] 始终坚持同财共居或者称为同居共财制度。

同财共居,或称共财同居,简称为"同居",[4] 包含两方面的意义:①父子祖孙等,在原则上来讲,应该是"同财"或称"共财"的,也就是只能实行统一财产制,而不得实行分别财产制;②父子祖孙等,原则上应该"共居",也就是在一起作为一家人共同生活,不得"别籍"。[5] 在这种规则的支配下,相应地又产生了禁止子孙私有财产的规则。对此,礼制中早就强调,"父母在,不有私财",[6]"父母在,不敢有其身,不敢私其财",[7]"子妇无私货,无私蓄,无私器",[8] 换句话说,家庭财产是一个整体,归属家庭,子孙绝对不允许外在于这个整体而拥有自己的"私"有财产。在法律上,如果背弃这种规则,凡子孙别立户籍、分异财产,如果未经父祖同意,就被视为有亏侍养,大伤慈亲,列入不孝罪中,加以科罚。

第二,家庭财产只有父祖才拥有按照礼制和法律的规定进行处分和支配的权利,

---

[1] 根据一个非常古老的传说,唐虞时代的圣人虞舜之所以被历代尊奉为孝的楷模,其理由之一就是因为他对父母的非理惩戒"小杖则受之,大杖则逃之"。在《说文》中解释"父"字,意为"矩",也就是规矩的意思,表明父就是规矩的体现;而更进一步又说:"家长,率教者,从又举杖",更表明父乃是规矩的执行者。秦朝的习惯与礼法也有:"父而赐子死,尚安敢复请"的说法。(《史记·李斯列传》)

[2] 《云梦秦简·法律答问》。

[3] "父子一体"的观念是中国古代非常重要的观念之一。《仪礼·丧服传》:"父子一体也,夫妻一体也,昆弟一体也,故父子手足也,夫妻胖合也,昆弟四体也,故昆弟之义无分,然而有分者,则辟子之私也。"《通典》卷一六七:"父子至亲,分形同气,称之于载,即载之于赵,虽云三世,合之一体,非有分者也。"

[4] 《唐律疏义·名例》"同居相隐"条:"'同居',谓同财共居,不限籍之同异,虽无服者,亦是。"

[5] 关于这一点,日本学者滋贺秀三先生曾专门论述了"同居共财"这一概念的内容:①"每个人的劳动所得全部放进为了全体利益的单一共同会计即家计中的形态,构成共同同财这样的概念的核心";②"同居的每个人的生活中必要的消费全面性地由共同的会计来供给";③"以上那样的涉及到生产消费的各个方面的共同会计所产生的剩余,被当作为了全体成员的共同资产即家产加以积蓄"。参见[日] 滋贺秀三:《中国家族法原理》,张建国、李力译,法律出版社2003年版,第57~62页。

[6] 《礼记·曲礼》。

[7] 《礼记·坊记》。

[8] 《礼记·内则》。

子孙既不得处分、支配,甚至也不得擅自使用的规则。在中国古代,对"同财共居"形态存在的家庭财产,只有作为家长的父祖才拥有处分和支配权及使用管理权,子孙既不得私自处分,也不得私自支配,甚至于不得擅自使用。唐宋明清律典中,均将"卑幼私擅(辄)用财"作为犯罪加以规定。按照规定,"同居之内必有尊长,尊长既在,子孙无所自专",如果"卑幼不由尊长,私辄用当家财物",最高科处杖一百的刑罚。[1]

2. 夫妻关系规则。在中国古代,依据"男女有别"与"夫为妻纲"的基本准则,夫妻关系是建立在男尊女卑基础上的夫义妇从,而其中心则是强调妇从,[2]由此就引申出一系列有关夫妻关系的规则。

(1)夫妻关系规则中的人身内容。

第一,男尊女卑、男贵女贱规则。在中国古代,虽然也有"妻与己齐"[3]"夫妻匹敌"[4]的说法,也存在夫妻相敬如宾的事例,但这均是基于妻子乃是"亲之主也"[5]的原因,也就是说由于妻子承担着上事宗庙、下继后嗣的责任,夫才有"敬妻"的义务,因而无疑是名分上的。同时,由于"男女之别,男尊女卑,故以男为贵"[6]乃是基本信条,故而"男不言内,女不言外",[7]就成为具体的规则;在家庭内部,只有丈夫才有做家长的资格,妻子被排除在家长之外。对此,《唐律》规定的"家人共犯止坐尊长"条,就指明"尊长谓男夫",其立法主旨固然在于处理共犯如何区分首从,但其精神则体现了妻子不得为家长的意思。

第二,丈夫有教令、监管妻子的权利与义务,妻子则有服从丈夫的责任。在中国古代,在礼制和法律上,妻子被置于丈夫的管教之下。这表现在,一方面在礼制上,"女子者,顺男子之教而长其礼者也";[8]另一方面,在法律上认可并维护丈夫对妻子进行监管以至于惩戒的权利,如秦朝法律就有妻捍,夫可以殴治,只要未至折伤裂耳就不为犯罪之意。[9]唐宋元明清各代在律典中一般都规定,凡丈夫殴打妻妾,未成伤者不论罪,已成伤者,减等科刑;而妻妾殴打丈夫,即使未成伤,也要杖八十,殴伤重者,加等治罪;明清律中还特别规定,除奸罪与死罪应该收监羁押外,妻妾等的其余"杂犯",均不收监,而是斥本夫(丈夫)收管。

与丈夫的权利相对应,妻则有"从夫"的义务和责任,从而失去独立的人格而完全

---

[1] 参见《唐律疏义·户婚》、《宋刑统·户婚》、《大明律·户律·户役》、《大清律例·户律·户役》。
[2] 关于"夫义"又称"夫和",见于《礼记·礼运》,是指丈夫能够据礼而行,处理家庭关系,调和夫妻关系。至于"妻从",则立足于丈夫居主、尊、贵的地位,妻子处于从、贱、卑的地位,因而妻子应尊敬、服从丈夫。
[3] 《说文》。
[4] 《晏子春秋·天瑞》。
[5] 《礼记·郊特牲》。
[6] 《孟子·滕文公》。
[7] 《礼记·内则》。
[8] 《孔子家语·本命解》。
[9] 《云梦秦简·法律答问》:"妻捍,夫殴治之,决其耳若折支(肢)指、跌体,问夫何论?当耐。"

依附于丈夫:①妻子从夫的地位:"故夫人无爵,从夫之爵,坐以夫之齿";[1]如果丈夫的地位、身份不同,妻子的地位、身份相应地也就有了区别,这甚至表现在称呼上,"天子之妇曰后,诸侯曰夫人,大夫曰孺人,士曰妇人,庶人曰妻"。[2]②从夫受刑赏。中国古代存在着"女子从坐之法",夏商的孥戮族诛,必然包括妻子在内;秦代法律规定,一人有罪,诛及三族,其范围仍然包括妻子;至魏晋时,修改女子从坐之法,规定已婚者(即妻子)从夫家之戮,是后历代相沿。③从一而终,即女子只许出嫁一次,成人妻后,"无再适之文",不得因夫死而改嫁。当然,这或许仅是理论上的要求,在法律上历代既无禁止性规定,事实上也不以改嫁为非法。

(2)夫妻关系规则中的财产内容。

第一,实行夫妻统一财产制,没有夫妻分别财产制。由于中国古代习惯与礼法上一直强调"夫妻一体"、"夫妻胖合",表现在财产制度上就是始终实行夫妻统一财产制度,而没有形成夫妻分别财产制度。

第二,夫妻统一财产完全归夫支配,妻无支配权。在中国古代,依据礼制,妻子作为家庭主妇,只有处理日常家事的责任。关于财产方面,只是按照夫的意思或授权负责支配家庭的日常收支费用。即使对于这一部分,妻子在事实上也只有使用权而无自由处分权;在家庭财产的处分上,即使是所谓的嫁奁(嫁妆财产部分),妻也无处分权,如《大清律例·户律·户役》中的条例就规定,妻子如果改嫁,不惟不能携带走夫家财产,即使原存的嫁奁(嫁妆)也应该由夫家做主处分。[3]

第六节 继承法例

一、继承的概念与特点

(一)继承的概念

中国古代虽然很早就使用"继"、"承"、"承继"等概念术语,但将之合并为"继承",作为统一的专门法律术语使用,则为时甚短,[4]而且是对西欧法律中的"succes-

---

[1]《礼记·郊特牲》。

[2]《礼记·曲礼》。

[3] 这种制度一直延续到民国时代,北洋大理院在判例中就曾明确认定:"妻惟关于日常家事有代理其夫之一般权限,至于日常家事无关之处分行为,则非有其夫之特别授权不得为之,否则非经追认不生效力"。

[4] 在20世纪初,清朝的修订法律馆会同礼学馆起草《大清民律草案·继承》时,认为日本民法中使用的"相续"术语,"未得取义之正",因而就使用了"继承"术语代替。至于这样做的理由,在卷首按语中,有如下说明:"日本谓'继承'曰'相续'。夫'相续'者,即相为继续之义也。此等字句若缀诸文字之内,其意固自可通,然以此作为名词,实未得取义之正。查中国关于嗣续宗祧等项,多用'继'、'承'字,故此编改曰'继承',而关于继承之法曰'继承法'"。

sion"一词的对译,意思是指将个人财产在其死亡后转移给他人及其相应的法律。在中国古代所称的"继"、"承"或者"承继",均包含着"自下受上"或"以下载上"[1]之义,因而专指卑亲属对于尊亲属的身份、地位、财产等的承受而言,至于非尊亲属与卑亲属之间的仅仅财产的传承,则多使用"入"、"收管"[2]等概念术语表述,而不能使用"继"、"承"或者"承继"的概念术语表述。

(二)继承的特点

1. 民族性与世俗性。同中国古代始终以农耕文明与自然经济为基础,以宗法或宗族等级身份为社会基本特征,以集权主义专制政体为政治构造的基本格局相适应,古代中国继承法例不管是在表现形态上,还是在精神原则上,一直都是民族性的和世俗性的。

2. 混合性与分散性。中国古代继承法例的表现形态具有混合性与分散性的特点。这主要表现在:一方面,中国古代固然也存在成文的律典与令、格、式、敕、例等,对于继承予以规范,但却始终不占主导地位,而且其涉及的内容也稍显狭窄,而不成文的习惯、礼制或许更为重要,尤其是由儒家经典著述,作为经书在规范与解决继承问题时,其效力往往等于甚或优于成文法条,这就显示出成文法源与不成文法源的混合性。在另一方面,中国古代对于继承问题的规定始终缺乏统一、系统、完整的继承法规,因而又表现出分散性。

3. 宗法性与义务性。

(1)中国古代的继承与宗法或宗族制度直接相关,以身份转移为核心的宗祧继承不但居于重要地位,而且居于核心地位;相反,即使可能存在着财产继承,实际上也很难定义为相当于近现代意义上的继承,因为财产的继承是和家产的分割混合在一起的。

(2)中国古代虽然也存在着相当于遗嘱继承方式,但却受到相当严格的限制,而相当于法定继承的无遗嘱继承方式始终居于主导地位;在确定继承人的范围和顺序时,既排除女性,也排除尊亲属和配偶,而以男性子嗣与被继承人亲属关系的亲疏远近作为依据。据此,嫡系正宗的子嗣既优先于其他子嗣,而嫡长子又优先于其他嫡子,这就形成了所谓嫡长子优先原则,称为嫡长继承制。

(3)在继承内容的确定上,与近现代以权利为本位的财产继承不同,中国古代始终存在着"父债子继"、"夫债妻还"的观念,作为子嗣,在接受家庭财产的管理支配权的同时,还必须同时完全接受家庭财产中的债务,不存在限定继承或抛弃继承的可能。

(4)关于继承开始的时间,在中国古代宗祧继承中,既有继嗣与继统的区分,在财产转移中又有继承与出分的差别。其中继嗣与承继,均是在被继承人死亡之后开始的继承,而继统则是在被继承人年老体衰时就提前开始的传承,出分乃是在被继承人生

―――――――

[1] 虞注《易·归妹》,另外,还可参见《康熙字典》引《增韵》对其注释。
[2] 《宋刑统·户婚》"户绝资产"与"死商钱物"条。

前就实施的财产转移。两者均类似于继承期待权的先期实现。这显然同近现代继承法上把继承开始的时间严格限定在"被继承人死亡之际"的准则大异其趣。

二、宗祧继承

（一）宗祧继承的意义

宗祧继承萌芽于夏商，至西周已经基本成型，经历了春秋战国时代的变迁后，在秦汉魏晋南北朝隋唐宋元明清各代一直延续，到1930年中华民国国民政府制定民法典《继承》编，方始断然废除。

宗祧继承，就是指以宗族血缘关系为依据，以维系并延续宗族或家族统系为主旨，以继承宗子等主祭人的资格或身份为核心内容，并且兼及与其相关的政治地位与权利等的继承。宗祧继承的意义有广义与狭义的区分。"宗祧"概念，最早见于《左传·襄公二十三年》，原意是指供奉先祖神位，以供后人祭祀的宗庙或祖庙。中国古代社会始终是一种宗法或宗族社会，具有家国同构、宗法合一的特征。相应地，在一方面，祭祀既是维系宗族或家族团体的纽带，[1]又是对宗法国家组织的强化；在另一方面，祭祀是一种有组织的活动，与祖先的血缘关系为这种组织提供了简便易行和具有说服力的依据和标准，因而宗法或宗族上的组织也就成为祭祀组织，宗法或宗族团体的首领，也就必然称为祭祀中的主祭人（祭祀主持人）。宗法或宗族团体首领的重要性其实更取决于它的主祭人身份或资格。在每一位主祭人死亡之际，就需要有新的主祭人接替他，被接替的主祭人的身份或资格就由接替的主祭人承受，从而完成了继承。从这一意义上来说，宗祧继承的核心就是主祭人身份或资格的继承，也就是宗统（宗法或宗族统系）的继承、祭祀的继承，这就是狭义的宗祧继承。

宗祧继承不但解决了宗统延续问题，而且还能够解决君统及爵位等的传承问题。在中国古代"天下为私"或"家天下"的政治格局中，"君统"问题至关重要，确定"储君"或"嗣君"，即君主地位继承人一直被视为"国之本"。而利用"家国同构"的特征，以自然生成的宗族血缘关系作为依据和标准，解决主祭人身份继承的方式来解决君统延续问题，显然不失为一种既具有有形标准、又简便易行，甚至天经地义的途径。除此之外，在夏商周三代时期还有诸侯、大夫的地位以及封爵，在秦汉以后也还有某些贵族身份爵位的继承问题，也无不采用这种途径和方式解决。这就使得主祭人身份的继承，也就是狭义的宗祧继承与君统的继承、地位封爵等具有明显人身性的继承，在实际上合而为一，从而形成广义上的宗祧继承。

（二）立嫡

1. 立嫡的意义与范围。宗祧继承人，也就是祭祀继承人，在中国古代称为"嫡"或者"嗣"、"后"。宗祧继承人的确定，就称之为立嫡。立嫡的范围，也就是选择宗祧继承人的范围，完全以宗法血缘关系作为依据和准则来确定。具体来说，包括三方面的

---

[1]《礼记·祭统》："凡治人之道，莫急于礼；礼有五经，莫重于祭。"

限制：①严格限定在宗法或宗族团体范围之内,非同姓本宗不得成为宗祧继承人。②严格限定于男性成员范围内,妇女被绝对排除在宗祧继承人范围之外。③严格限定在男性卑亲属范围内,尊亲属绝对不得成为宗祧继承人。

2. 立嫡的顺序。由于宗祧继承人只能有一人,所谓立嫡的顺序仅仅是在立嫡的范围内,依据宗族血缘关系提供的准则,进行确定。而在中国古代习惯及礼法中,形成了嫡长主义与辈行主义两种规则,而商周两代则分别奉行辈行主义与嫡长主义，[1] 经过春秋战国时代的变革后,汉代开始把嫡长主义作为原则,而将辈行主义作为救济权变方法,这种格局一直延续到清末。

(1) 嫡长主义,就是指在立嫡的顺序上,以宗族血缘关系为依据,以嫡庶的区分与长幼的差别为标准,从而确定被继承人的嫡长子享有优先继承资格;如果无嫡长子或嫡长子有罪疾等特殊原因不能继承,则依次立嫡长孙,嫡长孙就成为宗祧继承人。这在中国古代称为"承重","承重"可以一直向下延伸至其曾孙、玄孙等。

(2) 辈行主义,则是指在立嫡的顺序上,虽然仍以宗法或宗族血缘关系为依据,但却以辈行作为标准,在无嫡长子的情况下,则由嫡长子的兄弟作为宗祧继承人;只有在既无嫡长子又无嫡长子兄弟的情况下,才可以由嫡长孙承重。但在事实上,由被继承人的兄弟,尤其同母兄弟继承宗祧的情形仍然存在,如宋太祖赵匡胤传帝位于其弟赵光义,就是非常明显的例证。

最晚从汉代起,对于违反立嫡顺序的行为在法律上已经做出明确规定。其中汉代有"非正",就是指非嫡系正宗而继承宗祧；[2] 南朝刘宋的《服制令》中规定："诸嫡长死,无兄弟,则嫡孙承重……无嫡孙,则嫡孙同母弟；无同母弟,则众长孙承重"。这显然是以辈行主义为原则。从唐代以后,则完全采取嫡长主义,《唐律·户婚》"立嫡违法"条援引《户令》规定："无嫡子及有罪疾,立嫡孙；无嫡孙,依次立嫡子同母弟；无母弟,立庶子；无庶子,立嫡孙同母弟；无母弟,立庶孙。曾、玄以下,准此。无后者,为户绝"。其后的宋元明清各代都沿用这一规定。

(三) 继绝(立嗣)

作为对立嫡的补充救济途径,在中国古代尚有继绝或称立嗣,就是指在没有子孙作为宗祧继承人的情况下,立其同宗昭穆相当之侄作为嗣子(也就是宗祧继承人),以便继绝的做法。

---

[1] 《仪礼·丧服传》："適孙。传曰：何以期也？不敢降其適(嫡)也。有適子者,无適孙。孙妇亦如之"。注云："周之道,適子死,则立適孙,是適孙上为祖后者也。长子在,则皆为庶孙耳。孙妇亦如之。適妇,上,以为庶孙之妇。凡父于将为后者,非长子,皆用也。"疏称："释曰：云周之道,適子死,则立適孙。是適孙将上为祖后者也。此释祖为孙服重之义。言周之道,对殷道则不然,以殷道,適子死,弟乃当先立。故言周之道也"。与此相类似的还有《汉书·梁孝王世家》所记载的袁盎对此的解释："殷道亲,亲者立弟；周道尊,尊者立子。殷道质,质者法天,亲其所亲,故立弟；周道文,文者法地,敬其本始,故立长子。周道太子死,立適孙；殷道太子死,立其弟。"

[2] 《汉书·外戚恩泽侯表》：汉哀帝元寿二年,"嗣侯傅嗣后,以商兄子绍奉嗣封,作非正,免"。

1. 继绝的规则。在继绝中,关于宗祧继承人选择,必须遵守昭穆相当与由近及远的规则。昭穆[1]相当也就是辈行相当;由近及远则是指在立嗣时,必须按照先同宗,次远房,后同姓的顺序来选择。唐宋法令规定:"无子者,听养同宗于昭穆相当者。"[2]明清条例规定:"无子者,许令同宗昭穆相当之侄承继,先尽同父周亲,次及大功、小功、缌麻,如俱无,方许择立远房及同姓为嗣"。[3]但在具体选择顺序上,明代开始给予立嗣者在远房中择立继子以一定的自由权,其目的在于避免完全按照亲等次序择立可能产生的不必要的矛盾,故而有关条例规定:"无子立嗣,除依律令外,若继子不得于所后之亲,听其告官别立,其或择立贤能及所亲爱者,若于昭穆伦序不失,不许宗族指以次序告争并官司受理。"[4]

2. 兼祧。另在清代还出现所谓"兼祧"现象,就是指如果同宗兄弟之中仅一人有独子,原则上不许出继,作为变通,可以由该独子承继两房宗祧。清乾隆年间条例规定:"如可继之人亦系独子,而情属同父周亲,两相情愿者,取具阖族甘结,亦准其继承两房宗祧"。[5]

3. 立嗣的方式。至于立嗣的方式,则有命继与立继两种。所谓立继,指本人生前因无子孙,就自己或在其死后由其寡妻,立同宗昭穆相当之侄为过继子。对此,宋代规定,"立继者,谓夫亡而妻在,其绝则其立也当从其妻"[6]显然由其寡妻立继。所谓命继,指夫妻双亡,又无直系子孙,则由父母、家长或族长等,命昭穆相当之人为亡故人的宗祧继承人。[7]《大清律例》规定,命继的条件包括:亡故人有子已婚而故,妇能守寡;已下聘而尚未娶,媳能以女身守志;已婚亡故,妇虽未能守寡,但所亡故之人业已成立(成人);子虽未娶妻,而因出兵阵亡者,俱应为其子立后,使其宗嗣不绝。其所命继之人,必须与亡故人昭穆相当,但如果属于"支属内,实无昭穆相当可为其子立后之人,而其父又无别子者,应为其父立继,待其生孙,以嗣应为立后之子",这叫做"虚名待继"。

(四)君统与爵位的继承

1. 君统继承。君统继承,系基于中国古代政治方面的"家天下"格局与"家国同构"模式,以狭义宗祧继承的顺序来解决君主地位、身份及相应地权力传承问题的继承。

---

[1] 昭穆,是古代宗庙或墓地的辈次排列顺序,以始祖居中,在左方者为二世、四世、六世等,称为昭,在右方者为三世、五世、七世等,称为穆,其作用在于分别宗族内部的长幼、亲疏和远近,后来就作为辈行的同义语。
[2] 《唐律疏义·户婚》"养子舍去"条、《宋刑统·户婚》"养子"条。
[3] 《大明律·户律》"立嫡子违法"条、《大清律例·户律》"立嫡子违法"条所附条例。
[4] 《大明律·户律》"立嫡子违法"条、《大清律例·户律》"立嫡子违法"条所附条例。
[5] 《大清律例·户律》"立地位法"条所附条例。另见俞樾:《俞楼杂纂》卷十一《丧服私伦》之《论独子兼祧之服》。
[6] 《明公书判清明集》(上),中华书局1987年版,第266页。
[7] 《名公书判清明集·户婚门·立继类》(上):"命继者,为夫妻俱亡,则其命也,当惟近亲尊长。"中华书局1987年版,第266页。

君统继承的方式,在中国古代有三种,分别称为"世"、"及"、"承重":其中最基本的是"世",也就是父死子继,这种方式出现于商代后期,西周礼制更进一步确立嫡长子优先继承的规则,嗣后各代,基本上以此为原则,而以嫡长子继承为常态,嫡长之外的其他诸子的继承则属于变态;"及",就是指君统继承上的"兄终弟及",也就是以弟继承兄长的君位,这在商代及春秋时期的宋国比较普遍,后世较为著名的如宋太祖赵匡胤传位于其弟赵光义;"承重",就是指由嫡长孙继承君统,这在中国古代极为罕见,最著名的就是明太祖朱元璋传位于其孙朱允炆。

2. 爵位继承。爵位继承,又称封爵继承,是指享有爵位的宗室勋臣等贵族死亡后将其爵位传给其子孙的继承。这种继承的基本标准和顺序仍然以狭义的宗祧继承为依据,但其具体内容则多有变迁。

西周时期,公、侯、伯、子、男五等爵位,原则上均以嫡长子继其位,无嫡长子则以嫡孙承重或以嫡子、庶子为嗣;甚而至于各种官职,也以世袭为常,这就是所谓世卿世禄制度。春秋战国时期,传统的宗法礼制既受到强烈冲击,各诸侯国为图生存发展,广泛推行富国强兵政策,社会思想文化又发生剧烈变化,遂出现选贤任能,破格举拔人才,充任官职的官僚制度形成,世卿世禄制度遭到破坏。至秦始皇统一中国,彻底以郡县制取代分封指,不再实行爵位世袭制度。汉代复行分封制,宗室勋臣的爵位则有王、侯,仍用嫡长子继承制,而自公士至于彻侯,二十级爵位[1]也容许继承,但仅限于亲生子,不及于孙或养子;西汉末年,传袭人的范围扩大到孙或养子,而且确立嫡长主义原则。到唐代,九级爵位[2]的继承则有专门的《封爵令》。按照规定,立嫡范围原则上限于直系子孙,而不及旁系,其顺序为嫡长子、嫡长孙、嫡长子同母弟、庶子、嫡长孙同母弟、庶孙,这与狭义的宗祧继承顺序完全相同。但是,对于无子孙者,作为例外,也允许以兄弟之子(侄)生经抚养者承袭爵位。凡违反这种制度的,予以惩罚。

此后,宋元明清各代大致沿用此制而稍加变通。如清代爵位分为宗室与功臣两种,[3]在立嫡时,原则上仍如唐制,"并令嫡长子孙承荫;如嫡长子孙有故(或有亡殁、疾病、奸盗之类),嫡次子孙袭荫;若无嫡次子孙,方许庶长子孙袭荫;如无庶出子孙,许令弟、侄应合承继者袭荫",这就将范围扩大到弟、侄,在实际上往往还可扩大到一般旁系血亲。

---

[1] 汉代的二十级爵位渊源于战国时秦国的二十级爵位,包括公士、上造、簪褭、不更(以上四级相当于士)、大夫、官大夫、公大夫、公乘、五大夫(以上五级相当于大夫)、左庶长、右庶长、左更、中更、右更、少上造、大上造(大良造)、驷车庶长、大庶长(以上九级相当于卿)、关内侯、彻侯(以上两级相当于侯)。

[2] 唐代九级爵位分别为:王(亲王及其嗣子)、郡王、国公、郡公、县公、县侯、县伯、县子、县男。

[3] 清代宗室爵位分为十四等,包括和硕亲王、世子、多罗郡王、长子、多罗贝勒、固山贝子、镇国公、辅国公、不入八分镇国公、不入八分辅国公、一二三等镇国将军、一二三等辅国将军、奉国将军、奉恩将军;功臣居位分为公、侯、伯、子、男等二十七级。

三、财产继承与分家析产

(一) 概说

1. 家产的性质与形态。中国古代家庭财产具有家庭成员共同共有性质,呈现出"同财共居"或"共财同居"形态,而且这种共同共有属于父祖子孙在原本意义上的共有。[1] 这一点,在古代礼制上既有反映,如《仪礼·丧服传》所说:"父子一体也,夫妇一体也,昆弟一体也……而同财,有余则归之宗,不足则资之宗";在古代法律上也有规定,如《魏律序略》就有"使父子无异财"的记载,自唐代开始,历代律典均规定维护家庭同财共居制度的内容。

不过,对于这种同财共居形态的家庭财产共有的把握,有两点需要特别注意:①这种同财共居形态的家庭财产并非家长"个人"的财产。虽然不应否认,由于作为家长的父祖对家庭财产既有管理支配权,对作为家庭成员的子孙又具有绝大的教令权,使得在有的情况下,家长或以遗嘱任意处分家庭财产,或者不依法定应有部分分给子孙,致使在表面看起来,家庭财产似乎就是作为家长的父祖的"个人"独有财产。但实际上,这种做法既不合礼制,也有违法律规定。《大明律集解》就此专门说明:"盖同居则共财也。财虽为公共之物,但卑幼得用之,不得而自擅也;尊长得掌之,不得而自私也"。②这种同财共居形态的家庭财产,很难用一般意义上的按份共有与共同共有加以区分。因为,从经济的角度来分析,"所谓同居共财,是收入、消费以及保有资产等等涉及到各方面的共同计算关系,即以每个人的勤劳所得和由共同资产所得的收益为收入、支出每个人的生活万端——死者的葬祭费也作为重要的一项包括在内——的费用,若有剩余则作为共同的资产加以贮存、如果出现不足则坐吃资产以保全生命的那样一种维持共同会计的关系。而所谓家产,无非是指称这类共同会计的资产内容的用语"。[2] 因而便具有共同共有的特征;而从法律归属的角度来分析,则家庭财产在进行分析时,并不是按照家庭所有成员进行分割的,而只是按照同辈行的兄弟数目进行分析的,因而家庭财产似乎又具有按份共有的特征。也正因为如此,就可以说,中国古代的家庭财产是一种独特的"共财"。

2. 家产分析与财产继承。中国古代家庭的同财共居性质和中国古代社会的宗法性质与家庭纽带,就决定了至少在理论上来说,保有家产的目的在于延续祖先的祭祀,而享有家产即是家庭中每一个男性成员与生俱来的权利,因此,并不应该存在继承的问题。如果存在那也只能是家产在家庭成员之间的转让,也就是说,当作为家长的父

---

[1] 就家庭财产共有的形态而言,在古代各民族一般有两种形态:①父子共财而及于其他卑亲属;②兄弟因为继承父之遗产而及于子孙。在中国古代,由于家庭成员之间的身份关系与财产关系纠结在一起,因此,应该认定其共有形态属于前者,即并非兄弟或叔侄共同继承父祖遗产时才形成家庭共有财产,而是父子祖孙之间原本就存在着共有关系。参见[日]滋贺秀三:《中国家族法原理》,张建国、李力译,法律出版社2003年版;戴炎辉:《中国法制史》,台北三民书局1966年版。

[2] [日]滋贺秀三:《中国家族法原理》,法律出版社2003年版,第63页。

亲死亡后,或者在其健在时预期在其死亡后,对原来作为统一整体的家庭财产进行分析(或称分异、分财、分家、分割、析居),使其得以重组。当然,这种分析,在功能上与财产继承基本相同;在外在表现上,也类似于财产继承。从这一意义上来说,中国古代其实并不存在与近现代等同的财产继承。[1]

(二)家产分析

1. 家产分析的主体与时间。中国古代家产分析的主体与时间,因为家长对于家属的身份关系不同,相应地分为直系尊长作为家长与旁系尊长作为家长两种情形。

(1)在直系尊长作为家长的情况下,只有家长依据对家产的管理处分权以及对卑幼的教令权而作为主体分析家产,作为家属的卑幼则并无向家长请求分析的权利。《礼记·曲礼》所说的"父母存,……不有私财",《礼记·内则》所说的"子妇无私货,无私蓄,无私器,不敢私假(借),不敢私与",虽然没有直接说明这一点,但却包含这种意思;而在唐宋元明清各代律典中,都严禁子孙在父祖生存之日别籍异财,即使在居丧期间,兄弟也不得别籍异财,但作为直系尊长的家长,却可以自行或者命令(包括遗命)子孙分家析产。

(2)在旁系尊长作为家长的情况下,则不仅家长可以自行或者命令家属分家析产,而且家属也有分家析产的请求权。

至于分析的时间,也分为两种情形:①在家长生存时就进行分析,这必须有家长的命令,或者是家长自行分析,在旁系尊长作为家长的情况下,家属也可以请求分析;②在家长死亡后进行分析,既可因家长的遗命,又可以应家属的请求而分析。

2. 家产分析中的有份人及其应份额。在家产分析中,有资格分得家产的家庭成员可以称为有份人。根据家庭成员的性别、辈分等条件,这种有份人又可以分为基本有份人和酌给有份人两种:其中基本有份人系男性子孙,酌给有份人则为男性子孙以外的家属,如姑、姊妹等;另外,养子、赘婿虽然属于男性,仍作为酌给有份人。有份人的应份额,在酌给有份人中的女性,比较简单,一般情形下只"承衣箱"、"吃饭"而已,而在基本有份人与其他酌给有份人,情形稍为复杂,需要分别介绍。

(1)原则上,同一世代(顺序或辈分)的基本有份人之间采取平均主义。这集中体现在所谓"诸子均分"的规则中。这一规则可能渊源于西周时期的天子分封兄弟为诸

---

[1] 关于这一点,戴炎辉曾指出:"我国旧制上的家产……系家属的公同共有财产,非父祖的专有物。故不因父祖的死亡而开始继承;子孙如不分析家产,家产仍为同一家产,只管理家产的家长交替而已。所谓分析,实质上系公同共有财产的分割,非遗产的继承。此理,不但旁系尊长死亡后,即系直系尊属死亡后的分割,亦复相同。家产的分析,不但父祖死亡后,而且其生前亦得为之。反之,所谓继承,乃因被继承人死亡,继承其地位或遗产。惟家长系直系尊属时,有人以为家系父祖的专有财产,又特有财产(私产)及食封(特殊财产)的继承,亦依分割公同共有财产的方法。因此,家产的分割与继承,通常情形,缺乏明确的界限。"参见戴炎辉:《中国法制史》,台北三民书局1966年版,第266~267页。

侯,至汉代初年已经确实实行过平均主义规则,[1]其后唐代法律规定:"应分田宅及财产者,兄弟均分",宋元明清各代法律都沿用这一规则。[2] 其他如同为在室女,所分份额也应相同。

(2)作为例外,有两种情形:①因直系尊长对子孙享有教令权,即使不依法定份额而自行或命令(包括遗命)子孙分析,子孙也不得控告尊长,因而致使直系尊长可以自行指定各子孙的应份额。②即使同一世代(顺序)的应分人,由于在宗法或宗族关系上的身份不同,仍然存在应份额的差别。其中从汉代到唐宋时期,不分嫡庶,子孙在应份额上都以均平为原则;到了金元时期,嫡子与庶子的应份额已存差别,即使非婚生子(包括奸生子和婢生子),也可以得到几分家产;明清时期法律规定,妻妾子以及婢生子的应份额均平,奸生子的应份额为其一半;至于收养子的应份额,则视其为过继子(宗祧继承人)、同宗抚养子或义子而有不同,过继子的应份额与亲生子相同,其他养子,仅酌给几分财产而已。

(3)关于代位承分,则有两种情形:①子承父分,其典型情形如同唐代法律所规定的:"兄弟亡者,子承父分;兄弟俱亡,则诸子均分";②寡妻承夫分。唐代《户令》规定:"寡妻妾无男者,承夫分。若兄弟皆亡,同一子之分",也就是指在丈夫死亡后守志不再嫁的妻妾,如果没有儿子,可以承受丈夫的应份额;如兄弟俱亡,各个兄弟之子代承父分,其兄弟之寡妻妾无子者,只可与兄弟之子同承受一份应份额。明代《户令》及清代《清律附例》规定:"凡妇人夫亡,无子守志者,合承夫分;须凭族长,择昭穆相当之人继嗣"。这同唐代的规定似乎稍有区别。

3.家产分析的方法。中国古代在家产分析时,采用的方法一般都是先抽出作为祭田、公业、赡养财产、未婚娶子女的婚嫁费用以及其他赠与财产部分,然后再将剩余部分,按照应份额在各有分人之间进行分析。

(三)遗嘱继承

1.概说。中国古代早在春秋时代就已经出现了"遗言"、"遗训"等可以表达遗嘱意思的术语,汉代曾经使用过"先令"术语,后来各代还曾使用过"遗命"、"遗表"等,唐宋以后,一般均使用"遗嘱"一词。由于受到宗法社会的制约,尤其是儒家宗法伦理道德观念的深刻影响,中国古代的遗嘱继承具有明显的特点。

(1)遗嘱继承始终居于辅助和补充地位,并无优先于家产分析(或法定继承)的效力。在中国古代社会,在一方面,每一社会成员,不论其尊卑长幼,也不论其属于父母还是子女,都是宗法或宗族关系构造中的一个角色,并受其身份的严格制约,当然不存在完全独立的人格与权利;在另一方面,家庭财产在性质上并非家长个人独有,而系家

---

[1] 《史记·陆贾列传》记载,陆贾"有五男,乃出所使越得橐中装,卖千金,分其子,子二百金,令为生产"。意思是指陆贾有五个儿子。陆贾将自己出使越国所得到的橐中装,出售以后得到一千金,分给五个儿子,每人二百金,让他们自己生产生活。

[2] 《唐律疏议·户婚》"同居卑幼私辄用财"条引《户令》。

庭共同财产,家长固然享有代表家庭支配、处分的权利,但却不享有完全独立的所有权,因而就无法完全按照自己的意思处分家庭财产;在第三方面,不管是家长还是家属,作为家庭或家族成员,都承担着上以祀祖宗,下以续后嗣的责任,相应地,其相互之间的宗法或宗族关系必然优越于感情关系,进而导致与财产继承发挥同样功能的家庭财产分析依附于宗祧继承,即使作为家长,在原则上也不得以遗嘱剥夺宗祧继承人的继承财产的资格,往往只是在无可奈何情况下的一种选择。[1]

(2)法律关于遗嘱继承的规定极为简略,缺乏详尽、细致的规则。在中国古代,虽然从春秋战国时期开始,就一直存在着遗嘱继承的事例,但在法律上对遗嘱继承的规定却极为罕见,其中明确对遗嘱继承做出规定,最早的当属宋代。《宋刑统·户婚》"户绝资财"门援引《丧葬令》规定:"诸身丧户绝者,所有部曲、客女、奴婢、店宅、资财,并令近亲转易货卖,将营丧事及量营功德之外,余财并与女;无女均入依次近亲;无亲戚者官为检校。若亡人在日,自有遗嘱处分,证验分明者,不用此令。"这条规定显然极为简略,只涉及到适用遗嘱继承的条件为"户绝资财",在这一前提下只有遗嘱"证验分明",才可以排除"官为检校",而由遗嘱指定的继承人继承财产。至其他详细规则,均未涉及。

(3)遗嘱继承方式在实践中要受到宗法伦理道德规则的制约。在中国古代,遗嘱继承作为一种迫不得已的选择,一般多发生在没有男性子嗣作为财产承分人,或者有男性子嗣可以作为承分人但因其孤幼尚不足以保有家产,或者有过继子与亲生女,然而过继子可能危及亲生女的利益等情况下。相应地,在处理因遗嘱继承而发生的纠纷时,司法官往往都是依据宗法伦理道德观念和规则来解释遗嘱的真意,作为解决纠纷的准则。

2.遗嘱有效的条件。对于中国古代遗嘱继承的有效条件,可以从实质与形式两个方面来考察。

(1)从实质方面来说,最重要的就是,遗嘱本身必须符合宗法或宗族伦理道德规

---

[1] 关于这一点,需要说明的是:①在父母与子女的关系中,作为血亲的女儿一般来说在感情上应该与家长更为相近,而对于作为被立继或命继的侄子而言,虽然在感情上稍显疏远,然而在宗法或宗族关系上显然更为相近,因而在财产继承中就优先于女儿;②像宋代的《户令》所规定的那样,"诸财产无承份人,原遗嘱与内外缌麻以上亲者,听自陈",也就是说,使用遗嘱继承的前提条件是"财产无承份人",或者说无宗祧继承人以及其他作为家产分析的基本有份人。也正因为如此,所以在宋代就出现了"有承份人不合遗嘱"的实例。参见《明公书判清明集》(上),中华书局1987年版,第141~142页。

则,如果违背这种规则,很可能就被作为无效遗嘱对待,这在许多实例中都有体现。[1]

(2)从形式方面来说,大致包括三个条件:①原则上应由立遗嘱人亲自书写或画押;②在一般情况下还应该有家人或族人在场见证;③必须"经官印押",也就是要求

---

[1] 关于这一点,在以下的几个实例中表现的较为典型:
(1)东汉应劭的《风俗通义》佚文:"沛有富家公,资二千万,小妇子年裁(才)数岁,顷失其母,又无近亲,其女不贤。公病困,思念恐争其财,儿必不全,因呼族人为遗书,令曰:'悉以财属女,但遗一剑与儿,年十五以还付之'。其后又不肯与,儿诣郡自言求剑。谨按,时太守为大司空何武也,得其辞,因录女及婿,省其手书,故谓掾史曰:'女性强梁,婿复贪鄙,畏或害其儿;又计小儿正likelyhood此,则不能全获,姑且俾之女,内实寄之耳,不当以剑与之乎? 夫剑者,亦所以决断,现年十五者,智力足以自居,度此女、婿必不复还其剑,当问县官。县官或能证察,见儿伸展,此凡庸何能用虑深远如此哉?'悉夺取财以与子,曰:'弊女恶婿,温饱十岁,亦以幸矣。'于是论者乃服。"该实例又收入宋人郑克编著的《折狱龟鉴》卷八,只是文字上稍有不同。
(2)《宋史·张咏传》记载:杭州原来有一个富翁,在病情严重即将死亡时,儿子方才三岁,于是就遗命由其女婿主管自己的资产,而且给了女婿书面遗嘱,内容是说:"他日欲分财,即以十分之三与子,余七与婿"。到张咏至杭州时,富翁的儿子已经长大成人,就因争议产而诉于官府。在审理中,女婿相关复提供了富翁的书面遗嘱,请求按照遗嘱中的内容判决。张咏审阅了遗嘱后,以酒洒地,对女婿说道:"汝之翁,智人也。时以子幼,故此嘱汝,不然子死汝手矣"。于是就判决将富翁的遗产十分之三给女婿,十分之七给儿子,结果双方都非常感激,"泣谢而去"。该实例又收入《折狱龟鉴》卷七。
(3)在《不用刑审判书》卷一记载,有一个富翁张老,妻生有一女,无子,就入赘某甲于家里。很久以后,妾生了一个儿子,名字叫做"一飞",长到四岁的时候,张老去世了。张老在生病的时候对女婿说:"妾子不足任吾产,当畀汝夫妇耳。但养母子,不死沟壑,即汝阴德矣。"随后又拿出书面券书(遗嘱),内容是:"张一非吾子也家财尽与吾婿外人不得争夺。"这个赘婿就公然据有张老的遗产而没有任何怀疑。后来,妾生之子张一飞长大成人,就到官府告状,请求分割家产。赘婿应诉时呈上作为遗嘱的券书,官府就不再过问。直到后来,奉使的某官吏到达,张一飞再次复诉,赘婿仍然呈上券书作为证据。该官吏却变更全书的句读为:"张一非(飞),吾子也,家财尽与。吾婿外人,不得争夺。"并且告诉赘婿说:"尔翁明谓'吾婿外人',尔尚敢有其业耶? 诡书'一飞'作'非'者,虑彼幼子为尔害耳。"于是就将遗产断给张一飞。该实例后来被明人凌蒙初演化为小说,见《拍案惊奇》卷三十三。
(4)《明公书判清明集》(上)卷三十五,收录翁浩堂判处的一个案件。南宋时有一个名叫蒋森的人,前妻已经去世,留有一个儿子叫蒋汝霖,后来蒋森又续娶叶氏为妻。蒋森原有家业田谷二百九十硕(与石通,作量词用),蒋森在世的时候,自己出卖了三十二硕。蒋森死亡后,叶氏与七亲兄叶十乙秀合谋,擅自将蒋氏田业分割为三份:蒋汝霖得到一百七十硕,叶氏亲生女归娘得到三十一硕随嫁,叶氏自己收谷五十七硕养老。后来叶氏自立遗嘱,指定自己所分得的五十七硕田谷由亲生女归娘继承,蒋汝霖即向官府起诉。翁浩堂在判决时援引《户令》中的"诸财产无承分人,愿遗嘱与内外缌麻以上亲者,听自陈"规定,认为"寡妇以夫家财产遗嘱者,虽所许",但如果"有承分人,即不合遗嘱也",因而判决"今既有蒋汝霖承分,岂可私意遗嘱,又专以肥其亲生之女乎?"撤销了叶氏所立遗嘱。中华书局1987年版,第141~142页。

必须经过官府检验合格,并用印证明。[1]

本章小结

本章在严格界定"民事法例"概念的基础上,对中国古代民事法例的内容作了论述。首先,中国古代身份制度及其意义,尤其是良贱、贵贱、尊卑和性别对民事主体制度的支配意义;其次,中国古代物权法例中已经开始区分物、财与产、业,并采取了各种方式保护物权,涉及到所有权与作为他物权的永佃权、地役权、地基权与地上权,质权、抵押权,尤其是典权最具特色;再次,中国古代债权法例的内容包括除债的发生、担保、履行等一般性内容外,着重介绍了契约之债与侵权行为之债,其中契约之债既概括介绍契约形式的发展演变、契约原则、契约责任,又介绍了买卖契约、借贷契约、租佃契约、租赁契约与雇佣契约、寄托契约、行纪契约的具体内容及特点;对侵权行为之债,着重说明其发展演变与特点;复次,中国古代亲属法例除介绍亲属种类、亲系与亲等外,重点介绍中国国代婚姻制度和家庭制度;最后,关于中国古代继承法例,重点介绍宗祧继承制度,同时对家产分析与财产继承的关系作了着重说明。

课后作业

一、关键词解释

1. 中国古代民事法例
2. 身份
3. 物、财与产、业
4. 阑遗物(遗失物)与宿藏物(埋藏物)
5. 永佃权　典权
6. 判书　傅别　约剂　分支契　单契　红契　白契
7. 烧埋银(埋葬银)　备偿
8. 宗亲　外亲　妻亲　服制
9. 聘娶婚　婚书与私约　同姓不婚　六礼　七出三不去　义绝　和离
10. 三纲　宗祧继承　立嫡　继绝(立嗣)　同财共居　诸子均分

---

[1] 在《明公书判清明集》中收录的两个案例对这一点有所反映:①吴恕谅所作《遗嘱与亲生女》判词记载:"曾千均亲生二女,兆一娘、兆二娘,过房曾文明之子秀郎为子,垂没,亲属遗嘱,标拨税钱八百文与二女,当时千均之妻吴氏、弟千乘、子季郎并已佥知,经县印押。今秀郎生父文明乃指遗嘱为伪,县印为私,必欲尽有千均遗产,何其不近人情如此?"据此判定遗嘱有效。中华书局1987年版,第237~238页。②翁浩堂所作《僧归俗承分》判词记载,由于遗嘱本身"不曾经官印押,岂可用私家之故纸,而乱公朝之明法",因而判定遗嘱无效。中华书局1987年版,第138~139页。

二、思考题

1. 如何理解中国古代是否存在民法?
2. 试从民法的角度说明中国古代身份制度。
3. 中国古代物权法例的基本内容有哪些? 具有哪些特点?
4. 怎样正确理解中国古代债法的内容特点?
5. 怎样理解中国古代亲属法例尤其婚姻法例?
6. 试用民法原理说明中国古代的同财共居。
7. 中国古代为什么始终以宗祧继承为主?
8. 中国古代分家析产与财产继承是一种怎样的关系?

第 5 章 中国古代狱讼制度论

【本章导读】

　　本章介绍中国古代狱讼制度的发展演变和基本内容与特点。第一节主要说明中国古代司法审判机关的体制与具体组织;第二节介绍中国古代狱讼的一般性制度与规则;第三节介绍作为诉讼程序启动的中国古代告诉程序;第四节介绍中国古代审判制度;第五节介绍中国古代法官责任制度。关键问题是了解和把握中国古代狱讼制度的发展演变进程和主要内容与特点,注意与近现代诉讼制度及司法制度的关系。

第一节　中国古代司法组织

一、司法体制

（一）夏商西周时期的司法体制

中国法律起源阶段,尚未形成复杂的司法体制。商周时代已形成了比较复杂系统的司法机关组织。这种司法组织在体制上来说,基于"普天之下,莫非王土;率土之滨,莫非王臣"及"王室独尊,诸侯并列"的社会政治结构,具有与后世既相联系又不尽相同的特点:①至少在名义上来说,国王（天子）拥有最高司法权,但这种权力并非绝对;②在中央（朝廷）建立了具有专门性质的司法机构;[1]③在各诸侯国,大致上仿照中央,设置秋官司寇（或称司败）系统,其内部组织与中央基本相同,只是规模稍小而已;④不管是中央还是诸侯国的司法机关,虽然具有专门性,但却不具备独立性。

---

[1] 按《周礼》的说法为秋官司寇系统,具体负责司法审判,在国王直辖领地（王畿）内,已有层级制司法机关。

(二) 战国秦汉至明清的司法体制

春秋战国时期,各诸侯国通过变法活动,相继建立了中央集权与君主专制的政治体制、封建官僚制度和地方郡县行政制度。受此影响,以秦国为典型代表,逐渐形成了新的司法体制;至秦王朝统一中国,这种封建司法体制得以在全国内推行;其后历经两千余年的漫长发展演变,尽管在具体的机构设置上因时代不同而颇多变迁,但基本的司法体制却并无多大变化。

1. 在君主(皇帝)绝对专制及中央集权政治体制支配下,全国的司法机关体系是统一的和科层制的;而君主(皇帝)作为政治权力的唯一合法性源泉,集中了所有的政治权力,是即所谓"君(皇)权",司法权只是君(皇)权的构成部分。在此意义上,君主(皇帝)也可以说是最高的司法机关,其他各级各种司法机关不过是君(皇)权的延伸和具体化。

2. 中央(朝廷)始终设立较专门的司法机关。这种中央司法机关最初是单一的,后来逐步发展为复式的,且各个机关之间尚有一定的职能分工;但中央司法机关并无独立性,这包括两方面的含义:①并未独立于君(皇)权之外;②各机关相互之间也缺乏严格的相互独立性。

3. 地方按行政区划设置司法机构,建立司法组织。地方各级长官作为君主(皇帝)的代表,行使君主(皇帝)所赋予的权力,统一掌管司法与行政事务,并向君主(皇帝)负责。但在地方各级机构内部,则设有专司刑狱审判事务的属吏。[1]

4. 由于各级司法机构都缺乏独立性,因而,其他机构及其官吏接受临时委派也可行使司法审判权;君主(皇帝)更可在正式司法机关外,或设立临时司法机关,或将部分司法审判事务交由其他机关执掌。

二、中央(朝廷)司法组织

中国古代中央(朝廷)司法组织的发展演变,分为两个时代。夏商周时代,属早期国家形态下的司法组织。春秋战国时期,中央司法组织多有变迁;至秦统一经历了以廷尉为中心,以大理寺、刑部、御史台并列及以刑部为中心的不同阶段,直到清末司法制度改革,方始发生根本变更。

(一) 夏商周时期的中央司法组织

通常认为,夏代设有"士",或"理"为司法官;商代中央已有司寇官职,其下设有正、史等属吏。另外,贞人、卜者也参与司法审判,但只作为顾问,助王决疑,并非司法官吏。

---

[1] 关于这点,大陆法史学界多称为"司法与行政合一,行政长官兼理司法",但台湾学者谢冠生则争辩说,"中国古代之司法组织,与其谓为以行政兼理司法,毋宁谓为以司法官兼理行政之更切实际"。参见谢著:"中国司法制度概述",载台湾中华文化出版事业委员会刊行:《中国政治思想与制度史论集二》,转引自林咏荣:《中国法制史》,台北大中国图书公司1976年版,第203页。

西周时代,中央司法组织体系已较完整,其长官为秋官司寇,其机构也称司寇。其中大司寇"帅其所属而掌邦禁,以佐王刑邦国",[1]并"掌建邦之三典,以佐王刑邦国,诘四方",[2]负责整个司法事务,具体包括"以嘉石平罢民"、"以肺石达穷民","凡诸侯之狱讼,以邦典定之;凡庶民之狱讼,以邦成弊(断)之。"[3]小司寇作为大司寇的助手,具体对"以五刑听万民之狱讼"负专责;司寇之下,设士师和士,掌管中央政府的"五禁(宫禁、官禁、国禁、野禁、军禁)之法"及"官中之政令",解释法律,审理士一级的案件;至于士,作为属吏,人数较多,故称群士,各负其责。

(二)秦汉至明清的中央司法组织

1. 以廷尉为中心的中央司法组织。秦汉至魏晋南北朝,中央设立廷尉专司刑狱审判,御史兼理疑狱,尚书台兼断狱,而以廷尉为中心,故可称之为以廷尉为中心的模式。

(1)廷尉。廷尉[4]始置于战国时的秦国。至秦统一,中央采三公九卿制,廷尉列九卿之一。其始廷尉当系官名,后即以之称官署,故也是中央专门司法机构名称。汉沿秦制,中央仍设廷尉,列为九卿,在景帝、哀帝及献帝时曾改称大理,但不久时又恢复原名。魏晋南北朝时期,各国在中央九卿中,一般都设廷尉,北齐开始改为大理寺,而北周则设秋官司寇。

廷尉的职责包括两方面:①承诏审理"诏狱"案件;②"掌平狱,奏当所应。凡郡国谳疑罪,皆处当以报",[5]也即对地方上报中央重大疑难案件进行评议,并拟具判决意见,奏报皇帝。在廷尉机构内,各朝均设长官,称廷尉;设各种属吏,秦及西汉初,仅有正、左右监,汉宣帝时又增设廷尉平,另有廷尉史及书佐等,总计员吏为一百四十人;[6]曹魏开始,又增设律博士,专司"转相教授"法律。[7]其后各代大体相沿而稍加变通。

(2)御史台。御史台作为中央监察机关,始置于秦代。其长官称御史大夫,为三公之一,其下有御史丞、中丞及御史等属吏;汉沿秦制,但一则曾改其名称为御史府或御史大夫寺,二则增设御史,使机构扩张;魏晋南北朝又沿汉制,中央均设御史台(府)。御史机构原本执掌监察百官,纠举违法失礼,但在遇到重大疑难案件时,可承诏审判,行使司法审判权。自汉武帝始,又专置绣衣直指御史,"出讨奸猾。治大

---

[1]《周礼·秋官·大司寇》。
[2]《周礼·秋官·大司寇》。
[3]《周礼·秋官·大司寇》。
[4] 廷尉之义,古有两说:一为东汉应劭所说:"听讼必质诸朝廷,与众共之,兵狱同制,故称廷尉";一为唐人颜师古所说:"廷,平也。治狱贵平,故以为号。尽管两说存在差异,但在对廷尉性质及职能的解释上却相同,即"主刑狱",而这也正是中国古代司法审判的基本内容。参见《汉书·百官公卿表》注。
[5]《汉书·百官公卿表》。
[6]《后汉书·百官志》。
[7]《晋书·刑法志》。

狱",[1]从而使御史机关兼理疑狱或大狱成为常例。

(3)尚书省(台)。尚书始于秦,汉武帝设尚书令,由宦官担任,成帝时改用士人,且增置尚书员。东汉更设尚书台,为皇帝之秘书机构,地位虽不高,但群臣章奏,均要经过尚书,故职权日显重要,以至于"选举诛赏,一由尚书。尚书见任,重于三公"。[2]至晋代尚书台不但完全脱离少府而独立,且改为尚书省,其长官更担任宰相职务,职重位高,成为处理全国各项政务的中枢机构。

在汉成帝设尚书员时,即有三公曹尚书,"主断狱事"[3] 东汉光武帝时,改由二千石曹"主辞讼事",[4]中都官曹"主水火、盗贼事"。曹魏时,尚书台中设有三公比部尚书"主法制",[5]都官尚书"主军事刑狱"。[6]晋太康中改以吏部尚书兼掌刑狱。北齐也有比部尚书曹、三公曹之设,其中三公曹尚书掌诸曹囚帐、断罪、赦日等事务。[7] 这些机构所职掌者显然系偏重于司法行政,或者某种专门审判事务。

上述三种机构虽然都属司法机构,但廷尉却是全面负责司法审判的机构,御史台(省)乃以监察而兼理司法审判,尚书台(省)则以政务而兼理司法事务,故而廷尉无疑居于中心地位。

2. 三法司并列的中央司法组织。隋唐两宋时期,中央司法组织呈现出大理寺、刑部、御史台三法司并列的格局,这与前期的廷尉独大明显不同;另外,两宋时期在三法司之外,又曾出现过审刑院、制勘院和推勘院,从而使中央司法组织更趋复杂。

(1)大理寺。大理寺是在北齐时改廷尉方始形成的,北周时虽废其名,但隋朝又恢复大理寺建制,此后唐宋都沿袭其名称与建置。在中央机构中,大理寺系九寺之一,地位低于三省六部,属执行具体政务的机构。

大理寺属中央最高专司审判机关,在隋唐时期均职掌审理中央百官犯罪案件及京师地区徒刑以上案件,流、徒刑案件在断决后须送刑部复核,死刑在判决后,直接报请皇帝批准;对经刑部移送的地方判处的死刑案件,有重审权。两宋时期,大理寺职掌稍有变化:北宋前期,由于增置审刑院,故而大理寺虽掌管全国上诉案件,但不参与审讯,而仅负责将案件移送审刑院"详讫,同署以上于朝";至宋神宗元丰改制撤销审刑院后,大理寺又恢复行使审判权。

在隋唐两代,大理寺设卿、少卿各一人为正副长官,"掌折狱详刑,凡罪抵流、死,皆上刑部,复于中书、门下,系者五日一虑",其下设正二人,"掌议狱,正科条",并对丞予以监督核查,"凡丞断罪不当,则以法正之";丞六人,"掌分判寺事,正刑之轻重";主簿

---

[1] 《晋书·刑法志》。
[2] 《后汉书·陈宠传》。
[3] 《晋书·刑法志》。
[4] (唐)杜佑:《通典》。
[5] 《宋书·百官志》。
[6] 《宋书·百官志》。
[7] 《隋书·百官志》。

二人,"掌印署钞目,勾检稽失";狱丞二人,"掌率御史,检校囚徒及枷杖之事";司直六人,评事八人,"掌出使推按";另有亭长、掌固、问世及各种吏多人[1]。北宋初,大理寺并无专官,仅设判大理寺一人作为长官兼少卿,设一人为副长官,下有详断官八人,以京官充任,法直官二人,以幕府、州县官充任。宋神宗元丰改制后,置寺卿一人为长官,少卿二人副之,"掌折狱详刑,鞫狱之事";其下分设左断刑,右治狱,由少卿分领,其中左断刑主管全国的奏劾命官、将校及死囚以下以疑请狱之事,由司直与评事详断,寺丞议之,正审之;右治狱主管京师地区百官案件及由皇帝特旨委派查勘的案件的审判与系官之物应追究的事务,由寺丞专职推鞫。其内部设正二人,推丞及断丞各四人,司直六人,主事十二人,主簿二人。[2]

(2) 刑部。刑部之设始于隋初,唐宋时期均沿袭其制。[3] 在中央机构中,系尚书省的下属,属六部之一,地位较大理寺为高。

刑部基本上属中央最高司法行政机关,职掌"天下刑名及徒隶、勾覆、关禁之政令",也即司法行政事务,本身并无审判职权,但对大理寺所判决的徒、流、死刑案件,有复核之权,在复核中如发现疑点,流、徒刑案件驳令原审机关重审,或自行复判,死刑案件则须移送大理寺复审。

刑部一般设尚书一人,侍郎一人或二人,为正副长官,"掌律令、刑法、徒隶、按覆、谳禁之政"。其下分设刑部司、都官司、比部司及司门司四司。其中刑部司为刑部的基本部分,掌管"举其典宪,而辨其轻重";都官司则掌管"配没隶簿录俘囚,以给衣粮药疗,以理诉竞雪冤";比部司掌管"诸司百僚俸料,公廨赃赎戍"等事务;司门司掌管"天下诸门及关出入往来之籍赋而审其政。"每司设郎中、员外郎,下置若干主事、令史、书令史、亭长及掌固,负责办理具体事务。[4]

(3) 御史台。隋唐两宋时期仍设立御史台,作为中央监察机关,负责监察内外官吏的违法失礼行为,凡"百僚有奸非隐伏得专推劾","凡天下之人有称冤而无告者,与三司诘之;凡中外百僚之事应弹劾者",则予弹劾,另外尚可按覆囚徒。[5] 这表明,御史台具有监察内外百官的职能。

此外,北宋前期中央司法机构中尚有审刑院。宋太祖"惧刑部、大理寺用法之失,别置审刑院谳之";[6] 宋太宗淳化二年(991年)"虑刑部、大理寺吏,舞文巧诋,特置审刑院于禁中"。[7] 审刑院设知院事一人,详议官若干人,由皇帝选派朝官充任,职掌

---

[1] 《新唐书·百官志》,在《唐六典》中所记官员人数与此不尽相同。
[2] 《宋史·职官志》。
[3] 其间在隋炀帝时曾改称宪部,唐代高宗、武则天、玄宗时曾先后改称司刑、宪部、秋官等,但不久即又恢复刑部之名,两宋则始终用刑部之称。
[4] 《新唐书·百官志》。
[5] 《唐六典·御史台》。
[6] 《宋史·刑法一》。
[7] (宋)王咏:《燕冀贻谋录》。

"谳大理所断案牍而奏之",凡全国上报中央的案件,先送审刑院备案,再交大理寺审判,刑部复核,然后还要由审刑院"详议",最后奏请皇帝裁决。审刑院的设立使中央司法机构叠床架屋,职责易混淆,且致审判和复核程序过于复杂,故在宋神宗元丰改制时,即予废撤,其职掌划归刑部。不过,宋神宗之后,宋代在中央还经常设有临时性的审判机构制勘院和推勘院,凡由皇帝指定官员"承诏置推"者,为制勘院;凡中书省奉皇帝之命指定官员审判者,为推勘院,这两种机构"狱已乃罢"[1]。

唐代开始形成三司推事制度,即对特别重大案件,由刑部侍郎、御史中丞、大理寺卿组成临时特别法庭审理,称大三司推事;地方重案不便解送中央的,则指派监察御史、刑部员外郎、大理寺评事组成临时法庭前往审理,称为小三司推事,这成为明清时代会审制度的滥觞。

3. 以刑部为中心之中央司法组织。明清时期,中央司法组织在经历了元朝撤销大理寺,强化民族统治与军事统治的变化后,又恢复三法司的建置。但三法司中,御史台改为都察院,大理寺不复审判,这就使刑部成为最主要的司法机关,可称为以刑部为中心的中央司法组织。

(1) 刑部。刑部在元明清时期系最主要的司法机关,为中央司法组织的中心。在元朝,中央只设中书省,直接下辖六部,使刑部地位提高;同时,由于元朝不设大理寺,原属于大理寺的审判职权划归刑部,使刑部成为中央最高司法审判和司法行政机关。"掌天下刑名法律之政令。凡大辟之按覆,系囚之详谳,孥收产没之籍,捕获功赏之式,冤讼疑罪之辨,狱具之制度,律令之拟议,悉以任之"[2]。至明清两代,虽然恢复了大理寺,但仅仅负责驳复,刑部仍是中央最高司法审判和司法行政机关,且由于不设丞相,六部直接隶属于皇帝,从而使刑部更加位重权广,或谓"掌天下刑名及徒隶、勾覆、关禁之政令",[3]或称"掌法律刑名,以肃邦宪"。[4]尤其清代,刑部"受天下刑名",凡"外省刑案,统由刑部核复,不会法者,院、寺无由过问;应会法者,亦由刑部主稿。在京狱讼,无论奏咨,俱由刑部审理",从而使"部权特重"[5]。

刑部在元代设有尚书三人,侍郎二人,为正副长官,其下分设之吏属包括郎中、员外郎各二人,蒙古必阇赤四人,令史三十人,回回令史二人,怯里马赤一人,知印二人,奏差十人,书写三人,典史七人。[6]明代时期,刑部仍设尚书一人为长官,左右侍郎各一人为副,司务厅司务二人为办事属吏,以下按省份设施三清吏司为具体职能部门,分别对应管理各省"布政司刑名,而陵卫、王府、公侯伯府、在京诸曹及两京州郡,亦分隶

---

[1]《宋史·刑法一》。
[2]《元史·百官志》。
[3]《明史·职官》。
[4]《大清会典》。
[5]《清史稿·刑法三》。
[6]《元史·百官志》。

之"，〔1〕凡各省"徒、流、迁徙、充军杂犯死罪解（刑）部，审录行下，具死囚所坐罪名上部详议"。〔2〕每一清吏司设郎中一人，员外郎一人，主事二人，照磨所照磨、检验正各一人，司狱司司狱及狱吏若干人。清代刑部设尚书满汉各一人，侍郎满汉各一人，为正副长官，其下仍仿明制，按省份设十七清吏司，"各掌其分省所属刑名"，又设左右现审司及督捕司，其中督捕司，专"掌八旗及各省逃亡"。〔3〕每司设郎中、员外郎、主事及其他属吏若干人。

（2）大理寺。自元代废除大理寺，明清两代虽恢复大理寺的建置，但仅作为中央慎刑机构，主管复核与驳正事宜。

就大理寺的具体职掌而言，在明代，"凡刑部、都察院、五军断事官所推问狱讼，皆移案牍、移囚徒，诣寺详谳"，也即复核。如情允罪服，准予具奏，否则驳令改判，称"照驳"；如反复三次，所判仍未允当，则纠问其原判之官，称"制决"。〔4〕而且，"凡狱既具，未经本寺详允，诸司毋得发遣"。〔5〕至明清，大理寺虽号称"掌平反重辟"，但实际仅对刑部所判决之死刑重案予以"参劾"，并提出意见，以致"所管事务无多，不过三法司会议时，少有事耳"。〔6〕

大理寺在这一时期仍设卿和少卿为正副长官，其中明代卿一人，左右少卿各一人，清代则卿、少卿均为满汉各一人，其下分设有办理具体事务的寺丞、司务、寺证、寺夫、评事等属吏若干人。

（3）御史台与都察院。在元明清时期，中央仍设有最高监察机关，其中元朝置御史台，"掌纠察百官政治得失"，"司黜陟"，〔7〕与中书省、枢密院鼎足而立，其地位尊崇。明初仍设御史台，但在太祖洪武十三年（1382 年）撤销，至洪武十五年改设都察院，"主纠察内外百司之官"，并"偕刑部、大理"对"大狱重囚会鞫于外朝"。清朝自始至终均在中央设都察院，掌"纠察内外百司官邪"。

元朝的御史台和明清的都察院，在司法方面均有一定职权。如元朝御史台便监察京师、地方刑狱事，明清的都察院则有权对"大狱重囚"与刑部、大理寺等进行会审。

元朝御史台设长官御史大夫二人，副长官御史中丞二人，侍御史、殿中侍御史、监察御史若干人及御史、经历、都事、照磨、书吏等若干人，但御史大夫均由蒙古人担任。明清时期的都察院，各设左右都御史及副都御史为正副长官，明代每职一人，清制每职满、汉各一人，其下分设各种御史及属吏若干人。

（4）其他中央机构的司法职权。元明清时期，除三法司外，其他一些中央机构也

---

〔1〕《明史·刑法二》。
〔2〕《明史·刑法二》。
〔3〕《清史稿·刑法三》。
〔4〕《明史·职官二》。
〔5〕《明史·职官二》。
〔6〕《清朝文献通考·职官一》。
〔7〕《元史·百官志》。

程度不同的拥有司法审判权。

元朝主要有大宗正府、枢密院、宣政院等。大宗正府,本为管理宗室事务的机构,其内部"置断事官曰'扎鲁忽赤',会决庶务。凡诸王、驸马投下蒙古、色目人等应犯悉掌之",后来在泰定帝致和元年(1328年)改制,则将大都、上都所属蒙古人及怯薛军站色目人与汉人相犯案件划归大宗正府管辖,其余案件划归刑部,这样就同刑部并列为中央主要司法机关;枢密院,系元朝最高军事机关,内部设断事官八人,"掌处决军事之狱讼";宣政院,系元朝管理宗教事务之中央机关,亦设断事官,负责僧侣间狱讼事务。

明朝主要有两类:①通政使及吏、户、礼、兵、工各部尚书,有权参加对重大案件的会审;②"厂卫"两个系统的特务组织。其中的"卫"指锦衣卫,其前身为皇帝禁卫军中的仪鸾司,洪武十五年(1382年)改为锦衣卫,本为保卫皇帝安全的警卫组织,后来适应君主绝对专制的加强,又兼"掌侍卫、缉捕、刑狱之事",[1]其内部分设南、北两镇抚司,南镇抚司主管本卫军匠纪律,北镇抚司专掌诏狱;"厂"则指东厂、西厂及内行厂,永乐十八年(1420年),"专倚宦官"的明成祖设东厂,"缉访谋逆、妖言、大奸恶等"政治犯罪;宪宗成化十三年(1477年),又增设西厂,"自京师与及天下,旁午侦事,虽王府不免"。[2] 武宗时又设内行厂,其刺事和侦缉范围超越东西厂。明代各厂皆由宦官掌管,直辖于皇帝。这就使得厂卫有权随便缉捕,别设法庭,抛弃正常司法程序进行刑讯审判,且其所用方法,"五毒备俱",故史书评述称:"刑法有创之自明而不衷古制者,廷杖、东西厂、锦衣卫镇抚司狱是已。是数者,杀人至惨,而不丽于法。"[3]

清朝除三法司外,中央机关中的吏、户、礼、兵、工部及通政使均有权参与秋审和朝审。同时,理藩院和宗人府成为特殊司法机关。理藩院本是清朝中央设置的管理内外蒙古、西藏、青海及新疆等地少数民族事务的机构,"掌外藩之政令"。其内部设理刑司,专门负责这些少数民族地区案件的上诉审,罪至发遣者,报理藩院会同刑部裁决,死罪由理藩院、三法司核检罪名后,立决者具奏皇帝,监候者入秋审。宗人府本系清朝管理皇族宗室事务的机构,相应地也就成为掌管皇室贵族诉讼的司法审判机构,按定制,凡涉及皇族宗室诉讼者分两种:①人命、斗殴案,系宗室者,由宗人府会刑部审理,系觉罗者,由刑部会宗人府审理;②户婚、田土之讼,系宗室者,由宗人府会同户部现审处审理,系觉罗者,由户部会同宗人府审理。[4]

三、地方司法组织

中国古代地方司法组织的发展演变大体上分为两个时代:①夏商周三代时期,系分封制下的地方司法组织;②自春秋战国时期出现,秦朝统一后确定的郡县制地方司

---

〔1〕《明史·刑法志》。
〔2〕《续文献通考》。
〔3〕《明史·刑法志》。
〔4〕《光绪会典》卷一《宗人府》。

法组织。

(一)夏商周时期的地方司法组织

夏商周时代,在分封制度下,地方司法组织比较简疏,且呈现出"王室独尊,诸侯并列"的态势。

夏朝地方司法组织史无记载。商朝地方分畿内诸侯与畿外诸侯两种,畿内诸侯就是"多田、亚、任",[1]其辖地内,辅助治理人民并负责司法工作者称"士",基层可能有"蒙士";畿外诸侯总称"多伯",对于商王只是一种臣服关系,狱讼均自行处理。

西周地方也分畿内与畿外诸侯。畿内直属于国王,重大案件由司寇负责,士师具体办理,其下分乡、遂、县三类:乡为国都近郊百里之内所设的地方组织,各乡设乡士,负责辖区内案件之处理;遂为国都百里之外、三百里之内所设的地方组织,各遂有遂士,掌管辖区内案件之处理;县为国都三百里之外郊野的地方组织,设县士,负责辖区内案件的处理。

(二)秦汉魏晋南北朝的地方司法组织

春秋战国时代,分封制逐渐被郡县制所取代,至秦统一,"海内为郡县"成为地方组织的基本格局。这种组织既是司法性的,又是行政性的,此后两千多年一直没有根本性的变革。其中,秦汉魏晋南北朝时期的地方司法组织经历了由郡、县两级制到州、郡、县三级制的发展变化,同时汉晋两代还曾采取分封诸侯制,从而使地方司法组织比较复杂。

1. 县及县以下的地方司法组织。自春秋出现县级地方建制开始,县一直是基层一级的行政区划和政权组织,其司法事务及行政事务,统由其长官负责。其长官在大县为令,小县为长,由朝廷选任,并有一定任期。辅佐县令(长)行使司法审判权的有丞,"属文书,典,"知仓狱",尉,"主盗贼"。[2]在晋代则分设户曹掾、法曹掾、贼曹掾、狱门亭长等。[3]

在县以下一般分设有乡、里、亭等组织,游秩或啬夫掌平诉讼、收赋税;游缴,主巡察逐捕贼盗;亭长则"持三尺板以驱贼,索绳以收执贼"。[4]与县平级的有道、邑。道系少数民族聚居地方的基层组织,故有"蛮夷曰道"之说;邑系皇太后、皇后、公主等收取赋税之地方的基层组织。

2. 郡级司法组织。在秦汉魏晋南北朝时期,县以上是郡,但各代郡的地位却不尽相同。在秦至东汉中期,郡系地方最高司法行政区划,而自东汉后期开始,郡之上则有州的司法行政建制,这种制度为魏晋南北朝所沿用。郡以郡守或太守为长官,主管郡

---

[1] "多田、亚、任"即周代的"候、甸、男"。甲骨卜辞中"亚"与"候"互用,古书中"男"与"任"相通。

[2] 《后汉书·百官志》。

[3] 《晋书·职官志》。

[4] 《汉旧仪》。

内司法及行政事务，"劝农桑，平狱讼，督赋税。选孝贤，典兵禁，备盗贼"。[1] 在郡守（太守）之下，一般设有郡丞，辅佐郡守（太守）处理事务；贼曹掾，专司捕盗贼；决曹掾，为专职司法审判官吏，具体审判诉讼案件。

3. 州级司法组织。州的设立，始于汉武帝时。但最初在全国所设十三州部，乃是监察区划，各州设刺史一人，京师所在州设司隶校尉，系废除监察郡国的丞相史而改制，其职责为"奉诏条察州"，即监察州内郡县官吏及地方豪强，并无司法审判与行政权力。到东汉后期，为镇压农民起义，强化地方官的权力，始改州刺史为州牧，并赋予领兵治民之权，也即掌握一般的行政、司法及军事权力，这就使得州演变为地方行政及司法区划。魏晋南北朝时期一直沿用了这一做法。

州以州牧或刺史作为司法及行政长官，主管一州的司法及行政事务。其下设别驾从事史一人，辅佐州牧或刺史处理州内各项事务；部从事史每郡一人，主察郡内非法。

4. 王（侯）国的司法组织。汉晋两代，实行郡国制，在直辖于朝廷的州郡县之外，尚有皇帝所分封的诸侯王国。汉代诸侯王国有两种：①王国，最初所封之王，不管同姓还是异姓，位高于列侯，其疆域"夸州兼郡，连城数十"，[2] 在封国内"自治民"，[3] 有行政、财政、军事及"断狱"的司法权，故而"同制京师"，除太傅和丞相由中央任命外，"得自除御史大夫群卿以下众官，如汉朝"，[4] 后经过景帝和武帝时期的不断削藩，使诸侯王国疆域削小为相当于郡，且使诸侯王皆"奉汉法"，并由"天子为置吏"，诸侯王"惟得衣食租税"。[5] 这就使得王国同郡成为基本相同的司法及行政区划。②诸侯，最初同王国一样，列侯"得臣其所食吏民"，在封国内"皆令自置吏，得赋敛"，但经景帝、文帝时的改革后，侯国也相当于县，其司法、行政由郡统辖。不管是王国还是侯国，在武帝以后，均由朝廷任免其相，王国之相相当于郡守，侯国之相相当于县令（长），由其行使司法审判权，并向朝廷负责，其下如郡、县一样，设有相应属吏。西晋建立后，曾大封皇帝子弟为王，建立王国，各王国地位大约相当于郡，但有相对独立的政权、财政及司法权。王国设相，相当于郡守，后改为令史，辅佐王处理封国政务，包括司法审判事务。

（三）隋唐时期的地方司法组织

隋唐两代在地方实行州（府、郡）、县两级制，相应的地方司法机关也恢复为两级制，仍以长官统理司法及行政事务，但其属吏中专门负责司法的较前增多，而且分工更趋明确。

1. 县级司法组织。隋唐时期以县令为长官，掌"审察冤屈，躬亲狱讼，务知百姓之

---

[1]《后汉书·百官志》。
[2]《汉书·诸侯王表》。
[3]《汉书·邹阳传》。
[4]《汉书·诸侯王表》。
[5]《汉书·高五王传》。

疾苦"[1]。所设专司司法审判事务的属吏有司法佐、史、典狱、问事等,根据县之大小等级,各有若干人。县之下的基层则有乡(坊)、里(村),设乡(坊)长(正)、里(村)正,有协助官府纠举犯罪、缉捕归案的责任。

2. 州级司法组织。隋唐时期在县之上所设行政司法区划为州(郡)及与之平级的府。每州(郡、府)仍以州刺史(郡为郡守、府为府牧)一人为长官,掌管全州(郡、府)司法及行政事务,有权巡行所属各县,"录囚徒",对"不率法令者,纠而绳之","若狱讼之枉疑……亦以上闻"[2]。其下设有专司司法审判的官吏包括:户曹参军事二人,负责"剖断人之诉竞,凡男女婚姻之合,必辨其族姓,以举其违;凡井田利害之宜,必止其争讼,以从其顺";[3]法曹参军事,职掌"律令格式,鞫狱定刑,督捕盗贼,纠逖奸非之事,以纠其情伪而制其文法"。[4] 再其下则设司狱、问事等属吏。

(四)两宋的地方司法组织

地方司法组织在两宋出现了一些重要变化,这表现在一则增设路一级司法组织,二则强化地方长官的司法审判职责。

县级司法组织与隋唐基本相同。州一级则除了州以外,还有府、军、监,分别以知州、知府事、知军事、知监事为长官,又置通判为副职,掌州(府、军、监)行政及司法等政务。其下分设专司司法审判的机构,其中司法参军掌"议法断刑",司理(司寇)参军掌"刑狱勘鞫",录事参军掌判本州府官府庶务,并纠案诸曹稽违及州院或府院户婚狱讼,司户参军亦可分典狱讼。但与以前不同的是,自宋太宗时起就形成定制,"诸州长吏凡决徒罪,并需亲临",至宋徽宗时更定制,州、县长官并需亲自案理案件,否则"徒二年"。

州之上有路,系为强化朝廷对地方监督而设。每路设有帅、漕、宪、仓四使司,由朝廷派遣,分别直属于朝廷,互不隶属,各自负责所辖监督事项。其中帅指经略安抚使司,掌军事;漕指转运使司,掌财赋民政;仓指提举常平司,掌赈灾及盐铁专卖;宪则指提刑按察司,以提刑按察使(后改称提点刑狱公事)为长官,"掌察所部之狱讼而平其曲直,所至审问囚徒,详复案牍,凡禁系淹延而不决,盗窃捕窜而不获,皆劾以闻,及举刺官吏之事"。[5] 其属官有检法官、干办官等。

(五)元明清时期的地方司法组织

元明清时期,地方司法组织体制一如既往,但其具体组织制度却有许多变化和发展。这表现在:①元朝和清朝程度不同地体现出民族特色;②在司法组织的级别上,虽仍以县为基层组织,但原有的州一级却因数量剧增而导致地位降低,甚至与县平级,取

---

[1]《旧唐书·职官志》。
[2]《唐六典》卷三十。
[3]《唐六典》卷三十。
[4]《唐六典》卷三十。
[5]《宋史·职官志》。

而代之的乃是府,府之上在宋代路的基础上逐渐发展出省一级司法组织,且其司法职能更为专业化。

1. 府、县司法组织。元明清时期,仍以县作为基层司法及行政区划,建立县级司法组织,但明清时期的州、厅中有隶属于府者,称为散州或散厅(亦称属州或属厅),实际上与县平级,其司法组织也与县相同。县(属州或属厅)在元代以达鲁花赤为长官,下置尹、丞、尉等分别负责司法审判工作中的具体事务;明清两代则以知县(散州为知州、散厅为同知)为长官,"掌一县治理,决讼断辟……讨猾除奸……靡所不综"[1] 其下分设有丞、主簿,分掌"缉捕诸职",[2]典史,"掌稽察狱囚"[3]。

县之上在元朝为州,在明清则为府级,另有直隶于省的州、厅,称直隶州、直隶厅,与府平级。元代州一级达鲁花赤州尹一名,下设同知为副长官,其下专设判官,具体负责司法审判活动,并"兼捕盗之事";明清则以知府(知州、知厅)为长官,掌管一府(州、厅)政令,"总领属县,……决讼检奸",或称"掌平狱讼";其下设有同知、通判为副长官,辅佐长官处理政务;另设司狱或吏目,主管司法审判方面的具体事务。

2. 省级司法组织。省级地方区划及其建制创始于元朝,是秦汉以来地方郡县制的一个重大发展。元朝为强化朝廷对地方的直接控制,在路之上设行中书省,简称"行省",略称"省",系朝廷派出机构,设丞相、平章、左右丞、参知政事等,以丞相为长官,凡"军国重事,无不领之",系地方最高行政与司法级别。此外,又设行御史台,由中央御史台与行御史台统辖的则有各道肃政廉访司(初称提刑按察司),实际负责省级司法审判事务。一般每道设廉访使二人,具体行使司法审判权。

明朝则改设承宣布政使司作为省级区划。省级共设三个机构,称为"三司":一为承宣布政使司,简称"布司",掌管民政;二为都指挥使司,简称"都司",主管军事;三为提刑按察使司,简称"臬司",主管司法审判。"三司"之间互不隶属,都直接受朝廷领导,在一般情况下,提刑按察使司为省级地方专门司法机关,"掌一省刑名按劾之事",对案件自行裁判,但如遇到重大案件,则与"都、布二司会议,告抚按,以听于(刑)部(都察)院"。[4] 其中承宣布政使司设左、右布政使各一人,理问所理问一人,"典刑名";都指挥使司设都指挥使一人、断事司断事、副断事、吏目、司狱司司狱各一人,"以理军人军官词讼";提刑按察使司设按察使一人为长官,副使一人为副长官,佥事若干人,司狱一人,协助处理司法审判事务。

清朝省级司法组织较之明代稍为复杂。一般每省设布政使司与按察使司,别称"藩司(台)"与"臬司(台)"。按察使司以按察使为长官,"掌振扬风纪,澄清吏治,所至录囚徒,勘词状,……秋审充主稿官",下置知事,掌勘查姓名;司狱,掌监狱;经历、照

---

[1]《清史稿·职官九》。
[2]《清史稿·职官九》。
[3]《清史稿·职官九》。
[4]《明史·职官志》。

磨,掌文案。布政使司以布政使为长官,"掌一省之治",对重大案件与按察使共同审理。与明代不同的有两点:①清朝省级在布、按之上还设有总督或巡抚,为省级最高军政长官,"权兼文武",统管"察吏安民,转漕裕饷"之事,凡地方上诉中央的案件,均由都、抚转咨刑部;②为加强各省工作,清朝在省之下设有道,由布、按二司派出道员(台),其中按察使司以副使、佥事为巡道,专司巡查某一地方,处理刑名诉讼事务。

第二节 狱讼通制

一、狱讼概说

在中国古代,相当于现代诉讼法上的"诉讼"概念的,主要有狱、讼、狱讼以及诉讼等术语。其中的"诉讼"术语最早见于元朝,不过其含义仅仅指告诉方面的规则,[1]与现代的诉讼概念有明显的区别;元朝以前和以后,基本上使用"狱讼"的概念。

狱讼最早见于《周礼·秋官·大司寇》,包括了狱和讼两方面的含义。其中狱,是指"争罪"或"以罪名相告",近似于现代的刑事诉讼;而讼则是指"争财"或"以财货相告",近似于现代的民事诉讼。不过,在事实上中国古代的狱、讼和狱讼可以互换使用,因而,可以理解为是同一含义的不同表述。[2]

二、管辖制度

中国古代管辖制度主要的是审级管辖和地域管辖,但在一些朝代也形成了特殊管辖制度。

(一)审级管辖

1.概说。中国古代管辖制度中并没有事件管辖,在历代法律规定及司法实践中,第一审级机关就一切案件都可以而且应该依法受理,第二以及以上审级的司法机关,并不以特定事件为其管辖范围。但各级审判机关,由于权限分配关系,视案件的轻重大小,下级受上级的监督,就刑案的审判,下级须申解于上级,该上级也视案件的轻重大小,自行批结或再申解于更上级,也就是说,各上级审判机关依据其审级,保留确定

---

[1]《元史·刑法四》专列有"诉讼"一目,并使用"诉讼"术语:"诸诉讼本争事外,别生余事者,禁"。
[2] 参见:《周礼·秋官·大司寇》郑玄注、《吕氏春秋·孟秋》高诱注。其中郑玄称:"讼谓以财货相告,狱谓相告以罪名者";高诱称:"争罪曰狱,争财曰讼"。据此,有些学者认为中国古代已经存在刑事诉讼与民事诉讼的区别,这其实是一种牵强附会的误解,原因在于:①中国古代法律受伦理道德的支配,侵权行为及债务不履行等,也被视为犯罪行为,只是违背伦理道德的程度较浅,所处刑罚较轻而已。换句话说,"争罪"与"争财货"并无质的差异,无法直接等同于现代的刑事诉讼与民事诉讼。②即使从字面上理解,"争罪"固然与刑事诉讼大体相近,但"争财货"却无论如何也无法涵盖民事诉讼的全部内容,因而根本不能等同于现代意义上的民事诉讼。③在中国古代语言习惯中,同一案件既可以称为狱,也可以称为讼,狱、讼是可以互换使用的。

的裁判权力。

2.先秦时代的审级管辖。反映先秦时代审级管辖最早的是《礼记·王制》及《周礼·秋官·大司寇》所记载的"三审制"。前者内容为："成狱辞,史以狱成告于正,正听之;正以狱成告于大司寇,大司寇听之棘木之下;大司寇以狱之成告于王,王命三公参听之;三公以狱之成告于王,王三又（宥）,然后制刑"。据此,"三审"是指一个案件应经史与正、大司寇以及王（以三公具体审理）三级审理。后者内容为,由乡士、遂士、县士各管辖其辖区内的狱讼,然后上之于朝,由司寇听审,如欲免之,则王自会其期,或令三公,或命六卿会审。据此,"三审"也是指一个案件应经过三级管辖。但这些记载究竟是否商周时代的信史,已很难判断。

3.秦汉时期的审级管辖。秦汉时期,基于司法审判机构设置上的三级或四级制,审级管辖也有三审与四审终审制。一般情况下,县级为第一审级,但如系"诏狱",则以廷尉或御史作为第一审级;县之上为郡,郡之上为廷尉,廷尉之上便是皇帝。一般案件县级可作出裁判,但如属于疑狱,则实行谳报制度："县、道官狱疑者,各谳所属二千石官（即郡太守）,二千石官以其罪名当报之。所不能决者,皆移廷尉,廷尉亦当报之。廷尉所不能决,谨具为奏,傅（附）所当比律令以闻"。[1]

4.隋唐时期的审级管辖。隋唐时期基本实行五级终审制。县（市、在京诸司）对辖区内所有案件均有权受理,但仅能对笞、杖案件作出确定裁判,对徒刑以上案件,只能拟具裁判意见,并依据职权申解于州（市、在京诸司直接送大理寺）复审。在州一级,对由县申解的徒罪案以及流罪而应加杖或应赎者,有权自行决配、征赎,也就是作出确定裁判,而对于真流、死罪案以及应予除名、免官、官当者,断定后申解于刑部。在京师及朝廷,以大理寺及京兆府、河南府为同一审级,有权断决笞、杖罪案;对于徒罪案、官员犯罪案以及后来有雪冤减刑案,在断决后并须申报刑部;对于流罪、死罪案及除名、免官与官当者,断决后须连写案状申报刑部。刑部对由州、京兆府、河南府申送的案件,有权予以按覆,并分别处理:凡属于"理尽者",申奏皇帝;对于"事有不尽者",如属于在外各州之案,派遣使节到原审判地就地核覆,在京师者,追就刑部核覆判定。皇帝对于刑部申奏案件,做出终局裁判。

5.宋代的审级管辖。两宋时期,所有案件原则上均以县作为第一审级,但县级仅对笞、杖刑案以及有关田宅、婚姻、债务之类案件,有权作出定案裁判,对徒罪以上案件,在作出定拟裁判后申报于州（郡、军、监）;当事人如果对田宅、婚姻、债务等案件认为"断事不当",也可以上诉至州（郡、军、监）。州（郡、军、监）一级对辖区内的徒、流、死罪案有权作出判决,但对流、死罪案、还须经路一级申报刑部复核;如有"法轻情重,法重刑轻,事有可疑,理有可悯"等情节的,亦应奏谳与朝廷;对田宅、婚姻、债务等案件,当事人如不服裁判,可以向路一级的监司提起上诉。路一级对州一级所判决的流、

---

[1]《汉书·刑法志》。这里所说的"谳"指的是下级向上级上报有关议罪或定罪科刑;"当"指的是作出裁判;"报"指的是批复。

死罪案,由提刑按察使转送刑部复核,对当事人不服州级判决而上诉的田宅、婚姻、债务等案件,则送邻州委官审理,如再不服,即送交户部。在中央一级,大理寺管辖对朝廷职官犯罪案件的审理,并对地方奏谳与地方官犯罪案件"议法断刑",但在宋神宗元丰改制前,凡"奏谳"案件,须先送审刑院"印讫",方才送大理寺;刑部管辖对大理寺所判案件以及各州报送复核的流、死罪案件的复核。对流刑以下案件可作出定案判决,对死刑等重大案件,在元丰改制前尚需送审刑院"详议",中书评议,皇帝裁决。对于田宅、婚姻、债务等案件,在中央由户部做出终局裁判。

6. 明清时期的审级管辖。明清时期的审级管辖在中国古代发展得最为成熟,也最具代表性。

第一审级为县(州、厅)。有权受理所有案件,但仅对笞、杖罪案及田土、户婚、钱债等案,有确定的裁判权;对徒刑以上的罪案,仅有定拟裁判权(即暂定的拟罪权);对上级批发的案件,有权审理;对辖区内发生的杀人、强盗等重案,有勘验并报告上司的责任。[1]

第二级审判机关为府(直隶州、厅及分守道)。原则上监督第一审级,复审其解送的徒罪案件,裁判田宅、婚姻、钱债等上诉案件,判决州、县自理案件的上诉案;但对布、按两上司发交的案件,应予审理;对其所亲自管辖地方的案件,则为第一审。

第三级审判机关为各省按察使司。按察使司对下级解送的徒罪案(非命案者)予以复审后,申报督抚;其命案的徒罪以及流以上罪案,予以复审后,申报督抚。另外,对下级各审判机关有监督权;对督抚发交的案件,承审后可予审理。

第四级审判机关为总督和巡抚(明代尚未设立)。督抚在清代作为地方最高长官,管辖权限包括:就省按察使司审送的非人命徒罪案,予以批结,也就是作出定案裁判,然后详叙招供,按季报刑部查核;对有关人命的徒罪及军、流罪案,专案咨刑部核复,年终会题;对死罪案,在定拟后,具题并咨送刑部。

第五级审判机关为中央的刑部。刑部作为天下刑名总汇,权限广大,其基本职权就是监督各下级审判机关,并复审其定拟裁判:对于军、流罪案,有定案权;对死罪案,由刑部会同大理寺和都察院或九卿定谳;对京控案件,奉旨审理;对京师地区发生的、经五城兵马司和步军统领衙门审判的徒罪案件,有权批结。

三法司与九卿。明清时代,朝廷除刑部外,对于死刑案件的复核及重大疑难案件,往往采取会审制。在明代,对重大疑难案件及重申案件,有刑部会同大理寺、都察院共同审理,称三法司会审;遇重大疑难案件,狱囚经两度审判仍执异词不服者,则由六部尚书、大理寺卿、左都御史及通政使等九卿会同审理,称"圆审";凡死刑复核则于每年霜降后,由三法司会同公侯伯等重臣元勋组成特别法庭进行,称"朝审"。清代则基本限于死刑案件的复核,在雍正三年(1725年)改制前,对外省死刑案件,须经三法司会

---

[1] 这种报告通常分为两种情形:①通详,指报告经过勘验而调查的实情;②通禀,是在尚不知详情的情况下仅报告案件的发生。

审,称"秋审";对被囚禁于刑部的死罪案件,须经九卿与其次官、詹事府詹事、都察院六科给事中及十五道监察御史会同审理,称"朝审";雍正三年改制后,外省死刑案件,也由九卿等会审。

皇帝为最高审级,对死刑案件,原则上均由皇帝做最终裁决。

(二)地域管辖

中国古代地域管辖制度不很发达,有关地域管辖的法律规定出现既晚,内容也极为简略;在司法实践中对地域管辖也不甚重视,因此,有关地域管辖多以习惯确定,相应地体现出以下特点。

1. 中国古代并未能形成独立于行政区划的司法区划,当然也就没有司法审判的特别管辖。

2. 原则上,中国古代如原被告的住县不同,就以被告住县确定地域管辖;但同时又以事发地方告理,作为例外和补充。

3. 中国古代对交叉案件的管辖制度比较完善。交叉案件又称为牵连案件,就是指数地方的司法审判机关对同一案件均有管辖权的情形。对交叉案件,唐代法律开始有明确规定,宋元明清又发展了唐代的规定。其中《唐律·断狱》分为"鞫狱官停囚待对"与"囚徒伴移送并论"两条,明清律典则归并为"鞫狱停囚待对"一条,但所涉及的都分为两种情形。

(1)"一事人在两处,而事发于一处",也就是对同一案件,甲地方的司法审判机关依据案发地原则形成对案件的诉讼系属,而案中牵连的囚徒伴侣尚在其他地方,未系属于乙地方的司法审判机关,因而甲地方的司法审判机关有权直接向乙地方的司法审判机关以官文书(牒)请求其协助缉获徒侣(同案犯),而解送于甲地方的司法审判机关。乙地方的司法审判机关在接到官文书后,不在法定期限内解送者,即对其官吏予以处罚。[1]

(2)"一事人在两处,而先后同发",也就是指对同一案件中的同案犯,先后在两处地方发现并被逮捕羁押,原则上应该由一处地方合并管辖;如两地方相距过远(唐代为相距一百里外,明清时期为相距三百里外),各从事发地方管辖,不用合并管辖,但应移文相互知会;至于一般情况下并合管辖,究竟应该有哪个地方管辖,则采取移轻囚就重囚的办法确定;如果轻重相等,就移少囚至多囚处;如果多少也相等,就移后发之地方的囚犯至先发地方管辖。[2]

---

[1] 对此,《唐律·断狱》规定:"鞫狱官停囚待对问者,虽职不相管,皆听直牒追摄";《大明律》、《大清律例》则规定为:"鞫狱官推问罪囚,有同起人伴见在他处,官司停囚专待对者,职分不相统摄,皆听直行勾取"。

[2] 对此,《唐律》规定:"囚徒伴在他所者,听移送先系处,并论之";注中进一步解释说:"轻从重;若轻重等,少从多;多少等,后从先。若两处相距百里外者,各从发处断之"。《大明律》及《大清律例》则规定:"若起内应全对问同伴罪囚,已在他处州县事发见问者,听轻囚就重囚,少囚从多囚,若囚数相等,以后发之囚送先发官司并问。若两县相去三百里外者,各从事发处归断。"

三、法官回避

中国古代管理回避制度创建于西汉武帝时,而法官回避制度则形成于唐代,后来的宋元明清各代,在唐代法律规定的基础上,对法官回避又作了进一步的发展完善。[1]

1. 法官回避的事由,凡法官与当事人之间存在某种特殊关系,可能影响案件公正审判者,均应予以回避(更之)。至于具体事由,包括四种:①五服以内亲属及大功以上婚姻之家;②受业之师傅;③曾经为本部官长(都督、刺史、布政使、按察使、县令或知县等);④有仇嫌关系。

2. 回避方式,中国古代对法官回避方式未作专门的规定,在一般情况下,应该是采用声请回避的方式。

3. 应回避而不回避的责任。唐宋元明清各代对应该回避而不回避的法官,均予以处罚。唐代规定以违令罪处罚;元代规定各以其所犯坐之;明清两代则规定笞四十,如罪有增减,以故出入人罪论处。

四、强制措施

(一)概说

中国古代强制措施的出现可以溯源于原始社会末期部族战争中对俘虏采取的"系用徽纆,置于丛棘"[2]措施,到夏代"帝芬三十六年,作圜土",[3]也就是创设了最初的监狱,标志着中国古代强制措施的形成。不过,夏商周时代,强制措施的发展尚处于初级阶段。春秋战国时代,在法典中设立有关强制措施的专门规定已成为趋势,而且强制措施的种类也日益复杂多样。秦汉以后,强制措施制度渐趋成熟。主要表现在:①历代法典中一般都有《捕亡》(或《捕断》、《系囚》、《断狱》)篇以及狱官令、格、式、敕、例等,对强制措施作出相应规定;②强制措施的种类一般既有对人者,如逮捕、羁押、保释、责付等,也有对物者,如搜查、扣押、管收及封存、封记等。

中国古代强制措施具有明显的特点:①有关强制措施尽管有法律规定,但却始终缺乏一般性和统一性,即未能抽象出强制措施的一般性概念,也没有将各种具体的强制措施组合为具有整体协调性的制度规范,呈现出具体性和个别性;②一直未能形成刑事诉讼与民事诉讼上的强制措施的区分,呈现出混沌性。

(二)逮捕与羁押

1. 概说。逮捕与羁押是中国古代历史最悠久、适用最广泛、也最为严厉的强制措

---

[1]《唐六典·刑部》:"凡鞫狱官与被鞫之人有亲属仇嫌者,听更之。"

[2]《易·习坎·上六》。原文意思是指,将俘虏用绳索捆绑起来,放置在荆棘丛生的封闭环境中,予以关押。

[3]《竹书纪年》。

施。可能在原始社会末期就已经形成。夏商周三代时期已经常使用,但由于尚处于发展的初级阶段,且史籍记载多已难详,或许带有很大随意性。

春秋战国时期,是逮捕与羁押措施规范化时期,这主要表现在诸侯各国通过制定颁布成文法,对逮捕与羁押程式做出专门规定上,其中公元前621年晋国所制颁的"常法"就有"董逋逃"与"出滞淹"的内容,[1]实际上就是关于逮捕与羁押的规定;楚国在文王时曾作"仆区之法",内容中就有"有亡人,当大搜其众"的规定。[2]到战国初年,魏国的《法经》专门列有《捕》和《囚》两篇,开创了在法典中设立专篇规定逮捕与羁押措施的先例;稍后在秦国商鞅制定《秦律》,沿用《法经》体例,从而使其内容更为规范化。

秦汉至明清时期,是中国古代逮捕与羁押措施发展和成熟时期。主要表现在:①各代在法典中对于逮捕和羁押措施均延用《法经》体例专门予以规定。其中秦汉律典仍分设《捕》、《囚》两篇,魏晋及南朝各国关于逮捕者,仍设《捕》律篇加以规定;而关于羁押者,则由《囚》律篇分出《系讯》篇加以规定。北齐合并为《捕断》篇,隋唐两代,律典专门设置《捕亡》和《断狱》两篇,宋元明清基本沿用其体例而稍加变通。②有关逮捕与羁押措施的具体规范也相应地发展的比较成熟,尤其唐宋元明清各代,最为系统。

2.逮捕。逮捕在中国古代或单称"捕"或"逮",就是指将罪犯或者逃亡者捕获。[3]至于其具体内容,在先秦时期的,史书记载多已佚失,仅在《云梦秦简》中尚能反映其零星内容,而秦汉魏晋南北朝各代虽有一些间接记述,却也不尽完整,只有唐宋元明清时期法典中的规定,最为详尽系统。

(1)逮捕的对象和范围。中国古代,逮捕对象一般分为两类:①是现行犯及嫌疑犯,但也并非所有的犯罪嫌疑人均应逮捕,依照各代法律规定,只有属于盗、贼、杀伤人、强奸等严重犯罪的嫌疑人,才予以逮捕;②是各种违法逃亡者,包括依法令已被征发兵役、徭役而逃亡者,流、徒罪犯在服役期限内而逃荒者,宿卫人在职逃荒者,丁匠在役及工乐户逃亡者,官户、官奴婢逃亡者,浮浪之人等。[4]

(2)逮捕措施的执行。在中国古代,逮捕措施一般由案发地方的长官决定,重大案件的嫌疑犯也可由皇帝亲自下诏逮捕,称为"诏狱";地方长官决定后,即差遣负责实施逮捕措施的将吏率领役夫等具体执行逮捕措施。凡是"将吏已受使追捕"或"即非将吏,临时差遣"追捕之人,"不行逗留"或与被追捕之人相遇"不斗而退"或"斗而退

---

[1] 《左传·文公六年》。
[2] 《左传·昭公七年》。
[3] 对于逮捕的含义,古人有三种不尽相同的解释:①《汉书·高帝纪》颜师古注:"事相连及者,皆捕之也",就是指将同案相连及的所有同案犯全部逮捕;②《汉书·高帝纪》颜师古注:"在道守禁,若今传送囚也",也即是指押送囚犯;③《汉书·高帝纪》刘攽补注:"逮者,其人存,直追取之;捕者,其人亡,当讨捕也。故有或言逮,或但言捕,知异物也"。这就将"逮"与"捕"解释成两种不同的具体措施。
[4] 唐代的《捕亡令》:"匠及征人、防人、流人、移乡人逃亡,及欲入寇贼,若有贼盗及被杀伤,并须追捕"。

者",即予处罚;如果能在规定期限内自行捕得罪人,则可以免除其罪责;在实施逮捕措施时,如果"罪人持杖拒捍,其捕者格杀之及走逐而杀,若窘迫而自杀者",捕者均不负刑事责任。但如果罪人"已就拘执及不拒悍而杀或折伤之",则按照斗杀伤罪对捕者予以处罚;另外,受使追捕者如有泄露应捕之事,致使罪人逃避者,也应予以处罚。

(3)一般社会成员协助逮捕的义务。基于义务本位观念,中国古代法律对社会一般成员协助逮捕义务作了规定。凡"被人欧击折伤以上,若强盗及强奸"等直接并严重侵犯人身的犯罪,"虽旁人皆得捕系,以送官司",其他犯罪,则禁止旁人"不言请而辄捕系";另外,凡是"追捕罪人而力不能制,告道路行人,其行人力能助之而不助者",处以刑罚;凡"邻里被强盗及杀人,告而不救助者",或"闻而不救助者",均按不救助罪论处。

3.羁押。羁押系现代概念,指对被逮捕或被拘留的罪犯等予以关押,限制其人身自由。中国古代虽然没有羁押的概念,但却一直都存在羁押措施。夏代所创设的"圜土"据说就是用来羁押囚犯的监狱;先秦时代的甲骨文及文献典籍中也有许多反映羁押措施的文字记载,[1]其中《周礼·秋官·掌囚》记载,对羁押者,"上罪梏拲而桎,中罪桎梏,下罪梏"。秦汉以后,历代法律对羁押措施均有详尽的规定。从具体内容来看,羁押措施的发展可以分为两个阶段。

(1)单纯械禁阶段的羁押措施。夏商时代羁押措施的具体内容已不可详知。西周时代,羁押措施实行的是械系方法,也就是说,凡被羁押者,都必须加戴相应的械具。其所加戴的械具分为桎、拲、梏三种,其中桎,是加戴在足部的械具,相当于后世的脚镣;拲,是加戴于颈部的械具,相当于后世的枷;梏,则是加戴于手部的械具,相当于后世的手铐。依据被羁押者的身份和所犯罪行的轻重,"上罪梏拲而桎,中罪桎梏,下罪梏;王之同族拲,有爵者桎,以待弊罪"[2]也即是说,对犯重罪的加戴桎梏和拲三种械具,犯中罪的加戴桎梏两种械具,犯轻罪的只加戴梏;但如果是国王之同族人犯罪,只加戴拲一种械具,有爵位的人犯罪,加戴桎,以等待裁判。

春秋战国到秦代,仍然实行单纯械禁的方法,对被羁押者均加戴械具,其所使用的械具,尚有钳等,但详情已不甚清楚。

(2)械禁与散禁相结合阶段的羁押措施。汉代在羁押措施上发生了重大变化。汉惠帝元年开始实行对爵位在五大夫、官吏六百石以上者,以及长期在皇帝身边为官而且知名者,"有罪当盗械"时"颂系"的办法,汉景帝后元三年又进一步"著令:年八十

---

[1] 如商代甲骨文中的"奚"字,据《殷墟文字类编》说,就是指"从手执索,以拘罪人也";"执"字,这是指"象刑具之形,有罪而执之";另外像"圉"字,按《说文·幸部》,就是"囹圄,所以拘罪人";夏朝末年,"招汤而囚之夏台";商朝末年,"囚西伯于羑里";《左传·昭公七年》记载周文王曾实行"有亡荒阅"之法,就是指对逃亡者进行大搜捕。

[2] 《周礼·秋官·掌囚》。

以上、八岁以下，及孕者未乳、师、侏儒，当鞠系者，颂系"。[1] 而所谓的"颂系"，就是指在羁押时，不加戴械具，实际上就是散禁。此后，汉代直至清代，羁押的方法就有械禁与散禁两种。而这两种方法的具体适用，则取决于被羁押者所犯罪行大小与身份关系。当然，即使同属于械禁，也因使用何种械具而有所区别。在此仅以唐代与清代为例，稍加说明。

唐代羁押不仅适用于被告，且适用于原告。散禁的适用对象主要是年八十岁以上和十岁以下的老幼，以及废疾、孕妇、侏儒等；一般人犯杖罪；原告及属于公罪徒刑之官吏等。至于械禁，又分为枷禁、杻禁与锁禁，也就是分别加戴枷、杻、锁三种械具，根据所犯，一般死罪者既戴枷又戴杻，流徒罪者仅戴枷，锁禁只适用于议、请、减者犯流刑以上之罪及应除免者、官当者。

清代羁押分散收与械收。与唐代不同，清代对原告并不羁押。按照规定，原则上徒刑以上各犯及妇女犯奸罪者，均应收禁羁押，而官吏犯公私罪、军民犯轻罪者散收。至于械收，仍分用三种械具，即铁锁、杻、镣，具体办法为"除强盗、十恶、谋故杀重犯，用铁锁、杻、镣各三道，其余斗殴、人命等案罪犯，以及军、流、徒罪等犯，只用铁锁、杻、镣各一道；笞、杖等犯，止用铁锁一道"。[2]

（三）搜查与扣押

搜查与扣押，是相互联系又不相同的强制措施。其中搜查，又称搜索，是指司法审判机关对被告人及其他可能隐藏犯罪嫌疑人或犯罪证据的人的身体、物品、住所和其他相关场所进行的搜索检查；而扣押措施，则是指司法审判机关对可以作为证据或与案件有关的物品予以强制性扣留。

先秦时期就已经有搜查与扣押措施。[3] 秦汉以后，历代对搜查与扣押都有规定，至唐代基本定型，宋元明清时代基本沿用唐代的规定而稍加变通。按照规定，司法机关对案件的审理，原则上应依据原告的控告或被告的自首；第三人的告发及官吏代表国家纠举犯罪，虽然也可以引起诉讼程序的开始，但究属例外，加上历代奉行不告不理原则，司法机关"皆须依所告状鞠之"，凡"于本状之外别求他罪者"，严格禁止。因而，属于侦查范围的搜查与扣押处于附属与补充地位。同时，司法官"若因其告状，或应为掩捕、搜检，因而检得别罪者，亦得推之"，也就是可以审判；《斗讼》"告小事虚"条规定，"诸告小事虚，而狱官因其告检得重事及事等者，若类其事，则除其罪"，疏议解释说，"此条为依告状检赃生文，不同狱官状外求罪之例"。所谓"搜检"、"检赃"都是指

---

[1]《汉书·惠帝纪》、《汉书·刑法志》。"颂"古与"容"通，有宽容之义，也就是对械禁者加以宽容，不戴械具。

[2]《大清律例·刑律》"凌虐罪囚"条附例。

[3]《云梦秦简·封诊式》中的《封守》："以某县丞某书：封有鞫者某里士伍甲家室、妻子、臣妾、衣器、畜产"，并且"以甲封付某等，与里人更守之，待令"；《贼死》载有求盗（基层官吏名称）甲报告发生杀人案件，司法审判官就命令令史前去现场勘查，经过勘查，即使甲"以襦、履诣廷"，也就是涉案的物证予以扣押。

搜查而言，而"检赃"所得之赃物，当然要予以扣押。《大清律例·刑律》强盗条附例规定，"至获盗起赃，必须差委捕员眼同起认"，而且对于"捕役私起赃物，或借名寻赃，逐店搜索"的行为，不但禁止，而且处罚，凡属涉案的"行凶器杖"等，必须扣押，作为物证使用。

(四) 保释与责付

保释与责付，是相互联系又不尽相同的强制措施，从唐代开始，法律对之已有规定，唐以后的宋元明清各代法律均沿用并发展了这两种措施。

1. 保释。保释，又称责保参对，是对被告(唐代还包括原告)人不予羁押，而由他人出面担保其随时接受讯问的措施。在唐代，保释的适用分三种情形：①享有议、请、减等特权的官吏及其亲属犯公罪流、私罪徒(非官当者)，责保参对；②九品与八品官吏犯公罪应处徒刑者，在款定之后，允许在外参对，而且不须担保；③原告及邻伍告发，所告为流罪以下者，责保参对。

清代保释制度较唐代更为规范化和系统化。根据案情及被告身体状况，分为轻犯保释与病犯保释两类。轻犯保释系对犯笞、杖等轻罪被告人采取的措施，一般责令地方上的地保担保候审，也有轻罪及干连证人等交保看管之制，其保人均系实店铺或在地方有声望的士绅等；病犯保释是对应处徒刑以下被告人患病应治疗者，由狱官报明审判官，且经检验属实的，取具"的保"，保释出去就医治疗，等病情痊愈后，再送回监狱羁押并审结，这同现代的保外就医基本相同。

2. 责付。责付，是仅适用于妇女的措施。清代凡是妇女除犯奸罪及死罪应予收监羁押外，其他杂犯，均交付其本夫，并责令收管；如果没有本夫，就责付于有服亲属、邻里收管，并随时听候审判。

五、证据制度

(一) 概说

中国古代证据制度形成于先秦时期，尤其是在春秋战国时期，以秦国的《云梦秦简》为代表，对证据的收集、使用以及现场勘验、法医鉴定等均有相当成熟的规范，同时法律上对证据在定案中的作用也非常重视。秦汉之后，古代证据制度朝着规范化的方向发展，到唐代已基本定型，其后的宋元明清时期，又有进一步的发展完善。主要表现在：①有关证据的规则不但在法典中已有明文规定，而且还形成了的单行的证据法规；[1]②对证据的种类已有相应的划分，通常分为人证与物证两大类，并对这两类证据的收集和使用确定了一些基本规则；③对于证据与口供的关系，尽管在理论上并未廓清，但在实践中已形成固定的程式。

---

[1] 从宋元代时代开始，单行的证据法规已比较普遍，如宋代的《检验格目》、《检验正背人形图》，元代的《诸杀检验条》等。

（二）人证

人证，又称人的证据，就是指与人的意识活动有关的证据，一般包括证人证言、当事人陈述和辩解（口供）、鉴定结论等。在中国古代，当事人的陈述和辩解是否作为证据，在理论上并无说明，在实践中与证人证言也有区别；至于鉴定结论，系由司法机关作出，似偏重于物证性质。因而，所谓人证，在中国古代主要就是证人证言。

证人证言最早在西周时期就有反映。《周礼·地官·小司徒》有"凡民讼，以地比正之"，就是指对于土地争讼，以比邻而居之人的言词作为证据定案。后世有关人证的规则不断发展，形成了比较完善的规范。

1. 关于证人资格。原则上任何人都可以作证，成为证人。但因特殊身份，有两种人不得成为证人：一是所谓相容隐人，因为和当事人之间存在亲情关系，难免在作证中有所隐晦；二是年八十岁以上十岁以下的老幼以及废疾之人，因不堪刑讯和即使诬证也不负责任，难免证不言实。

2. 关于证人的义务，包括三项：①具结义务；②据实提供证言的义务，这是证人的核心义务；③伪证与诬证被处罚的义务。一般情况下，在审讯时要先对证人告知证不言情或证不言实应该承担的法律责任；在讯问中，如果证人证不言情而作伪证，致使罪有出入者，应予以刑事处罚；如果本非证佐之人而挺身硬证者，与诬告人一体治罪，受赃者，计赃以枉法从重论处。

3. 关于众证定罪。众证定罪是中国古代人证制度中最具特点的一项规则。依据《唐律·名例》的规定，众证定罪仅适用于"诸应议、请、减，若年七十岁以上、十五岁以下及废疾者"，在讯问时"不合拷讯"的特殊情形；所谓"众证"，就是指三人以上相同之证言，据此就可定罪；如"三人证实，三人证虚"，就属于"疑罪"，按"罪疑者，以赎论"处理。这一规则带有形式证据色彩，使用范围并不具有普遍性，仅仅是特定情形下的变通方法，因而影响非常有限。

（三）物证

物证，就是指依据物品或其痕迹作为证明案件事实的证据，因而又称为物的证据，一般包括狭义的物证、书证、勘验笔录以及鉴定结论、视听资料等。在中国古代，物证比较常见的有狭义的物证、书证、鉴定结论以及勘验笔录等，但对勘验笔录与鉴定结论并无严格区分，鉴定结论往往包括在勘验笔录中。同时对狭义物证的使用固然普遍，但所设立的规则却比较少，而对于书证和勘验笔录则规定的较为详尽。

1. 书证。书证，是以其书面文字所记载的内容来证明案件事实的证据。在中国古代，西周时就开始使用书证，[1]战国秦汉至明清时期，书证在各种案件中都起着十分重要的作用，在有关田宅、坟墓、钱债、行账、婚姻、承继等案件中，更是必不可少的证据。在这类案件中，当事人如果不能提供相关的契券（契约文书）、绘图、注说、婚书、

---

[1]《周礼·地官·小司徒》："地讼，以图证之"。其中的"图"就是书证。《周礼·秋官·士师》："凡以财狱讼者，正之以傅别、约剂"。其中的"傅别、约剂"也是书证。

行单等书证,就必然承担败诉的后果;在案件审理中,为检验书证的真伪,一般均要求对有关书证进行呈验;当事人如果不遵命呈验,即可予以管束。至案件审结或因其他原因销案后,由当事人具状领回所呈交的书证。

2. 勘验与勘验笔录。中国古代通过勘验搜集物证,查明案情以定罪量刑的做法在西周时期就已出现,[1]战国后期,秦国已有比较发达的现场勘验和法医鉴定制度[2]。在此基础上,秦汉至明清各代都很重视通过观察犯罪现场、检验尸体及人身伤痕等来收集证据,尤其是制作勘验笔录和鉴定结论,这就使得勘验成为狱讼制度的重要内容,更是证据制度不可或缺的组成部分。

(1)负责勘验的机构,就是各级有管辖权的司法审判机关。一般情况下,由受长官委派的属吏具体负责实施勘验[3]。但从宋代开始,凡重大案件,要求长官必须亲临勘验;清代规定,凡斗杀、故杀、谋杀等命案、斗殴重伤案等,均须长官亲临勘验,其中在京师者由刑部司官及五城兵马司或京县知县,在外由州县正印官亲验;强盗罪原则上也必须由长官亲临勘验。在长官之下,一般设有专司检验死伤的属吏,称为"仵作",进行具体的勘验。

(2)勘验的范围,以有人身伤害及致人死亡的刑事案件为主,对于盗案、奸非案等刑事案件也进行勘验,有些关于田宅争界与霸占田产的案件也要进行勘验。

(3)勘验的程序,在先秦时期已不详。在《云梦秦简·封诊式》记述中,一般是在司法机关接到报案(有的是求盗报案,也有的是他人报案)后,就由"丞"派遣令史前往案发现场或犯罪嫌疑人的住居处所进行勘验;受使勘验的令史应该对一切与案件有关的现场情况及物证进行详细勘验,有时还要讯问可能的知情人;最后要将勘验的情况和结果记录在笔录(爰书)中,并向县令报告。在宋元明清时期,则根据案件性质来确定具体的勘验程序。如属人命案,必须先审问尸亲、证佐之人及被指控的凶犯人等,令其据实招供,然后亲自到尸体所在地进行勘验;勘验的内容包括要害致命之处,为何物所伤致命等;经勘验检报完毕,又公同一干人众,质对明白,各情输服,然后成招;如属斗殴伤害案,则先行勘验,然后审理。

(4)勘验人的责任,中国古代法律规定了负责和具体实施勘验者应负的责任。按《唐律·诈伪》,凡受使检验不实者,分为两种情况处理:①对"诈病及死伤"检验不实的,减所欺之罪一等处刑;②对"实病死及伤不以实验者",按故入人罪论处。明清时代则分别规定了多方面的责任:①受委后不即时检验,致令尸体难以检验,或应亲临检验而转委吏卒,长官不亲临监视,以及虽亲临却不用心勘验,甚至移易、增减、轻重尸伤等,致使勘验尸伤不实、致死原因不明的,正官杖六十,同检官杖七十,吏典杖八十,仵

---

[1] 《礼记·月令》:"孟春之月,命理瞻伤、察创、视折、审断,决狱讼,必端平,戮有罪,严断刑。"
[2] 参见《云梦秦简·封诊式》部分。
[3] 根据《礼记·月令》,所谓"命理",就是命令"理"作为"治狱之官"进行勘验。而根据《云梦秦简·封诊式》则是在案发后由县令命令"令史"前往案发现场进行勘验。

作等检验不实者,也杖八十。②官吏、仵作等因检验不实,致使在案件结果上导致罪有出入者,以失出入人罪论处。③如受财枉法,故意检验不以实者,以故出入人罪论处,赃重者,计赃以枉法从重论处。

第三节 告诉程序

一、概说

中国古代诉讼程序的启动采取三种方式:①私的诉追方式。不论何种案件,当事人都可以予以诉追,通常多为被害人直接向官府告诉,称为告言或控告;作为补充,自西周开始,又设有犯罪人自首制度。②公众诉追方式。当事人之外的其他人(第三人)也可以告发案件。在这种方式中,各代对于某些特殊犯罪(主要是谋反、大逆)规定了知情者负告发义务的制度;某些具有特定身份的人(如同伍、保甲、监临主守等),对相应的案件,也负有告发的义务。③公的诉追方式。有些案件诉讼程序的启动并无原告,而是由官吏直接对犯罪人予以诉追,其表现形式有对官吏犯罪由监察机关纠举弹劾,审判机关因风闻(访闻)及现行犯而直接诉追等。另外,作为例外,曹魏时曾实行谋反、大逆才允许相告,其余均不许听治,敢妄相告,以其罪罪之的制度,这就是原则上采用公的诉追方式,仅对谋反、大逆等采取公众诉追方式。

二、告诉

1. 告诉的程式。告诉,又称为告言、控告,简称告、控,是私的诉追方式中最主要也最普遍的方式,也就是被害人及其亲属直接向官府呈诉,但这种呈诉必须依法定程式进行。

(1)告诉原则上采书面主义,但也允许口头告诉;不论书面或口头告诉,均须"指陈实事,不得称疑"。夏商周三代时期,应该以口头告诉为基本形式,战国到秦代,即使口头告诉,也要求由"令史"为之笔录。汉代开始,以书面告诉为主,口头告诉为补充。但不论是口头还是书面告诉,法律要求必须"指陈实事,不得称疑",也就是必须以实事告诉,不得因怀疑告人,否则,官府不予受理。

(2)不得投递匿名书告人罪,否则,不但不予受理,而且处罚匿名告人者。秦代开始,法律严禁用匿名方式告人罪,"有投书,勿发,见辄燔之;能捕者购臣妾二人,系投书者鞫审谳之"〔1〕。汉代对采取匿名书告人罪者,称为"飞书",处弃市重刑。唐代对"投匿名书告人罪者,流二千里。得书者,皆即焚之;若将送官司者,徒一年;官司受而为理者,加二等,被告者不坐。辄上闻者,徒三年"〔2〕。明清两代,对投递匿名书告人

---

〔1〕《云梦秦简·法律答问》,其中"投书"就是指投递匿名信;"购"指奖赏;"系"之拘捕而羁押之。
〔2〕《唐律·斗讼》。

罪,处刑重至绞刑。

(3)禁止诬告,实行诬告反坐。秦代开始严禁诬告,对诬告者,"以所辟罪罪之",也就是对诬告者实行反坐。唐代法律规定,"诸诬告人者,各反坐。即纠弹之官,挟私弹事不实者,亦如之";[1]凡是诬告期亲尊长、外祖父母、夫及夫之祖父母,得罪重者,加所诬罪三等;诬告本属府主、刺史、县令者,加所诬三等。宋元明清的规定与唐代基本相同。

与诬告相关而有不同的在中国古代还有告不实,秦代称为告不审。两者虽在表面上均为所告之事不实,但诬告是故意陷害他人,告不实并非故意陷害他人,而仅因失误未能查清事实,在处理上,对告不实较诬告减轻。

2.告诉的限制。中国古代以私的诉追方式为主,受害人享有一般的诉权,但对某些特殊情形的犯罪,或因亲属伦常关系,或因主奴身份关系,或因尊重皇权观念,对诉权又加以限制。

(1)限制五服以内亲相告。基于亲属伦常关系,自西周时就有"父子无狱讼"[2]的观念产生。秦代区分公室告与非公室告,其中"贼杀伤、盗他人为公室告",也就告他人犯贼杀伤人及盗罪的属于公室告,官府受理;而"子盗父母、父母擅杀、刑、髡子及奴妾,不为公室告",也就是对子盗父母财产或者父母擅自杀伤子女或对子女用私刑以及主人对奴妾杀伤或用私刑的,官府不但不予受理,而且当告者"行告"时,也就是坚持告诉的,对"告者罪"。[3]汉代形成"亲亲得相首匿"之制,不但允许而且强制卑幼对尊长犯罪隐匿窝藏,不得告诉;如卑幼告诉尊长,即属不孝,应处弃市刑。唐代制五服亲禁止相告制度,如告诉即予以处罚,被告者同自首法。但作为例外,对特别严重的如谋反、谋大逆、谋叛罪,嫡、继、慈母杀其父罪,养父母杀其本生父母罪,侵害财物、身体罪,不在此限。明清法律仍然禁止告祖父母、父母、夫、夫之祖父母父母及五服尊长,违者属干名犯义;被告者,同自首法;但对谋反、谋大逆、谋叛等罪,亦如唐制。

(2)禁止部曲、奴婢、雇工人告主人及其五服亲。基于主奴间的人身关系,中国古代始终禁止奴婢、部曲等告主人及其近亲属。早在西周就有"凡听五刑之讼,……必立君臣之义以权之"、"君臣……无狱讼"的说法。[4]秦代法律将奴妾控告主人划入非公室告的范围,加以禁止。到唐代,法律明定制度,禁止奴婢、部曲控告主人及其五服亲,违者轻则处徒刑,重者处绞刑;被告之主人及其五服亲同自首法;但作为例外,对主人及其五服亲犯谋反、谋大逆、谋叛罪,主已放其为良而仍压为贱者,允许奴婢、部曲控告。明清律与唐规定基本相同,只是改部曲为雇工人而已。

---

[1]《唐律·斗讼》。
[2]《国语·周语》。
[3]《云梦秦简·法律答问》。
[4]《礼记·王制》、《国语·周语》。另外,在出土金文《朕匜铭》中记载,牧牛与其主人师㝬争讼被判刑的事例。

(3) 囚人不得告举他事。中国古代从北齐时形成"负罪不得告人事"的制度,隋唐宋元明清各代一直沿用。按照规定,凡被囚禁之罪人,除狱官酷虐之外,不得告举他事。[1]

(4) 老幼及笃疾者,原则上不得告人。在中国古代,西晋法律开始规定,"十岁不得告言人";[2] 唐代定制为"年八十以上、十岁以下及笃疾者,听告谋反逆叛、子孙不孝及同居之内为人侵犯者,余并不得告。官司受而理者,各减所理罪三等"。宋元明清各代基本沿用这一制度,清代又增加妇女不得告言人罪;另外,乾隆时通过附例修改其制为年老及笃疾之人,除谋反逆叛、子孙不孝允许自行告诉外,其余公事,许令同居亲属之通知所告事理又确实可靠之人代为告言,如系诬告,反坐代告之人。

(5) 不得以赦前事相告。中国古代恩赦对于告诉的作用在于,凡犯罪已经赦免者,原则上不许再行相告。汉代规定,"陈赦前事者为亏恩,以不道论",[3]"无得举赦前事"。[4] 后来在唐宋元明清各代法律上都规定,凡是以赦前之事相告言者,"以其罪罪之",官司受理者,以故入人罪论处。

三、告发

告发,又称为首告,就是指第三人对官府告诉犯罪事实,属于公众诉追方式。

战国时期,秦国曾广泛实行奖励告奸及连坐制度,规定"民为什伍,而相收司连坐。不告奸者腰斩,告奸者与斩敌首同赏,匿奸者与降敌同罚",[5] 这就是以国家强制力使人民对犯罪负有告发的义务。汉代对于盗、贼等罪,知情者也负有告发义务,违者按首匿罪科刑。唐代规定,人民对谋反、谋大逆、谋叛及盗、杀人等犯罪负有告发义务,"诸知谋反及大逆者,密告随近官司,不告者,绞;知谋大逆、谋叛不告者,流二千里;知指斥乘舆及妖言不告者,各减本罪五等"。"同伍保内,在家有犯,知而不纠者",作为例外,除"其家惟有妇女及男子十五以下者""皆勿论"之外,根据所知犯罪轻重,科处刑罚。宋元明清时期基本沿用唐代的规定。

四、自首

自首,属于私的诉追方式,是指犯罪人自行向司法机关告诉犯罪事实,从而启动诉讼程序。

自首可能渊源于西周。战国时代,秦国法律已经明确规定了自首制度,不过,在

---

[1] 据《大清律集解》的说法,之所以实行这一制度,原因是在中国古代原则上罪无重复科刑之制,已经犯罪在案者,即使所告不实,也不得再加以诬告之罪,如果不对之加以禁止,就难免囚犯妄噬害人,乱加诬告。
[2] 《晋书·刑法志》。
[3] 《汉书·平帝纪》。
[4] 《汉书·哀帝纪》。
[5] 《史记·商君列传》。

《云梦秦简》中称为"自出"或"先自出"。汉代改称"自告"或"先自告",原则上,"先自告,除其罪"[1]。曹魏法律改"自出"为"自首",此后一直沿用。自唐代开始,法律上除一般自首外,还规定有"首露(收服)"、"悔过还主"、"自觉举"、"捕首"、"遣人代首"等特殊形态的自首。自首在诉讼上的效果,与告诉相同,系启动诉讼程序的方式,司法机关因自首可以开始对案件的审理。

五、举劾与访闻

举劾与访闻,属于公的诉追方式,是指由官吏代表国家对犯罪人予以诉追。这种方式在战国时就已经出现,其中秦国主要有负有治安巡逻与缉捕盗贼责任的求盗、里典等直接纠举犯罪和监察官吏对官吏违法犯罪予以弹劾、纠举两种基本方式。秦汉以后,历代都沿用并发展了这种模式。如汉代对于监临部主就规定有"见知故纵"之罪,凡是监临部主见到或知道有犯罪发生就必须予以举劾,如果"见知而故不举劾,各与同罪;失不举劾,各以赎论;其不知不见,不坐"[2]。唐代法律也规定,监临主司知所部有犯法而不举劾者,减罪人三等,纠弹之官,减罪人二等科刑。

举劾的提出,往往因访闻(风闻)即可,凡风闻官人有罪,未有告言之状,而奉制案问,简称为案;至于一般人的犯罪,监临主守之官自然也可以因访闻而案问。经访闻举劾而案问,也就是开始了诉讼程序,这在习惯上称为访案,与讼案相对应。

六、受理诉讼

诉讼须司法审判机关受理立案后,才能进入审判程序。中国古代对诉讼的受理也有规定。

(一)受理诉讼的机关与官吏

西周时对诉讼一般由士或士师受理诉讼,春秋时期大致相同。战国时期,随着郡县制的出现,尤其是从秦朝统一开始,实行由县级司法机关受理诉讼的制度;至隋唐时期,则由州县受理诉讼;到宋元明清各代,原则上须由州县正印官受理诉讼,正印官有事故时,也可以临时由典史等属吏代为受理,其余军府一般不得辄受告事辞状。但对于谋反、逆叛及盗贼等重案,作为例外,允许其受理。但受理之后应立即送随近州县,不得自行审理。

(二)受理诉讼的限制

中国古代对受理诉讼的限制有两个方面:①对于投匿名书状告人罪、囚人告举他事、老幼废疾告人罪、告赦前事、告人罪称疑以及越诉等,司法审判机关不得受理;对于告乃坐之罪,也不得受理。违者,不仅告者有罪,受理的官吏也要受到处罚。②自唐代至清代,对有关田宅、婚姻、债负、分析等属于"民间细故"的诉讼,规定在每年的农历

---

[1] 《汉书·衡山王传》。
[2] 《晋书·刑法志》。

四月一日至九月三十日的农忙期间,因恐扰农,实行所谓的"务限法",不得受理,仅在每年的农历十月一日至三月三十日的农闲期间,才可以受理。

(三)违法受理的责任

司法审判机关及官吏,对于诉讼应受理而不受理,或者不应受理而受理的,各代都确定有惩罚之制。

第四节　审判制度

一、法庭组织

中国古代,法庭组织或者说审判组织,大致经历了两个发展阶段。

夏商周三代时期,法庭组织以独任制为基本形式,合议制可能仅是在特殊情形的补充。[1] 战国秦汉魏晋南北朝到隋朝,法庭组织基本都采用独任制,至于在北魏时由于地方各级实行所谓"三长制",州设三刺史(皇室一人、异姓二人),郡置三太守,县有三令长,法庭组织应该就是"三长"合议制。

唐到清代,法庭组织发生了一些重要变化,这主要表现在中央司法审判机关在审理案件时,已经有了比较固定的合议制组织形式,不过,在地方各级仍然实行独任制的法庭组织形式。首先,唐代在一般情况下,中央司法审判机关仍采用独任制,但对某些特别重大案件的审理,实行三司推事制度,也就是有大理寺、刑部、御史台的长官组织特别法庭进行审理,这显然属于合议制;必要时,皇帝还可以命非司法审判机关的官员参与审判,如"天下之人有称冤而无告者,与三司诘之",[2] 也就是由御史大夫、中书及门下省共同审理;对于地方重大案件,如不便解往中央,就派遣监察御史、刑部员外郎及大理寺评事充任三司使,前往案发地,共同审理,称为小三司推事。其次,宋代除在中央实行合议制之外,在地方州一级则因为既设知州,又设通判作为副职,故而对案件的审理,必须共同进行,也就是实行合议制的法庭组织。再次,明清两代中央各级审判均实行合议制,其中刑部尚书与侍郎同属"堂官",由其共同审理,称为"堂议";对于死刑案件复核,则有三法司会审与九卿会审的形式,其实,也就是合议制的法庭组织形式。

---

[1] 这一点在《礼记·王制》中有反映:"成狱辞,史以狱成告于正,正听之;正以狱成告于大司寇,大司寇听之棘木之下;大司寇以狱之成告于王,王命三公参听之;三公以狱之成告于王,王三又(宥),然后制刑。"这段话中的"正"、"大司寇"审理案件,均是采用独任制方式,只有"王"命令"三公"审理时,才采用了合议制方式。

[2] 《唐六典》卷十三。

二、审判方式

(一)概说

中国古代实行以纠问式为主,控告式为辅的混合式审判方式,这种方式具有以下特点:

1. 案件的成立可以基于当事人及其亲属的告诉,也可基于第三人的告发,还可基于司法审判机关或官吏的主动追究。

2. 审判活动中,司法审判官是唯一的诉讼主体,基于司法审判职权主导审判中的一切活动,当事人及证人等,都属于被调查、被审判的对象。

3. 审判程序的核心就是查问和审核被告的罪行是否成立以及如何定罪量刑。在早期神权观念盛行的夏商两代,对疑难案件曾实行神明裁判方法;西周时期,逐渐形成法定证据制度,被告的口供在确定案件事实上具有至关重要的作用,因而整个审判活动的中心就是如何获得口供以及对口供的真伪进行判断;为获得口供,法律确定刑讯拷掠为合法的审讯方法;而对口供真实性的审查,则既可采取与其他证据相互印证的方法,也可以是原、被告以及证人相互对质,更为普遍的方法则是实行"五听"方法。

(二)神明裁判

神明裁判简称神判,是指司法审判关对于难以用证据证明真实案情,被告又拒不认罪的疑难案件,借助超自然的所谓"神"的力量来判断被告人有罪还是无罪的审判方法。

夏商时期,在绝对神权观念支配下,神明裁判方法十分盛行。夏初对"用命"者"赏于祖",对"不用命"者,"戮于社",以表示"恭行天罚";[1]商代"率民以事神",在审判中广泛使用神明裁判方法,据甲骨文反映看,商王对于定罪量刑,都要采用占卜方法决定。[2]到西周时,绝对神权观念动摇,神明裁判不再盛行,但其影响仍然存在。[3]

(三)刑讯与五听

自西周开始,对案件的审判,主要采取刑讯与五听这两种相互联系又各有所重的方式。其中,刑讯的方法主要在于获得口供,而五听的方法主要在于审查口供的真实性。

1. 刑讯。刑讯,即刑讯逼供,是指以致人肉体或精神遭受痛苦而获得当事人的口供的审讯方法。刑讯最早可能出现在西周时期,但当时似乎只是习惯做法,在法律上

---

[1] 《尚书·甘誓》。另外,据汉人王充《论衡·是应》说,虞舜时期,皋陶作士,审判案件"其罪疑者,令羊触之,有罪则触,无罪则不触"。这就是后来将独角兽作为法官象征的传说渊源。

[2] 如殷墟甲骨卜辞中的"贞:王闻惟辟?""贞:王闻不惟辟?""兹人井(刑)不(否)?"都是有关是否定罪用刑的占卜记录。

[3] 这主要表现为"誓审"。

尚未见到有关规定。[1] 战国秦汉时期,刑讯方式呈现出合法化与随意性并存的状态:一方面,法律对刑讯已有明文规定,如秦国法律就规定"能以书从迹其言,毋笞掠而得人情为上,笞掠为下,有恐为败"。[2] 汉代律条规定,"掠者惟得笞榜立",[3]"死罪除名,罪证明白,考掠已至,而抵隐不服者,处当列上"。[4] 另一方面,虽然法律提倡尽量少用刑讯,但对刑讯的具体操作规程却缺乏相应的规定,因而导致在司法实践中,经常出现司法审判官肆意使用刑讯的情形,其典型者如秦朝时赵高在制造李斯父子反逆冤案时,"榜掠千余",致使李斯"不胜痛,自诬服";[5] 汉初审理贯高谋杀案时,"榜笞数千,刺剟"以至于其"身无可击者";[6] 东汉时审理楚王谋反案时,陆续等五十多名地方小吏被严刑拷打,"不堪痛楚,死者大半",陆续也被拷打的"肌肉消烂"。[7] 这正是刑讯随意性的必然结果。

魏晋南北朝时期,刑讯制度逐渐规范化。这主要表现在对刑讯的具体实施已有明确统一的规定,强调"拷讯以法,不苛不暴"。其中南梁首创测罚之制,"凡系狱者,不即答款,应加测罚,不得以人士为隔。若人士犯罚,违捍不款,宜测罚者,先参议牒启,然后科行。断食三日,听家人进粥二升,女及老小,一百五十刻乃与粥,满千刻而止"。[8] 这颇类似现代的疲劳法。南陈讯囚用测立法,"有赃验显然而不款,则上测立",具体办法是"以土为垛,高一尺,上圆,劣容囚两足立。鞭二十、笞三十迄,著两械及杻,上垛。一上测七刻,日再上。三七日上测,七日一行鞭。凡经杖合一百五十,得度不承者,免死"。[9] 北魏最初虽然多用野蛮残酷的刑讯方法,但从太武帝拓跋焘至文帝拓跋宏时,先后多次定律,对刑讯予以规范,"诸察狱先备五听,验诸证信,犹不首实者,然后加以拷掠",但"拷诬不逾四十九",也就是对五十岁以上之人不得拷讯;拷讯时"量人强弱,加之拷掠",体弱者可以减轻;其"杖限五十",所用刑具称为"捶",

---

[1]《礼记·月令》:"仲春之月……毋肆掠,止狱讼。"这很可能是因为神明裁判受到限制,因而就采用刑讯方法。文中的"肆掠",就是指陈尸示众与鞭笞拷打,显然包含了刑讯;既然在仲春之月才"毋肆掠",那么,在其他时间当然可以采用肆掠的方法,进行刑讯。

[2]《云梦秦简·封诊式》"治狱"。这段规定的意思是指,能够根据审讯中的笔录追踪当事人的口供,不用刑讯就获得案情的是属于最好的,适用笞掠方式通过刑讯得到案情的是属于次等的,进行恐吓而仍未得到案情的是审讯失败。

[3]《后汉书·章帝纪》元和三年诏引《汉律》。

[4]《陈书·沈洙传》引《汉律》。

[5]《史记·李斯列传》。

[6]《史记·张耳陈余列传》。

[7]《后汉书·陆续传》。

[8]《隋书·刑法志》。这段文字的意思是,凡被囚禁在监狱中的囚犯,如不立即认罪答款,应该采用测罚方法,不得以其有声望地位而免除。如果是有声望地位的人士犯罪,违法强横而不认罪,应加测罚者,先参议并以文牒报告,然后施行。施行中断食三天,才允许其家人进粥二升。对妇女及老小之人,一百五十刻钟后才给予粥,满一千刻停止。

[9]《隋书·刑法志》。

"用荆(木),平其节,讯囚者其本大三分,杖背者二分,挞胫者一分。拷悉依令"[1]这些规定在北齐时多加沿用。然而在事实上,往往"有司折狱,又皆酷法",[2]这表明当时对于非法刑讯并未能形成有效制约。

隋唐开始,在立法上不但继续了刑讯规范化的发展趋势,而且对非法刑讯严加限制,对实施非法刑讯的官吏予以行政及刑事制裁;但在君主专制体制下,尤其在口供定案的诉讼文化支配下,刑讯又呈现出恶性发展的趋向。就前者而言,隋初鉴于"前代相承,有司拷讯,皆以法外……楚毒备至,多所诬伏,……每有枉滥,莫能自理"[3]的情形,采取改革措施,"尽除苛惨之法,讯囚不得过二百,枷杖大小,咸为之程品,行杖者不得易人",对于因非法刑讯而有枉屈者,准许直诉。唐代定律规定,"诸应讯囚者,必先以情审查辞理,反复参验,犹未能决,事须讯问者,立案同判,然后拷讯。违者杖六十";"拷囚不得过三度(三次),总数不得过二百,杖罪以下不得过所犯之数","若拷过三度及杖外以他法掠者,杖一百;杖过数者,反坐所剩;以故致死者,徒二年";"即有疮病不待差(瘥,指病愈)而拷者,亦杖一百;若决非杖笞者,笞五十;以故致死者,徒一年半";"若依法拷决而邂逅致死者,勿论,仍令长官等勘验,违者杖六十"[4] 其后,宋代完全沿用这一规定,而且对非法刑讯进行过几次认真的处理。元朝在法律规定上也有"诸有司非法用刑者,重罪之"[5] 明清两代对非法刑讯也予以刑事制裁,而且对刑讯的适用严加限制,从明世宗嘉靖年间开始,惟死罪与窃盗重犯,才允许拷讯,其余均用鞭扑常刑。就后者而言,各代司法实践中所使用的刑讯方法异常惨酷,史不绝书,如唐代在武则天时期,酷吏周兴、来俊臣等非法使用醋灌鼻、下地牢、请君入瓮及大枷等,宋代则有所谓掉柴、夹帮、脑箍、超棍等使人"深痛骨髓,几于殒命"的刑讯手段,元朝的大披挂,以至于明朝厂卫所用的烙铁、鼠弹筝、钉指等,均是惨绝人寰。这其实正表现出中国古代狱讼制度乃至整个法制无法克服的内在紧张和矛盾。

2. 五听。五听,是"以五声听狱讼"的简称,是中国古代司法审判中通过察言观色的方式,审查受审者的供词及证人证言真伪及案情的方法。具体包括五种:①辞听,谓"观其出言,不直则烦",就是指审查其所交代的口供或证言,如果不真实,就必然显得烦杂混乱;②色听,谓"观其颜色,不直则赧然",就是指观察受审者的面色,如所供或所言不实,就必然面红耳赤;③气听,为"观其气息,不直则喘",就是指观察受审者的呼吸情况,如所供或所言不实,就必然心虚气喘;④耳听,为"观其听聆,不直则惑",就是指观察受审者的听聆情况,如所供或所言不实,就必然表现为疑惑迷乱,喜怒多虑;⑤目听,为"观其眸子,不直则眊然",就是指观察受审人的眼睛,如所供或所言不实,

---

[1] 《隋书·刑法志》。

[2] 《隋书·刑法志》。

[3] 《隋书·刑法志》。

[4] 《唐律·断狱》。

[5] 《元史·刑法志》。

则必然双目无神,神情恍惚。这其实是一种运用日常生活积累的心理经验知识,来帮助判断案件事实的方法。

五听方法是在绝对神权观念出现动摇的西周形成的,相对于夏商时期的神明裁判,不仅是中国审判方式的划时代进步,而且包含着运用心理学知识和经验帮助审判的作用,因而在后来各代影响甚大。

三、裁判

(一)概说

中国古代最迟在商周时代就已经形成具有一般性与普遍性的裁判制度,但由于受到固有法律文化重实体轻程序、重结果轻过程特点的影响,尤其是过分追求所谓的实质正义而忽视程序公正观念的支配,因而始终呈现出单纯、简疏、实用的特征,历代有关裁判的规范既欠发达,有关裁判规则的记载也比较缺乏。

(二)断罪裁判

断罪裁判,就是指以定罪量刑为内容的裁判。中国古代断罪裁判的作成,须有两方面的依据:①事实审的依据,也就是要有经过审理所认定的案件事实,称之为"狱成";②法律审的依据,也就是就所认定的案件事实,具引合致的法律,通常称为"拟律"。经过狱成与拟律,即可作出判决。这种判决一方面需要向当事人及社会宣示,也就是"宣判",另一方面,因所制作的审判机关的级别差异而有"定拟"与"定案"的区别。

1. 狱成。狱成概念早在先秦就已形成,有时也称为狱之成或成狱辞,[1]意指经过审理(鞠狱、讯囚等),查明案情,认定事实,做成完成事实审标志的"狱辞"。

在中国古代,原则上必须有被告的招认才可达致狱成,也就是说被告的招认是达致狱成的必要条件,如果缺少被告的招认,就无法定案;但作为例外,又可仅依据证佐或证物就足以达致狱成,被告的招认并非狱成的必要条件。这种例外,包括两类情形:①对于特定被告人而适用的情形,其典型者就是从唐代开始的对属于议、请、减范围内的官僚贵族以及老幼废疾者,因属"不合拷讯"之人,"皆据众证定罪",也就是依据"众证"便可以达致狱成,虽无被告的招认,并不影响狱成的完成;②对于"赃状露验,理不可疑"的案件,如"计赃者见获真赃,杀人者检得实状",即使被告人拒绝招认,因系"理不可疑",仍可以据状认定案件事实,达致狱成。

2. 拟律。在狱成的基础上,审判机关应就所认定的案件事实,具引所合致的法律,以便拟定罪名,确定刑罚,或者认定不构成犯罪。这种寻求并具引所合致的法律,就是拟律,相当于现代的法律审。

---

[1]《尚书·吕刑》:"狱成而孚。"《礼记·王制》:"成狱辞,史以狱成告于正,正听之;正以狱成告于大司寇,大司寇听之棘木制下;大司寇以狱之告于王,王命三公参听之;三公以狱之成告于王,王三又(宥),然后制刑。"

对于中国古代的拟律,需要注意以下几点:①所谓拟律,在成文法时代就是检点律条,也就是寻找与狱成所认定的案件事实相适应的法律条文,而在习惯法时代,则是寻检所应适用的习惯法规则或命令法规则;②由于在中国古典成文法时代,采取的是绝对法定刑主义,对于刑罚的适用自无自由裁量的余地,因此,所谓拟律,原则上讲就是就各个个别案件,以其所认定的案件事实,查察所应合致的法律条文,以求得应科处的刑罚;③审判机关在拟律时,既可比附援引,也可引用违令、不应得为条而断罪,而且在实际上又往往受到天理人情的影响,并不严格适用律典的机械规定,采用变通方法者也非常多。

3.判决。经狱成与拟律,审判机关应就案件做成判决。但关于断罪判决,在中国古代具有明显的特征。

(1)由于中国古代采取裁判申覆制,判决被分成定拟与定案两类。定拟判决,是指对比较重要的案件(一般指判处徒刑以上的案件),下级审判机关固然可以做成判决,但其所做出的判决仅仅是暂定的,须经有确定力的审判机关的批审,才能成为自足完成的判决;定案判决包括两种:一种是下级审判机关(一般多指州县)对轻微刑事案件(隋唐以后就是笞杖刑案件)及田宅、婚姻、钱债等属于"民间细故"等案件所做成的判决,因系在其职权内做成,而且不需要上级批审,因而属确定的判决;另一种则是经过上级审判机关批审,从而成为确定的判决。

(2)中国古代的判决,只有执行力,没有确定力和支配力。判决之属于定拟者,自无确定力与支配力,当然也无执行力;即使属于定案者,也只有执行力,也就是说,判决的作出仅是为了执行,而并非使认定的案件事实确定不移。因而,被判为无罪者,只被放免,并不需要做出无罪的特别判决,以后发现证据,仍然可对被告人进行追究以至于定罪科刑;被判为有罪者,当然需要做出判决并执行,但即使已经执行,以后如果发现证据,仍然可以予以改正,这就是一般所说的平反昭雪。至于上诉,也无期限的限制,更缺乏与申诉的严格区别。

4.宣判。中国古代,断罪判决原则上要对被告及其亲属宣读。这种做法最初出现于先秦时期,称为"读鞫",到汉代形成定制。西晋规定,"狱结竟,呼囚鞫语罪状,若囚称枉,欲乞鞫者,许之也"[1] 唐代则规定,"诸狱结竟,徒以上,各呼囚及其家属,具告罪名,仍取囚服辨"[2] 是后历代均沿用此制。宣读判决的目的,在于"取囚服辨",其中"服"指被告服判,"辨"指犯罪事实的辨定。[3] 如被告服判,再定拟判决自可审转于上级审判机关,再定案判决,则可以交付执行;如被告不服判决,则"听其自理,更为审详"。至此,整个断罪裁判方始完成。

---

[1]《史记·夏侯婴传》所引。

[2]《唐律·断狱》。

[3] 关于"服辨",据戴炎辉先生在《中国法制史》中说,属于《唐律》用语,后来《大清律例》改为"服辩",《大清律例》夹注解释为,"服者,心服;辩者,辩理。不当则辩,当则服。或服或辩,故曰服辩"。

（三）审转结案

1. 概说。中国古代的审转结案是基于裁判申复制而形成的，具有两方面的意义：①在审级管辖上，表现为各级审判机关的权限分配制；②在裁判程序上，表现为比较重要的断罪判决须经过定拟与定案两道程序，才能成为自足完成的判决。而在具体内容上，又有普通程序与特别程序的区分，这在明清时代表现得最为充分。

2. 普通程序。

（1）结案。明清时代，轻微刑事案件（笞、杖、枷号罪案）原则上由州县自理，作出判决，予以结案，并自行发落；徒刑以上罪案，原则上由州县定拟，而后招解于府；府讯问后，认为原判并无不合，就申转于省按察使司；省按察使司也许予以复审，如认为原拟并无不合，就申转于总督巡抚。督抚就非人命的徒罪案，如认为原拟并无不合，就可以批结，从而完成定案判决；至于人命罪的徒罪案以及流、军（充军）、遣（发遣）罪案，督抚也只能定拟，然后咨送刑部；刑部如果认为并无不合，就予以咨结，从而使其成为定案判决。通常死罪案件，督抚经由刑部具题于皇帝，特别凶恶的死罪案件，则须具奏。刑部就死罪案件，会同三法司以定谳，如认为并无不合，就上奏皇帝听候裁处，这称为题结，即请求皇帝对死罪案件做出定案判决。

（2）驳审。在上申过程中，须将人犯申解于上级审判机关，通常只解到省级。上级机关如认为下级所定拟之判决不合，即拒绝结审，称为驳案，被驳之案就发回下级机关重新审理，另拟判决。至于被驳的事由，既有事实认定不正确或遗漏者，也有拟律错误者。其被驳者，有原拟自始不详备者，也有因被告翻异者。

府驳案时，将人犯解回州县，令其重审。如果原审官固执己见，则移送其他州县审理；如果案情重大，府也可以自行审理，称为提审。如果事实认定并无差异，仅仅拟律错误，可以行文指斥，令州县改正；原审如仍执原拟判意见，府也可按照自己的意见改拟判决，而申转于上级，称为上司按律改正。

省按察使司（臬司）与督抚驳审时，与府驳州县相同。刑部驳督抚定拟时，如该案原系咨结者，刑部自行咨驳；如该案原系题结者，则奉旨予以提驳。不论咨驳还是提驳，如果仅仅是拟律错误，可以只行文指斥不当之点，督促督抚改拟，如无此必要，刑部即自行改拟而具题。至于事实认定不备或有疑点，则要督促其再审而再度咨题；对此，督抚既可发回原审州县令其再审，也可以另行委派其他官员审理。

至于皇帝，就刑部、督抚所具题、具奏的一切案件，可以不受拘束加以裁断。

3. 特别程序。属申转结案之特别程序者，渊源于唐代之复奏。唐代流刑与死刑案件，由刑部复审之后，申奏皇帝，听候裁决，但交付执行前，仍须复奏。但这种复奏，系执行阶段就罪犯应否特赦以体现恤刑精神的程序。明初，"有大狱，则（皇帝）必面讯，以防构陷锻炼之弊。其后，有会官审录之例：霜降以后，题请钦定日期，将法司见监重囚，引赴承天门外，三法司会同五府九卿衙门，并锦衣卫各堂上官及科道官，逐一审录，名曰朝审。若有词不服，并情罪有可矜疑，另行奏请定夺；其情真罪当者，即会题请旨处决"。[1] 到清代，更进一步发展成为秋审与朝审制度，是即属于审转结案之特别程序者。秋审与朝审均属于会官复审斩、绞监候案件，两者的组织、程序基本相同，区别在于秋审所复审的是各省案件，朝审所复审的是京师死罪案件。因而在这里仅以秋审为例稍加说明。

（1）秋审的准备。秋审于每年农历八月上旬在北京举行。各省按离京之远近，须事先做好准备，原则上应于秋审截止期限内完成准备工作，至期尚未完结者，入下一年的秋审，但罪情较重且在刑罚执行期以前完成者，也可以临时追加。

（2）秋审的程序。刑部为办理秋审的常设机构，设有现审处，其总办司员，在每年年终请求刑部十七清吏司选派专办秋审官，会同而将各司所管秋审人犯，摘叙各案事实，分为情实、缓决、可矜、留养承祀四类，予以定拟后，汇送秋审处。该处坐办司员在加以删除补正后送交总办司员。总办司员酌核后，再行定拟，以呈堂官（尚书与侍郎）批阅。交付堂官之前，总办、坐办各司员，应会同复议而后拟罪；如所拟罪名与各省所拟者不符，则另作一册，以待堂议决定。堂议决定后，将内外定拟文，一并装印成册，分送九卿、詹事、科道，称为招册。至八月上旬，这些官员集议于天安门外金水桥西，按照情实、缓决、可矜、留养承祀各类，逐一唱报，其中与各省定拟不符而另行改拟者，须朗诵其理由书；九卿科道等官对其可否准驳，也应该朗诵其理由书；然后依众议，分拟情实、缓决、可矜、留养承祀，具奏于皇帝，以待敕裁。其中系情实者，须记载案由，并附督抚定拟及刑部意见，分别缮写黄册，向皇帝上表。

（3）秋审的裁断。秋审所拟定的处理意见，仍属于定拟性质，只有经过皇帝裁断之后，才能成为定案判决，也即确定的判决。判决情实，即予以勾决；缓决，因罪情不太凶暴，尚容缓议；可矜，属于老幼废疾等，虽犯死罪，但其情可恤；留养承祀者，系因父祖老疾，无人奉养，或其家族宗祀无人承继，这三种情况，均不再执行死刑。

四、乞鞫与上控

中国古代审判的救济，除裁判申复制外，还实行过乞鞫制度、审详制度和上控制度。

（一）乞鞫

乞鞫萌芽于先秦，至秦汉时期，"律有故乞鞫"，[2]"徒论决满三月，不得乞鞫"，[3]也就是被告及其家人，如不服原判决，在法定期限（论决后三个月）内，可以请求原审机关或上级机关复审。到曹魏时，对乞鞫制度进行了改革，规定"二岁刑以上，除以家人乞鞫之制，省所烦狱也"。[4] 晋代则规定，"狱结竟，呼囚鞫语罪状，若囚称

---

[1]《明会典·刑部》。
[2]《史记·夏侯婴传》注。
[3]《周礼·秋官·朝士》注。
[4]《晋书·刑法志》。

枉,欲乞鞫者,许之"。[1] 北魏时已不再采用乞鞫术语,但仍然规定,"狱已成及决竟,经所绾,而疑有奸欺,不直于法,及诉冤枉者,得摄讯覆治之",[2] 实际上仍是乞鞫之义。

(二)更为审详

隋唐时期开始,实行更为审详制度。在《唐律·断狱》规定,"诸狱结竟,徒以上,各呼囚及其家属,具告罪名,仍取囚服辨。若不服者,听其自理,更为审详"。这里的"听其自理",就是指由被告及其家属自行决定是否上诉或申诉,由上级审判机关或其他机关重新"审详"。至于"更为审详"的具体程序,在唐代的《狱官令》中规定,"诸辞诉皆自下始,现有本司、本贯,或路远而踬碍者,随近官司断之。即不伏,当请给不理状,至尚书省左右丞为详之。又不伏,复给不理状,经三司陈诉,又不伏者,上表。受表者又不达,听挝登闻鼓"。

(三)上控

1. 概说。上控,是明清时代审判救济措施之一,指当事人向上级机关提出对原审不服的控告。

上控既与裁判申复制不同,也与上诉有区别。与申复的区别主要表现在,申复系下级审判机关在定拟之后,自动地递申于上级机关,由有定案管辖权的上级机关对案件作出确定裁判,从而完成判决必备的程序。在申复制之下,并不问当事人对下级机关的定拟判决是否服判;而上控则是因为当事人对下级机关的定拟判决不服,或本管辖机关不受理控告,或虽受理但在审判中有亏枉,或在本管辖机关控告有干碍、延而不讯等情况时,向上级机关提起的控告。要之,申复系自动的,而上控则是不服者提出的控告。

上控与上诉也不同,这主要表现在提起上控的原因有多种多样,既包括对下级机关定案判决不服而提起上控,也包括因本管辖机关不受理辞讼以及在本管辖机关控告而有干碍者,向直接上级机关控告(这种情况下并不构成越诉),还包括在本管辖机关受理之后和案件审结之前,因发现其审理中有亏枉(指审判官的渎职、舞弊)或滥刑毙命、抑勒画供、滥行羁押及因托延而不讯结等情形,对其审理本身不服,而上控于上级机关。

2. 上控的提起与受理。上控可由原告、被告或其家人提起。上控有对地方上级机关的,也有对中央机关提起。地方上控,应该向直接上级机关提起,但并非不可向更上一级,甚至其他上级机关提起。其中对中央机关提起的上控,称为京控;京控必须先经督抚审办,仍有不服才可提起,但事实上也并非绝对。京控的受理机关是都察院、五城步军统领衙门、顺天府及各旗营。这些机关受理的京控案,分别情形,奏、咨送刑部审办。至此,如仍不得理,可直诉于皇帝,方式有击登闻鼓、迎车驾和上表等。

---

[1] 《史记·夏侯婴传》注。
[2] 《魏书·刑罚志》。

3. 上控的处置。上控处置分两种情况：

（1）地方上控案件，根据情节轻重和管辖机关权限大小，采取两种办法：①系控告审判官营私舞弊、滥刑毙命等，在省一级由督抚率同司（省布政使司、按察使司，即藩、臬二司）、道（分守道、分巡道）等官员，亲行研审；在司、道也要亲自提审办理；对经上级批发的案件，同样要亲自提审办理；但对户婚、田宅、钱债等案件，应酌派妥员代为查审，不过结案时仍由该司、道等官复勘定拟具详，不得仅委派所属官员办理。②对已经定案判决者，或虽未定案，而有抑勒画供、滥行羁押、延不讯结、书役诈赃舞弊等情形的上控案件，上级机关长官不必亲审，可委审于下级机关，但不得由原审机关或原审官员复审。一般在省一级督抚发交司、道审办，司、道则发交本属知府或邻近府、州、县审办。府、州必须亲自提审办理。

受理上控的机关审明案件后，按其罪名轻重，如属于例应招解者，仍照例招解于上级机关；例不招解者，即由委审官员详结。但经委审后，赴京上控者，即令该上级机关亲自提审，不得再行委派属官审办。

（2）对于京控案件，最初并无统一办理规则，"各省人民赴都察院、步军统领衙门呈控案件，该衙门有具折奏闻者，有咨回各该省督抚审办者，亦有径行驳斥者，办理之法有三。似此则伊等准驳，竟可意为高下"，有鉴于此，嘉庆四年定制，对京控案件，"嗣后俱不准驳斥。其案件较重者，自应即行具奏；即有应咨回本省审办之案，亦应于一月或两月，视控案之多寡，会奏一次；并将各案情节，于折内分析注明，候朕批阅"。这样，京控实际上就成了直诉。

第五节　法官责任

一、概说

中国古代对每一个案的审判，基本采取两造审理主义，而且在个别情况下也有讼师参与，但却始终未能形成法官之外的法律职业集团，以对法官形成制约。这就导致每一案件的处理结果与全部司法审判的水平，以至于整个法治的状况，都取决于法官的职业道德、素养以及司法水准，取决于法官的具体司法审判活动，因此，人们往往将法官视为"天平"，所谓"廷尉，天下之平者，一倾，而天下用法皆为轻重，民安所措其手足"，[1]正是此意。基于上述原因，如何使法官公正审理案件，严格恪守法律规定，就成为中国古代司法制度中的重要问题。对此，除强调法官个人的素质修养、道德修为及人格内省外，在制度设计上则主要是实行法官责任制度。

法官责任制度起源于西周，但最初只有一些原则性的要求，如强调法官"敬明乃

---

[1]《汉书·张释之传》。

罚",慎于狱事,"上下比罪,勿僭乱辞",[1]对犯有五过之疵的官吏采取"其罪惟均"的办法加以惩戒[2]等等。其后,有关法官责任制度就朝着具体化、规范化的方向不断发展,并逐渐形成了有关出入人罪与淹禁罪囚两方面的责任制度。

二、出入人罪的责任

(一)出入人罪责任的历史演变

出入人罪,是指司法审判官吏在审判时,判决结果偏轻或偏重的错判行为,包括出罪与入罪两方面。其中出罪是指有罪被判无罪或重罪被判轻罪,入罪则是指无罪被判有罪或轻罪被判重罪。

夏商周三代时期,或许亦有防止出入人罪的意识,但尚未形成出入人罪的规则。[3] 最早反映出入人罪的事例是春秋时期晋国叔鱼审理雍子与邢侯争田案时,本来"罪在雍子",但叔鱼却"蔽罪邢侯",结果被作为"贪以败官"的典型而处罚。[4] 但直到战国时期,尚未见到有关出入人罪的具体名称与规定。到战国晚期,秦国法律中开始明确规定出入人罪及其责任,并形成了不直、纵囚与失刑三个具体的关于出入人罪的罪名。不直,就是指"罪当重而端轻之,罪当轻而端重之",也就是故意重罪轻判和轻罪重判;纵囚,指"当论而弗论,及易其狱端令不致,论出之",也就是指应当论罪而不论罪,以及故意减轻案情使罪人够不上定罪标准而被判无罪;失刑,是指因过失而出入人罪。至汉代,开始使用"出罪"与"入罪"的概念术语,规定"出罪为故纵,入罪为故不直",[5]其处罚相当严厉。魏晋南北朝直到隋朝,法律对出入人罪,均予以处罚,至唐代,在律典中对法官出入人罪,根据其情节,规定详细的处置规则,宋元明清时期一直沿用并发展了这种规则,从而形成系统完整的出入人罪责任制度。

(二)判定出入人罪的标准

法官出入人罪的标准,在从唐到清主要有三点内容。

---

[1]《尚书·康诰》。
[2] "五过之疵"的说法来源于《尚书·吕刑》,具体包括"惟官、惟反、惟内、惟货、惟来(一说谓惟求或赇),其中惟官,就是指依仗威势,枉法而为;惟反,则是指假借审判,报恩报怨;惟内,乃是指碍于亲情及裙带关系;惟货,就是指假借权力接受甚至勒索财货;惟来,就是指以情甘请,如果是惟求,则是指接受枉法相谢。
[3]《尚书·大禹谟》有"与其杀不辜,宁失不经"的说法,表明或许在夏初就开始对像"杀无辜"这种出入人罪行为的注意;而《尚书·吕刑》也强调司法审判官在审判时应该特别注意"上下比罪",可能也包含着这种意思。
[4]《左传·昭公十四年》:"晋邢侯与雍子争鄐田,久而无成。士景伯如楚,叔鱼摄理,韩宣子命断旧狱。罪在雍子,雍子纳其女于叔鱼,叔鱼蔽罪邢侯。邢侯怒,杀叔鱼与雍子于朝。宣子问其罪于叔向,叔向曰:'三人同罪,施生戮死可也。雍子自知其罪,而赂以买直,鲋(叔鱼)也鬻狱,邢侯专杀,其罪一也。己恶而掠美为昏,贪以败官为墨,杀人不忌为贼。《夏书》曰:昏、墨、贼,杀,皋陶之刑也,请从之。'乃施邢侯,而尸雍子与叔鱼于市。"
[5]《汉书·功臣表》注。

1. 定罪科刑是否以法律条文的规定为依据。中国古代固然尚未形成罪行法定原则,但却并不缺乏依法定罪的观念,而且自唐到清,历代法典基本都规定,"诸断罪,皆须具引律令格式正文,违者"处罚,而作为补充,又规定"诸断罪而无正条,其应出罪者,则举重以明轻;其应入罪者,则举轻以明重"。这样,判定是否出入人罪,首要标准就是看判决是否以法律规定作为依据。

2. 科刑以是否轻重得宜为依归。中国古代在判断是否出入人罪时,还强调以科刑是否轻重得宜为依归。凡法官在科刑上存在畸轻畸重情形的,不论出于故意还是过失,也不问是否有贪赃受贿情节,原则上均属于出入人罪,须承担责任。

3. 重罪以是否取得服辩为根据。中国古代的乞鞫、更为审详以及上控制度,目的之一就是要防止法官出入人罪的出现,因此,原则上,凡处徒刑以上重罪,均要求"取囚服辩",如果欠缺"囚服辩",难免出入人罪之嫌,因此,"取囚服辩"就成为判断是否出入人罪的根据之一。

(三)出入人罪的责任

中国古代对法官出入人罪的具体责任,根据法官在主观上的故意与过失而有不同,一般分为三种情形。

1. 故意出入人罪的责任。故意出入人罪属于出入人罪的典型形态,所承担的责任也最大。一般分三种情节:①出入全罪者,以全罪论,也就是被告本来无罪而法官故意虚构成罪,那就以法官所虚构之罪处罚法官,或者被告本来有罪而法官故意判为无罪,即以法官所放纵之罪处罚法官。②从轻入重或从重出轻,以所剩论,也就是依据原本应该判处之罪与出入人罪之法官所出入之罪之间的差距来处罚法官。③对"刑名易者",就是指从轻罪入重罪或从重罪出轻罪,比如从笞入杖,从徒入流,或从流出徒,从杖出笞,则"以所剩论";而从笞杖入徒流、从徒流入死罪或者从死罪出徒流、从徒流出笞杖的,"以全罪论"。明清律典规定与此大体相同,凡全出全入者,以全罪论;增轻作重或减重作轻的,以所增减论,致死者坐以死罪。

2. 过失出入人罪的责任。对过失出入人罪的责任,唐明清律典都采取比照故意出入人罪而减等处罚的办法,凡过失入罪者,各减三等;过失出罪者,各减五等;但如果属于"未决而放及放而还获及囚自死"等特殊情节,则只减一等处刑。

3. 非出于故意或过失而出入人罪的责任。唐代法律上作为例外还专门设有非出于故意或过失但仍出入人罪的责任。如本案虽经过另派官员按覆,通状仍未得实情的情形,即使原审法官有出入人罪之嫌,但显然既非出于故意,也非出入过失,属情有可原,在承担责任时就比照过失出入人罪"各又减二等"。同时,法官审判"虽有出入,于决罚不异者",也就是尽管存在出入人罪之情节,但并未影响科刑的,免除责任。

三、淹禁罪囚的责任

(一)概说

中国古代从秦汉开始,就设立各种具体制度,以促使法官迅速审结案件,避免淹禁罪囚,减轻人民讼累。这种具体制度包括既相互联系又相辅相成的两方面内容:一方面从正面规定防止淹禁罪囚的措施,另一方面对淹禁罪囚的法官规定应该承担的责任。

(二)防止淹禁罪囚的措施

防止淹禁罪囚的措施,在汉代开始建立了奏谳制度,从唐代开始有明确规定审理期限。

奏谳制度又称谳报制度,创始于汉高祖七年(公元前200年)。是年,针对"狱之疑者,吏或不敢决",从而造成"有罪者久而不论,无罪者久系不决"这种淹禁罪囚的状况,汉高祖诏令规定"县道官狱疑者,各谳所属二千石官,二千石官以其罪名当报之;所不能决者,皆移廷尉,廷尉亦当报之;廷尉所不能决,谨具为奏,傅所当比律令以闻"[1]。到景帝后元年(公元前143年),进一步完善这一制度,规定"狱疑者谳,有令谳者,已报谳而后不当,谳者不为失"[2]。这一制度固然对防止淹禁罪囚具有重要的积极意义,但其适用仅局限疑狱,缺乏普遍性,从而使其积极意义受到限制。

魏晋南北朝时期既未继承奏谳制度,也没有建立审理期限制度,淹禁罪囚,积年不断,循为常例,甚至出现像北魏那样将淹禁罪囚作为促使罪人改悔的措施加以肯定的情形。

从唐代开始,建立审理及虑囚程限制度。其中审理程限,就是针对案件的大小以及复杂程度,规定各级审判机关的审理期限。最早在唐宪宗元和四年起规定,大理寺检断不得过二十天,刑部复核不得过十天,如刑部复核有不同意见,寺、司重加,不得过十五天,省司量复不得过七天。至唐穆宗长庆元年定制,大事,大理寺限三十五日,评断毕申报刑部,限三十日奏闻;中事,大理寺三十日,刑部二十五日;小事,大理寺二十五日,刑部二十日[3]。明清两代则规定,"凡狱囚情犯已完,监察御史、提刑按察司审录无冤,别无追勘事理,应断决者,限三日内断决;应起发者,限一十日内起发"。至于录囚程限,在唐宋两代规定颇严,各级长官必须五日一录禁囚,情得者即予判决;在唐代还须二十日讯问一次,每月二十五日以前,将有关禁囚情况报告刑部,宋代则令各州十日一具囚账记所犯罪名、系禁日数,报告刑部。

(三)淹禁罪囚的责任

虽然从唐代起,淹禁罪囚就被视为非法,按照一般情理,应该承担相应责任,但直到

---

[1] 《汉书·刑法志》这段记载的意思是说,往往因为有疑案存在,法官不敢作出判决,结果导致对有罪者很久没有作出定罪科刑的判决,对无罪者无法及时作出无罪判决而导致长久羁押。从现在开始,凡县官(县令或县长)、道官(秦汉是蛮夷杂剧知县称为道)遇到疑案,各向所属二千石官(指郡守或称郡太守)报告,二千石官以其拟定的罪名作出判决并批复;二千石官仍不能判决的,均移送廷尉,廷尉也应该做出判决并批复;廷尉仍不能判决的,详细小心地向皇帝奏报,并且要附上所应该比附的律令汇报。

[2] 《汉书·刑法志》。这段记载的意思是说,疑狱应该谳报,如果有令谳的情形,已经报谳之后又发现有不当的,已经报谳者不为过失。

[3] 这里所说的大事,是指一状之内所涉及的犯人为十人以上,或所断罪二十件以上;中事,是指一状所犯六人以上,或所断罪十件以上;小事,是指一状所犯五人以下,或所断十件以下者。

明代以前，法律对此却缺乏具体规定。明清两代在法典中设立专条，具体规定了法官淹禁罪囚的责任。凡应该断决、应该起发而至法定程限仍不断决或不起发的，超过三日，即对该法官笞二十，每三日加一等，最高可杖六十；因此而导致被淹禁罪囚死亡的，如该罪囚原系死罪，对该法官杖六十，流罪杖八十，徒罪杖一百，徒以下各罪则徒一年。

> **本章小结**
>
> 本章介绍中国古代司法审判制度的发展演变及其内容与特点。首先，中国古代司法体制经历了夏商周三代时期与秦汉直至明清时期两个时期两种既有联系又不尽相同的两种模式；中央（朝廷）司法组织则呈现出两种基本形态，一是夏商周三代时期的秋官司寇式组织形态，二是秦汉以后分别呈现出以廷尉为中心，包括御史台与尚书省的模式，大理寺、刑部、御史台三法司并列的模式以及刑部为核心的模式；至于地方司法组织，在夏商周三代时期呈现为"王室独尊，诸侯并列"态势下的分封制模式，战国秦汉以后则一直实行郡县制的地方长官兼理司法与行政的模式。其次，中国古代狱讼通制方面，形成了比较发达的审级管辖与地域管辖上的交叉案件管辖制度，对法官回避有相应规定，强制措施包括逮捕与羁押、搜查与扣押、保释与责付等，证据制度主要有人证与物证，尤其勘验与法医鉴定比较发达。再次，关于告诉程序，在中国古代分为私的诉追、公的诉追与公众诉追，对私的诉追也就是告诉既规定了程式，又有禁止五服亲相告等限制，另外还规定了告发、自首、举劾与访闻等。复次，关于审判制度，在中国古代法庭组织既有独任制也有合议制，但以独任制为主；关于审判方式，在夏商时代曾实行神明裁判，西周以后基本上就是刑讯与五听方式；关于断罪裁判，分为狱成与拟律两个程序，但又实行审转结案制，另外还规定了乞鞫与上控制度。最后，中国古代实行法官责任制度，包括出入人罪与淹禁罪囚两种责任。

课后作业

一、关键词解释

1. 司寇　廷尉　御史台　大理寺　刑部　三司推事　都察院　厂卫　理藩院　扎鲁忽赤　县令（长）　提刑按察使
2. 狱讼　诏狱　奏谳制度　三法司　九卿会审　交叉案件　逮捕　羁押　械系　保释（责保参对）　众证定罪　投书　飞书　诬告　公室告　非公室告　首告　举劾　访闻　神明裁判　刑讯　五听　狱成　定拟裁判　定案裁判　读鞫　服辨　审转结案　秋审　朝审　乞鞫　上控　出入人罪　淹禁罪囚

二、思考题

1. 怎样正确理解中国古代司法体制？
2. 中国古代告诉程序的特点是什么？
3. 中国古代审判制度的特点是什么？

第6章 中国近现代公法论

【本章导读】

本章介绍中国近现代公法,分为宪政与宪法和行政法两节。从清末预备立宪到中华民国时期的约法和宪法的发展,演变进程错综复杂,但均是围绕着"政治"这个中心,以权力与权利的关系为基点,对是否真正实现宪政而展开的斗争与争论,因此,不能脱离宪政问题来理解中国近现代约法及宪法的发展、演变及主要内容和特点。至于行政法,则是在宪法确定的框架内一种比较单纯的立法技术的安排,应注意了解和把握从清末到中华民国时期近现代行政法萌芽、建立和发展的进程与行政组织法、行政行为法以及行政救济制度的主要内容与特点。本章的关键问题是了解和把握中国近现代宪法发展与宪政的关系以及行政法的演变进程和特点。

第一节 宪政与宪法

一、清末的预备立宪

(一)预备立宪的提出、原则与方略

1. 宪政与宪法[1]思想的输入。近现代中国的宪政与宪法以输入和接受西方宪政与宪法思想为肇端,萌芽于19世纪50年代,19世纪末和20世纪前期达到高潮,相应地也促使宪政运动和制宪进程全面展开。

---

[1] 中国古代最早使用"宪法"一词,见于《国语·晋语》:"赏善罚奸,国之宪法",与之相近的还有"宪"、"宪令"、"宪则"、"宪章"、"宪纲"等术语,但在中央集权与君主专制体制下,既不可能产生以民主、法制和分权制衡为核心内容的宪法,也不可能形成以要求实现"民主的政治"和分权为中心的宪政思想。因而,中国古代的"宪法"含义均是指一般的法律法规或者"悬法示人",并没有近现代宪法的含义。

1840年鸦片战争失败,既宣告了中国传统政治制度和专制体制走向终结,也促使中国思想文化界在对中西政治制度与政体进行优劣比较的基础上,提出向西方学习的主张。到19世纪50年代,近代改革思想家魏源在提出"师夷之长技以制夷"的同时,明确称赞"墨利加州(即美国)"的联邦共和制"章程可垂奕世而无弊","议事听讼,选官举贤,皆自下始,众可可之,众否否之;众好好之,众恶恶之,三占从二,舍独循同,即在下预议之人亦先由公举,可不谓周乎?"[1]甚至将不设君主,"惟立官长贵族"等办理国务的瑞士誉为"西土桃花源"。[2] 这是西方近代宪法思想输入的萌芽。之后,在19世纪70~80年代的洋务运动中,以王韬、薛福成、马建忠、郑观应为代表的早期维新派提出了设立"议院"、实行"君民共主"的主张,相应地也就揭开了大规模输入宪政与宪法思想的序幕。到1894年,甲午海战的失败强烈刺激了国人,面对日益严重的民族和社会危机,以康有为、梁启超、严复为代表的改良派,倡言"今欧、日之强,皆以开国会行立宪之故","各国之一世大政皆奉宪法为圭臬",因而,"宣布宪法,召集国会"实系变法维新、救亡图存之急务。为此,他们在戊戌变法前后,通过翻译、刊行各种西学著作和报刊杂志,初步向国人介绍了西方各国的宪政思想和宪法制度。以孙中山为代表的资产阶级革命派,在宣传和从事推翻满清封建帝制的过程中,也非常重视输入和研究西方宪政和宪法思想与制度。通过资产阶级的大力翻译和介绍,西方近现代宪政思想和宪法制度在19世纪末到20世纪初开始迅速全面地输入到中国,从而为中国近现代宪政运动做了思想和理论的初步准备。

2. 预备立宪的提出、原则和方略。近代中国宪政运动肇始于1898年的戊戌变法,其后则演变为两种性质不尽相同的宪政活动:①资产阶级立宪派所竭力追求、由清廷主导的、以实现君主立宪为目标的宪政活动;②由资产阶级革命派发动的、以实现民主共和宪政体制为目标的宪政活动。

在1898年的戊戌变法中,维新派主张仿照西方各国立宪政体,设立议院,召开国会,制定宪法,实行"以国会立法、以法官司法、以政府行政"[3]的三权分立式君主立宪政体。虽然戊戌变法失败,但1900年爆发的义和团运动和八国联军侵占北京,无疑宣告清政府再也无法照旧统治下去。受此影响,资产阶级改良派逐渐衍化为立宪派,除逃亡海外的康有为、梁启超继续鼓吹保皇、立宪主张外,隐居国内的立宪派也多次上书,请求仿行宪政;革命派所领导的以"驱逐鞑虏,恢复中华,建立民国,平均地权"为宗旨的革命运动,影响不断扩大并日益深刻;西方列强各国也纷纷提出要求,促使清政府改变政体;在清廷内部,原来的洋务派、受资产阶级思想熏染较深的一些驻外使节以及满族的所谓新派人物,尤其以孙宝琦、周馥、张之洞、岑春煊、袁世凯等为代表,也主张实行君主立宪。在此情形下,清廷先于1901年(光绪二十七年)宣布实行"新政",

---

[1] 魏源:《海国图志·墨利加州总序》,中州古籍出版社1999年版,第42页。
[2] 魏源:《海国图志·瑞士国·按语》,中州古籍出版社1999年版,第317页。
[3] 康有为:"清定立宪开国会折",载《戊戌变法》第二册,上海人民出版社1957年版,第236页。

后于 1905 年派遣满族亲贵镇国公载泽等五大臣"出洋考察宪政"。[1]

载泽等五大臣经过对美、英、法、德、意、比、日等国半年多的考察,于 1906 年 7 月向清廷呈上了《出使各国大臣会奏请宣布立宪折》,提出实行君主立宪既不会有利于汉族而不利于满族,又能够使"皇位永固"、"外患渐轻"、"内乱可弭",因而应该及时实行君主立宪。清廷为此专门召开了廷臣会议,是年 9 月 1 日(光绪三十二年七月十三日)颁布《宣示预备立宪谕》,正式提出进行预备立宪,并进一步明确了进行预备立宪的原则和方略。

关于预备立宪的原则,该上谕既强调"时处今日,惟有及时详晰甄核,仿行宪政",才能"以立国家万年有道之基",又明确提出,宪政原则就是"大权统于朝廷,庶政公诸舆论",也就是在继续维护封建朝廷和皇帝集权和专制的前提下,给予国人以闻政议政的部分言论权。

关于预备立宪的方略,该上谕宣称"目前规制未备,民智未开,若操切从事,徒饰空文",故应从两方面着手"预备":①政府应先行"将官制分别议定","并将各项法律详慎厘定,而又广兴教育,清理财政,整顿武备,普设巡警,使绅民明晰国政,以预备立宪基础";②全国士庶人等应"各明忠君爱国之义,合群进化之理。勿以私见害公益,勿以小忿败大谋。尊崇秩序,保守和平,以预备立宪国民之资格","俟数年后,规模初具……再行宣布天下"。[2]

(二)咨议局和资政院的设立

按照预备立宪的方略,从 1906 年开始,清廷相继展开改革官制、修订律例、制定新法、设立巡警等"预备活动",又将原来设立的考察政治馆改为宪政编查馆,以"编译东西洋各国宪法"并"调查中国各省政治"为宗旨展开活动。立宪派则相继成立了预备立宪公会和政闻社,[3]进行鼓吹和宣传。在这种情况下,清廷在各省设立咨议局,在

---

[1] 1905 年 7 月,清廷派镇国公载泽、户部侍郎戴鸿慈、兵部侍郎徐世昌、湖南巡抚端方、商部右丞绍英等五大臣,以考察东西洋各国政治为名,考察宪政。9 月 24 日,在北京正阳门火车站出发时,被革命党人吴樾炸伤载泽与绍英,未能成行。延至 12 月,改派山东(一说福建)布政使尚其亨、顺天府丞李盛铎会同载泽、戴鸿慈、端方,按照德国驻华公使代拟的方案,分两路出洋,载泽、李盛铎、尚其亨三人前往日、英、法、比利时等国,戴鸿慈、端方前往美、德、意、奥地利等国,进行考察,得书四百余种。次年 7 月回国,旋在北京法华寺辑成《列国政要》一百三十三卷,《欧美政治要义》十八卷,并上折请求宣布立宪。

[2] 朱寿朋:《光绪朝东华录》第五册,中华书局 1984 年版,总第 5563~5564 页。

[3] 预备立宪公会与政闻社是当时的两个立宪派政团。其中预备立宪公会于 1906 年(光绪三十二年)12 月由张謇、汤寿潜、郑孝胥等在上海发起成立,最初推举朱福诜为会长,后由郑孝胥继任会长,张謇、孟昭常为副会长,汤寿潜、许鼎霖、雷奋为干事,实际由张謇执牛耳。以"奉戴上谕立宪,开发地方绅民政治知识"为宗旨,进行改良主义活动。1908 年联合各省立宪团体组成"国会研究所",发动请愿,要求速开国会,实行君主立宪。武昌起义爆发后,停止活动。政闻社,是由梁启超、蒋智由、陈景仁等于 1907 年(光绪三十三年)10 月在日本东京发起成立,除发表宣言外,创办有《政论》,鼓吹君主立宪,主张设立议会,并提出"实行国会制度,建立责任政府;厘定法律,巩固司法权之独立;确立地方自治,正中央地方之权限;慎重外交,保持对等权利"等四大政纲。次年 2 月将总部迁往上海,积极联络国内各立宪团体,发起国会请愿运动,但不久就被清廷查禁。

中央设立资政院,作为预备立宪的重要活动场所。

1907年9月,清廷先后颁发上谕,一方面命令各省"速设咨议局",另一方面宣称"立宪政体,取决公论,上、下议院实为行政之本……亟宜设资政院,以立议院基础"。为此,先于1908年颁发了由宪政编查馆草拟的《咨议局章程》和《咨议局议员选举章程》,后又于1909年8~10月相继颁布《资政院院章》和《资政院议员选举章程》,并根据上述章程在各省设立咨议局,在中央筹设资政院。

按照《咨议局章程》规定,咨议局在性质上应该是"各省采取舆论之地","以指陈通省利病,筹计地方治安为宗旨"。但在事实上,清廷固执所谓"议院乃民权所在,然其所谓民权者,不过言之权而非行之权也"的认识,因而便"严定规则,事为之制,曲为之防"。这主要表现在两方面:①严格限定咨议局的权限。按照规定,咨议局讨论本省应兴应革事宜,议决之本省预决算、税收、公债以及单行章程、规则的增删修改、选举资政院议员等均必须"呈候(总)督(巡)抚公布";督抚有权要求复议;双方意见分歧时,则由资政院核议决定。②严格限定选举与被选举者的资格,规定只有曾在本省地方办理学务及其他公益事务满三年以上且卓有成绩、具有中等以上学堂毕业文凭、有贡举生员出身、曾任七品以上文官或五品以上武官且未被参革者、有五千元以上资本或不动产以及外省寄居本省十年且有一万元以上资本或不动产的二十五岁以上的男子才具备选举权,这样,其实仅有不足百分之一的人具有选举咨议局议员的资格。

设立资政院是预备立宪的重大内容,清廷又多次宣称其目的是"以立议院基础",但受制于当时的主客观条件,在具体规定上却未免保守。这主要表现在:①关于资政院议员的选举,既确定了钦定与民选两种方式,又规定了过分严格的选举与被选举资格,结果所选议员几乎全系清廷皇亲贵族、官僚豪绅以及立宪派上层成员,很难说具有全面真实的民意代表性。②关于资政院的职权,虽然定为议决岁出岁入预决算事件、税法事件、公债事件、新定法典以及嗣后修改事件等四项,但上述各项事件的议案,却都必须由"军机大臣或各部行政大臣先期拟定,具奏请旨,于开会时交议",而且"宪法不在此限",加上对任何事项均没有决定之权,如果与军机大臣或行政大臣发生争议,便只能"恭候圣裁",从而使得资政院同西方各国近现代意义上的议会比较,相差悬殊,徒具其形体而已。

(三)从《钦定宪法大纲》到《十九信条》

1.《钦定宪法大纲》。

(1)《钦定宪法大纲》的颁发。经过前期预备,1908年8月27日,清廷正式宣布预备立宪以九年为期,并颁发了由宪政编查馆奉旨拟定、作为确定将来正式宪法"编纂之准则"的《钦定宪法大纲》,将制定宪法提上议事日程;同时又颁布《议院法》、《选举法》要领及预备立宪九年期间逐年应办事项清单。

(2)《钦定宪法大纲》的内容。《钦定宪法大纲》由正文"君上大权"与附录"臣民权利义务"两部分构成,共二十三条。

正文部分共十四条,主要对将来制定宪法中涉及到的君主权力予以界定:①原则性规定,"大清皇帝统治大清帝国,万世一系,永永尊戴"(第一条);"君上神圣尊严,不可侵犯"(第二条)。②具体界定了君主的各项权力,包括:立法方面,有"钦定颁行法律及发交议案之权","召集、开闭、停展及解散议院之权";行政方面,有"设官制禄及黜陟百司之权(议员不得干涉)";司法方面,由君主总揽司法权,委任司法机构;军事方面,君主统率全国海陆军,编定军制,凡一切军事,皆非议院所得干预;外交方面,君主有宣战、讲和、订立国际条约、派遣与任受使臣之权;财政方面,在议院闭会而又遇到紧急之事时,拥有以诏令筹措必须之财用的权力;此外,君主还拥有发布命令、宣告戒严、颁赐爵赏以及恩赦等权力。

附录部分共九条,分别对于臣民的权利和义务作了界定。规定臣民有按照资格担任文武官吏以及议员的权利,在法律范围内的言论、著作、出版及集会结社的自由,非按法律规定不得加以逮捕、监禁和处罚的权利,请求法官审判其呈诉的案件之权利,应受法律规定的专门审判机关审判之权利,财产及居住处所无故不受侵害之权利;至于臣民的义务,主要规定臣民有纳税、当兵以及遵守国家法律之义务。

(3)《钦定宪法大纲》的特点。《钦定宪法大纲》在思想理论方面有两个渊源:①中国传统政治思想,包括"君为臣纲"与"民为邦本"的主张;②西方近现代宪政理论中的君主立宪主张,尤其是德、日等国的二元君主立宪理论。[1] 基于此,《钦定宪法大纲》一方面规定了君主的种种大权,但对君主的权力又作了一定的限制,如君主不得以命令改、废法律,君主发布代法律之诏令,"至次年会期须交议会决议"等;另一方面则确认了臣民的一些基本权利,并提出实行三权分立的政体,表现出明显的两面性。

2.《十九信条》。

(1)《十九信条》的制定与颁布。在《钦定宪法大纲》公布之后,预备立宪逐年应办事项无一兑现,遂激起国人激烈反对。不仅资产阶级革命日趋激烈,立宪派又连番请愿,要求速开国会、制定宪法。迫于各方压力,清廷乃于1910年10月4日在北京召开第一次资政院常会,11月4日又发布谕旨,宣布将预备立宪期限缩短为五年;至1911年5月公布《内阁官制》,并任命庆亲王奕劻为总理大臣,那桐、徐世昌为协理大臣,组成皇族内阁,名为为立宪作行政上的准备,实则谋集权于皇族,因而激起国人更强烈的反对,甚至连各省封疆大吏也苦于中央过度集权而对人民请愿予以附和,最终激发了辛亥革命。1911年10月10日武昌起义爆发后,为图苟延残喘,清廷一方面派遣军队对起义进行武力镇压;另一方面下罪己诏废除皇族内阁,并起复北洋军阀首领袁世凯任国务总理大臣,并于10月22日召开资政院第二次常会,草拟宪法,以求收揽人心。资政院仅用三天时间,拟定了《宪法重大信条十九条》,简称《十九信条》,由摄政王载

---

[1] 对于这一点,宪政编查馆在《会奏尊拟宪法大纲折》中说得很清楚:"东、西立宪各国,国体不同,宪法互易,论其最精之义,不外数端:一曰君主神圣不可侵犯;二曰君主总揽统治权,按照宪法行之;三曰臣民按照法律有应得应尽之权利义务而已……故一言以蔽之:宪法者,所以巩固君权,兼以保护臣民者也"。

沣代宣统帝在太庙宣誓公布,同时宣布,"其余未尽事宜,一并归入宪法,迅速编纂,并速开国会,以符立宪政体"。但这时的清廷统治已土崩瓦解,因而直到次年宣统帝宣布逊位,也不曾制定完整和正式的宪法,预备立宪活动实际上已经宣告终结。

(2)《十九信条》的内容与特点。《十九信条》是在特定历史条件下制定并先行颁布的"宪法"的一部分,其目的在应付时局,故而将一般宪法中至关重要、不可或缺的有关公民权利义务的内容,作为"其余未尽事宜"留待将来制定正式宪法时再全面规定,所规定的仅仅涉及国家政体部分。在思想理论上,显然渊源于西方虚君共和的宪政主张,仿照英国宪章体例,显示出与《钦定宪法大纲》不同的特点。①限制皇权。《十九信条》虽然仍规定了"大清帝国皇统万世不易"、"皇帝神圣不可侵犯"等条文,但一则删除了皇帝总揽统治权这种概括性条文;二则对于皇帝的各项具体权力都规定由宪法加以限制,如"皇帝之权,以宪法规定者为限"、"皇位继承顺序,于宪法规定之"、"皇室大典,不得与宪法相抵触",从而体现出限制皇权的特点。②扩大国会的权力,采行责任内阁制。与限制皇权相适应,《十九信条》明显扩大国会作为立法机关的权力,并概略规定了责任内阁制。前者如《十九信条》规定,"宪法由资政院起草议决"、"宪法改正提案权属于国会"、"总理大臣由国会公举",皇帝对内使用海陆军队,"应以国会议决之特别条件"、"国际条约,非经国会议决,不得缔结"、"皇室经费之制定及增减,由国会议决";后者如《十九信条》规定,"总理大臣受国会弹劾时,非国会解散,即内阁辞职。但一次内阁不得为两次国会之解散","总理大臣由国会公举,皇帝任命之;其他国务大臣,由总理大臣推举,皇帝任命"。

清末预备立宪作为中国近现代第一次宪政活动,是在极为复杂的历史背景下展开的,本质上不过是清廷在内外压力之下进行的具有自救性质的改革运动。对于这次以宪政为名的运动,有以下三点值得特别注意:①在主观上,资产阶级立宪派自始至终均以建立君主立宪、三权分立的政体为目标,自觉追求;清廷内部虽有部分成员出于不同原因愿意实现君主立宪,然而以满族亲贵和顽固守旧势力为代表的最高统治集团却属于迫不得已而为之,目的不过是借立宪以拉拢立宪派,笼络人心,抑制排满与革命,维持其统治权;革命派则尽力揭露与批判。②在客观上,清末预备立宪是在中国进入近现代之后各种矛盾相互交织的背景下进行的,其中既有封建帝制与民主共和的矛盾,又有列强各国侵略与中国人民反帝反侵略的斗争;既有满汉之间的民族矛盾,更有思想文化上的启蒙与救亡的矛盾。而处在矛盾斗争中心地位、主导预备立宪的清廷统治者所面临的乃是无法选择的现实困境:拒绝实行宪政,将被激进的资产阶级革命所推翻;积极实行宪政,其所代表的满族无论如何也无法在国会中赢得多数席位,最终仍将失去政权。因此,清廷所采取的就只能是拖延策略。③效果上,清末预备立宪对于清廷而言,由于主客观上的矛盾,不但无助于其自救,反而适得其反地加速了其灭亡;而对整个中国而言,则在一定程度上起了宪政与宪法的启蒙教育作用。

二、中华民国时期的约法与宪法

(一)南京临时政府的《中华民国临时约法》

1.《临时约法》的制定和颁行。1911年10月10日武昌起义爆发后,成立了中华民国政府,史称湖北军政府。11月湖北军政府制定公布了《中华民国鄂州约法》,这是中国历史上第一部资产阶级宪法性质的约法,也是资产阶级领导的三民主义革命宪政的第一个法律成就。嗣后各省都督府代表联合会于11月召开,讨论成立统一的中华民国临时政府。12月3日代表大会通过并公布了《中华民国临时政府组织大纲》(以下简称《大纲》),依据该《大纲》,12月29日代表大会选举孙中山先生为临时大总统。1912年1月1日孙中山在南京宣誓就职,中华民国临时政府成立。次日各省都督府代表联合会改称临时(或代理)参议院,代行参议院职权,并对《大纲》进行了修订。

《大纲》共有四章二十一条,主要依据三权分立原则和总统制体制,仿照美国政治制度,规定了临时政府的组织机构及其相互间的职权与关系。对于《大纲》的规定,尽管经过修订,仍有许多代表在临时参议院会议上表示不满,并要求制定更加全面的约法。为此,1月2日,临时参议院议决制定临时约法。1月28日参议院正式成立,2月7日召开临时约法草案审议会,后经过两次审议和修改,至3月8日在参议院三读通过,即日宣布。3月11日由临时大总统孙中山正式公布,定名为《中华民国临时约法》(简称《临时约法》)。可以说,制定和颁布《临时约法》的过程,既是资产阶级革命派把民主共和与分权制衡的宪政主张付诸实施的过程,又是以约法肯定辛亥革命成果、巩固民主共和制度的宪政革命过程,更是在宪政问题上同袁世凯所代表的军阀势力进行斗争的过程,因而乃是具有重要历史进步意义的宪政和立宪活动。

2.《临时约法》的主要内容。《临时约法》共分为总纲、人民、参议院、临时大总统副总统、国务员、法院、附则等七章五十六条。其内容既体现了民主共和原则,又表现了国家权力机关的分权与制衡精神,显示出作为资产阶级民主共和与分权制衡宪法的本质。

(1)国体。在《总纲》中,《临时约法》依据主权在民原则,对于国体采用民主共和制度,开宗明义地规定:"中华民国由中华人民组织之","中华民国之主权,属于国民全体"。

(2)政体。对于政体,《临时约法》依据分权制衡思想,仿照三权分立体制加以确定,除了在《总纲》中原则性地规定"中华民国以参议院、临时大总统、国务院、法院行使其统治权"外,在第三章到第六章又分别专门规定了立法、行政和司法机关的组织及相互关系。

第一,参议院。参议院作为行使立法权的机关,由各省选派代表组成,其职权共有十二项,包括议决法律案、预算、决算、税法、币制及度量衡之准则;公债之募集及国库有负担的契约;对临时大总统宣战、媾和、缔结条约、宣告大赦、特赦、减刑、复权以及任命国务员、外交使节有同意权;选举临时大总统、副总统之权;弹劾临时大总统、副总统之权;对政府进行质询、建议及要求政府查办官吏纳贿违法事件之权;受理人民请愿权等。另外,参议院还有自行集会、开会、闭会之权,参议员在院内的言论、表决对院外不负责任;除现行犯及关于内乱、外患罪之外,在会期中非得参议院许可,不得逮捕参议员。

第二,临时大总统、副总统以及国务员。临时大总统和国务员代表国家行使行政权,而在两者的相互关系方面,则实行责任内阁制。其中临时大总统代表政府,总揽政务,公布法律,统率全国海陆军队,经参议院之同意制定官制官规,任免文武职官,宣战、媾和、缔结条约,宣告大赦、特赦、减刑、复权;依法发布命令,宣告戒严,提出法律案,颁给勋章并其他荣典,代表国家接受外国使节。临时副总统在临时大总统因故去职或不能视事时代行其职权。国务总理和各部总长称为国务员,其主要职责就是辅佐临时大总统负担实际政治责任,在临时大总统提出法律案、公布法律及发布命令时,"须副署之"。这实际上就是试图通过采用责任内阁制对临时大总统作为国家元首和政府首脑的权力予以行政上的制约。

第三,法院。法院是行使司法权的机关,由临时大总统及司法总长分别任命的法官组成,其职权就是依法审判民、刑诉讼案件。《临时约法》中还特别规定了"法官独立审判"原则以及保障这一原则的具体制度,包括"法官在任中不得减俸或转职。非依法律受刑罚宣告或应免职之惩戒处分,不得解职"的法官终身制与法官高薪制;审判公开原则;对临时大总统受参议院弹劾案,"由最高法院互选九人组织特别法庭审判之"的制度等。

(3)人民之权利义务。《临时约法》依据天赋人权思想和主权在民原则,尤其是孙中山提出的三民主义理论,在第二章《人民》中系统规定了人民的权利义务。其中关于人民之权利,规定有平等权、自由权、请愿权、陈诉权、诉讼权、考试权、选举权和被选举权等,最重要的乃是平等权和自由权。前者指人民不分种族、阶级、宗教,"一律平等";后者包括人民之身体和住宅"非依法律"不受侵犯和干涉,人民有保有财产及营业的自由权,人民的言论、著作、刊行、集会、结社、居住、迁徙以及信仰的自由权等。而对于人民之义务,《临时约法》规定有纳税和服兵役两项。《临时约法》对人民自由权的保障采取法律保障主义,规定"人民之权利,有认为增进公益,维持治安,或非常紧急必要时,得以法律限制之"。

(4)修改程序。《临时约法》关于修改程序,采取刚性宪法的严格程序。其《附则》中规定,"本约法由参议院议员三分之二以上或临时大总统之提议,经参议员五分之四以上之出席,出席员四分之三之可决,得增修之"。

3.《临时约法》的历史意义。《临时约法》的制定颁行,具有重要的历史进步意义。这主要表现在:

(1)作为中国近现代历史上第一部力图体现民主法制思想、具有民主共和与分权制衡性质的准宪法,其颁行开创了中国宪政的新局面,使民主共和观念深入人心,甚至可以说《临时约法》已经成为政治合法性的标准,也成为后来中国宪政发展的基础,直接影响了此后历史的发展。凡坚持、拥护《临时约法》的,便得到人民拥护;反对、毁弃约法的,就被人民和历史抛弃。即使袁世凯、曹锟等也不得不在表面上表示尊重、拥护约法;而民国初年的法统之争,也从一个侧面反映了约法的巨大影响力。

(2)作为20世纪初亚洲各国中最有影响的宪章,《临时约法》在世界上也引起了极大的关注,在一定程度上争取了国际社会对中国革命和中华民国的承认和支持。

(3)毋庸讳言,受历史文化条件的制约,《临时约法》的制度设计不尽合理,尤其在立法机构和行政机构的权力分配方面不对等,又缺乏合法可行的争执解决机制,故而导致每当争执发生时,只能依靠体制之外的武力方式解决,加上又存在专为对付即将接任临时大总统的袁世凯这种因人设法的弊端,从而使得其进步意义受到限制。

(二)北洋政府时期的约法与宪法

北洋政府时期,围绕着保护、发展、完善与反对、毁弃《临时约法》,曾进行过一系列制宪活动,资产阶级革命派同北洋军阀所代表的封建买办势力进行了激烈的宪政斗争。

1. 拟定《天坛宪草》。1912年3月10日,袁世凯在北京就任临时大总统,4月1日,孙中山宣布解职。随后,参议院迁往北京,4月29日恢复活动。依据《临时约法》规定,先行制定了《国会组织法》、《参议院议员选举法》和《众议院议员选举法》,并于8月10日公布,随即展开国会议员的选举活动,国民党在宋教仁的领导下,取得国会八百七十个议席中的三百九十二席,有可能组织责任内阁,掌握立法和行政实权,以抗衡和扼制临时大总统袁世凯的权力。为了对付国民党所代表的革命派,袁世凯采取卑劣手段,密派特务于1913年3月20日在上海暗杀了宋教仁。4月8日,第一届国会正式召开。6月30日,依据《国会组织法》第二十一条规定,由两院各选委员三十人,候补委员十五人,组成宪法起草委员会,制宪活动随即展开。宪法起草委员会随后在北京天坛祈年殿进行宪法起草活动,至10月31日国会两院三读通过宪法全案,这就是第一部《中华民国宪法草案》,时称《天坛宪草》。

《天坛宪草》在内容方面基本维护了民主共和与分权制衡制度,采用责任内阁制,而这一点遭到了一心谋求帝制自为的袁世凯的强烈抑制和反对。为此,在拟定宪草的同时,袁世凯强迫国会改变原定的先定宪法后选总统的程序为先选总统再定宪法。1913年10月5日国会通过《大总统选举法》;次日选举袁世凯为大总统;10月10日袁世凯举行就职典礼;至1914年1月10日,袁世凯就悍然宣布解散国会,制宪活动被迫中止,《天坛宪草》也被搁置。

2. 制定《中华民国约法》。当选为大总统的袁世凯对于《临时约法》早就不满,在1913年10月16日解散国会之前曾向国会提出所谓增修约法案,指责《临时约法》"关于大总统职权各规定……适用于正式大总统则困难将益甚",为撕毁《临时约法》制造根据。在解散国会后则组织其亲信党徒成立所谓"改造民国国家之根本法"的约法会议。3月18日约法会议正式召开,20日袁世凯就向该会议提出增修《临时约法》大纲七项,其宗旨全在强化大总统权力:①外交大权归诸总统,对外宣战、媾和及缔结条约,毋庸国会议决;②大总统制定官制官规,任用国务员及外交使节,毋庸国会同意;③采用总统制,不设国务总理,各部部长(国务员)直隶于大总统;④宪法由大总统及参议院起草,由国会以外之国民会议制定,由大总统及立法院修正;⑤关于人民公权之褫夺恢复,大总统得自由行之;⑥大总统有紧急命令权;⑦大总统有紧急财政处分权。对此,约法会议审查后"一致赞成",由议长指定施愚、程树德等七人担任起草员,草拟约法增修案,至4月29日在约法会议三读通过,5月1日由袁世凯以大总统名义公布,是为《中华民国约法》,时称"袁记约法"。至此,《临时约法》被废弃。

《中华民国约法》共分国家、人民、大总统、立法、行政、司法、参政院、会计、制定宪法程序及附则等十章六十八条。由于该约法是袁世凯为强化其军阀独裁专制统治权力而制定的,因而在内容上就必然显示出同《临时约法》及《天坛宪草》截然不同的特色:

(1)在有关国体的规定上,大体仍沿用《临时约法》的内容。

(2)在有关政体的规定上,虽然仍采用三权分立的组织形式,但却极力强化大总统的权力,取消立法、行政以及司法机关对大总统权力制衡的内容。这表现在以下三方面:①删除《临时约法》规定的"中华民国以参议院、临时大总统、国务员、法院行使其统治权"的原则性规定,代之以"大总统为国之元首,总揽统治权"、"大总统对国民全体负责"的条文,从而使大总统居于立法、行政与司法机关之上。②删除《临时约法》中有关立法机关、司法机关对大总统行使重要权力的制约性内容,使大总统可以不受分权体制的制衡,相反却赋予大总统左右立法与司法机关的权力。如大总统有权召集立法院,宣告开会、停会、闭会,甚至解散立法院;对"立法院议决之法律案,大总统否认时,得声明理由交院复议,如立法院出席议员三分之二以上仍执前议,而大总统认为于内政外交有重大危害或执行有重大障碍时,经参政院之同意,得不公布之";再如,"司法,以大总统任命之法官组织法院行之"。③删除责任内阁制,使行政无法对总统进行任何制衡。

(3)在关于人民权利义务的规定上,否认《临时约法》的天赋人权精神,对人民各项平等权、自由权、请愿权、诉讼权、陈诉权、考试权、选举权及被选举权,均设有"于法律范围内"、"以法律所定"的限定,为军阀政府利用法律限制和剥夺人民权力提供了"约法"上的依据。

正因为如此,尽管被视作"中华民国宪法施行以前"与宪法效力相等的准宪法,然而《中华民国约法》却抽去了近现代宪法最基本的原则与精神,也就是民主与分权制衡精神,因而在本质上是具有反动性的。

3. 1923年的《中华民国宪法》。

(1)《中华民国宪法》的制定和颁布。《中华民国约法》颁布后,袁世凯倒行逆施,变本加厉地实行专制独裁,到 1915 年更荒唐地演出洪宪帝制的复辟丑剧,[1]最后以彻底破产告终。随后,皖系军阀控制北京政府,于 1915 年 6 月 29 日宣布废除《中华民国约法》,遵行《临时约法》,并召集国会,继续 1913 年的制宪活动。但到 1917 年 5 月至 6 月间,北洋政府内部发生所谓府院之争,导致张勋于 1917 年 7 月 1 日率辫子军入京,演出丁巳复辟的闹剧,[2]制宪活动又行中断。其后,经各派军阀连年混战,到 1922 年直系军阀控制北京政府,随即进行"恢复法统"活动。6 月 11 日黎元洪恢复总统职位,8 月 1 日旧国会恢复集会。这次国会会议召开后,宣布"系继续六年二期国会",[3]并确定暂停行使其他一切职权,专意召开宪法会议制定宪法。经过近一年时间,国会会议于 1923 年 6 月完成了宪法草案的续议。6 月 13 日,因黎元洪为曹锟、吴佩孚所迫辞去总统职位,部分国会议员随同黎元洪离京赴沪,致使宪法会议不能正常召开。迫不及待想当大总统的曹锟在吴佩孚的怂恿下,高价收买议员回京参会。10 月初国会重开,10 月 5 日曹锟给每名参会议员五千元支票,同时派军警包围会场,威逼利诱议员选举其为大总统,史称这次国会为"猪仔国会",议员为"猪仔议员",曹锟为"贿选总统"。与此同时,国会则将十余年争论不决的《中华民国宪法草案》交付表决,至 10 月 8 日完成三读通过程序,10 月 10 日由贿选总统曹锟公布,是为中国近现代历史上第一部正式宪法,史称"贿选宪法"。

(2)《中华民国宪法》的主要内容。《中华民国宪法》共分为国体、主权、国土、国民、国权、国会、大总统、国务员、法院、法律、会计、地方制度、宪法之修正解释及效力等十三章一百四十一条,较之原有的约法更为全面和系统,也更具特色。

第一,国体。该宪法除在前两章分别规定"中华民国永远为统一民主国"、"中华民国主权,属于国民全体"外,还在第十三章中特别规定:"国体不得为修正之议题",以表示对帝制复辟活动的反对与限制。

第二,政体。该宪法一方面大体仍然采用三权分立体制,另一方面增设《国权》与

---

[1] 1915 年初,中华民国大总统袁世凯在其美国顾问古德诺和日本顾问有贺长雄发表的共和政体不适合中国国情言论的蛊惑下,决意复辟帝制。8 月,由杨度、严复、刘师培等组织筹安会,鼓吹帝制,并通电各省军民长官及商会派代表到北京"请愿"改变国体。10 月公布废除国民大会组织法,并宣布于次年元旦废除民国纪年,改为洪宪元年。在全国人民坚决反对下,蔡锷、唐继尧、李烈钧等于是年 12 月 25 日在云南成立护国军,开始讨伐袁世凯,孙中山号召各地讨袁,广西、贵州、陕西等省先后宣布独立,袁世凯调兵镇压无效,被迫于 1916 年 3 月 22 日宣布取消帝制,不久,袁世凯忧郁病亡,史称洪宪帝制复辟。

[2] 1917 年(丁巳年),中华民国总统黎元洪与总理段祺瑞因是否对德国宣战发生"府院之争"。其间,在黎元洪下令免去段祺瑞总理职务后,段祺瑞唆使皖系与奉系军阀试图武力倒黎,各省督军纷纷宣布独立。此前"辫帅"张勋乘机连续召开徐州会议,以盟主自居,组成所谓"十三省区联合会",攻击国民党及国会。是年 5 月,又在徐州邀请督军团会议。至 7 月 1 日,张勋以调解为名,率军入京,拥立溥仪复辟,自封为议政大臣兼直隶总督、北洋大臣。段祺瑞则乘机纠集旧部,组织"讨逆军"在北京马厂誓师,讨伐张勋。张勋迎战失败,溥仪不得不再次宣布退位。史称"丁巳复辟"。

[3] 指继续民国六年(1917 年)被段祺瑞解散的第一届国会第二期会议。

《地方制度》两章，采用所谓分权制度，规定国家与地方的权力划分以及地方自治制度。①关于国家权力机关之间的关系。该宪法主要规定由国会行使立法权，大总统以国务员之赞襄行使行政权，法院行使司法权。其中国会由参议院、众议院两院构成，除行使立法权之外，对大总统行使某些重要权力还有同意权，对大总统有弹劾权和审判权；大总统行使行政权除受国会制约外，还受国务员之制约，这表现在国务员"对于众议院负责"，"大总统所发命令及其他关系国务之文书，非经国务员之副署，不生效力"。法院编制及法官资格由法律规定，但"最高法院院长之任命，须经参议院之同意"，法院依法受理民事、刑事、行政以及其他诉讼，同时还规定了司法独立原则以及保证这一原则的法官终身制、高薪制、审判公开原则等。②关于国家与地方分权的规定。该宪法在《国权》一章中原则性地规定，"中华民国国权，属于国家事项者，以本宪法之规定行使之；属于地方事项者，以本宪法及各省自治法之规定行使之"；同时又分别规定了由国家立法并执行、由国家立法并执行或令地方执行、由省立法并执行或令县执行等不同事项；并特别规定省法律与国家法律抵触者无效，省不得缔结有关政治之盟约、不得自置常备军及设立军官学校及军械制造厂，省因不履行国法上之义务经政府告诫仍不服从者，得以国家权力强制之等内容。

第三，人民之权利义务。该宪法对于人民的权利义务，在《国民》一章中作了比较系统的规定，其中属于权力方面的共十四条，分别包括平等权、各项自由权、诉讼权、请愿权、陈诉权、从事公职权、选举权与被选举权等。属于义务者有三条，包括纳税、服兵役和接受初等教育的义务。

第四，宪法的解释与修改程序。对于宪法的解释，该宪法专门规定，宪法有疑义时由宪法会议负责解释，并规定了宪法会议的组织和解释程序。至于宪法的修正，则采用刚性程序，规定只有国会得为修正宪法之发议，并由国会议员组织宪法会议进行，"非总员三分之二以上之列席，不得开议；非列席员四分之三以上之同意，不得议决"，而且"国体不得为修正之议题"。不依据上述程序，"无论经何种事变，永不失其效力"。

(3)《中华民国宪法》的地位。这部宪法以《天坛宪草》为基础，总结中华民国建立后十余年宪政历史的经验教训，尤其是吸取袁世凯利用《中华民国约法》实行专制独裁进而复辟帝制的教训，因而其条文最多，内容最为全面、系统、详尽，还增加了中央与地方分权的规定，至少在字面上充分依据主权在民、民主共和以及分权制衡的原则精神，仅从理论层面来看，确实不失为一部较为成熟的宪法文本。但问题在于，在客观方面，当时的中国既缺乏宪政的经济与社会基础，又缺乏宪政的政治与阶级基础，还缺乏宪政的文化氛围和习惯动力；在主观方面，统治者制颁宪法的主要目的并不是要实施本原意义上的宪政，而是要为其经过贿选取得的统治权提供"合法性"根据，因而就根本无意实施宪法。到1924年直奉战争后，该宪法更成为众矢之的，最终便使得该宪法适足以成为虽有宪法而无宪政的典型代表。

(三)国民政府训政约法与宪法

1.《中华民国训政时期约法》。

(1)《训政约法》的制定。1927年北伐战争胜利,4月18日中华民国国民政府在南京宣布成立,到1928年10月张学良在东北宣布易帜,国民政府在形式上完成了中国的统一。与此同时,国民政府宣布结束军政时期,开始训政时期,[1]并改组政府,成立五院。[2] 为了实施训政,中国国民党召开中央常务会议,制定《训政纲领》和《中华民国国民政府组织法》,确立由国民党掌握国家最高权力,指导并监督国民政府对全国人民进行训政的制度。这种做法遭到全国人民的反对,国民党内部则展开了激烈的权力争斗,蒋介石虽占据南京国民政府主席职位,但以汪精卫为首的改组派和以谢持为首的西山会议派,联合阎锡山、冯玉祥等势力,于1930年秋在北平(即北京)召开国民党中央执行委员会扩大会议,成立与南京国民政府对立的国民政府,并指责蒋介石"违反总理遗教","训政虽号称开始,约法迄未颁布,遂致训政其名,个人独裁其实"。为对付南京国民政府,他们于是年10月提出《中华民国约法草案》,史称"太原扩大会议约法草案"。但不久,阎、冯被蒋介石武力打败,该约法草案遂致流产。1931年3月,国民党召开常务会议,决定召开国民会议制定约法,并推王宠惠、吴敬恒等十一人为约法起草委员,拟定约法草案文本。4月21日全案起草完成,经国民党中央讨论后,送交国民政府提交国民会议审定。5月5日国民会议召开,当天即三读通过,6月1日由国民政府公布,是为《中华民国训政时期约法》(以下简称《训政约法》),实际上就是当时的国家根本法。

(2)《训政约法》的主要内容。《训政约法》共有总纲、人民之权利义务、训政纲领、国民生计、国民教育、中央与地方之权限、政府之组织和附则等八章八十九条。

第一,国体。《训政约法》仍采用民主共和制,在总纲中规定,"中华民国永为统一共和国","中华民国之主权属于国民全体"。

第二,政体。《训政约法》号称依据孙中山权能分治与五权宪法学说确定的政体,颇具特色。主要表现在:①将国家权力划分为政权与治权。其中政权又称民权,是属于人民的权利,包括选举、罢免、创制、复决四种权利;治权又称政府权,是属于政府的权力,包括行政、立法、司法、考试、监察五种权力。②在《训政纲领》中规定,"训政时期由中国国民党全国代表大会代表国民大会行使中央统治权","行政、立法、司法、考试、监察五种治权由国民政府行使之",从而确立国民党"以党治国"的统治地位,也确

---

[1] 孙中山先生在1924年国民党"一大"期间,总结以前关于建国程序的思想理论,手拟《国民政府建国大纲》(简称《建国大纲》),形成了完整的建国方略。按照这一方略,建国被分为军政、训政和宪政三个时期,是为所谓"建国三时期"。其中军政时期的任务是在革命军推翻满清专制统治的基础上,扫除官僚腐败,改革旧俗恶习,解放奴婢,洗清鸦片流毒,破灭风水迷信,废除厘卡阻碍等事。在这一时期,实施军法。训政时期是向宪政的过渡时期,任务是建设地方自治,促进民权发达。

[2] 五院是孙中山五权宪法思想的具体体现,也就是将政府权力划分为立法、行政、司法、考试和监察,分别成立相应的行政院、立法院、司法院、考试院和监察院,简称为五院。

立国民政府作为"法统"继承者受国民党指导、监督的体制。③在《政府之组织》中,除原则性规定"国民政府总揽中华民国之治权"外,还具体规定了国民政府的组织与职权:国民政府设主席一人,委员若干人,由国民党中央执行委员会选任;其下分设行政、立法、司法、考试和监察五院。国民政府的职权包括统率军队、宣战、媾和及缔结条约,大赦、特赦及减刑、复权,授予荣典,编制预决算,公布法律、发布命令;国民政府主席代表国民政府;行政院行使行政权,立法院行使立法权,司法院行使司法权,考试院行使考试权,监察院行使监察权。

第三,人民的权利义务。对于人民的权利义务,《训政约法》在第二章作了系统规定。其中人民的权利包括"无男女、种族、宗教、阶级之区别,在法律上一律平等"的平等权;在完全自治之县的选举、罢免、创制、复决权;非依法律不得逮捕、拘禁、审问、处罚以及住宅不受侵入、搜查或封锢的权利;迁徙、通信、通电、结社集会、发表言论、刊行著作以及宗教信仰自由权;财产非依法律不得查封没收之权和财产继承权;依法诉讼、诉愿、请愿权;参加考试权和服公务权。其中最具特色的就是对于人民的财产权,基于国家本位观念规定:"人民财产因公共利益之必要,得依法律征用或征收之",体现出财产所有权社会化的倾向。关于人民之义务,规定有纳税、服兵役以及公役、服从公署依法执行职权行为等三项。

第四,国民生计与国民教育。《训政约法》的一个明显特点就是专门设立了国民生计与国民教育两章,据说是为了直接体现孙中山三民主义学说中的民生主义的。关于国民生计,主要规定国家奖励与保护人民生产事业,发展农村经济,增进佃农福利,改善劳工生活状况,实施劳工保护法和劳动保险制度,组织职业团体,提倡合作事业,兴办工矿产业及国营航业,奖励和保护民营航业,人民得自由选择职业及营业等。关于国民教育,确认了"三民主义为中华民国教育之根本原则",并规定了男女教育机会一律平等、国家采取各种措施鼓励和发展教育、文化、学术和艺术等事业。

第五,约法之解释及宪法之制定。约法的解释权由国民党中央执行委员会行使;而关于宪法的制定,规定由立法院议定,至全国有半数省份达到宪政开始时,国民政府应即召开国民大会,决定宪法并加以公布。

2. 1947年《中华民国宪法》。

(1)《中华民国宪法》的制定颁行。《训政约法》颁行后,确立了国民政府的"法统",但不久日本帝国主义就加紧扩大对中国的侵略。为动员全国力量抗击日本侵略,各民主党派和国民党内部分成员要求结束训政,实行宪政,集中国力,挽救危亡。为此,国民党于1932年12月召开四届三中全会,决定召开国民大会,制定宪法,筹备宪政。次年1月,立法院组织宪法起草委员会开始起草。到1934年2月,完成宪法草案初稿,后经过立法院及国民党中央执行委员会、全国代表大会的多次审议修改,于1936年5月5日由立法院公布,定名为《中华民国宪法草案》,史称"五五宪草",全文共有八章一百四十八条。但后来因时局变迁,未能完成制宪程序抗日战争就已全面爆发。

八年抗战期间,制宪活动被迫中止;到1945年抗战胜利,宪政问题重新被提出来。通过重庆谈判,国共两党达成《国共代表会谈纪要》(简称"双十协定"),双方"一致认为应迅速结束训政,实施宪政,并应先采必要步骤,由国民政府召开政治协商会议,邀集各党派代表及社会贤达协商国是,讨论和平建国方案及召开国民大会问题"。1946年1月,政治协商会议通过召开国民大会、改组国民政府以及修改宪法草案等问题的决议。其中,关于修宪主要确定了包括实行"国会制"、"责任内阁制(议会内阁制)"、"省自治"以及"关于人民自由,即用法律规定,须出于保障自由之精神,非以限制为目的"等十二项基本原则,并确定由政治协商会议组成宪法审议委员会,拟定宪法修正案。但到1946年6月内战爆发后,国民政府即撕毁政治协商会议决议,宣布由国民政府单独召开国民大会,制定宪法。随后由王宠惠、吴经雄、雷震等就"五五宪草"加以修改、补充,完成草案文本,又经立法院三读通过,到1946年11月25日,国民政府在南京召开国民大会,12月25日大会通过《中华民国宪法》,1947年1月1日由国民政府颁布,同时确定自1947年12月25日开始施行。这是中国近代史上第二部《中华民国宪法》。

(2)《中华民国宪法》的主要内容。《中华民国宪法》共分为总纲、人民之权利义务、国民大会、总统、行政、立法、司法、考试、监察、中央与地方之权限、地方制度、选举罢免创制复决、基本国策、宪法之施行及修改等十四章一百七十五条。

第一,国体。该宪法除规定"中华民国之主权属于国民全体"外,还特别强调"中华民国基于三民主义,为民有、民治、民享之民主共和国",尤其是专门增设一条,规定"中华民国各民族一律平等"。

第二,政体。虽然该宪法声称依据孙中山的权能分治、五权宪法思想,但由于已经进入"宪政时期",故而与《训政约法》不同,也与其他西方国家不尽相同而颇具特色。主要表现在:①在划分政权与治权的基础上,规定设立国民大会,"依本宪法之规定,代表全国国民行使政权"。国民大会由全国人民选举之国大代表组成,每届任期六年,具体行使选举与罢免总统、副总统、修改宪法、复决立法院所提出之宪法修正案等四项职权。②设立总统,作为国家元首,除对外代表中华民国外,拥有统率海陆军权;经行政院院长及相关部会副署公布法律、发布命令权;缔结条约、宣战、媾和权;经立法院通过或追认宣布戒严权;进行大赦、特赦、减刑、复权之权;任免文武官员权;授予荣典权。此外,该宪法还特别授予总统紧急命令权、权限争议处理权以及核可提请复议权,从而强化了总统的权力。③在国民政府内设立五院,分别行使五种治权:行政院,系国家最高行政机关,实行责任内阁制,设院长、副院长各一人,下设各部、会及政务委员。院长由总统提名,经立法院统一之后任命。行政院向立法院负责,行使行政权。立法院,系国家最高立法机关,由人民选举的立法委员组成,代表人民行使立法权,职权包括议决法律案、预算案、戒严案、大赦案、宣战案、媾和案、条约案及其他重要事项。司法院,系国家最高司法机关,职权为掌理民、刑、行政诉讼之审判与公务员之惩戒,统一解释宪法、法律以及命令。对于司法审判,该宪法还特别规定了司法独立原则以及保障这一原则的法官不党、法官终身以及法官高薪制等。考试院,系国家最高考试机关,执掌考试、任用、铨叙、考绩、级俸、升迁、保障、褒奖、抚恤、退休、养老等事项。考试院院长由总统提名,经监察院同意任命。凡公务人员的任用、专门职业技术人员执业资格须经考试铨定;不经考试合格不得任用。监察院,系国家最高监察机关,行使同意权、弹劾权、纠举权及审计权。监察院由各省市议会、蒙古和西藏地方议会及华侨团体选举的监察委员组成,其院长、副院长由监察委员互选产生。④根据均权原则,该宪法在《中央与地方之权限》章中专门规定了中央与地方省、县的权限划分以及相互关系。

第三,人民之权利义务。该宪法对于人民权利义务作了系统规定。按照规定,人民享有法律上的平等权,人身自由不受非法侵犯权,不受军事审判权,居住、迁徙、言论、讲学、著作、出版、秘密通讯、信仰宗教、集会结社等自由权,生存、工作及财产受保障权,请愿、诉愿及诉讼权,选举、罢免、创制、复决的参政权,应考试及服公职权,接受国民教育权,请求国家赔偿权等。至于人民的义务,包括纳税、服兵役及接受国民教育等事项。值得特别强调的是,该宪法关于人民权利的规定有两个明显特点:①从社会连带责任思想出发,强调在"巩固国权"前提下"保障民权"、在"奠定社会安宁"前提下"增进人民福利",因而专门规定了对基本人权限制的条文,即人民的各项"自由权利,除为妨碍他人自由,避免紧急危难,维持社会秩序或增进公共利益所必要者外,不得以法律限制之"。②采取直接保障主义(宪法保障主义)原则,除了在有关人民自由权利的规定中不得附加"在法律范围内"或"依法律"的限制外,还专门规定了基本人权保障的条文,即"凡人民之其他自由及权利,不妨碍社会秩序、公共利益者,均受宪法之保障"。

第四,基本国策。该宪法还专门规定了基本国策,内容包括国防、外交、国民经济、社会安全、教育文化、边疆地区等六方面。①关于国防,规定以保卫国家安全,维护世界和平为目的,实行军人超然与军人不干政的军队国家化政策;②关于外交,规定"应本独立自主精神、平等互惠之原则,敦睦邦交,尊重条约及联合国宪章,以保护侨民权益,促进国际合作,提倡国际正义,确保世界和平";③关于国民经济,规定以民生主义为基本原则,实施平均地权、节制资本政策,同时还具体规定了土地政策、独占性企业公营原则及发展各种经济的内容;④关于社会安全,规定国家实施人尽其才政策,对有工作能力的人民予以适当工作机会,改善劳工及农民生活,保护劳工及农民权益,劳资双方应本协调合作原则发展生产事业,此外还规定了社会保险与救助、女幼福利政策及卫生保健事业的推行等;⑤关于教育文化,规定以"发展国民之民族精神、自治精神、国民道德、健全体格与科学及生活智能"为目标,遵守教育机会平等原则,发展、鼓励各种教育及科学发明创造事业,保护文化古迹;⑥关于边疆地区,主要规定保障边疆地区各民族的地位,扶植地方自治事业,扶助其教育文化及各项经济社会事业的发展。

第五,宪法的修改程序。关于宪法的修改程序,该宪法仍采用刚性宪法修改程序,规定"由国民大会代表总额五分之一之提议,三分之二之出席,及出席代表四分之三之决议,得修改之";并且要"由立法院立法委员四分之一之提议,四分之三之出席及出席委员四分之三之决议,拟定宪法修正案,提请国民大会复决。此项宪法修正案,应于国民大会开会前半年公告之"。

(3)《中华民国宪法》的历史地位。《中华民国宪法》是在中国抗日战争和世界反法西斯战争胜利、民主进步力量得到巨大发展的背景下制定的,尤其是1946年政治协商会议的宪法修改意见对宪法的制定和内容具有直接的影响,在很大程度上反映了国内民主发展的要求,因而同《训政约法》和"五五宪草"相比较,具有明显的进步。但由于这部宪法是在中国共产党和各民主党派没有参加的情况下制定的,因此在代表的广泛性、合法性方面不可避免地存在着很大问题;特别是国民政府之所以在当时制定、颁布宪法,乃是为了在国共冲突中赢得民心,改变国民政府的不良形象,证明其统治的合法性。虽然在1947年12月25日开始施行宪法时,国民政府声称此后对于宪法当"永矢咸遵",然而到了1948年5月,面对在内战中的节节败退局面,国民政府却公布《动员戡乱时期临时条款》六条,作为所谓"战时宪法",赋予总统以超越于宪法规定的权力,意图在其所谓"戡乱时期","真正能行宪,而且能戡乱"。这无疑表明,通过特别立法,宪法实际上已被弃置;更进一步表明,宪法虽然有了,但距离宪政似乎更遥远了。

第二节 行 政 法

一、近现代行政法的建立和发展

(一)清末行政法的萌芽

中国近现代行政法萌芽于清末预备立宪过程中的官制改革。1906年清廷确定"仿行宪政"方略,将官制改革作为入手点,明确宣布"亟应先将官制分别议定,次第更张","以预备立宪基础",从而使这次官制改革具有为实行君主立宪、行政分立的新政体预做准备的性质和意义。是年9月到11月,清廷先后颁布《预备立宪先行厘定官制谕》、《厘定中央官制谕》,开始进行官制改革,相应地也促进了中国近现代行政法的萌芽。到1908年,依据《钦定宪法大纲》,清廷明确宣布,"谨按宪法大纲,君主立宪政体君上有统治国家之大权,凡立法、行政、司法皆归总揽,而以议院协赞立法,以政府辅弼行政,以法院遵律司法",在一定程度上确认了基于分权制的行政权独立;并制定了《钦定行政纲目》,既确定国家事务与皇室事务的区分系立宪政体"第一要义",其内容"以属于国家行政事务为限",有关皇室事务均不列入,又"融会列国成规,按切我国情事",对各部诸司职掌列表详叙,并加注按语,以图"分别部属,条分缕析之",同时将行使国家行政权的行政机关区分为直接官治、间接官治、地方官治、地方自治等四级隶属建制。这表明,《钦定行政纲目》既是清末行政改革的纲领,又是中国最早的行政立法纲要。

依据《钦定行政纲目》,清末还制定颁行了具备近现代行政法萌芽性质的有关法律法规。其中属于行政组织法的主要有《内阁官制》及《各省官制通则》、《各省学务官制》以及《各部官制章程》(或称《职掌员缺章程》)、《州县必选章程》、《切实考验外官章程》、《考核巡警官吏章程》等;属于行政行为法方面的主要有由商部、巡警部、学部于1906年会订的《大清印刷物专律》,由商部于1907年起草完成的《大清报律》等。

不过,应该特别指出的是,清末官制改革并没有能够建立起分权制衡式行政体制,因而这些行政法律法规仅具有过渡性质,尚难称得上真正意义上的近现代行政法。

(二)中华民国时期行政法的建立和发展

中华民国南京临时政府建立后,既制定颁行了作为临时宪法的《临时约法》,确立了主权在民、法律上人人平等的民主宪政基本原则,向建立民主宪政政体迈出了重要一步,又基本形成了立法、行政、司法三权分立与制衡的政体,确立了独立的行政权,为建立行政法奠定了政治基础,提供了政治依据。在此前提下,南京临时政府开始了创建行政法的活动。

1. 建立统一行使行政权的近现代行政体制。南京临时政府建立后,相继制定颁行《临时政府组织大纲》、《临时约法》及行政组织法规,并采取措施,统一全国行政体制。其中央行政机关由总统与各部[1]组成,各部总长一人,作为国务员辅佐临时大总统办理事务,其下分设承政厅与其他各司。另设秘书处、法制院、铨叙局、公报局、印铸局等协助总统办理行政事务的特别行政机关。在地方各省都督府所属办理行政事务的机构一律改称为"司",省下设县,原有"厅、州一律正名为县",而且实行军民分治,"民政、财政系地方官主政,司令部长官绝对不得干涉",以强调重视"行政法权"的独立性。

2. 开始制定颁布行政法规。属于行政组织法的有《临时政府组织大纲》、《临时政府中央行政部各部及其权限》、《文官考试委员会官职令》、《文官考试令》、《外交官及领事官考试委员会官职令》、《外交官及领事官考试令》、《新定勋章章程及图式》等;属于行政行为法的有《普通教育暂行办法十四条》、《普通教育暂行课程标准》、《普通旅店细则》、《司法部办公规则》、《陆军军官学校暂行条例》、《内务部土木局治事简章》、《内务部疆理局分科治事简章》等。

3. 确定行政救济制度。《临时约法》确定了两条行政救济途径和方法:①"人民有陈诉于行政官署之权";②"人民对于官吏违法损害其权利之行为,有陈诉于平政院之权"。[2]

不过,应该指出的是,南京临时政府时期尚未能形成全面系统的行政法法律体系,行政救济制度也还停留在设计阶段,因而此时尚属于近现代行政法的初步建立阶段。

(三)北洋政府时期行政法的发展

北洋政府时期,中国近现代行政法在曲折与反复中仍获得了一定的发展。主要表现在:①行政法律法规数量有较大的增加,行政立法初具规模。据不完全统计,整个北

---

[1] 当时中央共设有陆军、海军、外交、司法、财政、内务、教育、实业和交通等九个部。
[2] 平政院系当时准备设立的最高行政法院。

洋政府时期,除在约法或宪法中对行政法的内容有规定外,以法、条例、通则、规则、章程、细则等名目颁布的行政法律法规多达七百多个,其内容既有行政组织法方面的,也有行政行为法方面的,还有行政救济制度方面的。[1] ②行政救济制度,尤其是行政诉讼制度基本建立。北洋政府时期颁布的约法和宪法中均规定,人民对于中央及地方官署的违法或不当处分导致损害人民权利的,有提起诉愿于上级行政官署的权利,为此,在 1924 年颁行了《诉愿条例》,1918 年进一步修改为《诉愿法》;人民对于中央及地方官署的违法处分致使损害人民权利或不服最高行政官署的决定者,有陈诉于平政院的权利,为此,在 1914 年正式设立平政院,作为办理行政诉讼的机关,同时颁行《平政院编制令》、《平政院处分规则》及《行政诉讼条例》,到 1918 年又修改为《行政诉讼法》,使得行政救济制度初步建立起来,并且开始实际运作。

不过,当时所制定颁布的许多行政法规,尤其其中的行政行为法往往徒具躯壳,缺乏行政法所应具备的精神,行政救济制度也常常流于形式,这就使得行政法的发展受到了极大的限制。

(四)国民政府时期行政法的完备

国民政府时期,进行了一系列行政法制建设工作,使行政法出现重大发展,形成了比较完备的行政法制体系。

1. 将行政法作为独立法律部门,使之成为六法体系的构成部分,明确了行政法的地位与作用,促进了行政法理论研究的发展和行政法体系的形成。国民政府时期,开始将行政法作为独立的法律部门,与宪法、民法、民事诉讼法、刑法、刑事诉讼法并列,组成新的六法体系,从而就明确了行政法在整个法律体系中的重要地位和作用。受此影响,行政法学理论研究也得到前所未有的巨大发展,促进了行政法体系日益成熟。

(1)构建了比较完备的行政法渊源体系。除以约法、宪法作为行政法的渊源之外,在行政立法中虽没有制定颁布统一法典,但却制定颁行各种单行法律法规,这既包括由立法机关制定的法、律、条例、通则等,也包括由行政机关公布施行的规程、规章、细则和办法等行政命令,还包括地方自治团体依据国家授权而制定的地方自治法规等。

(2)形成了比较成熟的行政法内容体系。国民政府时期开始将行政法按照其调整对象的不同划分为行政组织法与行政行为法两部分,前者规定行政机关的组织、权限、编制和各构成主体的责任,后者规定行政机关与人民的关系,也就是行政机关在何种情形下才可以用行政行为限制人民的权利或者使人民负担义务,其具体内容又被按内政、军政、地政、财政、教育、经济、人事等分门别类为各种具体的行为法。

2. 制定颁行系统的行政法规,形成完备的行政法规体系。国民政府时期,立法机关、中央行政机关和地方自治团体等,通过立法或授权立法途径,制定颁行了数千个行

---

[1] 参见钱实甫:《北洋政府时期的政治制度》附录二《重要法规目录》,中华书局 1984 年版,第 479～527 页。

政法律法规，从而基本上构建起了比较系统全面的行政法律体系，为实行依法行政提供了依据。

3. 发展完善行政救济制度。国民政府时期，根据约法和宪法以及相应的行政法规的规定，确定行政救济途径仍然分为诉愿和诉讼两种，但其具体内容则有明显发展：①采取诉愿前置主义，明确诉愿与诉讼的关系，即人民对于中央或地方官署的违法或不当处分，必须依法先向行政官署提起诉愿以及再诉愿予以救济，如不服再诉愿决定，才可以向行政法院提起行政诉讼寻求救济。②改革行政诉讼制度，完善行政法院。早在1924年，广州国民政府就将平政院改为审政院，1928年进一步改为行政法院，隶属于司法院，成为审理行政诉讼的唯一机构，而行政诉讼则采用专门的程序与规则。

二、行政组织法

（一）行政体制与行政机构

1. 行政体制。在中国近现代，一方面通过仿效西方各国近现代行政体制，追随世界行政组织法发展潮流，至少在形式上逐步建立起基于民主宪政与分权制衡原则、以行政权独立和依法行政为特征的行政体制，另一方面又通过继承和发展固有行政制度中的合理成分，尤其关于考试与监察制度，并使之转化为适于时代要求的因素，力图创建体现时代精神、契合中国传统的行政体制。

（1）清末近现代行政体制的草创。在清末预备立宪过程中，清廷开始对固有的行政体制进行改革。1906年清廷拟定《厘定官制宗旨大略》，宣布"厘定官制，为立宪之预备"，"应参仿君主立宪国官制厘定"，而"立宪国通例俱采立法、行政、司法三权分立原则，惟现在议院遽难成立，先从行政、司法厘定"。至于"厘定"的方法，则确定为"行政之事专属内阁各部大臣"，以实现行政独立。1910年清廷又草拟《内阁官制》，确定以总理大臣及其他国务员组织之内阁取代原来作为"行政总汇"的军机处，辅弼皇帝，并作为中央行政机构，独立于立法、司法机构之外，行使行政权，担负行政责任。1911年5月，颁行《内阁官制》，成立第一届内阁，史称"皇族内阁"，此举固然暴露了清廷预备立宪与官制改革的言不由衷，但却也表明建立独立的行政体制乃势所必然。

（2）中华民国南京临时政府近现代独立行政体制的确立。中华民国建立后，依据《临时政府组织大纲》，在三权分立的原则下，仿照美国行政体制，采用总统制，确定临时大总统既是国家元首，又是政府行政首脑，担负实际政治及行政责任；其下分设行政各部，各部部长为国务员，辅佐临时大总统办理各部管辖的行政事务。后来，依据《临时约法》，改为仿照法国体制，实行责任内阁制，以临时大总统和国务员构成行政机构，由临时大总统在名义上总揽政务，但并不负担实际政治与行政责任；其下所设国务总理及各部总长称为国务员，组成内阁，为实际上的国家最高行政机构，辅佐临时大总统，并担负实际政治与行政责任。与此同时，当时的行政组织法对各行政机构的组成与职权也都作了具体规定，以实现"依法行政"原则，并强调注重维护"行政法权"的独立性。

(3)北洋政府行政体制的演变。北洋政府时期,军阀割据,战乱频繁,政局动荡,行政体制变动不居。最初,在名义上继续维持《临时约法》确定的行政体制,到1914年颁布《中华民国约法》,废除责任内阁制,撤销国务院,而代之以集权乃至独裁的总统制,确定由大总统总揽统治权,"行政以大总统为首长",其下设政事堂于总统府,设置国务卿一人,监督政务并对大总统负责;其下分设左、右丞辅佐国务卿,这就使得政事堂完全成为大总统的御用行政机构,国务卿成为大总统的幕僚长;至于行政各部,组织机构既经压缩,部长也不再负担独立行政责任,更无独立行政权力,而仅仅作为各部代表,执行主管行政事务;在地方则撤销原来的"自治"制度,改组各级行政机构,恢复封建时代的官职称谓。这种行政体制维持不到两年时间,就因袁世凯洪宪复辟失败而告终。

1916年段祺瑞执掌政府时期,在宣布恢复《临时约法》的同时,也从形式上恢复了《临时约法》所确定的行政体制。

到1923年《中华民国宪法》颁行后,对行政体制再作较大变动,主要有三项内容:①在名义上仍然奉行三权分立原则,确定行政权独立体制;②实行责任内阁制,以国务员组成国务院作为内阁,规定行政权由大总统以国务员之赞襄行使,但大总统不负担实际政治与行政责任,而由国务员担负实际行政责任,国务员包括总理与各部总长;③中央与地方关系采取分权制,明确划分中央与地方的行政权限。地方设省、县两级,省设省务院,县设县长,执行省、县自治行政职权。

综上所述,北洋政府时期虽然在约法或宪法中基本确定了近现代的行政体制,但行政独立既无保障,依法行政更是一纸空文,故而对中国近现代行政体制的发展,虽具有一定的积极意义,却非常有限。

(4)国民政府的行政体制。中华民国国民政府一直标榜奉行孙中山先生创立的三民主义、权能分治及五权宪法思想,依照建国三时期方略,建立直接民权与分权制衡式的近现代宪政国家。相应地,关于行政体制的构建,既追随世界潮流,强调确立行政独立与依法行政的基本原则,又积极吸收中国固有行政制度的遗产,从传统行政权中分化出考试权,使之具有独立性,从而在形式上建立起基于五权分立、行政独立的近现代行政体制。

1928年10月国民政府建立后,就确立了五院制与委员制相结合的政府组织体制。其中行政院为国家最高行政机关,依法独立行使行政权;其内部分设各部,分别掌管行政职权,关于特定行政事宜,可以设立各种委员会掌管;行政院院长、副院长以及各部部长、各委员会委员长组成行政院会议,讨论并决定重要行政事项;行政院所有命令和处分决定,都必须由院长签署及相关部长副署始生效力。此外,国民政府对中国固有的科举制度予以继承发展,将传统行政职权中有关官吏选拔任用及考绩等职权分立出来,形成独立的考试权,并在国民政府内设立考试院,作为最高考试机关,独立负责官吏的选拔任用,进而形成新的行政体制。

1931年国民政府颁行《训政时期约法》后,在行政体制上基本未变。1936年颁布

"五五宪草"开始构建宪政时期的行政体制。到1947年颁行《中华民国宪法》，在名义上完成建设宪政国家的任务。依据该宪法确定的行政体制，一方面适应国家制度民主化、法制化的世界潮流，强调贯彻体现分权制衡精神的行政独立原则与构建法治政府的依法行政原则，以标榜"还政于民"，改变其长期实施"训政"造成的以党代国、以党监政的不良形象；另一方面总结自"五五宪草"颁布后进行宪政建设的经验教训，注意吸收各界尤其是其他政党关于宪政建设和行政改良的建议和意见，以求使这种新的行政体制能够获得广泛的社会基础，进而强化和提高国民党及国民政府的凝聚力和号召力，因而具有既能体现时代精神，又在一定程度上契合国情的特点。

第一，体现行政独立原则，明确规定采取类似责任内阁制的制度，以行政院为最高行政机关，独立于其他各院以及总统之外，行使国家行政权；行政院设行政院会议，决定重大行政事项。

第二，体现分权制衡原则。其中既包括总统、立法院、司法院、考试院、监察院对行政院行使行政权的制约，也包括行政院对总统和立法院、司法院、考试院、监察院行使相应权力的制约。如行政院院长由总统提名，经立法院同意任命之，行政院副院长、各部会长官及不管部会的政务委员由院长提请总统任命，行政院向立法院负责；总统发布法律、命令须由行政院院长及相关部会长官副署，发布紧急命令须经行政院会议决议；司法院有审理行政诉讼及惩戒公务员之权；监察院有监察行政院及其各部会工作违法失职之权等。

第三，体现依法行政原则，明确行政院及其他行政机关的组织必须依据法律规定。据此，相应地修正了《行政院组织法》。

第四，将中国固有的科举制度予以继承改造，推陈出新，由传统的行政权中分出考试权，独立于行政权之外，设考试院作为最高考试机关，行使考试、任用、铨叙、考绩、级俸、升迁、保障、褒奖、抚恤、退休、养老等职权。

不过应该指出，虽然在理论上这种行政体制是中国近现代行政法发展的积极成果，但国民政府统治中国的最后几年，因其进行内战、镇压中国共产党领导的人民革命的需要，并且因其奉行所谓战时行政法理论，从而导致其流于形式而无法真正而又切实地推行。据此不难看出，这种行政体制的政治意义高于法律价值，形式意义强于实质精神，理论价值优于实际作用。

2.行政组织体系。在中国近现代，随着行政体制的发展变化，行政机构的组织体系也在不断的发展变化中，其中最成熟也最具代表性的是中华民国国民政府时期，因而在此仅就该时期的行政组织体系稍作介绍。

（1）中央行政组织。国民政府时期中央行政组织的发展呈现为训政与宪政两种模式。

在训政时期，由国民政府总揽治权，国民政府设主席一人，委员十二至十六人；主席为国家元首，对外代表国家，行使宣战、媾和及缔结条约之权，对内统帅陆海空三军，行使大赦、特赦及外事礼仪职责。其下由五院组成，以行政院为最高行政机构，独立行使行政权。

在宪政时期,改为总统之后,国民政府设总统府,其组织机构为六局二室及人事处、会计处、统计室等,另设资政若干人、参军长一人、秘书长一人,协助总统办理具体事务。此外,直属于总统府的尚有国家顾问委员会、战略顾问委员会、稽勋委员会、中央研究院、国史馆、国父陵园管理委员会等特别机构。

在国民政府五院中,作为最高行政机构的行政院,设院长一人,综理院务并监督所属机构;设副院长一人,协助院长处理院务;如院长因故不能视事,即由副院长代行其职权;其下分设内政、外交、国防、财政、教育、司法行政、农林、工商、交通、社会、水利、地政、卫生、粮食等十四部与资源委员会、蒙藏委员会、侨务委员会等三会,各部会长官均为政务委员,另设不管部会的政务委员五至七人;院长、副院长及政务委员组成行政院会议,决定院内重大行政事宜;各部会办理各方面具体行政事务;此外,还设有秘书处、会计处、统计室、人事室、诉院审议委员会等机构及参事八至十二人。

(2)地方行政机构组织。国民政府时期地方基本行政区划分为省、县两级,但在工商繁盛、人口集中或有其他特殊情形的地方,则设市的区划,市分为直辖市与省辖市两种。

省级地方行政机构为省政府,综理全省政务;县级行政机构为县政府,综理全县政务。省政府设省长,由省民选举之;县政府设县长,由县民选举之。省、县政府内设立相应的教育、卫生、实业、交通、公营事业、合作事业、农林、水利、渔牧、工程、财政、税收等的厅、局作为职能部门,承省、县长之命令,管理辖区内的具体行政事务。

(二)文官制度

在中国近现代行政法中,文官制度始终是其重要内容。自清末官制改革开始筹建近现代文官制度,经过中华民国南京临时政府、北洋政府的进一步改革,到国民政府时期进一步筹建公务员制度,至少在形式层面上初步建立起了近现代意义上的公务员制度。

1.文官考试和任用。清末官制改革过程中,废除科举取士制度,仿效西方各国,制定颁行一些文官考试任用方面的法规,如《游学毕业生廷试任用章程》、《切实考验外官章程》、《法官考试任用暂行章程》及其施行细则等,试图建立近现代文官考选制度。但由于这些法规缺乏普遍性,又未能真正施行,故而仅具有作为建立近现代文官考选制度姿态的意义,其法律价值和实际作用微乎其微。

中华民国建立之初,南京临时政府着手筹建文官考试和任用的法制,法制局先后拟定了《文官考试令》、《文官考试委员会官职令》、《外交官及领事官考试令》、《外交官及领事官考试委员官职令》等法规,《各部官制通则》、《临时中央裁判所官制令草案》等涉及文官任用的法规,由临时大总统咨送参议院议决;各省都督府也制定颁布了一些文官考试和任免的章程或规则。

北洋政府尽管在实质上推行"武人专制",但为了加强对行政机构的控制,在形式上却为文官考试和任用法制的建立作了正规化的工作。

(1) 制定颁行文官考试任用法规。1913～1917年，北洋政府先后制定颁行《文官高等考试法》、《文官普通考试法》、《外交领事官考试法》、《司法官考试法》等文官考试法令，《文职任用令》、《文官任用法》、《文官甄用令》、《文官任免执行令》以及外交官、司法官、技术官等任免法令。

(2) 确定文官的范围和考试制度。这一时期的所谓文官，范围包括行政官（普通文官或狭义行政官）、外交官、司法官、技术官和警察官（称为特别文官或特别行政官）五种。文官考试分为高等与普通两种。高等文官考试，依照规定每三年举行一次；应考条件为年满二十五岁，在国立大学或高等专门学校学习三年以上毕业，或教育部认可国内私立大学或高等专门学校学习三年以上毕业的男子，但被褫夺公权、品行卑污、受破产宣告、有精神疾病或年力衰弱及亏欠侵蚀公款者，不得参加考试；考试分四试，内容包括经义、史论（后改为国文）、专门学科（如政治、经济、法律、物理、数学、医药、林学等二十二类）；被录取者先行分发学习二年，期满成绩优良者，可作为候补，受荐任职务。普通文官考试也是每三年举行一次，在高等文官考试之次年举行；应考条件为年满二十岁，有应文官考试资格之一者，或在教育部指定或认可的技术专门学校毕业，或经地方考试及格取充"选士"，或曾任委任以上文职的男子，禁止参加考试的条件与高等考试相同；考试分三试，内容为国文、宪法大纲、现行法令解释、策问、文牍或有关技术等；被录取者先行分发学习一年，期满成绩优良者，受委任职作为候补官。

(3) 明确了文官任用分为特任、简任、荐任和委任四种。文官任用中的特任，适用于任用国务总理及各部总长，对大总统采用特令任用；简任，适用于任用国务院秘书长、各局局长及各部次长等，由大总统在合格人员中任用；特任和简任的任命状都需要由大总统署名、盖印，国务卿副署。荐任主要适用于任用国务院、各部秘书、参事、司长、技正、佥事、科长、副官等，由所属长官呈请大总统任命，其任命状由国务卿（总理）署名，加盖大总统印章；委任适用于普通文职官员，包括国务院、各部主事等，由所属长官委用，任命状由所属长官署名并盖印。此外，对各种文官的任职资格、服务准则、保障待遇等，当时都曾有比较详细的规定。

2. 文官考绩和奖惩。在清末官制改革过程中，先后颁行过《切实考验外官章程》、《各省地方官禁烟考成议叙议处条例》、《考核巡警官吏章程》、《吏部期满誊录奖叙办法》等新法规，对固有的官吏考绩与奖惩制度进行零星改革。

中华民国建立之初，南京临时政府基于主权在民、"官厅为治事之机关，职员乃人民之公仆"的观念，十分重视清除封建官场各种陋俗，建立近现代文官考绩与奖惩制度，为此曾提出文官应以"尚公去私"为行为准则，考核文官"核实远胜循名"，"官惟其才，赏惟其功"的精神。但因其存在时间过于短暂，并未能形成比较全面的文官考绩与奖惩制度。

北洋政府时期，至少在形式上逐步建立起近现代文官考绩与奖惩制度。当时，对文官考绩与奖惩除在有关法令中分散规定外，还专门颁行《纠弹法》、《官吏犯罪特别管辖令》、《官吏违法惩罚令》、《司法官惩戒法》、《审计官惩戒法》、《文官惩戒法》、《文

官惩戒委员会编制令》、《官吏犯赃治罪条例》等法规,其内容包括以下四个方面:

(1)设置专门的文官惩戒机构。具体分为文官高等惩戒委员会与文官普通惩戒委员会。前者负责对简任及荐任文官的惩戒,设置于中央(初期尚于各省分设,后裁撤);后者管辖委任文官的惩戒,分别设置于中央及地方各官署。

(2)规定惩戒的条件。凡文官(包括学习试补及受同等待遇的文官)有违背职守义务、玷污官吏身份、丧失官吏信用等情形之一的,均应受到惩戒。

(3)规定惩戒处分的种类。具体包括五种:褫职,自受处分之日起,非经过两年不得复任;降等,自受处分之日起,非经过一年不得升级;减俸,期间为一月之上,一年之下,数目为月俸十分之一以上,三分之一以下;申诫;记过。

(4)规定惩戒的程序。

3. 公务员制度的建立。国民政府时期,一方面追随世界各国现代文官制度发展潮流,引进并仿效西方各国公务员制度,另一方面吸收固有职官制度中与近现代社会相契合的做法,尤其是有关考试制度的内容,制定颁行上百种相关法规法令,着手筹建公务员制度,曾使中国近现代公务员制度初露端倪。

(1)公务员的定义和范围。国民政府时期的公务员,又称为公务人员,是指经由国家特别选任,对国家服务并负有忠实义务的人员。其范围并不局限于传统的文官,而是包括行政、司法、考试等机关的事务人员,立法、监察及省、市、县各级民意机关的事务人员,自治行政机关事务人员,公营事业人员等,但并不包括律师、建筑师、会计师、医师等专门职业及技术人员。

(2)公务员的选任与等级。公务员关系基于国家的特别选任行为而成立,任何人都不得因某种权利义务的结果而当然取得公务员资格。所谓选任,则包括选拔和任用。选拔的主要方式就是公务员考试,根据《公务人员考试法》的规定,只有通过公务人员考试,成绩合格,才能取得公务人员任用资格;而公务员的任用则区分不同等级,依据其考试成绩确定。

第一,公务员考试。公务员考试每年或隔年举行一次,分为高等与普通两种,在特殊情形下也可以临时举行特种考试,特种考试分为甲、乙、丙、丁四等。应考者须具有中华民国国籍,年满二十岁以上,但禁止"犯刑法内乱、外患罪经判决确定者;曾服公务有侵占公有财物或收受贿赂行为经判决确定者;褫夺公权尚未复权者;受禁治产之宣告尚未撤销者;吸食鸦片或其他毒品者"应考。此外,参加高等考试者原则上应取得专科以上学校毕业资格,应普通考试者原则上应具有高级中学毕业资格。考试方式包括笔试、口试、测验、实地考试及审查著作发明等。凡考试及格者,由考试院发给证书并登载公报。但如果发现有禁止应考情形及冒名冒籍、伪造或变造证书、以诈术或其他非法方法使考试发生不正确结果等情形的,撤销其及格资格。凡合法取得及格资格者,就具备了公务员任用资格。

第二,公务员的任用。公务员的任用,分特任、简任、荐任、委任四等。除特任资格另有规定外,凡特种甲等考试成绩及格者,取得简任职资格,但成绩中等者,得先以高级荐任职任用；凡特种乙等考试及高等考试成绩及格者，取得荐任职资格，但成绩中等者，得先以高级委任职任用；凡特种丙等考试及普通考试成绩及格者，取得中级以上委任职任用资格；特种丁等考试成绩及格者，取得初级委任职资格。

第三，公务员的等阶与升级。公务员除特任外，分为三等九阶三十六级，其中简任分三阶九级，荐任分三阶十二级，委任分三阶十五级。公务员的升级，原则上采用考试制，为此，国民政府于1948年颁布了《公务人员升级考试法》。

(3) 公务员的权利义务。

第一，公务员的权利主要有五项：①俸给权，也就是国家对于公务员所负担的公法上的金钱债务，公务员对于国家，有领受此项俸给的权利；②退休金权，也就是国家为酬谢公务员在职服务之劳，并使其安心工作起见，在其服务一定年限后，因年迈、心神丧失或身体残疾，不堪胜任职务而自愿退休或国家命其退休时，所负担的公法上的金钱债务，公务员有领取之权；③保险金权，就是公务员有参加政府所举办的公务员保险，并在保险事故发生时，由其自身或其遗属领取保险金的权利；④恤金权，就是公务员的遗属在公务员因公死亡或服务经过相当期间在职病故时，有领取国家酬谢公务员在职服务的劳苦而给予金钱抚恤的权利；⑤身份保障权，是指公务员非因法定原因并以法定程序，不得予以免职、停职及处分的权利。

第二，公务员的义务，在《公务人员服务法》中规定有五项：①执行职务义务，即依照法令或主管长官指示而执行其所担任的职务；②服从义务，即公务员在执行公务时，应该服从本属长官命令的义务；③忠实义务，即公务员执行职务时，应该根据自己的判断，为最适合于国家利益的行动；④严守秘密义务，即公务员不得泄漏公务上应该保守的秘密之义务；⑤保持品位义务，即公务员应重廉耻、修ศ行、诚实、清廉、谨慎、勤勉的义务。这五项义务也就是公务员的服务准则，凡与这些准则不符的行为，如滥用权力、经营商业、推荐人员或关说请托、受赠财物、违法不回避、任意动用公款公物等，均在禁止之列。

(4) 公务员的考绩。公务员考绩，在国民政府前期并无专门规定，至1949年1月才颁行《公务人员考绩法》。公务员考绩内容包括工作、操行、学识、才能四方面，其具体标准"由铨叙机关订定"。考绩形式有年终、平时、专案三类，其中年终考绩结果分为甲(八十分以上)、乙(七十分以上)、丙(六十分以上)、丁(六十分以下)四等次，甲等者晋俸一级，给予一个月俸额的一次性奖金，已晋至本职最高俸级者，晋年功俸一级；乙等者晋俸一级；丙等者保留原俸级；丁等者免职。平时考绩由各机关负责，以其成绩优劣分别予以嘉奖、记功、记大功、记过、记大过。专案考绩主要适用于公务员有重大功过者，实行特别程序，其奖励规定有记两大功，晋俸一级并给予一个月俸额奖金；惩处规定为记两大过、一律贬职或免职。

(5) 公务员的惩戒。国民政府在1936年颁布《公务人员惩戒法》，对公务员惩戒做出专门规定，主要涉及以下内容：①公务员惩戒须依法而行；②公务员惩戒事由有两种，一是违法，二是废弛职务或失职行为；③公务员惩戒机关为公务员惩戒委员会，该委员会隶属于司法院,"置委员长一人,特任;委员九人至十五人,简任",其中至少要有五至七人"曾任简任司法官",不过荐任职以下公务员的记过与申诫处分,可以直接由主管长官执行;④公务员惩戒处分有撤职、休职、降级、减俸、记过、申诫等六种;⑤对于公务员惩戒的程序,有相应的规定。

三、行政救济制度

(一)行政救济制度概说

行政救济,是指当事人因行政机关的违法或不当行政处罚而使其权利或利益遭到损失时,依法向有关行政机关或司法机关请求撤销或变更违法或不当行政处罚,从而使自己遭受损害的权利或利益获得救济的制度。其基本功能就是通过对不法行政行为造成的损害进行救济,一方面保护人民的权利和利益不受行政权的非法侵害,使主权在民原则得以实现和保障;另一方面对行政权的行使,尤其是对行政处罚权的行使予以制约,保证依法行政原则得以实现,也就是保障行政权最终只能合法合理地行使。

在中国近现代,中华民国南京临时政府建立后,《临时约法》首次明确规定人民享有行政救济权。对于行政官署的不法行政行为,"人民有陈诉于行政官署之权";"人民对于官吏违法损害权利之行为,有陈诉于平政院之权",这就为行政救济制度的建立提供了根本法上的依据,并明确了行政救济的途径。北洋政府时期,在约法或宪法中,行政救济途径被修改为"诉愿"与"诉讼"两种,而且在1914年制定颁布《诉愿条例》和《行政诉讼条例》,正式设立平政院作为行政法院,后来在1918年进一步将两个条例修订为《诉愿法》和《行政诉讼法》,从而使中国近现代行政救济制度基本建立起来。国民政府时期,行政救济虽然仍然沿用诉愿与行政诉讼两种途径,但一方面采用诉愿前置主义,明确了诉愿与行政诉讼之间的关系,另一方面,将平政院改为行政法院,相应地完善了行政救济方法,从而使行政救济制度逐渐走向成熟。

(二)诉愿

1. 诉愿与诉愿前置主义。诉愿,指人民因中央或地方行政机关的违法或不当行政处分而使其权利或利益受到损害时,向原处分机关或上级机关提起请求审查该处分违法及适当与否并做出决定的行政救济途径。中华民国时期一直采取诉愿前置主义,也就是人民对于中央或地方行政机关的违法与不当处分,不得直接采用行政诉讼方式,而必须依法先提出诉愿及再诉愿,只有在不服行政机关再诉愿决定的情况下,才可以提起行政诉讼,这就使得诉愿成为行政救济的先决性途径。

2. 诉愿的提起。诉愿及再诉愿必须依照法定方式、在法定期间向有管辖权的行政机关提起。

(1)提起诉愿的方式。诉愿属于要式行为,提起诉愿的方式为书面方式,也就是应提出诉愿书,载明诉愿人的基本情况、原处分和决定的机关、诉愿的事实和理由、证据、受理诉愿的机关等事项;如果有证明文件,应同时添具缮本;如果属再诉愿,还需要附录原诉愿书和决定书。

（2）诉愿的期间。诉愿应在法定期间提出，该期间原则上自行政机关处分书或决定书到达次日起的30日内。

（3）诉愿的管辖。诉愿的管辖分为七种情形：①不服乡镇公所之行政处分，向县市政府提起诉愿；不服县市政府之决定，向省政府提起再诉愿。②不服县、市政府及省政府各厅之处分，向省政府提起诉愿；不服省政府之决定，向中央主管部会提起再诉愿。③不服省政府之处分，向中央主管部会提起诉愿；不服中央主管部会之决定，向主管院提起再诉愿。④不服直辖市各局处分，向市政府提起诉愿；不服市政府之决定，向中央主管部会提起再诉愿。⑤不服直辖市政府之行政处分，向中央主管部会提起诉愿；不服其决定，向中央主管院提起再诉愿。⑥不服中央各部会之行政处分，向原部会提起诉愿；不服其决定，向主管院提起再诉愿。⑦不服五院或直隶国民政府各官署之行政处分，向原院或原官署提起诉愿，视为再诉愿。

3.诉愿的审理与决定。诉愿人提出诉愿书之后，受理官署应进行诉愿的审理。诉愿审理分为要件审理（程序审理）与内容审理（本案审理）两方面。

要件审理，是就诉愿的提起是否符合法定要件而作的审查。其结果分为三种情况：如果不合法定要件，如本属于司法性质的事件而提起诉愿，或者超过法定期间而提起诉愿，或管辖错误等，即不应受理，应附理由驳回其诉愿；仅诉愿书不符合法定程式，不得驳回，而应该发还诉愿人令其补正；如认为符合法定程式，应予以受理，并进而为诉愿内容的审理。

内容审理，包括事实审理与法律审理，前者审查和原处分或原决定有关的事实，后者审查原处分或原决定是否违法或不当。这种审理原则上采用书面方式，但受理诉愿或再诉愿的机关认为必要时，也可以进行言辞辩论。

除诉愿人中途自行撤回诉愿外，受理诉愿的机关自受理诉愿书的次日起，三个月内应该做出决定。决定分为三种：①维持原处分或原决定的决定；②撤销原处分或原决定的决定；③变更原处分或原决定的决定。

（三）行政诉讼

1.行政诉讼概说。所谓行政诉讼，就是指人民因行政机关的违法处分致损害其权利或利益，经过再诉愿而不服其决定，或是提起再诉愿经过两个月而不获决定时，向行政法院提起的诉讼。

在中国近现代，从中华民国时期开始设立行政法院。最初，在南京临时政府时期，《临时约法》首次明确规定设立平政院审理行政诉讼案件。至北洋政府时期，于1914年正式设立平政院。1924年广州国民政府成立后，将平政院改为审政院。1932年，国民政府颁布《行政院组织法》，次年依据该法成立行政法院以代替审政院。

作为主管行政诉讼的法院，行政法院设立在普通法院之外，隶属于司法院，设院长一人，综理全院行政事务，兼任评事并充任庭长，下设各庭，每庭设置厅长一人，评事（也就是行政法院的法官）五人。此外，设置考绩委员会、判例编辑委员会以及书记厅等机构，其职权就是审理各种行政诉讼案件。

2.行政诉讼的提起。行政诉讼应在法定期间依照法定方式向行政法院提起。其中起诉期间为再诉愿决定书送达次日起的两个月内；起诉方式为书面方式，诉状应该记明原告或代理人的基本情况、被告的机关、起诉的事实和理由与证据、再诉愿决定书以及收受决定书的日期等。

行政诉讼起诉后，就发生使原告、被告以及行政法院系属于该行政诉讼中的效果。对于原处分或原决定的执行，原则上并不发生影响，惟因真正保护原告之合法权益、避免造成无法弥补之损失起见，基于公平观念，行政法院或者做出原处分或原决定的行政机关，可以依据职权或者原告的请求而停止其执行。

3.行政诉讼的审理。行政诉讼的审理仍分为两个阶段，也就是先进行要件审理（或称程序审理），如果认为不应提起行政诉讼或违背法定程序，应该附理由以裁定方式驳回其起诉；如果仅因诉状不合法定程式而有补正之必要者，应限定期限，命原告补正；如果认为起诉符合法定程序，即进入实体审理（或称本案审理），也即就行政诉讼的内容，为事实上以及法律上的审理。审理的方式原则上为书面审，但如果行政法院认为有必要或者应当事人的申请，也可以采用言辞辩论方式进行审理。

4.行政诉讼的裁判。行政法院审理案件，有关程序上的决定应以裁定确定，有关内容上的事项应该以判决确定。

行政诉讼判决可以分为两种：①驳回原告请求的判决，即认为原告起诉无理由，原处罚或者原决定并不违法，因而驳回原告之诉的判决；②撤销或变更原处分或原决定的判决，具体又分为撤销或变更原处分或原决定而另为他种处置的判决，撤销原处分或原决定一部分的判决，撤销原处分或原决定并命原处分或原决定的行政机关另为他种处分或决定的判决。

行政诉讼的判决应该采用书面方式，制作判决书。判决书应记明当事人的基本情况、判决主文、判决所认定的事实、做出判决的理由等。

行政法院做出的判决，发生三方面的效力：①拘束力，也就是就其争讼事件，有拘束各关系机关的效力；②确定力，也就是在形式上对于行政法院的裁判，不得上诉或者抗告，在实质上既经判决，就视为其内容已为最终的决定，任何人不得再为变更，从而形成不可变力；③执行力，也就是行政法院的判决，由行政法院报请司法院，转请有关机关执行，从而产生执行力。

本章小结

本章分两个方面的问题：一是中国近现代宪政与宪法，二是中国近现代行政法。在第一方面，要注意从清末预备立宪到中华民国时期制订约法与宪法，始终围绕着是否要建立宪政国家以及建立怎样的宪政国家的问题，而在宪法或约法上体现出转型阶段不同政治力量的不同诉求，而第二方面中国近现代行政法则基本围绕着宪政与宪法问题，将如何配置不同权力之间的关系以及政府行政权与人民基本权利作为内容，从立法技术角度予以安排。

课后作业

一、关键词解释

1. 预备立宪　资政院与咨议局　钦定宪法大纲　十九信条
2. 中华民国临时约法　天坛宪草　中华民国约法　贿选宪法　中华民国训政时期约法　五五宪草　中华民国宪法
3. 五权宪法　权能分治　政权与治权　法律保障主义与宪法保障主义　刚性宪法
4. 行政法　总统制与责任内阁制　特任　简任　荐任　委任　诉愿与再诉愿　行政诉讼　平政院　行政法院

二、思考题

1. 如何认识和评价清末预备立宪？
2. 依据中国近现代宪政与宪法发展进程说明为什么有宪法不等于有宪政？
3. 中国近现代行政救济途径主要有哪些？其关系如何？

第7章 中国近现代民商法论

【本章导读】

本章介绍中国近现代民商法的发展演变与内容特点,除在第一节概括介绍中国近现代民商法的形成与发展演变、体系以及民事主体与客体制度等一般内容外,在第二到第五节分别介绍中国近现代民法中的债法、物权法、亲属法和继承法的原则、体系、内容和基本特点。关键是了解和把握中国近现代民商法发展演变的进程和基本特点,同时了解和把握中国近现代债法、物权法、亲属法和继承法的主要内容和特点。

第一节 概 说

一、民商法的形成与发展

进入近现代之后,通过引进西方民商法对中国固有法律进行改造,民商法不但逐渐形成,而且取得了独立地位,并获得了相应的发展。

(一)清末民商法的编订

清末是近现代独立民商法形成时期。当清末展开法制变革之际,编订民商法典的活动便在20世纪初的十年间全面展开了。由于中西冲突首先直观地表现在商贸方面,列强各国在鸦片战争之后强迫清廷"订约通商",导致"海疆自此多事";而在洋务运动的带动下,19世纪末在国内出现"地利日兴,商务日广"的局面。在这种情势下,制定商法,规制商事行为,被视为既使中外互市有章可循,又能"庶商日有起色,不至坐失利权"的当务之急。据此,清廷于1903年设立商部的同时,即简派载振、伍廷芳、袁世凯等先行编定"商律"。这样,清末商法的编订率先展开,民法的编订反而被置后。

1.清末商法的编订。清末商法的编订可以分为编订单行商法规与商法典两个阶段。

(1) 单行商法规的编订。1903~1906年，商部鉴于"编辑商律门类繁多，实非克期所能告成"，就采取先行编订急需的单行商法规的办法。在这一阶段，于1903年编订了《商人通例》和《公司律》，于1904年1月奏准颁行，[1]这是中国近现代第一部公司法。[2]嗣后，商部又拟定了《破产律》，于1906年5月奏准颁行。该《破产律》共分九节六十九条，系中国近现代第一部破产法。

(2) 编订商法典。1907~1911年，清廷确定由修订法律馆负责商法编纂，商法编订进入以编订商法典为中心的阶段，相继编纂了"志田案"和"改订商律案"。

第一，"志田案"的编纂。1908年修订法律馆聘请日本法学家志田钾太郎负责草拟《商律》。志田以德、日两国商法典为蓝本，于次年先行完成总则、商行为两篇，印行于世；到1911年底，全部草案基本完成，时称"志田案"，[3]因辛亥革命爆发，清廷被迅速推翻，该草案既未经审定，当然也就无法颁布施行成为法典。

第二，"改订商律案"。"志田案"于1909年公布后，各地商会对其深表不满，遂于是年开始自行调查各地商事习惯，并参照清廷与列强各国所签订的通商条约，仿行西方各国最新商事立法例，先行编成"商法调查案"上陈朝廷，后来又经农工商部修订，于1911年1月奏交资政院审议，时称"改订商律案"。该案所完成的仅有总则编七章八十六条，公司编六章二百八十一条，其余的商行为、票据、保险、海船等均未能完成。以所完成的两编而言，内容虽较"志田案"完整、周密、细致，且尽可能吸收传统商事习惯规则，显得比较成熟，但毕竟未能完成全案，影响仍有限。

综上所述，清末在不到十年的时间内，既编纂了两部商法典草案，又草拟或颁行了十余部单行商法规，尽管其中大多系仿照外国立法例，存在与中国国情隔阂的问题，体例与内容也难说尽善尽美，甚至残缺不全，但不可否认，通过这一阶段的探索，既使得独立的商法部门得以形成，又大体奠定了近现代商法的体例。因而对中国近现代商法的积极影响非常明显。

2. 清末民法的编订。与商法的编订不同，清末民法编订集中为编纂民法典。

1907年(清光绪三十三年)，民政部尚书善耆领衔上奏清廷，第一次明确提出制订

---

[1] 其中《商人通例》仅九条，主要规定了商人的概念、条件和商号、商业账簿等属于商事主体的内容；《公司律》共分十一节一百三十一条，规定了公司的种类、创办呈报办法、公司股份、股东权利、董事、查账人、董事会议、众股东会议、账目、更改公司章程、公司停闭、罚例等。

[2] 为配合《公司律》的施行，商部还编订了《公司注册试办章程》、《商标注册试办章程》、《商标注册试办章程细目》等法规。

[3] "志田案"全文共五篇五十九章一千零八条。其中第一篇总则，分九章一百零三条；第二篇商行为，分八章二百三十六条；第三篇公司法，分总则、合名公司、合资公司、股份公司、股份合资公司及罚则等六编十六章三百一十二条；第四篇票据法，分总则、汇票、期票等三编十五章九十四条；第五篇海船法，分总则、海船关系人、海船契约、海损、海难之救助、海船债权之担保等六编二百六十三条。体例既比较严谨，内容也相当周详，但却全系抄袭德、日商法典，对中国固有商事习惯全然不顾。

民法典的计划。同年10月,宪政编查馆将编订民律列入预备立宪计划;次年,修订法律馆聘请日本法学家松冈义正为顾问,帮同编纂。到1909年,修订法律馆又将其中与礼教关系密切的亲属和继承部分交由礼学馆会同编纂。

对于民法典的编订,修订法律馆与礼学馆先行确定宗旨与体例。关于宗旨,包括四项:①"注重世界最普通之法则";②"原本后出最精确之法理";③"求最适于中国民情之法则";④"期于改进上最有利益之法则";至于体例,则取法德、日民法典的五分法体系。据此,修订法律馆先行"遴排馆员分赴各省采访民俗习惯",并分省编制调查表册向该馆报告;嗣后,则"依据调查之资料,参照各国之成例,并斟酌各省报告之表册",进行具体编纂;最后,分别由松冈义正与礼学馆的朱献文、章宗元、高仲和、陈箓分编总其成。至1911年10月,前三编完成后,由修订法律大臣俞廉三领衔奏请清廷核订。稍后,后两编也相继告竣,世称《大清民律草案》。但不久辛亥革命爆发,因而未能完成立法程序,也未能成为正式民法典。

《大清民律草案》作为中国近现代第一部民法典草案,共分五编三十六章一千五百六十九条。其中总则编八章三百二十三条,债权编八章六百五十四条,物权编七章三百三十九条,亲属编七章一百四十三条,继承编六章一百一十条。尽管该草案未能颁行,其内容也存在着一定的局限,如前三编因由外人负责起草,结果不免抄袭德、日、瑞士民法典之条文,偏于仿效新学理,对中国固有的会、老佃、先买等通行习惯未能吸收融贯,造成因忽略固有法源而难以在中国实施的缺陷;后两编则过分注重沿袭传统礼教风俗,加上未经充分研讨,在技术上难免错漏,更包含着精神上的守旧,显示出难以适应社会文化发展趋势的弊端。但对于中国近现代民法以至于整个法制的形成却具有划时代的意义,这表现在:①在中国确立了民法的独立地位,奠定了近现代法律体系的基础;②确立了私法权利本位、意思自治、过错责任等民法原则,促进了民法理论的输入和研究,并促使民法文化开始萌生;③基本确立了近现代中国民法典的立法体例,为后来中华民国民法的制定奠定了基础。

(二) 中华民国民商法的编订

中华民国时期,相继完成过两部民法典草案,制定颁行了一部民法典和一系列单行民商法规,实现了民商法的独立化、系统化、成熟化,因而是中国近现代民商法的发展时期。

1.《现行刑律》民事有效部分。南京临时政府建立后,因"国体既更,所有前清之各种法规,已归无效",而"中华民国之法律,未能仓猝一时规定颁行",便不可避免地面临着新法与旧法衔接不上的法律空白之困惑。针对这一情形,司法总长伍廷芳提出"拟就前清制定之《民律草案》……《商律》、《破产律》、《违警律》中,除第一次刑律草案关于帝室之罪全章,及关于内乱罪之死刑碍难适用外,余皆由民国政府声明继续有效,以为临时适用"的方案。1912年4月3日,经参议院审议后议决,同意援用清末《商律》,"惟《民律草案》,前清时并未宣布,无从援用,嗣后凡关民事案件,应仍照前清现行刑律中规定各条办理","但仍须由政府饬下法制局,将各种法律中与民国国体抵触各条签注或签改后,交由本院议决公布"。据此,北洋政府时期,将《大清现行刑律》中有关民法内容的《服制图》、《服制》、《名例》、《户役》、《田宅》、《婚姻》、《犯奸》、《斗殴》、《钱债》以及《户部则例》中的《户口》、《田赋》等,直接加以援用,称为《现行刑律》民事有效部分,乃是北洋政府时期直至国民政府初期实质上的民法。然而在实践中,尤其大理院在编制判例和解释例时,又往往采用清末《民律草案》的内容。

2. 民律第二次草案。尽管通过援用《现行刑律》民事有效部分暂时解决了法律衔接的空白问题,但这却仅仅是一种权宜措施。到 1914 年,北洋政府法律编查会着手编订民商法典。最初,打算采用民商合一主义体例,将民法与商法"冶为一炉",编纂统一的民商法典,但终因"改编之业,繁而难举",故仍然沿用民商分立体例。不过,在具体编纂中,又自觉为实现民商合一留下余地,在民法典之外没有进行商法典的编纂,而是制定单行商法规。

关于民法,以清末《民律草案》为蓝本,于次年(1915 年)完成亲属编草案;到 1918 年修订法律馆成立,至 1925 年完成总则、债、物权、继承各编的修订,对亲属编也重加修订,时称民律第二次草案。当时虽然未能完成立法程序,但却采取变通措施,由司法部在 1926 年作为条例加以公布,并通令各级法院援用。与此相适应,又相继颁行《国籍法》、《森林法》、《矿业条例》、《验契条例》、《清理不动产典当办法》、《不动产登记条例》等单行法规。

关于商法,先后编订颁行《公司条例》、《商人通例》、《商业注册规则》、《公司注册规则》、《商标法》、《证券交易所法》、《著作权法》、《会计师暂行章程》、《物品交易所条例》、《商会法》及《商事公断处章程》等,编订而未及颁行的有《票据法》、《破产法》、《公司法》、《公断法》等草案。

以民律第二次草案为代表的北洋政府时期的民商立法,与国际国内形势的发展变化相适应,显示出以下特点:①体系上更倾向于采民商合一主义,仅编订了民律草案,而没有编订商律草案;②编订方略上,更倾向于直接取法法、德、瑞士等民法法系各本源国法律,如编订票据法、保险契约法时就直接聘请法国人艾斯卡拉为顾问;③在立法原则上,改清末"偏重个人利益"为强调"以社会为本位";④立法态度上,更加注意吸收传统民商事习惯,如物权中的典权、继承中的宗祧继承等,显示出注重民商法民族化的倾向。

3.《中华民国民法》的制定颁行。国民政府建立后,先由法制局于 1928 年完成民法典亲属与继承两编的修订,但未及审议。1929 年 1 月,立法院组成民法与商法两个起草委员会,着手重新编订民商法典。其中民法起草委员会用时三个月,完成总则编,经立法院审议通过后,于 1929 年 5 月 23 日先行公布。与此同时,国民党中央政治会议决定,依据中国历来民商不分、商业又不发达、"商人本无特殊地位"等特点,仿照瑞士立法例,采用民商合一主义立法体例,在民法典之外不再另行制定商法典。据此,民法起草委员会继续起草民法典其余各编,商法起草委员会则改为拟定公司法、票据法、保险法、海商法、破产法等单行商法规,作为民法的特别法规。随后,民法典的债、物权两编完成后经立法院通过,分别于 1929 年 11 月 22 日和 30 日公布;《票据法》《公司法》《海商法》《保险法》也分别于 1929 年 10 月 30 日、12 月 16 日和 30 日相继公布;民法典亲属、继承两编,也于 1930 年 12 月 26 日公布。这样,终于完成并颁行了中国历史上第一部正式民法典,定名为《中华民国民法》。自公布实施后,该民法典未再进行过修订,而作为其特别法的《公司法》《保险法》则分别在 1946 年和 1937 年进行过修订。

这部法典虽因"当时起草,时间局促,其未能斟酌甚善之处,亦颇不鲜",[1]且"不无疏漏可议之处。但就法论法,不论在立法技术或内容方面,均称完善"。[2] 这主要表现在:①立法体例上,追随民商法发展潮流。关于民商法的关系,仿照瑞士立法例,采用民商合一主义;关于法典结构,效仿德国式五编结构,分为总则、债、物权、亲属和继承;在总则编内,又参酌泰国、苏联立法例,专设法例一章,规定全编适用之通则。②立法原则上,体现法律社会化之趋势,选择社会本位宗旨。这包括强调社会公益之注重,国民经济之适合,对所有权予以限制,确立无过错责任原则,对义务之酌减,对个人自由以适当限制,权利滥用之限制,充分体现平等以及种族健康增进等。[3] ③立法精神上力求将国际化与民族化、创新与传统、域外输入与本土资源相结合。一方面,"采德国立法例者,十之六七,瑞士立法例者,十之三四,而法、日、苏联之成规,亦尚撷取一二,集现代各国民法之精英,而弃其糟粕,诚巨制也";[4]另一方面,在废除固有宗祧继承等宗法遗规的同时,保留并发展完善传统的典权制度、"以共同生活为本位,置重家长之义务"的家制、渊源于祠堂祭田合伙的公同共有制度等。[5] ④立法风格上,推崇编章结构合理,条文简洁,概念精确,语言通俗,竭力避免翻译式之语气。

二、近现代民商法的体系

(一)从民商分立到民商合一

中国近现代在处理民法与商法的关系方面,经历了由民商分立到民商合一的发展过程。

清末编订民商法时,选择了民商分立的模式,也就是分别编订民法典和商法典,两者相互独立而不隶属;依据民法典处理民事争讼,依据商法典规范商事活动。实行这一模式的理由主要有四点:①民商分立历史悠久,传统深远,影响所及易于为人们所接受;②商事活动以营利为目的,注重迅速,与一般民事活动明显不同;③商事发展日新月异,注重进步,民商分立便于因应变化及时修订商法;④在清末采用民商分立模式,

---

[1] 梅仲协:《民法要义·初版序》,中国政法大学出版社 1998 年版,第 1 页。
[2] 王伯琦:《民法总则》,正中书局 1979 年版,第 18 页。
[3] 参见史尚宽:《民法总则释义·绪论》,会文堂新记书局 1936 年版。
[4] 梅仲协:《民法要义》,中国政法大学出版社 1998 年版,第 1 页。
[5] 江平、米健:"论民法传统与当代中国法律",载《政法论坛》1993 年第 2~3 期。

直接原因恐怕还在于当时由日本法学家们主持民商法典的编订,甚少考虑中国情形,而直接取法日本立法体例。

中华民国北洋政府时期即有采用民商合一模式之设想,至国民政府时期最终选择了民商合一模式。所谓民商合一,就是指在立法中编订统一民商法典,称为民法典,此外不再另行编订商法典;商法的基本内容规定在民法典中,对不便规定于民法典的内容,另订单行商法规,称民事特别法。采用这一模式的主要理由仍有四点:①商事活动不外乎债权债务行为,与民法之债并无本质区别,因而当然可以规定于民法典债编之中;②商事行为既然与一般债权债务并不存在明确界限,民商分立反而容易滋生法律适用上的疑惑;③在民法典之外另订商法典,难免有偏袒商人利益之嫌疑;④民商合一主义为世界各国民商立法发展之最新趋势,与中国向来不存在独立商人阶层和商事活动传统以及近现代商业并不发达的情形相吻合,所以应该采取民商合一主义模式。

(二) 民法典的编制体系

民法典的编制体系历来有罗马法体系(法学阶梯体系)与德国体系(学说汇纂体系)两种。中国近现代则始终选择采用德国体系,但其间具体编制体系又有一定变化。清末编订《民律草案》直接仿效日本民法典,分为总则、物权、债权、亲属和继承五编。北洋政府编订第二次民律草案则直接仿效德国民法典,不但将债权编改称为债编,而且置于物权编之前。嗣后,国民政府编订《中华民国民法》就沿用该体系,但因实行民商合一主义,有关商法的一般性规定全部纳入债编,总计该法典由五编二十九章一千二百二十五条组成。

第一编总则,分为七章一百五十二条。其中第一章法例,规定民法法源和文例等;第二章人,分自然人、法人两节,规定民事主体制度;第三章物,规定民事客体制度;第四章法律行为,分通则、行为能力、意思表示、条件及期限、代理、无效及撤销六节,规定法律行为制度;第五章期日及期间,规定期日与期间的起算、终止、延长等;第六章消灭时效,规定各种权利的消灭时效制度;第七章权利之行使,规定了行使权利的限制、正当防卫、紧急避险及自助行为等。

第二编债编,分为二章六百零四条。第一章通则,分为债之发生、债之标的、债之效力、多数债权人与债务人、债之转移、债之效力等六节,规定债法通用制度;第二章各种之债,分为买卖、互易、交互计算、赠与、租赁、借贷、雇佣、承揽、出版、委任、经理人及代办商、居间、行纪、寄托、仓库、运送营业、承揽运送、合伙、隐名合伙、指示证券、无记名证券、终身定期金、和解、保证等二十四节,规定了各种具体的债的关系及规范。

第三编物权,分为十章二百二十一条。第一章通则规定了物权法定主义、物权设定登记生效要件主义、物权的消灭等有关物权的通制;第二章所有权,规定所有权制度;第三章地上权、第四章永佃权、第五章地役权,分别规定了各种用益物权;第六章抵押权、第七章质权、第八章典权、第九章留置权,分别规定了各种担保物权制度;第十章占有,规定占有制度。

第四编亲属,分为七章一百七十一条。第一章通则,规定亲属的概念、分类及亲等计算方法等内容;第二章婚姻,规定婚姻制度;第三章父母子女,规定父母子女之间的权利义务关系;第四章监护,规定对未成年人及禁治产人的监护制度;第五章扶养,规定亲属间抚养、扶养以及赡养制度;第六章家,规定家庭制度;第七章亲属会议,规定了亲属会议的产生、召开及权利等。

第五编继承,分为三章八十八条。第一章遗产继承人,规定了继承人的范围、顺序及权利义务、指定继承人的继承权利等;第二章遗产之继承,规定了继承的效力、限定继承、遗产分割、继承抛弃及无人承认之继承的处理等;第三章遗嘱,主要规定了遗嘱的方式、效力及执行、撤销或遗嘱继承中的特留份制度等。

(三)单行商法规的编制体系

中国近现代虽曾编订商法典,但却从未正式颁行,至国民政府时期则因实行民商合一主义,仅仅制颁单行商法规。因此,在此仅介绍单行商法规的编制体系。

1. 公司法。中国近现代先后制定颁行过三部公司法,即清末的《公司律》,北洋政府的《公司条例》,国民政府的《公司法》。其中《公司法》最具代表性。《公司法》共十章三百六十一条。第一章定义,主要规定公司的一般定义和各种公司的含义;第二章通则,主要规定公司的成立条件;第三章无限公司、第四章有限公司、第五章两合公司、第六章股份有限公司、第七章股份两合公司,分别规定了五种公司的设立、组织机构、内外关系与责任、公司章程、公司解散、合并、变更、重整、清算等;第八章外国公司,主要规定外国公司的认许制度以及在中国法律上的权利义务和管辖事项;第九章公司之登记及认许,主要规定公司登记、成立、申请与规费等;第十章附则。

2. 票据法。中国近现代唯一颁行的票据法是1929年的《票据法》。该法分为五章一百三十九条。第一章总则,规定票据的概念、分类以及汇票、本票、支票的概念及共同规则;第二章汇票,分十二节规定发票及其款式、背书、承兑、参加承兑、保证、到期日、付款、参加付款、追索权、拒绝证书、复本、誊本等内容;第三章本票,规定本票制度;第四章支票,规定支票制度;第五章附则,规定施行问题。

3. 保险法。1929年公布、1937年修订公布的《保险法》,是中国近现代唯一一部正式颁布但尚未施行的保险法。该法共四章八十八条。第一章总则,主要规定保险的概念、种类以及保险法的原则;第二章损失保险,主要规定财产保险规则;第三章人身保险,主要规定人身保险规则;第四章附则,规定该法的施行。

4. 海商法。1929年的《海商法》,是中国近现代唯一一部海商法。该法共九章一百七十五条。第一章通则,主要规定船舶与海员的概念以及海商法的适用范围;第二章船舶,主要规定船舶所有权、优先权以及抵押权等;第三章海员,主要规定海员雇佣以及海员的权利义务事项;第四章运送契约,主要规定货物运送、旅客运送及船舶拖带等事项;第五章船舶碰撞,主要规定因船舶碰撞引起的赔偿责任以及诉讼管辖;第六章救助及捞救,主要规定海员、船舶对海难的救助义务以及因救助、捞救引起的报酬;第七章共同海损,主要规定共同海损的概念及损害的分担;第八章海上保险,主要规定海上船舶、货物的保险;第九章附则,规定该法的施行。

第二节 民法通制

中国近现代民法典的总则部分,对民法法例、主体、客体、法律行为、期日与期间、时效以及权利之行使等作出全面系统规定,这些规定既适用于民法典分则各编,也适用于各种单行民商法规,因而属于民法通用的制度,可以称为民法通制。

一、民事主体(人)

(一)自然人

自然人作为民法上的概念,是指具有生命的、法律上的人格而言,或者说是指基于出生而成为民事权利义务主体的人。在中国近现代民法上,关于自然人的规定主要涉及权利能力、行为能力和人格保护三项内容。

1. 权利能力。在中国近现代,一方面通过引进和吸收西方民法法系的理论和制度,形成民法上的权利能力概念和规定;另一方面,由于经历了清末法制变革、辛亥革命、国民革命乃至于新民主主义革命的洗礼,固有的宗法等级身份观念和制度既被逐渐摧毁,法律上人人平等观念也就不断形成并日益强化。表现在立法上,《中华民国民法》明确规定:"人的权利能力始于出生、终于死亡"。作为原则性的这一规定,一方面解决了自然人权利能力的始终问题,另一方面更表明了凡属于自然人皆具有权利能力的主旨,也就是在事实上,尽管作为自然人仍存在因血缘、种族、亲属、职业、阶层等身份,但作为民事权利主体,则是完全平等并且具有同一的权利能力的。

2. 行为能力。中国近现代民法将自然人区分为完全行为能力、限制行为能力和无行为能力三种状态。其中年满二十岁之成年人与虽未成年但已经结婚者为完全行为能力人,已满七岁至未成年人为限制行为能力人,未满七岁之未成年人与禁治产人为无行为能力人。值得特别注意的是,在《中华民国民法》中,基于"社会公益之注重"与"男女平等之确定"精神,一则对于"禁治产之宣告,限制其范围";二则"对于特别限制女子行为能力之处,一律删除。并以我国女子,于个人之财产,有完全处分之权,复规定已结婚之妇人,关于其个人之财产,有完全处分之能力。至于其他权义之关系,亦不因男女而有轩轾"。[1]

3. 人格的保护。人格的保护,就是指对于自然人的权利能力、行为能力、自由及姓名、名誉等人格权,法律给予特别的保护。在中国近现代,清末《民律草案》及第二次民律草案仿照德国立法例,仅规定了对姓名权的保护。到《中华民国民

---

[1] 谢振民编著:《中华民国立法史》(下册),张知本校订,中国政法大学出版社2000年版,第756页。

法》则仿照瑞士立法例,设置人格权保护的一般性规定,内容包括三项:①对权利能力和行为能力的保护,自然人的这两项能力均不得抛弃;②对自由的保护,一方面自由不得抛弃;另一方面对自由的限制以不违背公共秩序和善良风俗为限;③对人格权遭受侵害之保护,凡生命、身体、姓名、名誉、自由等人格权受到侵害,受害人在消极方面有请求除去侵害的权利,在积极方面有请求损害赔偿或抚慰金的权利。

(二)法人

在中国近现代,从清末法制变革开始仿效西方民法法系的做法,在《民律草案》中设专章规定法人制度,将法人作为不同于自然人的民事主体,在第二次民律草案和《中华民国民法》中均沿用这一做法,从而形成中国近现代的法人制度。

1.法人通制。法人通制主要涉及法人的设立、能力、组织机关、住所、监督以及消灭等内容。

(1)其中关于法人的设立,中国近现代民法追随世界各国民法发展趋势,摒弃过时的自由主义与特许主义立法例,采取以准则主义为主、兼用许可主义的立法原则。相应地,设立法人必须具备的要件为具有法律依据,而对营利性社团法人须依据特别法(公司法、合作社法)的规定,对公益社团法人和财团法人仅须得到主管机关许可,并向主管机关登记。

(2)关于法人的能力,包括权利能力、行为能力和责任能力。其中权利能力始于法人设立时,但与自然人相比较,仅限于法令限制范围内,且专属于自然人的人身权利能力,如人格权中的生命权、身体健康权、身份权中的父母对子女的亲权以及继承权等,法人不得享有;法人的行为能力,依其组织分子的自然人的行为能力决定;法人的责任能力,则限于其董事或职员因执行法人职务而加害于他人的损害,法人与行为人承担连带赔偿责任。

(3)关于法人的组织机关,分为两类:①董事,系一切法人必须具备的机关,就法人的一切事务,对外代表法人,对内执行一切事务;②社员总会及监察机关,并非一切法人的必要机关,其中社员总会仅为社团法人之必要机关,监察机关则为公司及合作社等特种法人的必要机关。

(4)关于法人的住所,以其主事务所为法人住所,而且应该在法人登记机关予以登记。

(5)关于法人的监督,分为业务中的监督和清算中的监督。其中业务中的监督范围,包括监督业务的进行、监察法人的财产状况等,由主管官署对法人实施监督,对于董事不遵守主管官署的监督命令或妨碍监察者,主管官署有权对其处以罚款等;清算中的监督,由法院主管,举凡监督上认为必要者,法院均可随时检查。

(6)关于法人的消灭,应该经过解散和清算两个阶段。

2.社团法人与财团法人。中国近现代民法上的法人,分为社团法人与财团法人两类。其中社团法人是指以人的集合为成立基础的法人,根据其目的不同,又可以区分为公益社团法人和营利社团法人两种;而财团法人则是指以财产集合作为成立基础的法人,均属于公益法人。

二、民事客体(物)

(一)概说

在中国近现代,民事客体制度主要是通过引进西方民法法系的理论和制度而逐步建立起来的。其基本构架乃是依据其种类的不同,将民事客体区分为作为财产关系基本要素的"物"与其他客体。在立法上表现为,民法典总则中设专章对"物"予以规定;其他客体,包括作为人格权客体的权利人自身的利益、作为身份权客体的存在于具有一定身份关系的他人的利益、作为债权客体的行为以及作为无体财产权客体的精神产品等,分别在分则各编或特别法中予以专门规定。

(二)物的种类

清末《民律草案》和第二次民律草案虽然对有体物作了界定,但《中华民国民法》则没有对"物"作概括界定,而是直接规定动产、不动产以及主物与从物、原物与孳息等。至于物的种类,约略可从六个方面说明:

1. 动产与不动产。不动产是指不能变动其位置或变动其位置即导致损害其价值或改变其性质的物,主要指土地及其附着物,[1]而不动产的出产物尚未分离者,属不动产的构成部分;动产则是指不动产以外的所有之物。

2. 主物与从物。从物指非主物之成分而常助主物之效用且同属一人之物,其效用常被辅助之物则属于主物。

3. 融通物与不融通物。融通物就是指既可以作为权利的客体,又可以进行处分的物;不融通物就是指虽可以作为权利的客体,但不得作为处分之标的之物,一般包括公有物、公用物以及禁止物。据此,对不融通物的处分当然无效。

4. 代替物与不代替物。代替物就是指可以用种类品质数量确定的物,不代替物则是指在某种类中指定某物在交易上不能以他物代替之物。

5. 特定物与不特定物。特定物就是指依照当事人的意思具体指定之物,不特定物则是指依照当事人的意思抽象的以种类数量指定之物。

6. 可分物与不可分物。可分物就是指各部分分离后其性质不变、价值不减少之物;不可分物则是指各部分分离后其性质改变或价值减少之物。

---

[1] 这里所说的附着物,是指依照交易上的观念,以固定于土地而达到其经济上的目的,但尚未构成土地成分的物,最主要的就是指房屋及其他建筑物。

三、法律行为

(一)概说

法律行为的概念术语以及相关制度是在清末编纂《民律草案》过程中,才仿效德、日等国立法例引进的,至《中华民国民法》,在总则中共设六节三十八条对法律行为作出全面系统的规定,其内容代表了中国近现代民法关于法律行为制度的发展水平。[1]

《中华民国民法》追随20世纪民法的发展趋势,体现了社会本位主义观念,对17~19世纪以来基于天赋人权、个人自由主义和权利本位观念的法律行为自由主义原则加以一定的限制,凡违反法律之强制性或禁止性规定的法律行为原则上无效,违背公共秩序和善良风俗的法律行为绝对无效,不依法定方式的法律行为原则上无效,禁止暴利行为及权利滥用行为等。

(二)法律行为的成立与有效

在中国近现代民法上,法律行为必须具备相应的要件才能够成立;同时还须具备相应的要件才可能生效。其中法律行为成立的要件有三个,即当事人、意思表示和标的。而法律行为有效的要件也有三个,即行为人须有行为能力、须意思表示无瑕疵和意思之内容须可能确定与合法。

(三)法律行为的具体内容

法律行为的具体内容,包括行为能力、意思表示、条件与期限、代理及无效与撤销等。但其中最重要的乃是意思表示,因而在此仅就意思表示稍作介绍。

关于意思表示,实际上仅指适法的意思表示。具体方式既可以是明示,也可以是默示,但均须系构成法律行为的内容者,如意思通知、感情通知等,由于并不具备法律行为的构成要素,因而并非意思表示,而仅是准意思表示。意思表示如存在瑕疵,包括意思与表示不一致、意思表示不自由,可能影响其效力的发生。其中意思与表示不一致,其效力的确定以表示主义为原则,以折衷意思主义为例外;因受胁迫、欺诈而在不自由的状态下所为的意思表示,表意人自得撤销。

四、时效制度

中国近现代民法对于时效制度的规定,经历了一个发展过程。最初在清末《民律草案》中,仿效日本立法例,于总则中设立专章,就取得时效与消灭时效作统一规定;后来在《中华民国民法》中,总则编仅就消灭时效加以规定,而将取得时效规定于物权编的所有权通则中。

---

[1] 其中所指的法律行为,是指以意思表示为要素的法律事实,或者说是指以意思表示为要素,法律因意思表示而使发生法律上效力的私法上的法律要件。

消灭时效一般主要涉及到四个方面的内容：

1. 就消灭时效的客体而言，清末《民律草案》确定为权利本身，而《中华民国民法》则修改为仅限于权利之请求权，权利本身并不消灭。

2. 就消灭时效的期间而言，分为两种：①长期消灭时效，即涉及到一般权利的请求权因十五年间不行使而消灭；②短期消灭时效，包括利息、红利、租金、赡养费、退职金及其他一年和不及一年的定期给付之债，其各期请求权因十五年间不行使而消灭；而旅店、饮食店以及娱乐场所的住宿、饮食或座费、运送费、动产租价、诊药费、律师、会计师、公证人的报酬、垫款等请求权，因二年间不行使而消灭。

3. 就消灭时效的起算及中断而言，原则上消灭时效自请求权可以行使之时起算，但如属于以不行为为目的的请求权，则自行为时起算；至于时效中断则是指，在时效进行中，因行使权利的事实导致已进行的时效期间全归无效。至于导致时效中断的具体原因，包括请求、承认、起诉以及与起诉具有同一效力的依照督促程序送达支付令、因和解而传唤、报明破产债权、告知诉讼与开始执行行为或声请强制执行等。时效中断在法律上的效力，就是自中断事由终止时开始重新起算消灭时效。

4. 就消灭时效不完成而言，消灭时效不完成就是指在消灭时效终止之际，有不能或难以中断时效的事由发生或存在，而导致时效暂时不能完成。其具体原因，一般包括事变（天灾）而不能完成、因权利人或义务人的不确定而不能完成、由于权利人的能力欠缺而不能完成以及由于法定代理关系的存续而不能完成等。

第三节 债 法

一、债法原则与一般问题

（一）债法原则

在中国近现代，通过对渊源于西方的民法原则的引进和对固有习惯礼俗的继承发展，形成了包括相对化契约自由、诚实信用、尊重公序良俗在内的债法原则。

1. 相对化的契约自由原则。契约自由原则是近现代民法的基本原则之一，其基本含义就是指在私法领域内，法律对于当事人的意思表示赋予拘束力；当事人意思表示的内容就成为当事人之间的行为规范；契约自由具体包括契约内容的自由、契约相对人选择的自由、缔结或不缔结契约的自由以及缔结契约方式的自由等。

在近现代民法发展中，契约自由经历了由绝对化到相对化的演变；而中国固有法文化原本就欠缺个人自由主义与权利本位精神，强调"天下为公"、重义轻利、注重团体与家族利益的特征，与相对化的契约自由具有相同之处。中国近现代民法形成与发展又适逢相对契约自由出现和强化之际,因而接受相对化的契约自由原则,就是债法民族性与国际化、传统性与现代化相结合的必然选择。正因为如此,虽然在《大清民律草案》中曾经照搬日本民法所体现的绝对化契约自由原则,但到了制定《中华民国民法》之时,立法者便直接倡导"个人本位主义之立法,害多利少,已极明显,故特置重社会公益,以资救济",强调"债务人虽非皆为弱者,然与债权人相较,其经济地位恒非优越,故于可能范围内,对债务人之利益特加保护"。据此,一方面仍采契约自由原则,规定"当事人互相表示意思一致者,无论明示或默示,契约当即成立";另一方面则规定了暴利行为的禁止、违约金额过高酌减、不安抗辩权的设定等一系列制度,对契约自由予以限制,从而使该原则相对化。[1]

2. 诚实信用原则。诚实信用原则简称诚信原则,其内容就是强调在债的活动中,当事人应该诚实不欺,信守诺言,以善意方式履行债务,不得规避法律和契约,并在不损害他人利益和社会公益的前提下,追求和实现自己的利益。

滥觞于古罗马法的诚信原则,在近代西方法中仍然作为契约尊重的补充规定,并未受到特别推崇。但在进入现代社会之际,基于社会本位思想、社会公平正义及善良道德的要求,诚信原则才逐渐作为债法的一般原则受到特别推崇。而在中国传统文化中,诚信属于伦理道德的基本规范,强调以诚处世,言而有信,成己以成人,不仅是修身齐家的重要准则,更是治国平天下的重要途径。体现在经济交易中,则推崇公平买卖,童叟无欺,货真价实,反对并禁止轻入重出,对假冒伪劣、行滥短狭等违背诚信规则的行为予以惩罚。这就为中国近现代民法将诚信原则确立为债法原则奠定了民族性和传统性基础。

中国近现代民法始终将诚信作为债法乃至于整个民法的基本原则,虽然在《大清民律草案》中对此尚欠缺一般性的规定,但在民国大理院的判例中就已经确认,"债务人明知加损害于债权人而为之法律行为,债权人得以诉讼请求撤销"。[2]《中华民国民法》更将诚实信用视为"社会生活之基础,交易安全发达胥赖于此",因而,"行使债权,履行债务,应以诚实及信用方式",对于违背诚信原则的权利滥用等行为加以禁止,"权利之行使,不得以损害他人为主要目的","违反保护他人之法律者,推定其有过失"。

3. 尊重公序良俗原则。尊重公共秩序与善良风俗原则是中国近现代民法的重要原则,也是债法的基本原则。该原则的内容就是,当事人在进行债权债务以及其他民事活动时,必须尊重国家社会的一般利益以及社会的一般道德规范,如果民事活动违反公共秩序或善良风俗,即使并没有直接违反法律的明文规定,也可以被视为无效而

---

[1] 参见谢振民编著:《中华民国立法史》(下册),张知本校订,中国政法大学出版社2000年版,第764页。
[2] 杨鸿烈:《中国法律发达史》,上海书局1990年版,第1183页,引大理院上字第1034号判例。

予以禁止。

中国固有法制中一直存在着"不应得为"的规定,在传统观念中又特别注重尊重天理人情等礼俗惯例与公共秩序。据此,中国近现代民法不仅将尊重公序良俗确定为债法的原则,甚至确定为整个民法的基本原则。《大清民律草案》仿照德、日民法的规定,《中华民国民法》则进一步确定:"法律行为有背于公共秩序及善良风俗者,无效","民事所适用之习惯,以不背于公共秩序或善良风俗者为限"。

(二)债的一般问题

1. 债的发生根据与方式。在中国近现代民法上,债的发生根据乃是一定的法律事实,包括行为事实与非行为事实两类。其中非行为事实也称自然事实,包括事件和状态;而行为事实,就是指法律上的行为,一般又分为违法行为与适法行为,其中适法行为又以法律行为最重要和最普遍。

因债的发生根据的不同,债的发生方式也有区别。《大清民律草案》仿照德国立法例,规定了契约、广告、发行指示证券、发行无记名证券、管理事务、不当得利、侵权行为等七种;中华民国第二次民法草案仿照瑞士债务法体例,规定了契约、无因管理和侵权行为三种;《中华民国民法》则兼采瑞士、日本立法例,规定了契约、无因管理、不当得利、侵权行为等四种方式,另外,又自创了代理权的授予作为债的发生方式。对此,有学者认为虽然可称之为"洵属创举",但在学理上却缺乏依据。[1]

2. 债的标的与效力。关于债的标的,中国固有民事法例既无明文规定,又欠缺理论说明,因而在近现代民法中就通过引进和吸收西方民法法系的相关理论和制度,逐步形成相应的内容。

概略而言,中国近现代民法对于债的标的乃纯粹作为法律技术处理,在理论和立法中,均认为其既区别于债的客体,又不同于债的标的物,而是所谓的"给付",也就是作为或者不作为的行为。原则上,债的标的可以依据当事人的意思自由确定,在法律上并不限定其种类,但不管是何种"给付",都必须具备适法、可能、确定、社会的妥当诸要素。具体来说,"给付"因债的性质不同,其内容和规则也有不同。中国近现代民法大致上规定了种类之债、货币之债、利息之债、选择之债、任意之债、损害赔偿之债等"给付"的内容与规则。

关于债的效力,在中国近现代几部民法典草案及民法典中,都设立专节加以规定。其立法趋向显然采取广义说和一般效力与契约特殊效力相结合的方式,[2] 规定了各

---

[1] 参见梅仲协:《民法要义》,中国政法大学出版社1998年版,第139~140页。
[2] 在民法理论上,债的效力存在广义与狭义的区别:广义上所说的债的效力,就是指使实现给付或填补其给付利益的作用,包括债的履行与债的不履行的效力,而狭义上所说的债的效力,则仅仅指债务不履行的效果,一般包括请求强制执行与损害赔偿。至于债的一般效力,就是指所有债均包括的为"给付"的强制执行与利益损害赔偿,而债的特殊效力则指各种具体的债(如契约之债、损害赔偿之债等),不同于一般意义上所说的债的特殊效力。

种之债的履行以及不履行的效力两方面;同时对契约之债的特殊效力又设专节加以规定,对其他各种之债的特殊效力,则在有关章节中具体规定,就其内容看主要规定了给付、[1]迟延、[2]保全[3]等一般内容和契约的特殊效力内容。

3. 债的转移与消灭。

(1)债的转移。在中国近现代民法上,对债的转移主要规定了债权转移与债务转移两种基本类别,但在理论上也承认因变更原因的不同,债的转移可区分为法律行为上的转移、法律上的转移、裁判上的转移三类,以及因债权或者债务是作为财产的一部分还是独立转移而有概括承受与特定承受的区别。不过,其中最为主要的,还是作为法律行为上的转移的典型表现的因契约转移债权的债权让与[4]和转移债

---

[1] 依据《中华民国民法》债编的规定,给付作为债的效力的主要内容,涉及到四个具体的问题:①债权人行使债权、债务人履行债务而为给付,应遵守诚实信用原则。②债务不履行的归责事由包括:债务人就其自己及其使用人、代理人的故意或过失,应承担责任,但对于过失责任,当事人可以以特别约定予以免除或限制,对于故意或重大过失责任则不得预先以特别约定而免除;基于通常事变中的货物运送人对货物的丧失、毁损或延迟,旅客运送人对旅客所受损害及迟延,旅店对旅客所携带物品的毁损、丧失,邮政机关对邮件的遗失或毁损等特殊原因者,除了能证明系不可抗力或受损害人自己的过失或受损物性质导致损失外,均应承担过错责任。③债务不履行的效果,原则上不论是给付迟延还是给付拒绝,或者不完全给付,都产生强制执行和损害赔偿的效果;但作为例外,则是给付不能,如果是因不可归责于债务人的事由导致给付不能,债务人免除给付义务,如果因可归责于债务人的事由导致给付不能,债权人享有损害赔偿请求权。④设立让与请求权,就是指关于物或权利的丧失或损害,负担赔偿责任之人,得向损害赔偿请求权人请求让与基于物的所有权或基于权利而对第三人的请求权。

[2] 依据《中华民国民法》债编的规定,作为债的效力的迟延,包括给付迟延(债务人迟延)和受领迟延(债权人迟延)两种情形。其中给付迟延,除发生一般不给付的效力(强制执行与损害赔偿)之外,还发生替补赔偿效力,也就是如果迟延给付对债权人已无利益的,债权人可以拒绝其给付并请求因不履行而发生的损害赔偿或解除契约,并请求迟延利息;受领迟延则发生自给付提出时减轻债务人责任,或以免责设法代替给付,或直接免除债务等效力。

[3] 依据《中华民国民法》的规定,保全系债权的对外效力,其具体内容就是基于债务人的一般财产为债权人的一般担保的观念,为防止其财产的不当减少而损害债权,因而规定债权人代位权与债权人撤销权。

[4] 债权让与系准物权契约,在民法历史发展的初期曾被禁止,到近现代民法才承认其合法性,一方面在原则上承认债权让与自由,另一方面为维护交易安全与债务人利益,作为例外又对之予以限制。中国近现代民法也适应这一发展趋势,一方面明确规定债权人有将债权让与第三人的自由,另一方面则规定了性质上不得让与的债权、以特别约定不得让与的债权以及债权禁止扣押者不得让与等制度,以保护债务人的利益,进而维护交易的安全与公平。至于债权让与的效力,包括对内效力和对外效力。其中对内效力包括四项:除了与让与人有不可分离的关系外,让与债权的担保及从属权利同时转移于受让与人;供给使得完全行使债权的方法,即让与人应该将证明债权的文件交付受让人,并告知关于主张该债权所必要的一切情形;让与人对受让人在有偿让与时就债权的成立负担保责任;债权的瑕疵同原债权一起转移于受让人。对外效力主要表现为非经让与人与受让人通知债务人,对债务人不发生效力,而只要对债务人通知,即发生债权让与的效力;对于第三人,仅仅因让与契约而无须通知就发生债权让与的效力。

务的债务承担。[1]

(2)债的消灭。至于债的消灭,在中国近现代民法中也作了系统的规定。就债的消灭的一般效力而言,包括三方面:①债的关系消灭,其债权担保及其他从属权利同时消灭;②债的关系消灭而随即发生负债字据的返还、涂销或消灭事由记入的效力;③当事人引契约自由原则不但使得发生与预计消灭的债权相同内容的债权,也可使已消灭的债权在当事人之间发生有如仍然存在的效力。就债的消灭方式而言,则包括清偿(债的履行)、提存、抵充、免除、混同等五种具体方式。

二、各种之债

(一)概说

在中国近现代民法中,依据债的发生根据和债的内容的不同,将债划分为不同层次上的各个种类,并据此进一步构筑债的立法体系,从而规定了多种具体的债权债务关系及其规则。

较之于中国固有民事法例,中国近现代民法中关于债的种类的划分,有两个明显的特点:①划分标准科学、明确,具体种类既繁多详尽又系统细致;②适用规则更加严谨、科学和简明,便于操作。这一方面是在由传统的农耕宗法文明向近现代的工商文明转化的过程中,中国债法适应社会发展进步而进行的转化与变革的成果,另一方面则是在中国近现代法制变革过程中,通过引进、吸收西方民法法系债的理论和制度,对固有债法进行成功改造的范例。

不过,中国近现代民法关于债的种类划分以及各种之债的具体规定也经历了由简单模仿到尝试自创新路的过程,也就是从幼稚逐渐走向成熟的过程。最初在《大清民律草案》中,依据发生原因的不同,将债划分为契约、广告、发行指示证券、发行无记名证券、管理事务、不当得利、侵权行为七种;对于其中最重要的契约之债,按照债的内容的不同又进一步划分为买卖、互易、赠与、使用赁贷借、用益赁贷借、使用贷借、消费贷借、雇佣、承揽、居间、委任、合伙、隐名合伙、终身定期金契约、博戏与博事、和解、债务约束、债务认诺、保证等十九种有名契约之债。其中既有概念表述上的词不达意与过分洋化,又有具体规则上的难称允善,还有体例上的不甚严密等缺陷。

正因为这样,在1925年的中华民国第二次民律草案中就予以增删修改,原有缺陷

---

[1] 债务承担有广义与狭义的区分。广义的债务承担,就是指由第三人承受或者加入债务契约,包括免责的债务承担和并存的债务承担;狭义的债务承担,则是指由第三人替代原债务人负担债务,原债务人脱离债务关系,因而又称为单纯的债务承担和免责的债务承担。并存的债务承担,就是指使第三人加入债务关系,与原债务人并负同一内容的债务,原债务人与第三人成为连带债务人,因而又称为债务加入。在中国近现代民法中,主要就免责的债务承担规定了以经过债权人同意为核心,包括须有债务承担契约,该债务须为有效的成立要件,并就并存的债务承担规定了应具备契约、意思表示一致的一般要件、应以原债务的有效存在为前提,原则上承担的债务就其目的与态体不得较原债务为重、原债务人与承担债务人原则上不得为同一个人的成立要件。

虽有一定程度的弥补,但却难尽如人意。到 1929 年制定《中华民国民法》,就采取了一定措施,不但继续仿效西方民法法系的规则与制度,而且在一定程度上尝试创新。这表现在以下四个方面:

1. 在体系上予以完善,分两个层次规定债的种类。在第一个层次上,依据债的发生根据的不同,在债编的通则部分设立专门的债的发生一节,规定了契约之债、无因管理之债、不当得利之债、侵权行为之债和代理权的授予之债五种;在第二个层次上,主要针对契约之债,又根据债的内容不同,在各种之债一节中规定了买卖、互易、赠与、租赁、借贷、雇佣、承揽、出版、居间、委任、寄托、合伙、隐名合伙、指示证券、无记名证券、终身定期金、和解、保证及交互计算、经理人与代办商、行纪、仓库、运送营业、承揽运送等共二十四种有名契约。另外,由于民法采民商合一体例,故将原本属于商行为的契约之债纳入各种之债中作统一规定。

2. 在概念术语表述上,避免过分洋化,力求准确简洁明晰,将管理事务改为无因管理,废除使用赁贷借、用益赁贷借等概念,统一使用借贷概念等,在一定程度上达到了"条文辞句,简洁通俗,且避去翻译式之语气,为纯粹之国语","诚为立法技术上之一大进步也"。[1]

3. 对各种之债的具体规则,追求允善合理,基本上能够做到"集现代各国民法之精英,而弃其糟粕",[2]虽在一定程度上存在缺陷,却仍显示出瑕不掩瑜的特征。

4. 为拾遗补缺,在有名契约之外,还对无名契约做出原则性规定,即无名契约准用有名契约之债的规定,在一定程度上适应了社会生活,尤其是经济生活不断发展进步的需要。

(二)契约之债

在中国近现代民法上,契约无疑是最主要和最普遍的债的种类。但契约本身又有广义与狭义的区别。广义的契约系指以发生、变更或消灭某种法律关系为目的,以双方或多方当事人的意思表示一致为要素的法律行为,包括物权契约、债权契约及亲属关系上的契约等;而狭义的契约则仅指作为各种债之一种的债权契约,也就是以债的发生为目的的契约。

在中国近现代民法上,契约的成立包括两方面的条件:①消极要件,也就是不得违反法律的禁止性与强制性规定,并不得违背公序良俗;②积极要件,包括必须具有两个以上并具有相应行为能力的当事人。契约的内容应为确定、可能、适法、社会的妥当,以适于发生债权;契约各当事人意思表示应有效成立并一致。同时,契约的成立过程一般要经过要约与承诺两个阶段,如果当事人约定其契约须采用一定方式者,在该方式未完成前,推定契约不成立。

---

[1] 梅仲协:《民法要义》,中国政法大学出版社 1998 年版,第 19 页。
[2] 梅仲协:《民法要义》,中国政法大学出版社 1998 年版,第 1 页。

(三) 无因管理之债

中国近现代民法上的无因管理，是指虽无法律上的义务，而为他人管理事务，因而在管理人与受益人之间产生的债的关系。

在中国近现代民法上，清末编纂《大清民律草案》，仿照德、瑞、日等国民法立法例，把无因管理作为债的发生方式之一加以规定，从而形成无因管理之债。不过，最初使用"管理事务"的概念，到1925年中华民国第二次民律草案，改而采用"无因管理"术语，一直沿用至今。

无因管理在性质上属于事实行为而非法律行为，其成立要件有两方面：在客观上有管理事务的事实，且无法律上的义务；在主观上需要有为他人管理事务的意思。无因管理成立，即在管理人与受益人之间产生债的关系。

(四) 不当得利之债

中国近现代民法上的不当得利，指无法律上的原因而使他人受到损害自己获得利益的事实。

在中国近现代民法上，自清末到中华民国时期，都将不当得利作为债的发生方式之一种。在性质上，不当得利属于非行为事实中的事件，因而其构成要件仅限于客观方面，包括无法律上的原因、自己受有财产上的利益、致使他人受到损害三项。因不当得利事实的成立而受到损害者，对利得领受人有法律赋予请求返还其利益的权利，因而在受损者与利得领受人之间就形成了债权债务关系。

(五) 侵权行为之债

在中国近现代民法中的侵权行为，是指因故意或者过失而不法侵害他人的权利，或者故意以违背公序良俗的方法加损害于他人的行为。

"侵权行为"在中国最早作为法律上的概念术语使用出现在《大清民律草案》中，其后一直沿用这一表述。作为仅次于契约之债的债的种类，中国近现代民法对侵权行为之债的规定较为详尽系统。主要内容包括：

1. 关于侵权行为的性质与构成要件。在中国近现代民法中，侵权行为的性质均被确定为违法行为，[1]属于法律要件之一。其构成要件一般包括三个方面六项具体内容：①须有归责性的意思状态，也就是行为人须有责任能力，且其行为须出于故意或过失；②须有违法性的行为，也就是既须具有侵害或损害他人的行为，又须此行为具有违法性；③须有因果规律之损害，也就是既须有损害他人权利或利益的事实发生，又须侵害行为与损害结果之间具有因果关系存在。

2. 共同侵权行为。中国近现代民法上的共同侵权行为，指数人共同不法对同一损害予以条件或原因的侵权行为。共同侵权行为的构成，除一般侵权行为的要件外，尚须具备各个共同行为人的违法行为之间具有关联性与共同性（或为原因，或为条件）

---

[1] 这里所说的"违法"，是指对绝对行为法规的违反，不仅包括与明定法规相抵触的形式违法，而且包括虽然未必违反特定的法律规定，但却与法律的整体及根本目的相违背的实质违反。

的特殊要件,而且损害的发生系关联与共同的违法行为而造成。此外,在共同危险行为人中,如果不能确知其中谁为加害人,法律为保护被害人,仍使之负共同侵权责任,称为准共同侵权行为。在共同侵权行为的归责上,由共同侵权人(包括教唆人、帮助人等)以及准共同侵权人,对被害人的权益损害各自负连带责任。

3. 特殊侵权行为。中国近现代民法上的特殊侵权行为,指构成要件有欠缺或具有特殊性的侵权行为。一般包括以下六种:①公务员因执行职务的侵权行为;[1]②无行为能力人或限制行为能力人的侵权行为;[2]③受雇人因执行职务而不法侵害他人权利的侵权行为;[3]④承揽人因执行承揽事项而不法侵害他人权利的侵权行为;[4]⑤动物加损害于他人的侵权行为;[5]⑥建筑物或工作物因设置或保管有欠缺而损害他人权利的侵权行为。[6]

4. 侵权行为的效力。与在中国古代侵权行为往往首先产生刑法上的后果,也即由加害人承担刑事责任,只有在涉及到对受害人予以财产补偿时才作为附带内容具有相似于民事制裁的效力不同,中国近现代由于明确划分民法与刑法的界限,侵权行为仅仅产生民事制裁的效力。至于民事制裁的方法,固然也有受害人一方向加害人一方提出不作为及回复原状请求权的内容,但更主要的乃是由加害人一方承担对受损害人一方的赔偿责任,从而发生侵权行为之债。

(六)代理权之授与

在《中华民国民法》中,独一无二地将代理权的授与作为债的发生原因,从而就形成代理权授与之债。按照规定,作为债的一种,代理权授与系由相对人之一方的意思表示;至于授与的方式,原则上为明示或默示均无不可;但作为特别要求,则是应该向代理人或向代理人为代理行为之第三人以意思表示为之。

---

[1] 与一般侵权行为不同的是,这种侵权行为的行为人必须是公务员,且属违背对第三人应执行职务之行为。在归责上,如公务员仅有过失而无故意,就其不能以其他方法受到赔偿时为限,方才由侵权之公务员承担责任;如被害人得依法律上的救济方法除去其损害而因故意或者过失不为除去者,公务员免负责任。

[2] 无行为能力人与限制行为能力人的侵害,以行为时有识别能力者为限,与其法定代理人连带承担损害赔偿责任;行为时无识别能力的,由其法定代理人单独负损害赔偿责任。

[3] 对受雇人的侵权行为,由雇佣人与受雇人负连带赔偿责任,但雇佣人赔偿时,对受雇人有请求偿还权。

[4] 承揽人的侵权行为,原则上定作人不负责任,但如属于定作人在定作或指示上有过失,则定作人应付赔偿责任。

[5] 动物加损害于他人的侵权行为,原则上由动物占有人负赔偿责任;但如果属于动物占有人依动物的种类和性质已尽到相当注意的管束责任,或者纵然为相当注意的管束仍不免发生损害,则动物占有人可以免除赔偿责任;如果动物是因第三人或其他动物的挑逗导致加损害于他人,则该动物的占有人在负赔偿责任时,有向挑逗该动物的第三人或其他动物的占有人请求赔偿的权利。

[6] 原则上由建筑物或工作物的所有人负赔偿责任,但如果建筑物或工作物的所有人已经对防止损害的发生尽到了相当的注意,可以免负赔偿责任;如有应负责任之人,赔偿损害的所有人对该应负责任者有追偿的权利。

第四节 物 权 法

一、概说

在中国近现代,通过较为全面、系统地仿效和移植西方民法法系的物权法理论和制度,改造中国固有的物权法例,逐渐形成了中国近现代的物权法律制度。

(一)物权法原则

在中国近现代,一方面根据"注重世界最普通之法则"与"原本后出最精确之法理"的宗旨,把西方各国在19~20世纪出现的民法新思想和新理论,作为思想和理论渊源;另一方面,根据"求最适于中国民情之法则"和"期于改进上最有利益之法则"的宗旨,采撷固有物权法例所体现的传统精神作为传统性与民族性渊源,从而逐渐形成了包括两个层次五项内容的完整的物权法原则。

1. 所有权社会化原则。依据"个人人格绝对尊重"观念形成的所有权绝对不受限制(或称私有权神圣不可侵犯)原则,系近代民法原则之一。到19~20世纪初,在社会法学所倡导的所有权社会化理论的影响下,以德国民法典为代表,逐步形成了以所有权社会化取代所有权绝对原则的趋势。而在中国固有法制中,依据"修齐治平"的政治模式,强调尊祖敬宗、忠君爱国,注重义利之辨、重公轻私、重义轻利,归属于个人之所有权不能不包含对国家、社会利益所承担的义务;而按照儒家的忠恕观念,"己所不欲,勿施于人"、推己及人,对私有财产权的行使不能不予以限制,以重视亲属伦理、社会道德方面要求的"合理"使用所有权之权利来维系社会正常经济秩序。两相结合,在中国近现代物权法中,采用所有权社会化原则就势成必然。

最初在《大清民律草案》中就注意到对所有权的限制,规定"所有人于法令之限制内,得自由使用、收益及处分其所有物";中华民国时期制定民法典,更认定"个人本位之立法,害多利少,已极明显,故特置重社会公益,以资救济",故在物权编中明确规定,"所有人于法令所限制之范围内,得自由使用、收益、处分其所有物,并排除他人之干涉"、"土地所有权,除法令有限制外,于其行使有利益之范围内,及于土地之上下。如他人之干涉无碍其所有权之行使者,不得排除之"。此外,又专门设立相邻权之规定,从维护社会公益角度对所有权予以限制。

2. 物权法定主义原则。在中国近现代民法上,物权系具有对世效力之绝对权,如准许无限制地自由创设种类,对所有权设置各种限制和负担,势必影响物的效用的发挥,有害于交易安全的保障,对社会组织及经济秩序也有百弊而无一利,故始终坚持物权法定主义原则,也就是以民法典和其他民事法律明定物权的种类和内容,非依法律明文规定,既不得创设物权的种类,也不得变更物权的内容。

3. 物权客体特定主义(一物一权)原则。中国近现代民法还确定了客体特定主义原则,也称为一物一权原则。其含义就是指一个所有权或其他相互不能兼容的物权只能存在于特定而又独立的一物之上，而不能同时存在于数个物之上。换句话说，一物之上只能设定一个所有权或其他互不相容的物权。这在《大清民律草案》、《中华民国民法》中均有反映。

4.物权效力优先原则。在中国近现代民法上，物权系对物的直接管领和支配权，自必产生排他和优先的效力。据此，既规定了物权具有优先于债权的效力，如物虽直接为债权之标的，但就其物成立物权之时，物权仍然优先于债权；物构成债务人之一般财产时，其债务人破产或其财产被强制执行时，则就其物享有物权者，仍有优先权；又规定了排除对物权的妨碍，回复物权圆满支配状态的物权请求权或称物上请求权，以区别于债权请求权。

5.物权变动公示原则。物权变动关涉物权法律效力的发生，不仅影响当事人，而且影响第三人，更影响社会经济生活的安全与秩序，亟应重视。因此，在中国近现代民法上，确立了物权变动的公示原则，也就是说，物权的变动必须采取公示方式。至于公示的具体方式，则分为两种：①不动产物权的变动，采取登记方式，"非经登记，不生效力"；②动产物权的变动，原则上采取交付方式，"非将动产交付，不生效力"；作为例外，在"受让人已占有动产者，于让与合意时，即生效力"。

(二)物权的种类和体系

在中国近现代民法上，关于物权的种类和体系经历了由简单模仿到逐步完善的过程。

最初，《大清民律草案》对物权的种类划分与体系安排全部抄袭德、日民法，对中国固有之"老佃"、"典"、"先卖"等全无吸收，[1]所规定的物权种类为所有权、地上权、地役权、永佃权、担保物权以及作为准物权的占有。[2]到中华民国时期，在借鉴西方民法法系物权种类和体系的基础上，对中国固有物权种类予以吸收融贯，从而构建起中国近现代的物权种类和体系。在理论上，物权分为完全物权与定限物权(限制物权)两种。完全物权就是指所有权；定限物权则是指所有权以外的各种物权，进一步又分为用益物权和担保物权。用益物权主要包括地上权、地役权、永佃权、耕作权、水权等；担保物权则包括质权、抵押权、留置权等；此外尚有典权，或认为系兼具用益物权性质的担保物权，或认为系用益物权，或认为系独立于用益物权与担保物权之外的特别物权。而在立法上，则以民法典为主，以民事特别法为辅，规定了比较简明的物权体系，其中在《中华民国民法》中规定的有所有权、地上权、地役权、永佃权、典权、质权、留置权、抵押权等八种，另设占有，系准物权；在民事特别法中规定的物权则有《土地

---

[1] 对此，江庸曾指出其缺陷之一就是："多继受外国法，于本国固有法源，未甚措意。如民法债权篇于通行之'会'，物权篇于'老佃'、'典'、'先买'，商法于'铺底'等全无规定，而此等法典之得失，于社会经济消长盈虚，影响极巨，未可置之不顾。"谢振民编著：《中华民国立法史》(下册)，张知本校订，中国政法大学出版社2000年版，第748页。

[2] 其中所有权又分为动产所有权与不动产所有权，担保物权则包括抵押权、土地债务、不动产质权和动产质权等。

法》中的耕作权与先买权、《海商法》中的船舶抵押权与优先权、《水利法》中的水权、《矿业法》中的矿业权、《渔业法》中的渔业权与入渔权等。

(三)物权的保护

中国近现代对于物权采用宪法、刑法以及民法等法律予以保护,而以民法保护作为基本和主要的保护方式,其保护方法则主要有三种:

1. 规定物上请求权。中国近现代民法上的物上请求权,也称物权请求权,指排除妨碍,回复物权圆满支配状态的请求权。具体包括三项请求权:①返还请求权,指所有人及用益权人对无权占有或侵夺其所有权及用益物权者,有请求返还之权;②妨害除去请求权,指所有人及用益权人对妨害其所有权及用益权之行使者,有请求除去的权利;③妨害防止请求权,指所有人及用益权人对于有妨害其所有权及用益权行使之可能者,有请求防止的权利。

2. 规定物权的侵权行为制度。中国近现代民法对侵权行为制度有专门规定。侵权行为自其结果而言,往往归之于债法,然而自其发生而言,则多系对物权的侵害行为。而所谓的物权侵权行为,就是指故意或过失不法侵害他人所有权或其他物权的行为。物权侵权行为人原则上必须承担相应的法律责任,即回复原状或金钱赔偿责任。其中回复原状主要适用于非对他人之物造成无法回复之损害的情形,金钱赔偿则适用于所有的物权侵权行为发生的情形。

3. 规定不当得利制度。中国近现代民法上规定的不当得利制度,作为债的发生原因而言,自应归于债法,但从不当得利之导致他人权利受到损害,尤其是他人之物受到损害而言,又适足以成为物权保护方法。不当得利制度保护物权的类型主要有三种:①凡出卖他人之物,如买受人为恶意时,物权人得向他人主张所有物的返还请求权;如买受人系善意,所有人得向出卖人请求返还出售该物所得的利益(即价金);②出租他人之物而获得租金,同样构成不当得利,所有人有权收回其物及其租金;③使用他人之物,应偿还使用该物交易上通常应该支付的对价。

二、所有权

(一)所有权的主体与客体

在中国近现代民法上,就所有权主体而言,既可以是自然人,也可以是法人,还可以是国家。所有权客体,则区分为动产和不动产两种。其中不动产,就是指土地及土地上的定着物,尚未与土地分离的出产物也视为不动产的构成部分;不动产以外的一切之物,原则上都可以成为动产,但人不得成为动产或不动产意义上的物,这就完全废止了古代中国将奴隶或奴婢"同于资财"、"律比畜产"的制度。至于所有权的内容,则被区分为不动产所有权与动产所有权。

(二)不动产所有权

不动产所有权,就是指所有人对于不动产的直接支配权,在积极方面为对不动产的自由使用、收益、处分权;在消极方面为排除他人之干涉权,而且,原则上不动产所有权不得分割。但受所有权社会化原则的支配，行使所有权应受法律及不动产所有权内在利益的限制，不得妨碍社会公共利益。据此，一方面，依据中国固有习惯礼俗，在自己土地内埋葬有他人远年坟墓者，应允许其祭扫；另一方面，对相邻关系予以特别规定，使相邻不动产所有权受到一定限制或扩大，以避免土地所有人行使其权利时损害邻地所有人的利益，如高地所有人之疏水权、土地所有人之过水权、自由用水权、管线安装设置权、袋地所有人之通行权、开路通行权及邻地使用权的规定，均属此类。

为明确不动产的权利状态，保障交易安全以及对不动产的有效利用，中国近现代民法一方面依据物权法定主义原则与物权变动公示主义原则，将不动产所有权的变动确定为要式行为，规定必须采取书面方式并经过登记始生效力；另一方面设定不动产取得时效制度，对所有人未经登记的不动产，他人基于善意且无过失而以所有的意思十年间和平持续占有该不动产，就可以请求登记为所有人，取得所有权；即使非善意占有，只要经过二十年间和平持续占有，也可以依法登记为所有人。

（三）动产所有权

在中国近现代民法中，对动产所有权以取得方式为中心作了详细规定。从理论上说，动产所有权的取得主要有原始取得和继受取得两种方式，其中继受取得主要就是买卖、赠与、继承和遗赠等，且以交付为生效要件，容于债法介绍，在此仅说明原始取得方式。

1. 时效取得。中国固有民事法例中，并无相当于取得时效的制度，至清末编纂《大清民律草案》之际，始引进西方民法法系的所有权制度，建立物权取得时效制度。依照规定，凡以所有之意思，五年间和平公然占有他人之动产者，即可取得该动产之所有权。

2. 即时取得。即时取得，又称善意取得或善意受让，作为动产所有权的取得方式，也是在近现代民法典中才明确规定。依照《中华民国民法》规定，动产之受让人占有动产而受关于占有规定之保护者，纵然让与人并无转移所有权之权利，受让人仍然可以取得该动产之所有权。[1]

3. 无主物的先占。中国固有民事法例固然承认以先占方式取得无主物所有权的效力，但仅限于"山野柴草木石之类"，在方法上又须附有"加工"、"施功"的限制，因而缺乏普遍意义。在中国近现代民法中才通过引进西方民法法系的先占概念和制度，建立起具有普遍意义的先占制度。依照规定，凡以所有的意思占有无主物之动产者，即取得其所有权。

4. 拾得遗失物。中国固有民事法例中原本就存在拾得遗失物的内容，到近现代民法中，更进一步参酌外国立法例，采附条件的取得主义，规定了较为详细的拾得遗失物制度。拾得遗失物应通知所有人，或招领揭示，或报告有关机构，并将拾得物一并交

---

〔1〕 这里所谓的"关于占有规定的保护"，就是指以动产所有权或者他物权的转移或设定为目的，而善意受让该动产的占有，应受法律保护。

存;在六个月内原所有人认领者,拾得人仅得请求该物价值十分之三的报酬;超过六个月无人认领者,拾得人即取得该物或其拍卖所得价金的所有权。

5. 发现埋藏物。中国近现代民法对发现埋藏物,参考中外立法例,采发现人取得主义原则,规定发现埋藏物而占有者取得埋藏物的所有权。但作为例外,一则如果埋藏物系在他人动产或不动产中发现,该动产或不动产所有人与发现人各取得埋藏物一半的所有权;二则如埋藏物具有学术、艺术、考古或历史价值,则属国家所有,发现人仅可获得相当奖金而不能取得所有权。

6. 添附(附合、混合、加工)。中国古代民事法例中的自然扩大,近似于添附,惟其适用范围仅限于土地,规定也比较简单。到近现代引进西方民法法系的理论和制度后,才对添附作为所有权取得方式作了较为详尽系统的规定。添附分为附合、混合、加工三种。

(1)附合,是指一物附合于他物而成为其重要部分,非经毁损不能分离,或分离所需费用过大等情形的结合。对于动产附合于不动产,由不动产所有人取得附合物所有权;对于动产相互附合,按照各动产所有人之动产在附合时的价值对附合物共有,但如果附合的动产中有可以视为主物者,该主物所有人取得附合物的所有权。

(2)混合,是指属于不同所有人的动产相互混淆或混合在一起,不能识别其中何部分属于何人所有,或进行识别所需费用过于巨大。对混合所成之物,原则上由主物所有人取得所有权,但如不能区分主物与从物,则按混合时的价值,由各物所有人对混合物共有。

(3)加工,是指对他人之物加以工作或改造而制作成新物。一般情形下,加工于动产的,加工物的所有权归材料所有人取得;但因加工所增加的价值显然超过材料价值者,则加工物所有权归加工人取得。

因添附而丧失所有权者,依照不当得利制度,享有补偿请求权,可以向获得所有权的一方请求金钱赔偿。

(四)共有

自清末法制改革开始,通过引进西方民法法系共有理论和制度,对中国固有的共有规范加以改造,从而建立起中国近现代民法上的以分别共有和公同共有为基本内容的共有制度。

分别共有即狭义共有,一般简称共有,是指数人对于一物按其应有部分而共有同一所有权。分别共有既可因当事人的意思而产生,也可因法律规定而形成。在分别共有关系中,各共有人按其应有部分对于全部共有物享有使用、收益权;应有部分不明时,可以推定其为均等;但对于共有物的处分、变更和设定负担,则应经全体共有人同意,唯各共有人对于其应有部分可以自由处分。

公同共有,就是指依照法律规定或契约约定形成一公同关系的数人,基于公同关系而共有一物。其中的公同关系,一般是指基于身份而形成的特定联系,典型的为夫妻关系、亲子关系、合伙关系等;公同共有人的权利义务,依据公同共有所由规定的法律或者契约确定;除非法律另有规定或契约另有约定,各公同共有人的权利及于公同共有物的全部;但公同共有物的处分及其他权利的行使,应得全体公同共有人的同意;在公同共有关系存续期间,各公同共有人不得请求分割公同共有物。

在此值得特别注意,中国古有的祀产、祠堂、学添、祖坟山地等,在中国近现代民法上仍被视为公同共有物,但因其系供专门用途的公同财产,由于同历来重视家族伦常的法理人情密切相关,因而在管理、使用、收益和处分上,与一般公同共有物不尽相同,特别强调应依据宗规族约、特约及习惯,而不必受多数共有人意见的拘束,而且非经达到必要的设置目的,并经全体共有人的同意,不得分割与废止。

三、用益物权

(一)概说

在中国近现代民法上,用益物权就是指以物的使用、收益为标的的他物权,也即就物的实体而利用其物,并以其使用价值的取得为目的的权利,一般包括地上权、永佃权、地役权、耕作权和水权等。

(二)地上权

固有民事法例中虽没有地上权的概念,但却存在与之相近的地基权、铺底权以及租、佃等,接受西方民法法系影响后,在中国近现代就确定了地上权概念和制度,并成为主要的用益物权。

地上权系指以在他人土地上建造建筑物或其他工作物(隧道、沟渠、桥梁等)以及种植竹木为目的,使用他人土地的权利。与地基权及铺底权的区别在于,地上权的内容不仅包括建造房屋、店铺等建筑物,而且还包括种植竹木;与租赁权及永佃权的区别则在于,地上权通常虽包含定期支付地租的内容,但却不以支付地租为要素,而且地上权还具有明显的继承性与让与性。

地上权的设立以登记为要件;在地上权存续期间,地上权人的权利主要是在设定行为所定目的范围内完全使用土地,而且除了另有约定或习惯外,可以将其权利出租、让与或以之设定担保,而不受土地所有权变动的影响;地上权人的义务,一般为向土地所有人支付地租,但也有不承担地租的情形存在;地上权消灭后,地上权人有取回其工作物或竹木,或者由土地所有人予以金钱补偿之权,但也有回复土地原状的义务,土地所有人则有以时价购买其工作物及竹木的先买权。

(三)永佃权

中国近现代民法上的永佃权,是指支付佃租、永久在他人土地上为耕作或畜牧的权利。永佃权包括对他人土地的占有、使用以及收益,且以支付佃租为要件;在不变更权利内容的范围内,永佃权人可以将永佃权让与或遗赠于他人,也可以设定担保,但不得出租以及设定地上权。

关于永佃权中佃租的性质,通常认为与地上权之地租相同,因登记而生物权的效力,故而对其租额应以设定行为而定。至于佃租之增减,在清末民初规定当事人协商确定后,如因"所得租项实不敷纳粮之用"而请求增租,不在禁止之列;《中华民国民法》施行后,则分为两种情形:①以实物交付租金者,不发生增租问题;②以金钱交付租金者,如发生非约定佃租时所能预料到的情形产生剧烈经济变动,致使原定租额显失公平,依据情势变更原则,土地所有人可以请求增租,永佃权人也可以请求减免佃租额。

永佃权的作用主要在于保证佃户安心耕作、改良土地,既有利于社会经济稳定,也有助于提高耕作与畜牧效益,对社会经济影响较大。据此,关于永佃权的消灭,尤其是土地所有人的撤佃,法律作了比较严格的限制。一般情形下,永佃权可以因土地灭失、混同、征收、第三人原始取得、永佃权人抛弃以及土地所有人抛弃等而消灭,也可以因土地所有人的撤佃而消灭,但依照《中华民国民法》的规定,土地所有人非有法定原因,不得撤佃。这种法定原因系指永佃权人违反法律禁止性规定,将土地出租于他人或积欠地租达二年之总额;而且撤佃必须向永佃权人以意思表示为之。这在一定程度上有保护永佃权人利益的作用。

(四)地役权

中国近现代民法上的地役权,是指以他人土地供自己土地便宜之用的权利。

地役权的内容,乃是相邻关系的扩张与限制,从而以当事人的意思,对相邻土地之间的利益做出较大的调节,包括通行地役权、引水排水地役权、汲水地役权、建筑物地役权、使竹木根枝突出于邻地的权利、使需役地所有人取回落于邻地果实的权利、放牧场地地役权、山林地役权、土地构成部分之取得权等。

地役权系需役地所有权之从物权,与需役地的所有权具有不可分离性,相应地,供役地与需役地的分割,既不得影响地役权的存续,地役权也不能从需役地分离出而单独让与;地役权的存续期间原则上以需役地的需要为准。在另一方面,地役权的内容也不得违反强行法的规定或者有悖于公序良俗。

(五)其他用益物权

除上述三种用益物权之外,中国近现代民事特别法还规定了一系列其他用益物权。

1.耕作权与先买权。耕作权与先买权,系根据《土地法》规定的用益物权,其中耕作权就是指自耕农户或农业生产合作社对公有荒地或经政府收买改良后的私有荒地进行开垦,自开垦竣工之日起,无偿取得所领垦荒地的耕作收益权;如连续耕作满十年,耕作人对所耕作土地取得所有权。先买权又称为先承买权,就是指地上权人、佃权人及承租人在土地所有人出卖其土地、房屋时,有以同样条件优先购买的权利,其期限为十日。

2.水权。水权系根据《水法》确定的用益物权,指依法对地面水或地下水取得使用、收益之权。所谓用水标的包括家用及公用给水、农业用水、水力用水、工业用水、水运及其他用途的用水。

3.矿业权。矿业权系根据《矿业法》所确定的用益物权,指探矿权与采矿权。

4. 渔业权与入渔权。渔业权与入渔权系根据《渔业法》确定的用益物权,其中渔业是指采捕或养殖水产动植物及其附属的加工运输业。渔业权包括定置渔业权、区划渔业权、专用渔业权等三项内容;入渔权则系依据契约或习惯,进入专用渔业权的渔场内,经营其全部或一部渔业的权利。

四、担保物权

(一) 概说

担保物权是指以确保债务清偿为目的而在债务人或第三人特定之物或权利上设定的物权。中国近现代的担保物权制度是在引进和吸收西方民法法系的担保物权制度的基础上,对中国固有的以抵、借、押、质等进行总结、改造而形成的,主要包括抵押权、质权和留置权。

(二) 抵押权

抵押权是指债权人对于债务人或第三人在不转移占有并继续使用、收益的情形下,所提供的担保之物(原则上应为不动产)在债务人不履行债务时,得就该物所卖得的价金受清偿的担保物权,是各种担保物权中最为理想的形态和最典型的表现。

抵押权的标的,一般为不动产,但也可以是地上权、永佃权及典权等权利,不过不动产所有人在设定抵押权之后,仍然可在同一不动产上设定地上权、永佃权及典权等物权,也可以将不动产让与他人;抵押权所担保债权的范围,包括原债权及原债权的利息、实现抵押权的费用以及有约定的违约金;抵押权的效力及于标的物的范围,既包括原抵押物或权利,也包括其从物或从权利以及天然孳息、法定孳息等。

就抵押权的实现来说,必须在债务清偿期届满而债务人又未履行债务的情形下才可实现。实现的方式有:①抵押权人申请法院拍卖抵押物,就其价金优先受偿;但如同一不动产上设有数种抵押权,则依照登记的先后顺序依次受偿。②在不妨害其他抵押权人利益的范围内,抵押权人与抵押人设立契约,由抵押权人取得抵押物的所有权。

(三) 质权

在中国近现代,最初在清末编纂《大清民律草案》时,完全仿效德、法等国立法例,设立不动产质权、动产质权;到北洋政府时,接受日本民法影响,增设权利质权,但却未规定典权;至国民政府时期,立法者明确区分质权与典权,因而不再规定不动产质权,仅仅保留动产质权与权利质权两种。

1. 动产质权。动产质权就是以动产作为标的的质权,也即因担保而占有债务人或第三人移交的动产并得就其出卖价金受清偿的权利。

动产质权的成立采转移占有生效要件主义,即质权的设定必须具备标的物的交付而转移占有于债权人的要件;其担保范围包括原债权、约定及迟延利息,实现质权的费用以及因质物有瑕疵而产生的损害赔偿;其实现应该在债权期限届满而债务人未清偿债务之时进行,实现的方法包括拍卖质物并就其卖得价金受清偿,或订立契约,取得质物所有权;但法律对事先约定债权已届期满而未为清偿时质物所有权转移于质权人的规定为无效,称为流质契约的禁止。此外,如担保债权消灭时,质权人应该将质物返还给有受领权之人。

2. 权利质权。权利质权,是指以所有权以外的可让与财产权为标的的质权,也就是以债权、公司股份以及专利权、著作权、出版权、商标权等无体财产权作为标的的质权。

债权质权应通过书面方式设定,如债权有证书,还应该将债权证书交付于债权人,如系证券债权质权,则应交付债权证券于质权人。债权质权的实现分为两种情形:①作为质权标的物的债权清偿期先于所担保的债权清偿期,质权人得请求债务人提存其之清偿之给付物;②如果后于所担保的债权清偿期,质权人在清偿期届满后,得直接向债务人请求给付。

(四) 留置权

留置权是指占有他人的动产者,在有关于其动产所产生的债权未受清偿之前,得留置该动产作为担保的法定担保物权。

固有民事法例上并无典型的留置权制度。到清末编纂《大清民律草案》时,对之也未作规定;到北洋政府编纂第二次民法草案,才仿效德国立法例,将留置权视为具有双务契约效力的制度,称为"给付之拒绝",但仍未设专章或专节加以规定;国民政府时编纂《中华民国民法》,则仿效瑞士与日本民法例,设专章规定留置权,并确定留置权的物权效力。

留置权与其他担保物权不同,属于法定担保物权,不得以当事人的合意(契约)设定,只能依据法律规定成立,且不得违反公序良俗,不得与债权人所承担的义务或债务人在动产交付前或交付时所作的指示相抵触。设定留置权的法定条件包括:债权人已占有债务人的动产,债权已届清偿期,债权的发生与留置之动产有牵连关系且并非因侵权行为而占有等。留置权还具有不可分性,也就是在债权未受全部清偿之前,债权人得就留置物的全部行使留置权。

留置权的实现方式为,债权人在债权已届清偿期而未受清偿之时,设定相当期限,通知债务人,声明如果不在期限之内清偿就留置物取偿;债务人如果不在上述期限内清偿债务,债权人就可以拍卖留置物或取得留置物的所有权。此外,留置权也可以因债务人提出相当担保或丧失占有而消灭。

五、典权

(一) 概说

中国近现代民法上的典权,系指支付典价,占有他人的不动产而为使用和收益的权利。

清末编纂《大清民律草案》时,立法者误将中国固有的"典"视为不动产质,因而就仿效日本民法例,规定不动产质而舍弃了典权。到 1915 年北洋政府司法部颁行《清理不动产典当办法》,明确典权与不动产质的区别;[1]1925年第二次民法草案,始对典权作出系统规定,但仍保留不动产质。到国民政府时制定《中华民国民法》,立法者始确认,"我国习惯无不动产质而有典,二者性质不同",而且"典之习惯远胜于不动产质"。[2] 据此,删除不动产质而专章规定典权。

在性质上,典权应该是兼具用益物权性质的担保物权。[3] 这就决定了典权内容的特殊性,即典权系就他人不动产上成立的物权,其标的限于不动产;典权的有效性以典权人直接或间接占有标的物为要件;典权系就典物为使用和收益,除另有约定之外,凡依物之性质而用益者在所不限;典权以支付典价为设定的要件。

(二) 典权的取得与期限

在中国近现代民法上,典权既可基于法律行为取得,也可基于法律行为以外之事实取得。基于法律行为取得,又分为创设与继受取得两种,创设取得通常以契约或遗嘱,但均必须采用书面方式,并经过登记始生效力;继受取得,通常包括典权的让与和转典。基于法律行为以外之事实取得,主要是继承,但也可以时效取得,不过均需登记始生效力。

典的期限有典权期限与回赎期限两种。

典权的期限简称典期,是指典权人以典权阻止出典人行使回赎权的期限。在典期内,出典人不得行使回赎权。[4] 对典期,在1915年颁行的《清理不动产典当办法》中规定为十年,而《中华民国民法》则规定以契约自由原则,由当事人自由约定典期,但"不得逾三十年;逾三十年者,缩短为三十年"。另外,约定典期不满十五年的,不得附加到期不回赎即作绝卖的条款,以保护出典人的利益。

回赎的期限,就是指出典人行使回赎权的期限。超过该期限,出典人就丧失回赎权,典权人就可以取得典物所有权。对此,《清理不动产典当办法》规定由当事人自由约定,而《中华民国民法》则规定为典期届满之后两年。

(三) 典权的效力

典权的效力主要是指典权人与出典人之间的权利义务以及典物危险的负担。①关于典权人的权利与义务。典权人的权利包括占有及使用收益权、转典权、出租权、让与权、设定担保权、典物留买权(先买权)、重建修缮权、费用偿还请求权等;其义务则包括保管典物、缴纳税捐以及返还典物。②关于出典人的权利与义务。出典人的权利包括对典物的所有权与处分权、担保物权设定权、回赎权等;其义务主要是对典物承担瑕疵担保义务。③关于典物危险的负担,是指在典权存续期间,如果因不可抗力导

---

[1] 另外,在同一年大理院上字第四百四十八号判例中也承认典权与不动产质的区别。
[2] 语出1929年国民党中央政治会议第二十次会议议决之"民法物权编立法原则"。参见谢振民编著:《中华民国立法史》(下),张知本校订,中国政法大学出版社2000年版,第772页。
[3] 关于典权的性质究竟是什么,在中国近现代民法理论上一直存在争议。
[4] 在此应特别注意,即使典期届满,典权并不必然消灭,只是出典人始得行使回赎权而已。

致典物全部或一部灭失,其损失的负担。对此,《中华民国民法》在沿用中国固有习惯的基础上,稍加改造,采取双方共同负担主义,就典物灭失,典权与回赎权同归于消灭;但如仅灭失典物之一部,出典人在回赎余存部分时,可以从原典价中扣除灭失部分在灭失时价值的半数,但以扣尽原典价为限。

六、占有

(一)概说

中国古代关于占有或占有权的内容比较罕见。自清末到民国时期,在编定民法典的过程中,通过引进和吸收西方民法法系的占有理论和制度,逐步建立起中国近现代占有制度。

就中国近现代民法上所使用的"占有"一词而言,有时是指占有,也就是对物的管领支配的事实状态,属于人与物之间所存在的社会事实现象;有时则是指占有权。不过,这里的占有权具有特定含义,即作为人与物之间的社会现象,占有的本质在于人对物的管领支配这一事实,需要有可以由外部认知的具体的支配关系予以确认,这种确认的方法和途径就是由法律赋予占有人以法律上的力量或各种效力。但占有权又与一般的物权、债权等本权存在本质上的差异,也就是说,法律对占有的确认只是对占有事实的保护,而并非一般意义上的有为占有的权利,因此在理论上也将占有称为"类似物权"或"准物权"。

(二)占有的取得与转移

在中国近现代民法上,占有成立的要件就是对于物具有事实上的管领之力,也就是对物的事实上的支配状态。

至于占有的取得,分为直接占有的取得与间接占有的取得两种。直接占有的取得,系因对物有事实上的管领之力而取得;间接占有的取得方法包括:直接占有人因他人取得直接占有而成为间接占有人,直接占有人成为占有媒介人,非占有人自己取得直接占有同时为他人取得直接占有等三种。

占有的转移,应该具备让与契约与交付两个法律要件始生效力。转移的方法则分两种,在直接占有的情形下,原则上应因占有物的交付而为之;在间接占有的情形下,则以返还请求权让与的方法为之。因此,占有的转移,既可以由本人进行,也可以由代理人进行。

(三)占有的效力与保护

占有的效力,是指基于占有的事实而由法律赋予占有人的支配力。在中国近现代民法上,一般包括四项内容:

1. 关于占有的善意取得(即时取得),就是指动产让与人纵然并无让与权而以所有权之转移或其他物权的设定为目的,善意受让该动产的占有者,仍然可以取得所有权或其他物权。

2. 关于占有人权利(占有权利)之推定,就是指依据占有事实的外部表现形式,推定占有人有享受占有的权利。

3. 关于占有物的使用收益，就是指善意占有人依据推定其为适法所有权利，得为占有物的使用和收益。

4. 关于占有人对回复请求权人的权利义务，则依据其占有究竟属于善意或恶意而有不同。在善意占有的情形下，其权利为对占有物所支出的必要与有益费用有偿还请求权，义务为对占有物的灭失毁损负担相应责任；在恶意占有情形下，除上述义务之外，还包括对占有物孳息的返还义务。

至于占有保护，系对于法律禁止的私力侵犯，占有人受到法律的保护。这种保护表现为私力救济权和对于行为人的请求权。

私力救济包括，占有人对侵夺或妨害其占有之行为得以自力进行防御的防御权，占有人对已经完成的占有的侵夺有取回权。而对于行为人的请求权，则是指占有人有请求返还占有物之权、请求排除妨害权以及请求防止侵害权。

第五节 亲 属 法

一、亲属法的变革与发展

（一）清末亲属法的变革

清末法制变革之际，中国亲属法发生第一次重大变革。在编纂《大清民律草案》时，仿效西方民法法系制度，将亲属制度纳入民法范畴，专设第四编亲属，其具体内容包括总则、家制、婚姻、亲子、监护、亲属会议、抚养之义务等七章十二节一百四十三条。这在一方面，使得亲属法渊源由固有的习惯礼俗一变而为民法典，在另一方面，则使得亲属法制的内容更加系统全面。

但清末对亲属法的变革尚存在极大局限：①由于《大清民律草案》未能颁行，因而在实际上所适用的仍是原有的礼制习俗和律条；②由于立法者仍然固守着"中国素重纲常"，"三纲五常""实为数千年相传之国粹，立国之大本"，"不可率行变革"，强调"人事法缘于民情风俗而生，自不能强行规抚，致贻削趾适履之诮"，相应地，亲属法的具体条文就"或取诸现行法制，或本诸经义，或本诸道德，务期整饬风纪，以维持数千年民彝于不敝"，实际上就是仍固守传统的宗法尊卑等级精神。

（二）中华民国亲属法的变革与发展

中华民国建立之初，在亲属法上仍沿用清末旧制。至1914年着手编纂亲属编，在体系和原则方面，均系就《大清民律草案》的亲属编稍加变通而已；到1925年编定第二次民法草案，关于亲属部分条文增加一百条，但体系与精神原则却一仍旧惯。直到国民政府时期制定民法典，在体系和原则方面采取断然措施予以彻底更新，废除体现宗法尊卑等级精神的一系列规定，改采体现男女平等、社会本位精神的一系列新制度。在此前提下，又适当考虑国情，保留部分与此种新精神不相抵触或抵触较少的传统制度,从而基本上在法律层面完成了亲属制度现代化的任务。

二、亲属关系与亲等计算

在中国近现代,清末到北洋政府时期的亲属概念、分类以及亲等计算,仍沿用固有亲属制度。到《中华民国民法》时,关于亲属关系和亲等计算,则在总体设计和基本精神上采用世界各国比较通行的血统、婚姻结合式亲属关系制和罗马法亲等计算法,同时在具体规则中,适当保留了固有民事法例的部分内容。

（一）亲系

关于亲系,除了配偶单列一类外,根据亲属关系是基于血统还是基于婚姻而发生分为血亲和姻亲两类;血亲关系又进一步区分直系与旁系两种。其中直系血亲就是指己身所从出及从己身所出之血亲,旁系血亲则是指非直系血亲而与己身出于同源的血亲;姻亲乃是指血亲之配偶、配偶之血亲及配偶之血亲之配偶。血亲关系不得消灭,姻亲关系则可以因离婚、再婚而消灭。

（二）亲等

关于亲等的计算,采用罗马法计算方法。[1] 按照罗马法计算,在直系血亲,由己身上下数,以一世为一亲等;在旁系血亲,从己身数至同源之直系血亲,再由同源的直系血亲数至与之计算亲等的血亲,以其总世数为亲等之数。至于姻亲计算,在血亲之配偶,从其的亲系及亲等;在配偶之血亲,从其配偶之亲系及亲等;在配偶之血亲之配偶,从其与配偶之亲系及亲等。

（三）亲属尊卑与辈分

在《中华民国民法》中,一方面基于实行一夫一妻制与禁止重婚的原则,废除了对直系血亲卑亲属划分嫡庶的旧制,另一方面尊重中国社会安土重迁、注重伦常秩序以及因重视宗统延续而多扶养、立嗣等传统习惯,确定保留在亲属关系中扩大区别尊卑身份范围的制度。这主要表现在,与近现代各国立法对亲属关系中的尊卑一般仅限于直系血亲范围而不及于旁系血亲和姻亲的做法不同,与中国固有亲属法例中主要在宗亲范围内区别尊卑的做法也有异,在泛称尊亲属或者卑亲属时,多系兼指血亲与姻亲而言,其中既包括直系亲属,也涵盖旁系亲属。

此外,该法典还将重传统礼制习俗的"辈分"概念予以援用,使之具有法律意义,其目的就在于"序尊卑"、别昭穆。

三、婚姻制度

（一）原则

在中国近现代民法的发展演变过程中,清末《大清民律草案》和北洋政府时期第

---

[1] 关于亲等计算,在中国古代采用服制计算法;到《大清民律草案》开始采用寺院法计算法,其后的1914年亲属法草案、1925年第二次民法草案均采用寺院法计算法。

二次民律草案对婚姻制度虽然进行了一些改革,但基本精神仍未摆脱固有的封建性。国民政府制定民法典,则采取断然措施对婚姻制度进行彻底改革,从而确立了以男女平等、一夫一妻制和婚姻自由为内容的基本原则。

1. 男女平等原则。该民法典为了体现男女平等精神,不再把妻作为限制行为能力人,对未成年子女的亲权原则上由父母共同行使或共同负担,男女有同等权利充任家长,妻享有独立财产权,夫妻双方享有完全对等的请求离婚权等。

2. 一夫一妻制原则。根据这一原则,不论男女,有配偶者不得重婚,更进一步,该民法典一举废除了妾制。[1]

3. 婚姻自由原则。该民法典废除了由尊长主婚和结婚必须有聘财的旧制,确认婚约原则上应由男女双方当事人订定,但不得强迫履行;因被诈欺或胁迫而结婚者,原则上有请求撤销婚姻之权;夫妻两愿离婚者,得自行离婚。

(二) 结婚

1. 婚约作为对将来结婚的事先约定,属于亲属契约之一种,具有严格的人身不可替代性和双务性。就其效力而言,虽然订立婚约的双方当事人有结婚的义务,但这种义务须由双方自愿履行,任何一方不得强迫对方履行。

婚约的成立要件有三项:①原则上须由男女双方当事人自行订立;②必须男子年满十七岁,女子年满十五岁,始得订立婚约;③作为例外,凡未成年人订立婚约,应得法定代理人同意。

关于婚约的解除包括三方面的内容:①婚约解除的条件包括婚约订立后再与他人订立婚约或者结婚、故意违反结婚期限的约定、生死不明已满一年、与他人通奸等;②婚约解除的方式自由;③解除婚约时,无过失的一方有权请求对方赔偿因解除婚约而受到的损失。

对于违反婚约,违约一方有向对方赔偿损害的责任。这里的损害既包括财产上的,也包括精神上和名誉上的损害在内。

2. 结婚的要件。

(1) 结婚的实质要件。结婚的实质要件有七项:①须达到法定婚龄,男子未满十八岁,女子未满十六岁者,不得结婚;②未成年人结婚须得到法定代理人之同意;③男女双方须并非直系血亲及直系姻亲,原则上还须非旁系血亲及旁系姻亲之辈分不同者,以及须并非旁系血亲之辈分相同而又在八亲等以内者,但作为例外,对于表兄弟姊妹之间的结婚,不予禁止;④双方须无监护关系者;⑤须非重婚;⑥须非相奸者;⑦女子自婚姻关系消灭后,非超过六个月以内者,不得再行结婚。

---

[1] 国民党中央政治会议第二百三十六次会议审查通过的《〈亲属法〉立法原则》第七点"妾之问题"明确:"妾之问题,无庸规定",并说明理由:"妾之制度,亟应废止,虽事实上尚有存在者,而法律上不容承认其存在,其地位如何,无庸以法典及单行法特为规定。"参见谢振民编著:《中华民国立法史》(下册),张知本校订,中国政法大学出版社2000年版,第786页。

凡违反上述结婚要件而结婚者,或者婚姻无效,或者在原则上得撤销。

(2)结婚的形式要件。关于结婚的形式要件,废除了固有的"六礼"旧制,改采公开仪式主义,规定结婚应该有公开仪式,且有二人以上之证明,违反该规定之结婚无效。

(三)夫妻财产制

在中国近现代民法上,逐步废除固有的家庭财产制度,实行以夫妻平等为原则的夫妻财产制度。在民法典上则规定了约定财产制与法定财产制,原则上约定财产制优先于法定财产制,只有在夫妻双方未以契约订立夫妻财产制时,才能适用法定财产制。

1.约定财产制。约定财产制,就是指由夫妻双方以书面契约方式就法律所规定的形式选择其一而订立的财产制。其具体形式有三种:①共同财产制,指夫妻双方的财产及所得,除特有财产外,合并为共同财产,属夫妻双方公同共有财产的制度。共同财产由夫管理,夫或妻对共同财产处分时,应得对方之同意。②统一财产制,指夫妻双方以契约订定以妻的财产(除特有产以外的财产)估定价额,转移其所有权于丈夫,而由妻子取得该估定价额的返还请求权的夫妻财产制。关于其管理、处分等,准用法定财产制的规定。③分别财产制,指夫妻双方各自保有其财产的所有权、管理权、使用收益权的夫妻财产制。此外,属于专供夫或妻个人使用之物、夫或妻职业上必需之物、夫或妻所受赠物经赠与人声明属其特有财产者、妻因劳动所取得之报酬等,作为法定特有产;夫妻以契约订定以一定财产为特定财产的约定特有产,也适用于关于分别财产制的规定。

2.法定财产制。法定财产制主要是指联合财产制,是指结婚时属于夫妻之财产及婚姻关系存续期间夫妻所取得的财产,除法定的妻之特有产之外,均作为联合财产的夫妻财产制。在联合财产中,除妻结婚时所有的财产及婚姻关系存续期间因继承或其他无偿取得的财产为妻之原有财产,由妻保有所有权之外,夫之原有财产及其他部分均由夫所有;联合财产由夫管理;夫对于妻的原有财产有使用收益权,得妻之同意,并有处分权;妻仅在有关日常家务的范围内,对联合财产有处分权;夫妻双方之间相互有财产补偿请求权;妻死亡时其原有财产归属于其继承人;夫死亡时,妻得取回其原有财产;联合财产的分割,原则上由妻取回其原有财产。

(四)离婚

基于婚姻自由原则和保护在婚姻关系中受损害一方的精神,中国近现代民法规定了两愿离婚、裁判离婚以及离婚后子女的监护、损害赔偿及赡养费的负担等内容。

1.两愿离婚。在中国近现代民法中,将固有的"和离"与西方各国的协议离婚予以综合,发展出了两愿离婚方式,其具体含义就是指夫妻双方自愿离婚。凡夫妻双方自愿离婚者,得自行离婚,但如系未成年人,则应得其法定代理人之同意;两愿离婚为要式法律行为,须以书面方式为之,且须有两个以上证人的签名证明方才有效。

2.裁判离婚。裁判离婚,指由法院裁判离婚。裁判离婚的事由包括:夫妻一方有重婚行为或与人通奸、受他方不堪同居之虐待、妻对于夫之直系尊亲属为虐待或受夫之直系尊亲属之虐待致不堪为共同生活、夫妻一方以恶意遗弃他方在继续状态中、夫妻一方意图杀害他方、夫妻一方有不治之恶疾或重大不治之精神病、夫妻一方生死不明已逾三年、夫妻一方被处以三年以上徒刑或因犯不名誉之罪被处徒刑等情形。如一方以上述事由请求离婚，法院原则上即应裁判离婚。

3. 离婚后子女的监护、损害赔偿及赡养费的负担。夫妻双方离婚后，其子女原则上由夫担任监护人，但在两愿离婚时，也可以由双方约定监护人由夫或妻充任；在裁判离婚时，法院也可以为子女利益而酌定监护人。裁判离婚后，夫妻一方受有损害者，得向有过失的一方请求赔偿；无过失的一方如陷于生活困难，他方应给予相当的扶养费；离婚后，双方均可取回其固有财产。

四、亲子关系

在中国近现代民法的发展过程中，尤其经过国民政府时期的全面改革，逐渐形成了以父母保育子女为核心、以男女平等为特色、以合理维护父母子女双方的权利并对亲权予以适当限制为特征的具有近现代性质的亲子关系制度。

（一）概说

经过多次改革，《中华民国民法》完全废除了固有的基于名分恩义而抑制的各种父母子女关系以及相应的名目，[1]并且将带有明显歧视色彩的"私生子女"修改为"非婚生子女"，仅仅保留基于自然血统的（即亲生）父母子女关系与基于法律抑制的父母子女关系；在基于自然血统的父母子女关系中，又进一步区分婚生子女与非婚生子女；在本于抑制的父母子女关系中，又有因收养而形成的养父母子女与因被指定为继承人而形成的继父母子女关系的区分。在一般称父母时，其含义包括了婚生父母与非婚生父母、养父母与继父母，而一般称子女者，也包含了婚生子女、非婚生子女、养子女和继子女等。

作为亲子关系的一般问题，子女原则上应从父姓，但赘夫之子女则应从母姓，如另有约定者，则从其约定；未成年子女原则上以父之住所为住所，但赘夫之子女则以母之住所为住所。

（二）婚生子女与非婚生子女

婚生子女，就是指由婚姻关系受胎而生之子女，非婚生子女则是指非由婚姻关系受胎而生之子女。非婚生子女可以因准正或认领而成为婚生子女。所谓准正，就是指非婚生子女的生父与生母结婚，视为婚生子女；所谓认领，则是指非婚生子女经生父认领（包括被视为认领的抚育）者，视为婚生子女，但与其生母则不须认领即视为婚生子女。经认领的非婚生子女，自其出生时起，溯及地视为婚生子女，这种认领不得撤销。

---

[1] 如所谓的"三父八母"、"四父六母"、"五父十母"以及"嫡子"与"庶子"、"遗腹子"、"别宅子"等称呼。

(三) 养父母与养子女

收养他人子女为子女时,收养者为养父母,被收养者为养子女。收养的要件有四项:①收养者的年龄应长于被收养者二十岁以上;②有配偶者应与配偶共同收养,除养者系配偶外,被收养者不得同时为二人之养子女;③有配偶者被收养时,应征得其配偶之同意;④收养原则上应采用书面方式为之,但自幼抚养为子女者可以不采用书面方式。

养子女与养父母的关系,原则上与婚生子女相同,养子女应从收养者之姓。但养父母与养子女之间的关系得因双方同意或者裁判而终止,其裁判终止的事由包括对他方为虐待或重大侮辱、恶意遗弃他方、养子女被处二年以上之有期徒刑、养子女有浪费财产情事、养子女生死不明超过三年或有其他重大情事等六项。

(四) 亲权

中国近现代民法确定了以保养未成年子女为核心内容的亲权制度。其内容包括两个方面:①作为亲权的基本内容,主要有父母对未成年子女有保护及教养的权利义务;父母得在必要的范围内惩戒其子女;父母为未成年子女的法定代理人;父或母对子女的特有财产有管理权及使用收益权,但非为子女之利益不得处分子女的特有财产。②禁止亲权滥用制度,即父母如果滥用对子女的亲权,其最近尊亲属或亲属会议得纠正之;纠正无效时,得请求法院宣告停止其亲权的全部或一部。

五、监护与扶养

(一) 监护

在中国近现代民法上,《大清民律草案》及第二次民法草案中,采取监护与保佐的二元主义,除规定未成年与成年人的监护之外,又规定准禁治产人的保佐;《中华民国民法》则改采一元主义,仅规定监护而不再规定保佐,保佐被吸收于监护中。

至于监护,分为未成年监护与禁治产人监护两种。其中对未成年人设置监护的条件是未成年人无父母或父母均不能行使、负担对于未成年子女的权利义务,但未成年人已经结婚者,则不必设置监护人。未成年人监护人设置方式有委托、遗嘱指定及法定三种;法定监护人的顺序为与未成年人同居之祖父母、家长、不与未成年人同居之祖父母、伯叔父及由亲属会议选定之人。

禁治产人监护与未成年人监护不同,禁治产人一律设置监护人,设置方法为法定,其顺序为配偶、父母、与禁治产人同居之祖父母、家长、后死之父或母以遗嘱指定之人;如果不能依此确定监护人,则由法院征求亲属会议的意见选定。

就监护人职责而言,对于未成年监护人,主要是在保护、增进受监护人利益的范围内行使并负担父母对于未成年子女的权利义务,因而也是受监护人的法定代理人;而对于禁治产人监护人,其职责则是为受监护人的利益,应按照其财产状况扶养治疗其身体。此外,关于监护人对受监护人的财产管理及处分权利义务,也设有详细规定。

(二)扶养

中国近现代民法上所称的扶养,是指广义上的扶养,也就是指在一定亲属之间一方须对他方承担生活供养责任的法律关系。

关于互负扶养义务的亲属范围,包括直系亲属相互之间、夫妻之一方与他方的父母同居者相互之间、兄弟姊妹相互之间、家长与家属相互之间;扶养义务人的顺序为直系血亲卑亲属、直系血亲尊亲属、家长、兄弟姊妹、家属、子妇女婿、夫妻之父母;扶养权利人的顺序则为直系血亲尊亲属、直系血亲卑亲属、家属、兄弟姊妹、家长、夫妻之父母、子妇女婿;受扶养的条件乃是不能维持生活且无谋生能力。

六、家与亲属会议

在中国近现代民法中,一方面依据中国社会注重家庭关系与亲属组织的传统,另一方面引进和吸收西方民法法系亲属法的精神原则,对固有的家制及宗族组织进行改造,从而逐渐形成具有近现代意义的家与亲属会议制度。

(一)家

在《大清民律草案》及第二次民律草案中,不但对家制设立专章予以规定,而且将其置于亲属编的主要地位,具体内容也主要是将固有的基于宗法礼制而存在的家庭制度方面的礼俗习惯予以条文化。《中华民国民法》制定时,就是否保留家在法律上的地位与作用问题曾有较多争议,但最终仍然决定保留家这一法律传统,但同时对家制予以改造,使家"以共同生活为本位,置重于家长之义务"。[1] 与此相适应,虽仍设家专章,但被置于亲属编的第六章,其立法精神则发生根本变化。

1. 关于家的定义采实质主义,也就是说,家就是指以永久共同生活为目的的亲属团体,而并不以是否同一户籍为标准;同时也表明,家既是生活单位,又是生产单位,还是社会管理单位。

2. 家仍设家长,因而家庭成员仍有家长与家属的区分,但家长不再当然由家中最尊长者担任,而原则上应由亲属团体推定,只有在无推定时,才由家中最尊辈者为之;不但男性可以担任家长,女性亦可以担任家长;家务固然由家长管理,但家长却不再享

---

[1] 1930年的国民党中央政治会议第二百三十六次议会决议通过的《民法·亲属编立法原则》对此有论述:其中第八点"家之应否规定",称"家制应设专章规定之",说明之理由如下:"个人主义与家属主义之在今日,孰得孰失,固尚有研究之余地,而我国家庭制度为数千年来社会组织之基础,一旦欲根本推翻,恐窒碍难行,或影响社会太甚,在事实上似以保留此种组织为宜,在法律上自应承认家制之存在,并应设专章详定之。"其中第九点"家制本位问题",包括两点:"①家制之规定,应以共同生活为本位,置重于家长之义务;②家长不论性别"。说明理由如下:"承认家制存在之目的,原为维持全家共同生活起见,故应以家人之共同生活为本位,而不应以家长权为本位,瑞士与巴尔干诸国规定之家制,足供参考。我国习惯注重家长之权利,而漠视其义务,又惟男子有为家长之资格,而女子则无之,殊与现在情形不合,故于维持家制之中,置重于家长之义务,并明定家长不论性别,庶几社会心理及世界趋势两能兼顾。"参见谢振民编著:《中华民国立法史》(下册),张知本校订,中国政法大学出版社2000年版,第787页。

有尊长权,且管理家务应注意家属全体利益,因而更置重对家属的义务。

3. 大家族制度已不再被提倡和维护,家属成年或已结婚,可以由家长命其由家中分离,家属自己也有权请求分离。

(二)亲属会议

中国固有亲属法例,特别置重于宗族组织的地位、机能以及作用,到近现代始适应社会剧变,通过引进和吸收西方民法法系的制度,对宗族组织予以改造,在民法中规定了亲属会议制度。亲属会议在性质上是一种依靠亲属关系以维持未成年人及禁治产人利益,并协助解决有关继承问题的临时组织。

1. 亲属会议的职责。具体包括五项:①纠正父母对子女滥用亲权的行为;②选定未成年人的监护人,并监督监护人对未成年人财产的管理和处分;③协助法院选定禁治产人的监护人;④决定亲属之间相互扶养的具体方法;⑤在继承人有无不明时,选定遗产管理人,并确定遗产变卖与否,选定遗嘱执行人,协助遗嘱的提示、开视等。

2. 亲属会议的组织。亲属会议由按照法定顺序产生的会员五人组成,有资格成为亲属会议会员的包括未成年人、禁治产人或被继承人的直系血亲尊亲属、三亲等内旁系血亲尊亲属、四亲等内之同辈血亲,而且在不足法定人数时,还可以由法院在其他亲属中指定。这样,不仅男性亲属,而且女性亲属均可以成为亲属会议会员;亲属会议并不设族长等职位,会议的召开临时由当事人、法定代理人或其他利害关系人召集。

3. 亲属会议决议事项。亲属会议必须有三人以上参加才能开会,须有出席会议的会员过半数之同意才能做出决议;召集人对亲属会议的决议如有不服,在三个月内可以声诉于法院,请求撤销。

第六节 继 承 法

一、继承法的变革与发展

在中国近现代,通过引进和吸收西方民法法系的继承法,经过两次重大改革,逐步完成了对固有继承法例的改造与转化,建立起具有近现代性质的继承法制。

(一)清末继承法的变革

清末法制变革之际,以编纂《大清民律草案》为契机,展开了中国近现代继承法发展史上的第一次重大变革。

这次变革的重心主要体现在继承法的概念、渊源和体系的建立方面。主要包括:①重构并建立以"继承"为核心的继承法概念体系,也就是以中文的"继承"一词,对译西方民法法系中的"succession"术语,从而使"继承"一词,既概括了固有的"承"、"继"、"承继"及"收管"、"入"等不同术语的共通含义,又消除了固有的"继承"术语中所包含的"自下受上"、以卑承尊等特定含义,成为具有一般的抽象意义的概念术语。②将继承纳入统一的民法范畴,以民法典作为基本法律渊源,而尝试不再以礼制风俗作为基本法源。③初步构筑继承法的立法体系。在《大清民律草案》中，继承法被单独列为第五编，共设通则、继承、遗嘱、特留财产、无人承认之继承、债权人或受遗赠人之权利等六章一百一十条。

但清末继承法的变革也存在着一定的局限，这主要表现在精神原则方面仍然固守传统的宗法尊卑等级主义，其内容"或取诸现行法制，或本诸经义，或参诸道德"，目的就是要通过"整饬风纪"，"以维持数千年民彝于不敝"，也就是继续实行以宗祧继承为中心的继承制度。

（二）中华民国时期继承法的变革与发展

中华民国时期，第二次民法草案对继承法的立法体例进行了一定程度的改革完善，但却仍然固守宗祧继承旧制，因而其精神原则并无根本性变革。到国民政府制定民法典，才采取断然措施，在对继承法的立法体例进行进一步完善的同时，对继承法的精神原则进行了彻底改革。

主要表现在：①彻底废除了在中国沿袭数千年的、带有浓厚封建宗法色彩的宗祧继承制，纯采遗产继承制度；②确定继承平等原则，以进一步消除宗法尊卑等级观念对继承法的影响，在继承权的享有上，不仅男女平等，而且婚生子女与非婚生子女完全平等，配偶之间也享有相互继承遗产的权利；③在继承法中贯彻注重社会公益原则，采用限定继承制度，并规定了遗产管理人的设置与继承特留份制度；④采用遗嘱自由原则，实行相对遗嘱自由制度，同时对遗嘱方式作详细规定，以便被继承人自由选择。

经过两次重大变革，《中华民国民法》的颁行标志着中国近现代继承法制的基本建立。

二、法定继承人与指定继承人

在中国近现代，继承被区分为法定继承与遗嘱继承；遗产继承人也被分为法定继承人与指定继承人，前者指依照法律规定进行继承的继承人，后者指依照遗嘱指定而确定的继承人。

（一）法定继承人

1. 法定继承人的范围与顺序。《中华民国民法》依据婚姻与血缘相结合的标准，采用适中主义原则，规定法定继承人的范围包括配偶、直系血亲卑亲属、父母、兄弟姊妹、祖父母等近亲属。

法定继承人继承顺序分为两类：①固定继承顺序，其中直系血亲卑亲属为第一顺序继承人，父母为第二顺序继承人，兄弟姊妹为第三顺序继承人，祖父母为第四顺序继承人；②非固定继承顺序，是指配偶并不列入固定继承顺序，而是和其他继承人作为同一顺序进行继承。

2. 法定继承人的应继份与代位继承。各继承人的应继份，相应地分为两种情形：①固定顺序的同一顺序的继承人，原则上采平均分配方式，应继份额相等，但作为例外，养子女的应继份额仅为婚生子女的二分之一，如其养父母无直系血亲卑亲属时，其应继份额则与婚生子女相同；②配偶的应继份，分为四种情形：在与第一顺序继承人同为继承时，为其平均数额；在与第二或第三顺序继承人同为继承时，为遗产的二分之一；在与第四顺序继承人同为继承时，为遗产的三分之二；在无其他继承人时，为遗产的全部。

至于代位继承，仅适用于第一顺序继承人在继承开始前死亡或丧失继承权的情形，由其直系血亲卑亲属代位继承其应继份额，其他法定继承人于继承开始前死亡或丧失继承权的，则不得采用代位继承方式。

(二)指定继承人

由于采用相对遗嘱自由主义，《中华民国民法》一方面承认遗嘱自由原则，规定遗嘱人得以遗嘱自由处分其遗产，但另一方面又对之予以必要的限制，规定只有在无直系血亲卑亲属的情况下，始得以遗嘱指定继承人，而且这项指定尚不得违反关于特留份的强行规定。至于指定继承人的范围，则不限于法定继承人，即法定继承人以外之任何人，均可成为指定继承人。

(三)继承权的丧失与继承回复请求权

为维护社会公平与公益，保护被继承人和继承人的权利，《中华民国民法》还专门规定了继承权丧失制度。不论法定继承人或指定继承人，如有故意致被继承人或应继承人于死亡或虽未致死亡但仍受到刑罚宣告、以欺诈或胁迫使被继承人为关于继承之遗嘱或撤销或变更关于继承之遗嘱、以欺诈或胁迫妨害被继承人为关于继承之遗嘱或妨害其撤销或变更关于继承之遗嘱、对于被继承人有重大虐待或侮辱情事经被继承人表示其不得继承等情事，原则上均剥夺其继承权。但除第一种情事外的其他三种情事，如果经被继承人宥恕，继承权可以不被剥夺。

此外，继承人的继承权如果被侵害，被害人及其法定代理人则享有继承回复请求权。但此项请求权应在被害人或其法定代理人自知悉被侵害之时起的二年之内行使。在此期间不行使，或继承开始超过十年者，其请求权即行丧失。

三、遗嘱

(一)概说

在中国近现代民法上，遗嘱被视作法律行为的一种，属于单方行为、要式行为和死后行为。据此，《中华民国民法》对遗嘱设专章，分为通则、方式、效力、执行、撤销和特留份等六节做了详细规定。

1. 遗嘱原则。该民法典确认相对遗嘱自由原则，即遗嘱人在不违反法律关于特留份规定的范围内，有权以遗嘱自由处分其遗产，既可以指定继承人继承其遗产，也可以指定受遗赠人接受其遗赠财产。

2. 遗嘱能力。该民法典规定，完全行为能力人具有遗嘱能力，无行为能力人无遗嘱能力，至于限制行为能力人，原则上具有遗嘱能力，因而不须经其法定代理人之允许就可以为遗嘱，但作为例外，未满十六岁的限制行为能力人不得为遗嘱。

3. 遗嘱方式。为体现遗嘱自由原则,该民法典规定有自书遗嘱、公证遗嘱、密书遗嘱、代书遗嘱和口授遗嘱等遗嘱方式,以便遗嘱人自由选择具体方式。

除自书遗嘱外,在其他几种遗嘱方式中,遗嘱见证人对遗嘱的效力关系重大,因此,对遗嘱见证人有必要做出限制。按照规定,凡未成年人、禁治产人、继承人及其配偶或直系血亲、受遗赠人及其配偶或其直系血亲、公证人或代行公证职务之人的同居人及其助理人与受雇人,均不得为遗嘱见证人。

4. 遗嘱的效力。关于遗嘱的效力,包括以下五个方面。①原则上,遗嘱自遗嘱人死亡之时发生效力,但作为例外,遗嘱所定遗赠如果附有生效条件,则自条件成就之时,始生效力。②受遗赠人如果于遗嘱生效前死亡,该遗赠自然就不再发生效力。③遗嘱人以一定财产为遗嘱,而其财产在继承开始时,有一部分或全部不属于遗产,其一部分或全部遗赠为无效。④遗嘱标的物原则上应为财产,但在一方面,遗嘱人因遗赠物灭失、毁损、变造或丧失物之占有而对他人取得权利时,推定以其权利为遗赠标的物;在另一方面,遗赠可以附有义务,对这种义务受遗赠人以其所受利益为限负履行责任。⑤受遗赠人在遗赠人死亡后可以抛弃遗赠,这种抛弃溯及于遗赠人死亡时发生效力。因遗赠无效或抛弃,其遗赠财产仍然属于遗产。

5. 遗嘱的撤销。遗嘱既然属于单方法律行为,自然可以由遗嘱人以单方的意思表示或行为而撤销。至于撤销的方式,既可以是明示的,也即遗嘱人可以随时以遗嘱方式撤销遗嘱的一部或全部,也可以因法定原因而撤销,法定原因包括:前后遗嘱有相互抵触的,其抵触部分,前遗嘱视为撤销;遗嘱人在为遗嘱后所为行为与遗嘱有相互抵触者,其抵触部分视为撤销;遗嘱人故意破毁或涂销遗嘱或在遗嘱上证明废弃意思者,其遗嘱视为撤销。

6. 遗嘱的执行。关于遗嘱的执行,该民法典特设遗嘱执行人予以执行,并就遗嘱执行人的资格、产生、解任及执行职务等做了详细规定。

(二)特留份

特留份,又称特留财产,是指由法律规定遗嘱人不得自由处分而必须保留给特定继承人的遗产份额。

按照规定,直系血亲卑亲属、父母以及配偶的特留份为其各自应该继承份额的二分之一,兄弟姊妹与祖父母的特留份为各自应该继承份额的三分之一。应得特留份的继承人,如果因被继承人所为遗赠致使应得之数额不足者,可以按照其不足之数额由遗赠财产中扣减,受遗赠人有数人时,应按其各自所得遗赠价额的比例予以扣减。

四、遗产的继承

(一)继承的效力

继承因被继承人的死亡而开始,也即自被继承人死亡开始产生继承的效力;继承的标的因有总括继承与限定继承的区别而有所不同;被继承人生前继续扶养之人,在继承开始后,有遗产酌给请求权,其酌给部分由亲属会议依据其受扶养的程度及其他关系确定;自继承开始至遗产分割前,继承人有数人时,各继承人对全部遗产为公同共有,并将由各继承人中互推一人进行管理;继承人对于被继承人的债务负连带责任,各继承人相互之间原则上按比例负担这项债务;继承费用原则上从遗产中支付。

(二)总括继承与限定继承

中国近现代民法不但保留了传统的总括继承,而且从贯彻社会公益精神的角度出发,规定了限定继承。

总括继承,又称为概括继承或包括继承,就是指继承人不但要承受被继承人的财产,而且同时要承受被继承人的全部债务,继承人对被继承人的全部债务负无限清偿责任。对此,《中华民国民法》规定:"继承人自继承开始时,除本法另有规定外,承受被继承人财产上的一切权利义务。"

限定继承,就是指继承人声明以继承所得之财产为限,清偿被继承人的债务。由于限定继承在中国属于全新的制度,又存在着因继承人的不法行为而可能危害被继承人之债权人法定权益的情形,故而对此作了较为详细严格的规定,其内容主要包括:①只要数继承人中有一人主张为限定继承,则其他继承人即视为同为限定继承。但为限定继承者对于被继承人的权利义务并不因继承而消灭。②为限定继承者,应于继承开始时起的三个月内,开具遗产清册呈报法院。此项期限经继承人申请,法院认为必要,尚可延展。③继承人将遗产清册呈报时,法院应依公示催告程序公告,命被继承人的债权人在三个月以上的一定期限内报明债权。在此期间,继承人不得对被继承人的任何债权人偿还债务。④报明债权期限届满后,继承人对于期限内报明的债权及已知的债权,均应按其数额、比例计算,以遗产分别偿还,但不得害及有优先权人的利益,在非依该规定偿还债务前,不得对受遗赠人交付遗赠。对于未于报明期限内报明债权而又为继承人所不知的债权,其债权人仅可就剩余遗产行使其权利。⑤继承人如果违反有关规定,致被继承人的债权人受到损害,应负赔偿责任;受不当损害的债权人对于不当受领之债权人或受遗赠人,有请求返还不当受领之遗产的权利。⑥限定继承人如有隐匿遗产、在遗产清册中为虚伪记载以及意图诈害被继承人的债权人之权利而为遗产之处分等情事者,应对被继承人的债务负无限清偿责任。

(三)继承之抛弃

在中国近现代民法上,享有继承权的继承人,无论为法定继承人抑或指定继承人,均有接受或抛弃继承的权利。抛弃继承权作为单方法律行为系要式行为,必须由继承人以书面方式向法院、亲属会议或其他继承人做出意思表示,其期限为自知悉其得为继承人之时起的两个月内。在此期限内未做出抛弃继承的意思表示的,即视为接受继承。

指定继承人抛弃继承权时,其指定继承部分即归属于法定继承人;法定继承人抛弃继承权者,其应继份额归属于其他同一顺序继承人;同一顺序继承人均抛弃其继承权的,准用关于无人承认之继承的规定。

(四)无人承认之继承

无人承认之继承,也就是继承开始后继承人之有无不明的情形。对无人承认之继承,应先由亲属会议选定遗产管理人,并将继承开始及选定遗产管理人的事由呈报法院,由法院依公示催告程序公告继承人,命令其在至少一年期限内承认继承。

(五)遗产的分割

依据遗产分割自由原则,在中国近现代民法上,除法律另有规定或契约另有约定外,继承人得随时请求分割遗产。其分割的方法以被继承人遗嘱所定或委托人代定的方法;遗嘱禁止分割者,其禁止期限为二十年。但胎儿为继承人时,必须预先保留其应继份额始得分割;胎儿由其母亲为代理人,参与分割遗产。

遗产分割溯及于继承开始时发生效力,其具体效力包括各继承人相互承担担保责任、继承对债务人资力之担保责任等。

本章小结

本章介绍中国近现代民商法的形成、发展、演变及内容和特点。首先,中国近现代民商法从清末到中华民国时期,通过引进西方民商法对固有法律进行改造的途径而形成和发展演变,其体系经历了从民商分立到民商合一的模式,民法典选择了五编结构式体系,但其具体编章则又存在着发展演变。其次,中国近现代债法通过继承和引进方式,形成了所有权社会化原则、诚实信用原则、尊重公序良俗原则,而债的种类在经历发展变化后确认为契约之债、无因管理之债、不当得利之债、侵权之债和代理权的授予之债等。再次,中国近现代物权法也是通过继承改造与引进的方式,形成了所有权社会化、物权法定主义、物权客体特定、物权效力优先和物权变动公示等五项原则,形成了所有权、地上权、地役权、永佃权、抵押权、质权、留置权、典权、耕作权、先买权、船舶抵押权与优先权、水权、矿业权、渔业权与入渔权等物权。复次,中国近现代亲属法经历两次变革,其中关于亲系采血统与婚姻分类法,亲等采罗马法计算法;而婚姻法的基本原则为男女平等、一夫一妻及婚姻自由原则,夫妻财产制有约定与法定两种,实行离婚自由,形成以保育子女为核心、男女平等为特色、以合理维护父母子女权利并对亲权予以适当限制的亲子关系制度以及"以共同生活为本位,置重于家长之义务"的家制及亲属会议制度。最后,中国近现代继承法逐渐抛弃了宗祧继承,纯采遗产继承制度,并规定了遗嘱继承与法定继承的相应规则。

课后作业

一、关键词解释

1. 志田案与改订商律草案　《大清民律草案》　《现行刑律》民事有效部分第二次民律草案　《中华民国民法》
2. 民商分立与民商合一　民事特别法
3. 自然人　法人　物　法律行为　意思表示
4. 相对化契约自由原则　诚实信用原则　尊重公序良俗原则

5. 所有权社会化原则　物权法定原则　地上权　永佃权　地役权　抵押权　质权　典权
6. 亲系与亲等　夫妻财产制　监护　亲属会议
7. 继承　遗嘱　总括继承与限定继承　特留份

二、思考题

1. 中国近现代民商法体系为何从民商分立主义改为民商合一主义？
2. 中国近现代民法典的体系经历了怎样的发展变化？
3. 中国近现代债法原则的主要内容有哪些？这些原则如何体现债法的国际性与民族性？
4. 中国近现代物权体系是怎样构成的？
5. 中国近现代亲属法有哪些根本性的发展变化？
6. 中国近现代亲属法中的夫妻财产制包括哪些内容？
7. 中国近现代继承法的主要发展变化体现在哪些方面？

第 8 章
中国近现代刑法论

【本章导读】

本章介绍中国近现代刑法的发展演变及其内容和特点。第一节着重介绍中国近现代刑法变革的进程和刑法体系的演进;第二节着重说明中国近现代刑法原则和一般规则的发展与内容和特点;第三节着重阐述中国近现代刑法制度的发展演变进程和主要内容及特点。关键问题是了解把握中国近现代刑法发展演进的进程与基本内容和特点。

第一节 概 说

一、变革与发展

中国刑法在近现代出现了亘古未见的变革与发展,这种变革酝酿于19世纪中后期,发生发展于20世纪前半叶,经历了清末与中华民国两个时期。

(一)清末的刑法变革

1.刑法变革的酝酿。进入近代,尤其是领事裁判权形成以来,清政府为了适应时势变迁的需要,分别于道光二十年(1840年)、二十五年(1845年)、咸丰二年(1852年)、同治九年(1870年)对《大清律例》进行过修订,但其内容仅及于个别条文的增删改并,立法原则与刑法体系并未发生任何变化。但是到了20世纪初,在经历了洋务运动、戊戌变法之后,又出现了以"新政"名义实施的预备立宪活动,清廷已经意识到,"世有万古不易之常经,无一成不变之治法","法令不更,痼习不破,欲求振作,须议更张"。[1] 两江总督刘坤一、湖广总督张之洞又明确提出包括省刑责、修监羁、恤相验、改罚锾等内容的九项法制改革建议；而英、美、日、葡列强诸国又允诺，如果中国废除野蛮酷刑，将刑法与外国改同一律，就愿意放弃在华领事裁判权。在这种情形下，清廷遂于光绪二十八年（1902年）诏派沈家本、伍廷芳为修订法律大臣，光绪三十年正式设立修订法律馆，专门负责修订旧律例和编纂新法典，由此揭开了以修订《大清律例》为《现行刑律》和编纂、颁布《大清新刑律》为主要内容的刑法变革的序幕。

2. 变通旧制与编纂《现行刑律》。修订法律馆成立后，为给全面变革作过渡准备，进行了变通旧制与修订律例两方面的活动，而其主要成就则体现在《现行刑律》中。

(1) 变通旧制。修订法律馆成立之初，鉴于编纂新法典尚需假以时日，因此就会同有关机构，对旧律例采取"改重为轻"式的修订，"以明示天下"变革"宗旨所在"。为此，自1905年至1908年，相继删除了《大清律例》规定的凌迟、枭首、刺字、戮尸、缘坐等酷刑，将笞、杖刑改为罚金或罚做工作，将虚拟死罪改为徒流罪，同时删除旗人专条，实行满汉通行刑律。这就为进一步改革作了相应的准备。

(2) 删修《大清律例》为《大清现行刑律》。修订法律馆在光绪三十三年（1907年）完成了新刑律草案后，鉴于其审议颁行仍需时日，沈家本等遂奏请先行对《大清律例》进行全面修订，"以立推行新律基础"。经清廷批准后，修订法律馆自1908年起，采用"删除总目，厘正刑名，节取新章，删并例文"的方法进行删定。次年10月完成草案，提交宪政编查馆审议。经审议，该馆接受高等检察厅检察长高谦的建议，按照"分别民刑"、"重罪减轻，轻罪加重"、"停止赎刑"、"妇女有罪应与男犯同一除法"、"次第停止秋审复核"五个方面的方略，对草案"另编重订"。经再行修订后，定名为《大清现行刑律》，由清廷于宣统二年（1910年）四月颁布施行。

(3)《大清现行刑律》的主要变革成就。《大清现行刑律》虽仍沿用旧律例的基本精神，但其体例与内容，仍有一定程度的变革。

在体例上，根据预备立宪与官制改革进程的需要，删除了吏、户、礼、兵、刑、工的六律总目，将总计三百八十九条律文分别隶属于名例等三十门，另附条例一千三百二十七条、《禁烟条例》及修改后的《秋审条例》。在内容上，出现了三方面的变革：①区别民刑，确定有关继承、析产、婚姻、田宅、钱债等"纯属民事"的条款，不再科刑；②厘正刑名，确定刑罚体系由罚金、徒刑、流刑、遣刑、死刑构成，其中流刑和遣刑可以易科为依限工作六年至十二年共五等，死刑仍分为绞、斩两等；③增加适应社会变迁需要的新罪名，包括毁坏电讯、毁坏铁路、私铸银元等。

尽管在变革方面取得一定成就，但这部法典仍只具有由固有刑法向近现代刑法过渡的性质，尚不属于近现代意义上的刑法典。

3. 编纂颁布《大清新刑律》。

(1) 编纂新刑律草案。清末刑法变革的重心无疑是仿效西方各国近现代刑法，编

---

[1] 朱寿朋：《光绪朝东华录》，中华书局1984年版，总第4655页。

纂新刑法典,对传统刑法进行全面改革,以建立近现代刑法。为此,修订法律馆设立后,在变通旧制的同时,即本着以收回领事裁判权为直接目的,以"参酌各国法律","务期中外通行,有裨治理"为宗旨,着手编纂新刑法典的准备。1904年聘请日本法学家冈田朝太郎负责,开始编纂,到1907年10月完成新刑律草案。该草案分为两编五十三章三百八十七条,其中总则编十七章八十八条,分则编三十六章一百九十九条。同年,新刑律草案交由宪政编查馆审议,并奉旨交各部院及各省总督巡抚签注意见。

(2)新刑律草案的修正与礼法之争。在新刑律草案交由宪政编查馆审议和各部院及各省督抚签注意见后,遭到礼教派的猛烈攻击,由此引发礼教派与法理派的论战,史称"礼法之争"。[1]

先是以军机大臣兼掌学部的张之洞针对沈家本提出的"折衷各国大同之良规,兼采近世最新之学说",而"仍不戾乎我国历世相沿之礼教民情"的修律大旨,指摘新刑律草案对"内乱罪不处惟一死刑",是"勾结革命";"'奸非罪章'无和奸无夫妇女治罪明文","与我国礼教实有相妨之处",甚至是"败坏礼教";而整个草案内容"偏重感化,难于遵行","专重人格,破家族主义,适足以败坏人心";究其原因,则是"因成过速,大都据日本起草员所拟原文,故于中国情形不能适合",要求将其中有妨礼教各条"全行改正",以体现"因伦制礼,准礼制刑"的立法原则,而"各省疆吏亦希旨排击"。[2]结果,清廷于1909年下谕,强调"凡我旧律义关伦常诸条,不可率行变革,庶以维天理民彝于不敝"为"修改宗旨"。[3]修订法律馆即会同刑部,"恪遵谕旨",进行新刑律草案修订,对于有关伦常各条均在科刑上"加重一等",并在正文之后增加反映伦理纲常精神的《暂行章程》五条,于次年将修正新刑律草案进呈清廷,清廷遂将新刑律修正案再次交由宪政编查馆审议。

此时,劳乃宣、刘廷琛、陈宝琛等又依据"三纲五常实为数千年相传之国粹,立国之大本",中国"刑法之源本乎礼教","以义关伦常为主,与外国平等之法不同"为理由,攻击新刑律草案"专摹外国","特狃于一时之偏见";大失明刑弼教之意,"不合吾国礼俗","不可不亟图补救"。补救的办法就是将旧律义关伦常各条,"逐一修入刑律正文"。[4]

对于礼教派的攻讦,以沈家本为代表,包括冈田朝太郎、松冈义正、杨度、吴廷燮等的法理派,以宪政编查馆和修订法律馆为根据地,纷纷著文,以渊源于西方的近现代法

---

[1] 礼教派又称"礼派"或"礼治派"、"家族主义派"、"国情派",法理派又称"法派"、"法治派"、"国家主义派"、"反国情派";又因为"法理派"首领为沈家本,故又有"沈派"与"反沈派"的说法。
[2] 董康:"前清法制概要",载《法学季刊》1924年第2卷第2期。
[3] "修改新刑律不可变革义关伦常各条谕",载故宫博物院明清档案部编:《清末筹备立宪档案史料》,中华书局1979年版,第858页。
[4] 劳乃宣:"修正刑律草案说帖",转引自沈家本:《书劳提学新刑律草案说帖后》,《历代刑法考》,中华书局1985年版,第2283页。

理为依据,予以驳斥。[1] 其中对礼教派主张的对"干名犯义"应有特别规定,即认为"属诉讼法范围"内的"告诉之事",不必另立专条;对是否保留"存留养亲",认为如果保留难免"凶恶之徒,稔知律有明条,自恃身系单丁,有罪不死,竟至逞凶肆恶,是承祀留养非以施仁,实以长奸,转似诱人犯罪";对亲属相奸,认为固然"大乖礼教,然究为个人之过恶,未害及于社会,旧律重至立决,未免过严",且"法太重则势难行,定律转同虚设";对其他如亲属相盗、亲属相殴、故杀子孙、杀有服卑幼、妻殴夫、夫殴妻、发冢等,则认为有些按照法理不能列入正文,有些在新刑律正文中已有相应规定。结果,礼教派均不得不表示接受。到1910年8月资政院会议审议新刑律修正案时,双方争论焦点集中在对"子孙违反教令"与"无夫奸"是否加刑上,且相持不下。因此,才在总则通过分则尚未通过的情形下,由清廷将总则、分则连同《暂行章程》一起,定名为《大清新刑律》,于1911年1月颁布天下。

(3)《大清新刑律》的历史地位。尽管因礼法之争《大清新刑律》在内容上仍然保留了维持封建帝制以及礼教纲常的一系列规定,在立法技术体系等方面也还存在着不尽完善之处,而且其规定也未必就能完全适应国情。但毋庸否认,这部刑法典在体例、原则和制度方面,较之固有刑法已有根本性的变革,从而奠定了中国近现代刑法的基本体系、观念、原则和规范基础,因而也成为第一部近现代性质的刑法典,具有重要的历史地位和影响。

(二)中华民国时期刑法变革与发展

1. 南京临时政府的刑法改革。中华民国南京临时政府建立后,继续刑法改革,在一定程度上推动了刑法的近现代化。

(1)在刑法观念及理论方面,依据民主、自由、平等思想,继续揭露和抨击清朝封建刑罚专制野蛮的本质,介绍宣传近现代刑法精神,强调刑法的目的须以维护国权、保障公安为宗旨,反对报复威吓主义;刑罚之轻重,"以足以调剂个人利益与社会利益之平为准";罪刑之确定,应贯彻罪刑法定主义,不得以思想言论定罪,反对株连无辜,强调罪责自负;刑罚之执行,采人道主义原则,严禁刑讯逼供。这在一定程度上促使国人的刑法观念出现根本性变革。

(2)在刑事司法实践中,主要依据临时政府颁布的单行刑事法规法令,保护民生,维持社会治安,整饬军纪,保障平等人权,禁绝封建陋习。

(3)在刑事立法方面,尝试确认清末刑法变革的积极成果,剔除其封建性糟粕。南京临时政府虽认为"民国统一,司法机关将次第成立,民、刑法律及诉讼法,均关紧要",但毕竟"编纂法典,事体重大,非聚中外硕学,积多年之调查研究,不易告成",而"前清政府之法规既失效力,中华民国之法律尚未颁行,而各省暂行规约,尤不一致",因而寻求补救方法,就成为在"新旧递嬗之际""昭划一而示标准"的当务之急。为此,

---

[1] 其中沈家本主要有《书劳提学修正刑律草案说帖后》,杨度主要有《论国家主义与家族主义之区别》,吴廷燮主要有《用旧说议律辩》。

在1912年3月10日,临时大总统颁布命令,"现在民国法律未经议定颁布,所有从前施行之法律及《新刑律》,除与民国国体抵触各条应失效力外,余均暂行援用,以资遵守",依据该命令,司法部对《大清新刑律》进行修正,删除其中"与国体抵触各章条",并删除《暂行章程》,于3月30日由临时大总统批示将删修后的《新刑律》"迅速通行京外司法部门"。这实际上就是积极尝试对清末刑法变革的成果加以援用,又剔除其中的封建性糟粕,因而无疑对近现代刑法变革起到了推动作用。

2.北洋政府时期刑法的演变。北洋政府时期,刑法发展表现出两重性:一方面,在刑法立法技术与体系层面,通过编纂刑法典、制颁单行刑事法规,继承了清末刑法改革的成果,即使在刑法原则与精神层面,也有肯定并发展清末刑法变革成果的内容存在;另一方面,在刑法的精神与原则层面,又存在着以"隆礼"、"重典"为标榜的、试图恢复封建礼教纲常、维护军阀专制独裁统治的内容,甚至还恢复了部分已被废除的封建性刑罚。这种进步性与反动性、合理性与野蛮性相互交织情形的形成,正反映了近现代刑法变革与发展的复杂性与艰巨性。

(1)《暂行新刑律》的颁行。北洋政府建立之初,继续删修《大清新刑律》的立法程序。1912年4月30日,在将"与民主国体抵触之处""废止",也就是删除《分则》第一章《侵犯皇室罪》、《暂行章程》以及其他条文中反映封建帝制等与民国国体抵触的七条正文和修改相关字面表述后,经过临时参议院议决,定名为《暂行新刑律》,由临时大总统公布,并附《删修新刑律与国体抵触各章条》。这样,集中自清末以来中国近现代刑法变革成果的新刑法典就正式颁布施行了。

此后,临时大总统袁世凯渐有帝制自为之心,企图以礼教号召天下,重典胁服人心。为此,到1914年,与解散国会、撕毁《临时约法》相呼应,北洋政府先是颁布《徒刑改遣条例》、《易笞条例》,恢复早已废除的遣刑与笞刑,后又于12月颁布《暂行新刑律补充条例》二十四条,规定诸如对尊亲属不得适用正当防卫、尊亲属伤害卑幼仅致轻微伤者可以免除刑罚、行亲权之父母得因惩戒其子请求法院以六个月以下之监禁处分、对无夫奸者处五等有期徒刑或拘役等维护封建礼教纲常的内容,这显然又是在中国近现代刑法变革的进程中实施的倒行逆施措施。

(2)两次刑法修正案。

第一,第一次刑法修正案。北洋政府于1912年7月设法典编纂会,负责各项法典编纂,至1914年改称法律编查会后,秉承袁世凯"隆礼"、"重典"意旨,遂于是年开始对《暂行新刑律》的修订,至1915年2月完成修正案,并呈请大总统转饬法制局提交国会审议,是为第一次刑法修正案。

第一次刑法修正案在体系上仍沿用《暂行新刑律》,分为总则与分则两编,其中总则编共十七章,分则编共三十八章,总计四百三十二条;在内容上也多沿袭《暂行新刑律》,惟因修订时恰丞袁世凯专制淫威之下,编纂诸人不免迎合袁氏意旨,将一系列体现"隆礼"、"重典"精神的规定修入该案之中:①在总则编内增加亲属加重一章,规定对尊亲属犯罪者加重本刑一至二等,允许加至死刑;在直系尊亲属内加入外祖父母;将

《补充条例》规定的限制对尊亲属实施正当防卫与对奸通无夫妇女治罪两条修入该案中；增加尊长强制卑幼卖奸及强卖、和卖卑幼的条文。②在分则编增加《侵犯大总统罪》和《私盐罪》两章，借以强化其专制统治。后因袁世凯洪宪帝制复辟迅速失败，该案未及议决颁行。

第二，第二次刑法修正案。在段祺瑞执掌政府期间，于1918年7月改法律编查会为修订法律馆，因第一次刑法修正案"方处袁世凯专制之下，不免有所顾忌"而否定该案；同时提出，"时势变迁，则刑事政策自应有更动之必要"。为此，乃于是年起对《暂行新刑律》再度修订，到1919年完成草案，是为第二次刑法修正案。

第二次刑法修正案系"参考各邦立法，参酌本国情势"而完成，在体例和内容方面多有变革：①在体系上，仍分总则与分则两编，但对其中章条安排，从注重科学合理方面着眼颇多。其中总则编十四章，分则编三十四章，总计三百九十二条，其中虽仍存在可资商榷之处，但较之《暂行新刑律》和第一次刑法修正案，则"有显著之进步"，甚至被称为"民国以来最完备之刑法法典"。[1] ②在内容方面，虽仍以《暂行新刑律》为基础，但重要修改之处颇多。其中总则编修改二十处，分则编修改三十处，并且删除了第一次刑法修正案中的《私盐罪》一章，将侵犯大总统罪由原来的特别犯罪主义改为通常犯罪主义，且只以侵犯大总统生命、身体、自由及名誉为限。③在刑法精神与原则方面，较多采用近现代资产阶级刑法原则和制度，减少维护封建礼教纲常的内容。因而，第二次刑法修正案尽管未能成为正式法典，却对国民政府时期制定刑法典、推动刑法变革产生过重大而又积极的影响。

（3）特别刑事法规。北洋政府为适应统治需要，还相继制定颁行了一系列单行刑事法规，其中重要的有《戒严法》、《惩治盗匪法》、《预戒法》、《治安警察法》、《违警罚法》、《官吏犯赃治罪法》、《私盐治罪法》、《乱党自首条例》、《惩治国贼条例》、《陆军刑事条例》、《海军刑事条例》、《治安警察条例》等。这些特别刑事法规在立法技术上比较粗糙，在内容上充满维护军阀专制的味道，在实践中因奉行特别法优于普通法的原则而成为当时断案的主要依据。这实在是北洋政府时期刑法中最为反动的部分。

3. 国民政府时期刑法的发展。

（1）概说。国民政府时期，中国近现代刑法的发展主要表现在两方面：①通过制定颁行刑法典，比较系统全面地总结了清末以来刑法变革的积极成果，广泛吸收世界各国现代刑法理论和制度发展的最新成就，以追随刑法发展的世界潮流，容纳保留固有刑法的部分精神原则，并根据现代社会发展的需要予以改造转化以适应国情，从而构建了具有明显时代特征和民族特色的现代刑法典。②适应其一党专政，强化对人民革命及政治反对派的镇压，尤其是为了对付共产党领导的人民民主革命力量，国民政府又制定颁行了大量单行特别刑事法规，从而使刑法在一定程度上成为国民党实现"党治"的工具，既表现了政治上的反动性，又使得刑法体系更为复杂，且经常处于变

---

[1] 谢振民编著：《中华名国立法史》（下册），张知本校订，中国政法大学出版社2000年版，第903页。

动不居的状态,直接影响了刑法维护社会秩序、规范国民行为功能的发挥。

(2)旧刑法的制定颁行。1927年4月,国民政府接受司法部长王宠惠的建议,并由王氏负责,着手编纂刑法典草案。这次编纂,以第二次刑法修正案为基础,稍加修改润色,于次年完成,由国民党中央常务委员会审议通过,定名为《中华民国刑法》,由国民政府于1928年3月10日公布,是年9月1日开始施行,习惯上通称旧刑法或"二八刑法"。旧刑法在体系上仍沿用第二次刑法修正案,分总则和分则两编,总则编十四章,分则编三十四章,共三百八十七条。

旧刑法的颁行取代了《暂行新刑律》,使中国有了正式施行的近现代意义上的刑法典,完成了由固有刑法到近现代刑法变革的历史任务。

(3)新刑法的制定颁行。旧刑法颁行之后,国内外局势发生了一系列重大变化,西方刑法也出现了一些新的发展变革,尤其旧刑法"施行以来,各地法院函电纷请司法当局或最高法院解释者,纷至沓来,而短期自由刑易科罚金之制,亦未采用,致各监狱有轻犯人满之患。时移势易,刑事政策应随之而变,而特别刑法层见叠出,尤应划一,故刑法实有修订之必要"。[1] 为适应时势变化,使刑法在惩治犯罪、压制异己、维持政治统治和社会秩序方面发挥更为明显的功效,同时为追随世界刑法发展趋势,国民政府采取两方面的措施:一则制定颁行一系列单行特别刑法,二则对旧刑法进行修订,制定新刑法。为此,立法院于1931年12月任命刘克俊、史尚宽、郗朝俊、蔡瑄和罗鼎组成刑法起草委员会,并聘请法国法学家宝顿和赖班亚为顾问,草拟刑法修正案,其间三阅寒暑,四易其稿,至1934年10月完成全案并提交立法院审议通过,1935年1月1日由国民政府颁布,7月1日开始施行。这部《中华民国刑法》习惯上通称新刑法或"三五刑法"。

新刑法虽然是就旧刑法修订而成,但其立法宗旨已有重大改变,立法技术与理论水平也有相应提高,因此,在体系、原则及具体规定上均有许多明显的发展变化。主要表现在:①在体系上,虽然仍分总则与分则两编,但各章条则或删或改、或分或合,变化幅度相当大。其中总则编由旧刑法的十四章改为十二章,除有五章仍用原名称外,其他均有分合修改,另新增保安处分一章;分则编由旧刑法三十四章改为三十五章;在总计三百五十七条中,保留旧刑法的规定未变者仅四十五条,新增条文四十七条,删除七十三条。②在立法宗旨上,"参酌最近外国立法例","由客观主义而侧重于主观主义,由报应刑而侧重于防卫社会主义",以求克服旧刑法在实施上的"窒碍难行之处"。③在刑法原则上,既更加全面地反映了表现民主、自由、平等和博爱精神的近现代刑法三大原则,也就是罪刑法定、罪刑等价(相适应)和刑罚人道原则,又将固有刑法所体现的注重宗法伦理亲情精神予以改造性转化,奉行对直系血亲尊亲属犯有加重科刑和容隐某些轻罪的亲属减轻原则。④在刑罚制度上,基于社会连带责任论与防卫社主

---

[1] 谢振民编著:《中华民国立法史》(下册),张知本校订,中国政法大学出版社2000年版,第919~920页。

义刑罚思想而采取了目的刑主义和教育刑主义理论,增加保安处分,实行刑罚与保安处分二元主义制度。

综上所述,新刑法较之旧刑法实际上已经脱胎换骨,无异于重新制定。在这一意义上,新刑法是一部既吸收世界先进理论思想,又适度保留民族特色,既具有鲜明时代特征,又适度体现传统精神的现代刑法典。

(4)特别刑法的制定颁行。国民政府时期刑法发展的另一重要表现,就是为强化国民党一党专政,镇压人民革命及异己政治力量的反抗,最大程度发挥刑法的惩罚效能,制定颁行大量单行特别刑法,比较重要者如《惩治盗匪暂行条例》、《暂行反革命治罪法》、《惩治绑匪条例》、《陆海空军刑法》、《陆海空军惩罚法》、《危害民国紧急治罪法》、《妨害国币惩治暂行条例》、《惩治汉奸条例》、《非常时期维持治安紧急办法》、《妨害国家总动员惩罚暂行条例》、《惩治贪污条例》、《妨害兵役治罪条例》、《戡乱时期危害国家紧急治罪法》、《违反粮食管理治罪条例》、《惩治叛乱条例》、《惩治走私条例》、《戒严法》、《监狱行刑法》等。这些单行特别刑法中,有一部分属于在体系上辅助刑法典、在内容上维持社会生活秩序不可或缺或规范公民行为无法取代的,技术上尚有可取之处;而另外一部分则纯粹属于使刑法在更大程度上成为国民党实行一党专政的工具,体现出明显的反动性甚至法西斯性,其立法技术又因大量制定颁行与频繁变更,表现出自相矛盾与技术落后性。

二、近现代刑法体系[1]

(一)中国近现代刑法体系的形成与发展

中国近现代刑法体系,是在清末刑法变革过程中形成、并在中华民国时期伴随着刑法变革与发展而逐渐发展成熟起来的。

清末刑法变革以"参酌各国法律,悉心考订,妥为拟议,务期中外通行"为宗旨,主持刑法变革的沈家本又明确提出"参考古今,博稽中外,模范列强"的方略。依据这一宗旨和方略,一方面考虑到中国历来刑法均以成文法为基本法源的传统,适与西方列强各国中德、法、意诸国以及东邻日本相近,因而选择近现代刑法体系仍然以成文法作为基本法源;另一方面,从"模范列强"着眼,取"彼之善者"以改造中国固有刑法体系,在具体构建刑法体系时,由于聘请日本法学家冈田朝太郎帮同编纂,就选择直接仿效明治维新之后形成的日本刑法体系。这样,到1910年颁布《大清新刑律》,新的近现代刑法体系的基本框架宣告形成。

不过,《大清新刑律》所代表的刑法体系尚不尽成熟,在概念、技术方面也较为粗糙。进入民国时代以后,以北洋政府时期两度修订刑法典、国民政府时期两次制定刑

---

[1] 刑法体系,就是指刑法的组成与结构,也即刑法是由哪些部分组成,各部分又采取怎样的结构方式联系为一个整体。广义的刑法体系,是指某个国家或某个时代全部刑法的组成与结构,而狭义的刑法体系则是指其中刑法典的组成与结构。

法典为中心,辅之以制定颁行单行特别刑法法规,逐步弥补了原有缺陷;尤其是在刑法典体系上,以1935年《中华民国刑法》为代表,克服了原有的粗糙,使近现代刑法体系日趋成熟。这一刑法体系具有两方面的特点:①通过对固有刑法体系推陈出新式的改造,保留以成文法作为基本法源的传统,仍以成文法,包括刑法典和单行特别刑法法规作为刑法体系的基本构成因素,这恰好适应了罪刑法定主义原则的要求。②通过"模范列强",仿效西方列强中德、法、意、奥,尤其日本近代刑法体系,形成以刑法典为核心、辅之以单行特别刑法法规,在刑法典中划分总则与分则,总则编规定"全编之纲领"、分则编规定具体定罪量刑"各项之事例"的刑法体系。

(二)刑法典与单行特别刑法法规

中国近现代刑法体系由刑法典与单行特别刑法法规组成,其中刑法典居于核心地位,构成整个刑法的基本内容,而单行特别刑法法规居于辅助地位,起着补充刑法典的作用。

1. 在性质与范围上,刑法典一直被视为"包含一切涉及全国之事"而属于普通法,在整个刑法体系中必然居于基础与核心地位;而单行特别刑法法规一般仅涉及"一事或一地方"或特定之人而属于特别法或特殊法,在效力上不具备普遍适用性,因而只能居于补充与辅助地位。

2. 在制定与内容上,刑法典作为整个刑法的基础,在制定时均设立专门机构,负责拟定草案,并由立法机构审议通过,而单行特别法规的制定,既无专门设立的机构,也不一定要经过国家立法机关审议通过;刑法典的内容"取材宏富,定例精严",多至数百条文,在草拟时往往经穷年累月之研讨、聚集中外硕学详加探究,颁行之后较为稳定,而单行特别法规的内容一般仅及于"一事或一地方",条文多不过数十上百条,少者区区十余条,一般都是临时指定机构或人员负责拟定,制定颁行之后因时势变迁或特殊需要可随时修改,缺乏稳定性。

3. 两者之间乃是纲与目、一般与具体、普通与特别的关系。刑法典所规定者,属于一般与普通的内容,尤其其中的总则部分,更是"全编之纲领";而单行特别刑法法规所规定者,则属于具体与特殊的内容,并受到刑法典特别是总则部分的指导与制约。[1]

(三)刑法典的体系

中国近现代刑法典始终采用总则与分则两编式结构,其中总则编为"全编之纲领",规定刑法的一般性规范,分则编为"各项之事例",以罪名为纲领分别规定各种具体的犯罪类型及相应的刑罚。这一体系既是对固有律例体系的推陈出新,也是"模范列强"对固有刑法体系改造的结果。

1. 总则。

---

〔1〕 关于这一点,《大清新刑律》规定:"本律总则于其他法令之定有刑名者,亦适用之";《中华民国刑法》规定:"本法总则于其他法令有刑罚之规定者,亦适用之"。

(1)《大清新刑律》。《大清新刑律》总则编共分为法例、不为罪、未遂罪、累犯罪、俱发罪、共犯罪、刑名、宥减、自首、酌减、加减例、缓刑、假释、赦免、时效、时例等十七章。

这一体系有明显的进步性。这表现在：①固有律例体系中以家天下与君主专制为根据的议、请、减、赎、当制度，官吏犯罪非经奏准不许传讯以及以罚俸与降级代替笞杖赎罪等，以亲亲、尊尊、长长、男女有别等宗法伦理为根据、以家长制家族主义为基础的"十恶"不赦、亲属容隐、犯罪存留养亲等制度，因不符合时代潮流而被抛弃；②法例、俱发罪、共犯罪及刑名等则推陈出新，在被赋予新含义的前提下得以保留；③至于不为罪、缓刑、假释、时效等纯属引进外国先进而新创。不过，其间缺陷也极为明显，如法例、时例、文例均系规定常用之凡例，却分列首尾，显示出凌乱之象；刑罚之减轻本为一事，却分别在宥减、酌减及加减例三章中规定，显属缺乏概括性的表现。

(2)两次刑法修正案。

第一，北洋政府时期第一次刑法修正案，总则编大致沿用《大清新刑律》体系而稍加删改，其中删去"赦免"章而增加"亲属加重"章，在"未遂罪"章中增加预备犯和阴谋犯的规定，改"酌减"章为"酌加"与"酌减"两章，并未能克服体系上的缺陷。

第二，第二次刑法修正案，总则编的体系变动较大：①由原来的十七章压缩为十四章，依次为法例、文例、时例、刑事责任及刑之减免、未遂罪、共犯、刑名、累犯、并合论罪、刑之酌科、加减例、缓刑、假释、时效，既表明了概括能力的提升，又使内容较前更显成熟；②将文例、时例两章前移，置于法例章之后，与之构成一个整体，将俱发罪改为并合论罪，并与累犯一起改置于刑名章之后，使结构更趋科学合理；③增加刑之酌科章于加减例章之前，使科刑标准更趋完整统一。上述三点对体系结构的完善成熟均有促进，值得肯定。但美中不足的是，将不为罪章改为刑事责任，又附之以刑之减免，既与内容重点不相符合，又使体系轻重失当，罪刑混淆，难称允当。

(3)《中华民国刑法》。国民政府时期的旧刑法总则编基本沿用第二次刑法修正案的体系，毋庸详述。而1935年的新刑法典，总则编的体系变动较大：①由原来的十四章压缩为十二章，依次为法例、刑事责任、未遂犯、共犯、刑名、累犯、数罪并罚、刑之酌科及加减、缓刑、假释、时效、保安处分，结构既更趋科学合理，内容也更为简洁精当；②吸收世界刑法理论发展的最新成果，设专章规定保安处分，实行刑法与保安处分并行制度，使总则编体系与内容显示出更强烈的时代性与国际化趋势。不过也应看到，其中刑事责任标题与该章之作用在于划清罪与非罪之界限的内容互相矛盾，仍属一大缺陷；而将保安处分规定于全编末尾，难免有续貂之嫌，其间义例妥当与否，值得深究。尽管如此，仍然无法否认新刑法典总则编的体系结构，既是中国近现代刑法体系发展的积极成果，又是中国近现代刑法体系追随世界潮流的表现。

2. 分则。

(1)《大清新刑律》。清末编纂《大清新刑律》对分则编采取措施进行了更新，主要表现在：①在罪名上，抛弃固有律例既不概括罪名又不便检索的体例，直接以罪名为标准,"积类为章,略分序次";②在罪名排列上,以较新的国家利益、社会利益和个人利益三分法取代分各罪为国家利益与个人利益的两分法旧传统,作为排列各罪序次的标准;③对于各个具体罪名则逐一寻流溯源,追溯于汉唐宋元明律典之规定,仅仅决斗一条是史无前例自国外输入的罪名。据此形成的分则编就以罪名作为章名,各章之上不再作任何概括,总计有三十六章,依次为侵犯皇室罪、内乱罪、外患罪、妨害国交罪、漏泄机务罪、渎职罪、妨害公务罪、妨害选举罪、骚扰罪、逮捕监禁人脱逃罪、藏匿罪人及湮灭证据罪、伪造及诬告罪、放火决水及妨害水利罪、危险物罪、妨害交通罪、妨害秩序罪、伪造货币罪、伪造文书印文罪、伪造度量衡罪、亵渎祀典及发掘坟墓罪、鸦片烟罪、赌博罪、奸非罪及重婚罪、妨害饮料水罪、妨害卫生罪、杀害罪、堕胎罪、遗弃罪、私滥逮捕监禁罪、略诱及和诱罪、妨害安全信用名誉及秘密罪、盗窃及强盗罪、诈欺取财罪、侵占罪、赃物罪、毁弃破坏罪。其中自侵犯皇室罪至妨害选举罪共八章,是有关侵犯国家利益的犯罪,自骚扰罪至妨害卫生罪共十七章,系有关侵犯社会利益的犯罪,自杀害罪至毁弃破坏罪共十一章,则是有关侵犯个人利益的犯罪。这一分则体系无疑奠定了近现代刑法分则体系的基础。

(2)《中华民国刑法》。中华民国时期,为适应近现代社会政治制度和社会发展的需要,对刑法分则体系及概念多次调整,促使其日益趋向完善和成熟。《暂行新刑律》删除侵犯皇室罪一章及与民主共和国体相抵触的条文,对其他部分也作了一定修正,基本上消除了分则编中带有明显封建政治色彩的内容。后来经过北洋政府时期编纂两次刑法修正案、国民政府制定旧刑法,尤其是1935年的新刑法,刑法分则的组成与结构已趋于完备和成熟。其中新刑法分则编仍然以侵犯国家利益、社会利益和个人利益的三分法为依据构筑框架,具体分三十五章规定罪名,依次为内乱罪、外患罪、妨害国交罪、渎职罪、妨害公务罪、妨害投票罪等六种侵犯国家利益的罪名,妨害秩序罪、脱逃罪、藏匿人犯及湮灭证据罪、伪证及诬告罪、公共危险罪、伪造货币罪、伪造有价证券罪、伪造度量衡罪、伪造文书印文罪、妨害风化罪、妨害婚姻及家庭罪、亵渎祀典及侵害坟墓尸体罪、妨害农工商罪、鸦片罪、赌博罪等十六种侵犯社会利益的罪名,杀人罪、伤害罪、堕胎罪、遗弃罪、妨害自由罪、妨害名誉及信用罪、妨害秘密罪、盗窃罪、抢夺强盗及海盗罪、侵占罪、诈欺背信及重利罪、恐吓及掳人勒赎罪、赃物罪、毁弃损坏罪等十四种侵犯个人利益的罪名。其中罪名的设立,既有适应社会进步、经济发展、政治革新的因素,也有适应固有法律传统的考虑,如原来输入的决斗罪,因名无实与不合传统而改为聚众斗殴罪。至此,可以说犯罪类型的现代化和刑法分则的民族化得以完成。

第二节 刑法原则与一般规则

一、刑法原则

在中国近现代刑法变革进程中,逐步废除了具有浓厚封建色彩的刑法准则,且通过引进国外先进思想理论和制度,转化固有法律传统,相应地就形成并发展了中国近现代的刑法原则。

(一) 罪刑法定原则

在中国近现代,适应政治经济社会思想文化变革的要求,一方面把固有刑法中的"诸断罪皆当以律令正文"的准则予以升华,另一方面又吸收和仿效西方近现代刑法上的罪刑法定主义原则,形成了具有中国特色的罪刑法定原则。

清末立法者从统一司法意志和行为、保护百姓正当权利、实现立宪国立法与司法分立的角度,在废除旧律比附援引的基础上,进一步提出必须确定罪刑法定主义原则。对此,《大清新刑律》第十条规定:"法律无正条者,不问何种行为,不为罪";第一条第一款规定:"本律于凡犯罪在本律颁行以后者,适用之";立法理由书专门强调:"刑律不准比附援引"系"大原则"。

中华民国南京临时政府在司法活动中一直强调贯彻反映罪刑法定原则的一系列具体规则,如"法令所加,只问现在有无违犯,不得执既往之名称以为罪罚",就是法不溯及既往准则的表现;对虽有"过激之意见",但"未见于行为者,自不必深究",则属于否定以思想言论定罪的准则;而确定援用新刑律,实际上也就是肯定并开始实行罪刑法定原则。北洋政府时期的两次刑法修正案和国民政府时期的旧刑法,均沿用新刑律对罪刑法定原则的规定。1935年新刑法更进一步将反映罪刑法定原则的条文置于法典显要位置,在第一条规定:"行为之处罚,以行为时之法律有明文规定者为限";第二条规定:"行为后法律有变革者,适用裁判时之法律;但裁判前之法律有利于行为人者,适用最有利于行为人之法律"。

(二) 罪刑相适应(等价) 原则

在进入近现代之后,通过"模范列强"与适应国情的方式,逐步确立了罪刑相适应(等价)原则;到国民政府时期,又进一步追随刑法发展的世界潮流,吸收防卫社会主义理论,采目的刑或教育刑主义观念,对罪刑相适应原则予以修正和补充。

清末刑法变革中,一方面,废除因官秩、良贱、服制、民族等尊卑贵贱的等级差别而在刑法上实行的同罪异罚规则,如八议、官当、良贱、旗民异科诸制度,在制度层面上为实行法律上人人平等、消除刑事法律适用上的等级身份差别、实现同罪同罚规则消除了最重大的障碍;另一方面,在《大清新刑律》中体现了主要依据犯罪事实确定刑罚,也即依据罪犯所犯罪行的轻重或大小来确定刑罚的轻重这一罪刑相适应(等价)精神。

中华民国时期,约法或宪法确定了人民不分男女、种族、宗教、阶级,在法律上一律平等的原则,这无疑是贯彻罪刑相适应原则的重要条件。南京临时政府虽然通过颁行单行法令,强调必须贯彻"天赋人权,胥属平等"原则,但由于尚未及制定刑法典,而未能将罪刑相适应原则系统全面地体现出来;北洋政府时期,通过援用新刑律,将清末所形成的罪刑相适应原则在刑事司法实践中予以实施,但在稍后的第一次刑法修正案中,迫于袁世凯帝制自卫的专制野心和"隆礼"、"重典"的立法宗旨,不但使刑罚的轻重应与犯罪的轻重相适应这一层面的罪刑相适应原则遭到破坏,而且在总则中设立"亲属加重"专章,使罪刑相适应原则的更重要层面,即法律上人人平等、没有等级身份差别的同罪同罚精神大打折扣;到第二次刑法修正案,在以罪刑轻重确定刑罚轻重,即罪刑等价层面有所调整,而且删除了"亲属加重"章,使罪刑相适应原则得到一定程度的恢复和重建;至国民政府旧刑法,仍沿用第二次刑法修正案对罪刑相适应原则的表述。1935年的新刑法,一方面较为全面地总结了近现代刑法上罪刑相适应原则发展的积极成果,其内容在同罪同罚、没有等级身份差别、适用刑罚时人人平等这一层面上,表现得比较彻底;另一方面,由于刑事政策上改"由客观主义而侧重于主观主义,由刑罚报应主义而侧重于社会防卫主义",也就是趋向目的刑主义与教育刑主义,在以罪刑轻重确定刑罚轻重这一层面上,虽然仍以罪刑等价为原则,但又出现了将犯人的反社会危险性作为异其罪责的重要标准。为此,新刑法不但在总则中专门规定了"刑之酌科与加减"专章,为各种犯罪的科刑保留了裁量范围,同时还规定了对再犯、三犯、习惯犯、常业犯等加重科刑的规则;更为重要的是,新刑法在总则中又设专章规定"保安处分",加强对特定犯罪和特定犯罪人的特别预防。这些乃是新刑法极具时代性特征的对罪刑相适应原则的修正,当然在客观上也为国民政府利用这种具有较大灵活性的制度实现其镇压人民革命运动、镇压共产党、维持其统治权的目的提供了方便。

(三)刑罚人道原则

清末刑法变革之初,立法者就选择了仁政思想与刑法人道主义相结合的措施,先行对各种封建酷刑,包括凌迟、枭首、戮尸、缘坐、刺字等予以废除,嗣后又相继将窃盗应拟笞杖者改拟工作,将各罪附加之枷以及单丁存留养亲拟枷各犯俱改为罚银或罚工作,并明令废除刑讯,改良监狱,在一定程度上为贯彻刑罚人道原则扫清了障碍。[1]因而《大清现行刑律》所确定的刑罚体系就是由死刑、自由刑和罚金刑构成的;同年颁布的《大清新刑律》,已经完全改采以自由刑为中心的刑罚体系了,这无疑标志着至少在立法层面上,刑罚人道原则已经得到了确立。

中华民国时期,渊源于西方的人权与博爱思想对中国刑法的影响不断加深,刑罚人道原则也日益渗透到刑法之中。南京临时政府就特别注意"对于人犯皆本人道主义,其情称可恕者,虽所犯甚重,必不轻处以死刑",实施刑罚应该以"调剂个人之利益与社会之利益之平为准","国家之所以惩创罪人者,非快私人报复之私,亦非以示惩创,使后来相戒,盖非此不足以保持国家之生存,而成人道之均平也",因而,刑罚的目的并不在于报复与威吓,而在于维护国权、保护公安,"苛虐残暴,义无取焉"。基于刑罚人道精神,南京临时政府将死刑执行方法改为枪毙,革除前清所用的肉刑,废除笞杖

---

[1] 关于这一点,沈家本在1905年上奏的《删除律内重法折》中,就是根据中国与西方各国刑法相比较,不论是在罪名还是在刑名上,都呈现为"中重而西轻"的情形,以至于"西人每訾(中国重法)为不仁,其旅居中国者,皆借口于此,不受中国之约束",提出"治国之道,以仁政为先","刑法之改重为轻,固今日仁政之要务"的修订法律宗旨。

枷号刑,反对体罚,从而使刑罚人道原则第一次在刑罚实践中得到初步实现。嗣后在北洋政府及国民政府时期,通过颁行《暂行新刑律》、编纂两次刑法修正案以及制定颁行两部《中华民国刑法》,在立法和司法实践两个层面上,都确立了体现刑罚人道原则、以自由刑为中心的刑罚体系。

(四)亲属加重与减轻原则

在中国近现代刑法变革过程中,如何对待固有法律注重宗法等级与伦理亲情的悠久传统一直是焦点问题之一。就总的趋势来说,体现封建君主专制及伦理纲常的其他一些刑事法律规范虽然逐渐趋于消亡,而表现宗法伦理亲情的亲属相犯适用特殊规则的做法却被保留下来,并且成为刑法原则之一。

清末礼法之争的基本内容就包含着如何对待反映宗法等级与伦理亲情的有关法律条文的问题。争论的结果是,礼教派主张的对加害君主及内乱罪、外患罪加重科刑、对无夫奸科刑、对尊亲属有犯不得使用正当防卫等反映"三纲五常"、"义关伦常"的内容,被以《暂行章程》的方式附在《大清新刑律》正文之后;但毕竟没有按照礼教派的要求全部修入正文之中,只是对于侵害尊亲属加重处刑的内容规定在正文之内。中华民国南京临时政府及北洋政府颁行《暂行新刑律》时,《暂行章程》虽被全部删除,但正文中保留的对于尊亲属加害加重处刑的内容却仍被保留。第一次刑法修正案在总则部分专门规定了"亲属加重"一章,虽有倒行逆施之嫌,然而却也未尝不是试图保留民族传统的极端表现。至1935年国民政府颁行新刑法,一方面固然体现了追随世界潮流的特色,另一方面保留了注重宗法伦理亲情的传统特色。其具体表现主要有两方面:①加重对侵害直系血亲尊亲属犯罪行为的处刑,如对直系血亲尊亲属实施诬告、伤害、遗弃、妨害自由等犯罪行为者,加重刑罚二分之一;对常人施加暴力未成伤者,并不构成犯罪,但若对直系尊亲属使用暴力,即使未成伤也构成犯罪;普通杀人罪法定最低刑为十年以上有期徒刑,但杀害直系尊亲属者,法定最低刑为无期徒刑;对直系血亲尊亲属犯侵害尸体、发掘坟墓罪者,加重其刑罚二分之一。②亲属容隐制度在一定程度上被吸收,凡配偶、五亲等以内之血亲或三亲等以内之姻亲犯便利脱逃罪、藏匿犯人或使之隐避罪、顶替罪、湮灭刑事证据罪者,可以视其罪行轻重免除或减轻刑罚,从而使司法上的国家主义原则有所淡化,以增强家庭伦理的凝聚力,更加有效地维护社会秩序。

二、刑法一般规则

(一)刑法的效力(适用)范围

1. 空间效力。鸦片战争之后,帝国主义列强纷纷攫取在华领事裁判权,不但严重破坏了中国的司法主权,使中国蒙受巨大耻辱,而且与固有的属地原则严重冲突。清末刑罚变革既然以收回领事裁判权为直接目的,对刑法的空间效力就极为重视,相应地采取了"模范列强"方式,对固有的"化外人相犯"规则予以改造,形成与外国一致的空间效力规则,这一规则经过中华民国时期的不断修改,到1935年新刑法已相当完备。

概略而言,中国近现代刑法关于空间效力始终以属地原则为主,同时兼采属人主义、保护(自卫)主义及普遍(世界)主义原则。关于前者,《大清新刑律》规定,"本律于凡在帝国内犯罪者,不问何人适用之。其在帝国外之帝国船舰内犯罪者,亦同";《中华民国刑法》规定,"本法于在中华民国领域内犯罪者,适用之。在中华民国领域外之中华民国船舰或航空机内犯罪者,以在中华民国领域内犯罪论"。关于后者,以1935年的《中华民国刑法》规定最具代表性,其中属于兼采属人主义原则的有三种情形:①公务员在国外犯渎职罪、脱逃罪、伪造文书罪、侵占罪适用之;②一般公民在国外犯最轻本刑为三年以上有期徒刑之罪者,适用之,但以犯罪地法律不罚者,不在此限;③在国外对中国公民犯最轻本刑为三年以上有期徒刑之罪的外国人,适用之。属于兼采保卫(自卫)主义及普遍(世界)主义原则者,主要为在国外犯内乱罪、外患罪、伪造货币罪、伪造有价证券罪、伪造文书印文罪、鸦片罪、妨害自由罪及海盗罪,也适用之。

2.时间效力。在中国近现代刑法变革过程中,对时间效力规则作了相应地调整。《大清新刑律》以从新主义作为原则、以从旧主义作为例外,规定"本律于凡犯罪在颁行以后者,适用之","其颁行以前未经确定审判者,亦同。但颁行以前之法律不以为罪者,不在此限"。第二次刑法修正案则以这种"改从新法,有时科犯人以事后之重刑,殊未平允"为由,改为"以从新为原则,而旧法之刑较轻者,从轻"。此后的国民政府两部刑法典,均沿用这一规则,但新刑法对于保安处分则采用纯粹的从新主义原则。

(二)刑事责任制度

近现代中国通过对西方刑法理论和制度的引进和吸收,对固有刑法进行改造,逐渐建立并发展了新的刑事责任制度,这一制度包括刑事责任能力、刑事责任要件以及阻却违法事由三方面的内容。

1.刑事责任能力。在中国近现代刑法上,具备刑事责任能力是承担刑事责任的前提条件,而是否具备刑事责任能力一般包括三个方面的内容:

(1)刑事年龄责任。《大清新刑律》规定,原则上"凡未满十二岁人之行为,不为罪",当然也就不承担刑事责任;而已满十二岁未满十六岁之人或满八十岁之人犯罪者,得减轻本刑一等或二等。中华民国第二次刑法修正案,"参酌多数国立法例,(不承担刑事责任年龄)改为十四岁,十四岁以上未满十六岁者,得减轻其刑"。1928年的旧刑法沿用这一规定,而1935年的新刑法则将其中的"未满十六岁"改为"未满十八岁",其余不变。

(2)刑事精神责任。《大清新刑律》规定,"精神病人之行为,不为罪。但因其情节,得施以监禁处分",对酗酒或精神间歇时的行为,则不适用这一规定;1935年的新刑法则修改为"心神丧失人之行为,不罚","精神耗弱人之行为,得减轻其刑"。

(3)刑事生理责任。《大清新刑律》及后来的中华民国刑法典,均规定了喑哑人(即聋哑人)的行为,得减轻其刑罚。

2.刑事责任要件。对于刑事责任要件,《大清新刑律》规定为三个层次:原则上,"非故意之行为,不为罪";如果属于"不知法令,不得为'非故意'",但因其情节,可以减轻本刑一等或二等;作为例外,"应论过失者,不在此限"。1935 年《中华民国刑法》对此作了调整,规定内容也更加细密,原则上"行为非出于故意或过失者,不罚";作为例外,"过失行为之处罚,以有特别规定者为限"。此外,对于直接故意与间接故意、有认识之过失与无认识之过失也作了明确区分。

3.阻却违法事由。在中国近现代刑法变革过程中,通过批判地总结概括固有刑法的内容,引进和吸收国外刑法理论和制度,建立了中国近现代刑法上的"阻却违法事由"理论和制度。《大清新刑律》分别规定了依法或正当业务上之行为、不违背公共秩序与善良风俗的行为、习惯上的行为,均不为罪;正当防卫行为、避免紧急危难及强制的行为,也不为罪;但防卫过当及紧急避难过当者,得减轻刑罚;在公务及业务上有特别义务者,不适用紧急避难的规定。1935 年《中华民国刑法》则规定,"依法令之行为不罚;以所属上级公务员命令之职务上之行为,不罚,但明知命令违法者,不在此限";"业务上之正当行为,不罚";正当防卫及紧急避难行为不罚,但防卫过当及紧急避难行为过当者,得减免刑罚。

(三)未遂犯减免刑罚

由于固有刑法中并无未遂犯的规定,因此,在清末刑法变革的过程中才开始引进和吸收西方刑法上的未遂犯规则。《大清新刑律》将未遂犯区分为障碍未遂犯与犯罪中止两种:①障碍未遂,是指"犯罪已着手而因意外之阻碍不遂者","其不能生犯罪之结果"的不能犯视同未遂犯;在处刑上,未遂犯得减既遂犯之刑一等或二等。②犯罪中止,是指"犯罪已着手而因己意中止者",在处刑上虽准未遂犯论,但以免除刑罚为原则,以减轻刑罚为例外;第二次刑罚修正案则改为以减轻刑罚为原则,以免除刑罚为例外。1935 年新刑法将未遂犯界定为"已着手于犯罪行为之实行而不遂者",实际上包括了障碍未遂、不能犯与犯罪中止三种情形,而以障碍未遂为一般,以不能犯与犯罪中止为特例。对未遂犯的处罚,原则上以有特别规定者为限,一般仅减轻其刑;作为例外,不能犯与犯罪中止可以免除刑罚。

(四)共犯与共犯人的处刑

中国近现代刑法上的共犯,就是指二人以上共同实施犯罪行为。这表明,共犯并不以共同故意作为成立要件,即使一人故意、一人过失犯罪,也可构成共犯。

至于共犯人罪责的规定则比较复杂。一般根据各共犯人在共同犯罪中所处的地位、发挥的作用以及是仅有犯意还是一并实施共犯之行为等,分别确定其各自的罪责。共犯人一般被区分为正犯、教唆犯、从犯与过失共同正犯等。其中,正犯是指"二人以上共同实施犯罪行为者";教唆犯,在《大清新刑律》中称为造意犯,是指教唆他人犯罪者;从犯,在《大清新刑律》中被界定为"于实施犯罪行为前帮助正犯者",在《中华民国刑法》中被规定为"帮助他人犯罪者";过失共犯正犯,仅在《大清新刑律》中有规定,是指"于过失罪有共同过失者,以共犯论","值他人故意犯罪之际,因过失助成其结果者,准过失共同正犯论"。对共犯人的处刑,原则上正犯、教唆犯及教唆正犯相同,从犯仅得减轻处刑,而不是中国古代刑法之必须减轻处刑。

（五）累犯

在中国近现代刑法中，《大清新刑律》开始以专章规定累犯。构成累犯的条件是已受徒刑之执行，更犯徒刑以上之罪。《大清新刑律》将累犯区分为两种情形分别加重，凡是再犯加重本刑一等，三犯加重二等，"但有期徒刑执行完毕、无期徒刑或有期徒刑执行一部而免除者，逾五年而再犯者，不在加重之列"。第二次刑法修正案则将累犯区分为普通累犯与特别累犯两种，对特别累犯较普通累犯加重处刑。1935年新刑法既取消了再犯与三犯的区别，也删除普通累犯与特别累犯的划分，统一规定为"受有期徒刑之执行完毕，或受无期徒刑或有期徒刑一部执行而赦免后，五年以内再犯有期徒刑以上之罪者，为累犯，加重本刑之二分之一"。这一规定较前更为简洁明确，也更为概括统一，当然更显精审，更易适用。

（六）从俱发罪到数罪并罚

在中国近现代刑法中，《大清新刑律》仍沿用固有的概念，规定"确定审判前犯数罪者，为俱发罪"；第二次刑法修正案始以"俱发罪系沿用旧律名称，但该章所规定者，非限于数罪俱发，即数罪各别发觉，亦得适用"为由，改称"并合论罪"。1935年新刑法进一步改为"数罪并罚"，从而完成了从固有刑法"俱发罪"到近现代刑法"数罪并罚"的过渡。

对于裁判前一人犯有数罪的处罚，在中国近现代刑法中都是采用分别宣告、并合执行的方法。其数罪所应执行的刑罚，则采取传统的从一重与合并执行兼收并蓄的态度，也就是以从一重为主、并科为辅的方法。具体而言，包括五种情形：①数个死刑或无期徒刑，执行其一；②最重本刑为死刑或无期徒刑，执行最重之一刑；③数个有期徒刑或拘役，在其中最长期限以上、合并刑期以下决定应该执行的刑期，但徒刑不得超过二十年，拘役不得超过四个月；④数个罚金刑，在其中最高额以上，合并金额以下，决定执行的金额；⑤数个没收或有期徒刑、拘役、罚金三者并存，均全部执行。另外，涉及到数罪并罚的还有，一行为而成立数个罪名者或以犯一罪方法或结果而生他罪者，从一重处断；连续犯以一罪论；一人犯数罪而又属累犯，数罪与累犯分别宣告，合并执行。

（七）刑之酌科与加减

中国近现代刑法一方面确定了罪刑法定原则，另一方面又出现了"由客观主义而侧重于主观主义，由刑罚报应主义而侧重于防卫社会主义"的发展趋势，其主要表现就是既赋予法官量刑之自由裁量权，又在刑法典中专门"胪举科刑时应行注意事项，以为法定刑内科刑轻重之标准"。

在《大清新刑律》中设宥减、自首、酌减、加减例等四章，对刑之酌科及加减分别作了规定，但其内容"于科刑之轻重，除酌减外别无标准"，难称允当。第二次刑法修正案专设刑之酌科章，而将刑之减免赘于刑事责任之后作为一章。1935年新刑法进一步专设刑之酌科与加减章，对刑之酌科与加减作了系统规定，具体内容包括三个方面：

1. 对刑之酌科的法定事由，采取概括与列举相结合的方式加以规定。其中所列举的包括犯罪之动机、犯罪之目的、犯罪时所受之刺激、犯罪之手段、犯人之生活状况、犯人之品行、犯人之知识程度、犯人与被害人平日之关系、犯罪所生之危险与损害、犯罪后之态度等。此外又概括地规定,凡与犯罪有关的一切情状均可作为事由予以审酌,以决定刑之轻重。

2. 关于刑之酌科的具体规则,包括罚金之科刑应酌量犯人之资力及犯罪所得利益;犯罪情状属可悯恕者的酌量减轻甚至免除其刑;自首减刑;除犯杀直系血亲尊亲属外之未满十八岁人及满八十岁人不得处死刑及无期徒刑等。

3. 关于加减刑的通例,包括死刑与无期徒刑不得加重;死刑减轻者减为无期徒刑或十五年以下十二年以上有期徒刑;有期徒刑、拘役、罚金减轻者均减轻其刑二分之一;两种主刑加减时应并加减、主刑加减顺序为先加后减等。

第三节　刑罚制度

一、刑罚体系

(一)中国近现代刑罚体系的建立和发展

在清末刑法变革过程中,通过引进和吸收西方近现代刑法思想理论,对固有刑罚制度进行改造,逐步建立起中国近现代刑罚体系,并在中华民国时期发展成熟。

1. 清末刑罚体系的建立。清末法制变革中,相继采取废除各种封建酷刑与制颁《大清新刑律》两方面措施,基本构建起近现代刑罚体系的雏形。

在1902年清廷决定进行法制变革之时,就接受山西巡抚赵尔巽的建议,开始在各省设立罪犯习艺所,凡徒犯及常赦所得原的充军、流刑罪犯都不再发配,而是交由本地罪犯习艺所,依照年限罚作工作与习艺。次年又删除充军名目,将附近、近边、边远并入三流;极边、烟瘴改为安置。1904年又议准将笞杖等罪改为罚银或罚作工作,从而废除了笞杖刑。1905年明令宣布"凌迟及枭首、戮尸三项,着即永远删除";"缘坐各条,除知情者仍治罪外,余着悉与宽免,其刺字等,亦着概行革除"。次年,将戏杀、误杀、擅杀虚拟死罪各条分别减为徒、流刑。到1910年颁行《大清现行刑律》,比较全面地总结了清末废除封建酷刑的成就,确定了以罚金、徒刑、流刑、遣刑和死刑组成的新五刑体系,尽管其中还保留了流刑和遣刑,但同时却又特别注明流刑和遣刑俱应工作,实际上乃是由财产刑、自由刑和生命刑三类刑罚组成的。至此,固有的封建制五刑体系已基本宣告解体,从而为建立新的刑罚体系扫清了最大障碍。

在废除封建制刑罚的同时,通过制颁《大清新刑律》,已基本建立起新刑罚体系。在这一刑罚体系中,全部刑罚首先被区分为主刑与从刑两大类,主刑包括死刑、无期徒刑、有期徒刑、拘役和罚金;从刑分为褫夺公权与没收。此外,还具体规定了各刑种的执行以及易科规则、缓刑与假释制度。至此,以自由刑为中心的中国近现代刑罚体系基本形成。

2. 中华民国刑罚体系的发展。中华民国建立之初,南京临时政府就彻底摒弃了清朝实行的野蛮残酷的封建刑罚,死刑执行改采枪毙方法,并下令废除笞杖枷号等刑罚手段,推动了刑罚制度改革的深化。北洋政府通过颁行《暂行新刑律》,肯定了清末所建立的近现代刑罚体系,但在袁世凯专制淫威之下,又于1914年颁行《徒刑改遣条例》和《易笞条例》,恢复已经被废除的遣刑与笞刑,反映出刑罚体系发展演变中的曲折与反复。此后,两次刑法修正案均沿用清末所建立的刑罚体系,其间具体内容则多所修改,特别是废除了有期徒刑等级制。到国民政府时期,1928年的旧刑法肯定了两次刑法修正案的成果;而1935年的新刑法更进一步引进和吸收了保安处分制度,实行刑罚与保安处分二元主义,从而使中国近现代刑罚体系又一次发生重要变化,显示出更加成熟的迹象。

(二)中国近现代刑罚体系的特点

1. 以自由刑为中心。在这一刑罚体系中,不管是作为主刑还是从刑,其实都可以被区分为生命刑、财产刑和自由刑三大类,而其中生命刑只有死刑,财产刑就是指罚金与没收,其余的无期徒刑、有期徒刑、拘役和褫夺公权均属于以限制或剥夺人身自由或自由权为基本内容的自由刑。显然,不论是在刑种比例上,还是在实际应用上,自由刑在这一刑罚体系中都占据绝对优势。因而,可以称这一刑罚体系为以自由刑为中心的刑罚体系。

2. 采用主从结构。全部刑罚被区分为主刑与从刑。主刑属于只能独立运用不能附加适用的刑罚,是对各种犯罪适用的主要刑罚;从刑则是补充主刑的,既可独立适用,也可附属于主刑而适用。

3. 广泛覆盖,有序排列。由重至轻依次排列了死刑到一日之拘役或一元之罚金,既体现了刑罚人道主义精神,又反映了罪刑相适应与罪责个别化的需求,能较为准确地适应惩戒和预防多种犯罪的需要。

二、刑罚种类与刑罚易科

(一)主刑

中国近现代刑罚制度中的主刑始终由死刑、无期徒刑、有期徒刑、拘役和罚金构成,但各刑种的具体内容则一直存在着发展变化。

1. 死刑。死刑作为最严厉的刑种,经清末改革废除了凌迟、枭首、戮尸等野蛮残酷的执行方法;在《大清新刑律》中,根据"死刑唯一"的精神,又力图废除斩刑的执行方法,明定"死刑用绞,于狱内执行之",但在《暂行章程》中又保留了斩刑。中华民国南京临时政府时执行死刑基本采用枪决方法;《暂行新刑律》仍确定采用绞刑方法,并废除《暂行章程》规定的斩刑;但在1914年颁行的《惩治盗匪法》和《私盐治罪法》中,又规定"死刑得用枪毙";两次刑法修正案均沿用《暂行新刑律》规定的绞刑。国民政府时期,两部刑法典都不再专门规定死刑执行方法,但实际上均采用各国通行的枪毙作为死刑执行方法。

2. 无期徒刑。在中国近现代刑法中,无期徒刑的执行一直采用剥夺罪犯自由、于监狱内监禁并强制服法定劳役的方法执行。

3. 有期徒刑。中国近现代刑罚中的有期徒刑的具体内容有一个发展演变的过程。最初在《大清新刑律》中,有期徒刑采分等制,分为五等:一等为十五年以下,十年以上;二等为十年未满,五年以上;三等为五年未满,三年以上;四等为三年未满,一年以上;五等为一年未满,二个月以上;但数罪并罚者最高可至二十年。至于有期徒刑之执行,仍采用剥夺罪犯自由,监禁于监狱中并强制服劳役的方法。中华民国时期,第二次刑法修正案以有期徒刑"以五等为标准,惟罪之轻重各有不同,必以五者绳之,恐所定之刑有不失于酷即失于宽之病,且加必一等减必一等,亦恐畸轻畸重"为由,废除等级制,在分则各条明确规定年月,而加减刑则以若干分之几为准。此后国民政府的两部刑法典就将这一做法肯定下来,规定有期徒刑为二月以上十五年以下,最高可加至二十年,最低可减至二个月未满。

4. 拘役。在中国近现代刑法上,拘役刑的期限为一日以上二个月未满,但加重可加至四个月。其执行方法为剥夺自由权,于监狱内监禁并服劳役;但因具体情节也可以免除劳役。

5. 罚金。中国近现代刑法中的罚金刑属于财产刑,其罚金数额自《大清新刑律》到1935年新刑罚,均只规定为一元以上,在审判确定后一个月内完纳,但依照具体情形或强制完纳或易科监禁、劳役或训诫。

(二)从刑

1. 褫夺公权。褫夺公权,属于自由刑,即指剥夺罪犯的公权,是在近现代才由西方引进的刑罚种类。《大清新刑律》首次将褫夺公权列为法定从刑,但其规定稍显复杂。褫夺公权被区分为必褫夺与得褫夺:必褫夺者,终身褫夺罪犯为官员、选举人、膺封赐勋章及职衔出身、入军籍、为学堂监督及职员、教习、为律师等六种资格的全部或一部;得褫夺者,指可以剥夺现在的地位,或者在一定期限内剥夺上述六种资格的全部或一部,但以应科徒刑以上之刑罚者为限。到第二次刑法修正案,认为区分必褫夺与得褫夺"标准至为不一,规定亦殊纷歧",因而加以废弃,规定对褫夺公权"盖取裁量主义,并废弃一部之褫夺"。1935年新刑法进一步加以规范,规定褫夺公权的内容为剥夺为公务员、公职候选人和行使选举、罢免、创制、复决四项政权等三种资格;褫夺公权的适用依据主刑的轻重区分为两种:凡宣告死刑或无期徒刑者,宣告褫夺公权终身,且从裁判确定时发生效力;宣告六个月以上有期徒刑,依据犯罪之性质认为有必要者,宣告褫夺公权一年以上十年以下,从主刑执行完毕或赦免之日起算。

2. 没收。没收属于财产刑,也包括了强制措施的因素。没收的范围包括违禁物、供犯罪所用或供犯罪预备之物、因犯罪所得之物。但在《大清新刑律》中规定,"没收之物,以犯人以外无有权利者为限";而1935年新刑法则规定,违禁物不问是否犯人之物,均予以没收。

(三)刑罚易科

在中国近现代刑法中明确规定了刑罚易科制度,即对于一些轻微犯罪虽然依法判处刑罚,但由于特定原因对于罪犯不执行所宣告的刑罚更为适当时,则易以其他刑罚或惩戒教育方式代替宣告刑罚的执行,以补充刑罚使其发挥更为明显的效能。

《大清新刑律》中刑罚易科有两种方式:①易以罚金,适用于受五等有期徒刑或拘役之宣告,而其执行实有窒碍的情形,易科标准为监禁一日折算罚金一元;②易科监禁,适用于罚金刑确定后逾一月不完纳而又无资力者,易科标准为罚金一元折抵监禁一日,在监狱内附设之监禁所执行。

《暂行新刑律》沿用这一规定。1935年新刑法刑罚易科分为三种方式:①易科罚金,适用于犯最重本刑为三年以下有期徒刑的罪行,而受六个月以下有期徒刑或拘役的宣告,因身体、教育、职业或家庭关系的影响,执行显然有困难的情形,易科标准为每一日折抵一至三元罚金;②易服劳役,适用于判处罚金刑逾二个月期限不完纳而又无资力的情形,易科标准为罚金一至三元折抵劳役一日,但劳役期限不得超过六个月;③易以训诫,适用于受拘役或罚金刑之宣告,而犯罪动机在公益或道义上属于显然可以宥恕者。

三、保安处分

(一)保安处分[1]概说

1935年新刑法中规定的保安处分制度,是中国近现代刑法出现的重要发展之一。

保安处分既非刑罚,又不是一般意义上的行政处分,而是由法院对特定的人或特定的罪犯所做的司法处分,目的在于对具有特殊性的犯罪或罪犯,或者可能的犯罪或罪犯给予特别处分,以弥补刑罚的不足,进而更有效、更全面地防卫社会、预防犯罪,是目的刑和教育刑思想理论在刑法上的主要表现,因而具有积极意义。由于新刑法在立法宗旨上追随世界刑法发展潮流,强调"由客观主义而侧重于主观主义,由刑罚报应主义而侧重于防卫社会主义",于是,仿效德、意、日诸国刑法规定了保安处分制度。但在20世纪前半期,德、意、日的法西斯主义政权都曾采用保安处分强化其法西斯统治,因而,在充分认识保安处分的积极意义的同时,也必须特别注意其可能带来的消极影响。

---

[1] 在此有必要简要说明保安处分的由来。在18~19世纪西方各国,盛行的是古典刑事法学派主张的刑罚报应主义思想理论。到19世纪后期,面对社会出现的累犯与少年犯罪率急剧上升的情形,刑罚报应主义思想理论益显捉襟见肘、无能为力。在此情形下,刑事社会学派开始出现。该学派以社会责任论为基础,提出目的刑或教育刑思想理论。依照该理论,国家对罪犯论罪科刑,并非对恶行的报复,而是为了预防犯罪,特别是预防再犯,以防卫社会安全秩序。为此,该学派主张,刑罚的目的应该是"矫正可以矫正的罪犯,无法矫正的罪犯不使为害"。具体方法就是对那些不能矫正的"危险状态的承担者"采用不定期刑,或者在服刑后送入习艺所或其他特设的机关,进行强制教育或矫正。这种理论在19世纪末20世纪初为一些西方国家刑法所采纳,保安处分制度随之产生。最早规定保安处分的是1893年的瑞士刑法草案,此后在1908年的瑞士刑法草案、1909年的奥地利刑法草案及德国刑法草案、1926年的捷克斯洛伐克刑法草案、1927年的意大利刑法草案以及日本刑法草案中,均采用保安处分与刑罚的二元主义结构,将保安处分作为补充刑罚的刑事制裁制度加以规定。1930年的意大利刑法典开始正式把保安处分作为刑法内容予以肯定并实施。

(二）保安处分的种类与适用条件

在 1935 年的新刑法中规定的保安处分共分为七种，对每一种保安处分的适用条件都作了相应地规定。

1. 感化教育处分。适用于未满十四岁而不罚的有违法行为者，或因未满十八岁犯罪而减轻其刑罚者。感化教育一般在教育处所执行，但对未满十四岁的人，也可以采用家庭方式进行感化教育，其期限不得超过三年。

2. 监护处分。适用于"因心神丧失而不罚"和"因精神耗弱或喑哑而减轻其刑"的犯罪者。对于后者，一般在刑罚执行完毕或赦免后，送于指定的精神病院、医院或慈善团体、最近亲属及其他适当场所予以监护，监护期限为三年以下。

3. 禁戒处分。适用于犯吸食鸦片、施打吗啡或使用高根、海洛因或其他化合质料之罪者和因酗酒而犯罪者。对于前者，在原判刑罚执行前执行禁戒处分，期限为六个月以下；对于后者，于原判刑罚执行完毕后或赦免后执行禁戒处分，期限为三个月以下。

4. 强制工作处分。适用于有犯罪习惯或以犯罪为常业或因游荡或懒惰成习而犯罪者。对这些人可以在刑罚执行完毕或赦免后，令其进入劳动场所强制工作，期限为三年以下。

5. 强制治疗处分。适用于犯传染花柳病、麻风病罪者，在刑罚执行前令其进入相当处所，强制治疗至痊愈为止。

6. 保护管束。适用于被宣告处以感化教育处分、监护处分、禁戒处分、强制工作处分者，在实施上述处分前，可以根据情形施以三年以下的保护管束处分，以代替原宣告的处分。还适用于受缓刑宣告及获准假释者，在缓刑及假释期限内施以保护管束处分。

7. 驱逐出境处分。适用于被判处有期徒刑以上刑罚的外国人，在原判决刑罚执行完毕或赦免后，可以将其驱逐出境。

（三）保安处分的宣告与执行

保安处分一般应在裁判时宣告，但因假释或刑罚赦免后交付保安处分者，可以不受此限制。保安处分的执行时效为三年。

四、缓刑与假释

清末刑法变革中，通过"模范列强"引进和吸收外国刑法理论和制度，首次规定了缓刑与假释制度；嗣后，经中华民国时期的发展，形成了中国近现代的缓刑与假释制度，促进了刑罚适用制度的现代化。

（一）缓刑

1. 缓刑概说。缓刑制度创始于 19 世纪后期，是对判处短期自由刑及财产刑的犯罪人附有一定条件的暂缓执行刑罚或不执行原判刑罚的制度，这一方面表现了刑罚谦抑之宗旨，在另一方面也体现了刑罚更注重对社会效果的追求。在中国近现代，从《大清新刑律》到中华民国时期的两次刑法修正案和两部刑法典,都在总则中专门规定了缓刑制度。

2. 缓刑的适用范围和条件。《大清新刑律》规定缓刑适用范围为判处四等有期徒刑(即三年以下有期徒刑)及拘役的罪犯;适用缓刑的条件包括,未曾受拘役以上之刑者,以前曾被处五年以下有期徒刑执行完毕和免刑后已超过七年或拘役执行完毕或免除后超过三年者,有一定的住所及职业者,有亲属故旧监督缓刑期内之品行者;缓刑的期限为五年以下三年以上。第二次刑法修正案修改为,缓刑适用于犯二年以下有期徒刑及拘役的罪犯,判处罚金刑者也可以适用缓刑;而缓刑的期限则缩短为二年。1935年新刑法确定缓刑适用范围包括受二年以下有期徒刑、拘役及罚金之宣告者;但对于适用缓刑的条件则规定为两项,即未曾受有期徒刑以上刑之宣告者,以前虽曾受有期徒刑以上刑之宣告,但执行完毕或赦免后五年内未曾受有期徒刑以上刑之宣告者;至于缓刑的期限则修改为五年以下二年以上。

3. 缓刑宣告的效力。缓刑宣告的效力主要表现为,缓刑期满而缓刑之宣告未经撤销者,原判刑罚即丧失其效力,不再执行。

4. 缓刑宣告之撤销。《大清新刑律》规定,因缓刑期内或缓刑前犯罪而受拘役以上刑之宣告、丧失住所及职业、监督人请求刑之执行而言之有理、不具备缓刑条件经发觉者等事由,撤销缓刑宣告。1935年新刑法将缓刑宣告撤销的事由简化为两种,即缓刑期内更犯罪而受有期徒刑以上刑之宣告,或缓刑前犯其他罪而在缓刑期内受有期徒刑以上刑之宣告者,但过失犯罪不在此限。

(二) 假释

假释又称假出狱,指犯人服刑期间尚未届满暂予释放,经过一段时间的考验,如不再犯罪即以刑罚执行完毕论的制度。中国近现代刑法中对假释规定的内容主要有三个方面:

1. 假释的适用范围及条件。在清末至中华民国时期的各部刑法草案及刑法典中,规定适用假释的范围均为受徒刑(包括无期徒刑和有期徒刑)执行的罪犯;适用假释的条件包括两项:①在服刑期间,罪犯确有"悛悔实据";②无期徒刑执行十年以上或有期徒刑执行超过刑期二分之一以上,才可以依照法定程序适用假释。但《大清新刑律》又规定有期徒刑执行未满三年、《中华民国刑法》规定有期徒刑执行未满一年者,不得适用假释。

2. 假释的效力。凡无期徒刑假释后满十年或在有期徒刑所余刑期内未经撤销假释者,其未执行之刑即以已经执行论处。

3. 假释的撤销。《大清新刑律》规定,凡在假释期内更犯罪或因假释前所犯罪而受拘役以上刑罚宣告者、因假释前所犯拘役以上刑罚之宣告而应执行者、犯假释管束规则中应撤销其假释之条件者、均应撤销其假释。《中华民国刑法》则修改为,假释中更犯罪而受有期徒刑以上刑罚之宣告者,撤销其假释;但所犯为过失罪者不在此限。另外,假释撤销后,其出狱日数不计入刑期之内。

本章小结

本章介绍中国近现代刑法的发展演变。首先,中国近现代以编纂刑法典为中心,在清末发生了著名的礼法之争,完成了《大清现行刑律》和《大清新刑律》,开始了对固有刑法的全面改革,至北洋政府时期颁布《暂行新刑律》,后来又经过两次刑律修正案和国民政府时期旧刑法和新刑法,基本完成了刑律变革的历史任务。其次,中国近现代刑法体系由刑法典与单行刑法法规构成,其中刑法典一直采用总则与分则两编式结构,但具体内容则多有发展变化,在此,中国近现代不但逐步废除了固有的带有明显封建色彩的刑法原则,而且形成了以罪刑法定、罪刑相适应、刑罚人道和亲属加重与减轻为内容的刑法原则,同时,刑法一般规则也有发展变化。最后,中国近现代逐步建立了以自由刑为中心的、由主刑和从刑两部分构成的刑罚制度,并实施缓刑与假释制度,但到国民政府新刑法时,则追随世界刑法发展新潮流,实行刑罚与保安处分二元主义,规定了保安处分制度。

课后作业

一、关键词解释

1. 《大清现行刑律》 《大清新刑律》 《暂行新刑律》 旧刑法 新刑法
2. 修订法律馆 礼教派 法理派 总则 分则 刑事特别法
3. 罪刑法定原则 罪刑相适应原则 刑罚人道原则 亲属加重原则
4. 阻却违法事由 未遂犯 共犯 累犯 俱发罪、并合论罪与数罪并罚
5. 自由刑 主刑 从刑 褫夺公权 刑罚易科 保安处分 缓刑 假释

二、思考题

1. 如何评价清末修律过程中的礼法之争?
2. 如何评价《大清新刑律》的历史地位?
3. 试比较新刑法与旧刑法?
4. 怎样正确认识中国近现代刑法中的亲属加重与减轻原则?
5. 怎样认识保安处分制度?

第9章 中国近现代诉讼法论

【本章导读】

本章介绍中国近现代诉讼法的发展演变与内容特点。其中第一节主要从总体上说明中国近现代诉讼法发展演变的基本进程和特点;第二、三节分别就民事诉讼法与刑事诉讼法的发展演变及内容特点予以介绍。关键问题是了解和把握中国近现代独立诉讼法的创立与发展进程以及民事诉讼法的基本原则与规则的内容和特点。

第一节 诉讼法的发展演变

一、清末独立诉讼法的创立

中国近现代诉讼法是在社会政治、经济、文化发生剧变的进程中,通过引进和吸收西方诉讼法制对固有诉讼制度进行改造的途径,在清末逐渐形成、在中华民国时期发展成熟的。

清末于1902年开始法制变革后,修订法律馆了解到,"泰西各国诉讼之法,均系另辑专书,复析为民事、刑事二项",[1]而且认识到,法律体系"大致以刑法为体,以诉讼法为用。体不全,无以标立法之宗旨;用不备,无以收行法之实功。二者相因,不容偏废"。因此,如仅专注于刑法修订,"若不变通诉讼法,纵令事事规仿,极力追步,真体虽充,大用未妙",结果必然是"于法政仍未济",[2]也就无法实现收回领事裁判权的目的。据此,在1905年提出先行编纂独立简明的诉讼法,并由伍廷芳负责,于次年初完成《刑事民事诉讼法草案》。该草案作为中国历史上第一部独立的诉讼法草案,共

---

[1] 沈家本、伍廷芳:《奏进〈刑事民事诉讼法〉草案折》。
[2] 沈家本、伍廷芳:《奏进〈刑事民事诉讼法〉草案折》。

有总则、刑事规则、民事规则、刑事民事通用规则、中外交涉案件处理规则等五章二百六十条,其体例虽仿效民法法系,内容却多采英美诉讼法制度,尤其注意采用"我法所未备,尤为挽回法权最要之端"的陪审、律师等制度。虽然因该草案本身既未区别民事与刑事诉讼,内容又过于简单,加上各地督抚纷纷指摘其"过沿西制"、"关键多疏"、"滞碍难行"而被搁置,但其对于独立的近现代诉讼法的形成,仍具有十分重要的积极意义。

不过,因预备立宪与官制改革而出现的各级审判厅"开办在即",法部为使各级审判厅有所遵行,不得不临时拟定了《各级审判厅试行章程》,于1909年颁布试行。该章程共分总纲、审判通则、诉讼、检察及附则等五章一百二十条,作为清末唯一正式公布试行的诉讼法规,尽管内容过于简略,且因"调和新旧"难称允当,但对确立诉讼法的独立地位仍具有积极意义。

与此同时,修订法律馆又于1907年着手编纂更为详备的诉讼法典。这次编纂由沈家本亲自主持,日本法学家冈田朝太郎和松冈义正协助草拟,并取1890年的日本《刑事诉讼法》与《民事诉讼法》为蓝本,"考列国之成规,采最新之学理,复斟酌中国民俗,逐一研求",至1911年初完成《刑事诉讼律》与《民事诉讼律》两部草案。其中《刑事诉讼律草案》分为总则、第一审、上诉、再理、特别诉讼程序、裁判之执行等共六编十五章五百一十五条,《民事诉讼律草案》分为审判衙门、当事人、通常诉讼程序、特别诉讼程序等四编二十二章八百条。尽管这两部草案未曾颁行,但其完成本身已使诉讼法的独立地位在清末得到确立,而且使刑事诉讼与民事诉讼分立并列的体例基本形成,同时也为中华民国时期诉讼法的发展奠定了基础。

二、中华民国时期诉讼法的发展

(一)南京临时政府时期的初步改革

南京临时政府建立后,采取三方面措施推进诉讼法制的改革和建设:①废除刑讯拷掠。由临时大总统孙中山发布命令,根据诉讼人道主义精神,坚决废除刑讯拷掠等野蛮落后的诉讼旧制,"不论行政、司法官署及何种案件,一概不准刑讯。鞫狱当视证据之充实与否,不当偏重口供"。②推行"文明"诉讼办法。南京临时政府曾多次发布单行诉讼法令,积极推行公开审判、律师及辩护、上诉及四级三审、重证据而不偏信口供等以保护人民诉权为宗旨的"文明诉讼"办法。③主张援用清末编纂的刑事、民事诉讼法典,以图尽快建立新的诉讼制度。

这些措施,对于肯定清末开始的诉讼法改革成果,推动中国诉讼法的现代化,无疑起到了积极作用。

(二)北洋政府时期诉讼法的发展

北洋政府时期,中国近现代诉讼法有了一定发展并取得一些积极成果,但也因自身体系不尽成熟而受到相当限制,更因实际上的军阀独裁专制、败坏法制而几乎将其积极成果湮没殆尽。

1. 制定颁行单行诉讼法规。北洋政府建立后,鉴于诉讼法极端缺乏的实际,先于1912年5月由司法部发布命令,将清末编纂的《刑事诉讼律草案》、《民事诉讼律草案》中"关于诉讼管辖各节刊印,颁发京外司法衙门遵照"执行;嗣后,又相继将这两部诉讼律草案的有关内容修改为一系列单行条例予以颁行,包括1913年的《修正各级审判厅试办章程》、1914年的《民事非常上告暂行条例》、《县知事审理诉讼暂行章程》等。这样,就初步建立起诉讼法的体系。

2. 颁行《刑事诉讼条例》与《民事诉讼条例》。1922年,北洋政府颁行了《刑事诉讼条例》和《民事诉讼条例》。这两部诉讼条例均系由北洋政府设立的修订法律馆以清末的《刑事诉讼律》和《民事诉讼律草案》为蓝本修订而成,其中《刑事诉讼条例》分八编五百一十四条,《民事诉讼条例》分六编八百条;在内容上,不但肯定了审判独立、公开审判、律师制度、辩护制度、上诉以及四级三审制等原则与制度,而且就刑事与民事的第一审、上诉审、特别诉讼程序、执行等作了详尽系统的规定。

尽管北洋政府时期在诉讼立法上取得了一定成绩,但因时处军阀专制独裁统治与割据状态,"军事法令和军法审判机关的声势日涨,颇有以惨酷的罚则及程序代替民事法令和普通法院的趋势",因而诉讼条例实施的状况与其规定的精神,实在是"迥然不同",[1]其中所包含的法理优点在实际上几乎全部被湮没。

(三)国民政府时期诉讼法的发展成熟

国民政府建立后,加快了以制颁诉讼法典为中心的诉讼法制现代化进程,同时又制颁了一系列单行诉讼法规,基本完成了以诉讼法典为中心、辅之以单行诉讼法规的中国近现代诉讼法体系。

1. 诉讼法典的制定颁行。国民政府最初曾沿用北洋政府颁行的两个诉讼条例和广州军政府于1921年颁行的《刑事诉讼律》与《民事诉讼律》。到1928年7月,《刑事诉讼法草案》先行完成并由国民政府公布,是为国民政府时期颁布的第一部刑事诉讼法典。该法典分为总则、第一审、上诉、抗告、再审、非常上诉、简易程序、执行、附带民事诉讼等九编二十章五百一十三条。《民事诉讼法草案》在同年7月完成后经立法院审议通过,于1930年2月公布了第一编至第五编第三章共五百三十四条,后来又在次年2月公布剩余的第五编第四章六十六条,是为国民政府时期颁行的第一部民事诉讼法典。

这两部诉讼法典的制颁比较仓促,施行之后即显现出存在颇多不合实际、窒碍难行之处,因而,不久即由司法部负责对之进行修订。到1935年1月1日颁布修订后的《刑事诉讼法》,2月1日颁布修订后的《民事诉讼法》,同年7月1日同时生效。其中《刑事诉讼法》共九编二十章五百一十六条,与旧法典相比,体系变化不大;而《民事诉讼法》则分为总则、第一审程序、上诉审程序、抗告程序、再审程序、督促程序、保全程序、公示催告程序、人事诉讼程序等九编十三章六百三十六条,体例变化明显。

---

[1] 杨鸿烈:《中国法律发达史》,上海书店1933年版,第1029页。

总体而言,这两部经过修订的诉讼法典不论是在体例上还是在内容上,既肯定了清末以来近现代诉讼法发展的积极成果,又注重适应近现代社会现实情形,将引进和吸收西方近现代诉讼思想理论与中国社会实际相结合,是具有时代性与民族性的比较成熟的诉讼法典。1941年,国民政府对这两部诉讼法典分别加以修订,但仅涉及具体规定。

2.单行诉讼法规的制定颁行。在制颁诉讼法典的同时,国民政府还相继制定颁行了一系列单行诉讼法规。这些诉讼法规可分为两类:①为配合与辅助法典使诉讼法典的基本规定具体化的一般单行法规,如两部诉讼法典的施行法、《办理刑事诉讼案件应行注意事项》、《诉讼须知》、《提审法》、《刑事诉讼审限表》等;②适用于特种案件或特定时期的单行特别诉讼法规,如1945年的《非常时期刑事诉讼补充条例》、《复员后办理刑事诉讼补充条例》、1944年的《特种刑事案件诉讼条例》、1946年的《战争罪犯审判条例》、1948年的《特种刑事法庭审判条例》等。这些单行诉讼法规中有相当一部分就是为了维持其政治统治、镇压反对派,特别是镇压人民革命活动而制定的,因而其内容中就包含了诸如剥夺被告人上诉权、秘密审判、不得聘请律师辩护等完全背离诉讼法典所规定的近现代诉讼法的精神原则的制度。

第二节 民事诉讼法

一、体系与原则

(一)体系

1.清末《民事诉讼律草案》的体系。清末编纂《民事诉讼律草案》,具有初创阶段的特色,其内容由四编构成。第一编审判衙门,分五章规定了法院的管辖与审判机关职员的回避制度。关于管辖共规定了事物管辖(审级管辖)、土地管辖(地域管辖)、指定管辖、合意管辖等四种。第二编当事人,分七章规定了当事人能力、多数当事人、诉讼代理、诉讼辅佐人、诉讼费用、诉讼担保及诉讼救助等。第三编普通诉讼程序,分五章规定了普通诉讼程序中的通用规则、地方审判厅第一审程序、初级审判厅第一审程序、上诉程序、再审程序等。第四编特别诉讼程序,分五章规定了督促程序、证书程序、保全程序、公示催告程序以及人事程序等内容。

作为初创阶段的《民事诉讼律》,其在体系方面的缺陷比较明显:①该草案未设置总则或总纲,而直接就审判衙门、当事人与诉讼程序分四编加以规定,这容易导致许多通用规则分散在各编中而不利于把握;②仅将民事诉讼程序分为普通与特别程序两大类,既无法准确划分两者之间的界限,又难于全面区分诉讼程序的种类,如禁治产的宣告、公示催告等,本质上并非民事程序,而是可以准用或适用民事诉讼法规的便宜处理;③对于在中国具有悠久历史和强大生命力的调解程序以及简易程序未作规定,难免遭到非议;④将再审程序列入普通程序,显然不尽合理。尽管如此,该草案毕竟还是为创建中国近现代民事诉讼法典体系做了首次探索和尝试,其积极意义仍不容忽视。

2. 中华民国《民事诉讼法》的体系。中华民国时期,直接取法德、日民事诉讼法并前后数度制颁修订,最终于 1935 年完成了体系更为全面成熟的《民事诉讼法》。

这部民事诉讼法典共分为九编:第一编总则,就民事诉讼中的一般事项予以规定,具体分为四章:第一章法院,规定了管辖与法院职员的回避制度;第二章当事人,规定了当事人能力及诉讼能力、共同诉讼、诉讼参加、诉讼代理人及辅佐人等内容;第三章诉讼费用,就诉讼费用的负担、担保及诉讼救助等作了规定;第四章诉讼程序,就各种诉讼程序的通用规则予以规定,具体规定了当事人书状、送达、期日及期间、诉讼程序之停止、言词辩论、裁判、诉讼卷宗等内容。第二编第一审程序,具体分为三章:第一章通常诉讼程序,分别就起诉、言词辩论之准备、证据、和解、判决予以规定;第二章调解程序,专门就调解程序予以规定;第三章简易诉讼程序,就第一审简易程序予以规定。第三编上诉审程序,分别规定第二审和第三审程序。第四编抗告程序,第五编再审程序,第六编督促程序,第七编保全程序,第八编公示催告程序,都因内容较少而不再分章,直接以编统条。第九编人事诉讼程序,分四章规定了婚姻事件、亲子关系事件、禁治产事件以及宣告死亡事件的程序。

由于克服了《民事诉讼律草案》的缺陷,《民事诉讼法》的体系显示出较为完整成熟的特点:①专设总则编,就民事诉讼的一般事项作提纲挈领式规定,对其他各编规定的具体诉讼程序具有指导意义;②对各种民事诉讼程序按照其性质与层次的不同划分种类,并据此设置法典的编、章、节,条理清晰,结构合理,容易把握,便于操作;③既注重吸收国外先进理论和制度,又注重对固有传统的合理肯定,专门规定了调解程序。

(二) 原则

在中国近现代民事诉讼法形成与发展进程中,立法者通过"考列国之成规,采最新之原则",取法欧美、改造固有诉讼制度,形成并确立了一系列对民事诉讼具有普遍指导意义的原则。这些原则既有民事与刑事诉讼共同适用者,也有仅为民事诉讼所独有者,但这些原则是通过诉讼法典及其他有关法律具体规定体现出来的,在诉讼法典中并无专门规定。

1. 民事、刑事诉讼共同的原则。

(1) 审判独立原则。审判独立原则是司法独立原则的具体和深化,是指在司法独立体制下,司法审判机关在审理民事或刑事诉讼中,由法官依据法律独立审判,不受任何干涉。对此,清末《大理院审判编制法》规定,"关于司法裁判,全不受行政衙门干涉,以重国家司法独立大权"。南京临时政府《临时约法》规定"法官独立审判,不受上级官厅之干涉"。1947 年的《中华民国宪法》修改为"法官须超出党派之外,依据法律独立审判,不受任何干涉"。在民事与刑事诉讼法典中,则通过法庭组织及运作规则体现出来。

(2) 审判公开原则。审判公开原则作为对审判独立原则的救济,是指审判机关对诉讼案件的审判,除有特别规定外,都应公开法庭进行并允许公众旁听。对此,清末

《法院编制法》规定,"诉讼之辩论及判断之宣告,均公开法庭行之"。中华民国《法院组织法》也规定,"诉讼之辩论及裁判之宣示,应公开法庭行之"。而对于不公开审判者,在诉讼法中必须作特别规定,以作为该原则的例外。

(3)直接原则。直接原则,就是指负责诉讼审判的法官(及陪审官),必须亲自接触诉讼的所有材料,在法庭上直接审查证据、检验物证,直接听取当事人、证人、鉴定人的口头陈述及法庭辩论,并据以对诉讼的实质问题作出裁判。对此,中华民国《刑事诉讼法》规定,"审判长应讯问被告","讯问被告后,审判长应调查证据";《民事诉讼法》则规定,"推事(即法官)非参与为判决基础之辩论者,不得参与判决"。

(4)言词原则。言词原则,就是指法院与当事人以及诉讼参加人的诉讼行为,特别是法庭调查与当事人陈述,必须以言词形式为之,法庭须依据言词审理所得到的诉讼资料作为裁判基础。对此,中华民国《民事诉讼法》规定,"当事人不得引用文件以代言词陈述","判决,除别有规定外,应本于当事人之言词辩论为之"。

(5)自由心证原则。自由心证原则,就是指对于证据的取舍与证明力的大小,法律并不预先做出机械性规定,而是交由法官根据内心确证进行自由判断。对此,中华民国《刑事诉讼法》规定,"证据之证明力,由法院自由判断之";《民事诉讼法》规定,"法院为判决时,除别有规定外,应斟酌全辩论意旨及调查证据之结果,以自由心证判断事实之真伪。但别有规定者,不在此限","得心证之理由,应记明于判决"。[1]

(6)当事人诉讼权利平等原则。当事人诉讼权利平等原则,是作为近现代法制基本原则的法律上人人平等原则在诉讼法上的体现,其含义就是诉讼当事人不分种族、性别、等级、职业、宗教信仰在诉讼中的地位完全平等,任何人均不得享有超越法律之上的特权。

2.民事诉讼原则。

---

[1] 自由心证在诉讼法理论及实务上,系与法定证据相对立的原则与方法。最初,在法国革命中,为了反对中世纪盛行的法定证据制度这种带有浓厚封建宗教色彩的"荒诞的方法"而提出,并为1808年法国《刑事诉讼法》所确认。嗣后,民法法系各国普遍接受这一原则。实施自由心证原则的目的在于把法官从机械的法定证据制度束缚下解放出来,使他们能够根据自己的理智、信念来判断证据、认定事实,从而为查明案件真实情形创造条件。就此而言,自由心证原则的确立,具有不容否认的积极意义和历史进步作用。不过,应该注意的是,自由心证与法定证据都属于如何判断证据真实性的技术性规则,而且与整个诉讼结构具有无法分割的联系,其中自由心证与职权主义诉讼结构联系更为紧密,而法定证据与辩论主义诉讼结构联系更为密切。因此,采用辩论式诉讼结构的英美法系各国一直以法定证据制度为主,从这一点来说,两者自身均不存在政治伦理上的反动与否问题。
中国近现代诉讼法之所以选择采用自由心证原则,既有传统的原因,也有技术方面的考虑。就前者而言,在中国近现代法制变革中,固有的纠问式诉讼虽然在诉讼式审判方式建立后被废弃,但传统的职权主义因素仍具有根深蒂固的影响,因而刑事诉讼采用职权主义诉讼结构便顺理成章,即使民事诉讼采用辩论式诉讼结构,职权主义的影响也难以完全避免;就后者而言,中国近现代诉讼法在技术方面,基本上是通过引进和吸收民法法系各国,尤其是德、日两国的诉讼法理论和制度形成的,因而,采用自由心证在所难免。

(1) 处分原则。处分原则,又称不干涉主义或当事人主义原则,是指民事诉讼当事人有支配自己私权和诉权的自由,因而以保护私权为目的的民事诉讼程序的开始、进行及终结的必要行为,以当事人的意思为准;诉讼资料的提出由当事人负责,法院处于超然地位,不得做职权上的干涉;法院的裁判原则上以当事人声明的范围及其所提供的诉讼资料为依据,当事人未主张的权利,不得归于当事人。

作为民事诉讼最重要的原则之一,处分原则渊源于民法上的"私法自治",是实现"私法自治"的必然要求,由此成为近现代西方各国构筑民事诉讼法的基点和归宿。在中国近现代清末法制变革之际就强调,编订民事诉讼法"于人民私权秩序",应该"维护至周",因而选择了这一原则;中华民国民事诉讼法对这一原则有了更为准确全面的体现,这表现在《民事诉讼法》中规定了一系列体现这一原则的具体规则:①民事诉讼必须以原告以诉状提出于法院为始;②当事人有以合意休止诉讼程序或以和解终结诉讼程序之权;③当事人主张权利即负有举证责任;④对于当事人在言词辩论时为诉讼标的的舍弃或改诺,法院应本于其舍弃或改诺为败诉之判决;⑤法院不得就当事人未声明之事项为判决。

(2) 辩论主义原则。辩论主义原则,就是指当事人有权就请求法院裁判之民事权利义务以及事实陈述各自的主张、提供规定的诉讼资料并进行辩论;法院则以当事人提出的诉讼资料及言词辩论为裁判之基础。对此,中华民国《民事诉讼法》分别设立言词辩论及言词辩论之准备专节,对辩论程序予以规定,并强调判决须本于言词辩论为之。

(三) 一般规则

除上述原则外,中国近现代民事诉讼法中还包含了一系列具有一般意义的规则,其中主要的有管辖规则、回避规则、证据规则及诉讼费用规则等。

1. 管辖。

(1) 审级管辖。在中国近现代,审级管辖在清末和民国初期称为事物管辖,到国民政府时期则称为职务管辖。至于具体内容,在清末到北洋政府时期,第一审民事案件原则上均由地方审判厅管辖,但作为例外,又规定诉讼标的价额在三百元以下、业主与租户因租赁房屋而涉讼、因雇佣期限在一年以下之雇佣契约而涉讼、旅馆与旅客、酒饭店主人及运送人、船舶所有人或船长因寄放行李款项物品而涉讼或因房饭费、运送费而涉讼、因不动产经界涉讼者,由初级(等)审判厅管辖,另外,大理院也可以作为某些民事诉讼案件的第一审管辖机关;国民政府时期在《民事诉讼法》及《法院组织法》中均规定,所有民事诉讼均由地方法院作为第一审管辖机关。

(2) 地域管辖。在中国近现代,地域管辖一直被称为土地管辖,其具体内容则有普通审判籍与特别审判籍的区别。普通审判籍指不问诉讼性质如何,均以被告人与法院管辖区域间的关系为标准确定管辖法院,原则上实行原告就被告规则;特别审判籍指以特种法律关系为诉讼标的确定法院管辖区域的标准。

(3) 专属管辖。专属管辖,是指某种诉讼案件专属于一定法院管辖。中华民国

《民事诉讼法》规定了八种专属管辖：不动产事件之讼专属不动产所在地法院管辖；再审之诉专属作出判决的原法院管辖；支付命令之申请专属债务人所在地或其营业所、事务所所在地法院管辖；撤销除权判决之诉专属原判决法院管辖；婚姻事件之诉专属夫或赘夫之妻的住所地、居住地法院管辖；亲子事件之诉专属父母住所地法院管辖；禁治产事件之诉专属禁治产人住所地法院管辖；宣告死亡事件之诉专属失踪人住所地法院管辖。

（4）指定管辖。在中国近现代民事诉讼法中，有管辖权的法院因法律或事实上的原因不能行使审判权，或因管辖区域不明导致不能辨别有管辖权之法院，经当事人声明或受诉法院请求，由其直接上级法院以裁定指定管辖法院。对于指定管辖的裁定，不得声明不服。

（5）合意管辖。中国近现代民事诉讼法上的合意管辖，是指对于由一定的法律关系而发生的诉讼，如果没有专属管辖的限制，当事人可以以合意选择管辖法院。合意管辖有明示与默示之分：明示合意管辖指当事人之间以文书定有管辖之合意，就以其合意所选择的法院作为管辖之法院；默示合意管辖则是指原告向某一法院起诉后，被告不抗辩无管辖权而为本案的言词辩论，即以该法院为有管辖权之法院，因而又称为拟制合意管辖。

2. 回避。中国近现代诉讼法在固有的回避制度的基础上，适应社会发展需要，对回避制度作了较为详尽的规定。

（1）关于回避的范围。主要是法官，但作为法院职员的书记官、翻译官等也准用关于法官回避的规定。

（2）关于回避的事由，包括法官或其配偶为诉讼事件的当事人、法官为诉讼事件当事人八亲等以内的血亲或五亲等以内的姻亲或曾有这种亲属关系、法官或其配偶就该诉讼事件中曾为证人或鉴定人、法官曾参与该诉讼事件的前审裁判、更前审的裁判或仲裁者，均应回避。

（3）回避的方式，包括法官自行声请回避、当事人申请法官回避和法院院长以职权裁定法官回避等方式。

3. 证据制度。

（1）举证责任。在中国近现代民事诉讼中，基于当事人主义原则，举证责任的分配采取当事人主张原则，即当事人主张有利于己的事实，就其事实负有举证的责任，但对于已知或显著之事实、对方当事人自认的事实或视同自认之事实、法律上或事实上推定之事实，则毋庸举证。

（2）人证。在中国近现代民事诉讼法中，对人证非常重视，相应地也规定了关于人证的一系列规则。主要包括：①由于采自由心证原则，故对证人资格并不作具体限制。②关于证人作证义务，凡是居住在中国境内的不问是中国人还是外国人，均有以法院的命令为证人的义务，这些义务包括，以法院之通知所指定的日期、处所到场的义务，非于讯问完毕并经审判长或受命推事（法官）的许可不得离去的义务，到场后对于审判长或其他推事的讯问为陈述的义务,为保证证言真实无伪而具结的义务等。③关于证人的权利,主要是向法院请求法定的日费及旅费的权利。④对于违背义务之证人的制裁、证人的声明、证人的通知等也有相应规定。

(3)鉴定。中国近现代民事诉讼法中的鉴定,就是指由具有特别知识的第三人,在诉讼程序上陈述关于特别法规或经验法则的意见,并以其陈述作为证据使用的证据。对于鉴定,准用关于证人的规定,鉴定应基于诉讼当事人要求鉴定的申请;至于鉴定人,则由受诉法院选任并确定其人数;对法院选定的鉴定人,当事人可以依照申请法官回避之原因予以拒绝;鉴定人除有请求日费及旅费的权利外,尚有请求报酬的权利;鉴定人有就鉴定结论提供鉴定书以及必要时到场说明及具结保证鉴定公正、诚实的义务。

(4)书证。中国近现代民事诉讼法中的书证,是指以文书记载供证明之用的文书。书证以制作人的不同可分为公文书与私文书;以内容之差别可分为勘验文书与报告文书;以作成文书的差异可分为原本、正本、缮本、影本、节本、认证本、译本等。书证的证明力分为形式证据力与实质证据力。对当事人在准备书状内或言词辩论时曾经引用、对方当事人依法可以请求交付或阅览、为对方之利益或就当事人之间的法律关系而制作的文书及商业账簿,当事人有义务提出,当事人依法也可以向第三人请求交付或阅览;为当事人利益或当事人与第三人之间法律关系而制作的文书由第三人执有时,第三人负有提出该文书的义务。违背上述义务者,在当事人即产生认对方主张为正当的效果,在第三人则将被强制提出或受到相当之制裁。此外,就文书提出的程序、返还等也有相应规定。

(5)勘验。中国近现代民事诉讼法上的勘验,就是指法院在诉讼程序中观察事实、查验某物体的行为,因而也是一种证据方法,其证据力最强。依照规定,当事人有提出勘验申请于法院的权利,也有容忍并接受勘验的义务。对勘验的程序,也有相应规定。

(6)证据保全。在中国近现代民事诉讼法中,对于证据保全设有专门规定。依照规定,当事人对证据有灭失或碍难使用之虞,有权向法院申请证据保全;法院认为有必要时,也有权在诉讼关系中以职权作出证据保全的裁定。证据保全的申请,应记明对方当事人(不能记明时,记明不能的理由)、应保全的证据、依据该证据应证明的事实、应保全该证据的理由等。在起诉以前应向受讯问人居住地或证物所在地的法院提出;在起诉后则向受诉法院提出;但如果有急迫情形时,也可以向受讯问人居住地或证物所在地法院提出。接受申请的法院应该就证据保全申请作出裁定,如裁定应该采取保全措施,即依法定程序进行调查。证据保全的费用属于诉讼费的一部分。

4.诉讼费用。在中国近现代,从清末法制变革之际开始接受民事诉讼有偿主义观念,在民事诉讼法中规定"讼费"内容,形成民事诉讼费用制度的雏形。中华民国时期的民事诉讼立法对之作了进一步发展,尤其国民政府时期,不但在《民事诉讼法》中对诉讼费用设专章加以规定,而且还在1945年制定了专门的《民事诉讼费用法》。

民事诉讼费用,就是指因诉讼程序支出的必要费用,但限于为伸张或防卫权利所必要的费用。具体分为两种:①裁判上的费用,是指由当事人缴纳国库的费用,在性质上属于当事人对国家司法行为的报酬,因而也称裁判费。②裁判外费用,是指裁判上的费用之外的其他在诉讼程序上支出的费用,包括送上费、抄录费、翻译费、邮电费、运送费、登载费、调查证据费用以及送达员之旅差费用等。原则上,诉讼费用由败诉一方当事人负担,但在具体情形下,也可以由胜诉一方当事人或双方当事人甚至第三人负担;诉讼费用的负担,由法院在终局裁判时依据职权作出裁判。

二、诉讼程序

中国近现代民事诉讼法对诉讼程序的规定相当细致复杂,大体上可以区分为通常诉讼程序、简易诉讼程序、特别诉讼程序以及本质上并非民事诉讼而准用或适用民事诉讼法的其他程序四种,其中通常诉讼程序中又有第一审程序与上诉审程序的不同。每一种程序中既有共同适用的规则,又有各自的特别规定。

(一)第一审程序

中国近现代民事诉讼法上的第一审程序,在清末到北洋政府时期以审级不同而有地方审判厅程序与初级审判厅程序的区别;国民政府时期则直接分为通常诉讼程序与简易诉讼程序两种。至于调解程序则包含在简易诉讼程序中。

通常诉讼程序系简易诉讼程序之外的第一审程序,而简易诉讼程序则是对诉讼标的较小、情节简单或性质上适宜于迅速审结的要件所设置的简单迅速的第一审程序。就审判组织而言,简易诉讼程序采用独任制;而通常诉讼程序原则上采用独任制,但也可以采用合议制。就具体诉讼程序而言,两者均应该经过起诉、言词辩论、判决三种程序,但适用的具体规则不尽相同:①就起诉而言,在通常诉讼程序,原告必须以符合法定程式的诉状提出,而在简易诉讼程序,原告仅以口头提出即可,另外,简易诉讼程序必须在起诉前经过调解程序;②就言词辩论而言,在通常诉讼程序,必须经言词辩论的准备程序,而简易诉讼程序则无此要求;③就判决而言,通常诉讼程序的要求颇为严格,而简易诉讼程序的要求则非常简单,即判决书只需记载事实及理由要领即可。

调解程序,是第一审法院在当事人有争议时,在未起诉之前从中调停、排解,使达成一种合意以避免诉讼的程序。国民政府在1930年曾颁布《民事调解法》,至1945年将有关内容修订入民事诉讼法典中。调解原则上应有当事人的申请,但应经调解事件而当事人起诉者,则视为调解之申请;调解一般由法官在法院进行,可以不公开;在调解中还应由当事人各自推举的或法院选定的调解人一至三人参加;在调解中法官应本着和平恳切的态度,对双方当事人进行劝导,帮助其达成合意;调解应制作笔录,双方达成合意者,即视同和解。

(二)上诉审程序

在中国近现代民事诉讼法中,上诉审程序比较复杂。清末因采广义上诉概念,上诉审程序的范围包括了不服下级法院(审判厅)提起上诉与抗告的所有程序,具体包括不服第一审判决而上诉的控告程序、不服第二审判决而上诉的上告程序、不服下级法院裁定而上诉的抗告程序。中华民国《民事诉讼法》则采狭义上诉说，严格区分上诉与抗告，因而上诉审程序仅仅包括不服第一审判决而上诉的第二审程序和不服第二审判决而上诉的第三审程序，也即仅包括控告与上告程序。

第二审程序与第三审程序既有相同之处也有不同之处。其相同之处主要表现在两者同为上诉审；不同之处则表现在第二审程序既属事实审也属法律审，而第三审程序则纯粹属于法律审。据此，两种程序适用的规则既有相同也有区别。

1. 两种程序均必须具备上诉的合法要件与有效要件。其中合法要件包括：①为准许上诉要件，即必须由第一审当事人、参加人及诉讼代理人等有上诉权的人，以第一审对方当事人等为被上诉人，针对不利于该当事人的第一审终局判决提出；②未丧失上诉权要件，即指须未超过二十日的上诉期间且上诉人未舍弃上诉权以及未撤回上诉；③上诉程式要件，即指上诉人须以上诉状向有管辖权的法院提出，并且交纳上诉裁判费。有效要件包括，第一审或第二审终局判决对上诉人不利并且属于不当；但向第三审提出上诉还特别要求须针对第二审判决提起，如系对第一审判决未向第二审上诉、对于财产权上诉的第二审因上诉所得利益未超过法定数额（八千元）者、关于假执行者等，均不得上诉；另外，还必须以第二审判决违背法令作为上诉的理由。

2. 两种程序均必须经过调查与处分，即调查上诉是否具备上诉要件，如不具备，或命其补正，或径予驳回。

3. 第二审程序必须经言词辩论程序；第三审程序原则上不须经过言词辩论程序。

4. 第二审上诉人在经过被上诉人同意后，可以变更或追加诉的声明内容；第三审程序上诉人则不得变更或追加。

5. 两种程序的判决范围不同，第二审程序判决既涉及事实问题，也涉及法律问题；而第三审程序判决只涉及法律问题。

（三）抗告程序

中国近现代民事诉讼法上的抗告，是对未确定的裁判声明不服的方法，抗告程序就是指因抗告而开始的程序。

抗告由作出裁定的法院的直接上级法院（抗告法院）管辖。提起抗告必须符合法定要件，包括合法要件与有效要件。其中合法要件主要包括：①准许抗告要件，指须由有抗告权人（当事人或其他诉讼关系人或法院书记官、执达员）对于除法定不许抗告的裁定之外的裁定提起；②未丧失抗告权要件，即未超过抗告期间并且未舍弃抗告权及撤回抗告；③程式要件，即必须以抗告状向作出裁定的原法院或原审判长提出。有效要件，则是指所抗告的裁定须对抗告人不利且属于不当。

对于抗告，先由原法院或原审判长就其内容进行审查，并分别情形作出补正、驳回抗告或更正原裁定的裁定，如果没有作出这种裁定，再由抗告法院予以审查，并作出相应的处理：其中认为抗告不合法或无理由者，以裁定驳回抗告；认为抗告有理由者，则废弃原裁定，或废弃原裁定而自为裁定，或命原法院或原审判长更为裁定。

(四) 再审程序

中国近现代民事诉讼法上的再审程序在清末称为"再理",中华民国时期才改称为"再审",其主要内容涉及再审的法定要件与再审的审理程序。

1. 再审的法定要件。

(1) 再审之实质要件,包括三项内容:①必须由原判决的当事人或原判决既判力所及之人作为原被告;②原告必须未曾舍弃再审申诉权;③必须具备法定理由,如原判决适用法律明显错误、判决理由与主文明显矛盾、应回避的法官参与裁判等。

(2) 再审之程式要件,就是须由再审原告于法定再审期间,以再审申诉状向有管辖权的法院提出。其中再审之诉的期间为三十日,自原判决确定时起算;如果知悉再审理由在后,则自知悉时起算。再审管辖法院原则上专属于原判决法院,作为例外,则专属第二审法院。再审诉状应表明当事人以及法定代理人声明不服的判决及提起再审之诉的陈述、应在如何程度上废弃原判决及就本案如何判决的声明、再审理由及遵守期间的证据等。

2. 再审之诉的审理程序。再审之诉的审理程序,分为审查与本案审理两个程序。其中审查程序是就再审之诉是否合法及是否具备再审理由进行审查。如不合法,则以裁判驳回;不具备再审理由,则以判决驳回;如既合法又具备再审理由,则进入本案审理程序。本案审理之范围,也就是辩论与裁判不得超越声明不服之范围;至于再审的具体程序,则准用其他各该审级的审理程序;经再审审理后,依其结果作出驳回判决、废弃原判决之判决、废弃原判决再为新判决、废弃原判决将本案发回或发交其他有管辖权法院重审的裁定。

此外,中国近现代民事诉讼法还规定了督促程序、保全程序、公示催告程序、人事诉讼程序等。

第三节 刑事诉讼法

一、体系与原则

(一) 体系

1. 清末《刑事诉讼律草案》的体系。清末《刑事诉讼律草案》,系中国近现代第一部纯粹的刑事诉讼法典草案,其体系完全模仿德、日两国刑事诉讼法典,显示出模仿的特色。

在总体结构上,该草案分为六编,第一编总则,就刑事诉讼的一般性内容加以规定,依据其构成要素分为三章:第一章审判衙门,分四节规定事物管辖、土地管辖、管辖指定及移转、审判衙门职员的回避、拒却及引避等;第二章当事人,分两节规定原告人、被告人、辩护人及辅佐人;第三章诉讼行为,分十节规定了被告人的讯问、被告人之传唤拘摄及羁押、检证搜索扣押及保管、证言、鉴定及通译、急速处分、文件、送达、期间、裁判等作为诉讼主体行为的一般性规则。第二编第一审，按照阶段分为两章：第一章公诉，分四节规定了公诉的一般规则、侦查处分、预审处分及提起公诉；第二章公判，系就公诉案件的判决规则予以规定。第三编上诉，采广义上诉说，分为通则、控告、上告、抗告等四章。第四编再理，分为再诉、再审、非常上告等三章。第五编特别诉讼程序，分为大理院特别权限之诉讼程序、感化院及监禁处分程序两章。第六编裁判之执行，系就执行规则予以规定。

正是由于该草案的体系尚属初创，其间缺陷在所难免，如对刑事附带民事诉讼程序未作规定、未采用简易诉讼程序等，但该草案却奠定了中国近现代刑事诉讼法典体系的基础，其后中华民国时期制定刑事诉讼法典均以该草案作为基础，其积极意义不容忽视。

2. 中华民国《刑事诉讼法》的体系。中华民国时期，经过数度修订完成的1935年《刑事诉讼法》，其体系上显得更为成熟。该诉讼法典共分九编，每编之下仍按层次分设章、节、条、款。第一编总则，共十五章，较之于《刑事诉讼律草案》变动较大者包括：取消按照诉讼构成要素分章的做法，直接就管辖、回避等各个诉讼行为分章规定，并增设法例专章，具体为法例、法院之管辖、法院职员之回避、辩护人辅佐人及代理人、文书、送达、期日及期间、被告之传唤及拘提、被告之讯问、被告之羁押、搜索及扣押、勘验、人证、鉴定及通译、裁判。第二编第一审，分为自诉、公诉两章。第三编上诉，分为通则、第二审、第三审等三章。第四编抗告、第五编再审、第六编非常上诉、第七编简易程序、第八编执行，均不再分章。第九编刑事附带民事诉讼，则系新增加内容。

（二）原则

在中国近现代刑事诉讼法的形成与发展过程中，形成并确立了一系列重要的原则，其中如审判独立、审判公开、直接原则、言词原则、自由心证原则，乃与民事诉讼共同之原则，故这里不再复述，仅就刑事诉讼独有之原则介绍如下。

1. 职权主义原则。在中国近现代，通过清末法制变革引进西方近现代刑事诉讼思想和制度，并对固有的纠问式刑事诉讼模式进行改造，形成了告劾式诉讼模式，相应地也从绝对职权主义原则变革为相对职权主义原则。相对职权主义原则，是指在刑事诉讼程序中，原则上由检察官代表国家追究犯罪，依据职权侦查、预审并提起公诉，处于原告地位，作为例外，对"与公益无甚关系"之犯罪，允许被害人及其法定代理人采取自诉方式起诉；审判机关负责审判，在审判程序中，由审判长依据职权指挥审判，并主动采取其认为有益于发现事实真相的一切合法措施；当事人对案件并无处分权，禁止当事人私自了结。这一原则在各项程序中均有相应体现。

2. 无罪推定原则。在中国近现代刑事诉讼法的形成和发展过程中，从清末法制变革之际开始，通过"模范列强"方式引进和吸收了无罪推定原则，对固有的以刑讯逼供为特征的有罪推定做法进行了脱胎换骨式的改造。无罪推定原则的基本含义就是在被告人未被依法确定为有罪之前，应当被推定为无罪。这种含义主要通过三个具体规则体现出来：①证明被告人有罪的责任由控诉人，也即检察官或自诉人承担，被告人没有证明自己无罪的义务。②不得强迫被告人证明自己有罪,对被告人有罪的根据有合理怀疑时,应做有利于被告人的解释。③"不能证明被告人有罪或其行为不法者",应该宣布其无罪判决。

3. 辩护原则。中国近现代刑事诉讼法上的辩护原则,从清末《刑事诉讼律草案》到中华民国时期的《刑事诉讼条例》、《刑事诉讼法》中均有体现。该原则的基本含义就是在刑事诉讼活动中,被告人享有辩护权。其具体内容包括:①作为一般原则,被告人依法享有的辩护权不可剥夺;②作为体现这一原则的规则,被告人除自行辩护外,还可以在案件起诉之后随时选任辩护人,比较重大案件的被告人未选任辩护人的,审判长应指定公设辩护人为其辩护,在庭审中,被告人及辩护人不但可以诘问证人、鉴定人、申请调查证据,而且可以就事实与法律问题与检察官进行辩论,被告人在辩论终结后有最后陈述权。

4. 证据裁判主义原则。在中国近现代刑事诉讼法中,证据裁判主义原则的基本含义就是指对被告确定有罪判决必须以证据认定之犯罪事实为基础。这一原则具体体现为相应地规则:①犯罪事实须以证据认定;②被告人的自白必须非出于强暴、胁迫、利诱、诈欺或其他不正当之方法,且与事实相符,才可以作为证据,因而,虽有被告之自白,仍应调查其他必要的证据,以考察其与事实是否相符;③物证应经过被告之辨认;④有罪判决书须于理由中记载认定犯罪事实所凭借之证据及认定之理由,以及对被告有利之证据不采纳的理由等。

(三)一般规则

1. 管辖。

(1)审级管辖。在中国近现代刑事诉讼法中,清末到北洋政府时期的审级管辖比较复杂,其中应判处三百元以下之罚金罪、四等以下有期徒刑或拘役之罪以及较轻之窃盗罪案件,以初级审判庭为第一审管辖法院;侵犯皇室罪、内乱罪及应处三等以上有期徒刑的妨害国交罪、外患罪等案件,第一审及终审管辖权专属大理院;其他刑事案件则以地方审判庭作为第一审级管辖法院。国民政府时期《刑事诉讼法》则简化为两种,原则上第一审级管辖权属于地方法院;作为例外,犯内乱罪、外患罪、妨害国交罪案件,第一审级管辖权属于高等法院。此外,在1948年颁行的《特种刑事法庭组织条例》则规定,凡属《戡乱时期危害国家紧急治罪条例》列举的犯罪案件,则由特种刑事法庭专属管辖。

(2)地域管辖。在中国近现代刑事诉讼法中,原则上犯罪地或被告住所地、居所地或所在地法院均有管辖权,作为例外则规定了牵连管辖与管辖竞合。其中牵连管辖,即对于一人犯数罪、数人共同犯罪及犯与本罪有牵连关系的藏匿人犯、湮灭证据、赃物罪等牵连案件,得合并由一法院管辖;管辖竞合,则是指同一案件系属于有管辖权的数个法院,原则上由系属在先的法院管辖,但经共同的直接上级法院裁定后,也可以由系属在后的法院管辖。

(3)指定管辖与移转管辖。在中国近现代刑事诉讼法中,为解决一些管辖疑难问题,专门规定了指定管辖与移转管辖制度。其中指定管辖,是指在数个法院对管辖权有争议、有管辖权法院经确定裁判为无管辖权而又无其他法院管辖的案件,以及管辖区域不明导致无法辨别有管辖权法院等情况下,由上级法院指定案件的管辖法院;移转管辖,则是指针对有管辖权法院因法律或事实上的原因,不能行使审判权或因某种特别情形恐由有管辖权法院审判而导致妨害社会治安及难期公平的情形,由上级法院裁定将案件移转于其他同级法院管辖。

2.回避。中国近现代刑事诉讼法上的回避制度主要内容包括:

(1)回避的主体,既包括法官,也包括检察官、书记官、通译等审判机关的职员。

(2)回避的法定事由:①系被告人、被害人或被害人的配偶、家长、家属等近亲属;②与被告人或被害人有婚约或现为或曾为其法定代理人;③为被告人的代理人、辩护人、辅佐人,曾为证人或鉴定人;④法官曾在该案中执行检察官或司法警察职务、法官曾参与该案前审裁判等可能影响审判公正的情形。

(3)回避的方式分为两种:①自行回避,即具有应自行回避事由的法官、检察官等应自行回避;②当事人申请回避,即对于法官、检察官等有上述应自行回避事由而不自行回避或者有其他足以认定其执行职务有偏颇可能者,当事人有权申请其回避,对当事人的申请,由法院裁定是否回避。

3.证据。在中国近现代刑事诉讼法上,基于职权主义、自由心证、证据裁判诸原则,引进国外先进证据法则并改造固有证据制度,形成了较为科学合理的证据制度。

(1)人证。在中国近现代,清末《刑事诉讼律草案》中的"证言"、中华民国时期的《刑事诉讼条例》中的"证人"至《刑事诉讼法》中改称"人证"。所谓人证,是指证人就案件事实有关情况所作陈述。对人证主要规定了以下内容:①所谓证人,系指陈述经验事实之第三人,因而不包括刑事诉讼的当事人;②对证人的能力,由于采用自由心证原则,故并无任何法定的限制;③证人的义务,包括到场义务、具结义务和证言义务,作为例外,属于公务员就职务上应保守秘密之事项、其他人因证言有导致刑事诉追或处罚可能者,与被告或自诉人有配偶及近亲属关系或定有婚约或系其法定代理人,因从事医师、宗教师、公证人、会计师等特别业务之人对业务上所知悉之事项未经本人允许者,有拒绝证言权;④对证人不依法履行作证义务者,应处罚金,对作伪证者,应科处伪证罪;⑤讯问证人应命其就讯问事项的始末作连续陈述,不得以书面证言代替当庭陈述;⑥证人有请求日费、旅费等报酬的权利。

(2)被告的讯问。在中国近现代刑事诉讼法中,至少在法律规定的层面上,依据保障人权与实施文明诉讼的思想,逐步废除了固有法律中关于被告讯问制度中的刑讯逼供等野蛮做法,规定了体现"一概不准刑讯"的一系列规则。①明确规定讯问被告应出于诚恳态度,不得采用强暴、胁迫、利诱、诈欺及其他不正当之方法;只有以正当方式获得的,且与事实相符之被告人自白,才能作为证据;更进一步,虽有被告之自白,仍应调查其他必要证据,以考察是否与事实相符。②在讯问被告的过程中,应赋予被告以辩明嫌疑之机会并赋予被告与证人、鉴定人对质的权利。③讯问被告应遵守严格的程序,如讯问机关在侦查中为检察院,在审理中为法院;讯问被告应告知其涉嫌的罪名,并予以辩明之机会;如有辩明,应命其就始末作连续陈述;讯问多数被告,应予以隔离,必要时得予以对质。

4.刑事强制措施。中国近现代刑事诉讼法上的强制措施,主要有传唤、拘提、通缉、逮捕、羁押等。其中传唤,是指检察院或法院以传票或其他合法方式,要求被告到场接受讯问的措施。拘提在清末称为拘摄,是指对经合法传唤无正当理由不到场的被告、犯罪嫌疑重大而又无一定住所、逃亡或有逃亡之虞、有湮灭、伪造、变造证据或勾串共犯或证人之虞、所犯为死刑、无期徒刑或最轻本刑为五年以上有期徒刑之罪的被告,采用强制力令其到场接受讯问的措施。拘提由司法警察官或司法警察执行;执行拘提应向被告出示拘票。通缉,就是在被告逃亡或藏匿的情况下采用的措施。通缉应该使用通缉书,通知附近各处检察官、司法警察官署,并可以采用登报或其他方法布告该通缉书;对于被通缉被告,检察官或司法警察官得拘提或径行逮捕。逮捕,是对于犯罪在实施中或实施后,即时发觉的现行犯以及以现行犯论的被告人采用的强制措施,可由检察官或司法警察官执行,也可以由其他人执行。

对于上述拘提、通缉及逮捕等强制措施的执行,又设置了限制。如执行拘提或逮捕,应注意被告之身体及名誉;对于抗拒拘提、逮捕或脱逃的被告,可采取强制力拘捕,但不得超过必要限度;拘提、逮捕之被告应立即解送指定场所;无侦查权限之人逮捕现行犯者,应立即送交检察官或司法警察;被告因拘提、逮捕到场者,应及时讯问,不得超过二十四小时,除认为有应羁押之情形外,讯问完毕后应即行释放。

羁押系对经讯问后认为属无一定住所或居所、逃亡或有逃亡之虞、有湮灭、伪造、变造证据或勾串共犯或证人之虞、所犯为死刑、无期徒刑或最轻本刑为五年以上有期徒刑之罪的被告,采取的暂时关押于看守所以限制其人身自由的强制措施。实施羁押,应使用羁押票;羁押期限在侦查中为两个月,审判中为三个月,以法定程序延长者由法院裁定,每次不得超过两个月;对羁押的被告,可由其辅佐人或辩护人随时以具结保证方式申请停止羁押,具保者应出具保证书并缴纳保证金;也可不命其具保而责付于辅佐人或其他适当之人而停止羁押,或限制其住居处所而停止羁押。

二、第一审程序

(一)概说

在中国近现代刑事诉讼法中,清末基于刑事诉讼以实现国家刑罚权为目的,因而诉追之权专属于代表国家的检察官的观念,采用国家诉追主义模式,仅规定了公诉形式;北洋政府时期的《刑事诉讼条例》仿效德、奥等国立法例,规定了对于公益无甚关系因而无国家机关参与必要的轻微犯罪,由被害人及其法定代理人直接向法院起诉的方式,称为"私诉";嗣后国民政府时期的《刑事诉讼法》改称"自诉",以与公诉相分立。

(二)公诉程序

公诉是关于特定人之特定行为断定科刑权之有无及其范围,而由检察官代表国家向审判机关行使的请求。其程序在清末《刑事诉讼律草案》中规定为侦查处分、预审处分、提起诉讼和公判等四个程序,在中华民国《刑事诉讼法》中则确定为侦查、起诉和审判程序。

1. 侦查。在中国近现代刑事诉讼法中,"侦查为准备起诉的程序"。侦查的目的在于搜集判断是否提起公诉所必需的资料,而提起公诉职权既然归于检察官,因而侦查权当然由检察官行使。警察局长、宪兵官长、军士及司法警察官,虽然在实质上实施侦查行为,但却属于协助检察官侦查犯罪,或属于听从检察官之指挥,受检察官之命令而侦查犯罪,因而并无形式上的侦查权。

侦查以检察官因告诉、告发、自首或其他情事而知道有犯罪嫌疑者而开始。其中的告诉,是指被害人向检察官要求追诉犯罪的意思表示;告发,是指第三人向检察官要求追诉犯罪的意思表示;自首,则是犯罪人实施的请求接受审判的意思表示;其他情事,则是指检察官直接看见或听闻犯罪之情形等。原则上告诉应由被害人实施,但被害人的法定代理人、配偶及其他近亲属也可以独立告诉,告诉乃论之罪的告诉时效为知悉犯罪及犯人时起六个月;不问何人,知道有犯罪嫌疑者,均得为告发,公务员因执行职务知道有犯罪嫌疑者,有责任告发;告诉、告发及自首均应以书状或言词向检察官或司法警察官为之。

侦查不公开进行。经过侦查,以所得到的证据决定侦查终结。侦查终结的方式有三种:①以所得到的证据足以认定有犯罪嫌疑者,由检察官提起公诉。②如案件属于曾经判决确定者、时效已完成者、曾经大赦者、犯罪后的法律已经废止其刑罚者、被告已死亡者、法院对被告无审判权者、行为不罚者、法律应免除其刑者、犯罪嫌疑不足者等情形,检察官应为不起诉处分。③对于某些轻微犯罪,检察官认为不起诉适当者,检察官得以不起诉处分。但不起诉处分应制作处分书,说明不起诉之理由。对不起诉处分,被告有权申请不服。

2. 起诉。起诉是请求断定科刑权之有无及其范围,因而使审判机关加入案件的程序。提起公诉应由检察官以起诉书向有管辖权的法院为之;起诉的效力,只及于所指控之被告人,不得及于所指控被告以外之任何人;就犯罪事实之一部起诉者,其效力及于犯罪之全部;因为采用不告不理原则,故法院不得就未经起诉的犯罪审判;此外,在第一审辩论终结前,检察官如发现有不应起诉或以不起诉为适当的情形,也可以撤回起诉,其效力与不起诉处分相同。

3. 审判。第一审刑事案件由法院基于职权审判,其程序分为三个阶段:

(1)审判期日的组织及准备程序。审判期日应传唤被告人或其代理人,并通知检察官、辩护人及辅佐人;在审判期日前,法院得讯问被告人、命当事人补正诉讼行为之程序欠缺、传唤证人、鉴定人或翻译、调取或命提出证物;当事人也可以提出证据及申请法院为取证及传唤被告的处分;还可以进行搜索、扣押及调查证据;审判期日应由法官、检察官及书记官出庭,除有特别规定外,被告不到庭者不得审判,被告在庭时得命人看守,但不得拘束其身体。

(2) 审理程序。审理程序以朗读案由为开始,经审判长讯问被告身份、查对无误后,先由检察官陈述起诉要旨,后由审判长就被诉事实讯问被告,再后即由审判长调查证据;然后进行法庭辩论,辩论次序为检察官、被告、辩护人,而且可以再为辩论,辩论终结后,遇到必要情形法院还可以命再开辩论。但如果出现被告心神丧失、因疾病不能到庭等情形,除非被告已经委任代理人,否则即应停止审理;被告犯有他罪已经起诉应受重刑之判决,法院认为本罪科刑对于应执行之刑已无重大关系的,得停止本罪之审理;犯罪是否成立或应否免除刑罚以民事法律关系为断者,得于其程序终结前停止审理。

(3) 判决程序。法庭审理终结后,法院应作出判决。判决分为有罪、无罪、不受理、管辖错误等数种。属于不能证明被告犯罪或其行为不法者,作出无罪判决;属于曾经判决确定、时效未完成、曾经大赦、犯罪后的法律已废止其刑罚等情形的,应作出免诉判决;属于起诉程序违背规定、案件在诉讼系属中又重新起诉、被告死亡等情形的,应作出不受理判决;属于无管辖权的案件、应谕知管辖错误的判决,应谕知移送于有管辖权之法院;有罪判决系对犯罪已经证明案件所作的判决,具体分为科刑判决与免刑判决。此项判决应制作判决书,判决书应记载判决主文、事实及理由;最后应依法宣示判决,并将判决书正本送达被告人、告诉人、告发人等。

(三) 自诉程序

自诉又称私诉,由自诉人以自诉状直接向法院提起。自诉人原则上为被害人,但被害人属于无行为能力人或限制行为能力人或死亡者,得由其法定代理人、直系血亲或配偶代为提起自诉;但对于直系尊亲属和配偶,不得提起自诉,已不得为告诉或请求的告诉或请求乃论之罪、同一案件经检察官终结侦查者,均不得提起自诉;对于一些案件,自诉人在第一审辩论终结前,可以撤回自诉。

对于自诉案件,提起自诉的被害人犯罪而被告人成为被害人的,被告人可以在第一审辩论终结前,提起反诉;反诉准用关于自诉的规定,而且自诉的撤回不影响反诉;原则上,对于自诉与反诉同时判决,但也可以在自诉判决后再对反诉作出判决。

自诉案件的审判,法院应该将审判期日通知检察官,检察官有权出庭陈述意见。自诉案件的判决及判决书,与公诉案件基本相同。

三、上诉与抗告程序

(一) 概说

在中国近现代刑事诉讼法中,清末《刑事诉讼律草案》采广义上诉说,凡对未确定的判决与裁定声明不服的方法,均统称为上诉,具体分为不服第一审判决而向第二审法院上诉者,称控告;不服第二审判决而向第三审法院上诉者,称上告;不服决定(即裁定)而上诉者,称抗告。中华民国时期的《刑事诉讼条例》和《刑事诉讼法》,则改采狭义上诉说,将抗告独立于上诉之外规定,并废除控告与上告名称,直接以上诉于第二审法院与上诉于第三审法院区分不同级别的上诉。

享有上诉权的包括当事人、检察官、被告的法定代理人或配偶,原审代理人或辩护人在被告未明示反对的情况下,也可以为被告的利益而上诉;上诉期间为十天;提起上诉应该以上诉书状提出于原审法院;当事人得舍弃上诉权,上诉于判决前可以撤回,但为了被告利益而上诉,非取得被告同意不得撤回,自诉人上诉非得检察官同意不得撤回。

(二)第二审程序

不服地方法院第一审判决而上诉,应该向管辖第二审的高等法院提出,如原审法院认为上诉不符合法律上的程式或其上诉权已经丧失者,应该以裁定驳回;此外,原审法院应即将案件迅速移送第二审法院。第二审法院对上诉案件的审判,原则上适用第一审审判的规定,但其调查范围一般仅及于上诉部分,而且对被告上诉或为被告利益上诉者,原则上不得加重其处刑,是为上诉不加刑原则。第二审判决则有驳回上诉、自为判决、发回重审等。

(三)第三审程序

在中国近现代刑事诉讼法中,第三审级仅为法律审,因而上诉于第三审法院必须以原判决违背法令为理由。但在清末的《刑事诉讼律草案》及北洋政府时期的《刑事诉讼条例》中,由于实行四级三审制,因而管辖第三审的既有大理院也有高等审判厅;1932年国民政府《法院组织法》改为三级三审制之后,第三审上诉案件专由最高法院管辖,不服高等法院第一审判决而上诉于最高法院者,也适用第三审程序。所谓违背法令,是指不适用法令或者适用法令不当,包括法院组织不合法等十余种情形。第三审法院的判决可以不经言词辩论作出,但最高法院认为必要时,得命辩论;最高法院的调查以上诉理由所指摘之事项为限,而且关于事实部分,应以第二审判决所确认之事实为基础。其判决分为驳回上诉、撤销原审判决中经上诉部分、自行判决、发回原审法院重审等。

(四)抗告程序

1. 抗告的提起。关于抗告,指当事人、证人、鉴定人及翻译等受法院裁定者,对法院裁定不服,除有特别规定外,均可提起抗告于直接上级法院。其中特别规定主要是指对判决前关于管辖或诉讼程序的裁定以及不得上诉于第三审法院案件的第二审法院所为之裁定,原则上不得提出抗告。提起抗告的期间为五日,提起抗告应该以抗告书状叙述理由,向原审法院提出。

2. 抗告的处理。对于抗告,如果原审法院认为不合法律上之程式或法律上不应准许或抗告权已经丧失者,应以裁定驳回;如认为抗告理由成立,应更正其裁定;如果认为全部或一部无理由者,应依法送交抗告法院。抗告法院认为抗告无理由者,应以裁定驳回;认为有理由者,应以裁定将原裁定撤销,在必要时并且自为裁定。对于抗告法院之裁定,原则上不得再行抗告,但如果属于对驳回上诉之裁定抗告、对申请再审之裁定抗告等六种情形,对抗告法院的裁定可以再行抗告。

四、再审与非常上诉

（一）概说

在中国近现代刑事诉讼法中，清末《刑事诉讼律草案》将再审与非常上告统称为"再理"，中华民国时期《刑事诉讼条例》和《刑事诉讼法》将两者分立，而且改非常上告为非常上诉。

（二）再审

1. 概说。中国近现代刑事诉讼法上的再审，是指在受刑或释放判决确定之后，因发现事实上存在重大错误或恐有重大错误而再行审判的程序。

设置再审程序的宗旨一般分为两种：①为保护被告人的利益；②为订正事实上的重大错误。在中国近现代的刑事诉讼立法中，因强调审判必须以正确为主，因而采取订正事实上重大错误主义，相应地对被告人是否有利则在所不问。据此，提起再审的原因就分为为受判决人的利益与为受判决人的不利益两种。但不论是何种原因提起再审，均由原审法院管辖。申请再审虽然并不具备停止原判决刑罚执行的效力，但管辖法院的检察官在再审裁定前，得命停止执行原判决之刑罚。对于再审申请，管辖法院如果认为理由成立，即应做出开始再审的裁定，并得以裁定停止原判决刑罚的执行；开始再审裁定生效后，再审管辖法院应即行更为审判。

2. 为受判决人的利益的再审。为受判决人利益之再审，其有权提起再审申请的包括原审法院的检察官、受判决人及其法定代理人或配偶，如果受判决人已经死亡，则为其配偶、家长、家属及其他近亲属等。提起再审的理由包括：①为原判决所凭的证物已经证明为伪造或变造者；②所凭之证言已经证明为虚伪者；③有罪判决之人已经证明系被诬告者；④原判决所凭之法院裁判已经确定裁判变更者；⑤参与原判决起诉的检察官或调查、判决的法官因该案件非职务上的罪行已经证明者；⑥因发现确实的新证据足以推翻原判决者等情形。

3. 为受判决人不利益的再审。为受判决人不利益之再审，有权提起再审申请的是管辖法院的检察官与自诉人。申请再审理由成立则包括：①原判决所凭之证物、证言系伪造、变造或虚伪者；②原判决所凭之法院裁定已经变更者；③参与原判决的侦查起诉的检察官及参与调查判决的法官因该案件非职务犯罪已经证明者；④受判决人在诉讼上或诉讼外的自白及发现确实新证据足以推翻无罪或刑轻之判者等情形。

（三）非常上诉

在中国近现代刑事诉讼法上，非常上诉是指判决确定后更正违法判决的程序。非常上诉在立法上以统一解释法律为宗旨，兼及保护被告人之利益。

提起非常上诉之权专属于大理院或最高法院检察长，因此，判决确定后，发现该案审判属于违背法令，大理院或最高法院的检察长有权向大理院或最高法院提起非常上诉，其他各级法院的检察官发现应提起非常上诉的情形的，有权声请大理院或最高法院之检察长提起非常上诉。

非常上诉应该以非常上诉书向大理院或最高法院提起,大理院或最高法院对非常上诉不经言词辩论而为判决,其效力原则上不及于被告人,但如果属于原判决违背法令而且不利于被告人的,不但应撤销原判决,而且就该案应另行判决。

此外,中国近现代刑事诉讼法还规定了简易程序、执行程序及附带民事诉讼程序等。

本章小结　　本章介绍中国近现代诉讼法的发展演变。首先,经过清末以《刑事诉讼律草案》和《民事诉讼律草案》为代表的诉讼法典的编纂,独立的诉讼法体系开始形成,并在中华民国时期得到发展。其次,中国近现代民事诉讼法不但在体系上有明显的发展进步,而且更重要的是形成了与刑事诉讼法共同的审判独立、审判公开、直接、言词、自由心证以及诉讼权利平等等原则,民事诉讼法上的处分原则、辩论主义原则,还有近现代意义上的管辖制度、法官回避制度、民事诉讼证据制度、诉讼费用制度和完善的诉讼程序。再次,中国近现代刑事诉讼法不但在体系上发生了根本性变革,而且形成了职权主义、无罪推定、辩护以及证据裁判主义等原则和管辖制度、法官回避制度、刑事证据制度、刑事强制措施和以公诉与自诉为基本分类的刑事诉讼程序。

课后作业

一、关键词解释

1.《刑事民事诉讼法草案》《刑事诉讼律草案》《民事诉讼律草案》《刑事诉讼条例》《民事诉讼条例》《刑事诉讼法》《民事诉讼法》

2. 审判独立原则　审判公开原则　直接原则　言词原则　自由心证　处分原则　职权主义原则　无罪推定原则　辩护原则与辩论原则　证据裁判主义原则

二、思考题

1. 如何认识中国近现代独立诉讼法的形成与发展?
2. 怎样正确认识处分原则与职权主义原则?
3. 怎样正确认识自由心证原则?

第10章 中国近现代司法制度论

【本章导读】

本章介绍中国近现代司法制度的发展变化。其中,第一节主要说明以领事裁判权为中心的中国近现代司法主权遭受破坏与得到恢复的情况;第二节介绍司法独立体制的形成、发展和演变;第三、四节分别介绍法院组织和律师制度的建立和发展变化。本章关键问题是了解和把握中国近现代司法主权被破坏与恢复的历史进程及其意义,了解独立司法体制的建立和发展。

第一节 司法主权的破坏与恢复

一、概说

中国近现代司法制度最重要的变化,就是司法主权遭到破坏和得以恢复。

鸦片战争之后,帝国主义列强通过其炮舰政策,强迫中国接受不平等条约,攫取在华领事裁判权,并进而强迫中国在被其无理强占的"租界"内设置会审公廨,获得在中国法庭的观审权、会审权乃至于主审权。领事裁判权的形成与会审公廨的出现,不但破坏了中国的司法主权,而且更进一步破坏了中国的独立主权,中国人民在与外国人民的交往中,既不复有平等地位,中国国家也沦为半殖民地国家。丧权辱国,莫此为甚。

1902年,中国首次公开收回领事裁判权、恢复司法主权的态度。嗣后40年间,一则由于基本完成了由传统的法律制度向近现代法律制度的转变,二则更由于中国国际地位逐渐提高,尤其是在第二次世界大战中成为反法西斯的主要力量之一,因而在1943年终于收回了领事裁判权,重新恢复了司法主权。

二、领事裁判权

（一）领事裁判权的含义与性质

领事裁判权（consular jurisdiction），又称治外法权（extraterritoriality），是帝国主义列强强迫中国政府接受不平等条约而获得的非法特权，其含义是指凡享有领事裁判权国家的公民，如果在中国成为刑事甚至民事诉讼的被告时，中国司法机关无权依据中国法律对之进行审判，而只能由该国驻华领事依据其本国法律进行审判。由于领事裁判权作为国家属地优越权的例外或侵犯，是违背国家主权原则和国家之间权力平等的国际法基本准则的，因而是非法特权。

（二）领事裁判权的产生与历史演变

古代中国始终以天朝大国的姿态雄居东亚，与周边国家的关系被纳入基于夷夏之辨观念而由历代王朝精心构筑的朝贡体制下，据此而在唐朝形成"化外人相犯"规则，直到明清时代一直有效地维护着中国司法主权的独立。但到了18世纪后期，固有的"化外人相犯"规则开始面临巨大的挑战。[1] 到鸦片战争之后，英国在迫使清政府签订城下之盟时，不但非法地攫取了在华的经济、军事等特权，而且也非法地攫取了在华的司法特权。1843年中英签订的《五口通商章程》第十三条有"英人华民交涉词讼"一项，规定"倘遇有交涉词讼……其英人如何科罪，由英国议定章程、法律发给管事官照办"。《中英五口通商附粘善后条款》（即《虎门条约》）第五款规定："嗣后不拘华商欠英商及英商欠华商之债，如果帐据确凿，人在产存，均应由华、英该管官一体从公处结，以昭平允"；第六款规定："凡系水手及船上人等，候管事官与地方官先行立定禁约之后，方准上岸。倘有英人违背此条禁约，擅到内地远游者，不论系何品级，即听该地方民人捉拿，交英国管事官依情处罚"。这样，英国就正式获得在中国的领事裁判权。虽然当时清政府仅允许英国享有此项特权，"他国夷商，仍不得援以为例"。然而恶例既开，群狼踵至。1844年的中美《望厦条约》第二条规定，中美人民之间的刑事案件，依被告主义原则办理；第二十四条规定，中美民事混合案件由"两国官员查明，公议察夺"；第二十五条规定，美国人之间的案件由美国领事办理，美国人与他国人之间涉讼，

---

[1] 在18世纪80年代之前，虽然已经有欧美传教士及商人在华涉讼并试图规避中国司法管辖权的情形发生，然而并未能从根本上对"化外人相犯"规则产生影响。1784年，发生了停泊在广州黄埔的英船休斯女士号（Lady vlughes）鸣放礼炮误毙两名中国官员的案件，中国方面要求英方交出误杀人命的炮手，接受中国司法机关的审判，但英方却联合法、美等国，多方抵触，甚至以武力威胁，拒绝中方要求。经过一番折冲樽俎，最后该炮手被交付中方按照中国法律审判，并被判处死刑。此后，英、美等西方帝国主义列强各国却借口"中国法律，不仅是极为专断地和极为腐败地实施着，而且它的体系在许多方面与欧洲人公平或正义的观念不相容"，一方面极力逃避中国对在华犯罪的英、美人的刑事管辖权，另一方面又试图诱使中国承认其在华设立具有民事、海事及刑事管辖权的法庭的无理要求，这已经是对中国司法主权的空前挑战。参见杨鸿烈：《中国法律发达史》，上海商务印书馆1933年版，第869～872页；[美]爱德华："清朝对外国人的司法管辖"，李明德译，载《美国学者论中国法律传统》，清华大学出版社2004年版，第476页及以下。

由有关国家官员自行办理,中国官员不得过问。同年的中法条约、1847 年的中国与瑞典、挪威条约以及中俄条约,均有类似规定。1858 年中英《天津条约》,除规定被告主义原则之外,还规定了"两国交涉事件,彼此均须会同公平审判"的"会审"制度,1876 年的中英《烟台条约》又规定了原告人的本国官员可以"赴承审员处观审",有不同意见,"可以逐细辩论"的"观审"制度。此外,德、日、意等国也都援引最惠国待遇条款,获得在华领事裁判权。但当时一直没有使用"领事裁判权"的名称,而是使用治外法权的表述,迟至 1916 年,在中国与瑞士签订的条约中,才正式使用了"领事裁判权"概念。

(三)领事裁判权的内容

领事裁判权的内容,概括而言主要有五项:①在华的纯粹外国人案件,中国官员不得过问,完全由其本国驻华领事官审断。②中国人与外国人之间的刑事案件,采用被告主义原则。被告人系中国人的,由中国地方官按中国法律审断;是外国人的,由其各本国领事官按其本国法律审断。③中国人与外国人之间的民事案件,由外国领事先行调处;调处不成,则由中国地方官与外国领事官"会同审理"。④凡中国人与外国人之间的民事刑事案件,外国使馆官有派员"观审"之权。⑤设立领事法院。在 19 世纪时,领事裁判权一般由在华领事组成临时法庭行使,自 1906 年开始,美、英、德等国还在中国设立经常性驻华领事法院,专门行使领事裁判权。

三、会审公廨

会审公廨又称会审公堂,原是清末民初在上海、厦门、武汉等地被帝国主义列强强占的"租界"内设立的审判机关,但在领事裁判权制度的支配下,却成为帝国主义列强侵犯中国司法主权,干涉、破坏中国司法独立的特殊审判机关,是中国司法主权被破坏的重要表现。

1845 年英国领事与上海道台签订《上海租地章程》后,英、美、德、日、法、俄、奥、意等列强各国先后在上海、武汉、福州、厦门、天津、广州等地划占租界。到 1853 年,英国借小刀会[1]起义之机,在上海租界设立工部局和巡捕房,攫取在租界内的警察治安权。1864 年,在上海英租界设立"洋泾浜北首理事衙门",由中国地方官派员至英租界与英国领事官共同审理华洋诉讼案件,是为会审公廨之雏形。

1868 年底,上海道与英美领事签订《洋泾浜设官会审章程》,正式设立了会审公廨,"专驻洋泾浜,管理各国租界内钱债、斗殴、窃盗、词讼各等案件"。该公廨的组成,由中方"遴委同知一员",并"立一公馆",由该委员自行招募翻译及公差人等,但须"雇洋人一二名,看管一切"。依照该章程的规定,租界内纯粹华人案件,由中国委员自行

---

[1] 小刀会是清代中后期民间秘密团体,属于天地会支派之一。1853 年 9 月 7 日,在上海发动起义,占领上海,其首领刘丽川称大明国统理政教招讨大元帅,旋称太平天国统理政教招讨大元帅,接受太平天国领导。后来与清军及英、美、法侵略者坚持战斗一年半,1855 年 2 月起义失败。

审断,外人毋庸干涉;必须外国人到案的案件,须领事官或其所派人员会同中方委员审理;华洋互控案件,如一方系无领事管束之外国人,由中方委员自行审断,但仍须邀请一外国官员陪审,如系外国人雇用或聘请的华人涉讼案件,有关领事或其所派人员得到庭听讼。会审公廨所管辖的民事案件仅限于钱债、交易各事,刑事案件仅限于发落枷、杖以下罪名者,至于徒、流及人命案,则要报上海道审验。

不过,西方列强得寸进尺,不断扩张其对会审公廨的权力。先是擅自审理无期徒刑案件,继之则在辛亥革命爆发之际,借口"维持租界治安",擅自执行公廨职权,任命会审公廨官员,使之不但享有观审权、会审权,甚至主审权,而且在实际上更享有人事权与财政权,致使会审公廨几乎完全成了"洋人的衙门"。

四、司法主权的恢复

面对列强各国破坏中国司法主权的侵略行径,中国人民与中国政府自始至终都在不懈努力,以图收回领事裁判权,恢复司法主权。

1902~1903年,在与英、美、日、葡等国谈判续议通商行船条约时,中国方面首次表达了收回领事裁判权的意图。英、美、日、葡则表示,"愿尽力协助"中国"整顿本国律例",而且,"一俟查悉中国律例情形及其审断办法及一切相关事宜,皆臻妥善",即放弃在华领事裁判权。得此允诺,清廷上下,咸受鼓舞,设馆修律,预备立宪,改革官制,完善司法,直接目的均"措意于领事裁判权"。当时虽然未能获得实际结果,但却揭开了中国法制现代化的序幕。

中华民国建立后,一则继续致力于法制现代化的努力,二则采取外交手段,以"民族主义"为旗帜,试图将"卖身契"般的不平等条约废除,收回领事裁判权,废除会审公廨。第一次世界大战时,中国于1917年参与协约国向德、奥宣战,即先行取消德、奥在中国的领事裁判权;稍后,俄国十月革命爆发,建立苏俄社会主义国家,北洋政府宣布与苏俄断交,苏俄旧有领事裁判权也被取消;1919年巴黎和会召开,中国代表提出,"中国允于五年内颁布民刑法典,并在旧时府治所在地设立新式法院。俟此项条件实施后,各国应撤销其领事裁判权",但与会各国却多方搪塞。1921年华盛顿会议时,中国代表重申前议,最后会议议决,由参会各国选派代表组织中国司法调查团实际考察后再作决定。1926年5月,调查团分赴直隶、山西、山东考察后,认为当时中国司法存在法典不完备、新设法院监所太少、司法经费无保障、军人干涉司法四大缺陷,尚不宜取消领事裁判权。同年,由江苏省政府与驻沪各国领事签订《收回上海公共租界会审公堂暂行章程》,改会审公廨为上海临时法院。1929年,国民政府宣布,从次年起废除所有国家在华领事裁判权,但却因列强的抵制未能实现。1930年,国民政府与英、美、法等六国签订《上海公共租界特区法院协定》,废止所有从前在上海公共租界内设立中国审判机关的章程、协定等,改在租界设立特区法院,这是中国收回治外法权、恢复司法主权取得的第一次重要成就。嗣后十余年间,一则通过颁行刑民法典、改革司法制度,基本上建立起现代法制与司法制度;二则更因为在第二次世界大战中,中国人民的对日抗战为世界反法西斯事业做出卓越贡献,国际地位空前提高。这样,到1943年,英、美等国相继与中国签订条约,取消其在华领事裁判权,其他如比利时、法国、瑞士、巴西等群起仿效,截至1947年,外国列强在华领事裁判权完全废除。百年屈辱,洗刷殆尽,中国重新恢复了司法主权。

第二节 司法独立体制的建立与发展

一、清末司法独立体制的建立

中国近现代废除传统司法体制、建立独立司法体制的探索始于清末,至中华民国时期才完成了这一任务。

清末于1902年宣布改革司法制度,以期收回领事裁判权。到1906年,作为预备立宪内容之一,在官制改革的进程中正式开始司法制度的改革。这次改革采取自上而下、由内到外、次第更张、逐步推进的方略。

1906年,清廷先行对中央及京师地区审判机关进行改革,颁发《大理院审判编制法》,确立其基本原则为"立宪政体必使司法、行政各官权限分明,责任乃无诿卸,亦不得互越范围"。具体办法则是将刑部改为法部,专门负责司法行政,不再兼理审判;将大理寺改为大理院,作为全国最高审判机关,并负责解释法律,监督各级审判厅的审判活动;在京师地区分设高等审判厅、地方审判厅及城谳局(或乡谳局);在大理院及各级审判厅设检察厅,负责检察事务。相应地,原来所实行的三法司会审、九卿会审及朝审、秋审、热审诸名目一并废除。

1907年,法部奏定《各级审判厅试办章程》,1910年修订法律馆奏颁《法院编制法》,确定在省一级改按察使司为提法使司,负责地方各级司法行政及司法监督,另专设高等审判厅,在府一级(直隶州)设地方审判厅,州、县设初级审判厅,专门负责审理民、刑诉讼案件;各级审判厅仍设检察厅,负责检察事务。但当时实际上仅在京师、奉天和直隶省天津府等地试办,并拟于1912年在全国推行。不过,由于清廷迅速被推翻,故并未能完成。这样,在清末虽然已开始废除封建司法体制,却未能完成;虽然已经着手筹建独立司法体制,但却未能全面实现,因而仅是中国近现代独立司法体制的创建阶段。

二、中华民国时期司法体制的发展

中华民国时期,依据三权分立与五权宪法思想理论,在清末创建独立司法体制的基础上,进一步全面废除封建司法体制,建立了独立的司法体制。

南京临时政府通过制定颁行《临时约法》及其他法规,不但确立了独立司法体制,而且规定了法院组织机构独立、法院行使审判权独立、法官终身制与法官高薪制等具体制度,以保障司法独立体制的实现;同时,又在实践中设立临时中央审判所,在湖北及江苏等省设立地方审判机构,但尚未及将《临时约法》确立的独立司法体制推行到全国范围。

北洋政府在约法、宪法上仍然规定了司法独立体制,并且在实践中也在中央设立大理院,在地方于省级设高等审判厅,府级设地方审判厅,县、市一级设初级审判厅或由县知事兼理司法,另外还设立军事审判机构等特别审判机关,从而形式上大致在全国范围内建立了独立司法体制。不过,由于军阀专制独裁导致战乱频仍,全国始终处于分裂割据状态,这既使司法机构的经费、地位缺乏保障,又使司法审判体制无法统一,更为严重的是"军人干政及于司法,以致司法独立为之危害"。

南京国民政府建立后,为尽快建立现代司法制度,收回领事裁判权,恢复中国司法主权,依据五权宪法体制采取措施,推进司法制度改革,从而建立了现代意义上的司法独立体制。主要表现在:①在约法或宪法中确定司法独立原则,在国民政府内设立司法院,制定颁行《司法院组织法》和《法院组织法》,确定司法院为国民政府最高司法机关,掌管司法审判、司法行政、官吏惩戒及司法行政事务,独立行使司法职权,不受任何干涉。②建立全国各级法院体系,具体行使审判职权。为此,国民政府在1927年通令各省,一律暂行沿用四级三审制,而将检察官配置于法院之内。据此,在全国建立其最高法院、高等法院、地方法院和初级法院。到1932年颁布、1935年施行《法院组织法》,改四级三审制为三级三审制,在全国分设最高法院、高等法院和地方法院,将县一级原有的兼理司法体制全部废除而设立县司法处,从而基本上消除了司法、行政不分的状况。

第三节　法院组织法

一、发展与演变

(一)清末近现代法院组织的初建

中国近现代法制变革中,清末为配合司法体制改革,先在1906年制定《大理院审判编制法》;嗣后又由法部拟定《各级审判厅试办章程》,于1907年公布;最后则由修订法律馆完成《法院编制法》,于1910年颁行。该法共分十六章一百六十四条,第一章审判衙门通则,第二至第五章分别为初级审判厅、地方审判厅、高等审判厅、大理院,第六章司法年度及分配事项,第七章法庭之开闭及秩序,第八章审判衙门之用语,第九章判断之评议及决议,第十章厅丁,第十一章检察厅,第十二章推事及检察官之任用,第十三章书记官及翻译官,第十四章承发吏,第十五章法律上之辅助,第十六章司法行政之职务及监督权,另有附则专门规定施行。这几部法规的颁行,初步构建了中国近现代法院组织法的雏形。

(二)中华民国时期法院组织法的发展

中华民国建立后,北洋政府曾先后颁行《地方审判厅刑事简易庭暂行规则》、《县知事兼理司法事务暂行条例》、《高等分厅暂行条例》、《修正各级审判厅试办章程》等法院组织方面的单行法规。国民政府建立后,先于1928年11月颁布《最高法院组织法》。1932年,依据"审级制度之改革"、"检察官职权之扩充"、"最高法院之唯一"及"推事、检察官待遇之提高"的原则,制颁《法院组织法》,从1935年7月1日开始施行,嗣后数度修订。

《法院组织法》共分为十五章九十一条。第一章总则,第二至第四章分别为地方法院、高等法院、最高法院,第五章检察署及检察官之配置,第六章推事检察官之任用,第七章书记官及通译,第八章检验员、执达员、厅丁及司法警察,第九章司法年度及事务分配,第十章法庭之开闭及秩序,第十一章法院之用语,第十二章裁判之评议,第十三章法律上之协助,第十四章司法行政之监督,第十五章附则。

二、法院设置与组织

在中国近现代,随着司法独立体制的建立,开始将国家审判组织改称为法院。关于法院的设置与组织,大致经过两个发展阶段。

(一)设置四级法院阶段

清末司法体制改革,尤其1910年颁行的《法院编制法》,确定法院设置采用四级制;到1912年北洋政府援用《法院编制法》仍然沿用四级制,也就是分设大理院、高等审判厅、地方审判厅、初级审判厅(或城谳局、乡谳局)。其中大理院为最高审判机关,设正卿及少卿各一员,综理全院事务,并监察其行政事务;其下分设民事科、刑事科,并根据事务之繁简,酌分民事、刑事数庭;另外在距离京城较远或交通不便省份,可于各省高等审判厅内设大理院分院。高等审判厅系省一级审判机关,设厅丞一员,综理全厅事务,其下分设民事、刑事数庭,另外尚可在地方审判厅内设高等审判分厅。地方审判厅设于各府所在地,置厅长或厅丞一员,综理全厅事务,并监督其行政事务,下设数个民事、刑事审判庭以及二员以上的独任推事。初级审判厅设于各县,酌置一员或二员以上之推事,并以资深者为监督推事。另外,在清末还规定,在京师地区设城谳局,地方各县设乡谳局,地位相当于初级审判厅;在北洋政府时期到国民政府初期,则在部分县、市实行县知事兼理司法的制度。

(二)设置三级法院阶段

中华民国《法院组织法》仿效德、法两国司法体制,法院设置改采三级制。

最高法院,最初在1927年3月于武汉国民政府时期由原大理院改设,后来一直沿用其名称。作为国家最高审判机关,最高法院设于国民政府所在地,隶属于司法院,其内部设院长一人,综理全院行政事务;其下则视事之繁简,分设数个民事与刑事审判庭,各庭设庭长一人,监督各庭事务并分配事宜,其管辖包括不服高等法院第一审及第二审判决而上诉的刑事案件、不服高等法院第二审判决而上诉的民事案件、不服高等法院裁定而抗告的案件以及非常上诉案件。

高等法院,系设在省、特别区以及首都的司法审判机关,其内部设院长综理全院事务,其下分设民事庭、刑事庭数个,另外在地域辽阔的省或特别区应该设高等法院分院;高等法院及其分院管辖包括关于内乱罪、外患罪以及妨害国交罪的刑事第一审诉讼案件、不服地方法院及其分院判决的上诉案件以及不服地方法院及其分院裁定而抗告的案件。

地方法院,系设在县或市级的审判机关,其内部设院长一人,综理全院事务,其下分设民事庭与刑事庭,在地域辽阔的县、市还可以设分院,管辖民事及刑事第一审案件以及非诉案件。

三、检察机关

清末于1906年进行司法体制改革时,开始仿效德、法、日等国司法制度,提出设置检察机关;次年颁行《各级审判庭试办章程》,正式在法律中确认检察机关的地位;嗣后,在《法院编制法》及《法院组织法》中,对检察机关都作了较详细的规定。

(一)检察机关的设置

在中国近现代,一直实行审检合署制,也就是在审判机关内部设立检察机关。至于设置的具体模式,在清末到北洋政府时期,大理院及各级审判厅内配置相应的检察厅,大理院分院及高等审判厅分厅内配置相应的检察分厅;除初级检察厅配置检察官一员或二员以上外,地方、高等及总检察厅,均配置检察长或厅丞一员,检察员二员以上。到了国民政府时期,则裁撤各级检察厅,在各级法院内配置检察官,其中最高法院设置检察署,配置检察官若干人,以一人为检察长;地方法院、高等法院及其分院各置检察官若干人,以一人为首席检察官。

(二)检察官的职权

在清末到北洋政府时期,检察官的职权包括在刑事诉讼中实行搜查处分、提起公诉、实行公诉并监督判决的执行;在民事诉讼及其他事件中,为诉讼当事人或公益代理人,实行特定事宜。到国民政府时期,则主要是实施侦查、提起公诉、实行公诉、协助公诉、担当自诉及指挥刑事裁判的执行。此外还承担其他法令所定职务的执行,包括婚姻事件、亲子关系事件、禁治产事件及死亡宣告等人事诉讼程序的参与等。

(三)检察职权与审判职权的划分

在中国近现代,检察机关虽然一直配置在法院之内但却独立于法院,也就是说,检察机关独立于审判机关行使职权,既不得干涉法官独立审判,也不受法官之干涉;各级检察官均服从其长官的命令。

四、法官与检察官

在中国近现代法院组织法及其他法律的规定中,对于法官与检察官的选任、待遇、考核及奖惩等,均有相应的规定。

1.关于名称。其中法官一般称为推事,但在清末曾称为审判官,在中华民国颁行的《县知事兼理司法事务暂行条例》中也称为承审员,在《特别刑事法庭组织条例》中又有审判官的名称,实际上就是军法法官。至于检察官,则一直沿用此名称。

2. 关于选任。在中国近现代,法官与检察官的选任原则上采用考试制,也就是通过国家举办的司法官考试,凡及格者方可被选任为法官或检察官;作为例外,又可以通过其他途径被任用为法官或检察官。

3. 关于法官地位的保障。由于中国近现代接受并致力于司法独立体制,而法官独立审判乃是司法独立的核心,因而采用法律保障法官独立审判乃势所必然。清末《法院编制法》规定,"法部对于推事及检察官不得有勒令调任、借补、停职及减俸等事";中华民国时期更进一步在约法、宪法及《法院组织法》中规定了实行法官不党、法官终身制、法官高薪制等一系列保障法官地位的内容。

第四节 律师制度

一、概说

在中国进入近现代之后,受西方各国司法制度的影响和基于"模范列强"的考虑,人们逐渐接受"律师制度与司法独立相辅为用,夙为文明各国所通行",因而系"我国亟应取法者"的观念,律师制度方才伴随着司法独立体制的建立而渐次建立起来。

20世纪初,东南沿海各商埠城市事实上"已准外国律师办案"。修订法律馆于1906年拟定《刑事民事诉讼法草案》时,试图对律师制度作出规定。至次年颁行《各级审判厅试办章程》,正式规定了代诉人制度,已具备律师制度之雏形。同时,自1905年废除科举制,设立法律学堂,法律学堂的毕业生在后来即有被派充律师者。但完整的律师制度直到清朝被推翻尚未建立起来。

中华民国南京临时政府建立后,为推进律师制度尽快建立,内务部警务局长孙润宇曾自拟《律师法草案》,呈请临时大总统孙中山交由参议院审议,但尚未议决。至1912年9月,北洋政府公布实施《律师暂行章程》,中国近现代律师制度正式建立。该暂行章程共三十八条,对律师制度的基本内容作了全面规定,其主要特点就是限制妇女充任律师,要求律师年龄必须满二十岁,律师资格的取得分为考试与免试两种,律师执行职务并无区域限制,律师惩戒采取诉讼程序。嗣后,北洋政府又在1913年、1916年、1917年对该暂行章程数度修订。到1927年11月,国民政府公布施行《律师章程》,该章程的最大进步在与废除了此前对妇女充任律师的限制,提高了律师公会的地位。至1941年,国民政府又颁行《律师法》,该法共五十一条,对律师制度的各方面都作了系统全面的规定,是中国近现代最完备成熟的律师法。

二、律师资格

在中国近现代,律师资格被分为两方面:①积极资格,即取得律师资格的条件,原则上应经律师资格考试及格,但作为例外,如系曾任推事或检察官、曾在大专院校任教授、副教授、讲师并讲授主要法律科目两年以上、曾任立法委员者,可以检核代替考试,取得律师资格;②消极资格,即凡被判处叛国罪、一年以上有期徒刑、曾被除名、曾任公务员而受免职处分或亏空公款、受破产宣告尚未复权之人,不得充任律师,已经充任者,撤销其律师资格。

三、律师职务之执行

（一）律师执行职务之要件

按照《律师法》的规定,律师取得资格并领取律师证书之后,如欲执行职务,尚须具备登录与加入律师公会两项要件。

1. 律师登录。登录系律师向法院进行的确定其执行职务区域的活动。律师可以向两个地方法院及其直接上级之高等法院或高等法院分院申请登录,其所登录之法院及最高法院,即为律师执行职务的区域。但持有律师证书者所欲登录之法院院长或首席检察官如与该律师有配偶、五亲等内直系或旁系血亲或三亲等姻亲关系,为杜弊止嫌,该律师即不得在该法院登录。

2. 加入律师公会。[1] 加入律师公会属强制性规定,非加入律师公会律师不得执行职务;律师公会是律师自行组织的人民团体,负责对律师的管理与惩戒事宜。

（二）律师执行职务之方式与范围

律师执行职务,主要有当事人之委任与选任、法院之指定两种方式。律师执行职务之范围,则包括诉讼中职务与诉讼外职务两类。诉讼中职务,包括代理原告或被告拟具诉、辩状、准备书状、搜集各项证据向法院提出;代理或辅佐当事人到庭办理诉讼案件;开庭时对原、被告及证人依法请问与复问、代理当事人进行法庭辩论及抗辩;抄阅卷宗笔录、证据及复勘、检验、鉴定或清算之场所;作为债权人或债务人之代理人,参与强制执行等。至于诉讼外职务,包括在非讼事件中进行法人登记、夫妻财产制登记、失踪人财产管理、监护、继承等事项的代理申请或陈述;代理进行诉愿、请愿;充任商务仲裁人、破产管理人;代理进行契约或遗嘱的草拟、订立、保管、见证及执行;代理进行土地登记的申请、公司登记的申请或签证、专利、商标、商品检验的申请等。此外还可以充任常年法律顾问。

---

[1] 关于律师公会,最早出现在清末民初之际的苏沪等东南沿海商业发达城埠。北洋政府时期,律师公会逐渐在全国各地普遍设立,1912年的《律师暂行章程》开始设专章对律师公会加以规定;1929年5月成立中华民国律师协会,作为全国性律师工会组织。依据《律师法》的规定,地方法院登录的律师满十五人者,即应设律师公会;未满十五人者,应暂时加入临近地方法院所在地的律师公会或共同设立律师公会。律师公会在中央由内政部,在地方由县、市社会行政主管机关管理;律师公会应设立理事会和监事,每年应召开一次会员大会,并订立章程,负责对律师的管理和惩戒事宜。

四、律师之权利与义务

(一)律师之权利

律师之权利主要有三项:①民事诉讼之代理权。即律师作为民事诉讼代理人,就所委托事件,有为一切诉讼行为之权。②刑事诉讼辩护权,包括原有权和传来权。原有权,系指律师作为辩护人,基于其本身职位所取得的权利。具体有检阅、抄录及摄影卷宗及证物权,接见羁押的被告及与之通信权,经审判长许可于审判期日携带速记到庭记录权,在言词辩论程序中进行言词辩论权,声请调查证据、提出证据及声请法院传唤证人、鉴定人或翻译及调取或命提出证物权,于审判期日询问证人、鉴定人之权,于搜索、扣押、勘验时在场权,于询问证人、鉴定人及翻译时在场权。传来权,则是指原本属于被告而由辩护人代为行使之权。具体包括随时具保为被告声请停止羁押权,对审判长或受命推事的处分向法院声明上诉权。③酬金受领权。

(二)律师之义务

律师之义务主要包括三项:①对法院之义务,包括遵守法院命令、遵守法庭秩序、准时出庭以及对法院忠实而不得有蒙蔽欺骗等义务;②对当事人之义务,包括尽忠义务、不得随意终止委托契约、不得为不正当行为、不得受让系争的权利及严守秘密的义务;③对社会之义务,包括不得损及律师名誉及信用的义务、不得挑唆诉讼或以不正当方法招揽诉讼业务之义务、不得以自己或他人名义刊登迹近招摇或恐吓的启事的义务等。

五、律师之惩戒

凡律师有违反《律师法》禁止之行为、有犯罪行为应受刑之宣告及有违背律师公会章程之行为情节重大者,由律师惩戒委员会对其予以惩戒。惩戒处分分为警告、申诫、停止执行职务二个月以上二年以下、除名等四种。此外,律师公会对经法院注销登录、积欠会费达所定限度而迟延不予缴纳、因送请惩戒情节重大及自行撤销登录而未报告退会之律师,有权予以退会处分。

本章小结 本章介绍中国近现代司法制度的发展变化。首先,应该特别注意以领事裁判权的丧失与会审公廨的设立为标志的中国司法主权和司法独立权的丧失与通过收回领事裁判权恢复中国司法主权的变革;其次,关注中国近现代独立司法体制的建立与发展;再次,注意中国近现代法院以清末的《法院编制法》和中华民国国民政府时期《法院组织法》为代表的组织法的发展演变,尤其是从四级三审制到三级三审制的变化;最后,适当关注中国近现代律师制度的建立和发展。

课后作业

一、关键词解释

1. 领事裁判权　会审公廨
2. 司法独立　大理院　审检合署　四级三审与三级三审　法院编制法与法院组织法　推事
3. 律师　律师公会

二、思考题

1. 怎样正确认识中国近现代司法主权被破坏与恢复的过程？
2. 中国近现代独立司法体制是怎样建立和发展起来的？

第11章 中国新民主主义法制论

【本章导读】

本章介绍中国新民主主义法制的形成、发展演变及其主要内容和特点,从总体上应该首先把握新民主主义法制是中国新民主主义革命的构成部分,属于"革命法制",具有两个方面的基本特点:①新民主主义法制的内容发展、演变始终围绕着革命的中心任务,并且服务于这一中心任务;②基于新民主主义革命主要是通过武装斗争方式进行的客观现实,新民主主义法制始终未能建立起系统完整的法律体系,这在法律技术层面显示出明显的特点。其具体内容则按照部门法分为宪政与施政纲领、行政法、刑法、民事法律以及诉讼法与司法制度五节分别介绍。

第一节 宪政与施政纲领

一、从宪政主张到《中华苏维埃共和国宪法大纲》[1]

(一)中国共产党最初的宪政主张

1921年中国共产党成立后,就把结合"中国社会状况"建立新民主主义宪政国家作为奋斗目标之一。为此,建党初期曾提出"议会斗争的决议",尝试在议会内来揭露军阀操纵"议会"、借"制宪"之名行专制独裁之实的真面目,伸张党的真正民主主义主张。1923年9月,《向导发刊词——本报宣言》提出,"宪政就是国家给予人民权利的证书。所谓权利,最重要的就是这几项自由。所以世界各种民族,一到了产业发达、人口集中的都市,立刻便需要这几项自由,也就是立刻发生民主立宪的运动"。据此,党提出召开真正代表国民的"国民会议"、制定维护国家主权、保障国民权利的宪法主

---

[1] 以下在本章中均简称《苏维埃宪法大纲》。

张,并且在其后几年中开展了以各种革命方式促进新民主主义宪政的活动。

(二)《苏维埃宪法大纲》

1.《苏维埃宪法大纲》的制定。1927年,新民主主义革命进入武装割据、建立革命根据地的新时期。在根据地工农民主政权逐步建立的过程中,最初主要采取制定革命政纲的方式,确定工农民主政权的基本体制和组织形式,并确定工农民众的各项基本权利。到1930年,根据共产国际关于"组织苏维埃中央政府"和"通过苏维埃共和国的宪法及其他基本法律"的决议,开始制宪准备。1931年9月,全国苏维埃大会中央准备委员会全体会议通过《中华苏维埃共和国国家根本法(宪法)大纲草案》,确定制定宪法大纲的"七大原则":①实现代表广大民众的真正民权主义,保障劳动群众自由、平等;②真正实现劳动群众自己的政权——工农兵会议(苏维埃);③彻底地实行妇女解放,保护妇女和青年的一切权利;④彻底地承认并且实行民族自决;⑤争取并且确立中国经济上政治上真正的解放——推翻帝国主义对于中国的统治,取消帝国主义在中国的一切特权,确立中国劳动民众完全的主权,与世界无产阶级和被压迫民族,尤其是苏联结成巩固的联盟;⑥实行工农民权的革命独裁,在将来社会主义的阶段里实现无产阶级的独裁;⑦要彻底拥护实行土地革命,消灭一切封建残余,有系统地进攻资本主义剥削关系,努力进到社会主义的发展道路。同年11月,第一次全国苏维埃代表大会在中央根据地江西瑞金召开,依据"七大原则",大会制定、通过了《苏维埃宪法大纲》,使新民主主义宪政主张取得了具体成果。1934年召开的第二次全国苏维埃代表大会对这部宪法大纲又作了修订,使其内容趋向完善。

2.《苏维埃宪法大纲》的内容。《宪法大纲》除序言外,共有正文十七条,其主要内容有四个方面:

(1)基本任务和目的。《宪法大纲》规定:"中华苏维埃共和国的基本法(宪法)的任务,在于保证苏维埃区域工农民主专政的政权和达到它在全中国的胜利"。基于这一基本任务,进一步规定苏维埃政权的目的就是"消灭一切封建残余,赶走帝国主义列强在华的势力,统一中国,有系统地限制资本主义在中国的发展;进行苏维埃的经济建设,提高无产阶级的团结与觉悟程度,团结广大贫农群众在它的周围,同中农巩固的联合,以转变到无产阶级专政"。[1]

(2)国体与政体。对于国体,第二条规定:"中华苏维埃所建设的是工人和农民的民主专政国家,苏维埃政权是属于工人、农民、红色战士及一切劳苦民众的",只有工农民众有权选派代表掌握政权,剥夺"军阀官僚、地主豪绅、资本家、富农、僧侣及一切剥削人的人和反革命分子"的政治权利;关于政体,实行工农兵代表大会(苏维埃)制度,"中华苏维埃共和国之最高政权为全国工农兵代表大会。在大会闭会期间,全国苏维埃临时中央执行委员会为最高政权机关"。据此,1933年起草了《中华苏维埃共和国

---

[1] 其中"同中农巩固的联合",是在1934年召开的第二次全国苏维埃代表大会上修订《宪法大纲》时增加的内容。

地方苏维埃暂行组织法》;1934年制定了《中华苏维埃共和国中央苏维埃组织法》。

(3)工农民众的权利与义务。①《宪法大纲》界定了公民的概念,即在苏维埃政权区域内,工人、农民、红色战士及一切劳苦民众和他们的家属,不分男女、种族、宗教,皆为苏维埃共和国公民。②具体规定了公民所享有的八项民主权利:平等权,即在苏维埃法律面前一律平等;参政权,即有权选派代表掌握政权的管理,十六岁以上的公民皆有选举权和被选举权;参军权,即手执武器参加革命战争的权利只能属于工农劳苦大众,反革命与一切剥削者的武装必须全部解除;民主自由权,即工农劳苦大众享有言论、出版、集会、结社的自由权;信教自由权;婚姻自由权;劳动权;受教育权。

(4)经济、民族和外交政策。①关于经济政策,确定以消灭封建剥削及彻底改善农民生活为目的,颁布土地法,没收一切地主的土地分配给农民,同时取消一切苛捐杂税,征收统一累进税,保障工农利益,并采取一切有利于工农民众的走向社会主义的经济政策。②关于民族政策,主要是承认中国境内各少数民族都有自决权,中华苏维埃政权要努力帮助弱小民族脱离帝国主义、国民党、军阀、王公、喇嘛、土司等的压迫和统治,从而得到完全自主;发展各少数民族的文化和语言等。③关于外交政策,主要是宣告同世界无产阶级与被压迫民族站在一条战线上,同无产阶级专政的国家——苏联是巩固的同盟;对于因革命行动而受到反动统治迫害的中国民众以及世界革命战士,给予托庇于苏维埃区域的权利;对于居住在苏维埃区域内从事劳动的外国人,一律享有苏维埃法律所规定的一切政治上的权利。

3.《苏维埃宪法大纲》的历史地位和局限。《宪法大纲》作为中国历史上第一部新民主主义性质的宪法性纲领文件,具有重要的历史意义:①它的制定颁布,是新民主主义宪政活动的首次重要尝试;②对当时的工农民主革命运动,具有一定的现实指导意义和规范意义;③为新民主主义宪政建设积累了宝贵的经验和教训。

但不可否认,《宪法大纲》也存在着明显的局限甚至错误,这主要表现在:①受"极左"错误的影响,在政治上混淆民主革命与社会主义革命的界限,提出系统限制资本主义,强调以土地国有化为目标等;依据狭隘的关门主义观念,将一切雇用他人劳动的人及其家属都划入敌对阶级的行列,到第二次修订时才增加了"同中农巩固的联合"的内容。②因缺乏经验,在国家结构形式上,简单照搬苏联经验,企图套用联邦制模式,甚至还规定了少数民族的"完全自决权"而不是"自治权"。这些局限和错误,在第二次国内革命战争后期逐渐得到认识和修正。

二、抗日民主政权的施政纲领和保障人权条例

(一)抗日民主政权的施政纲领

1.概说。抗日战争时期,中国共产党及时调整了革命的战略方针,确立了围绕抗日、团结和民主三大中心任务建立抗日民族统一战线的方针。为此,1937年8月公布《抗日救国十大纲领》。各根据地的抗日民主政权则结合实际,尤其是第二次国共合作已经实现和抗日民族统一战线已经建立的实际,不再进行直接的制定宪法或宪法性

法律的工作，而是相继制定了一系列施政纲领，将党的宪政主张具体化。其中比较具有代表性的在陕甘宁边区有1937年11月的《陕甘宁特区政府施政纲领》、1939年1月的《陕甘宁边区抗战时期施政纲领》、1941年11月的《陕甘宁边区施政纲领》等，在其他根据地主要有1940年8月的《晋察冀边区目前施政纲领》、1941年7月的《晋冀鲁豫边区政府施政纲领》、1942年10月的《对于巩固和建设晋西北的施政纲领》、1944年2月的《山东省战时施政纲领》等。这些施政纲领的制定和实施，是对新民主主义宪政的有益探索和成功实践。

2. 施政纲领的性质与宗旨。抗日战争时期，各根据地的抗日民主政权制定实施的施政纲领在性质上虽然并非宪法性法律，但由于各抗日根据地所处的特殊环境，因而又在一定程度上起着宪法性法律的作用，是各抗日民主政权的根本性法律文件。其宗旨都是"团结、抗战、救中国"。尽管在抗战的不同时期，施政纲领的具体内容有所发展变化，但这一根本宗旨却一直未有变化。

3. 施政纲领的基本内容。各抗日根据地民主政权的施政纲领，始终紧紧围绕着抗日、团结、民主的三大中心任务来确定其具体内容。

（1）施政纲领都明确规定，抗日民主政权的总任务就是动员和团结边区各社会阶层、各抗日党派，发动一切人力、物力、财力、智力，开展游击战争，全民武装自卫，扩大抗日武装，惩治汉奸卖国贼，坚持抗战到底。

（2）施政纲领都根据民族统一战线的总方针，强调一切抗日党派、团体、军队的团结合作。为此，要注意调整各抗日阶级的利益关系，在政治上贯彻"三三制"原则，即在抗日民主政权的组成中，代表无产阶级和贫农的共产党员、代表农民和小资产阶级的非党左派进步分子以及代表民族资产阶级和开明士绅的中间分子，各占三分之一；在经济上实行减租减息，交租交息，调节劳资关系，既改善工人生活，又使资本家有利可图，发展抗日经济。

（3）确定一切抗日人民都享有广泛的民主自由权利，保障一切抗日人民的人权、财权、参政权以及出版、集会、结社、信仰、迁徙等自由权，实行普遍、平等、直接、无记名投票选举制度等。

（二）保障人权条例

为了以团结促进抗日事业，各根据地抗日民主政权还特别重视保障人权，除了在施政纲领中对保护抗日人民的民主权利作出规定外，还制定专门的保障人权条例，从法律上更有效地保障人权。其中具有代表性的包括1942年2月的《陕甘宁边区保障人权财权条例》，1940年11月的《山东省人权保障条例》，1942年11月的《冀鲁豫边区保障人民权利暂行条例》和《晋西北保障人权条例》等。其主要内容包括两个方面：

1. 对法律上的人权概念作了界定，规定人权是指抗日人民的人身自由权和民主自由权。

2. 规定了保障人权的具体措施。①司法与公安机关逮捕人犯应有充分证据，并以法定程序执行，不得随意拘捕和搜索；②除现行犯外，任何机关、部队、团体和个人，不得对任何人加以逮捕、审问、处罚;③司法机关要依靠证据,按照职权规定处理民刑案件,严禁刑讯逼供;④要尊重人犯的人格,保护其法律地位。

三、从《陕甘宁边区宪法原则》到《中国人民政治协商会议共同纲领》

(一)《陕甘宁边区宪法原则》

1.《陕甘宁边区宪法原则》的制定。抗战胜利后,国共签订"双十协定",确定和平建国的基本方针,即两党"必须共同努力,以和平、民主、团结、统一为基础","建立独立、自由、富强的新中国","结束训政,实行宪政","召开政治协商会议"等。在1946年1月召开的政治协商会议上,通过了和平建国纲领、政府组织、国民大会、军队问题和宪法草案问题的五项决议。其中关于宪法草案问题,确定了国会制、内阁制、省自治等政治制度。陕甘宁边区根据政治协商会议决议中关于"省得制宪"的原则,于1946年4月召开的陕甘宁边区第三届参议会第一次大会通过了《陕甘宁边区宪法原则》。

2.《陕甘宁边区宪法原则》的内容与特点。《陕甘宁边区宪法原则》是在抗战胜利之后、各根据地抗日民主政权转变为人民民主政权之际制定的指导制宪工作的文件,全文包括政权组织、人民权利、司法、经济、文化等五部分,体现了新民主主义宪政进入新时期的特点,即在实现了抗战胜利和民族独立之后,进一步实现人民民主的特点。

(1)在政体上,确定由抗战时期的参议会制度过渡到人民代表会议制度。"边区、县、乡人民代表会议(参议会)为人民管理政权机关",由人民通过普遍、直接、平等、无记名投票方式选举各级人民代表组成,各级代表会议选举政府工作人员;各级政府对人民代表会议负责,各级代表对选举人负责。这就为后来的《共同纲领》确定政治制度奠定了初步基础。

(2)规定了民族区域自治原则,消除了在民族政策上的左倾错误。在各少数民族聚居地区,得划成民族区域,组织民族自治政权,订立自治法。这就消除了工农民主政权时期实行的带有明显左倾错误的民族自决政策,也为后来的民族区域自治制度奠定了基础。

(3)司法独立原则的提出。该《宪法原则》在新民主主义宪政史上第一次明确提出了各级司法机关独立行使职权,除服从法律外,不受任何干涉的原则。此外,除司法、公安机关执行职务外,任何其他机关、团体不得有逮捕审讯行为。人民有控告失职的任何公务人员的权利,以及对犯法的人采用感化主义等司法工作原则。

(4)规定人民享有的各项民主自由权利,应该在物质上与制度上有充足的保障。

(5)规定了经济文化政策的基本原则。在经济政策上,主要是强调贯彻以耕者有其田、劳动者有职业、企业有发展机会为内容的新民主主义革命经济纲领,同时还规定要通过各种方式,努力促进经济繁荣,为消灭贫困而斗争,欢迎外来投资,创造技术人才,有计划地发展农工矿各实业;在文化政策上,规定普及并提高一般人民的文化水准,从速消灭文盲,减少疾病与死亡现象,保障学术自由,致力科学发展等。

(二)《中国人民政治协商会议共同纲领》[1]

1.《共同纲领》的制定。从1946年到1949年,各个不断发展壮大并逐渐连成一片的解放区人民民主政权还制定实施了施政方针或施政纲领,其中具有代表性的包括《东北各省市民主政府共同施政纲领》、《内蒙古自治政府施政纲领》、《华北人民政府施政方针》等。到1949年9月中国人民政治协商会议召开之际,"帝国主义、封建主义和官僚资本主义在中国的统治时代宣告结束",新中国人民民主政权即将建立。相应地,对新民主主义宪政进行全面系统地总结,确立新中国的根本性纲领和建国初期的临时宪法,就成为政治协商会议的主要议题。为此,政治协商会议制定并通过了《共同纲领》。

2.《共同纲领》的体系。《共同纲领》既然是作为临时宪法制定的,因而就按照成文宪法的体系来设计和编制。全文分为序言和正文两部分,正文分为总纲、政权机关、军事制度、经济政策、文化教育政策、民族政策和外交政策等共七章六十条,基本上具备了一般宪法的必要内容。

3. 国体与政体。《共同纲领》确定的国体为新民主主义,也就是人民民主主义的国体。对此,第一条就规定:"中华人民共和国为新民主主义即人民民主主义的国家,实行工人阶级领导的、以工农联盟为基础的、团结各民主阶级和国内各民族的人民民主专政";同时还特别规定,国家为彻底消灭帝国主义、封建主义和官僚资本主义的统治,为取消帝国主义在华一切特权、铲除封建主义残余势力、没收官僚资本归国有而奋斗。

关于政体,《共同纲领》的规定具有鲜明特点:①明确中华人民共和国基本政体是实行民主集中制的人民代表大会制度;②鉴于当时的特殊历史情形,又规定政治协商会议履行全国人民代表大会产生以前应由全国人民代表大会行使的职权。国家的一切权利属于人民,人民通过各级人民代表大会行使自己的权利,"国家最高政权机关为全国人民代表大会",地方各级人民代表大会为地方各级政权机关;各级人民代表大会均由人民普选产生的人民代表组成;各级人民代表大会选举产生各级人民政府;各级人民政府直接向各级人民代表大会负责并报告工作。

4. 人民的权利与义务。《共同纲领》规定,人民有参政权,即人民有选举权和被选举权;自由权,即人民有思想、言论、出版、集会、结社、通讯、人身、居住、迁徙、宗教信仰及示威游行的自由权;平等权,即人民不分性别、民族、宗教信仰,一律平等;婚姻自由权。

5. 经济、文化教育、民族和外交政策。

(1)关于经济政策。①规定了新民主主义经济建设的根本方针就是"以公私兼顾,劳资两利,城乡互助,内外交流的经济政策,达到发展生产,繁荣经济的目的"。②规定了各项具体政策,包括保护土地改革成果,继续完成土地革命任务,"实现耕者

---

[1] 以下简称《共同纲领》。

有其田";采用各种手段,调节国营、合作、个体、私人资本主义和国家资本主义经济,使其在国营经济领导下,"各得其所";鼓励私人资本主义向国家资本主义方向发展;建立工人参与工厂管理制度,保护青工、女工的合法权益,设立工厂管理委员会、工会等维护全体工人权益的组织;发展工业、农林渔业、水利、交通运输业、商业、合作社、金融等各种经济建设事业。

(2)关于文化教育政策。①确定将新民主主义文化教育事业纳入民族化、科学化、大众化的轨道,肃清一切旧社会的腐朽思想,发展为人民服务的新思想。②具体规定了有关政策的内容,如提倡"爱国家、爱人民、爱劳动、爱科学、爱护公物"的五项公德,努力发展自然科学,奖励优秀著述,发展新闻广播事业,保护真实报道之自由,禁止诽谤和煽动性的报道,改革旧的教育制度,提倡和发展大众文化教育事业,逐渐普及中等和高等教育,提倡全民体育运动,推广医疗卫生事业,保护人民健康等。

(3)关于民族政策。①民族平等原则,即"中国境内各民族一律平等",反对大汉族主义和狭隘民族主义,禁止民族歧视、民族压迫和民族分裂。②民族自治原则,即中国境内"各少数民族聚居地区,实行民族的区域自治"。同时还规定各民族人民有参军的权利,有"发展民族文字、保持或改革其风俗习惯及宗教信仰的自由",人民政府有责任帮助各少数民族发展其政治、经济、文化和教育事业。

(4)关于外交政策。确定了外交的基本原则就是"保障本国独立、自由和领土完整",拥护国际合作与和平,反对帝国主义的侵略和战争等。

第二节 行 政 法

一、概说

(一)形成与发展

新民主主义行政法,是随着革命根据地的创建和工农民主政权的建立开始逐步形成,并经过抗日民主政权和解放区人民民主政权时期的逐渐发展而成熟的。

1927年开始建立的各革命根据地,根据工农民主政权初创时期的需要,制定过一些地域性的单行行政法规。1931年中华苏维埃共和国成立,开始制定统一的行政法规,其内容既涉及政权或政府及政府各职能部门的组织和管理,还涉及有关军事、民政、财政、文教、卫生等。

抗战时期,新民主主义行政法取得了重要发展。主要表现在:①围绕着团结抗日救中国的中心任务,注意通过行政法规调节各抗日阶级和阶层的利益,促进全民抗战战略的实施;②行政法规数量大规模增加,据不完全统计,各根据地抗日民主政权制定通过的政权组织法和行政管理法规近两千件;③行政法规范的范围更加广泛,其中既有政权组织方面的,如各根据地都制定了参议会组织法和各级政府组织法,也有行政管理方面的,包括战勤、民政、治安、经济、文化教育、卫生等方面的管理法规,从而使得行政法的内容比较完善;④行政法规的形式更加丰富,既在施政纲领中对政权组织及行政管理作了规定,又有单行条例、决定、命令、指示、决议、章程、规定、通令、布告、办法、细则等。

解放战争时期,新民主主义行政法在原有的基础上,又有了重要发展,并日益趋于成熟。随着解放区的不断扩大并逐渐连成一片,比较系统的政府和行政组织相继建立和健全,相应地,比较完善的行政法规体系逐步形成,并进而为新中国行政法的建立奠定了基础。

(二)特点

1.新民主主义行政法的内容和发展演变,始终围绕着新民主主义革命的中心任务。在工农民主政权时期,行政法中心是政权组织法,核心内容就是巩固工农民主政权并动员广大劳苦民众参加革命武装,反对国民党统治,推翻国民党政权;在抗日民主政权时期,除继续重视政权组织法之外,还特别重视行政组织与行政管理法,尤其是实行"精兵简政"制度,以有效协调各抗日阶级和阶层的利益,促进团结抗战事业的发展;在解放区人民民主政权时期,主要是适应推翻国民党统治、解放全中国、建立新中国的政权组织和行政组织基础与行政管理基本制度的需要,制定和实施了一系列行政法规。

2.由于新民主主义革命主要是通过武装斗争方式进行的,尚未能建立起全国统一和正规化的政府,因而也就无法建立统一和完整系统的行政法;同时,行政法与其他法律之间的区分有时并不是很明确。

3.新民主主义行政法的内容主要是政权组织法、行政组织法和行政管理法,行政行为法相对不太发达,行政救济法更为欠缺。

二、政权与行政组织法

(一)工农民主政权的政权组织与行政组织法

1.政权组织法。工农民主政权时期,政权组织采取工农兵(苏维埃)代表大会形式,政权组织法就是有关苏维埃代表大会组织方面的法律和法规。其中比较具有代表性的主要有1929年8月的《闽西苏维埃政权组织法》、1930年3月的《信江苏维埃政府临时组织法》、7月的《湖南省工农兵苏维埃政府暂行组织法》、1931年7月的《鄂豫皖区苏维埃临时组织大纲》、10月的《湘赣苏区各级苏维埃政府暂行组织法》,尤其是1931年11月召开的中华苏维埃共和国第一次全国代表大会制定的《中华苏维埃共和国中央苏维埃组织法》、《苏维埃地方政府的暂行组织条例》以及后来的《中华苏维埃共和国地方苏维埃暂行组织法(草案)》等。

这些政权组织法基本上确立了三个原则:①坚持中国共产党领导原则,如1934年1月第二次全国苏维埃代表大会通过的《苏维埃建设决议案》就规定,"为了巩固和加强无产阶级的领导,苏维埃坚持首先必须坚决拥护无产阶级政党——共产党的领导";②一切权力归工农兵(苏维埃)代表大会,实行"议行合一"原则;③民主集中制原则,在工农兵(苏维埃)代表大会制度下,实行少数服从多数、下级服从上级、地方服从中央的体制。

按照上述原则,作为中央权力机关的是全国苏维埃代表大会和中央执行委员会。全国苏维埃代表大会由各省、市、县苏维埃代表大会及红军所选举的代表组成,主要职责是听取中央执行委员会的报告,制定和修改宪法及其他法律,决定全国大政方针,改选中央执行委员会。中央执行委员会是苏维埃代表大会闭会期间的权力机关,由苏维埃代表大会选举产生,对代表大会负责并报告工作,有权颁布各种法律和法令,审核和批准一切关于全国政治上、经济上的政策,改变国家机构的设置,停止和变更执行委员会主席团、人民委员会及其他机构的法令和决议;中央执行委员会之下分设各人民委员会,作为具体执行的行政机关。

中华苏维埃共和国地方权力机关统一分为省、县、区、乡四级。在省、县、区各级,分别由各该级苏维埃代表大会、执行委员会作为政权机构,苏维埃代表大会为各该级政权机构的权力机关;在乡一级只设苏维埃全体代表会议及其主席团。地方各级权力机关的职权主要包括执行中央及上级政权机关的法律、命令、决议与指示;决定并执行本区域内关于苏维埃建设工作的计划;办理土地、人口、婚姻、劳动、工商、文教、卫生及地方武装、帮助红军作战等事务;解决一切地方性问题;统一管理本区域内各级行政工作。

2. 行政组织法。中华苏维埃共和国行政组织分为中央与地方两部分。其中中央行政机关由直属于中央执行委员会的人民委员会及其所属的各人民委员部或人民委员会组成。人民委员会作为国家最高行政机关,由主席、副主席和各部人民委员组成,指挥全国政务;其下分设外交、劳动、土地、军事、财政、教育、国民经济、粮食、内务、司法和工农检察等人民委员部,具体负责行政事务的执行;各人民委员部之下,根据业务性质和需要设立相应的工作机构,办理具体事务。地方行政机关一般划分为省、县、区、乡四级:省、县、区一般设执行委员会及其主席团,其下分设财政、土地、军事等各部,负责办理具体行政事务;乡(市)是基层行政单位,一般设立苏维埃主席团,下设各科,办理具体行政事务。

中华苏维埃共和国行政工作遵循两个基本原则:①下级服从上级原则。据此,中央各人民委员部必须服从人民委员会的领导,执行它的决议和命令,并向它报告工作;地方各级苏维埃各部实行双重领导体制,一方面受同级苏维埃及其主席团的指导和节制,另一方面又隶属于上级对口主管部门,而且上级对口主管部门的领导更为重要,是"直的组织系统,下级绝对服从上级",地方各级苏维埃"主席团没有停止各部执行各该上级的命令之权"。②首长负责制原则。中央各部的人民委员"在它的权限内,有单独解决一切问题之权",地方苏维埃各部部长"管理本部全部工作"。

(二)抗日民主政权的政权组织与行政组织法

1. 政权组织法。

(1)政权组织法的发展与原则。抗日民主政权时期,各根据地取消了工农兵代表大会制度,确定抗日民主政权的权力机关为参议会,因而政权组织法也就是参议会组织法。这一时期制定的参议会组织法规主要有1939年2月制定、1941年11月修订的《陕甘宁边区各级参议会组织条例》,1940年6月制定的《晋察冀边区参议会暂行条例》,1943年1月制定的《晋察冀边区参议会组织条例》和《晋察冀边区参议会驻会参议员办事处组织规程》,1944年11月制定、1945年3月修订的《晋冀鲁豫边区参议会组织条例》,1942年11月制定的《晋西北临时参议会组织条例》,1945年9月制定的《修正山东省临时参议会组织条例》、《山东省行政区临时参议会组织条例》、《山东省县参议会组织条例》等。

这一时期的政权组织法贯彻两个原则:①抗日民族统一战线与根据地具体环境相结合的原则。据此,一方面确定抗日民主政权的权力机关都是地方性的,而不是全国性的;另一方面,强调结合各地实际情形或具体环境确定具体内容。②三三制原则,即各抗日根据地参议会都必须是由代表无产阶级和贫农的共产党员、代表农民和小资产阶级的非党左派进步人士和代表民族资产阶级和开明士绅的中间人士各占三分之一组成。

(2)参议会的组织与职权。参议会的组织,各根据地不尽一致。一般在边区或省内设三到四级参议会,如陕甘宁边区分为省、县、乡(市)三级;晋察冀边区最初为边区、县、区、村四级,1943年取消区级,改为三级;山东为省、行政区、县、村四级。参议会议员均通过选举或聘请产生。参议会会议分为常会和临时会议两种。常会在边区(省)一级每年召开一次,在县(市)每半年召开一次,在乡(市)每两个月召开一次;县、乡参议会遇到特殊情形可召开临时会议。召开常会时,一般先选出主席团和议长、副议长,主持会议;休会时设常驻参议员,组成常驻委员会,处理日常事务。

各级参议会的职权,根据级别不同稍有差别。在边区(省)和县级有七项职权:①地方立法权,即"创制和复决边区(或省、县)之单行法规";②选举罢免权,即选举或罢免边区(省)政府主席(或行政委员会主任委员)、副主席(或副主任委员)、政府委员(或行政委员)、高等法院院长或正、副县长、政府委员及地方法院院长之权;③监察弹劾权,即对各级政府、行政人员及司法机关和公务人员的违法失职行为进行监察或弹劾之权;④督促检查权,即督促检查边区(省、县)政府执行参议会决议事项之权;⑤议决权,即在审议和决定征收、废除或增减地方捐税、发行地方公债,议决政府主席(省长、县长)或政府委员会及各厅厅长、高等院院长提交审议事项,议决人民及民众团体提请审议事项,决定各项基本政策及应兴应革之重大事项;⑥审批权,即审批预决算,批准政府关于民政、财政、粮食、建设、教育及地方军事等各项计划,听取政府施政报告;⑦追认权,即追认参议会休会期间常驻会及边区政府主席(省长、县长)、政府委员会关于紧急处置的重要事项。在乡(市)一级,一般只有议决权、选举罢免权、监督弹劾权等。

2.行政组织法。
(1)行政组织法的制定和"精兵简政"原则。抗日民主政权时期,各根据地制定了一系列各级政府组织法规,其中陕甘宁边区最具代表性。1939年11月制定了《陕甘宁边区县政府暂行条例》,1942年1月制定公布了《陕甘宁边区各乡市政府组织暂行组织条例》,1941年11月制定了《陕甘宁边区各县区公署组织暂行条例》,基本上建立起了系统的行政组织法体系。

针对抗战初期根据地政权建设中存在的上级机关庞大、人浮于事、基层组织不健全、干部力量薄弱等问题,在1941年召开的陕甘宁边区第二届参议会第一次会议上,开明士绅李鼎铭先生提出了《政府应彻底计划经济,实行精兵简政主义,避免入不敷出、经济紊乱之现象》的提案,大会讨论通过后决定"交政府速办"。到1942年12月边区政府颁布《陕甘宁边区简政实施纲要》,将"精兵简政"确定为行政组织和管理工作的一项原则。在此期间,陕甘宁边区和其他根据地都进行了精兵简政,其基本内容就是重新划分各级政府的职权和业务,实行政权工作的一元化领导,政府和各行政部门的机构和人员实行少而精的编制。

(2)行政组织和职权。抗日民主政权时期,各根据地的政府组织基本实行三级或四级设置。其中在边区或省一级政府或行政委员会,由参议会选举委员若干人组成(如陕甘宁边区为十三人),是各地最高行政机关,综理全边区或全省政务,其内部设主席或主任一人,副主席或副主任一人或数人;其下分设民政、财政、教育、建设、保安、审计等厅、处及保安司令部,分别管理各项事务。在有些根据地,如晋察冀边区、晋冀鲁豫边区、山东省等,边区或省之下设立行政公署,作为政府的派出机关或单独一级政府机关,而各根据地一般还设有行政督察专员公署,为边区政府派出的督导机关。

县一级设县政府,由县参议会选举县政府委员会组成,设县长一人,委员若干人,综理全县政务;其下分设民政、财政、教育、实业各科及公安局、人民武装部,分别负责办理具体行政事务。县之下的区级机构,一般仅设助理员,分工处理各项行政事务。乡(村)是基层单位,在陕甘宁边区,乡(市)设乡(市)长一人,综理政务,文书一人,协助乡(市)长工作,为专职行政人员,自卫军连长一人,协助乡(市)长管理民兵和治安工作;另外,根据需要可以设立经济建设、锄奸、优待救济、文化促进、卫生保育及人民调解等委员会,负责办理具体事务;在其他根据地设村公所作为行政机关,由村长、副村长及其他委员具体负责办理村务工作。

三、选举法

(一)选举法的发展演变

选举法是新民主主义政权和法制革命性和民主性的重要保障,在新民主主义法制中占有十分重要的地位,其发展大致经历了三个阶段。

在工农民主政权时期,从1928年中共六大通过《苏维埃政权组织问题决议案》开始,各根据地相继开展了选举活动,并制定了选举法规;中华苏维埃共和国成立后,又进行了系统的选举立法。这一阶段选举法由两方面内容构成:①政权组织法中对选举制度作了规定;②制定单行选举法规,其中比较具有代表性的有《中国工农兵会议(苏维埃)第一次全国代表大会选举条例》《中华苏维埃共和国选举细则》《苏维埃暂行选举法》、湘鄂赣省工农民主政府颁布的《选举须知》等。这些立法,确定了选举法的重要原则和具体制度。

抗日民主政权时期,选举法有三个方面的重要发展:①在选举立法上,基本采取专门立法,其内容大体分为有关选举原则和程序的法规与有关选举法实施的保障性和辅助性法规两类;②关于选举原则,取消了工农民主政权时期所采取的一些带有极左错误的内容,而且更强调与中国国情,尤其是各抗日根据地的具体情况相适应;③在选举组织与程序方面,更为全面系统和便于操作。

解放区人民民主政权时期,重点加强了村、县选举法的建设,如华北人民政府和东北人民政府都制定了村、县人民代表选举条例或办法。

(二)选举原则

新民主主义选举法基本上都体现了革命与民主两大原则,但在不同阶段强调的重点又有所侧重,其中有些时期还犯有左倾错误。

工农民主政权确定了两项原则:①选举权和被选举权属于工农劳苦民众的原则,剥夺剥削者和反革命分子的选举权和被选举权。《宪法大纲》规定,"在苏维埃政权下,所有工人、农民、红军及一切劳苦群众都有权选派代表掌握政权的管理。只有军阀、官僚、豪绅、资本家、富农、僧侣及一切剥削人的人和反革命分子是没有选派代表参加政权和政治上的自由权利的",这一方面为在选举法实施中扩大剥夺权利范围的左倾错误做法提供了根据,另一方面又衍化出代表名额分配上有利于无产阶级的左倾错误做法。②直接选举和间接选举相结合原则,《苏维埃暂行选举法》规定,乡、区属市、县属市和中央直属市的苏维埃代表大会实行直接选举;区、县、省级全国苏维埃代表大会实行间接选举。

抗日民主政权时期,选举法基本克服了左倾错误,确立了"普遍、直接、平等、无记名"等四项原则。如陕甘宁边区规定,"凡居住边区内人民,年满十八岁,不分阶级、党派、职业、男女、宗教、民族、财产及文化程度之差异","皆有选举权及被选举权",只有卖国者、剥夺公权者及精神病人不能参加选举;"自乡、市至边区各级参议员,皆由各参加选举之公民直接选举之";每一个有选举资格的选民,在每一级每一次选举中,都只有一个同等的投票权,每一张选举票的效力相等。

解放区人民民主政权时期,基本沿用抗日民主政权的选举原则,但结合新情况,又注意将普选制度与推选方法相结合,剥夺封建地主及富农的选举权和被选举权。

(三)选举组织

关于选区划分,在工农民主政权时期,采取生产单位与居住状况相结合的方法,城市工人以生产单位为选区,乡村以村为选区,红军单独选举;抗日民主政权到解放区人民民主政权时期,则采取以地域为主,按照地区人口比例划分选区的原则,但为了照顾机关、工厂、社团、少数民族及外国团体的特殊利益,又将部门、职业作为划分选区原则的补充。

关于选举机构,在工农民主政权时期,最初各根据地一般由苏维埃政府直接主持选举活动,没有设立专门的选举机构;到中华苏维埃共和国建立后,在城市和区、乡设立选举委员会,主要任务就是负责主持选举工作。该委员会为非常设机构,选举前组成,选举完成后撤销。抗日民主政权和解放区人民民主政权时期,基本沿用设立选举委员会的做法。

(四)选举程序

新民主主义革命时期,选举程序一般是先划分选区、成立选举委员会、进行选民登记,然后进行选举。中华苏维埃共和国成立后,在基层以选举大会作为法定的选举方式。抗日民主政权到解放区人民民主政权时期,各根据地的选举程序逐步健全,在进行选民登记后,先进行候选人提名、竞选,然后再进行正式选举。候选人提名有两种方式:①党派、团体、学校、兵营等经过集体讨论,推举出候选人;②公民自由组合提出候选人。候选人可以进行自由竞选。选举投票采取分散式与集中式相结合,但均应集中开票。其具体程序较以前更加周密、严谨、细致。

(五)选举诉讼

抗日民主政权到解放区人民民主政权时期,逐渐建立了选举诉讼制度。如《陕甘宁边区参议会选举条例》规定,对选举中出现的诉讼,司法机关必须及时解决;凡以威胁利诱等舞弊妨害选举自由者,不问当选与否,除制止其行动外,并将当选人及参加舞弊者提交法院依法惩处;凡公民对选举人认为有前项不法行为者,得向司法机关告发。

第三节 刑 法

一、概说

(一)形成与发展

新民主主义刑法是在新民主主义革命的特殊历史环境下形成和发展起来的,大体经历了三个发展阶段。

工农民主政权时期,新民主主义刑法开始形成。随着各根据地和工农民主政权的建立,为了"建立革命秩序,保障群众的权利",[1]相继制定了一些以惩治反革命为主要内容的单行刑事条例,如1929年12月江西信江工农民主政府制定的《肃反条例》、1930年6月福建闽西工农民主政府制定的《闽西惩办反革命条例》等。中华苏维埃共和国建立后,相继以"训令"方式对有关惩治反革命的问题作了统一规定;1934年4月中央执行委员会公布《中华苏维埃共和国惩治反革命条例》,标志着新民主主义刑法的基本形成。

抗日民主政权时期,新民主主义刑法有了重要发展。适应"团结抗日救中国"方

---

[1]《中华苏维埃共和国中央执行委员会训令》(第六号),载《红色中华》1931年12月28日第3期。

针与抗日民族统一战线建设的需要,各根据地抗日民主政权以"坚决地镇压那些坚决的汉奸分子和坚决的反共分子","保卫抗日的革命势力"[1]为中心任务,结合根据地的实际,制定了大量刑事法规。这些法规主要是惩治汉奸、盗匪及其他破坏抗战罪行的,如陕甘宁边区于1939年制定的《抗战时期惩治汉奸条例》、《抗战时期惩治盗匪条例》、《惩治贪污条例》、《禁烟禁毒条例》,1941年制定的《破坏金融法令惩罚条例》,1942年制定的《贩卖纸烟惩治办法》,晋冀鲁豫边区于1941年制定的《禁止敌伪钞票暂行办法》,1942年制定的《汉奸财产没收处理暂行办法》,晋察冀边区政府于1942年制定的《破坏坚壁财物惩治办法》,山东省政府于1943年制定的《惩治贪污公粮暂行条例》、1945年制定的《汉奸自首自新暂行条例》、《处理伪军伪警条例》等。在此基础上,通过总结经验教训,陕甘宁边区政府在1942年起草了《刑法总分则草案》,促进了刑法的发展进步。

解放区人民民主政权时期,在继承抗日民主政权刑法内容的基础上,将镇压与宽大相结合具体化为"首恶者必办、胁从者不问、立功者受奖"的刑事政策,并创立管制刑,使得新民主主义刑法又有一定发展。

(二)特点

1. 在刑法的价值追求上,将新民主主义的革命性与政治性置于首要位置,强调刑法镇压反革命分子、封建地主阶级分子、官僚买办资产阶级分子、汉奸反动派及其他犯罪分子的作用,并强调以刑法方法建立新民主主义革命秩序,保卫广大劳苦大众的利益。

2. 在刑法的技术安排上,始终处于探索与发展阶段,未能建立起完善的刑法制度。首先,没有形成完整的刑法体系,也没能制定完整统一的刑法典,所有刑事法律都是具体的、个别的、适应某些重要的犯罪而制定的单行法规,具有适应革命发展变化而不断调整的特点。其次,虽然也形成了一些刑法原则,但却未能建立系统完整的刑法原则体系,而且其中的有些刑法原则本身还很不成熟,甚至带有明显的极左错误。再次,在刑罚制度上,基本接受了近现代以自由刑为中心的刑罚体系,但其具体规定则不尽完善,带有一定的随意性。当然,在解放区人民民主政权时期创造了管制刑,是对刑罚制度发展的重要贡献。

二、刑法原则

(一)刑法基本原则

在新民主主义刑法的发展演变中,一方面基本接受了现代刑法基本原则,另一方面则结合中国国情,尤其是革命根据地法制建设的实际,用马列主义、毛泽东思想对之进行一定程度的改造,从而形成了新民主主义刑法的基本原则。

1. 从"惟成分论"到基本实现法律面前人人平等原则。在工农民主政权时期,从

---

[1] 毛泽东:"论政策",载《毛泽东选集》第二卷,人民出版社1991年版,第767页。

朴素的阶级感情出发，又受到左倾错误思想的影响，在具有代表性的《中华苏维埃共和国惩治反革命条例》中规定，工农分子犯有并非领导的或重要的反革命罪行，可以酌情减轻处罚；对苏维埃有功绩者，也可以减轻处罚，反映出"惟成分论"的错误。到抗日民主政权时期就开始纠正这种错误，基本上确立了法律面前人人平等的原则，如《陕甘宁边区保障人权财权条例》规定，"边区一切抗日人民，不分民族、阶级、党派、性别、职业与宗教……并享有平等之民主权利"；晋察冀边区太岳区《暂行司法制度》也规定，"人民在法庭上，不论贫富男女，一律平等，没有等级"。

2. 以罪刑法定为原则，以类推作为例外与补充。新民主主义刑法基本上都能够采取罪刑法定原则，如《中华苏维埃共和国惩治反革命条例》规定，"凡犯本条例所列举各罪者……均适用本条例以惩治之"；《陕甘宁边区抗战时期惩治汉奸条例》也规定，"本条例所列举之犯罪行为，无论任何人民，凡在边区以内者，均适用之"；而且在刑法法规中，一般都对各种犯罪的构成要件、所适用的刑罚以及具体量刑幅度作了明确规定。但由于新民主主义刑法本身是在特定的战争环境和各个根据地形成发展起来的，无法达到完备程度，因而又采取类推作为例外和补充，如《中华苏维埃共和国惩治反革命条例》规定，"犯本条例所未包括的反革命犯罪行为，得按照本条例相类似的条文处罚之"；抗日民主政权到解放区人民民主政权时期，一般都实行有法律规定者，依照法律规定执行；无法律规定者，依照法律规定的最相类似条款类推处罚的方法。

3. 罪刑相适应（罪刑等价）原则和镇压与宽大相结合的刑事政策。新民主主义刑法尽管都表现为单行法规形式，但基本上对每一种犯罪行为都规定了相应的刑罚，其轻重也都是按照每一种罪行的恶性大小和危害程度确定的，基本上体现了罪刑相适应（罪刑等价）的原则。不过，在抗日民主政权时期已经认识到并强调，为更有效地利用刑法手段实现革命目标，应该"采取灵活的策略……对敌人应各个击破，分别处理，打击主力，争取胁从"，[1] 同时也更应该注重惩罚那些主观恶性大的犯罪分子，"坚决地镇压那些坚决的汉奸分子和坚决的反共分子……对于反对派中的动摇分子和胁从分子，应有宽大的处理"。[2] 据此，抗日民主政权时期开始就将镇压与宽大相结合确立为基本的刑事政策原则。

4. 刑罚人道主义原则。新民主主义刑法从反封建的立场出发，接受并实施刑罚人道主义原则。

（1）强调罪责自负，反对株连。早在 1930 年 5 月的《闽西苏维埃政府裁判条例》就规定，"刑罚只及罪犯本人，不得株连其家属"；《中华苏维埃共和国惩治反革命条例》也规定，判处没收财产刑的，仅"得没收本人的财产全部或一部"，不得没收其家属的财产；抗日民主政权时期，更将"决不可牵涉到任何无辜的分子"确定为刑事政策原则，《晋察冀边区关于逮捕搜索侦察处理刑事、特种刑事犯之决定》规定，任何人"犯

---

[1] 1940 年 9 月 1 日《中央社会部关于锄奸政策与锄奸工作的指示》。
[2] 毛泽东："论政策"，载《毛泽东选集》第二卷，人民出版社 1991 年版，第 767 页。

罪,仅及个人,不得株连其家属";《晋察冀边区行政委员会修正处理汉奸财产办法》规定,"没收或查封汉奸财产,应限于本人所有,不得及其家属。如系同居家属,应酌留家属生活费"。

(2)强调废除肉刑等不人道的刑罚。早在工农民主政权时期,"苏维埃中央政府已经明令宣布废止肉刑,这亦是历史上的绝大的改革"。后来,新民主主义刑罚始终坚持这一原则;而其刑罚体系也是由生命刑、自由刑、财产刑构成的,生命刑一律用枪决方式执行。

(二)定罪量刑的规则

1. 自首、自新者减免刑罚规则。《中华苏维埃共和国惩治反革命条例》规定,凡犯反革命罪"未被发觉而自己向苏维埃报告者(自首分子),或既被发觉而悔过忠实报告其犯罪内容帮助肃反机关破获其他同谋犯罪者(自新分子),得依照各该条文的规定减轻处罚"。《陕甘宁边区抗战时期惩治盗匪条例》也规定,犯罪"未经发觉而自首者得减刑";晋察冀边区、山东省、苏中区等根据地都专门制定了汉奸或伪军人员自首自新减刑条例。《东北解放区惩治贪污暂行条例》规定,"犯本条例之罪于发觉前自首者……得减轻和免除其刑"。

2. 共同犯罪区分首从,首犯从重、从犯减轻的规则。在《中华苏维埃共和国中央执行委员会训令》(第六号)规定,"对于处置反革命团体(AB团、社会民主党、改组派)的分子,一定要……分别首要和附和,即对于……首要分子应该严厉处置(如宣告死刑等),对于……附和的分子,应该从宽处置(如自新释放等)"。解放区人民民主政权则明确提出对于一切战争罪犯和一切反革命分子的处理方针就是"首恶者必办,胁从者不问,立功者受奖"。

3. 公职人员犯罪加重处刑规则。抗日民主政权时期,各抗日根据地为了确保吏治廉洁,对共产党员、干部及其他公职人员要求更加严格,表现在刑法上就是公职人员犯某些特定罪行的,加重处刑。如《陕甘宁边区施政纲领》规定,"共产党员犯法,加重治罪";《晋察冀边区破坏坚壁财物惩治办法》规定,"村级以上政民干部犯本法之罪者,得加重其刑至二分之一"。

此外,新民主主义刑法中还存在一些与定罪量刑有关的其他规则,如老幼者犯罪减轻或免除刑罚规则、连续犯或累犯从重处罚规则、未遂犯与中止犯及犯罪后主动消除犯罪后果者减轻处罚规则等。

三、刑罚制度

(一)刑罚体系

在新民主主义刑法的发展过程中,基本上形成了初具规模的刑罚体系。这种刑罚体系在工农民主政权时期尚处于探索阶段,还没能形成主刑和从刑的区分;在抗日民主政权时期,由于已经形成主刑和从刑的区分,且刑罚种类比较完整,所以标志着刑罚体系大致形成;解放区人民民主政权时期又有明显的发展。

新民主主义刑罚体系是以自由刑为中心的,由主刑和从刑两部分构成。具体包括死刑(生命刑)、徒刑、拘役、管制(均属自由刑)、罚金、没收(均属于财产刑)、褫夺公权(也属自由刑)等刑罚种类,另外,有些时期还适用过当庭训诫、教育释放、驱逐出境等作为刑罚方法。

(二)主刑

新民主主义刑罚中的主刑由生命刑、自由刑和财产刑三大类构成,但在不同时期所采用的刑罚种类并不完全相同,而自由刑始终是适用最广泛、作用最重要的刑罚种类。

1. 生命刑。生命刑就是死刑,在新民主主义刑罚中,属于最严厉的刑种,适用于最严重的犯罪。在工农民主政权时期,主要适用于严重的反革命罪;在抗日民主政权时期,主要适用于罪大恶极、不肯悔改的汉奸、盗匪等犯罪;在解放区人民主政权时期,适用于叛国罪(汉奸罪)、危害解放区罪(内乱罪)、破坏土改罪、战争罪犯等。死刑执行一律用枪决。另外,在抗日民主政权时期,一些根据地对于居住于敌占区的罪恶昭彰、死心塌地的汉奸、盗匪等,还采用"悬赏捕获,就地正法"的方式执行死刑;也有一些根据地还创造了死刑保留制度,这实际上就是死刑缓期执行制度的萌芽。

2. 自由刑。

(1)徒刑(监禁)。在新民主主义刑罚中,徒刑主要是有期徒刑,但也存在过无期徒刑。①有期徒刑。在工农民主政权初期,有期徒刑一般按刑期长短分为五个等级;中华苏维埃共和国成立后,将有期徒刑改称为监禁,并不再分等,而是直接在条文中规定具体刑期,如《中华苏维埃共和国惩治反革命条例》就规定,有期徒刑最高刑期为十年,最低刑期为六个月。抗日民主政权时期,各根据地对刑期规定不尽一致,最初在陕甘宁边区规定为最高刑期五年,最低刑期六个月;至1942年决定改最高刑期为十年。其他根据地与陕甘宁边区基本相同,但也有一些根据地(如晋察冀边区、晋冀鲁豫边区、山东省等)规定有"十年以上有期徒刑"或十五年有期徒刑,最低刑期一般为六个月,也有规定为二个月甚至一个月的。解放区人民民主政权时期,有期徒刑最高刑期一般仍为十年,但也有规定为十五年的,数罪并罚不得超过二十年;最低刑期一般规定为六个月,但也有规定为三个月的。②无期徒刑。在工农民主政权时期,没有采用过无期徒刑;抗日民主政权时期,陕甘宁边区明确废止无期徒刑,其他根据地大多数都规定有无期徒刑,但实践中基本没有适用过;解放区人民民主政权时期,对各种重要罪犯,基本都规定可以适用无期徒刑。

(2)拘役。拘役是在较短期限内限制罪犯的自由并强制其劳动或罚作苦工的刑罚。工农民主政权时期,各根据地都规定有拘役刑,有时也称为"强迫劳动"或"罚作苦工",适用于贪污、违反劳动纪律等轻微罪行,刑期不太明确;抗日民主政权和解放区人民民主政权时期,拘役又称为"劳役"或"苦役",一般适用于比较轻微的罪行,刑期一般为两个月以下,一日以上,但也有规定为六个月甚至一年的。

(3)管制。管制刑是新民主主义刑罚制度的创制之一,渊源于抗日民主政权时期的管束,在解放区人民民主政权时期确定为管制刑。

抗日民主政权时期,淮海区根据地在《修正淮海区审理司法案件暂行办法》中,适应战争环境的需要,将"管束"作为主刑之一,列在死刑、有期徒刑、拘役之后,管束的期限为"一年以下,一日之上"。到解放区人民民主政权时期,中共中央于1948年11月发布《关于军事管制问题的指示》,规定对于反动党团各级负责人员在进行登记后,对其中少数罪恶不太严重的分子"实行管制",具体做法是在登记之后将其交由当地政府及群众监督,每日或每星期向指定的机关报告其行动。

3. 财产刑。新民主主义刑罚中的财产刑,就是罚金刑。在工农民主政权时期,《中华苏维埃共和国违反劳动法令惩罚条例》等法规中已规定有罚金刑,当时一般都将罚金作为主刑独立适用。抗日民主政权时期,各根据地广泛规定有罚金刑,但当时既有"专科"罚金刑的,也有与其他刑罚"并科"或"选科"罚金刑的,还有与其他刑罚互换适用的"易科"方法。解放区人民民主政权时期,仍然沿用抗日民主政权时期关于罚金刑的规定。

此外,新民主主义刑法还曾将驱逐出境、当庭训诫、教育释放等作为主刑适用。其中驱逐出境是在工农民主政权时期一些根据地刑法中规定的,如1932年1月的《中华苏维埃共和国国家政治保卫局组织纲要》中,就规定对反革命分子"可驱逐出苏区境外"。当庭训诫与教育释放,在抗日民主政权到解放区人民民主政权时期适用于对轻微犯罪的处罚。

(三) 从刑

新民主主义刑法中的从刑,有褫夺公权和没收两种。

1. 褫夺公权。在工农民主政权时期,褫夺公权一般适用于被判处监禁(有期徒刑)以上的罪犯,有时也作为独立刑罚加以适用,具体内容就是剥夺罪犯参加政权、群众组织、选举和被选举以及参加红军的权利;作为从刑适用时,其刑期"应从监禁期满之日算起"。抗日民主政权时期,各根据地都将褫夺公权作为从刑,其内容是剥夺罪犯的选举权和被选举权、为公务人员之权、为公职候选人之权,一般只适用于政治上的犯罪,其刑期分为两种:①终身,一般适用于死刑罪犯,但也有些根据地规定判处十年以下有期徒刑的可以褫夺公权终身;②有期,一般适用于判处有期徒刑的罪犯,其期限与有期徒刑的期限相同或更长,从徒刑执行完毕之日起算。解放区人民民主政权时期,仍然将褫夺公权作为从刑,褫夺的"公权"为选举权与被选举权、罢免权、创制权与复决权以及为公职候选人、公务人员、学校教职员及其他公认的荣誉资格。

2. 没收财产。在工农民主政权时期,《中华苏维埃共和国惩治反革命条例》、《关于惩治贪污浪费行为的训令》中都规定有没收财产的刑罚,所没收的范围包括犯罪所用之物、所得之物及犯罪者本人财产的全部或一部。抗日民主政权到解放区人民民主政权时期,各根据地都将没收财产作为从刑,主要适用于汉奸、盗匪罪,但也有适用于其他犯罪的,没收的范围仍然是犯罪所用之物、所得之物、违禁之物以及犯罪者本人财产的全部或一部。

四、主要罪名与处刑

(一)工农民主政权时期的主要罪名与处刑

1. 反革命罪。在最具代表性的《中华苏维埃共和国惩治反革命条例》中规定:"凡一切图谋推翻或破坏苏维埃政府及工农民主革命所得到的权利,意图保持或恢复豪绅地主资产阶级的统治者,不论用何种方法,都是反革命行为"。这表明构成反革命罪需要具备两个条件:①在主观上具备反革命目的,也就是有"意图保持或恢复"旧的反动统治,"推翻或破坏"工农民主政权及其所取得的权利的犯罪动机;②在客观上,实施了危害工农民主政权及其所取得权利的行为,至于这种行为所采取的是何种方法,在所不问。该条例总共规定了二十八种具体的反革命罪,均可以判处死刑;其中十种属于必须判处死刑;其他十八种中,情节轻微或有特殊情形的,可判处有期徒刑,但最低也要判处一年以上有期徒刑。

2. 一般刑事犯罪。工农民主政权时期,凡不具有反革命目的的犯罪都属于一般刑事犯罪。综合各个根据地刑事法规的规定,一般刑事犯罪主要有贩卖人口罪、扰乱金融罪、贪污浪费罪、违反军纪罪等。另外,在《赣东北特区苏维埃暂行刑律》分则中,分二十三章规定了藏匿罪人及湮灭证据罪、伪证及诬告罪、盗窃及强盗罪、杀伤罪等二十二种罪名。

(二)抗日民主政权时期的主要罪名与处刑

1. 特种刑事犯罪。这一时期属于特种刑事犯罪的主要有汉奸罪、盗匪罪、破坏坚壁财物罪等;另外,妨害军事和妨害公务罪、烟毒罪、贪污罪也属于特种刑事犯罪。

(1)汉奸罪,又称叛国罪,就是指以破坏抗战为目的的犯罪,一般包括以下各种犯罪行为:企图颠覆根据地各级政府,阴谋建立傀儡政权的行为;破坏人民抗日运动或抗战动员、进行各种侦探间谍及一切秘密特务工作;施放信号为敌人显示轰炸或射击目标的;组织、领导军队叛变或逃跑的;煽惑人民组织叛乱的;谋害党政军及人民团体负责人的;诱惑人民以供敌人使用的;侮辱凌虐或毒害人民生命的;拖枪逃跑,哗变投敌的;破坏交通,紊乱金融,散布谣言的;以文字、图画、书报等宣传或以宗教迷信破坏抗战及有意放纵汉奸的;诬陷他人为汉奸的。对于汉奸罪,严重而又不肯改悔的,均可以判处死刑。

(2)盗匪罪,是指以抢劫财物为目的的各种犯罪,具体包括聚众持械抢劫、暴力抢夺他人财物或掳人勒赎、贩卖藏匿军火、窝藏分赃、强奸妇女、伤毙人命、纵火焚烧房屋、破坏阻塞交通、抢夺武器以及勾引军队为匪等行为,都属于盗匪罪。对于盗匪罪,视其情节判处徒刑或死刑,并处没收全部财产。

(3)破坏坚壁财物罪,又称盗毁空室清野财物罪,是根据敌后抗日根据地的实际需要创造的罪名。按照晋察冀边区《破坏坚壁财物惩治办法》的规定,所谓坚壁财物,就是指"因防止日寇汉奸之破坏与掠夺,而移藏于地窖、山沟及其他隐藏所之粮秣、公文、器具等一切公私财物与用土石堵塞之建筑物"。凡在敌伪扫荡之际,勾结敌伪破坏坚壁财物的,不论用何种方法,均构成本罪。对这种犯罪,视其情节轻重,可判处死刑、有期徒刑或两个月以上之拘役刑,但如情节轻微且战后能自动赔偿损失者,可以免除刑罚。

2. 普通刑事犯罪。各抗日根据地刑事法规中,规定的普通刑事犯罪主要有故意杀人罪、非法拘禁罪、诬告伪证罪、买卖人口及妨害婚姻家庭罪、盗窃罪、赌博罪、破坏金融罪、强奸罪、堕胎溺婴罪、走私罪、抢劫抢夺罪、诈骗罪等。对这些犯罪,均视其情节判处相应刑罚。

(三)解放区人民民主政权时期的主要罪名与处刑

1. 反革命罪。与工农民主政权时期不同,解放区人民民主政权时期的反革命罪主要包括叛国罪(汉奸罪)、内乱罪(危害解放区罪)、破坏土地改革罪和战争罪等。

(1)叛国罪最初称汉奸罪,适用抗日战争时期的处罚规定。有些解放区则制定新法规,将原来的汉奸罪改为叛国罪或称战争罪犯,其含义也稍有不同,如1945年12月的《苏皖边区惩治叛国罪(汉奸)暂行条例》规定,"凡投敌、通敌、助敌及进行一切有利于敌人之行为,为叛国罪"。对叛国罪,按情节轻重可判处死刑、无期徒刑等刑罚。

(2)内乱罪又称危害解放区罪,是指"意图破坏而有组织、有计划地以非法之方法,着手颠覆解放区各级民主政府(地方联合政府)及破坏和平建国纲领及有关之一切政策法令者",或者"手持武器、爆炸物、毒药或放火危害前方战斗或后方治安者,或危害本边区党政军民生命者"。对于内乱罪,"如确系胁从或盲从分子,悔改有据,或其情节为人民所原宥者,应减轻或免除其刑;如确系首谋分子或情节严重为人民所痛恨者,处以死刑或无期徒刑"。

(3)破坏土地改革罪,是在各解放区开始土地改革后确定的罪名。依据《晋冀鲁豫边区破坏土地改革治罪条例》的规定,凡蓄意破坏土地改革而带头组织或勾结反动武装,举行暴动,对农民实行反攻倒算,危害农民或干部,或有其他重大危害农民利益者,处死刑;次要分子或包庇帮助者,处5年以下劳役;凡企图妨碍土地财产的公平分配而宰杀牲畜、砍伐树木、破坏农具、水利、建筑物或其他物品者,处两年以下劳役。

(4)战争罪犯,是在1947年全面内战爆发后,解放区人民民主政府通过中国人民解放军发布的宣言及命令所提出的罪名。凡国民党军官及其党部各级官吏,命令其部属实行下列罪行之一而证据确凿者,均以战争罪犯从严论处:屠杀人民,掠夺人民财物或拆毁人民房屋者;施放毒气者;危害俘虏者;破坏武器弹药者;破坏通讯器材,烧毁一切文电案卷者;毁坏粮食、被服、仓库及其他军用器材者;毁坏市政水电设备、工厂建筑及各种机器者;毁坏陆海空交通工具及其设备者;毁坏银行金库者;毁坏文化古迹者;毁坏一切公共资财及建筑物者;空袭轰炸已解放之人民城市者。凡带头执行以上各项罪恶行为之一者,也按战争罪犯论处。凡采取有效方法,因而使人民生命财产及一切属于人民解放军的战利品及城市建设获得安全或免于破坏者,均给予应得之奖励。

此外,这一时期还进行了肃清政治土匪、取缔反动党团及特务组织、解散一切反动会道门及迷信组织的活动。

2. 普通刑事犯罪。这一时期，还确定了杀人罪、伤害罪、贪污罪、抢劫抢夺罪、窃盗罪、烟毒罪、妨害婚姻家庭罪、奸非罪、破坏经济罪等一系列普通刑事犯罪。

第四节　民事法律

一、概说

（一）形成与发展

工农民主政权时期，为了反对封建地主阶级和官僚资产阶级对工农劳苦大众的压迫和剥削，各根据地都制定了土地法和劳动法，同时，为了实现妇女解放，还制定了婚姻法及其他一些法律。其中在土地法方面，主要有1928年的《井冈山土地法》,1929年的《兴国土地法》,1930年全国苏维埃区域代表大会制定的《土地暂行法》和红军前委与闽西特委通过的《中国革命军事委员会土地法》，而最具代表性的则是第一次全国苏维埃代表大会制定通过的《中华苏维埃共和国土地法》。在劳动法方面，主要有1930年闽西工农兵苏维埃代表大会通过的《劳动法》和全国苏维埃区域代表大会通过的《劳动保护法》,1931年第一次全国苏维埃代表大会制定通过、1933年修订的《中华苏维埃共和国劳动法》。在婚姻法方面，主要有1930年闽西第一次工农兵苏维埃代表大会通过的《婚姻法》,1931年湘赣苏区的《婚姻条例》，同年12月中华苏维埃共和国中央执行委员会公布的《中华苏维埃共和国婚姻条例》,1934年第二次全国苏维埃代表大会通过的《中华苏维埃共和国婚姻法》。通过这些法律法规的制定实施，新民主主义民事法律基本上形成了。

抗日民主政权时期，各抗日民主政权围绕着"减租减息，交租交息"、劳资两利、团结抗战的宗旨，一方面有条件地承认《中华民国民法》，另一方面，结合根据地的实际，制定了一系列单行土地法规、劳动法规以及婚姻法规，使得新民主主义民事法律有了重要发展。其中土地法方面，主要有1938年2月制定公布、1940年2月修订的《晋察冀边区减租减息暂行条例》,11月的《晋冀鲁豫边区土地使用暂行条例》等。在劳动法方面，主要有《陕甘宁边区劳动保护条例（草案）》、《晋冀鲁豫边区劳工保护暂行条例》、《晋西北改善雇工生活条例》、《山东省改善雇工待遇暂行办法》等。在婚姻法方面，主要有《陕甘宁边区婚姻条例》、《晋察冀边区婚姻暂行条例》、《晋冀鲁豫边区婚姻暂行条例》、《晋绥边区婚姻暂行条例》、《山东省婚姻暂行条例》等。

解放区人民民主政权时期，新民主主义民事法律在土地法方面有重大发展，这主要体现在《中国土地法大纲》的制定和实施，极大地促进了新民主主义土地制度在全国的建立和新民主主义土地法律关系的形成。在劳动法和婚姻法方面，这一时期也有一定的发展变化，如劳动法方面就有1949年全国工会工作会议制定、通过的《关于劳资关系暂行处理办法》、《关于私营工商业企业劳资双方订立集体合同的暂行办法》、《劳动争议解决程序的暂行规定》等，华北人民政府发布的《关于在国营、公营工厂企业中建立工厂管理委员会与工厂职工代表会议的实施条例》,东北解放区制定的《东北公营企业战时暂行劳动保险条例》等。婚姻法方面则有《陕甘宁边区婚姻条例》、《修正山东省婚姻暂行条例》等,较之抗日民民主政权时期都有具体化和更进步的表现。

(二)特点

1. 在价值追求上,新民主主义民事法律突出了革命性与政治性。

(1)新民主主义民事法律是在通过新民主主义革命逐渐推翻帝国主义、封建主义和官僚资本主义的统治,废除旧法律的基础上形成和发展起来的,是与新民主主义革命进程相适应并紧密围绕着每一时期革命的中心任务确定其具体内容的。

(2)新民主主义民事法律始终在不断地将工农劳苦大众通过新民主主义革命所取得的各种权利加以确认和保护中发展变化,并且一直在试图通过法律手段推进新民主主义革命的发展和进步,也就是将法律作为改造社会的工具和手段。

(3)新民主主义民事法律并没有接受传统民法关于公法与私法分立的影响,在法律内容上与政治制度的变革密切相关,尤其是基于广大农民对土地的强烈要求是新民主主义革命的核心问题的具体国情,土地法在整个民事法律中占有突出和重要地位。

2. 在技术安排上,新民主主义民事法律始终处于探索和发展过程中,未能建立起完整系统的法律体系和法律制度。

(1)受根据地始终受特殊战争环境的客观影响,也受中国固有的追求实质正义观念的影响,更因为特别注重解决革命现实问题的需要,新民主主义民事法律主要内容始终局限于土地法、劳动法和婚姻家庭法方面,对一般民法的其他方面很少涉及,这就难以建立起完整系统的民法法律体系。

(2)新民主主义民事法律渊源主要是各种单行的地方性民事法规和民事政策,未能制定颁行民法典,而且这些单行民事法规和民事政策随着革命的发展变化而在不停地发展变化着,相比较而言,明显欠缺法律内在要求的稳定性和权威性。

二、土地法

(一)土地法的原则

1. 工农民主政权时期土地法的原则。工农民主政权时期,基于"农民的土地革命,仍旧是中国现时阶段的主要内容",[1]土地法的制定和实施就成为土地革命的重要组成部分。因此,各根据地的工农民主政权都将土地革命的目标,也就是实现"耕者有其田"作为土地法的基本原则。[2] 据此,土地法的主要内容就是无偿没收地主的土地,

---

[1] 中国共产党"六大"《土地问题决议案》,载《中共中央文件选编》(4),人民出版社1982年版,第200页。

[2] 这是中共中央在1927年明确提出的。参见《第一、二次国内革命战争时期土地斗争史料选编》,人民出版社1981年版,第465页。

平均分配给无地和少地的农民。

2. 抗日民主政权时期土地法的原则。抗日战争时期,由于"中日矛盾成为主要矛盾,国内矛盾降到次要和服从地位",土地法的原则相应地也发生了重要变化。1937年抗战爆发后,中国共产党提出"停止没收地主土地的政策"[1]和实行"减租减息"[2]的土地方针政策,就成为这一时期土地法的基本原则。其内容包括两方面:①在抗日战争时期,不再没收地主的土地分配给农民,承认土地所有权的现状,对经过土地改革和未经过土地改革的各根据地的各种土地所有权加以确认;②在此前提下,实行减租减息,交租交息,调节各抗日阶级和阶层的利益关系,促进抗日民族统一战线的建立和巩固。

3. 解放区人民民主政权土地法的原则。解放战争时期,"民主革命的中心目的就是从侵略者、地主、买办手中解放农民,建立近代工业社会"[3]为了实现这一目的,中共中央于1946年5月4日发布《关于土地问题的指示》(简称"五四指示"),决定把减租减息、交租交息政策转变为没收地主的土地分配给农民,实行"耕者有其田"政策。1947年的《中国土地法大纲》进一步确定土地改革和土地法的基本原则,即彻底废除封建土地剥削制度,实行"耕者有其田"的土地制度。嗣后,各根据地依据这一原则和该土地法大纲展开了土地改革运动。

(二)土地法的主要内容

1. 工农民主政权时期土地法的内容。

(1)没收土地的对象和范围。工农民主政权土地法对于没收土地的对象和范围的规定有一个发展变化的过程。最初,在中国共产党的"八七"会议上,决定"没收大地主及中地主的土地";1927年11月中共中央临时政治局扩大会议修改为"没收一切私有土地"。据此,《井冈山土地法》规定,"没收一切土地归苏维埃政府所有",这是具有左倾错误的规定;《兴国土地法》修改为"没收一切公共土地及地主阶级的土地",在一定程度上纠正了这一错误;《中华苏维埃共和国土地法》规定,没收地主、富农、反革命分子及农村公共土地,并没收一切地主豪绅、军阀的动产和不动产。这就基本上消除了在没收土地对象和范围上所存在的左倾错误,但其中关于没收富农土地的规定,没有区分具有封建剥削性质的部分和不具有封建剥削性质的部分而全部没收,表明仍然未能完全消除左倾错误的影响。

(2)分配土地的标准和方法。各根据地的土地法基本上都采取将没收来的土地不分男女老幼、按人口平均分配给无地和少地的农民的办法,但在《中华苏维埃共和国土地法》中,由于受左倾错误的影响,规定以"最有利于贫农、中农利益的方法"分配土

---

[1]《中共中央给中国国民党三中全会电》,中央档案编:《中共中央文件选编》(10),中共中央党校出版社1991年版,第135页。

[2]《抗日救国十大纲领》。

[3]《毛泽东书信选集》,人民出版社1983年版,第237页。

地。到1935年以后,开始纠正这一错误,确定一律按人口,不分男女老幼,平均分配没收的土地。

(3)关于土地所有权的归属。最初各根据地都采取"一切私有土地完全归组成苏维埃国家的劳动平民所公有"的政策,农民对分得的土地,只有使用权没有所有权,禁止一切土地买卖。这显然脱离了中国现实,容易挫伤广大农民参加革命和发展生产的积极性。针对这种情况,中国共产党六届三中全会提出了中国目前尚未到整个取消私有制度的时候,因而不禁止土地的买卖和在苏维埃区域法律内的租佃制度。据此,从1931年开始,以《中华苏维埃共和国土地法》为代表,工农民主政权的土地法强调,土地国有"必须在中国重要区域土地革命胜利与基本农民群众拥护国有条件下,才有可能;在目前革命阶段上,苏维埃政府应将土地与水利国有的利益向农民解释,但现在仍不禁止土地的出租与土地的买卖",这实际上就承认了农民对土地的使用权和所有权。

(4)对待地主和富农的政策。中华苏维埃共和国成立后,受左倾错误影响,在《中华苏维埃土地法》中规定,"被没收土地的以前的所有者,没有分配任何土地的权利","富农在被没收土地后,如果不参加反革命活动,而且用自己劳动耕种这些土地时,可以分得较坏的劳动份地"。这就是带有极左错误的"地主不分田,富农分坏田"的政策。到1935年后才逐渐纠正了这一错误。

2. 抗日民主政权土地法的内容。

(1)土地所有权。抗日民主政权土地法中所称的土地所有权,是指"合法土地所有人在法令限制范围内,对于土地有自由使用、收益和处分(买卖、典当、抵押、赠与、继承等)之权"。按照主体的不同,土地所有权分为两类:①公有土地,所有权属于抗日民主政府;②私有土地,所有权属于以合法程序及方法取得土地的私人。而所谓"合法程序和方法",在已经进行过土地改革的地区,凡"人民经分配所得的土地,即为其私人所有",在尚未进行土地改革的地区,"土地仍为原合法所有人所有";另外,经合法手续开垦公有荒地,即可取得所有权。凡是人民合法所有的土地,抗日民主政府在经过登记后,给所有人颁发土地所有权证,以确认土地所有权。对于侵犯人民土地所有权的行为,依法惩罚。

(2)减租交租与减息交息。

第一,关于减租交租。凡是地主出租土地都必须实行"二五"减租。具体内容包括三个方面:①不管采取何种租佃形式,原则上都应该比照减租法令颁行以前的租额减少25%左右,其中定租所减一般不得低于25%,活租所减为20%~40%,伙种所减为10%~20%;②对法定租额以外的一切剥削形式,如预收地租、收取押租、欠租行价作息、大粮、杂粮、送工等,一律禁止;③在减租法令颁行前所积欠的地租,原则上一律免交。

在减租之后,原则上承租人应以法律规定的减租后的租额向地主交租,不得短少;有能力交租而故意不交者,"出租人有请求政府依法追缴之权",直至收回租地。但是当承租人因遭遇意外及天灾人祸导致收获减少,或确系贫困无力按时交租时,"得与出租人协商缓期交纳,出租人对欠租不得行价作息"。

保障佃权是实行减租减息与调动农民抗日与生产积极性的关键问题。对此,土地法都规定,出租人不得任意收回租地,收回租地必须具备严格的法定条件;在出租人出卖、出典及收回租地再行出租时,承租人有优先承买、承租及承佃权;对于传统的永佃权制度,一些抗日根据地在经过减租的改造后予以确定,以利于保障佃权。

第二,关于减息交息。在抗战前已经进行过土地改革,"曾经宣布废除旧债的区域","债权人不得向……债务人索取已经宣布废除的旧债";在其他区域,对于在抗战前已经成立的旧债则实行减息,减息标准一般为年息不得超过一分至一分半(即10%～15%);对于"出门利、剥皮利、臭虫钱、印子钱等高利贷,一律禁止",凡付息超过原本一倍者,停利还本,超过两倍者,本利均停付。在减息之后,"债务人应偿付之本息,到期不能偿还,债权人得依法追诉"。

3.《中国土地法大纲》的内容。

(1)没收、征收土地财产的对象与范围。《中国土地法大纲》与工农民主政权时期不同,将废除封建性和半封建性剥削的土地制度的方法区分为没收与征收两种。其中没收的对象为一切大中小地主,也就是"废除一切地主的土地所有权",同时"废除一切祠堂、庙宇、寺院、学校、机关及团体的土地所有权","废除一切乡村中在土地改革以前的债务",这些土地多为地主所实际掌握,债务也多是地主所放高利贷。至于征收的对象和范围,则是富农"多余"的土地、牲畜、农具、房屋、粮食及其他财产。

(2)分配土地财产的原则和方法。《中国土地法大纲》规定,除大森林、大水利工程、大矿山、大牧场、大荒地及湖泊等属于政府管理外,"乡村中一切地主的土地及公地,由乡村农会接收,连同乡村中其他一切土地,按乡村全部人口,不分男女老幼,统一平均分配。在土地数量上抽多补少,质量上抽肥补瘦,使乡村人民均获得同等的土地,并归各人所有";"土地分配,以乡或等于乡的行政村为单位";"分配给农民的土地,由政府发给土地所有证,并承认其自由经营、买卖及在特定条件下出租的权利";没收和征收来的其他财产,"分给缺乏这些财产的农民及其他贫民,并分给地主同样的一份"。

除上述内容外,《中国土地法大纲》还规定,"保护工商业者的财产及合法营业不受侵犯";"乡村农民大会及其选出的委员会,乡村无地少地的农民所组织的贫农团大会及其选出的委员会,区、县、省等各级农民代表大会及其选出的委员会为改革土地制度的合法机关";为了保证土地改革,应建立土地改革人民法庭。

三、劳动法

(一)劳动法的宗旨与原则

新民主主义劳动法的基本宗旨和原则是反对和废除资产阶级对工人的压迫剥削,维护工人在政治经济上的各项权利。但在不同的发展阶段,其具体内容又有一定的差别。

在工农民主政权时期，一方面由于缺乏经验，另一方面更由于受极左错误思想的干扰和影响，"把反资产阶级和反帝反封建并列……实行了许多超民主主义的所谓'阶级路线'的政策"，[1]"不以发展生产、繁荣经济、公私兼顾、劳资两利为目标，而以近视的、片面的所谓劳动者福利为目标"。[2] 这种带有严重左倾错误的劳动法，在一定程度上给工农民主政权的经济和法制建设造成了危害，因而在1933年10月中华苏维埃共和国中央执行委员会修订发布的《劳动法》中得到了部分纠正。

抗日民主政权时期，适应抗日民族统一战线的要求，各根据地的劳动法都以依靠工人阶级、团结资本家、调节劳资关系，在经济发展的基础上实现劳资两利、共同抗日作为基本原则。据此，一方面，资方应适当改善工人生活、减少工时、增加工资，以调动工人的生产热忱；另一方面，工人应遵守劳动纪律，提高劳动热忱，增加生产，以便在提高生产效率的基础上使资本家有利可图。这一原则发展到解放战争时期，则表述为"发展生产、繁荣经济、公私兼顾、劳资两利"的方针。

（二）劳动法的主要内容

1. 废除对工人的各种封建压迫和剥削，保护工人合法权益。工农民主政权时期，首先，劳动法明确规定，废除带有封建剥削和压迫性质的"包工制"和"学徒养成制"，取缔私人设立的工作介绍所和雇用代理制，严厉处罚要工人出钱买工作或从工资中扣钱作为介绍费的行为。同时规定由政府劳动部门设立失业介绍所，凡寻找工作者须向失业介绍所登记，雇用工人者也须经工会与失业介绍所按照集体合同进行。这就消灭了私人操纵劳工市场，剥削压迫工人的现象，以法律手段保障了工人的就业权。其次，劳动法还规定，工人有集会、结社以及参加工会的权利；工会有向政府提议颁布各种劳动法令、代表工人与厂方签订集体合同、参加国营企业管理工作以及在私人企业中建立专门机构监督生产等权利。再次，劳动法还特别保护女工、青工和童工的特殊权益，禁止让女工、青工和童工在特别危险和繁重的工业部门工作；严禁让童工及怀孕、哺乳小孩的女工做夜工；女工在产前产后休息八星期，工资照发；女工哺乳期间，不得克扣工资；对工人实行劳动和社会保险，保障工人的医疗费和各种津贴。

但不可否认，工农民主政权时期的劳动法在这方面的规定明显存在着脱离中国实际而过于理想化的失误。到了抗日民主政权时期就基本上纠正了这种失误，一方面坚持保障工人的合法权益，但这种合法权益主要体现在基本的人格权、工作权以及工资保证权，如这一时期的劳动法首先严格禁止雇主打骂、虐待、侮辱工人，雇主也不得因工人过失而私行惩处及克扣工人的工资，更不得无故开除工人，因故开除的，事先应征得工会的同意并给予工人退工津贴及路费；另一方面，保障工人的基本政治权利，明确规定工人有组织工会的权利，工人参加工会或其他会议，有证明者雇主不得干涉；雇主应该负担工会办公费和工人的文化教育费；再一方面，明确工时、工资和劳动保护措

---

[1] 毛泽东："关于若干历史问题的决议"，载《毛泽东选集》第三卷，人民出版社1960年版，第974页。
[2] 毛泽东："目前形势和我们的任务"，载《毛泽东选集》合订本，人民出版社1964年版，第1151页。

施,其中关于工时,规定实行八至十小时工作制,但为了抗战需要工人自愿做义务工的,不受限制;工资标准由公会、雇主和工人三方协商确定,一般除工人本人以外,以再供养一至一个半人最低生活费为准;男女同工同酬;资方不得借故减少或拖欠工资,工人也不得有额外要求;法定假期,工资照发。解放区人民民主政权时期,除沿用这些规定外,又强调在工厂设立管理委员会和职工代表会议,实行劳动保险制度等。

2.关于劳动合同与集体合同。在工农民主政权时期,劳动法就规定工会有代表工人与厂方订立集体合同的内容。抗日民主政权时期,劳动法进一步规定,劳动合同的订立与解除以劳资双方同意为原则,期满后任何一方都有解除之权,但中途解除必须经双方同意,否则,须报告工会调解;工会调解无效时,得呈请政府处理。而集体合同则是工会代表工人与公营工厂或私营资方通过协商订立的劳动合同。不管是劳动合同还是集体合同,都应约定工时、工资和各项福利待遇等双方权利、义务事项,但合同内容不得违反劳动法的规定,否则无效。合同一旦生效,双方必须履行;业主变更,原合同继续有效。

3.关于设立劳动法庭,保障劳动法实施的规定。工农民主政权时期,《中华苏维埃共和国劳动法》还专门规定设立劳动法庭,以保障劳动法的实施,凡雇主违反劳动法令、破坏劳动法令的犯罪行为,劳动法庭有权对其作出判处罚金、强迫劳动和监禁的处罚。

四、婚姻与继承法

(一)婚姻法的原则

新民主主义革命时期,通过各个时期的婚姻立法和司法实践,逐步确立了新民主主义婚姻法的三个基本原则。

1.婚姻自由,禁止包办、买卖婚姻原则。早在《中华苏维埃共和国婚姻法》中就规定,"确立男女婚姻以自由为原则"。这一原则包括结婚自由与离婚自由两方面的内容。为贯彻这一原则,严格禁止强迫、包办、买卖婚姻,废除童养媳和强迫守寡。其后,在抗日民主政权和解放区人民民主政权婚姻法规中一直坚持这一原则。

2.一夫一妻制原则。早在《中华苏维埃共和国婚姻法》中就规定,"实行一夫一妻,禁止一夫多妻与一妻多夫"。据此,任何人只能有一个配偶;一切公开的和变相的一夫多妻或一妻多夫的婚姻,都是非法的;有妻妾者,以重婚论处。此后,新民主主义婚姻法一直坚持这一原则。

3.男女平等原则。在抗日民主政权时期,一些抗日根据地的婚姻法又进一步确定了男女平等原则,如《山东省婚姻暂行条例》就规定,"本条例根据山东省战时施政纲领男女平等、婚姻自由及一夫一妻制之原则制定之"。这一规定后来就成为一项基本原则。

(二)婚姻法的主要内容

1.关于结婚。新民主主义婚姻法关于结婚都规定必须具备实质要件和形式要件。

（1）实质要件一般包括四项内容：①必须男女双方自愿。②必须符合法定的结婚年龄，工农民主政权时期规定为男子须满二十岁，女子须满十八岁；抗日民主政权时期，大部分根据地仍沿用这一标准，但也有一些根据地则规定为男满十八岁，女满十六岁。③须双方无禁止结婚的血缘关系，工农民主政权时期规定，凡三代以内血亲不得结婚；抗日民主政权一般则规定，禁止直系血亲及直系姻亲、八亲等以内之旁系血亲、五亲等以内之旁系姻亲辈分不同者结婚。④无禁止结婚的疾病，工农民主政权时期规定，凡患花柳病、麻风病、肺病等危险性传染病者，不得结婚，禁止患神经病及疯癫者结婚；抗日民主政权婚姻法一般也规定，有神经病或花柳病以及其他不治之症者，不许结婚。

（2）形式要件在各个时期基本相同，均要求申请结婚的男女双方到政府进行登记，并领取结婚证。但需要注意的是，在《中华苏维埃共和国婚姻法》中作为例外，规定"凡男女实行同居者，不论登记与否，均以结婚论"；而抗日民主政权婚姻法中多规定，除了登记外，"结婚须有公开之仪式及二人以上之证人"。

2. 关于离婚。新民主主义婚姻法关于离婚的方式规定有两种，一种是登记离婚，另一种是裁判离婚。

（1）对于登记离婚，工农民主政权时期一般规定，"凡男女双方同意离婚的，即行离婚"、"男女一方坚决要求离婚的，亦即行离婚"，但均须向婚姻登记机关进行登记；抗日民主政权时期则规定为男女双方自愿离婚者，须向政府登记机关登记离婚，并发给离婚证。

（2）关于裁判离婚，抗日民主政权时期规定，男女一方要求离婚，可以向政府或司法机关请求离婚；如果其请求符合法律规定标准，应该裁判离婚。而准许离婚的标准，则有一个发展演变的过程，最初，工农民主政权婚姻法对此未作规定。抗日民主政权婚姻法一般采取概括与列举相结合方式加以规定：概括的标准就是双方"感情意志根本不合，无法继续同居"；列举的标准一般包括一方重婚、一方与他人通奸、虐待他方、以恶意遗弃他方、图谋陷害他方、患有不治之恶疾或不能人道、一方不务正业经劝解无效影响他方生活、一方生死不明超过三年、有其他重大事由等。解放区人民民主政权时期则强调离婚标准中的阶级内容，如一方有恶霸、地主、富农或反革命活动，或政治思想、立场观点发生严重对立导致不能继续维持夫妻关系的，均可以裁判离婚。

3. 离婚后子女财产的处理。

（1）关于离婚后子女的抚养。工农民主政权时期，对离婚后子女的抚养分两种情况处理：①离婚前所生子女及怀孕尚未生产的子女，均归女方抚养，如女方不愿抚养才归男方抚养；②对年长的子女，要尊重子女本人的意见。但女方抚养的子女，男方必须负担其生活费三分之二，直至子女十六岁为止；女方再婚后，新夫愿意抚养的，该子女的生父可以不再负担生活费，但领养小孩的继父，必须向政府登记，不得中途停止或虐待小孩。抗日民主政权则规定，以切实保护子女自身利益为宗旨，不论子女由哪一方抚养，在抚养者无力维护其生活时，另一方都必须帮助抚养子女至其能独立生活时；继父母对未成年继子女有法定抚养义务;严禁杀害、抛弃致死私生子,违者以杀人罪论处,堕胎溺婴者,以违反人道治罪。

(2)关于离婚后财产的处理。工农民主政权时期,对离婚后的财产债务分四种情况处理:原则上,男女双方原来的土地财产债务,各人自行处理;婚后共同经营所增加的财产,双方均分;男女同居时所负的共同债务,由男子负责清偿;离婚后女子如未再行结婚、缺乏劳动力或没有固定职业而不能维持生活的,男子须帮助女子耕种土地或维持生活。抗日民主政权婚姻法对此基本继承,但更加注意合理化,表现在:①对共同债务,原则上由双方共同负责处理,只有女方确无私产而又无劳动能力的,才由男子单独负责清偿;②在离婚后,女方无职业或缺乏劳动能力不能维持生活者,男方才有帮助女方的义务,这种帮助一般至女方再婚时为止,但最多以三年为限。解放区人民民主政权则规定,离婚后男女双方所分得的土地,属于个人所有;孀妇改嫁离开前夫家,有权带走其所有的土地以及将其他财产带走、出卖、互换或合法出租。

4.对军婚的保护。新民主主义革命时期,为了保障革命战争的胜利,保护新建立的民主政权,婚姻法对军婚采取了特殊保护。《中华苏维埃共和国婚姻法》规定,"红军战士之妻要求离婚,须得其夫同意,但在通信便利的地方,经过两年其夫无信回家者,其妻可向当地政府请求登记离婚;在通信困难的地方经过四年其夫无信回家者,其妻可向当地政府请求登记离婚"。《晋察冀边区婚姻条例》则规定,"抗日军人之配偶,非于抗日军人生死不明逾四年后,不得为离婚之请求"。《修正陕甘宁边区婚姻暂行条例》也规定,"抗日军人之配偶,在抗战期间原则上不准离婚,至少亦须五年以上不得其夫音讯者,始能向当地政府提出离婚之请求"。

(三)继承法

在新民主主义法律制度中,关于继承法的规定比较少。工农民主政权时期尚未涉及到继承法的内容。抗日民主政权时期,一些根据地才颁布了一些单行继承法规。一方面,这些法规确定了继承法的主要原则就是男女平等和权利义务相统一。关于前者,如《山东省女子继承暂行条例》规定,"本条例以男女平等之原则制定之","女子有遗产继承权,除自愿放弃外,任何人不得妨碍或限制之";关于后者,各根据地都确认继承人不但有继承遗产的权利,而且有奉养父母的义务,继承人对被继承人有虐待和遗弃行为者,剥夺其继承权。另一方面,这些法规也规定了继承的方式分为法定继承和遗嘱继承,法定继承人的顺序为直系血亲卑亲属、父母、亲兄弟姊妹、亲兄弟之子、祖父母;遗嘱继承中的遗嘱分为口头遗嘱与书面遗嘱,口头遗嘱需要有第三人的证明始生效力,书面遗嘱须经本人签字,本人不能签字者,可由第三人代签,始生效力。

第五节 诉讼法与司法制度

一、司法组织

(一)司法体制

新民主主义司法制度是在特殊历史环境下建立和发展起来的,其司法体制具有明显的特点。

1.政府领导与司法独立相结合。新民主主义革命各个不同时期所建立的司法机关的具体组织与职权虽不尽相同,但都采取了政府领导与司法独立相结合的体制。一方面,司法机关始终属于政府内设立的机构,并且受同级政府的领导;另一方面,各级司法机关又都是独立办理案件的,在业务上受上级司法机关的节制与指导,原则上不受其他机关和个人的干涉。

2.审检合署制。新民主主义革命时期,司法审判及检察机构的具体设置虽然有一系列发展变化,但基本上一直实行审检合署制,也即在司法审判机构内设立检察机构或检察人员,没有建立独立的检察机关。但这两者之间仍分别独立行使职权,相互之间不得干涉。

(二)司法机关的组织与职权

1.工农民主政权司法机关的组织与职权。

(1)审判(裁判)机关。中华苏维埃共和国建立之前,各根据地审判机关形式不一,有称裁判肃反委员会的,有称裁判部的,也有称革命法庭或惩治反革命委员会的。中华苏维埃共和国建立后,在中央设临时最高法院,在地方则设各级裁判部,行使审判职权。

临时最高法院是最高审判机关,设主席一人,副主席二人,并设以主席为首的委员会;其下分设刑事、民事和军事法庭。其职权是执行中央审判权力、解释法律、审查各省裁判部及高级军事裁判所的判决或决议、审查高级干部在执行职务期间的违法案件、审判不服省裁判部和高级军事裁判所判决而提起上诉或抗诉的案件。临时最高法院向中央执行委员会负责并报告工作。

在地方省、县、区各级政府内设裁判部,市(镇)政府只设裁判科。各级裁判部受同级政府领导,业务上接受上级裁判部的指导,内设刑事与民事法庭,分别审理刑事和民事案件。

此外,在军队中设有军事裁判所,采用三级结构、四种形式,即初级军事裁判所(又有部队初级裁判所和阵地初级裁判所两种形式)、高级军事裁判所和最高军事裁判会议,分级行使军事审判职权。部队初级裁判所设于军、师部或军区指挥部内,阵地裁判所设于作战阵地的最高指挥部内,高级军事裁判所设于中央军事委员会内,最高军事裁判会议设于中央临时最高法院。

(2)检察机关。工农民主政权的检察机关设于各级审判机关内。其中临时最高法院内设正、副检察长各一人,由中央执行委员会主席团委任,检察员若干人;省、县裁判部内仅设检察员一至二人;区和市(镇)裁判机关内部设检察员。检察机关独立行使职权,包括对案件的侦查、预审、提起公诉、出庭支持公诉等。

(3)司法行政机关。在中华苏维埃共和国,审判与司法行政在中央实行分立制,在地方实行合一制。中央设司法人民委员部,领导全国司法行政工作,包括司法干部的任免、奖惩、教育培训等;地方各级裁判部兼有司法行政职权,执行司法人民委员部的指令。

2. 抗日民主政权司法机关的组织与职权。抗日民主政权的司法机关,在法律规定上隶属于国民政府,受最高法院管辖,属地方司法机关。但与一般地方司法机关不同,在实质上是属于中国共产党领导的"地方自治的政府"的司法机关。不过,当时没有建立统一的抗日民主政府,各根据地的司法机关虽然基本体制大致相同,可以划分为边区(省)级及其以下的司法机关两类,但其具体组织与职权又稍有区别,其中以陕甘宁边区最具代表性,故在此仅以陕甘宁边区为例稍作介绍。

(1)边区(省)级司法机关的组织与职权。陕甘宁边区一级设有高等法院,是实际上的最高司法机关。

陕甘宁边区高等法院于1937年9月设立,是边区最高司法审判机关,掌理全边区的司法审判事务,同时兼理司法行政事务,兼行边区最高检察权。高等法院设院长一人,负责管理边区的司法行政事宜,监督和指挥全院一切诉讼案件的进行,惩戒违法的司法人员;院长由边区参议会选举产生,边区政府委任,向边区参议会负责并报告工作。其下分设刑事与民事法庭,独立行使对刑事与民事案件的审判权,管辖重要的第一审刑事案件、不服地方法院及县司法处第一审判决的刑事和民事上诉案件以及非讼案件等。高等法院另设检察处,检察处设处长一人,检察员若干人,行使检察职权,包括案件的侦查、逮捕、搜集证据、提起并支持公诉,协助并担当自诉,充当诉讼当事人或公益代理人,监督裁判的执行。

自1943年开始,陕甘宁边区还在各分区设置高等法院分庭。各分庭的组织比较简单,一般只设庭长一人,由专员兼任,下设推事一人,书记员一至二人。分庭系高等法院的派出机构,代表高等法院在分区内行使审判职权。

(2)边区以下司法机关的组织与职权。在陕甘宁边区,边区以下的司法机关为县(市)地方法院或司法处(科),作为县(市)一级的司法机关,行使司法行政、审判以及检察等职权。地方法院设院长一人,推事二人,执行审判职权;另设首席检察官一人,检察员若干人,执行检察职权;县(市)司法处(科)的组织比较简单,一般只设裁判员主持审判事务,检察员负责调查、检验,书记员负责记录、抄写等。

3. 解放区人民民主政权司法机关的组织与职权。解放战争时期,随着解放区的不断扩大、调整和合并,相应地逐渐建立了大行政区、省、县三级司法机关,其名称也统一改为人民法院。在新解放的大中城市,一般在人民政府领导下,设立市人民法院,统一行使司法审判职权;同时,内设检察机关,独立行使检察职权;至于司法行政,在一些解放区,如华北人民政府,就采取与人民法院的分立体制,专门设立司法部,掌管司法行政事宜。

二、诉讼制度

(一)诉讼法的原则

新民主主义诉讼法依据新民主主义革命精神,对传统诉讼制度进行改造,形成了具有鲜明特征的诉讼法原则。

1. 相信群众、依靠群众的原则。基于新民主主义法律的本质要求,新民主主义诉讼法始终把群众路线和司法民主作为追求的价值目标之一,相应地,相信人民群众、依靠人民群众、实行民主司法成为一项原则。工农民主政权时期,确定人民陪审和公开审判制度;抗日民主政权时期,更强调司法审判工作"要深入群众,要在群众中建立司法工作的基础","法庭应重视群众意见,采纳群众意见"。为此,不但在各根据地建立了就地巡回审判制度,还创造了马锡五审判方式和人民调解制度;解放区人民民主政权时期,更进一步发扬了马锡五审判方式和人民调解制度的精神。

2. 司法机关依法统一行使司法权原则。工农民主政权时期,原则上由政治保卫局执行对一切反革命案件的侦查、逮捕、预审和公诉权,由临时最高法院和各级裁判部行使审判权,但实际上当时曾由当地群众直接逮捕和处决地主及一切反革命分子。这显然反映出一种在客观方面缺乏经验、在主观方面深受左倾错误影响的司法审判权混乱状态。抗日民主政权时期,基于保障抗日人民人权的要求,各根据地对这一原则作了进一步的发展完善并使之具体化:①明确规定只有公安(保安)机关与司法机关才有行使拘捕、审判之职权,其他任何机关、团体和个人都不具有这种权力;②任何单位或者个人逮捕现行犯,都必须立即解送公安(保安)机关、司法机关进行侦讯和审判。解放区人民民主政权完全沿用了这些规定和做法。

3. 从朴素阶级路线到人民诉权平等的原则。工农民主政权时期,基于简单而朴素的阶级路线,对于人民诉权平等并未作出规定;到了抗日民主政权时期,由于确认了法律上人人平等的法制基本原则,相应地在诉讼法上也就确认了人民诉权平等的原则。主要表现在:①确认一切抗日人民,不分工人、农民与地主、资本家,在诉讼中适用法律完全平等,不因阶级出身而有所区别;②公务人员不论职位高低、功劳大小,与普通公民适用法律一律平等,没有任何特权;③在诉讼中,尊重少数民族的信仰与习惯风俗,实行少数民族与汉族人民法律地位平等的原则。解放区人民民主政权沿用了这一原则。

4. 禁止刑讯,重证据不轻信口供原则。工农民主政权建立之初,在实践中"有时得用肉刑"。[1] 中华苏维埃共和国建立后,"在审讯方法上,为彻底肃清反革命组织及正

---

[1]《闽西苏维埃政府布告十二号》(1930年5月)。

确判决反革命案件,必须坚决废除肉刑,而采用搜集证据及各种有效方法"。[1]对违反这一规定的,"以故意违反苏维埃的最高法令论罪"。抗日民主政权时期一直遵循这一原则,并将其具体化为相关制度:①强调从思想上、制度上消除带有浓厚封建色彩的刑讯逼供方法;②在审讯方法上,强调不得轻信当事人的口供,必须通过调查研究,取得证据,只有口供得到证据证实,才可以采信。

(二)诉讼基本制度

1. 审级管辖制度。工农民主政权建立初期,并没有严格的审级管辖制度。中华苏维埃共和国建立后,才基本上确定了有关审级管辖的一些制度。当时原则上实行四级两审终审制,一般案件经过第二审判决即为终审判决;但检察员如果对二审判决仍有不同意见,有权向审判机关抗诉一次,审判机关应该再审一次;特殊情况下,对反革命、豪绅地主犯罪,也实行过一审终审制,剥夺被告上诉权。到抗日民主政权时期,各根据地审级管辖制度比较复杂,变化较多。以陕甘宁边区为例,最初实行三级三审制,县裁判员为第一审级,边区高等法院为第二审级,国民政府最高法院为第三审级,但实际上因国民政府最高法院尚未与边区发生直接关系,因而不服边区高等法院判决的,一般上诉于边区政府委员会,该委员会再交由高等法院重审;到1942年边区政府审判委员会建立后,即以该委员会作为第三审级;1944年撤销审判委员会后,则改为实行二级两审制,边区高等法院即为终审机关。解放区人民民主政权基本沿用抗日民主政权的做法。

2. 陪审制度。人民陪审制度创建于工农民主政权时期。为了贯彻相信人民群众、依靠人民群众的原则,1932年的《中华苏维埃共和国裁判部暂行组织及裁判条例》确定了人民陪审制,即司法机关审理案件,人民陪审员为法庭法定组成人员。人民陪审员由职工会、雇农工会、贫农团及其他群众团体选举产生;原则上人民陪审员与主审人员具有同等权利;法庭作出判决时,以多数意见为准,只有在争执不下时,才以主审人员的意见为准决定判决书的内容。抗日民主政权和解放区人民民主政权时期,各根据地的初审机关在审理案件时,均应有人民陪审员参加;人民陪审员或者由司法机关聘任,或者由群众团体、机关、部队选派。

3. 公开审判制度。工农民主政权时期,除了涉及军事机密和其他机密的案件允许采取不公开审理方式外,原则上一切案件都必须公开审理,即使不公开审理的案件,也必须公开宣布判决。抗日民主政权和解放区人民民主政权时期,各根据地司法机关审理案件,除法律另有特别规定外,一律实行公开审理,允许群众旁听和发言;重大案件,须张贴布告;典型案件的判决书往往印发乡区,广为宣传。

4. 辩护与代理制度。工农民主政权时期,尚未出现有关辩护与代理制度的内容。抗日民主政权时期,为体现保障人权精神,各根据地都规定了在刑事诉讼中实行辩护制度、在民事诉讼中实行代理制度的内容。如陕甘宁边区1942年试行的《刑事诉讼条

---

[1]《中华苏维埃共和国中央执行委员会训令》(第六号,1932年2月13日)。

例》(草案)与《民事诉讼条例》(草案)分别规定,"原告或被告,均得向法庭请求其亲属为辅佐人到庭辅佐陈述";"刑事被告于侦查完毕后,得选任有法律知识之辩护人到庭辩护";"当事人得委任代理人代理诉讼,明定代理权限"。另外,当时群众团体可以为其成员代理诉讼或充当辩护人。

(三)诉讼程序

新民主主义诉讼法中,关于诉讼程序一直没有形成完整系统的规定。

1. 工农民主政权的诉讼程序。工农民主政权时期,只有刑事诉讼程序方面的规定。在刑事诉讼中,原则上由检察机关(检察员)行使侦查和预审权;对在武装部队服役的人员作为被告的案件,不论其是否属于军人,均由军事检察所实施侦查与预审;反革命案件,由国家政治保卫局实施侦查和预审。侦查和预审终结后,如果检察机关认为确属犯罪,即向刑事法庭(或军事法庭)提起公诉,并代表国家出庭支持公诉;反革命案件,由国家政治保卫局提起公诉;同群众团体关系密切的案件,该群众团体也可以派代表出庭作为原告人。在审理中,由主审主持,公诉人或原告人提起公诉,主审讯问被告人,被告人自行或由其辩护人进行辩护;然后由法庭研究制作判决书,并在"最多两星期内应当判决"。宣判后,如被告人不服原判决,有权在法定期限内提起上诉;上诉案件经二审法院判决后,原则上即为终审判决;凡判决死刑案件,不问被告是否提起上诉,原审裁判部都应该报上级裁判部审批才能交付执行。

2. 抗日民主政权的诉讼程序。抗日民主政权时期,各根据地都已明确区分刑事诉讼与民事诉讼程序,而且有关诉讼程序也比较完善了。

刑事诉讼除简单的自诉外,一般都由侦查程序开始。特种刑事案件由公安(保安)机关、普通刑事案件由检察机关负责侦查。侦查终结后,"如认为案件成立即向裁判员提起公诉;如认为案件不能成立,即将案件撤销"。裁判机关接受起诉后,应先对案件进行调查研究,然后开庭审理;审理可以采取法庭审理(机关审理)、就地审理、巡回审理、人民公审等形式;经过审理后,依据查清的事实和法律,作出判决并宣判。宣判之后,"不服第一审判决的原告人、被告人或其父母、配偶以及辩护人",有权在法定期限内提起上诉。提起上诉可以采用口头或书面方式;上诉属第二审的,采用直接审理方式,属于第三审的,采用书面审理方式,书面审实际上只是法律审。经过上诉审,"认为上诉有理由者,应撤销原判,自为判决,或发回原审,更为审判;如认为无理由者,应将上诉驳回"。除在战时特殊情况下之外,对于死刑判决,不论被告人上诉与否,均应经上级司法机关复核批准后,才可以交付执行;其他判决在确定后,即可交付执行。

民事诉讼从原告向司法审判机关起诉开始。原告起诉可采用口头或书面方式,司法审判机关在接到起诉后,如认为起诉"有道理,即应受理,并立即决定审判日期";如认为"没有道理,法庭可以劝其不告回去。但人民一定要告,只得受理,法庭没有拒绝受理之权"。司法审判机关受理起诉后,必须先对案件事实及证据进行调查研究,如认为可以和解的,先行调解;对不能调解的即予审判,审判方式仍然为法庭审理、就地审理、巡回审理等,重大案件也可采用人民公审方式。审理终结后,即行判决并宣判。当事人如不服原判决,有权提起上诉,但上诉必须在法定期限之内提出,可以采用口头或书面方式,"以审级进行"。对上诉的处理,与刑事诉讼基本相同。

3. 解放区人民民主政权的诉讼程序。解放区人民民主政权时期,基本沿用抗日民主政权时期的规定和做法,但在检察机关与公安机关的职权划分与运用、刑事案件的复核制度、民事案件的诉讼费征收、简易诉讼程序等方面,又有一定的发展变化。

(四)马锡五审判方式与人民调解制度

1. 马锡五审判方式。新民主主义诉讼制度的创造之一,就是在抗日民主政权时期形成了著名的马锡五审判方式。

抗战后期,马锡五担任陕甘宁边区陇东专区专员兼陕甘宁边区高等法院陇东分庭庭长期间,审理了大量的民、刑案件。在审理中,马锡五从人民司法的立场出发,把群众路线和司法民主相结合,深入基层调查研究,依靠群众,不拘形式、合法合理、入情入理、公平公正地处理了许多疑难案件,被当地人民称为"马青天"。1944年1月,边区政府林伯渠主席在政府工作总结中首次提出,"提倡马锡五同志的审判方式"以改善司法工作。3月13日,《解放日报》发表《马锡五同志的审判方式》社论,阐述了马锡五审判方式。

马锡五审判方式作为人民民主审判方式,是新民主主义法律本质在司法审判方面的体现,是实事求是的思想作风的体现,也是相信人民群众、依靠人民群众的原则的体现。这种审判方式具有鲜明的特点:①以实事求是为指导思想,深入农村,调查研究,了解案情事实,抛弃主观主义审判作风;②以群众路线为依据,相信群众,依靠群众,尊重群众意见,依法合情合理处理案件,进一步教育群众,形成依法办事的自觉性;③消除衙门作风,将审判方法与调解方法相结合,将司法机关专业性与群众舆论相结合,最大程度地发挥审判的社会功效;④全心全意为人民服务,简便诉讼程序,不拘泥于形式,以适应根据地的现实社会需要。

马锡五审判方式充分体现了新民主主义诉讼法的特点。

2. 人民调解制度。

(1)概说。人民调解制度是新民主主义诉讼法与司法制度发展的另一重要成就。这种制度萌芽于工农民主政权时期,到抗日民主政权时期发展成熟,成为具有中国特色的一种制度。

早在工农民主政权时期,对于劳动争议案件,在劳动法庭成立以前,就曾采用过由劳资双方组成评判委员会进行评判并调解的方式解决纠纷。抗日战争时期,各根据地在总结经验教训的基础上,通过制定专门的调解法规、广泛推广调解经验,将调解工作推进到规范化、法律化和制度化的发展阶段,形成了一整套有关调解的原则和规范性做法,值得认真研究,以发掘其历史意义和现实价值。

(2)调解的原则。成熟的调解制度具有三个科学、合理、体现新民主主义精神的基本原则。主要包括:①自愿原则,也就是调解必须基于双方当事人的自愿,而不得强迫或威胁,否则就不符合调解的精神;②合法原则,也就是调解必须以法律法规为处理案件的依据,在查明事实的基础上,分清是非,在不违反法律规定的前提下,劝说当事人互谅互让,解决纠纷,增强团结,达到和谐;③非诉讼必经程序原则,也就是在当事人不愿调解或调解无效时,任何一方都有权起诉,其他任何机关、团体或个人,均不得干涉或阻止,司法机关也不得以未经调解为由,拒绝受理当事人的诉求。

(3)调解的范围与种类。在调解工作发展的初期,各根据地一般只允许对民事纠纷进行调解;随着调解运动的兴起,有的无限扩大了调解的范围,不仅民事纠纷或案件,而且一些刑事案件甚至人命案件都可以调解。后来,通过总结经验教训,科学合理地确定了调解的范围,即民事纠纷或案件,除法律另有规定外,均可以而且应该进行调解;轻微的刑事案件,也可以进行调解;但社会危险性比较大的刑事案件,绝对不能调解,必须交由司法机关通过审判处理。

依据调解的主体不同,调解大体上可以分为三类:①民间调解,是由双方当事人各自邀请的地邻、亲友、劳动模范、开明士绅等在当地群众中具有威望和影响力的个人主持的调解。这种形式的调解不拘形式,省钱省力,容易查清事实,辨明是非,解决纠纷。②政府调解,是在基层政府主持下进行的调解,在有些根据地的基层政府中,专门设立调解机构——调解委员会主持调解,在另一些根据地则直接由基层政府主持调解。③司法调解,是司法审判机关处理案件的一种形式,与前两种调解不同,司法机关调解所达成的调解协议,具有与判决书同等的法律效力,当事人必须履行,否则,对方当事人可以请求司法机关强制其履行。

(4)调解的纪律。各根据地调解的法律法规一般还都规定了调解主持人必须遵守的纪律:①调解主持人不得受贿舞弊、中饱私囊。②调解主持人必须尊重双方当事人的人格、人权,不得乱打、乱罚。通过这些纪律的约束,既维护了调解的公正与声誉,又能促使调解公正无私,和谐结案。

(5)调解的处理方式与调解书。调解解决案件的处理方式,一般可以采取一方当事人向对方当事人,或者双方当事人相互之间进行赔礼、道歉、认错、赔偿损失及给付抚慰金,或者其他以善良风俗习惯得以平息争执的方式结案。另外,各根据地有关调解的法规还规定,调解应该制作和解书;和解书一般应记明双方争执的简要事由、成立和解的方式以及当事人、调解人的姓名、签字或盖章等;和解书对于巩固调解成果、确保调解的效力具有重要意义和作用。

本章小结

本章介绍中国新民主主义法制的形成、发展及其内容与特点。首先，关于新民主主义宪政与施政纲领，了解早在1923年中国共产党就提出了最初的宪政主张，在工农民主政权时期集中体现在《中华苏维埃共和国宪法大纲》中；在抗日民主政权时期则体现在各根据地的施政纲领中；在解放区人民民主政权时期通过《陕甘宁边区宪法原则》到各解放区的施政纲领，再到《中国人民政治协商会议共同纲领》，全面总结并提升了新民主主义宪政与施政纲领的内容和精神。其次，关于新民主主义行政法主要体现在政权和行政组织法和行政管理法方面。再次，关于新民主主义刑法，主要是刑法原则方面的发展变化与主要罪名的变革。复次，关于新民主主义民事法律，主要是土地法、劳动法和婚姻法的发展变化。最后，关于新民主主义诉讼法与司法制度，主要是新民主主义司法体制的特点、司法机构的基本组织、诉讼原则的的发展变化，特别注意马锡五审判方式和人民调解制度的发展成熟。

课后作业

一、关键词解释

1.《中华苏维埃共和国宪法大纲》《抗日救国十大纲领》《陕甘宁边区施政纲领》《陕甘宁边区宪法原则》《中国人民政治协商会议共同纲领》《陕甘宁边区保障人权财权条例》
2. 苏维埃代表大会　参议会　三三制原则　精兵简政　民主集中制原则
3.《中华苏维埃共和国惩治反革命条例》　惟成分论　管制　反革命罪　汉奸罪　破坏坚壁财物罪　破坏土地改革罪　战争罪犯
4.《井冈山土地法》《中华苏维埃共和国土地法》　减租减息　"五四"指示　《中国土地法大纲》
5. 马锡五审判方式　人民调解制度

二、思考题

1. 中国新民主主义法制的基本特点是什么？
2. 中国新民主主义宪政与宪法发展的经验教训是什么？
3. 怎样正确理解新民主主义刑法原则？
4. 中国新民主主义土地法是怎样发展变化的？
5. 怎样认识马锡五审判方式及其现实意义？
6. 人民调解制度与私法自治原则之间存在怎样的关系？

参考书目

一、教材类

1. 肖永清主编:《中国法制史简编》,山西人民出版社1981年版。
2. 张晋藩主编:《中国法制史》,群众出版社1982年版。
3. 张晋藩主编:《中国法制史》,中国政法大学出版社1986年版。
4. 钱大群主编:《中国法制史教程》,南京大学出版社1987年版。
5. 杨永华主编:《中国法制史教程》,陕西人民教育出版社1987年版。
6. 蒲坚主编:《中国法制史》,光明日报出版社1987年版。
7. 薛梅卿主编:《中国法制史教程》,中国政法大学出版社1988年版。
8. 陈涛:《中国法制史》,陕西人民出版社2001年版。
9. 叶孝信主编:《中国法制史》,复旦大学出版社2002年版。
10. 杨一凡主编:《新编中国法制史》,社会科学文献出版社2005年版。
11. 戴炎辉:《中国法制史》,台北三民书局1966年版。
12. 陈顾远:《中国法制史》,商务印书馆1934年版。
13. 林咏荣:《中国法制史》,台北大中国图书公司1976年版。
14. 张金鉴:《中国法制史概要》,台北正中书局1973年版。

二、法律典籍类

1. 《睡虎地秦墓竹简》,文物出版社1978年版。
2. 程树德:《九朝律考》,中华书局1963年版。
3. (唐)长孙无忌:《唐律疏议》,刘俊文点校,中华书局1983年版。
4. (唐)李林甫等:《唐六典》,中华书局1987年版。
5. (宋)窦仪等:《宋刑统》,薛梅卿点校,法律出版社1999年版。
6. 《大元通制条格》,郭成伟点校,法律出版社1999年版。
7. 《大明律》,怀效锋点校,法律出版社1998年版。

8. 《大清律例》,田涛、郑秦点校,法律出版社1999年版。

9. 董坚志编:《六法全书》,大方书局1948年版。

10. 《尚书》。

11. 《左传》。

12. 《史记》。

13. 《礼记》。

14. 《周礼》。

15. 《历代刑法志》,群众出版社1988年版。

16. (宋元)马端临:《文献通考》,商务印书馆1935年版。

17. 《明公书判清明集》,中国社会科学院历史研究所宋辽金元史研究室点校,中华书局1987年版。

18. (清)祝庆祺、潘文舫、何维凯编:《刑案汇览》(三编),北京古籍出版社2004年版。

19. 《中国新民主主义革命时期根据地法制文献选编》(全四卷),中国社会科学出版社1981年版。

三、著作

1. (清)薛允升:《唐明律合编》(上、中、下),台北商务印书馆1977年版。

2. (清)薛允升:《读例存疑》,线装本。

3. (清)沈家本:《历代刑法考》(全四册),中华书局1987年版。

4. 梁启超:"论中国成文法编制之沿革得失",载范中信选编:《梁启超法学文集》,中国政法大学出版社2000年版。

5. 杨鸿烈:《中国法律发达史》,上海商务印书馆1933年版。

6. 杨幼炯:《近代中国立法史》,上海商务印书馆1936年版。

7. 徐道邻:《唐律通论》,中华书局1947年版。

8. 谢振民编著:《中华民国立法史》,张知本校订,中国政法大学出版社2000年版。

9. 瞿同祖:《中国法律与中国社会》,中华书局1981年版。

10. 蔡枢衡:《中国刑法史》,广西人民出版社1983年版。

11. 高绍先:《中国刑法史精要》,法律出版社2001年版。

12. 张晋藩:《中国法律的传统与近代转型》,法律出版社1997年版。

13. [美]D.布迪、C.莫里斯:《中华帝国的法律》,朱勇译,江苏人民出版社2004

年版。

14. 高道蕴、高鸿钧、贺卫方编:《美国学者论中国法律传统》,清华大学出版社2004年版。
15. [日]大庭修:《秦汉法制史研究》,林剑鸣等译,上海人民出版社1991年版。
16. [日]滋贺秀三:《中国家族法原理》,张建国、李力译,法律出版社2003年版。
17. [日]滋贺秀三等:《明清时期的民事审判与民间契约》,王亚新、梁治平编,王亚新、范愉、陈少峰译,法律出版社1998年版。
18. [日]堀毅:《秦汉法制史论考》,法律出版社1988年版。
19. 谢维扬:《中国早期国家》,浙江人民出版社1995年版。
20. 李志敏:《中国古代民法》,法律出版社1988年版。
21. 张希坡等:《中国革命法制史》(上、下),中国社会科学出版社1987年、1991年版。
22. [日]西田太一郎:《中国刑法史研究》,段秋关译,北京大学出版社1985年版。

图书在版编目（CIP）数据

中国法制史学 / 陈涛主编. —北京：中国政法大学出版社，2007.8
ISBN 978-7-5620-3090-4

Ⅰ.中⋯ Ⅱ.陈⋯ Ⅲ.法制史－中国－高等学校－教材 Ⅳ.D929

中国版本图书馆CIP数据核字(2007)第124896号

出版发行	中国政法大学出版社
经　　销	全国各地新华书店
承　　印	固安华明印业有限公司

720mm×960mm　　16开本　　24.75印张　　505千字
2007年9月第1版　　2017年1月第5次印刷
ISBN 978-7-5620-3090-4/D·3050
定　价: 29.00元

社　　址	北京市海淀区西土城路25号
电　　话	(010)58908435(编辑部) 58908325(发行部) 58908334(邮购部)
通信地址	北京100088信箱8034分箱　邮政编码 100088
电子信箱	fada.jc@sohu.com(教材编辑部)
网　　址	http://www.cuplpress.com (网络实名：中国政法大学出版社)

声　明　　1. 版权所有，侵权必究。

　　　　　 2. 如有缺页、倒装问题，由本社发行部负责退换。